A^tV

GERD KAISER, geb. 1933, Industrieschmied, Studium der Geschichte an der Moskauer Lomonossow-Universität 1951–1956, Promotion 1964 an der Karl-Marx-Universität zu Leipzig, 1956–1968 Nationale Volksarmee, Oberstleutnant, bis 1990 Deutscher Fernsehfunk, seitdem freier Autor.

Veröffentlichungen zu Massenmedien, Militärgeschichte und Militärpolitik sowie zur Geschichte der Arbeiterbewegung: »Katyn – Der Massenmord an polnischen Offizieren« (mit Andrzej L. Szcześniak), »Sperrgebiet – Die geheimen Kommandozentralen in Wünsdorf seit 1871«, »Raketenspuren. Peenemünde 1936 – 2000« (gemeinsam mit Volkhard Bode), »Rußlandfahrer«, »Die Heyms: Ernst, Guido und Karl. Drei Generationen einer Suhler Arbeiterfamilie«, »Die Enkel fechten's besser aus«.

Mitarbeit an den Zeitschriften »Utopie kreativ«, »Beiträge zur Geschichte der Arbeiterbewegung« und »Das Blättchen«. Übersetzungen aus der russischen und der polnischen Sprache.

Gerd Kaiser stellt erstmals umfassend und auf der Grundlage aller polnischen, russischen, US-amerikanischen, deutschen und weiterer Schlüsseldokumente das einzigartige Kriegsverbrechen an polnischen Militärs in seinen historischen Zusammenhängen von 1939 bis zum Ende des Jahrhunderts dar. Erschütternde Briefe und Notizen der Opfer, Aussagen und Befehle der Täter geben Aufschluß über Gefangennahme, Verhaftung, Lagerleben, Erschießungen und Exhumierungen. Die Materialien stammen aus jahrzehntelang verschlossenen Geheimarchiven oder hatten ihren Besitzer in den Tod und ins Massengrab begleitet. Dokumentiert werden auch Aussagen von Gerichtsmedizinern, Schußwaffensachverständigen, Chemikern, Historikern und Juristen, die das Verbrechen untersuchten. Eine Zeittafel, eine umfassende Bibliographie und biographische Notizen erschließen den Kontext.

Gerd Kaiser

Katyn

Das Staatsverbrechen – das Staatsgeheimnis

Aufbau Taschenbuch Verlag

Mit 76 Abbildungen

ISBN 3-7466-8078-6

1. Auflage 2002

© Aufbau Taschenbuch Verlag GmbH, Berlin 2002

Umschlaggestaltung Preuße & Hülpüsch Grafik Design

unter Verwendung eines Fotos des Ehrenmals in der Ul. Muranowska, Warszawa

von Andrzej Jasiński

Druck Ebner Ulm

Printed in Germany

www.aufbau-taschenbuch.de

Inhalt

Vorwort von Otto Prokop 9
Einstieg 11

I. Hinterlistig überfallen: Polen in der Zange
Herbst 1939
Wehrmacht und Rote Armee marschieren in Polen ein 19
Verhaftungen und Deportationen durch das NKWD 39

II. Hinterrücks erschossen: Das Schicksal der Gefangenen
Herbst 1939 – Frühjahr 1940
Die Konzentration polnischer Offiziere in den Sonderlagern
    Kosjelsk, Starobjelsk und Ostaschkow 49
Transporte ins Ungewisse 78
Beunruhigende Indizien 121
»Abrechnung« 122

III. Hintergangen
Frühjahr 1940 – Frühjahr 1943
Ergebnislose Suche nach den Verschollenen 128
Die Regierung der Republik Polen interveniert 136
Das Oberkommando der Polnischen Streitkräfte fordert seine
    Offiziere zurück 144

IV. Die Ermordeten klagen an
1943/44 – 1990/91
Katyn 156
Schweigende Zeugen sagen aus 160
Die Verschollenen von Ostaschkow und Starobjelsk 182

Miednoje 185
Pjatichatki 191

V. Hintertrieben: Die wahren Täter bleiben ungenannt
Sommer 1943 – Herbst 1992
Die Verbündeten lassen Polen im Stich 201
Die sowjetische Sonderkommission 213
Nürnberg: Täter klagen an 223

VI. Hinterfragt:
Augenzeugen, Beschlüsse, Befehle, Weisungen ...
Gewalt geht vor Recht 236
Lagerleben im Zeichen von Ungewißheit und Hoffnung ... 259
Die Vollstreckung 286
Die Suche und fortgesetzte Verschleierungsversuche 300
Der Tatbestand – Katyn 318
Schlagabtausch: Diplomatisch – Undiplomatisch 345
Zwischen Sonderkommissionen, Sondermappen, Sondermaßnahmen und einem sonderbaren Sonderbotschafter 352

VII. Hintermänner 1939–2000 379

VIII. Hintergrundmaterial
Bericht über Studien und Quellenmaterialien 410
Literaturverzeichnis 420

IX. Zeittafel 431

X. Anhang
Abkürzungsverzeichnis 457
Bildnachweis 460
Danksagung 460
Aussprache 461
Geographisches Register 462
Personenregister 467

Für Ines

Vorwort

Jahrzehntelang habe ich als Gerichtsmediziner gelehrt und geforscht. Generationen von Gerichtsmedizinern sind von mir ausgebildet worden. Meine Schüler wirken in Europa, Asien und Amerika. Während meiner Tätigkeit als Hochschullehrer und auf wissenschaftlichen Veranstaltungen anderer Art habe ich feststellen müssen, daß selbst für viele Gerichtsmediziner oder Kriminologen Katyn eine Terra incognita war. Die wahre Geschichte von einem der größten Verbrechen an Kriegsgefangenen war entweder unbekannt oder wurde lediglich in den bruchstückhaften Versionen zur Kenntnis genommen, die eine durch und durch instrumentalisierte propagandistische Ausbeutung des Ereignisses in die Öffentlichkeit dringen ließ. Es ist jedoch nicht nur für einen Gerichtsmediziner gestern wie heute eher gefahrvoll, die Historie auszublenden.

Anders in Polen. Von meinem Freund Bolesław Popielski, Lehrstuhlinhaber für Gerichtsmedzin in Wrocław, und durch wissenschaftliche Kontakte zu weiteren polnischen Wissenschaftlern wußte ich, daß Katyn immer im polnischen Nationalbewußtsein war.

Ich war auch mit dem bulgarischen Gerichtsmediziner Professor Marko Antonow Markow bekannt. Er obduzierte 1943 die Leichen ermordeter polnischer Offiziere im Wald von Katyn. 1945 unter Druck gesetzt, zog er 1946 seine fachlich begründeten Aussagen vor dem Nürnberger Internationalen Gerichtshof gegen die Hauptkriegsverbrecher zurück.

Es ist für mich eine Herzensangelegenheit zu bitten, dieses Buch zu lesen. Die dargestellten und dokumentierten Tatsachen vermitteln ein wahrhaftiges Bild von Katyn. Lest es aufmerksam!

Berlin, Januar 2002   Prof. Dr. med. Dr. hc. mult. Otto Prokop

Einstieg

> Wenn wir unser Mütterchen Rußland
> umgraben würden,
> würden wir viele Gräber finden ...

Am 1. September 1939 fiel die deutsche Wehrmacht in Polen ein. Zweieinhalb Wochen später, vom 17. September an, stieß die Rote Armee in den Rücken Polens. Das Deutsche Reich und die Sowjetunion teilten, wie zuvor insgeheim vereinbart, das Land unter sich auf. Mit dieser vierten Teilung Polens im Laufe von zwei Jahrhunderten gesellten sich nach den Hohenzollern, Romanows und Habsburgern Nazideutschland und Sowjetrußland zu den Annexionsmächten. Der polnische Staat selbst hatte nach dem ersten Weltkrieg Teile der Ukraine und Teile Belorußlands an sich gerissen, war in Sowjetrußland eingefallen, hatte sich auf Kosten Litauens und Deutschlands (bei letzterem in Westpreußen, Pommern und Oberschlesien) vergrößert. Noch im Herbst 1938 machte Polen gemeinsame Sache mit Nazideutschland, als es sich an tschechischem Territorium bereicherte. Zeitgleich mit der Wehrmacht marschierten polnische Truppen im Raum Teschen in tschechisches Gebiet ein und annektierten den Landstrich. Sogar noch nach den Erfahrungen des zweiten Weltkriegs suchte Polen diese Eroberung zu verteidigen.

Ab Herbst 1939 wurden Polens Männer, Frauen, auch Kinder als Zwangsarbeiter nach Nazideutschland deportiert, dort als billiges Arbeitsvieh behandelt und gebrandmarkt.

Sie wurden aber auch, so sie aus Polens Ostgebieten stammten oder es sie dorthin als Flüchtlinge verschlagen hatte, zu Hunderttausenden nach Sibirien und nach Kasachstan oder Mittelasien deportiert und zwangsweise angesiedelt. Sie konnten weder Wohnort noch Arbeit frei wählen, und Hunderttausende kamen in die Verfügungsgewalt der Hauptverwaltung Lager des NKWD, der GULag.

Wer sich der Zwangsarbeit, der Deportation, der Auspowerung, der Beraubung der nationalen und kulturellen Identität widersetzte, sich gegen die Tilgung eines Staatswesens von Europas politischer Landkarte wandte, fand den Tod durch Kugel oder Strick, Entbehrungen und Erniedrigungen. Egal, in welche Hand er gefallen war. Dieses Schicksal traf jeden Gegner der Politik des Genozids, der Willkür und Unmoral, des Herrenmenschentums und der imperialen Weltherrschaftspläne.

Im Frühjahr 1940 wurden annähernd fünfzehntausend polnische Berufs- und Reserveoffiziere, Militärs, die im Herbst des Vorjahres in sowjetische Gefangenschaft geraten waren, hinterrücks erschossen. Dazu mehr als zehntausend weitere Angehörige der polnischen Intelligenz, die als Berufs- oder Reserveoffiziere in sowjetischen Haftanstalten eingekerkert waren: Ärzte, Ingenieure, Lehrer, Professoren, Architekten, Juristen usw. usf.

Die Leichname derer, die vorher im Lager Kosjelsk gefangengehalten worden waren, wurden 1942/43 in Katyn gefunden. Deshalb wurde der Name dieses Ortes bei Smolensk zum Inbegriff für eine jahrzehntelang offene Wunde des polnischen Volkes. 1991 brachten Grabungen in Charkow und in Miednoje bei Twer auch sterbliche Überreste aus den beiden anderen Sonderlagern des NKWD für Polen in Starobjelsk und Ostaschkow ans Licht. Katyn, das ist seit Jahrzehnten Synonym für eine Politik des politisch motivierten Massenmordes.

Die Schuld wird dadurch nicht kleiner oder gelöscht, daß Polen heute sein ethnisches Dasein und sein Staatsgebiet in hohem Maße auch dem Blutzoll verdankt, den die Rote Armee, das gesamte Sowjetland, von 1941 bis 1945 zu zahlen hatte. Um Nazideutschland, den ursprünglichen Vertragspartner zu schlagen, mußten 27 Millionen Bürger der UdSSR ihr Leben lassen.

Der politische Massenmord an Tausenden polnischer Staatsbürger wird auch nicht dadurch relativiert, daß sechs Jahrzehnte danach von russischer Seite ein »Rollenwechsel« eingeklagt wird. In der russischen Öffentlichkeit wurden jüngst Stimmen laut, die eine deutlichere Sprache gegenüber Polen und Genugtuung verlangten. Als Argument werden 64 000 Rotarmisten angeführt, die 1920, nach dem Vorstoß der Roten Armee bis sieben Kilometer vor die Tore Warschaus, in Gefangenschaft gerieten und in den polnischen

Kriegsgefangenenlagern, darunter den Lagern in Tuchola und Stralkowo, an Krankheiten oder infolge der Entbehrungen verstarben. (»Rzeczpospolita«, Warszawa, 4./5. November 2000)

Diese untaugliche und wissenschaftlich unhaltbare Politik gegenseitiger »Aufrechnungen« und »Schuldzuweisungen« war auch dem letzten Präsidenten der UdSSR, Michail Gorbatschow, nicht fremd gewesen. In einer internen Weisung vom 3. November 1990 verlangte er u. a. von der sowjetischen Akademie der Wissenschaften, »jene Archivmaterialien herauszusuchen«, mit denen bewiesen werden könne, daß bestimmte Ereignisse in den Beziehungen zwischen Polen und der UdSSR »der sowjetischen Seite zum Nachteil gereichten«. Dahinter stand die Absicht, diese Angaben »erforderlichenfalls bei Verhandlungen mit der polnischen Seite über die ›weißen Flecken‹ zu nutzen«. (Materialsammlung d. Verf.)

Die Politiker und Militärs des Großdeutschen Reiches hatten keinerlei Veranlassung und schon gar nicht das moralische Recht, sich als »dem Bolschewismus entgegengebauter Damm« aufzuspielen, der »die Bewohner der europäischen Länder« schütze. Demagogisch versuchten sie auch den Massenmord von Katyn in diesem Sinne für sich auszunutzen. Hieß es doch deshalb in offiziellen Verlautbarungen des Berliner Regimes: »Nur der von den Achsenmächten dem Bolschewismus entgegengebaute Damm kann verhindern, daß die Bewohner der europäischen Länder zu Opfern der bolschewistischen Henker werden.« (Amtliches Material ..., S. 9)

Das Thema war einerseits immer gut für Propagandaartikel und -kampagnen aller Seiten zuerst im heißen, sodann im kalten Krieg, andererseits wurde Katyn verschwiegen, verfälscht oder vertuscht. 1951/52 instrumentalisierte ein vom Abgeordneten Ray J. Madden geleiteter Ausschuß des Repräsentantenhauses der USA das Massaker mit beträchtlichem Propagandaaufwand. Nachdem die US-amerikanische Regierung und Militärs jahrelang die ihnen bekannten Tatsachen um Katyn verschwiegen hatten, stellten sie nunmehr Katyn als Modell für Nordkoreaner im Koreakrieg hin. (The Katyn Forest Massacre ..., S. 4) Damit sollte von Massakern abgelenkt werden, über die Alan Winnington, britischer Kriegsberichterstatter im Koreakrieg, die Öffentlichkeit bereits 1950 unterrichtet hatte. 7000 politische Gefangene des damals von den

USA gestützten südkoreanischen Syngman-Rhee-Regimes fielen ihm beim Dorf Rongwul zum Opfer. Bei diesem und an weiteren 160 Orten verübten und bislang nicht gesühnten Kriegsverbrechen waren zwar amerikanische Militärs zugegen, sie hatten sich jedoch zumeist nicht selbst am Massaker beteiligt. »Und wenn Katyn ... immer noch eine Neuigkeit ist, warum dann nicht Rongwul«, fragte der Berichterstatter. (Winnington ..., S. 174–179) Die lautstarke Debatte über das Verbrechen des NKWD an den polnischen Gefangenen verdeckte für das folgende halbe Jahrhundert Massaker im Koreakrieg oder in Vietnam. Erst 2001 wurden die bei Nogunri oder Sinchon und andernorts verübten Kriegsverbrechen öffentlich in den USA verhandelt.

In der UdSSR, in Polen und in anderen Ländern wurde das Verbrechen Katyn jahrzehntelang der Wehrmacht angelastet oder tabuisiert. Es blieb ein »weißer Fleck« in der Geschichte. Zeitweise durfte in sowjetischen und polnischen Veröffentlichungen nicht einmal die Ortsbezeichnung »Katyn« erwähnt werden. Die britische Regierung hielt sich ebenfalls demonstrativ zurück, als in den 70er Jahren in London ein Denkmal zur Erinnerung an Katyn eingeweiht werden sollte.

Bisher gibt es nur vereinzelte Veröffentlichungen in deutscher Sprache, die der historischen Wahrheit um Katyn an Hand von Originalquellen nachspüren. Das vorliegende Buch hält sich an Tatsachen. Es arbeitet alle wesentlichen zugänglichen Quellen polnischer, russischer, deutscher, englischer sowie amerikanischer Herkunft auf. Teilweise minutiös zeichnet es das Geschehen nach und sucht es im Zusammenhang mit den historischen Zeitläufen zu analysieren – sachlich, aber mit eindeutigem Engagement für die Opfer. Gegenüber einer gemeinsam mit einem polnischen Ko-Autor verfaßten, 1992 im Christoph Links Verlag erschienenen Studie zu Katyn ist dieses Buch grundlegend überarbeitet, durch zahlreiche neue, bisher unbekannte Schlüssel- und Detaildokumente sowie Faksimiles, Karten, Zeichnungen und Fotos erweitert worden.

Unser Buch konzentriert sich auf das Schicksal der polnischen Offiziere in sowjetischer Gefangenschaft und die Aufklärung des politisch motivierten Massenmordes an ihnen. Die Hintergründe dieses Staatsverbrechens werden erkundet, das Staatsgeheimnis gelüftet.

Grundlage sind die staatspolitischen Schlüsseldokumente zum Geschehen, Befehle, Weisungen, Protokolle und Zeugenaussagen sowohl der Opfer als auch der Täter. Zu Wort kommen Gerichtsmediziner, Schußwaffensachverständige, Chemiker, Historiker und Juristen, die das Verbrechen untersuchten.

Äußerungen von Personen, die die Geschehnisse allein vom Hörensagen kennen konnten und keine Zeitzeugen waren, blieben im vorliegenden Band ebenso unberücksichtigt wie Dokumente ungeklärter bzw. zwielichtiger Herkunft. Zu den Fälschungen gehört der angebliche Geheimbericht eines ominösen NKWD-Mitarbeiters Tartakow aus Minsk. Ausgehend vom südwestdeutschen Karlsruhe, wo diese Fälschung erstmals in der Wochenschrift »7 Tage« (in einer Serie vom 22. Juni bis 20. August 1957) gedruckt worden ist, diente sie späteren Standardwerken zu Katyn, darunter den Büchern von Janusz K. Zawodny (»Death in the Forest«) oder Louis Fitz-Gibbon (»Unpitied and Unknown«), als Beweismaterial und wurde in zahlreichen Zeitungen und Zeitschriften nachgedruckt.

Gekürzt wurden vor allem jene Passagen von Gutachten und Zeugenaussagen, in denen sich die detaillierte Beschreibung immer gleicher Tatsachen oder Feststellungen wiederholte.

Die Entstehungsgeschichte, Entwicklung und Funktionsweise der Lager für polnische Kriegsgefangene in der UdSSR sowie die »Aktivitäten« des NKWD in bezug auf die Gefangenen werden an Hand erstmals zugänglicher russischer Originalakten ausführlich dargestellt.

Auch die Namen und Funktionen von direkt und indirekt am politischen Massenmord beteiligten Hintermännern in den Bereichen Politik, Sicherheit und Militär werden aufgeführt. Diese Seiten der Dokumentation sind gegenüber 1992 ebenfalls gründlich erweitert worden. Nunmehr sind alle Schlüsseldokumente erschlossen und nahezu alle Personen identifiziert, die in der KPdSU und im NKWD Entscheidungen über die polnischen Gefangenen fällten, sie mit in die Tat umsetzten und bzw. oder sie zu vertuschen suchten.

Die Zeittafel erfaßt in gedrängter Form alle wesentlichen Ereignisse im Zusammenhang mit dem Schicksal der polnischen

Offiziere zwischen 1939 und dem Jahr 2000. Sie erlaubt schnelle Orientierung.

Der Literaturbericht, fortgeschrieben bis in die Gegenwart, bietet in Verbindung mit der alphabetisch geordneten Liste wichtiger Publikationen Anregungen zu eigenständigen weiterführenden Studien. Alle hier abgedruckten Dokumente wurden nach den Originalen übersetzt, ausgenommen die von Wjatscheslaw Molotow und Joachim von Ribbentrop 1939 in deutscher Sprache abgezeichneten zweiseitigen Vereinbarungen zwischen der UdSSR und dem Deutschen Reich sowie die bereits 1944 in der UdSSR angefertigte Übersetzung der »Mitteilung der Sonderkommission …«, die noch während des zweiten Weltkriegs in deutscher Sprache in Moskau erschien. Der überwiegende Teil wird dem deutschen Leser erstmals zugänglich gemacht. Den zahlreichen neu aufgenommenen Faksimiles in der Originalsprache ist entweder eine vollständige oder auszugsweise Übersetzung beigefügt.

Kürzungen im Text oder Auslassungen, die auch vom Verfasser des Dokuments selbst stammen können, sind durch drei Punkte markiert. Drei Punkte in schrägen Klammern [...] kennzeichnen Stellen, die nicht mehr lesbar waren, da die Originale, darunter Tage- und Notizbücher, Briefe und Postkarten zumeist erst nach Exhumierung ihrer Verfasser ans Tageslicht kamen.

Druckfehler, Sachfehler und unvollständige Angaben (z. B. zur Person, zum Militärdienst, zum Datum usw.) wurden, soweit erkannt, stillschweigend korrigiert bzw. ergänzt.

Abweichende Schreibweisen mancher Ortsnamen lassen sich auf die unterschiedliche sprachliche, nationale bzw. staatliche Herkunft der Quellen und die Tatsache, daß manche Orte entweder nicht mehr existieren oder zum Teil mehrfach ihren Namen gewechselt haben, zurückführen. Die Bezeichnungen wurden von den Dokumenten unverändert übernommen und erforderlichenfalls durch Zusatzangaben erklärt.

Auf Fußnoten oder Anmerkungen wird aus Gründen der Lesefreundlichkeit verzichtet. Wichtige Quellenhinweise wurden in den Text eingearbeitet, weiterführende Informationen bieten das alphabetische Literaturverzeichnis und der Literaturbericht. Wo es erforderlich erschien, geben am Ende eines Dokuments oder Augenzeugenberichts oder Briefs Anmerkungen vor allem Auskunft zu Personen oder klären Sachverhalte durch Zusatzinformationen. Auch durch die Abfolge wurde versucht, Erkenntnisgewinn zu fördern. Zum Beispiel wurde dem Obduktionsbefund von Dr. Tramsen über ein Opfer von Katyn ein Interview beigefügt, das Dr. Tramsen ein Jahrzehnt später gewährte.

Falschinterpretationen oder Verdrehungen in Dokumenten werden ausdrücklich angemerkt; wo eine zuverlässige Klärung noch nicht möglich war, wird auf divergierende Aussagen hingewiesen.

Politische Gewaltanwendung, Repressionen bis zum ideologisch motivierten Mord erwiesen sich als prägendes und tragendes Wesenselement stalinistischer Politik. Der Massenmord an polnischen Gefangenen gehört dazu. In einem bis in die jüngste Zeit geheimgehaltenen Beschluß des Zentralkomitees der KPdSU von 1937 und einem diesen nochmals bestätigenden Zirkular-Rundschreiben Josef Stalins vom 10. Januar 1939 15 Uhr wird »erklärt, daß die Anwendung physischer Gewalt in der Praxis des NKWD ... mit Zustimmung des ZK ... sanktioniert ist ... Das ZK ... ist der Auffassung, daß die Methode der physischen Einwirkung unbedingt auch künftig, in Ausnahmefällen und gegenüber militanten Volksfeinden, als völlig richtiges und zweckmäßiges Mittel, angewandt werden soll.« (Kaiser, Rußlandfahrer ..., S. 131 f. und 244 f.) Mit diesen und weiteren politischen Grundsatzentscheidungen in diesem Ungeist war eine Politik, die bei der Verfolgung ihrer Ziele über Leichen ging, in den Rang höchster Staatspolitik erhoben.

I. Hinterlistig überfallen: Polen in der Zange Herbst 1939

Wehrmacht und Rote Armee marschieren in Polen ein

In der Nacht vom 23. zum 24. August 1939 wurde in Moskau der Nichtangriffsvertrag zwischen dem Deutschen Reich und der Union der Sozialistischen Sowjetrepubliken, nach den beiden Unterzeichnern auch als Ribbentrop-Molotow-Pakt bekannt, unterzeichnet.

Die UdSSR leugnete die Existenz des Geheimen Zusatzprotokolls jahrzehntelang. Noch auf dem ersten Kongreß der Volksdeputierten der UdSSR im Mai 1989 bestritt Michail Gorbatschow die Existenz dieses und weiterer Geheimabkommen zwischen der UdSSR und dem Deutschen Reich. Erst im Dezember 1989 rang sich der Kongreß zu einer halbherzigen Verurteilung der im August/September 1939 abgeschlossenen Geheimabkommen durch. Das erste dieser Zusatzabkommen sah eine Woche vor dem Einmarsch der Wehrmacht bzw. drei Wochen vor dem Einmarsch der Roten Armee in Polen vor: »... Für den Fall einer territorial-politischen Umgestaltung der zum polnischen Staate gehörenden Gebiete werden die Interessensphären Deutschlands und der UdSSR ungefähr durch die Linie der Flüsse Narew, Weichsel und San abgegrenzt.

Die Frage, ob die beiderseitigen Interessen die Erhaltung eines unabhängigen polnischen Staates erwünscht scheinen lassen und wie dieser Staat abzugrenzen wäre, kann endgültig erst im Laufe der weiteren politischen Entwicklung geklärt werden. In jedem Falle werden beide Regierungen diese Frage im Wege einer freundschaftlichen Verständigung lösen ...« (Die Beziehungen ..., S. 91)

In dieser Nacht vom 23. zum 24. August brachte anläßlich der Unterzeichnung des dem Geheimen Zusatzprotokoll zugrundeliegenden Nichtangriffsvertrags, wie es in den Aufzeichnungen des anwesenden Unterstaatssekretärs Hencke heißt, »Herr Stalin spontan ... einen Trinkspruch ... aus: ›Ich weiß, wie sehr das deutsche

Volk seinen Führer liebt, ich möchte deshalb auf seine Gesundheit trinken.«« Wiederholt tranken im Laufe der Nacht »die Herren Molotow und Stalin auf ... die neue Ära der deutsch-russischen Beziehungen ...«. (Die Beziehungen ..., S. 88)

Am 1. September begann der zweite Weltkrieg mit einem Angriff Deutschlands auf Polen. Zwei Tage später erklärten England und Frankreich Deutschland den Krieg, ohne jedoch militärisch einzugreifen. Im Westen herrschte zwischen Herbst 1939 und Frühjahr 1940 der »komische Krieg«, beide Seiten blieben in ihren Stellungen einander gegenüber liegen. Am 12. September entschieden sich die Verbündeten Polens endgültig, ihren Alliierten nicht zu unterstützen und keinerlei Offensive gegen die deutschen Truppen einzuleiten.

In der Nacht vom 16. zum 17. September bestellte um 02.00 Uhr nachts der Stellvertreter des Volkskommissars für Auswärtige Angelegenheiten, Wladimir Potjomkin, den polnischen Botschafter in Moskau, Wacław Grzybowski, ins Volkskommissariat ein. Dort verlas er ihm um 03.15 Uhr eine Note. In ihr hieß es u.a.: »Der deutsch-polnische Krieg legte den inneren Bankrott des polnischen Staates bloß ... Warschau besteht als Hauptstadt Polens bereits nicht mehr. Die polnische Regierung ist auseinandergefallen und gibt keinerlei Lebenszeichen. Das bedeutet, daß der polnische Staat und seine Regierung aufgehört haben, zu bestehen. ... Ausgehend von dieser Situation hat die sowjetische Regierung die Führung der Roten Armee beauftragt, den Truppen zu befehlen, die Grenze zu überschreiten, um das Leben und den Besitz der Bevölkerung der Westukraine und Westbelorußlands unter ihren Schutz zu nehmen.

Gleichzeitig beabsichtigt die sowjetische Regierung alle Anstrengungen zu unternehmen, um das polnische Volk vor einem unglückseligen Krieg, in den ihn wahnwitzige Führer gestürzt haben, zu behüten und ihm ein ruhiges Leben zu sichern.«

Der Botschafter, aufgewühlt vom Inhalt der Note, konnte sich nur mit Mühe äußern. Er lehnte es ab, diese Note entgegenzunehmen, und erklärte, keines der zur Rechtfertigung des Einmarsches benutzten Argumente halte der Kritik stand. Die Souveränität des Staates dauere fort, auch während des ersten Weltkriegs seien Serbien und Belgien besetzt gewesen, aber niemand sei deshalb auf den

Gedanken gekommen, mit diesen Staaten geschlossene Verträge für null und nichtig zu erklären. Teile Rußlands seien von Napoleons Truppen besetzt gewesen, aber Kutusow habe weitergekämpft und der russische Staat fortbestanden. Potjomkin hielt den Botschafter unter einem Vorwand in seinem Arbeitszimmer zurück und sorgte dafür, daß die Note durch einen Kraftfahrer einem subalternen Nachtdienst in der Botschaft zugestellt wurde, wie Potjomkin ausführlich in seinem Tagebuch beschreibt. (Katyń ..., Bd. 1, S. 74 ff., und Szcześniak, Katyń. Tło ..., S. 24)

Grzybowskis Protest hatte lediglich noch historische Bedeutung. Die Rote-Arbeiter-und-Bauern-Armee überschritt – noch während die Note zugestellt wurde – die Grenze Polens. Zwei Fronten, die Belorussische Front unter Armeebefehlshaber Michail Kowaljow und die Ukrainische Front unter Armeebefehlshaber Semjon Timoschenko, insgesamt über eine Million Mann unter Waffen, griffen an. Die beiden Stoßgruppierungen waren am 11. September aus den Verbänden der jeweiligen Militärbezirke gebildet worden.

Am 14. September, zwei Wochen nach Beginn der Wehrmachtsoffensive gegen Polen, hatten der Volkskommissar für Verteidigung der UdSSR Kliment Woroschilow und der Generalstabschef der Roten-Arbeiter-und-Bauern-Armee Boris Schaposchnikow die Weisungen für die beiden Befehlshaber gegeben: »Bis zum 16. [dieses Datum wurde handschriftlich korrigiert, ursprünglich stand als Datum der »9.« – G. K.] September 1939« sei »die verdeckte Konzentrierung der Truppen« abzuschließen. Diese sollten »für den entscheidenden Angriff« bereitstehen, »mit dem Ziel, durch einen blitzartigen Schlag die gegenüberliegenden Truppen des Gegners zu vernichten«. (Katyń ..., Bd. 1, S. 543 f. und 545 f.) Der Angriff sei (im Bereich Kowaljows) bis zur Linie der Flüsse Pissa, Narew und Bug und (im Bereich Timoschenkos) bis zur Weichsel und zum San und damit so weit vorzutragen, wie es in den deutsch-sowjetischen Verhandlungen vereinbart und schriftlich festgehalten worden war. Unbefestigte Städte, hieß es in den Weisungen, seien nicht zu bombardieren, Beutemachen und Beschlagnahmungen streng untersagt. Desungeachtet wurden u. a. beträchtliche Mengen an Lokomotiven und Waggons, Fabrikausrüstungen und Lebensmitteln von Staats wegen requiriert. Die »Genossen Soldaten, Kommandeure und

Politarbeiter« waren aufgerufen, ihrer »revolutionären Verpflichtung« nachzukommen und den »Brüdern Belorussen und Ukrainern uneigenützige Hilfe und Unterstützung zu erweisen, um sie vor dem Ruin und der Vernichtung zu bewahren«. (Katyń ..., Bd. 1, S. 70 f.)

Die Bevölkerung machte jedoch nach dem Einmarsch der Roten Armee völlig andere Erfahrungen. Die Familie Gustaw und Maryla Bychowski lebte mit dem zweijährigen Töchterchen Monika im damals polnischen Wilno: »Am 18. in der Frühe tauchten die russischen Panzer in den Vororten Wilnos auf. Die erste sowjetische Okkupation dauerte knapp 40 Tage, aber die Stadt hörte sofort auf normal zu funktionieren. Die ausgehungerten sowjetischen Soldaten durchkämmten die Stadt, entblößten die Geschäfte und Lager von Lebensmitteln. Es mangelte an Mehl, Fleisch, Salz, Zucker, Fett, Streichhölzern. Die Einwohner warteten in kilometerlangen Schlangen auf Brot. Man begann sich um fünf Uhr in der Frühe vor den Bäckereien anzustellen ... Es mangelte an Seife und Waschmittel, Arzneien, Kleidung, Schuhen ...« (Olczak-Ronikier ..., S. 300)

Mit dem Einmarsch wurden u. a. der am 5. Mai 1934 bis zum 31. Dezember 1945 verlängerte Nichtangriffsvertrag zwischen Sowjetrußland und Polen vom 25. Juli 1932 und weitere zwei- und mehrseitige Verträge gebrochen. Dagegen leugnete Rußlands Außenministerium noch Jahrzehnte später, daß es sich beim Einmarsch der Roten Armee in Polen im September 1939 um eine Aggression gehandelt habe. Am 14. September 1999, anläßlich des Jahrestags des Einmarsches sowjetischer Truppen am 17. September 1939, versuchte es den Einmarsch ohne Kriegserklärung in ein Nachbarland zu rechtfertigen. »Die Behauptungen Warschaus ..., es hätte im September 1939 eine Aggression der UdSSR gegen Polen gegeben, finden in völkerrechtlichen Dokumenten keine Bestätigung und daher kann man damit nicht übereinstimmen.« (»Neues Deutschland«, Berlin, 17. September 1999)

Die polnische Seite, konzentriert auf die deutsche Aggression seit Anfang September, wurde durch das unerwartete Vordringen sowjetischer Truppen völlig überrascht. Stundenlang konnte sich die zu diesem Zeitpunkt bereits desolate militärische Führung nicht entscheiden, welche Befehle zu geben seien. Der Tag verstrich, bevor der Oberbefehlshaber der Polnischen Streitkräfte, Marschall Edward Śmigły-Rydz, spätabends, gegen 22.00 Uhr, die Weisung erteilte: »Die Sowjets sind einmarschiert. Ich befehle ein allgemeines Ausweichen auf kürzestem Weg nach Rumänien und nach Ungarn. Keine Kämpfe mit den Sowjets aufnehmen, ausgenommen im Falle eines Angriffs ihrerseits oder bei Versuchen unsere Einheiten zu entwaffnen ... Garnisonen, die von den Sowjets erreicht worden sind, sollen mit ihnen Verhandlungen mit dem Ziel aufnehmen, die Garnison nach Rumänien oder Ungarn abziehen zu lassen.« (Katyń ..., Bd. 1, S. 73 f.) Diese zu spät erteilte und weitgehend illusorische Weisung erreichte viele Einheiten nicht. Wenn überhaupt, versuchten nur kleine Gruppen und einzelne Offiziere in Ausnahmefällen, z. B. in Lwów, den Befehl organisiert zu verwirklichen.

Die meisten Kommandeure entschieden führungslos, abgeschnitten, versprengt oder in zusammengewürfelten Einheiten, nach Gutdünken und handelten auf eigene Faust. Einheiten des polnischen Grenzschutzkorps (KOP) standen bereits seit dem Morgengrauen im ungleichen Kampf. Einige legten die Waffen nieder, andere glaubten die Rote Armee als Verbündeten im Kampf gegen die deutsche Aggression behandeln zu können. Das erwies sich bald als Fehler. Aber die polnische Seite verfügte auch nicht über genügend und schon gar nicht über gleichwertig ausgerüstete Truppen, um sich der Roten Armee entgegenzustellen. Zudem stand die Mehrheit der kämpfenden Truppe, 25 Divisionen, im Kampf gegen die Wehrmacht. Sowohl an Polens Westfront als auch in Polens Ostgebieten mehrten sich innerhalb von wenigen Tagen die Auflösungs- und Zerfallserscheinungen unter den einheimischen Militärs. Seine widersprüchlichen Eindrücke aus jenen Tagen schildert der Militärarzt Salomon Slowes. Er beobachtete »Chaos ... Genährt durch unterschiedlichste Gerüchte, wuchs die Verwirrung. Panik griff um sich. Soldaten brachen in die Vorratslager ein, die gebrauchte Kleidungsstücke von Rekruten enthielten, und deckten sich ›für alle Fälle‹ mit Zivilkleidung ein.« Allerdings meldeten sich dort, wo tatkräftige Offiziere auftraten, z. B. Oberst Koc, hunderte Soldaten und Offiziere, unter ihnen Slowes, zum Kampf. (Slowes, Der Weg ..., S. 65) Slowes war auch Zeuge des Flugblattabwurfs durch sowjetische Flugzeuge. Nicht frei von Russizismen und in schlechtem Polnisch geschrieben, forderte die Führung der Roten Armee die polnischen Soldaten auf, zu desertieren und zu meutern:

»Soldaten! Was ist mit Euch geschehen? Wofür und gegen wen kämpft ihr? Für wen setzt Ihr Euer Leben aufs Spiel? ... Die Offiziere treiben Euch zu sinnlosen Kämpfen. Sie hassen Euch und Eure Familien. Sie haben Eure Abordnungen erschossen, die Ihr mit dem Vorschlag, Euch zu ergeben, zu uns geschickt habt. Offiziere und Generale sind Eure Feinde. Sie wollen Euren Tod.

Soldaten! Schlagt die Offiziere und Generale. Führt die Befehle Eurer Offiziere nicht aus. Vertreibt sie aus Eurem Land. Lauft mutig zu uns, Euren Brüdern, zur Roten Armee über. Hier findet Ihr Zuwendung und Fürsorge ... Glaubt uns, die Rote Armee der Sowjetunion ist Euer einziger Freund.« (Zbrodnia Katyńska ..., S. 8/9) Dieser Text, unterzeichnet von Timoschenko, unterschied sich nur graduell, nicht in der Grundaussage vom Flugblatt, das Kowaljow verbreiten ließ. Dessen Flugblatt versprach nicht nur Zuwendung und Fürsorge, sondern endete mit den beiden Zeilen: »Legt die Waffen nieder! Geht auf die Seite der Roten Armee über. Die Freiheit und ein glückliches Leben sind Euch sicher.« (Armia Krajowa ..., Bd. 1, S. 549) Diese Versprechungen erwiesen sich als Schall und Rauch.

Der junge Artillerieoffizier Tadeusz Pióro, Jahrzehnte später mit gediegener Generalstabsausbildung und Führungserfahrungen in hohen Stäben, erinnert ebenfalls an das »unbeschreibliche Chaos« des Septemberfeldzuges. Ständige Rückzüge, eine hilflos operierende militärische Führung und bereits in der ersten Woche des Kriegs zerschlagene oder schwer angeschlagene Divisionen blieben ebenso in seiner Erinnerung wie der Leidensweg seines Regiments, das in dieser Situation »nichts machen konnte«. Neben Tausenden führungslosen und umherirrenden Soldaten gab es kampfbereite Abteilungen. Zu diesen Einheiten gehörte die Batterie Pióros. Mit ihr schlug er sich bis in den Raum Lwów durch, wo er in die Gefangenschaft von Timoschenkos Panzertruppe geriet. Aus dem Zug, der ihn mit wiederum Tausenden in die Gefangenschaft nach Osten bringen sollte, sprang er nachts ab. Nachdem er sich Zivil verschafft hatte, schlug er sich anfangs auf einem der galizischen Ölfelder als Arbeiter durch. Seinen Vater, Militärarzt, lieferte man nach Starobjelsk, in eines der im Herbst für polnische Offiziere geschaffenen Sonderlager ein. Die Mutter entzog sich der drohenden Deportation, indem sie sich in ein Flüchtlingslager auf ungarischem Boden rettete.

Grigori Kulik, Stellvertreter des Volkskommissars für Verteidigung Kliment Woroschilow, meldete am 21. September an Stalin, Molotow und seinen militärischen Vorgesetzten, die polnische Armee sei von der Offensive der Roten Armee so schwer getroffen worden, daß sie keinerlei Widerstand leiste. Dies entsprach nicht der tatsächlichen Lage. Die verzweifelten Abwehrkämpfe der versprengten polnischen Einheiten dauerten bis Ende September/Anfang Oktober 1939. Der Befehlshaber des Grenzschutzkorps, General Wilhelm Orlik-Rückemann, lieferte mit seiner Gruppierung mehr als 40 Gefechte und führte am 1. Oktober zwei größere Kampfhandlungen bei Szack und bei Wytyczne. Am heftigsten wurde im Raum Wilno/Vilnius und besonders Grodno gekämpft, wo Wassili Tschuikow die 4. Armee unter Kowaljow führte. Die Forts der Festung Brest-Litowsk lagen sowohl im Feuer der Artillerie des Wehrmachtsgenerals Heinz Guderian als auch der des sowjetischen Armeebefehlshabers Michail Kowaljow. Im Raum der Festung Przemyśl kämpfte die Kavallerie unter General Władysław Anders sowohl gegen deutsche Wehrmachtseinheiten als auch gegen die Panzer Semjon Timoschenkos.

Beginnend mit dem 22. September, zogen sich die Wehrmachtseinheiten, wie zwischen Deutschem Reich und UdSSR vereinbart, aus von ihnen besetzten Ostgebieten Polens zurück. Die Kommandeure der Roten Armee hatten den Befehl des Volkskommissars Woroschilow vom 21. September, Kommandeuren der Wehrmacht auf Anforderung auch militärische Unterstützung zu leisten. Das war zwischen Roter Armee und Wehrmacht in einer geheimen Vereinbarung vom 21. September 04.00 Uhr festgelegt worden. Sollte die Zurücknahme der Wehrmachtsverbände auf die vereinbarte Linie durch polnische Militärs oder »Banden« »gestört« werden, waren diese durch die Rote Armee zu »liquidieren«. (Katyń ..., Bd. 1, S. 96 f.)

Der Befehl 05 Kowaljows wies die Kommandeure der Roten

Armee an, mit den Vertretern der sich zurückziehenden Wehrmachtseinheiten Kontakt aufzunehmen, um »alle entstehenden Probleme zu besprechen«.

40000 Quadratkilometer des von von der Roten Armee eroberten Landes fielen an die Sowjetunion. In Brest nahmen Heinz Guderian und der sowjetische Brigadekommandeur Semjon Kriwoschejin gemeinsam eine Parade ab. Am 22. September 1939 besprach der Oberbefehlshaber der 8. Armee, Generaloberst Johannes Blaskowitz, in Białystok den Verlauf der Demarkationslinie mit sowjetischen Kommandeuren. Ähnliche Begegnungen zwischen hohen Militärs und auch zwischen Soldaten sowie Paraden fanden allenthalben statt. Auch die sowjetische Seite räumte von ihr erobertes polnisches Land, z.B. im sogenannten Suwałki-Zipfel, und übergab es an die Wehrmacht.

Die Verluste der polnischen Seite, Militärs und Zivilisten, durch den Einmarsch der Roten Armee beliefen sich auf zwei- bis dreitausend Tote und annähernd 20000 Verwundete, Verletzte und Vermißte. (Katyń …, Bd. 1, S. 17) Die militärischen Verluste der Roten Armee gab der Generalstab der Streitkräfte Rußlands erstmals 2001 mit 1139 Toten an. (»Gazeta Wyborcza«, Warszawa, 7. Juni 2001)

Große Teile der polnischen Streitkräfte gerieten im Verlauf und nach Einstellung der Kampfhandlungen in Gefangenschaft. Oftmals auf freiem Feld, hinter Stacheldrahtverhauen zusammengetrieben, herrschte das Gefühl der Hilflosigkeit und des Ausgeliefertseins, der Hoffnungslosigkeit. (Peszkowski …, S. 9f.) Wurden sie kolonnenweise in die Sammellager oder von einem Lager ins andere geführt, sahen sich die polnischen Kriegsgefangenen nicht selten dem Spott von Kindern, Jugendlichen und Erwachsenen ausgesetzt. So verlachte man sie z.B. im ukrainischen Kamenez-Podolsk als »Schauspieler eines bankrotten Theaters«. (Nudelman …, S. 121)

Im Mai 1939 zählte die polnische Armee insgesamt 18500 Berufsoffiziere, im Grenzschutzkorps dienten weitere 846. Reserveoffiziere gab es annähernd 60000, a.D., außer Dienst nach Überschreitung der Altersgrenze, waren (alle Zahlen gerundet) 12000. Die genaue Zahl der im September 1939 einberufenen polnischen Offiziere anzugeben ist nicht möglich. Angenommen werden kann,

Offiziere der 3. Panzer-Division der Wehrmacht auf dem Gefechtsstand des sowjetischen Panzergenerals Semjon Kriwoschejin bei Brest

daß es mehr als 40000 waren. In deutsche Gefangenschaft gerieten im September/Oktober 1939 mehr als 18000 Offiziere sowie annähernd 400000 Soldaten und Unteroffiziere.

Teile der polnischen Armee zogen sich befehlsgemäß nach Rumänien und Ungarn, auch nach Litauen und Lettland zurück, wo sie interniert wurden. Rumänien richtete für annähernd 25000 polnische Militärs 34 Internierungslager ein, darunter besondere Lager für Offiziere und ein Generalslager. Im letzteren befanden sich 25 Generale. Insgesamt 2515 Angehörige des Offizierskorps wurden in Rumänien interniert. Die meisten betrachteten ihren Aufenthalt in diesem Land als Durchgangsstation auf dem Weg zur kämpfenden Truppe in Frankreich und – nach dessen Niederlage im Sommerfeldzug 1940 – nach Nahost, zu General Weygand. Überwiegend aus familären Gründen gingen einige hundert Offiziere aus der rumänischen Internierung in die UdSSR. Lettland richtete Internierungslager in Daugavpils und Liepāja ein. In Litauen wurden ursprünglich über 10000 polnische Militärangehörige interniert, darunter annähernd 800 Offiziere. Während die Offiziere 1940 größtenteils in sowjetische Hand fielen, entließen die litauischen Militärs bis zur Angliederung Litauens etwas mehr als die Hälfte der Soldaten und Unteroffiziere.

Somit geriet ein großer Teil der polnischen Militärs ab Herbst 1939 in sowjetischen Gewahrsam.

Die Gesamtzahl der in sowjetische Gefangenschaft gekommenen polnischen Soldaten wird mit 242 000 Mann angegeben. Sie setzt sich zusammen aus etwa 181 000, die bei Kämpfen oder als Versprengte gefangengenommen wurden, und aus jenen, die man in den Monaten nach dem Einmarsch verhaftete. Dazu kamen die Internierten aus Litauen und Lettland, nachdem diese beiden baltischen Staaten im Juni 1940 an die UdSSR angeschlossen waren. Die lettischen Behörden stellten ihren Internierten zuletzt noch frei, sich für deutsche oder sowjetische Kriegsgefangenschaft zu entscheiden (eine dritte Möglichkeit, in ein neutrales Land auszureisen, war mit finanziellen Leistungen verbunden, die von den polnischen Internierten nicht aufgebracht werden konnten). Die Mehrzahl entschied sich aus der Überlegung heraus, daß der deutsche Faschismus der Todfeind des polnischen Volkes sei, für die UdSSR.

Kommandeure der Roten Armee hatten Ende September/Anfang Oktober mancherorts Kapitulationsvereinbarungen getroffen. Die polnischen Einheiten waren veranlaßt worden, Kampfhandlungen zu beenden oder nicht erst aufzunehmen. Alle Soldaten und Offiziere sollten die Waffen niederlegen und sich danach frei entscheiden können, ob sie nach Hause zurückkehren oder die Grenzen nach Rumänien oder Ungarn überschreiten wollten. Diese Zusicherungen wurden nirgends eingehalten. Es kam zu Erschießungen von polnischen Offizieren nach der Gefangennahme u.a. in Grodno, Oszman, Molodeczno und Tarnopol. Besonders exemplarisch war der Vertrauensbruch im Falle von Lwów. Nachdem alle deutschen Angriffe abgewehrt worden waren und es, der unübersichtlichen Lage wegen, sogar zu Gefechten zwischen Wehrmacht und Roter Armee gekommen war, näherten sich von Osten sowjetische Truppen der Stadt. Der polnische General Władysław Langner ging auf das vom Befehlshaber der 6. Armee Filip Golikow durch Parlamentäre unterbreitete Kapitulationsangebot ein.

Die Bedingungen sahen u.a. den freien Abzug der Offiziere, Soldaten und Polizisten aus der Stadt vor. Sie sollten durch von sowjetischen Truppen besetztes Gebiet bis zu den Grenzen nach Rumänien und Ungarn marschieren, nachdem sie die Waffen niedergelegt hatten. Versprochen war auch die Verpflegung der polnischen Einheiten auf dem gesamten Weg bis zu den Grenzen bzw. bis zu den Wohnorten bei jenen, die nach Hause zurückzukehren wünschten.

Die Kapitulation erfolgte am 22. September 1939. Nachdem die polnische Garnison ihre Waffen niedergelegt und sich in Marschordnung aufgestellt hatte, wurden die Kolonnen umzingelt und als Gefangene abgeführt. Kaum war die Stadt besetzt, ordneten die sowjetischen Behörden eine Registrierung aller in der Stadt befindlichen Offiziere der Polnischen Streitkräfte an, gleich, ob man sie im September mobilisiert hatte oder nicht. Bei der Registrierung sagte man ihnen, daß sie fortan den Offizieren der Roten Armee gleichgestellt seien. Nach kurzer Frist wurden alle Registrierten inhaftiert. Rund 2000 Berufs- und Reserveoffiziere wurden abtransportiert – allein in der Nacht vom 9. zum 10. Dezember 1939 226 Offiziere, unter ihnen fünf Generale. (Aresztowani …, S. 9ff.)

Im Osten wie im Westen leisteten polnische Truppen noch Widerstand, als Hitler und Stalin sich entschieden, das »Problem« Polen endgültig zu lösen. Der deutsche Botschafter in Moskau, Friedrich Werner Graf von der Schulenburg, meldete am 19. September 1939 nach Berlin: »Molotow erklärte mir heute, daß die Sowjetregierung den Zeitpunkt nunmehr für gekommen halte, um gemeinsam mit der deutschen Regierung endgültig die Gestaltung des polnischen Raumes festzulegen. Dabei ließ Molotow durchblicken, daß bei der Sowjetregierung und bei Stalin persönlich ursprünglich vorhandene Meinung, ein restliches Polen bestehen zu lassen, jetzt der Tendenz gewichen ist, Polen entlang der Linie Pissa-Narew-Weichsel-San aufzuteilen.« (Die Beziehungen …, S. 119) Hitler gab daraufhin seine Absicht auf, einen kleinen polnischen Operettenstaat mit einer Bevölkerung von 12 bis 15 Millionen einzurichten. Er sollte beiderseits der am 22. September verabredeten Demarkationslinie zwischen Deutschem Reich und UdSSR liegen. Als seine

Grenzverläufe 1939–1945

Ostgrenzen war die Linie Grodno–Przemyśl vorgesehen. Hegte Hitler doch im Zusammenhang mit diesen Absichten die Hoffnung, daß die Schaffung dieses Staatsgebildes den westlichen Verbündeten Polens, die ja nach wie vor in Untätigkeit verharrten, den Vorwand gebe, sich aus dem Krieg vollständig zurückzuziehen.

Von der Schulenburg konnte in seinem Drahtbericht vom 25. September mitteilen: »Stalin vortrug folgendes: Bei der endgültigen Regelung der polnischen Frage müßte alles vermieden werden, was in Zukunft Reibungen zwischen Deutschland und Sowjetunion gebären könnte. Unter diesem Gesichtspunkt erscheine ihm die Belassung eines selbständigen Restpolens abwegig.« (Die Beziehungen ..., S. 120f.) Hitler stimmte zu.

Am 28. September 1939 unterzeichneten Ribbentrop und Molotow in Moskau den »Deutsch-sowjetischen Grenz- und Freundschaftsvertrag« sowie wiederum weitere Geheime Zusatzabkommen. Die Grenze zwischen den beiden Mächten verlief nunmehr von Ostpreußen entlang der Flüsse Pissa und Narew bis Malkinia und weiter dem Lauf der Flüsse Bug und San folgend bis zu den Waldkarpaten. Am San z.B. baute die sowjetische Seite am östlichen Flußufer ein loses Bunkersystem, den »Molotow-Wall« auf, dessen – teilweise gesprengte – Überreste noch heute als historisches Denkmal Zeugnis von dieser vierten Teilung Polens ablegen.

Beide Seiten verabredeten, diese Grenze solle endgültig sein und jegliche Einmischung dritter Mächte in diese Regelung werde abgelehnt werden. Das »Zweite Geheime Zusatzprotokoll« zum Vertrag bestimmte: »Beide Teile werden auf ihren Gebieten keine polnische Agitation dulden, die auf die Gebiete des anderen Teils hinüberwirkt. Sie werden alle Ansätze zu einer solchen Agitation auf ihren Gebieten unterbinden und sich gegenseitig über die hierfür zweckmäßigen Maßnahmen unterrichten.« (Die Beziehungen ..., S. 126 und »Woprosy istorii«, 1/1993, S. 14) Auch dieses Protokoll unterzeichneten Ribbentrop und Molotow. Es bedeutete die gemeinsame Absicht der beiden Regierungen, jede nationale Regung des polnischen Volkes zu bekämpfen. Sie erwies sich als potentielles Todesurteil für jeden Polen im Widerstand.

Nachdem der Vertrag geschlossen worden war, veröffentlichten beide Seiten in Presse und Rundfunk eine Erklärung des Inhalts, daß sie die sich »aus dem Zerfall des polnischen Staates ergebenden Fragen endgültig geregelt« und »damit ein sicheres Fundament für einen dauerhaften Frieden in Osteuropa geschaffen« hätten. »Übereinstimmend« erklärten sie, »daß es dem wahren Interesse aller Völker entsprechen würde, dem gegenwärtig zwischen Deutschland einerseits und England und Frankreich andererseits bestehenden Kriegszustand ein Ende zu machen. Die beiden Regierungen werden deshalb ihre gemeinsamen Bemühungen ... darauf richten, dieses Ziel so bald als möglich zu erreichen. Sollten jedoch die Bemühungen ... erfolglos bleiben, so würde damit die Tatsache festgestellt sein, daß England und Frankreich für die Fortsetzung des Kriegs veranwortlich sind, wobei im Falle einer Fortdauer des Krieges die Regierungen Deutschlands und der UdSSR sich gegenseitig

GEHEIMES ZUSATZPROTOKOLL

Die unterzeichneten Bevollmächtigten stellen das Einverständnis der Deutschen Reichsregierung und der Regierung der UdSSR über folgendes fest:

Das am 23. August 1939 unterzeichnete geheime Zusatzprotokoll wird in seiner Ziffer 1 dahin abgeändert, dass das Gebiet des litauischen Staates in die Interessensphare der UdSSR fällt, weil andererseits die Woywodschaft Lublin und Teile der Woywodschaft Warschau in die Interessensphäre Deutschlands fallen (vergl. die Karte zu dem heute unterzeichneten Grenz — und Freundschaftsvertrage). Sobald die Regierung der UdSSR auf litauischem Gebiet zur Wahrnehmung ihrer Interessen besondere Massnahmen trifft, wird zum Zwecke einer natürlichen und einfachen Grenzziehung die gegenwärtige deutsch-litauische Grenze dahin rektifiziert, dass das litauische Gebiet, das südwestlich der in der anliegenden Karte eingezeichneten Linie liegt, an Deutschand fällt.

Ferner wird festgestellt, dass die in Geltung befindlichen wirtschaftlichen Abmachungen zwischen Deutschland und Litauen durch die vorstehend erwähnten Massnahmen der Sowjetunion nicht beeinträchtigt werden sollen.

Moskau, den 28. September 1939.

Für die
Deutsche Reichsregierung:
J. RIBBENTROP

In Vollmacht der
Regierung der UdSSR:
W. MOLOTOW

Moskau, den 28. September 1939.

Für die Deutsche Reichsregierung:

In Vollmacht der Regierung der UdSSR:

GEHEIMES ZUSATZPROTOKOLL

Die unterzeichneten Bevollmächtigten haben bei Abschluss des deutsch-sowjetischen Grenz — und Freundschaftsvertrages ihr Einverständnis über folgendes festgestellt:

Beide Teile werden auf ihren Gebieten keine polnische Agitation dulden, die auf die Gebiete des anderen Teiles hinüberwirkt. Sie werden alle Ansätze zu einer solchen Agitation auf ihren Gebieten unterbinden und sich gegenseitig über die hierfür zweckmässigen Massnahmen unterrichten.

Moskau, den 28. September 1939.

Für die Deutsche Reichsregierung:
J. RIBBENTROP

In Vollmacht der Regierungder UdSSR:
W. MOLOTOW

Moskau, den 28. September 1939.

Für die Deutsche Reichsregierung:

In Vollmacht der Regierung der UdSSR:

Geheimes Zusatzprotokoll vom 28. September 1939, unterzeichnet von Ribbentrop und Molotow über die erforderlichen Maßnahmen konsultieren werden.« (Die Beziehungen ..., S. 127).

Selbst der Sowjetmacht gegenüber kritisch gesonnene Intellektuelle wie die Lyrikerin Anna Achmatowa akzeptierten in dieser Zeit die sowjetische Außenpolitik. Weil »jeder Tag für uns arbeitet«, d.h. das Land aus kriegerischen Verwicklungen heraushalte. Die Politik der Briten und Franzosen wurde von ihr im Sommer 1940, weil sie den Krieg gegen Nazideutschland nicht beendeten, als »Verwilderung« empfunden. (Tschukowski ..., Tagebucheintragung vom 26. August, S. 155)

Stalin hatte intern die von ihm verfolgte politische Strategie bereits eine Woche nach Beginn der deutschen Aggression im engeren sowjetischen Führungszirkel, den verknappten Notizen Georgi Dimitroffs, Vorsitzender des Exekutivkomitees der Komintern, zufolge so beschrieben: »Wir haben nichts dagegen, daß sie kräftig aufeinander einschlagen und sich schwächen ... Die Unterscheidung der kapitalistischen Länder in faschistische und demokratische hat ihren bisherigen Sinn verloren ... Der polnische Staat ... ist heute ein faschistischer Staat ... Die Vernichtung dieses Staates ... würde einen bourgeoisen faschistischen Staat weniger bedeuten!« (Dimitroff, Tagebücher ..., S. 273f.)

Der Begriff »Faschismus« verschwand aus der sowjetischen Öffentlichkeit. In der Parteizeitung »Prawda« wurde er letztmalig am 14. August benutzt, am 9. September tauchte der Begriff nochmals auf, jedoch nicht in bezug auf Deutschland, sondern – im Beschluß des Sekretariats des Exekutivkomitees der Komintern – zur Charakterisierung Polens. Filme mit antifaschistischer Aussage wurden aus dem Verleih genommen, bestimmte Bücher wurden »sekretiert«.

Hitler behauptete in seiner Reichstagsrede am 6. Oktober 1939, daß eine der schändlichsten Schöpfungen von Versailles ausgelöscht sei, und im Obersten Sowjet feierte Molotow die vierte Teilung Polens durch einen »einzigen raschen Schlag«, »erst seitens der deutschen und dann seitens der Roten Armee«, der nichts mehr übriggelassen habe, von der »Mißgeburt« (russ.: urodliwoje djetischtsche) des Versailler Vertrags. (»Prawda«, Moskau, 1. November 1939)

Triumphbogen in Iwanowice, östlich von Brest: Sowjetstern, flankiert vom Hakenkreuz (Herbst 1939)

Die Zusammenarbeit zwischen Reichswehr bzw. Wehrmacht und Roter Armee u. a. bei operativ-strategischen Planungen, bei der Generalstabsausbildung und bei der Rüstung hatte zu diesem Zeitpunkt bereits eine – wenngleich nicht durchgängige – jahrzehntelange Tradition. Sie reichte ungeachtet aller Gegensätzlichkeiten und Wesensunterschiede bis in die Anfangsjahre der Weimarer Republik zurück. (Faschistski metsch ..., S. 31 ff.) Vor allem richtete sie sich gegen Polen.

Zum Beispiel notierte der deutsche Botschafter in Moskau Herbert von Dirksen am 17. Oktober 1931 über einen Besuch hoher Reichswehroffiziere, unter ihnen der Chef des als Truppenamt getarnten Generalstabs Wilhelm Adam, beim Volkskommissar für Heereswesen und Marine Kliment Woroschilow im Kreml: »Woroschilow unterstrich auf das Nachhaltigste [wie bei anderer Gelegenheit auch gegenüber Werner von Blomberg – G. K.] das unveränderte Gefühl der Freundschaft, die man hier gegenüber Deutschland hege. Die Grenzen mit Polen sind, wie er im Gespräch mit Adam unterstrich, nicht endgültig ...« (Ebenda, S. 120 f.)

Auch nach der Errichtung der faschistischen Diktatur in Deutschland hob Marschall Michail Tuchatschewski am 13. Mai 1933 in der deutschen Botschaft in Moskau hervor: »Vergessen Sie nicht: uns trennt die Politik; unsere Gefühle füreinander trennen uns nicht; es sind dies die Gefühle der Freundschaft zwischen Reichswehr und Roter Armee. Und denken Sie immer daran: Deutschland und die UdSSR können der gesamten Welt ihre Bedingungen diktieren, wenn wir gemeinsam handeln.« (Ebenda, S. 25) Tuchatschewski hatte 1932 einen detaillierten strategischen Plan zur Zerschlagung Polens ausgearbeitet. Er schloß u. a. »Schläge der schweren Bomberflotte auf den Raum Warschau« ein. Weiterhin sah er vor, die in den Wehrbezirken Minsk und Kiew dislozierten Verbände der Roten Armee zur Erhöhung deren Offensivkraft gegenüber Polen in mechanisierte Divisionen bzw. Panzerverbände umzugestalten (ebenda, S. 132); Aufgaben, die 1939 teilweise gelöst waren.

Boris Feldmann, Chef einer Hauptverwaltung der Roten Armee, nahm 1932 gemeinsam mit Tuchatschewski und zahlreichen weiteren hochrangigen Kommandeuren der Roten Armee an den Herbstmanövern der Reichswehr im Raum Frankfurt/Oder teil. Er stellte an den Anfang seines offiziellen Berichts den »roten Faden« des Manövers, dessen »außerordentliche politische und militärische Bedeutung. Der Auswahl des Manövergebiets, dem Grundgedanken der angenommenen Lage, der Verteilung und dem Ansatz der Kräfte lag einzig und allein der Gedanke zugrunde: ... der Krieg mit Polen ist unausweichlich.« Diese Vorstellungen entsprachen auch denen der sowjetischen Militärs. (»Sowetskije archivy«, Moskwa, 1/1991, S. 71 ff.)

Auch im folgenden Jahr veranstaltete die Reichswehr ein Kriegsspiel gegen Polen unter der Annahme, Sowjetrußland beteilige sich. Das Kriegsspiel sah vor, daß die Rote Armee von Osten und Norden her gegen Polen operiere. Mitwirkende waren u. a. Johannes Blaskowitz, Fedor von Bock, Wilhelm von Leeb. Wenige Jahre später, im Herbst 1939, handelten sie abgestimmt und aufeinander eingespielt mit den Militärs der Roten Armee im »Fall Weiß« gegen Polen. (Faschistski metsch ..., S. 323)

Der Major im Generalstabsdienst der Wehrmacht Johann Adolf Graf von Kielmannsegg, zwei Jahrzehnte später einer der höchsten Offiziere der Bundeswehr und in der NATO, beschreibt 1939/40 erfüllt vom Geist der Aggression seinen Stolz, daß Polen nicht einfach besiegt, »sondern ... durch unseren Sieg ausgelöscht war aus der Geschichte«. (Kielmannsegg, Panzer ..., S. 81)

Die im Geheimen Zusatzprotokoll zum Vertrag vom 28. September 1939 bekundete Übereinstimmung bei der Bekämpfung jedweder polnischer Unabhängigkeitsbestrebung beschränkte sich nicht auf die gegenseitige Information. Lawrenti Berija, Volkskommissar für Innere Angelegenheiten, und Heinrich Himmler, Reichsführer SS und Chef der Deutschen Polizei, suchten, jeder auf seine Weise, eine polnische Widerstandsbewegung zu verhindern. Dabei arbeiteten die ihnen unterstehenden Dienste auch zusammen.

Da sich der militärische polnische Widerstand schnell formierte und bald funktionsfähig war, kam dessen Aufklärungsdienst sehr rasch dieser Zusammenarbeit auf die Spur. General Tadeusz Komorowski-Bór, 1939 Befehlshaber des Bundes für den Bewaffneten Kampf (ZWZ), im Militärbezirk Kraków-Śląsk, später Befehlshaber der Landesarmee (Armia Krajowa, AK), erfuhr, daß sich eine spezielle Kommission des NKWD in Kraków, dem Sitz des Generalgouverneurs des faschistischen Deutschen Reiches Hans Frank, und dem unweit gelegenen Zakopane, wo ein geheimes Ausbildungszentrum für Mitarbeiter des Reichssicherheitshauptamtes eingerichtet worden war, aufhalte. Zwischen Januar und März 1940 verhandelten und verabredeten RSHA und NKWD Maßnahmen gegen die illegale polnische Bewegung.

Der Aktion AB, der Außerordentlichen Befriedungsaktion im

faschistisch besetzten Teil Polens, fielen annähernd 5000 polnische Männer und Frauen, in ihrer Mehrzahl Intellektuelle, zum Opfer. Im März 1940 entschied die sowjetische Führung über die in ihre Hand gefallenen militärischen u. a. polnischen Führungskräfte. Beide Aktionen sind das Ergebniss planvoller Vorgehensweisen. (Bartoszewski, Vorwort ..., S. 14 f., Kaiser, Katyń ..., S. 22, Katyń ..., Bd. 1, S. 19)

Bereits im November 1939 wurden z. B. mehr als 180 Wissenschaftler der Jagiellonen Universität Krakau und der dortigen Bergakademie in das KZ Sachsenhausen verbracht. War doch die systematische Vernichtung der Intelligenz erklärtes Ziel deutscher Herrenmenschenpolitik vom ersten bis zum letzten Tag der Herrschaft im besetzten Land. Angehörige der polnischen wissenschaftlichen, kulturellen und militärischen Intelligenz stellten auch einen hohen Anteil der Opfer unter sowjetischer Herrschaft.

Besonders exzessiv von beiden Seiten verfolgt wurden Polens Kommunisten. Der Terror der dreißiger Jahre in der Sowjetunion traf sie ins Mark. Alle in der UdSSR in der politischen Emigration lebenden Mitglieder des Politbüros der Kommunistischen Partei Polens (KPP) waren erschossen worden, von 19 der 1932 gewählten Mitglieder des Zentralkomitees überlebten fünf, von 18 Kandidaten in diesem Gremium lediglich drei. Die mehrfachen Repressionswellen seit Anfang der dreißiger Jahre trafen alle Mitglieder in Leitungsgremien der KPP, deren Vertreter in der Kommunistischen Internationale, die kommunistischen Sejm-Abgeordneten, nahezu die gesamte Parteiintelligenz, den aktivsten Kern der KPP. Von insgesamt 3817 registrierten Mitgliedern der KPP in sowjetischer Emigration haben weniger als einhundert überlebt. Viele von ihnen nahmen zum Zeitpunkt der Repression am antifaschistischen Kampf zur Verteidigung der Republik Spanien teil. Die KPP wurde in mehreren Etappen letztendlich im August 1938 aufgelöst. Ihr wurde unterstellt, sie sei »von Spionen, Provokateuren, Agenten der politischen Polizei und fremden Aufklärungsdiensten infiltriert und beeinflußt«. (Seeber, Die Beseitigung ..., S. 109 f.) Zu den ersten Häftlingen des KZ Auschwitz ab Mai 1940 gehörten noch im Lande lebende polnische Kommunisten und Sozialisten. Die demokratische Linke Polens mußte sich unter den schweren

Bedrohungen der Besatzungspolitik beider Großmächte neu formieren. Bis zum Überfall des Deutschen Reiches auf Polen war noch keine einzige kommunistische Parteiorganisation in Polen gebildet worden. Die Neugründung einer Kommunistischen Partei erfolgte – jahrelang verzögert – zudem eher nach den Regeln eines politischen Geheimdienstes als nach den Grundregeln einer politischen Willensbildung. (Nazarewicz ..., S. 14 ff.)

Der konservative und der liberale Widerstand konnten sich auf ihre gewachsenen, zwar bedrohten und geschwächten, aber nicht von Grund auf zerstörten Strukturen, zu denen das Offizierskorps gehörte, stützen.

In dem polnischen Gebiet, das an die Sowjetunion gefallen war, es umfaßte nahezu 200 000 Quadratkilometer, lebten annähernd 13,4 Millionen Einwohner, darunter mehr als fünf Millionen Polen; weiterhin Ukrainer, Belorussen, Juden sowie Litauer und Russen, alle polnische Staatsbürger.

Bereits am 6. Oktober 1939 veranlaßten die sowjetischen Militär- und Sicherheitsbehörden, die einzigen, die Macht ausüben konnten, auf Weisung Stalins »allgemeine Wahlen«. Sie hatten »Ausdruck des Volkswillens« zu sein. Am 22. Oktober wurden sie auf der Grundlage sowjetischer Regelungen durchgeführt. Gewählt wurden 2 410 Abgeordnete, unter ihnen zahlreiche sowjetische Militärs oder deren Familienangehörige sowie Mitarbeiter der Behörden. Auch einige wenige ortsansässige Kommunisten oder deren Anhänger wurden gewählt. Sie waren zumeist Mitglieder der KP der Westukraine oder der KP Westbelorußlands. Die Abgeordneten wurden in zwei Nationalitätenkammern eingeteilt, die Ukrainische befand sich in Lwów, die Belorussische in Białystok. Wenige Tage nach den Wahlen wandten sich diese Gremien an den Obersten Sowjet in Moskau mit der erwünschten Bitte, die Gebiete an die Sowjetunion anzuschließen. Der Oberste Sowjet anerkannte diese stimulierten Entscheidungen als spontanen Ausdruck des Willens der Bevölkerung. Ein Teil des Landstriches wurde der Ukrainischen SSR zugeschlagen, der andere der Belorussischen SSR. Alle Personen, die am 1. und 2. November hier lebten, sollten die sowjetische Staatsbürgerschaft erhalten.

Polnische Behörden und Selbstverwaltungsorgane wurden aufgelöst. Formell wurde die polnische Sprache im Behördenverkehr durch Belorussisch und Ukrainisch, tatsächlich jedoch durch Russisch abgelöst. Polnisch wurde in einem Teil der Schulen unterrichtet, wenige Verlage publizierten in polnischer Sprache; die vermittelten Inhalte waren wie das gesamte öffentliche Leben in jedem Fall und in jeder Hinsicht vom Geist des Stalinismus jener Jahre durchdrungen. Die Lebensverhältnisse der Bevölkerung verschlechterten sich deutlich. Es galt allein die sowjetische Währung. Banken, Bergwerke, Fabriken wurden verstaatlicht. Das gesamte Eigentum des polnischen Staates, aller politischen Parteien, teilweise auch aller gesellschaftlichen sozialen, kulturellen u.a. Einrichtungen, Museen, Bibliotheken und Archive wurde beschlagnahmt und eingezogen. Spezielle Regelungen betrafen das persönliche Eigentum der Bevölkerungsschichten, die Opfer der Repressionspolitik wurden.

Verhaftungen und Deportationen durch das NKWD

Generell betrachteten die sowjetischen Behörden alle ursprünglichen Bewohner der an die UdSSR angegliederten polnischen Landesteile, ungeachtet ihrer ethnischen Zugehörigkeit, als potentielles Sicherheitsrisiko. Man bezeichnete sie als »Westler« (russ.: sapadniki).

Die gefangengenommenen polnischen Militärs wurden ins Landesinnere abtransportiert. Dort kamen sie in eilig vorbereitete Lager, in der Regel zuerst in Sammellager der Roten Armee im rückwärtigen Frontgebiet, sodann in Durchgangs-, Überprüfungs-, Arbeits- und schließlich auch Sonderlager. Diese unterstanden durchweg dem NKWD.

Das NKWD nahm in den neu angeschlossenen Gebieten unverzüglich individuelle und Gruppenverhaftungen vor. Diese erreichten ein massenhaftes Ausmaß. Sie trafen nicht nur Offiziere und deren Familien, sondern alle als feindselig, schädlich und sozial fremd eingestuften »Elemente«. Bereits eine Woche nach Beginn des zweiten Weltkrieges und knapp zwei Wochen vor dem Einmarsch der Roten Armee in Polen hatte Berija befohlen, unverzüglich mit der

Aufstellung von Operativgruppen des NKWD zu beginnen. Zwei Tage vor dem Einmarsch wurden ihre Aufgaben und Vorgehensweise endgültig festgelegt. Zu ihren Opfern gehörten Angehörige der Beamtenschaft, Richter, Staatsanwälte und Polizisten, wichtige Persönlichkeiten des öffentlichen Lebens und der Politik wie Wojewoden, Grundbesitzer, Adelige, Kaufleute und Industrielle, Mitarbeiter des geheimen polnischen militärischen Nachrichtendienstes, des Grenzschutzkorps, Ansiedler in den Ostgebieten und Angehörige weiterer Gruppen.

Inhaftiert wurden auch alle, die versuchten, die Grenze zu überschreiten bzw. diese überschritten hatten. Sei es, daß sie als Flüchtlinge (russ.: beschenzy) in der UdSSR Sicherheit oder dort ihre Familie zu finden hofften, sei es, daß es sie als Grenzüberschreiter (russ.: perebeschtschiki) – nach Osten verschlagen hatte oder sie zu ihrem Wohnsitz oder auf der Suche nach der Familie im sogenannten Generalgouvernement auf dem Weg waren. Allein in Lwów hielten sich im letzten Vierteljahr 1939 annähernd 80 000 Flüchtlinge aus den polnischen Zentral- und Westgebieten auf. (»Czerwony Sztandar«, Lwów, 19. November 1939) Gleichgültig, in welche Richtung die Grenze überquert wurde, erhielten sie, so man sie faßte, zwischen drei und acht Jahren Lagerhaft zugemessen. Das betraf allein in den Monaten September–Dezember 1939 35 000 Menschen, die die UdSSR zu verlassen suchten, und 145 000 Menschen, die Zuflucht in der UdSSR zu finden hofften.

Die polnische Forschung und dabei vornehmlich jene, die von der polnischen Emigration betrieben wurde und wird, ging und geht teilweise bis auf den heutigen Tag von einer nicht gründlich dokumentierten Zahl der Opfer aus. Diese überhöhten Hochrechnungen nennen für die Zeit von Herbst 1939 bis Sommer 1941, d.h. bis zum Überfall des Deutschen Reiches auf die UdSSR, die Zahl von mehr als anderthalb bis zwei Millionen polnischer Staatsbürger, die Opfer der Verfolgung durch verschiedene Formen der Unterdrückung geworden seien. (My deportowani ..., S. 5ff.) Ein neuer und erst jetzt möglicher Forschungsansatz, nämlich die Zahl der Opfer an Hand genauer Namens-, Herkunfts- und Geburtsdatenlisten zu bestimmen, läßt es als höchstwahrscheinlich erscheinen, daß die Zahl der Opfer sehr hoch ist, jedoch nicht so hoch, wie es

Erinnerungen von Betroffenen sowie Hochrechnungen auf der Basis der abgefertigten Deportationszüge und ihres jeweiligen »Fassungsvermögens« zuvor vermuten ließen. (Knyt ..., S. 142–145) Mit dem neuen Forschungsansatz wird außerdem versucht, möglichst jedem der Verfolgten seinen Namen wiederzugeben und damit seine Würde, ihn aus einer statistischen Größe in eine menschliche Dimension zu stellen. Aus namenlosen Ziffern werden somit Menschen mit einer nur ihnen eigenen Biographie.

In den neuen Listen namentlich erfaßt worden sind bis Ende 2000 insgesamt 320 000 Deportierte. Nur geringfügig darüber lagen die ersten Berechnungen im Auftrage der polnischen Exilregierung, die 1941 durch Stanisław Kot vorgelegt und erst im März 2001 wiederentdeckt worden sind. (Jasiewicz ..., S. 143–145; weiterhin siehe statistische Angaben bei Klotz ..., S. 107 ff., und Obliczenia ..., S. 107 f., sowie Gurjanow ..., S. 114 ff.)

1939/41 schlugen vier Deportationswellen über der Bevölkerung Ostpolens – nunmehr Westbelorußlands und der Westukraine – zusammen. In vier großen Schüben wurden bis zum Sommer 1941 annähernd 1 000 000 Zivilisten der nunmehr sowjetischen Westgebiete in das Landesinnere der UdSSR deportiert.

Die erste Welle vom 10. Februar 1940 erfaßte nach jüngsten Studien 140 000 Menschen, vornehmlich kleine Beamte und Angestellte, Forstleute und Besitzer von Grund und Boden; sogenannte Ansiedler. (Raszkiewicz ..., S. 64 ff.) Die zweite Welle vom 13. April erfaßte 320 000 Menschen.

Eine besondere Gruppe in dieser Deportationswelle bildeten die Familien der in der UdSSR in Lagern und Haftanstalten gefangengehaltenen polnischen Offiziere sowie Polizeiangehörigen und weiterer Inhaftierten, die seit Herbst 1939 vor allem in drei Sonderlagern konzentriert worden waren. Deren systematische Erschießung war zwei Tage früher beschlossen worden, als die Entscheidung über ihre nächsten Familienangehörigen fiel. »Das NKWD der UdSSR« befahl am 7. März 1940, »für 10 Jahre in die Gebiete der kasachischen SSR alle Familienmitglieder ... zu deportieren«, deren Angehörige sich »in Lagern für die Kriegsgefangenen und in Haftanstalten der Westgebiete der Ukraine und Belorußlands befinden.« Als Familienmitglieder galten die Ehefrau, die

Kinder, aber auch die Eltern, Brüder und Schwestern, »wenn sie im Familienverband ... leben«. (Katyń ..., Bd. 2, S. 43 ff.) Die Planungen des NKWD gingen davon aus, daß allein von den Familiendeportationen mindestens einhunderttausend Personen betroffen sein würden. Zugriffgruppen in Stärke von jeweils drei Mann waren zu bilden, und jede dieser Gruppen hatte zwei, drei Familien dem jeweiligen Deportationspunkt zuzuführen. Die Operation hatte an ein und demselben Tag in der Westukraine und in Westbelorußland und allüberall »im Morgengrauen« zu beginnen. An Eigenem durften maximal 100 kg mitgeführt werden. Festgelegt war auch, »daß alle Wohn- und Wirtschaftsräume, die infolge der Deportationen frei werden ..., in erster Linie den Militärs der RKKA [d.h. der Roten Armee – G.K.] und den Mitarbeitern des Partei- und Staatsapparats, die zur Arbeit in die Westgebiete ... delegiert worden sind, zur Verfügung zu stellen sind«. (Katyń ..., Bd. 2, S. 43 ff.) In den Unterlagen des NKWD wird diese große Gruppe der zu Deportierenden als »administratiwno-wyslannyje«, d.h. »auf administrativem Wege Verbannte« geführt. (Gurjanow ..., S. 122)

Vier Generationen der Familie Nowak: sitzend Franciszek, Jg. 1845; stehend, von links: Ludwik (1875); Paweł (Opfer der Repressionspolitik, erschossen, Jg. 1900); Adam (deportiert, Jg. 1930)

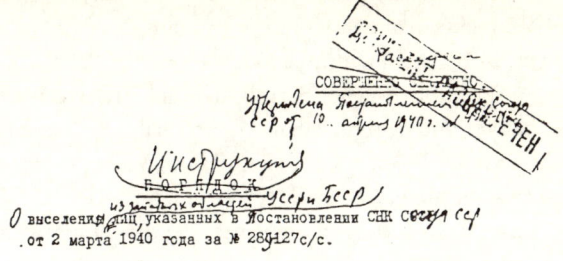

Instruktion zur Deportation der Familien von polnischen kriegsgefangenen Offizieren in den Sonderlagern und Haftanstalten des NKWD sowie weiterer Bevölkerungsgruppen

Die dritte Welle vom Juni 1940 verschlang bis zu 240 000 Flüchtlinge aus West- und Zentralpolen, die versucht hatten, sich ostwärts der Bug-Linie vor der eingefallenen Wehrmacht in Sicherheit zu bringen.

Die vierte Deportationswelle erfaßte im Juni 1941, kurz vor dem Überfall Nazideutschlands auf die Sowjetunion, 200 000 Menschen. Neben dem Rest der Flüchtlinge handelte es sich dabei vor allem um Angehörige intellektueller Berufe, hochqualifizierte Facharbeiter, Eisenbahner und begüterte Bauern. Erstmals gehörte auch eine große Gruppe von Polen dazu, die im Raum Wilno/Vilnius ansässig war; war doch auch Litauen derzeit zu einem Teil der UdSSR geworden. Eine für den 26. Juni geplante Deportation aus Litauen fand nicht mehr statt. Am 22. Juni begann der deutsch-sowjetische Krieg.

Diese Deportationen und weitere Verhaftungen sowie Deportationen kleinerer Gruppen erfolgten auf der Grundlage einer Richtlinie »Über die Durchführung von Deportationen antisowjetischer Elemente«.

Iwan Serow

Die Richtlinie und ihre Verwirklichung waren das Werk von Iwan Serow. Sein Vater hatte in Wologda als zaristischer Gendarmerieoffizier gedient. Diese Herkunft hielt Iwan Serow zeitlebens geheim. Er selbst absolvierte nach langjähriger Dienstzeit in der Roten Armee die Sonder-, d. h. die Geheimdienstfakultät der Frunse-Militärakademie. 1939 wurde er im Dienstgrad Oberstleutnant Stellvertreter des Chefs der Hauptverwaltung Staatssicherheit (GUGB), sodann Volkskommissar für Innere Angelegenheiten der Ukraine, schließlich Stellvertreter des Volkskommissars bzw. Minister für Innere Angelegenheiten der UdSSR. In Polen und der Sowjetischen Besatzungszone wirkte er ab 1944/45 führend am Aufbau von Sicherheitsorganen nach sowjetischem Vorbild mit. 1954–1958 wurde er der erste oberste Dienstherr des aus dem NKWD und seinen Nachfolgeorganen hervorgegangenen KGB. Seine Karriere brach jäh ab, weil ihm ein tiefer Einbruch des US-amerikanischen Geheimdienstes CIA in die sowjetischen Sicherheitsdienste angelastet wurde. War es dem CIA doch gelungen, den sowjetischen Oberst Oleg Penkowski anzuwerben. Außerdem wurde ruchbar, daß Serow während seiner Dienstzeit in Deutschland als einer der ranghöchsten Mitarbeiter der Sowjetischen Militäradministration in Deutschland (SMAD) sich in Potsdam bereichert hatte. Er eignete sich wertvolle Möbel, Bilder, Teppiche und Geschirr als »private Kriegsbeute« an. (Berija ..., S. 99f.)

Zu den Opfern der rigiden und von Männern wie Serow geprägten Sicherheitspolitik gehörten ab 1939/40 außer den deportierten Flüchtlingen die verhafteten Zivilisten und Militärs. Außerdem rekrutierte die Rote Armee 210000 bislang polnische Staatsbürger der Jahrgänge 1917 bis 1919.

Insgesamt wurden bis zum Sommer 1941 weit über eine Million »sapadniki« deportiert bzw. für Jahre und ohne eigene Entscheidungsmöglichkeit aus ihrer angestammten Heimat gerissen. Annähernd 60 Prozent der Verhafteten und Deportierten waren ethnisch gesehen Polen, die anderen Ukrainer, Belorussen und Juden, seit eh und je zwar nicht wirklich gleichberechtigt, aber formell Staatsbürger der Republik Polen.

Nachdem der Große Terror in der zweiten Hälfte der 30er Jahre die kommunistische Elite Polens dezimiert und deren geschlossenes politisches Auftreten durch Auflösung der KPP verhindert hatte, richtete sich der zweite Stoß stalinistischer Politik nunmehr gegen die bürgerliche Elite, die Aktiven aller Ethnien und politischen Konfessionen. Betroffen waren davon so unterschiedliche Persönlichkeiten wie die sozialistischen Politiker Henryk Erlich und Wiktor Alter, Führungsköpfe des Bundes, und der Berufssoldat Franciszek Sikorski, General und Bruder des Chefs der Exilregierung Władysław Sikorski. Erlich und Alter hatten nach Beginn des zweiten Weltkriegs Zuflucht in der UdSSR erhofft. Dort waren sie bis 1941 inhaftiert; nach dem Überfall auf die UdSSR kamen sie kurzzeitig frei, um dann wiederum in Haft genommen zu werden. Entgegen anderen offiziellen Verlautbarungen verübte Erlich im Mai 1942 demonstrativ Selbstmord im Kujbyschewer Gefängnis, während Alter ebendort bereits im Februar erschossen worden war. Durch die systematische Verfolgungspolitik und gezielte Schläge gegen die nationalen und kulturellen Eliten aller Nationalitäten wurde die Einwohnerschaft der neu eingegliederten Gebiete politisch und gesellschaftlich nachhaltig geschwächt.

Unterschiedlich gestaltete sich die Lage der Deportierten. Für nahezu alle galt, daß ihre Familien auseinandergerissen wurden. Die größte Gruppe bildeten Deportierte, die aus sowjetischer Sicht nicht für spezielle volkswirtschaftliche Aufgaben zu gebrauchen waren – Frauen, Kinder, Alte. Sie kamen zumeist nach Mittelasien oder nach Kasachstan.

Den Familien der in den Gefangenenlagern bzw. in Haftanstalten gehaltenen polnischen Militärs wurden besonders abgelegene und wenig entwickelte kasachische Gebiete mit besonders schweren klimatischen und zivilisatorischen Bedingungen als Aufenthalt angewiesen. Durch ein spezielles Regime war sichergestellt, daß sie weder dieses Gebiet noch den dort zugewiesenen Aufenthaltsort verlassen durften und konnten. Die Familien der Militärs und Polizisten kamen in folgende Gebiete: Akmolinsk/Akmola, Aktjubinsk, Kustanaj, Pawlodar und Semipalatinsk. (Katyń ..., Bd. 2. S. 164)

Sich selbst überlassen, hatten sie sich Unterkunft und Arbeit zu beschaffen, um mehr schlecht als recht überhaupt überleben zu können. Sie gruben sich Erdhütten (russ.: semljanka), wohnten in Baracken, notdürftig hergerichteten Scheunen, Lagerhallen oder anderen Notbehelfen. Arbeit fanden sie in der Landwirtschaft oder in kleinen Betrieben. Ihre miserablen Lebensbedingungen und das ungewohnte extreme Klima führten zu einer hohen Sterberate. Daß viele von ihnen mit dem Leben davonkamen, verdankten sie oftmals nur der Hilfe durch die ansässige Bevölkerung.

Zu den Verbannten dieser Kategorie gehörte die erwähnte Familie Nowak aus dem Dorf Miedziol, das nunmehr zu Belorußland gehörte. Die Familienchronik hielt fest: »Eine gute Seele hatte gewarnt: ›Nowakowa, morgen wird man euch wegbringen.‹ Truda Nowakowa packte, schmolz Speck aus, brutzelte Hühner. Die Kinder halfen dabei ... Der einzige Mann im Haus war der neunjährige Adaś [polnische Koseform des Namen Adam – G. K.]. ... Die Deportation begann in den frühen Morgenstunden des 13. April 1940. Das Brot auszubacken, schaffte die Familie nicht mehr. Es blieb im Ofen ... Als die Pferde anzogen, das Fuhrwerk sich in Gang setzte und die Kinder weinten, sagte Mutter Truda zum Begleitposten: ›Genosse, wozu den ganzen Aufwand, fahrt uns in den Wald und erschießt uns.‹ ›Aber Frau, was soll das‹, antwortete er ihr, ›bei uns leben auch Menschen.‹

In Güterwagen fuhren wir ungefähr einen Monat lang, über dreitausend Kilometer.

Abgesetzt im nordkasachischen Kolchosdorf Stanowoje, wies der Kolchosvorsitzende die ›polnischen Herren‹ an, bei den Einwohnern um ein Dach über dem Kopf zu betteln, eine Arbeit gab es vorerst nicht ... Später wurden auch die Kinder zu schwerer Feldarbeit eingeteilt. Aufgenommen wurde die Familie zuerst von der Russin Jewdokija Tarasowa, die dafür einige Kleider Trudas erhielt. Es war ein Blockhaus ... mit großem Ofen. Im Dorf gab es nur einige Häuser dieser Bauart, der Rest waren Erdhütten ... In Stanowoje lebten 200 Familien, Russen, Kasachen, Tataren, Polen, Rußlanddeutsche, Tschetschenen. Letztere starben fern von ihren Bergen wie die Fliegen ... Als nichts mehr einzutauschen war, fand die Familie Unterkunft in einer der niedrigen Erdhütten ... Maria Janicka lebte hier mit vier Kleinkindern, dazu kam die Nowakowa mit dem Sohn Adaś und drei Töchtern ... Alle paar Wochen brachte man Waren, die unter den Einwohnern aufgeteilt wurden: Petroleum, Tee, vor den Feiertagen auch Zucker und Streichhölzer ... Der Winter dauerte von Anfang November bis in den März hinein; Fröste bis 45 Grad Minus ...« (Nowak ..., Walizki ...)

Auch in der zweiten Gruppe, jener, die in Arbeitslager bei Bergwerken, Straßen- oder Flugplatzbauten sowie Fabriken eingewiesen worden waren, um Zwangsarbeit zu verrichten, war die Sterberate hoch; besonders wenn die Aufenthaltsorte in Nordrußland, im hohen Norden, lagen. Die dritte Gruppe war inhaftiert und bei besonders schweren und gesundheitsschädlichen Arbeiten in Bergwerken oder bei Holzfällerarbeiten eingesetzt. Dazu kamen rigorose Bedingungen des Lagerregimes. Am schwersten hatten es jene, die in Lager an der Kolyma, im äußersten Nordosten der UdSSR, kamen. Lediglich 15 Prozent der Betroffenen überlebten mehr als einen Winter. Schließlich kam es im Sommer 1941 zu massenhaften Erschießungen von jenen Häftlingen, die sich noch in Gefängnissen des NKWD befanden, die in den Westgebieten lagen. Sie erfolgten nach Ausbruch des Krieges zwischen Deutschland und der UdSSR. Und zwar überall dort, wo der Abtransport der Häftlinge nicht vorgenommen werden konnte bzw. wo Häftlinge den Strapazen tagelanger Fußmärsche nicht gewachsen waren. Das schändlichste Verbrechen dieser Art fand in Lwów statt. Hier wurden in vier Gefängnissen, vor allem in der Brygidka und in Zamarstynow, annähernd zweieinhalbtausend Gefangene erschossen, im unweit gelegenen Drohobycz (der Heimat des Dichters Bruno Schulz) über 1000. (Aresztowani ..., S. 10f.)

Die Statistik des Chefs des Gefängniswesens des NKWD, des Majors der Staatssicherheit Nikolski, vom 2. September 1941 nennt insgesamt mehr als 88000 »Verlegte« nach Kriegsbeginn vom Sommer 1941, darunter 39285 aus den Westgebieten der UdSSR ins Landesinnere »Verlegte«. Eine weitere, durch den Stellvertreter des Chefs der 1. Abteilung der gleichen Verwaltung, Hauptmann der Staatssicherheit Wolochonski, am 23. Januar 1942 abgezeichnete Meldung listet auf, daß mit Kriegsbeginn im Sommer 1941 9817 Häftlinge »in den Gefängnissen« und weitere 674 »auf dem Marsch« bei Fluchtversuchen sowie 769 »entgegen geltender Vorschriften« durch die Wach- und Begleittruppen erschossen worden sind. (Ewakuacja ..., S. 137f.)

Der Golgathaweg von Millionen Menschen belastet seit Jahrzehnten die Beziehungen zwischen Polen und der Sowjetunion bzw. Rußland.

Am Grabmal des Unbekannten Soldaten in Warschau charakterisierte Polens Präsident Aleksander Kwaśniewski im Frühjahr 2000 die dem Einmarsch der Roten Armee 1939 nachfolgende und sanktionierte Politik der Verfolgung als »Verbrechen eines unmenschlichen Systems«. (»Neues Deutschland«, Berlin, 14. April 2000) Polen dürfe nicht dem gesamten russischen Volk die Schuld daran geben. Auch die Dokumentation und die Analyse der Politik namentlich bekannter Entscheidungsträger sowie deren ebenfalls namentlich bekannter militärischer und sicherheitsdienstlicher Erfüllungsgehilfen verschiedener Verantwortungsebenen sollte den Weg zu partnerschaftlicher Zusammenarbeit in der Zukunft, über die Gräben und die Gräber der Vergangenheit öffnen.

II. Hinterrücks erschossen: Das Schicksal der Gefangenen Herbst 1939 – Frühjahr 1940

Die Konzentration polnischer Offiziere in den Sonderlagern Kosjelsk, Starobjelsk und Ostaschkow

Die ohne Kriegserklärung in Polen einmarschierte Rote Armee überstellte die in ihre Hand gefallenen polnischen Militärs unverzüglich an das NKWD. Am 19. September 1939 befahl der Generalstabschef der Roten Armee Boris Schaposchnikow, die Gefangenen aus den Auffanglagern der Roten Armee bis an die ursprüngliche Staatsgrenze der UdSSR zurückzuführen. Dafür waren ab 20. September Begleittruppen zu bilden. Für diese sollten aus Kavallerieschwadronen und Schützenkompanien geeignete Soldaten herausgezogen werden. Ihre Aufgabe war es, die polnischen Militärs zu den rückwärts gelegenen Sammelpunkten des NKWD zu verlegen. Von diesem Zeitpunkt an waren sie in dessen Gewahrsam. Für den Besonderen Militärbezirk Kiew und den Besonderen Belorussischen Militärbezirk waren jeweils fünf Sammelpunkte des NKWD vorgesehen. Von vornherein in dessen Verfügungsgewalt befanden sich jene Offiziere, die einzeln oder in Gruppen verhaftet worden waren; sei es am Wohnort, in der Garnison, auf dem Marsch, auf der Flucht oder beim Versuch, sich befehlsgemäß nach Rumänien oder Ungarn durchzuschlagen. Alle polnischen Offiziere und Soldaten waren bereits beim Abtransport in die Gefangenschaft durch Wach- und Begleitposten der Roten Armee zu isolieren und kamen anschließend in Lager, die dem NKWD unterstanden.

Zwei Tage nach Beginn des Einmarsches der Roten Armee unterzeichnete der Volkskommissar Berija den Geheimbefehl 0308. Er sah die Bildung einer Verwaltung für Kriegsgefangenenwesen (UPW) vor, die ab 1940 auch für Internierte (UPWI) zuständig war. Als erster Verwaltungschef wurde Pjotr Soprunenko eingesetzt.

Pjotr Soprunenko

Geboren am 17. Mai 1908, seiner Nationalität nach Ukrainer, seinem ursprünglichen Beruf nach Bergmann im Donbass, besuchte er eine Militärschule und wurde 1928 Mitglied der KPdSU. 1938 schloß er die Sonderfakultät der Frunse-Militärakademie in Moskau mit dem Dienstgrad Hauptmann ab. Er wurde Mitarbeiter des NKWD und leitete kurzzeitig Ausbildungskurse in einer Moskauer Schule des NKWD. Nach einem Vierteljahr in dieser Dienststellung wurde er im März 1939 als Gehilfe des Chefs des Sekretariats des Volkskommissars für Innere Angelegenheiten eingesetzt. Durch Befehl des Volkskommissars Lawrenti Berija avancierte er im Herbst zum Verwaltungschef der UPW. Sein direkter Vorgesetzter war einer der Stellvertreter Berijas, Wassili Tschernyschew. Diesem unterstand u.a. die Hauptverwaltung Lager (GULag) des NKWD, ihm oblag auch die Dienstaufsicht über die neue Verwaltung. Soprunenko stieg von da ab schnell sowohl im Dienstgrad als auch in der Dienststellung auf. Nach drei Jahren war er bereits Generalmajor und schied 1963 aus dem aktiven Dienst des KGB, der Nachfolgeorganisation des NKWD, aus.

Seine Stellvertreter waren Major Josif Poluchin und der Oberleutnant der Staatssicherheit Iwan Chochlow. Letzterer gehörte seit 1918 den unter verschiedenen Bezeichnungen operierenden Sicherheitsdiensten der UdSSR an. Politischer Kommissar und Leiter der Politabteilung der Verwaltung wurde Semjon Nechoroschew, 1939–1940 im Dienstgrad Regimentskommissar. Die operative Abteilung leitete Arsenij Tischkow und Major der Staatssicherheit Iwan Makljarski die Abteilung für Nachweisführung. In dieser wurden alle Unterlagen über die Kriegsgefangenen geführt, vor allem auch der Nachweis der geheimdienstlichen Arbeit unter ihnen.

Neben der Struktur und dem Stellenplan bestimmte der Befehl die Einrichtung von ursprünglich acht Lagern, die jeweiligen Leiter und die Politkommissare. Letztendlich bestanden zwischen September 1939 und März 1940 für die polnischen Kriegsgefangenen drei Sonderlager (Kosjelsk, Ostaschkow und Starobjelsk), sieben

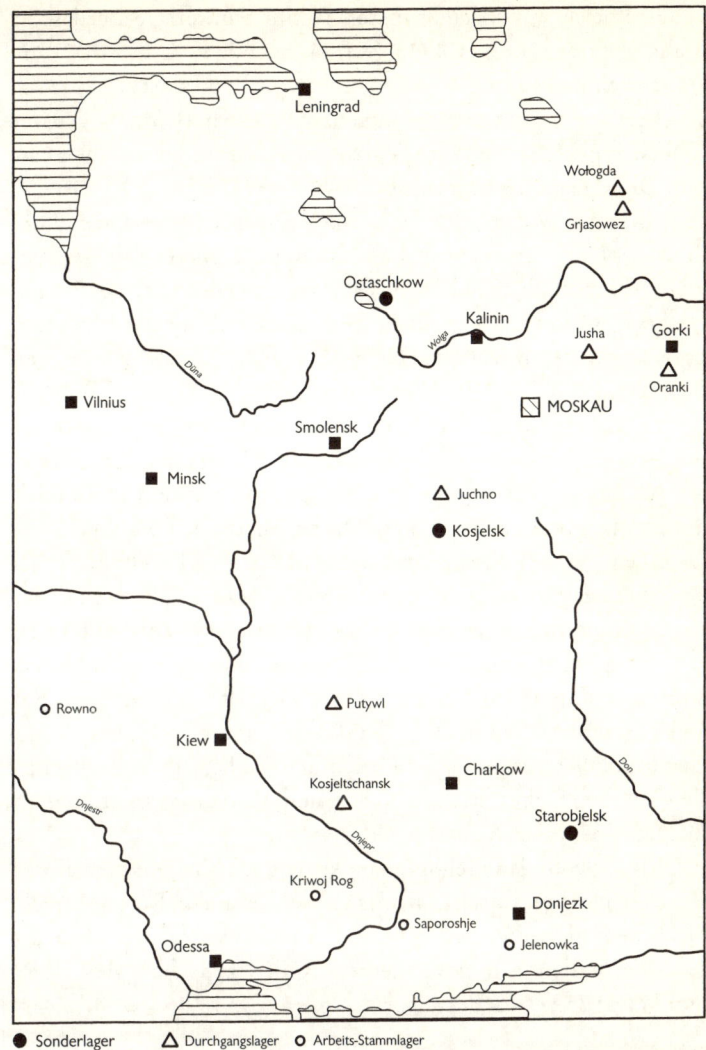

● Sonderlager   △ Durchgangslager   ○ Arbeits-Stammlager

Wichtige Lager des NKWD für polnische Kriegsgefangene 1939–1940/41

Durchgangs- und Überprüfungslager (Grjasowez, Juchnow/Pawlitschew Bor, Jusha, Kosjeltschansk, Oranki, Putywl und Wologda) sowie vier Arbeitslager (Jelenowka-Karakub, Kriwoj Rog, Rowno und Saporoshje).

Starobjelsk war in einer ersten Planungsunterlage Berijas für Stalin vom 3. Oktober 1939 (Katyń ..., Bd. 1, S. 128–130) ursprünglich für diejenigen tschechischen und slowakischen Militärs vorgesehen, die unter dem Befehl von Oberstleutnant, später Oberst Ludvík Svoboda am Septemberfeldzug teilgenommen hatten. Diese Legion aus Tschechen und Slowaken stand im Zeichen gemeinsamen Widerstandes gegen die deutsche Aggressionspolitik, deren Opfer die Tschechoslowakische Republik bereits 1938/39 geworden war, an der Seite Polens. Mit einem Federstrich bestimmte Stalin eigenhändig, daß nicht die Tschechen und Slowaken, sondern polnische Stabsoffiziere und Generale nach Starobjelsk zu verlegen seien.

Den Militärs unter dem Kommando Svobodas verlangte Stalin die Verpflichtung ab, nicht gegen die UdSSR zu kämpfen. Sie waren bis zum Abschluß des Krieges von England und Frankreich mit Deutschland zu internieren. Die annähernd 1 000 Militärs, unter ihnen 159 Offiziere, kamen einem Befehl von Tschernyschew zufolge in das Lager Oranki, später Susdal, und absolvierten in der Internierung im Gegensatz zu ihren polnischen Waffengefährten eine disziplinierte militärische Gefechtsausbildung, um sich auf den künftigen Kampf zur Befreiung ihrer Heimat vorzubereiten. Ein Teil von ihnen blieb in der UdSSR, ein anderer schloß sich mit Genehmigung der Sowjetbehörden den Einheiten der tschechoslowakischen Exilregierung in Nahost und Westeuropa an. (Katyń ..., Bd. 1, S. 132, Bd. 2, S. 394)

Ludvík Svoboda befehligte an der deutsch-sowjetischen Front ein tschechoslowakisches Korps an der Seite der Roten Armee. Nach dem Sieg über den deutschen Faschismus war er 1945 bis 1950 Verteidigungsminister seines Landes, zwischen März 1968 und Mai 1975 dessen Präsident.

Vor allem durch die Einrichtung der Arbeitslager mit jeweils zahlreichen Außenlagern entstand sehr schnell ein wesentlich umfangreicheres Lagernetz für die polnischen Gefangenen. Die zwischen 138 und 150 Lager befanden sich anfangs überwiegend im europäischen Teil der UdSSR, in Rußland, der Ukraine und Belorußland, erstreckten sich jedoch bereits in der zweiten Jahreshälfte 1940 zwischen Polargebiet und Mittelasien, zwischen Lwów im Westen und Magadan in Fernost.

Der Entscheidung über die Einweisung in die Lager lagen politische, ideologische, soziale sowie militärische, wirtschaftliche und vor allem sicherheitspolitische Gesichtspunkte zugrunde. Hauptanliegen war es, Berija zufolge, die Kriegsgefangenen vollständig zu isolieren, jede Fluchtmöglichkeit zu unterbinden, alle Gefangenen sicherheitspolitisch zu überprüfen und agitatorisch-propagandistische Arbeit unter den Gefangenen zu leisten. Ein spezieller Befehl Berijas regelte den Aufbau eines Agentennetzes unter den Gefangenen sowie die Ausspähung aller politischen, militärischen, rüstungswirtschaftlichen u.a. Geheimnisse, deren Träger die Kriegsgefangenen durch Beruf, Auslandsreisen, Studium usw. waren.

Die Dienstvorschrift über die Gefangenenlager vom 28. September 1939 sah vor, daß ausnahmslos alle Gefangenen zu registrieren waren und den entsprechenden umfangreichen Fragebogenspiegel wahrheitsgemäß auszufüllen hätten. Die Gefangenen sollten der Vorschrift zufolge korrekt behandelt werden. Sie waren verpflichtet, alle Befehle der Wachtruppe und die Vorschriften über das Lagerleben widerspruchslos zu befolgen. So war z. B. der Tagesablauf zwischen Wecken um 7.00 Uhr und Abendappell von 22.00 bis 22.30 Uhr mit anschließender Nachtruhe bis ins kleinste geregelt. Im jeweiligen Lager konnten sich die polnischen Gefangenen frei bewegen, auch die Bibliotheken oder die Medpunkte und andere Lagereinrichtungen ungehindert nutzen.

Ab 20. September trafen die Gefangenentransporte in den Sammelpunkten und Durchgangslagern des NKWD ein. Die meisten hatten bereits tagelange Fußmärsche abseits der Vormarschstraßen der Roten Armee bzw. Bahntransporte hinter sich. Die Marschkolonnen wurden aus Feldküchen der Roten Armee und mit Brotrationen verpflegt. Nahezu alle Lager waren überbelegt. Trotz mehrstöckiger Betten fehlte es häufig an Schlafgelegenheiten, auch an Strohsäcken, mancherorts an sauberem Wasser und oftmals an minimaler hygienisch-sanitärer Ausstattung.

»Mit Änderungen« wurde am 3. Oktober 1939 ein durch Berija eingebrachter zweieinhalbseitiger Beschluß durch handschriftliche

Signatur auf dem Deckblatt bestätigt. Stalin, Mikojan, Woroschilow, Molotow und Kaganowitsch zeichneten eigenhändig ab, die Zustimmung des nicht anwesenden Shdanow wurde eingeholt und protokolliert. Das Gremium reagierte mit dieser Entscheidung auf die zunehmenden Schwierigkeiten, die durch immer neue Gefangenenkolonnen entstanden. Entschieden wurde deshalb, »die kriegsgefangenen Soldaten ukrainischer, belorussischer und anderer Nationalitäten, deren Heimat sich in der Westukraine und Westbelorußland befindet, nach Hause zu entlassen«.

Weiterhin war vorgesehen, Soldaten, deren Heimat von den Deutschen okkupiert worden war, in spezielle Lager einzuweisen und mit den deutschen Behörden über deren Rückführung in die Heimatorte zu verhandeln.

25000 Gefangene sollten für den Bau der strategisch wichtigen »West-Ukrainischen Straße Nr. 1« zwischen Nowogród-Wołyński und Lwów herangezogen werden.

Die meisten Bestimmungen des Beschlusses betrafen jedoch die gefangenen Offiziere. Sie kamen in eigens für sie bestimmte Lager, in die oben erwähnten Sonderlager. Das Lager Kosjelsk erhielt die Postfachnummer 12, Starobjelsk die 15 und Ostaschkow die Postfachnummer 37 zugeteilt.

Die meisten Stabsoffiziere, hohe Militär- und Staatsbeamte, wurden nicht gemeinsam mit dem jüngeren Offizierskorps untergebracht. Ein spezielles Lager war für Angehörige der Abwehr und der Aufklärung sowie Polizei und Gendarmerieangehörige vorgesehen. Schließlich wurde beschlossen, den Offizieren eine »etwas bessere Versorgung als den Soldaten« zukommen zu lassen und 20 mobile Filmvorführgeräte und fünf Felddruckereien für die Lager bereitzustellen. (Katyń ..., Bd. 1, S. 128–130)

Mitte Oktober 1939 verständigten sich hohe Militärs und Diplomaten der UdSSR und des Deutschen Reiches darauf, polnische Kriegsgefangene auszutauschen. Befand sich ihr früherer Wohnsitz in der Westukraine bzw. Westbelorußland und befanden sie sich in deutscher Kriegsgefangenschaft, überstellte die Wehrmacht diese Militärangehörigen an die UdSSR. Übergabeorte waren Brest und Cholm. Die sowjetische Seite lieferte einer Entscheidung vom 11. Oktober zufolge, die u.a. durch Berija, Molotow, Woroschilow und Mikojan getroffen worden war, ihrerseits – auch gegen schriftlich vorgebrachten Einspruch von einzelnen oder von Gruppen – gefangene Angehörige der Polnischen Streitkräfte an die Wehrmacht aus, wenn ihr früherer Wohnort in jenem Teil Polens lag, der nunmehr von Deutschland besetzt war. Übergabeorte für annähernd 33 000 dieser Militärs waren Dorogusk und Terespol. Der Austausch sollte zwischen dem 23. Oktober und dem 3. November 1939 stattfinden. Die Fristen wurden eingehalten. Der Autor begegnete bei Recherchen für diese Studie einigen Männern, die als Soldaten des polnischen Heeres in sowjetische Gefangenschaft kamen, ausgetauscht wurden, später zur Wehrmacht eingezogen wurden, weil sie Deutsche waren, und ein weiteres Mal in sowjetische Kriegsgefangenschaft und wiederum in ein Lager kamen, in dem sie sich bereits 1939 einmal befunden hatten.

Nachdem die Lagersituation sowohl durch die Entlassungen als auch den Gefangenenaustausch etwas entlastet worden war, gewannen im Spätherbst 1939 drei Sonderlager das ihnen zugedachte Profil. In ihnen wurden Offiziere, Polizeiangehörige, hohe Beamte und weitere sicherheitspolitisch wichtige Gruppen isoliert. Soldaten und Unteroffiziere wurden in den Arbeitslagern und den ihnen jeweils zugeordneten Außenlagern gehalten. Sie befanden sich u. a. im Bergwerkgebiet des Donezk-Beckens, in Industriezentren wie Kriwoj Rog, Jelenowka und Saporoshje. Im Industriezentrum Kriwoj Rog wurden die polnischen Gefangenen vor allem in den Schächten »Dsiershinskruda«, »Oktjabrruda«, »Leninruda«, »Nikopol-Marganez« und im Hüttenwerk »Glawspezstal« eingesetzt. Polnische Gefangene wurden 1939/40 auch bei schweren Saisonarbeiten, in Belorußland beim Abbau von Torf, eingesetzt. Allein bei »Osintorf« über 1 000 Männer. (»Gazeta Wyborcza«, Warszawa, 26. April 2001) Im Raum Karaganda kam eine große Gruppe von etwa 4 000 Gefangenen z. B. nach Spassk in einen rüstungswirtschaftlich wichtigen Betrieb. Gefangene wurden aber auch nach Nordrußland, zwischen Leningrad und Archangelsk in die Lager am Belomor-Kanal oder 10 000 zu Holzfällerarbeiten bei der Anlage des Stausees von Rybinsk abkommandiert. Allein für den Bau der im Norden verlaufenden Petschora-Eisenbahnmagistrale wurden 8 000 polnische Gefangene eingesetzt. Der Volkswirtschaftsrat war an allen wesentlichen Entscheidungen über die Gefangenen beteiligt. Dafür sorgte Anastas Mikojan, der Leiter dieser Behörde, die neben dem NKWD an der systematischen Ausbeutung von Häftlings- und Gefangenenarbeit profitierte. Ein spezieller Beschluß, bestätigt am 19. September 1939, regelte die Nutzung der Arbeitskraft von Kriegsgefangenen in der UdSSR. 33 detaillierte Punkte des Regelwerks betrafen Einzelheiten. Der Volkswirtschaftsrat stellte und koordinierte Arbeitskräfteanforderungen, Unterbringung, Bezahlung etc. Diese »Leiharbeiter« brachten dem NKWD und den Betrieben erhebliche Vorteile. Die Wirtschaftsunternehmen, in denen polnische Gefangene eingesetzt wurden, hatten für deren Leistungen an das NKWD zu bezahlen. Zahlreiche Soldaten entzogen sich dieser Zwangsarbeit durch Flucht, andere leisteten Widerstand, indem sie so wenig wie möglich arbeiteten oder Streiks von teilweise beträchtlichem Ausmaß organisierten.

Die Existenz der Lager und bald auch ihre Adressen waren sowohl den Familien in Polen als auch der polnischen Exilregierung im Ausland bekannt. Die polnischen Behörden versuchten unverzüglich zu ergründen, welche Gefangenen sich in welchen Lagern befanden. Sie nutzten alle legalen wie illegalen Möglichkeiten, um eine umfassende und genaue Auskunft, vor allem auch über den Verbleib der Offiziere, zu erhalten. Hinweise ergaben sich u. a. dadurch, daß die Gefangenen in den Lagern zumeist mit ihren Angehörigen in dem von Deutschen besetzten Teil Polens Postkarten und Briefe, anfangs auch Telegramme, wechseln konnten. Weiterhin berichteten ausgetauschte oder entlassene Gefangene über ihre Beobachtungen.

Die Bemühungen der polnischen Exilregierung erwiesen sich als notwendig und sinnvoll, weil das NKWD weder dem Internationalen Roten Kreuz noch – nach dem Bündnisvertrag vom Juli 1941 – der polnischen Regierung Listen der Kriegsgefangenen zugänglich machte. Außerdem waren die polnischen Kriegsgefangenen eines nicht erklärten Krieges weitgehend rechtlos und rechtlich ungeschützt, hatte doch die Regierung der UdSSR die Genfer Kriegsgefangenenkonvention nicht unterzeichnet.

Das Sonderlager Kosjelsk lag etwa 250 km südöstlich von Smolensk und ungefähr ebensoweit südwestlich von Moskau. Bis zur

Hauptgebäude des Sonderlagers Kosjelsk (1995)

Bahnstation waren es sechs Kilometer. Ursprünglich hatte das Land den polnischen Großgrundbesitzerfamilien Oginsky und Puzyn gehört. Das Lager, anfangs für 7000, ab 1. Oktober 1939 für 10000 Gefangene ausgelegt, befand sich in einem ehemaligen Kloster und ein Teil des Lagers in den etwa einen halben Kilometer abseits gelegenen Räumlichkeiten für Mönche, aber auch für Pilger, fromme Bettler u.a. Besucher, »skit« genannt (russ.: skitalez – jemand, der unterwegs ist). Bis zum Herbst 1939 waren Räumlichkeiten des nunmehrigen Lagers als Erholungsheim von NKWD-Mitarbeitern genutzt worden. Lagerkommandant war der Major Wassili Korolow, Politstellvertreter Michail Alexejew. Eine kurze Zeitlang als Durchgangs- und Überprüfungslager genutzt, in dem sich vor allem auch Soldaten befanden, wurde es im Oktober/November zu einem Sonderlager für Offiziere.

Überwiegend jüngere und Reserveoffiziere, letztere stellten etwa die Hälfte der Gefangenen, waren hier zusammengefaßt. Ende November war das Lager mit 5000 Gefangenen belegt. Untergebracht u.a. auch in der ehemaligen Klosterkirche, wurde diese Unterkunft von den unfreiwilligen Bewohnern mit schwarzen Humor »Indisches Grabmal« genannt. Zum Lager gehörten mehrere Kirchen,

Dutzende von zweistöckigen Gebäuden und Baracken. Umgeben war es infolge seiner Vergangenheit als Kloster und Verteidigungsanlage von einer hohen Mauer mit Schießscharten. Die Wachtürme, besetzt durch Posten des NKWD, entstammten der jüngsten Zeit.

Eine Inspektion im Auftrage Wassili Tschernyschews ergab für Ende Oktober 1939 zahlreiche Unzulänglichkeiten der Lagersituation. Verpflegung werde nicht normgerecht und nicht zu regelmäßigen Zeiten ausgegeben, es fehle an Schlafplätzen, teilweise müsse schichtweise geruht werden, die sanitären Bedingungen seien unbefriedigend und die kulturelle Betreuung müsse verbessert werden. Eine Reihe der durch die dienstranghohen Mitarbeiter des zentralen NKWD-Apparats Viktor Botschkow und Josif Lorkisch kritisch festgestellten Mängel wurden in den folgenden Wochen zumindest teilweise behoben.

Wie alle Sonderlager sicherten spezielle Wachtruppen des NKWD auch dieses Lager. Unter den Gefangenen waren Kriegsversehrte und auch eine junge Frau, letztere Leutnant bei den Luftstreitkräften. Zu den Gefangenen gehörten Geistliche verschiedener Konfessionen, Professoren, Lehrer, Ärzte, Juristen, Schriftsteller, Journalisten, Ingenieure und Unternehmer. Bis zum Frühjahr 1940 wurden aus diesem Lager lediglich einzelne Offiziere oder kleine Gruppen verlegt. Deren Schicksal blieb bis heute unbekannt. In der Heiligen Nacht des Jahres 1939 wurden alle katholischen Priester abtransportiert sowie der Stellvertreter des Militärbischofs der Polnischen Streitkräfte, Prälat Oberst Czesław Wojtyniak. Von den Priestern tauchte einzig und allein Prof. Kamil Kantak, Rektor des Katholischen Seminars in Pinsk, wieder auf. Alle anderen sind verschollen, oder sie sind erschossen worden.

Vor der endgültigen und vollständigen Auflösung des Sonderlagers, die am 2. April 1940 begann, befanden sich hier: vier Generale (Bronisław Bohaterewicz, Henryk Minkiewicz-Odrowąż, Mieczysław Smorawiński, Jerzy Wołkowicki); ein Konteradmiral (Ksawery Czernicki); ungefähr 100 Oberste und Oberstleutnante; ungefähr 300 Majore; ungefähr 1 000 Hauptleute bzw. Rittmeister; ungefähr 2 500 Leutnante und Oberleutnante; über 500 Fähnriche. (In Erinnerung an den Konteradmiral Czernicki taufte die Polnische Kriegsmarine 2001 ein neu in Dienst gestelltes Schiff auf dessen Namen.)

Die Lagerstärke in Kosjelsk betrug am 1. Dezember 1939 4727 Gefangene.

Unter den Reserveoffizieren waren 21 Professoren, Dozenten, Hochschullehrer akademischer Institutionen; mehr als 300 Ärzte, darunter herausragende Spezialisten von europäischem Ruf; einige hundert Juristen und Rechtsanwälte; einige hundert Ingenieure; einige hundert Lehrer von Grund- und Mittelschulen sowie Gymnasien; zahlreiche Schriftsteller, Publizisten, Journalisten, Kaufleute, Unternehmer usw.

Unter den kriegsversehrten Offizieren im Lager, die im ersten Weltkrieg verwundet worden waren, befanden sich zwei armamputierte Oberste, der beinamputierte Hauptmann im Sanitätsdienst Czesław Długosz sowie der an der Hüfte verwundete Hauptmann Kazimierz Horoszkiewicz.

Bei der Pilotin, die ständig von zwei ihrer Fliegerkameraden begleitet wurde, handelte es sich um Janina Lewandowska, die Tochter des Generals Józef Dowbór-Muśnicki, die bereits ihre Meriten als Sportfliegerin erworben hatte.

Das Lager Kosjelsk überlebten 249 Gefangene. Sie wurden zuerst in Pawlitschew Bor und anschließend in Grjasowez – dieses Lager befand sich acht Kilometer von der gleichnamigen Bahnstation entfernt – interniert oder wie Prof. Stanisław Swianiewicz in Moskauer Gefängnisse verlegt.

Starobjelsk ist südöstlich von Charkow, am Fluß Ajdar gelegen. Von der Bahnstation waren es drei Kilometer bis zum Sonderlager. Dieses befand sich ebenfalls in einem ehemaligen Kloster. Umgeben war es von einer Mauer, die mit Stacheldraht bewehrt war. Drei Meter vor der Mauer begann eine Sperrzone, deren Betreten untersagt war. Die Gefangenen waren in einer Kirche, zehn weiteren Klostergebäuden sowie sieben Holzbaracken untergebracht. Außerdem gehörten zum Lager zwei Häuser in der Wolodarskistraße – hier hatte man die Generale eingewiesen – sowie Häuser in der Kirowstraße, wo sich zwischen Ende November 1939 und Anfang April 1940 hohe Stabsoffiziere, Oberste und Oberstleutnante befanden. Lagerkommandant war der Hauptmann der Staatssicherheit

Hauptgebäude des Sonderlagers Starobjelsk (1996)

Alexander Bereschkow und Politstellvertreter der Bataillonskommissar Michail Kirschin.

Eine Inspektion der UPW ergab Anfang Oktober auch hier zahlreiche Unzulänglichkeiten selbst gegenüber den wenig anspruchsvollen generellen Festlegungen über Lagerbedingungen. So fehlte es u. a. an Schlafmöglichkeiten. In der Kirche wurden für einige hundert Gefangene bis zu fünfstöckige Holzpritschen aufgestellt. Es fehlte an Waschmöglichkeiten und Wäsche, an Büchern und an Zeitungen. Eine Reihe der kritisierten Zustände verbesserten sich daraufhin schrittweise.

Alle Lagerarbeiten, z. B. in der Küche, der Wäscherei, und Stubenordnerdienste waren von den Gefangenen zu verrichten.

Im Lager gefangengehalten wurden von Ende November 1939 bis Anfang April 1940, als die Auflösung begann, fast ausnahmslos Berufs- und Reserveoffiziere. Beim Zählappell am 15. November 1939 waren 3 964 Männer angetreten, unter ihnen 55 Oberste, 127 Oberstleutnante, 230 Majore sowie annähernd 1 000 Rittmeister bzw. Hauptleute.

Fast die Hälfte von ihnen war in Lwów in Gefangenschaft geraten. Andere waren nach der angeordneten Registrierung verhaftet worden. Bis Anfang 1940 wurden aus Starobjelsk lediglich einzelne Personen oder sehr kleine Gruppen verlegt, von denen die meisten spurlos verschwanden. Alle Geistlichen wurden – wie in Kosjelsk – in der Heiligen Nacht 1939 abtransportiert.

Am 5. April 1940 befanden sich hier: acht Generale (Leon Billewicz, Stanisław Haller, Aleksander Kowalewski, Kazimierz Orlik-Łukowski, Franciszek Sikorski, Konstanty Plisowski, Leonard Skierski, Piotr Skuratowicz); ungefähr 150 Oberste und Oberstleutnante; ungefähr 230 Majore; ungefähr 1 000 Hauptleute bzw. Rittmeister (einer von ihnen Józef Czapski); ungefähr 2 450 Oberleutnante und Leutnante; 52 Zivilisten, darunter ein Portier, den man seiner Uniform wegen für einen Militär gehalten hatte.

Somit insgesamt 3 910 Personen.

Zu den Gefangenen von Starobjelsk gehörten einige hundert Angehörige der Luftstreitkräfte, alle Mitarbeiter des Forschungsinstituts der Armee zur Abwehr von Gasangriffen, Ärzte und Militärgeistliche aller Glaubensrichtungen, unter letzteren auch der Feldrabbiner des Polnischen Heeres, Baruch Steinberg.

Józef Czapski mit Neffen (1930)

Selbstbildnis des Rittmeisters Józef Czapski (1896 bis 1993) als Gefangener (1940)

Unter den Reserveoffizieren im Lager waren einige hundert Professoren und Dozenten polnischer Hochschulen; einige hundert Juristen; einige hundert Ingenieure; zahlreiche Lehrer von Grund- und Mittelschulen sowie Gymnasien; zahlreiche Poeten, Schriftsteller, Journalisten; Funktionäre politischer und gesellschaftlicher Organisationen.

Auch in Starobjelsk gab es, ebenso wie in anderen Lagern, Kriegsversehrte des ersten Weltkriegs, die vom NKWD als Offiziere verhaftet und in die Kriegsgefangenschaft überführt worden waren.

Aus dem Sonderlager Starobjelsk überlebten 79 Offiziere, die man ebenfalls via Pawlitschew Bor nach Grjasowez verlegte.

Ursprünglich auf der Insel Stolobnoje im Seliger-See gelegen, die die Gefangenen durch eine schmale Brücke mit dem Festland verbinden mußten, befand sich das Sonderlager Ostaschkow. Benannt war es nach der gleichnamigen Stadt auf dem Festland, an der Bahn-

Blick auf das Sonderlager Ostaschkow im Seliger-See (Mitte der 90er Jahre)

linie Welikije Luki–Bologoje ungefähr 300 km nordwestlich von Moskau gelegen. Wie die beiden anderen Sonderlager bildete auch hier ein ehemaliges Kloster, Nilowa Pustyn, den Grundstock. Bevor die Gefangenen einzogen, hatten Jugendliche einer dem NKWD unterstellten Strafkolonie die Anlage zu räumen. Ausgelegt war es für siebentausend Gefangene. Als Lagerkommandant fungierte Major der Staatssicherheit Ilja Borisowez, der seit 1922 in den Sicherheitsorganen der Sowjetmacht diente. Sein Politstellvertreter war Iwan Jurasow.

Von Anfang November 1939 bis zum Beginn der Auflösung des Lagers Anfang April 1940 befanden sich hier an die 6 500 Personen. Am 1. Dezember 1939 waren 5 936 Mann gezählt worden. Die Mehrzahl von ihnen, 5 033, hatte in der Polizei gedient; etwa 400 waren Offiziere, davon 300 Polizeioffiziere, die nach Kriegsausbruch eingezogen worden waren. In diesem Sonderlager befanden sich Personen, die das NKWD für besonders gefährlich und feindselig hielt: Offiziere, Unteroffiziere und Soldaten, die in Spionageeinrichtungen, der Gendarmerie, dem KOP, d. h. den Grenztruppen, sowie als Aufseher in Haftanstalten gedient hatten. Auch hier befanden sich einige Geistliche, außerdem Ansiedler aus dem Grenzgebiet in Polens Osten, Gutsbesitzer und Juristen. Die Lebensbedingungen in diesem Lager waren schlechter, besonders in der ersten Zeit, als in den beiden anderen Sonderlagern. Das bezeugen allein 93 Tote im Verlauf von drei Monaten.

Arsenij Tischkow, Oberleutnant der Staatssicherheit und Chef der 1. Abteilung der Verwaltung für Kriegsgefangenenwesen, stellte fest, daß die meisten Angehörigen der Polizeireserve ehemalige Arbeiter und Bauern waren, die zuvor nie bei der Polizei gedient hatten. Ihres Alters oder ihres Gesundheitszustandes wegen waren sie ausgemustert worden. Unter den Offizieren im Sonderlager befänden sich zudem zahlreiche Angehörige wissenschaftlicher Berufe, unter ihnen Pädagogen, Ärzte, Apotheker. Er schlug vor, diese Gruppen sowie einige andere zu entlassen. Tischkows Vorschlag wurde abgelehnt.

Aus Ostaschkow kamen 124 Personen mit dem Leben davon. Auch sie wurden nach Grjasowez verlegt.

In den drei Sonderlagern befanden sich vor deren Auflösung als Sonderlager (als Lager existierten sie auch forthin) im April 1940 knapp 15 000 Gefangene. Ungefähr 9 000 von ihnen, die Mehrheit, waren Offiziere. Nach Wiederaufnahme der polnisch-sowjetischen Beziehungen 1941 und mit Beginn der Aufstellung polnischer Streitkräfte im Rahmen der Antihitlerkoalition in der UdSSR wurden von diesen 15 000 Mann annähernd 500 gefunden. Sie waren nahezu ausnahmslos durch die drei Sonderlager gegangen und über das Durchgangslager Pawlitschew Bor ins Lager Grjasowez verlegt worden. Von den in Gefangenschaft geratenen Generalen, die in die Sonderlager eingewiesen worden waren, überlebte allein General Wołkowicki, Held der Schlacht bei Tschuschima im Mai 1905 im russisch-japanischen Krieg. General Anders, der ebenfalls überlebte, war zwischen Herbst 1939 und Sommer 1941 in NKWD-Haft, jedoch nicht in einem Lager gewesen.

Insgesamt »verschwanden« aus den drei Sonderlagern 14 500 polnische Gefangene; 97 Prozent. Lediglich 3 Prozent überlebten.

Die Gesamtzahl der Gefangenen aus Polen wird mit 240 000 Militärangehörigen bzw. Angehörigen paramilitärischer Organisationen angegeben. Von ihnen kamen 125 000 aus der Verfügungsgewalt der Roten Armee in die des NKWD, die anderen wurden entweder unverzüglich oder nach kurzer Zeit aus sowjetischer Verfügungsgewalt oder aus der Gefangenschaft entlassen. Das betrifft die 42 000 Gefangenen, die Ende Oktober/Anfang November 1939 nach Hause gehen durften, weil sie ihre Wohnsitze in der nunmehrigen Westukraine bzw in Westbelorußland hatten und ethnisch Ukrainern oder Belorussen zugerechnet wurden, sowie die 43 000 Gefangenen, die an die Wehrmacht ausgeliefert wurden. Somit bleiben annähernd 43 000 repressierte Militärangehörige, unter ihnen die aus den drei Sonderlagern sowie jene, die in Haftanstalten oder Arbeitslagern festgehalten oder dort ebenfalls ermordet wurden.

Die Zeitzeugenberichte der Überlebenden sind – neben den hinterlassenen Akten des NKWD – eine einzigartige Quelle der Kenntnisse über das Leben in den drei Lagern. Ihnen verdanken wir genaue und verläßliche Informationen über die Bedingungen, die dort herrschten, sowie über die durchaus differenzierten Haltungen und Auffassungen im politischen Offizierskorps. Die Älteren hatten ihre militärische Laufbahn in den Heeren der Teilungsmächte Rußland, Österreich-Ungarn und Deutschland begonnen, die Jüngeren bereits in den Streitkräften des nach dem ersten Weltkrieg wiedererstandenen polnischen Staates. Die Haltung der einen wie der anderen war national betont, auch nationalistisch im Sinne der Titularnation. Ethnisch gesehen, stellten Polen den größten Anteil des Offizierskorps, wenngleich die vom Politbüro der KPdSU sowie dem Volkskommissar Berija angenommene Zahl von 96 Prozent zu hoch gegriffen und zu pauschal ist. Neben Polen stellten sowohl Juden als auch Deutsche einen Anteil am Offizierskorps. Große Teile des wissenschaftlich geprägten Reserveoffizierskorps, z.B. Militärärzte, Pionier-, Panzer- und Artillerieoffiziere, waren Juden. Obwohl es auch in der Gefangenschaft zu starken Spannungen und zu antisemitischen Exzessen oder demonstrativem antideutschem Verhalten kam, sind nahezu alle jüdischen Offiziere sowie die meisten deutschen Offiziere der polnischen Streitkräfte gemeinsam mit der Mehrzahl ihrer polnischen Kameraden ermordet worden.

Nur einigen polnischen Offizieren blieb das Schicksal ihrer Kameraden erspart. Dank einflußreicher Fürsprecher in Gestalt der britischen, italienischen und rumänischen Königshäuser entließ das NKWD die polnischen Fürsten Lubomirski, Mirski und Radziwill aus dem Sonderlager Kosjelsk und gestattete deren Ausreise aus der UdSSR. Der Kugel entging als einer der wenigen auch der Neffe des berühmten sowjetischen Filmregisseurs Michail Romm. Kobulow, einer aus der Troika, die das Politbüro der KPdSU eingesetzt hatte, um die Polen abzuurteilen, befahl, den gleichnamigen Neffen Michał Romm, Leutnant der Reserve, von der Todesliste zu streichen. Auch die lebensrettende Ausnahmeregelung für Romm ging, wie der todbringende Spruch, ohne Gesetz und Recht, nach Gutdünken, vonstatten. Dmitri Tokarjew, Chef des UNKWD Kalinin, befahl nach einem Telefonanruf: »Streicht ihn und zeigt mir, daß er von der Liste gestrichen ist. Dann bringt ihn.« (Katyń ..., Bd. 2, S. 445)

Der Ehrenkodex der Offiziere war nicht nur von ethnischen Zugehörigkeiten, sondern auch von Grundüberzeugungen geprägt, die aus ihrer sozialen Stellung, ihren politischen Konfessionen und ihren kulturellen Wertevorstellungen herrührten. Bis auf Ausnahmen hielten sie sich an das ihnen abverlangte Ehrenwort, nicht zu fliehen. Gelegenheiten dafür gab es sowohl während der Transporte in die Lager als auch nach der Einweisung. Nicht selten jedoch wurden polnische Offiziere, die sich bemühten, ihren Offiziersdienstgrad zu verschleiern, durch ukrainische oder belorussische Soldaten denunziert, die sich auf diese Weise für jahrzehntelange nationale Unterdrückung in Polen, wo die Ukrainer mit annähernd zehn Prozent des Bevölkerungsanteils die stärkste nationale Minderheit stellten, rächen wollten. Es kam vor, daß ukrainische Soldaten während der Bahntransporte in die Gefangenschaft Offiziere aus den fahrenden Zügen warfen.

Bestimmender Grundton der Lagergesellschaften war, ausgenommen ein kleiner Teil der ethnisch deutschen Offiziere, das ungebrochene Streben, künftig wieder am Kampf gegen Hitlerdeutschland teilzunehmen. Diese polnischen Offiziere glaubten an den Sieg ihrer Verbündeten im Kampf gegen den deutschen Faschismus, an dessen unabwendbare Niederlage. Naiv vertraten die Gefangenen die Auffassung, daß die Verbündeten sie nicht vergessen und sie selbst in absehbarer Zukunft wieder ihre militärische

Pflicht würden tun können. Deshalb verfolgten sie den Kampf Großbritanniens und Frankreichs mit starkem politischem und militärischem Interesse und mit Sympathie. Hartnäckig verlangten sie ihre Auslieferung an ihre Verbündeten. Sie erfuhren von der Aufstellung polnischer Einheiten in Frankreich und in Syrien, träumten davon, sich ihnen anzuschließen. Als in den Lagern Gerüchte umliefen, daß auch Offiziere, so sie von dorther stammten, in die von der Wehrmacht okkupierten Gebiete ausgeliefert würden (eine Absicht, die die UdSSR zu keiner Zeit hatte), befahlen die Dienstgradältesten, so einen Vorschlag, sollte er unterbreitet werden, abzulehnen. Immer wieder unterstrichen sie, daß sie Offiziere einer mit den Westmächten verbündeten Armee seien. Gerade diese Haltung stand in schroffem Gegensatz zur sowjetischen Staatsräson jener Zeit. Die meisten polnischen Gefangenen waren sich nicht bewußt, wie stark diese Haltung die für das Lagerregime verantwortlichen NKWD-Mitarbeiter reizen mußte. Diesbezügliche Äußerungen sind in den jeweiligen Lageberichten an die Zentrale enthalten. Für die NKWD-Offiziere nämlich war Polen ein Instrument anglo-französischer Macht- und Kapitalinteressen. Alle Sympathien für die Westmächte galten als Ausfluß antisowjetischer Feindseligkeit. Offiziere mit einer derartigen Haltung seien, selbst wenn sie momentan waffenlos seien, ein Sicherheitsrisiko für die UdSSR.

Um dem Lagerleben zu entrinnen und sich wieder in die Front des Anthitlerkampfes einreihen zu können, trugen unterschiedliche Gruppen oder auch einzelne Persönlichkeiten, wie z.B. General Franciszek Sikorski und Oberstleutnant Zygmunt Berling, beide von grundverschiedenen Überlegungen geleitet, Einwände gegen ihre Lagereinweisung vor. Spezielle Gruppen wie z.B. Ärzte und Apotheker protestierten gegen ihre Internierung. Dabei beriefen sie sich auf das Völkerrecht. Diesem zufolge dürfen Ärzte, die in Ausübung ihres Berufs nach der Aggression gegen ihr Land gefangen wurden, nicht in Gefangenschaft gehalten werden. Um so weniger, als ja weder die UdSSR Polen den Krieg erklärt, noch umgekehrt Polen in die UdSSR einmarschiert war. Ihre Schreiben an den »Kommissar für Innere Angelegenheiten der UdSSR« (130 Unterschriften) sowie an den »Bürger Marschall Woroschilow« (112 Unterschriften) jeweils vom 30. Oktober 1939 verlangten ihre Rückführung an ihre Heimatorte oder die Möglichkeit, nach Schweden oder in die USA auszureisen, beides neutrale Staaten zu diesem Zeitpunkt. Daraufhin erhielt der Lagerkommandant von Starobjelsk Bereschkow, der die Petitionen weitergeleitet hatte, am 10. November eine Weisung seiner Vorgesetzten Soprunenko und Makljarski, die einer Rüge gleichkam: »Die Genfer Konvention ... gehört nicht zu den Dokumenten, von denen Sie sich in Ihrer praktischen Arbeit leiten lassen sollen. Zu arbeiten haben Sie nach den Direktiven der Verwaltung des NKWD für Kriegsgefangene.«

Die »operativ-geheimdienstliche Bearbeitung« der polnischen Gefangenen begann im September 1939. Eine streng geheime Dienstvorschrift vom 19. September 1939 legte fest, wie der Nachweis über die aktive operative Arbeit zu führen sei. Dazu gehörten Fragebögen, alphabetisch geordnete Karteien, erkennungsdienstliche Maßnahmen wie z. B. Fingerabdrücke, Fotos und weitere Einzelheiten. Gebildet wurden »Sonderabteilungen zur operativen Bearbeitung der Kriegsgefangenen«.

Eine spezielle Weisung des Volkskommissars Berija vom 8. Oktober 1939 regelte das weitere Vorgehen beim Aufbau eines nachrichtendienstlichen Agentennetzes. (Katyń..., Bd. 1, S. 150 ff.) Es sollte der Unterrichtung »über konterrevolutionäre Formierungen unter den Kriegsgefangen, über deren Stimmungen und Vorstellungen« dienen. Für die geheimdienstliche Mitarbeit gewonnene Offiziere sollten nach außen hin »weiterhin die Positionen des Kampfes zur ›Wiederherstellung‹ Polens vertreten« und sich jenen Offizieren anschließen, die dieses Ziel als politische Aufgabe verfolgten und somit die zwischen dem Deutschen Reich und der UdSSR getroffene Vereinbarung über die Verhinderung jedweder Aktivität zur Wiederherstellung eines polnischen Staatswesens unterliefen. Aus diesem Grund waren sie dem NKWD suspekt. Eine weitere Geheimdienstoperation unter den polnischen Offizieren war darauf gerichtet, in solche Gruppen und Verbindungen einzudringen, die sich in den Lagern nach Zugehörigkeit zu einer Einheit und Waffengattung bzw. nach landsmannschaftlichen Zugehörigkeiten gebildet hatten. Die Mitarbeiter des NKWD waren an Informationen u. a. über polnische Spionageeinrichtungen, deren Agenten und

104 Ärzte und 26 Apotheker aus dem Sonderlager Starobjelsk verlangen ihre Entlassung aus ungerechtfertigter Kriegsgefangenschaft

Agenturen, über Mitglieder militanter nationalistischer Organisationen und auch über »Provokateure in den brüderlichen kommunistischen Parteien des ehemaligen Polens« interessiert.

Von jedem Verhör und jedem geheimdienstlichen Gespräch waren Protokolle anzufertigen. Verhöre waren immer Verhöre eines einzelnen Gefangenen. Sie dauerten in der Regel viele Stunden. Manche Offiziere wurden mehrfach verhört, oftmals auch nachts. Jeder Gefangene war angehalten, seinen Lebenslauf mündlich und schriftlich darzulegen. Besonders wichtig waren Informationen über gesellschaftspolitische Ansichten und Tätigkeiten. Ausführlich wurde die soziale Herkunft und Stellung ausgeforscht, nach Familie, Freundeskreis und dem Lebensstil gefragt. Da über viele Gefangene bereits vorher Angaben aus unterschiedlichsten Quellen zusammengetragen worden waren, zeigten die Vernommenen sich oftmals überrascht, wie genau der Vernehmer selbst über Kleinigkeiten unterrichtet war. Besonders betroffen reagierten Gefangene, wenn Vernehmer sogar persönliche Eigenheiten kannten. Das Verhörsystem war nicht allen gegenüber gleich. Stabsoffiziere oder Reserveoffiziere, die im Zivilleben hohe Positionen innehatten, wurden zumeist auch durch hochrangige – möglicherweise berufserfahrenere – Mitarbeiter des NKWD verhört oder zu Gesprächen vorgeladen.

Einzelne Vernehmer z.B. im Lager Kosjelsk prägten auf lange Zeit das Bild polnischer Offiziere von NKWD-Mitarbeitern. Wassili Sarubin, Major der Staatssicherheit, Oberoffizier in der 5. Abteilung (d.h. Auslandsspionage) in der Hauptverwaltung Staatssicherheit des NKWD (GUB NKWD) gehörte zu diesen Mitarbeitern. Er sprach entweder allein oder im Beisein weiterer NKWD-Mitarbeiter mit den Gefangenen. Sarubin blieb als außerordentlich gebildeter Mann im Gedächtnis der Überlebenden. Er sprach etliche Sprachen, kannte Westeuropa, wußte sich zu politischen wie zu philosophischen Themen zu äußern. Dabei kam es ihm darauf an, die Ansichten seiner Gesprächspartner kennenzulernen. (Swianiewicz ..., S. 99 u.a.) Bei Verhören in seinem Dienstzimmer bewirtete er die jeweiligen Gefangenen mit ansonsten im Lager unbekannten Leckerbissen, sogar mit Apfelsinen. Diese »weiche Welle« verfolgte das Ziel, polnische Offiziere zu veranlassen sich zu öffnen, sie so genau wie möglich kennenzulernen.

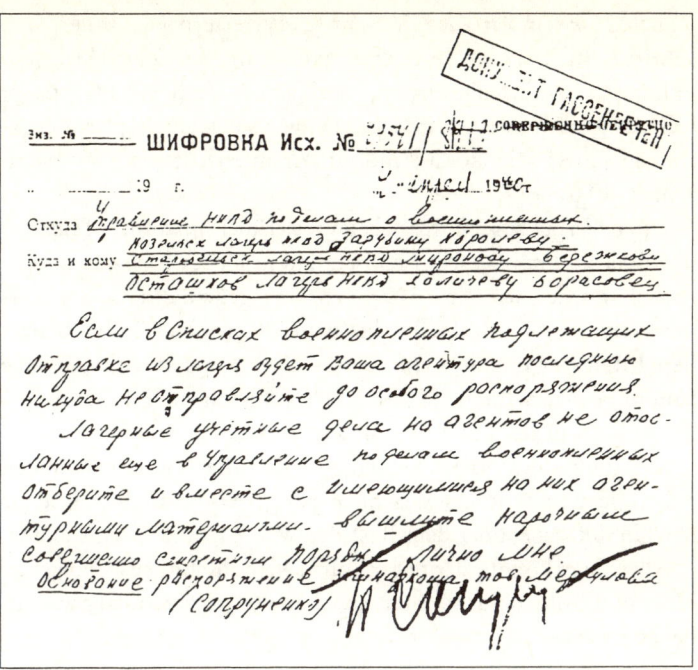

Dechiffrierte Weisung vom 4. April 1940 an die Kommandanten der Sonderlager, als Agenten geworbene Kriegsgefangene »keinesfalls« auf Todestransporte zu schicken

Die Politabteilungen der Lagerkommandanten des NKWD steuerten auch die kulturelle und agitatorisch-propagandistische Arbeit unter den Kriegsgefangenen. Politarbeiter wählten Zeitungen, Broschüren, Plakate und Filme unterschiedlicher Genres aus sowjetischer Produktion aus – mitunter ohne Rücksicht auf den zu erreichenden Leser bzw. Zuschauer. Der vollständige Text der Verfassung der UdSSR wurde ausgehängt. Bei der Bereitstellung von Zeitungen und Zeitschriften gab es Schwierigkeiten aufgrund von Papiermangel, fehlenden Druckkapazitäten, Transportproblemen etc. Für Tausende im Sonderlager Kosjelsk festgehaltene Offiziere gab es – nach Interventionen – je zehn Exemplare der Parteizeitung »Prawda« und der Regierungszeitung »Iswestija«, lediglich ein Exemplar der Jugendzeitung »Komsomolskaja Prawda«, dagegen jedoch 29 Exemplare der Zeitschrift »Parteiaufbau«, elf der Zeitschrift »Bolschewik« und drei Exemplare der Zeitschrift der militanten Gottlosenbewegung »Besboshnik« [d.h. »Der Gottlose« – G.K.]. Bereitgestellt wurden schließlich sieben Exemplare der Satirezeitschrift »Krokodil« und elf der unterhaltsamen Wochenschrift »Ogonjok«.

Die Lagerbücherei in Kosjelsk war darüber hinaus mit Literatur in Russisch, Französisch, Englisch und in Deutsch bestückt. Monatlich wurden nahezu 2500 Bücher ausgeliehen. Aus der Aufmerksamkeit für einzelne Bücher ließen sich Schlüsse über besondere Interessen und die Leser ziehen. Über Lautsprecher waren die Sendungen von Radio Moskau II zu verfolgen. Ein- und ausgeschaltet wurden sie von einem der NKWD-Mitarbeiter.

Mitarbeiter des NKWD luden zu politischen Gesprächsrunden ein, in denen sie die Überlegenheit des gesellschaftlichen Systems der UdSSR gegenüber dem Rest der Welt nachzuweisen suchten.

Allerdings konnte der dafür vorgesehene Raum aus Mangel an Holz und Kohlen nur sehr unzureichend bzw. manchmal gar nicht beheizt werden.

Auch andere Alltagswidrigkeiten beeinträchtigten die propagandistischen Bemühungen: die unzureichende Versorgung der Lager mit Elektroenergie, mit Wasser und das eintönige Lageresssen. Diese eintönige Kost – es gab häufig Salzheringe – wurde mit der bissigen Bemerkung kommentiert: »Entweder sie hungern uns aus oder sie ermorden uns.« (Katyń …, Bd. 1, S. 397ff.) Die vorstehenden und folgenden Angaben entstammen den regelmäßigen Meldungen der Politkommissare in den Sonderlagern (z.B. Alexejews in Kosjelsk und Kirschins in Starobjelsk) an den Politkommissar der Verwaltung für Kriegsgefangenenwesen Semjon Nechoroschew.

Die kriegsgefangenen Offiziere hungerten nach Neuigkeiten über Polen und nach internationalen Nachrichten. Die den Offizieren zugänglig gemachten Informationen waren von der Haltung der UdSSR zum Krieg, zu Deutschland und vor allem von den Interessen geprägt, die die UdSSR verfolgte. Mit der Unterzeichnung des Nichtangriffsvertrags zwischen Deutschland und der Sowjetunion sowie des Geheimen Zusatzprotokolls zum Nichtangriffsvertrag vom 23. August 1939, der anschließenden engen militärischen, außenpolitischen und rüstungswirtschaftlichen Zusammenarbeit sowie dem deutsch-sowjetischen Grenz- und Freundschaftsvertrag mit weiteren vertraulichen Zusatzprotokollen vom 28. September 1939 änderte sich die sowjetische Haltung zu Deutschland und den europäischen Großmächten Frankreich und Großbritannien. Die UdSSR lastete ebenso wie Nazideutschland Frankreich und Großbritannien die Schuld am Ausbruch des zweiten Weltkriegs an. Sollten die beiden Staaten nicht Frieden mit Deutschland schließen, so werde, wie es in der gemeinsamen Erklärung der Deutschen Reichsregierung und der Regierung der UdSSR vom 28. September hieß, »die Tatsache festgestellt, daß England und Frankreich für die Führung des Krieges verantwortlich sind«. (Die Beziehungen ..., S. 127) Stalin ließ die deutsche Reichsregierung wissen, »die Sowjetunion« könne »sich nicht damit einverstanden erklären, daß die Westmächte Bedingungen schaffen, die Deutschland schwächen und es in eine schwierige Lage bringen könnten«.

Die Verantwortung für den Krieg wurde dem »plutokratischen« Großbritannien und dem »kosmopolitischen« Frankreich angelastet. (Hedeler ..., S. 74 ff.)

Für den außenpolitischen Flankenschutz der faschistischen Kriegspolitik und im Interesse der gemeinsamen Politik des faschistischen Deutschlands und der UdSSR in Ostmittel- und Nordosteuropa revanchierte sich die Regierung des Großdeutschen Reichs u. a. mit politisch-flankierenden Maßnahmen zur Politik der UdSSR, die den Winterkrieg mit Finnland begonnen hatte. So wies z. B. der Staatssekretär im Berliner Auswärtigen Amt Ernst Freiherr von Weizsäcker am 2. Dezember 1939 die diplomatischen deutschen Missionen an, »bei Gesprächen über finnisch-russischen Konflikt jede antirussische Nuance zu vermeiden«. Die UdSSR verfolge ein »natürliches Bedürfnis ... nach erhöhter Sicherheit«, Finnlands »betonte wirtschaftliche und weltanschauliche Orientierung nach demokratischem England ... nützt dem Lande nun gar nichts«. (Die Beziehungen ..., S. 153 f.)

Ilja Ehrenburg, Ende Juli 1940 aus Frankreich nach Moskau zurückgekehrt, wurde aufgefordert, Pressebeiträge zur Entlarvung der »französischen Verräter« zu schreiben. Über Deutschland durfte er nicht eine einzige kritische Zeile veröffentlichen.

Die veränderte Haltung zu Nazideutschland spiegelte sich auch in der Kulturpolitik wider: Filme und Theaterinszenierungen mit antifaschistischen Aussagen wurden zurückgezogen. Dafür gab es am 21. November 1940 im Moskauer Bolschoi Theater eine von höchster Stelle vorgeschlagene Aufführung der Wagner-Oper »Walküre«, und in den Kinos wurden historische Filme mit antipolnischer Tendenz gezeigt, z.B. »Bogdan Chmelnizki« (Regie: Igor Sawtschenko) und »Suworow« (Regie: Wsewolod Pudowkin). Die Anregung zum Film über Suworow, dessen Truppen Warschau in den 90er Jahren des 18. Jahrhunderts besetzt und mit Galgen überzogen hatten, kam von Stalin.

Wie Meldungen des Politkommissars Michail Alexejew belegen, diskutierten die kriegsgefangenen polnischen Offiziere im Januar 1940 z.B. über den sowjetisch-finnischen Winterkrieg »und die Politik unserer Partei und der Sowjetmacht in Zusammenhang mit dieser Angelegenheit« sowie »die internationale Lage, vor allem in Westeuropa«. (Katyń ..., Bd. 1, S. 397ff.) Die meisten äußerten unverblümt sowohl in Gesprächen untereinander als auch während der Gesprächsrunden mit Agitatoren, daß sie nicht von der Überlegenheit des sowjetischen Systems überzeugt seien. Besonders intensiv debattiert wurde über die Rechte und die Pflichten eines Bürgers der UdSSR, deren Rechts-, insbesondere das Justizwesen, die Versorgungslage und das Kolchossystem. Die Gefangenen äußerten auch in diesem Kreis, daß sie sich die UdSSR als Verbündeten im Kampf gegen Hitlerdeutschland wünschten. Allerdings verweist Alexejew darauf, daß sich unter den polnischen Offizieren deutscher Nationalität nationalistische Stimmungen verstärkten.

Unter dem Stichpunkt »Negative Meinungen« führte der NKWD-Mitarbeiter Alexejew in seinem Monatsbericht an Semjon Nechoroschew in der UPW u.a. an: »Wenn sie [d.h. die UdSSR] keine aggressive Politik führt, warum kämpft sie dann gegen Finnland? ... Warum muß ein so großes Land so lange gegen ein so kleines Land wie Finnland kämpfen?« Wobei Alexejew darauf hinwies, »daß diese Fragen mit ironischem Unterton gestellt worden« seien. Er beschrieb auch ausführlich Inhalte der »konterrevolutionären«

Zusammenkünfte und Gespräche in einer Reihe von Unterkünften, zu denen sich Gefangene träfen.

Eingefügt sei, daß der Beschluß des Politbüros der KPdSU Nr. 356 vom 1. April 1942 feststellte, der Krieg mit Finnland habe beträchtliche Unzulänglichkeiten in der Tätigkeit des Volkskommissariats für Verteidigung und insbesondere des Volkskommissars Woroschilow bloßgelegt. Er habe diese bereits im März 1940 – also im gleichen Monat, in dem er an dem Beschluß zur Exekution der polnischen Offiziere mitwirkte – eingestehen müssen und sei deshalb als Volkskommissar abgelöst worden. Auch im Großen Vaterländischen Krieg gegen den deutschen Aggressor sei er als Befehlshaber der Nord-West-Front bei der Verteidigung Leningrads »den ihm übertragenen Aufgaben nicht gerecht« und wiederum abgelöst worden. Weiterhin habe sich sein Einsatz an der Wolchow-Front nicht bewährt, er sei seinen Aufgaben nicht gerecht geworden. Er werde deswegen ab sofort lediglich im Hinterland eingesetzt. (»Wojenno-istoritscheski Shurnal«, Moskau, Heft 4/1999, S. 939)

Besonders verärgerte die Mitarbeiter des NKWD der Kult, den viele Polen mit Marschall Józef Piłsudski trieben, denn dieser hatte beträchtlichen Anteil an der Niederlage der Roten Armee 1920 in Polen. In sämtlichen Lagern wurde, allen Verboten zum Trotz, der 19. März, der Namenstag des Marschalls, mehr oder weniger demonstrativ festlich begangen.

Der Psyche und Mentalität der polnischen Offiziere schenkten die Vernehmer große Aufmerksamkeit. Die Haltung gegenüber den Offizieren war mehr oder weniger korrekt. Auch die NKWD-Dienstvorschriften verlangten z. B., daß die Offiziere persönliche Zeugnisse, Familienfotos oder Briefe von Nahestehenden behalten und empfangen durften. Einige Tausend Briefe von Angehörigen erreichten die Lagerinsassen. Einmal im Monat durfte jeder Gefangene einen Brief schreiben.

Auch im Lager Starobjelsk zeigten die Gefangenen starkes Interesse an Entwicklungen der internationalen Lage. Wie in Kosjelsk wurde auch in Sterobjelsk über den sowjetisch-finnischen Winterkrieg und die Situation in Westeuropa gesprochen. Darüber hinaus führten die NKWD-Mitarbeiter in Starobjelsk Zeitungsschauen und Gespräche zu Themen wie »Die UdSSR als demokratischstes

Land der Welt«, »Über den Charakter des derzeitigen imperialistischen Krieges« sowie über die sowjetisch-japanischen Beziehungen und »Den Kampf des chinesischen Volkes gegen die japanischen Okkupanten« durch. In diesem Lager zeigte man den Gefangenen die beiden Teile des Films »Peter I.« und eine Fotochronik »Leben und Werk J. W. Stalins«. Gefangene, die Radio hören wollten, mußten sich gruppenweise, jeweils 30 bis 50 Mann, versammeln. Vor allem wandten sie sich Nachrichtensendungen und Vorträgen zur Politik sowie Opern- und Konzertübertragungen aus Moskau und Kiew zu.

Als »konterrevolutionäre Haltung« galt auch die von Offizieren verbreitete Meinung, man werde, zurückgekehrt nach Polen, »die Deutschen und die Juden rausschmeißen; und dann rechnen wir mit den Bolschewiki ab«.

Parallel zur agitatorisch-propagandistischen Tätigkeit führten die NKWD-Mitarbeiter die erkennungsdienstliche Arbeit durch. Abschließend führt die gemeinsam vom Lagerkommandanten Alexander Bereschkow und vom Politkommissar Michail Kirschin erstattete Meldung vom 8. Februar 1940 auf, daß allein im Januar 3 885 Gefangene fotografiert und 3 908 Personalakten abgeschlossen worden seien. (Katyń ..., Bd. 1, S. 404 ff.)

Im Vergleich zu Kosjelsk und Starobjelsk erwies sich das Lagerregime in Ostaschkow am rigorosesten. Sperrzonen entlang des Ufers in einer Tiefe bis zu 250 Meter, zwei Meter hohe Stacheldrahtzäune auf der ohnehin isolierten Insel, und dazu ein zwei Meter hoher Bretterzaun, über dem sich nochmals ein Stacheldrahtverhau von einem halben Meter erhob, dazu sieben Wachtürme waren einer Meldung des Lagerkommandanten Borisowez vom 22. Februar 1940 zufolge Garantie dafür, daß »die Situation des Lagers Ostaschkow als zufriedenstellend bezeichnet werden kann«. Jeder Gefangene dürfe einmal monatlich einen Brief schreiben, der in zwei, drei Tagen die politischen und die sicherheitsdienstlichen Postkontrollen und die Zensur im Lager durchlaufe. Auch die eintreffende Post werde kontrolliert. Jeder Gefangene könne über sein Geld in Höhe von maximal 100 Rubel bzw 100 Zloty verfügen. (Katyń ..., Bd. 1, S. 433 ff.)

Im vierten Quartal 1939 wurden 60 Todesfälle in allen Lagern registriert, 16 davon in Ostaschkow. Insgesamt lagen die Ursachen überwiegend nicht im Lagerleben. In Ostaschkow war das relativ hohe Durchschnittsalter der Gefangenen eine wesentliche Todesursache, dazu kamen Krankheiten wie unter anderem verschleierte Tbc, Lungenentzündungen sowie Magen-Darm-Krankheiten.

Im März 1940 kamen Gerüchte auf, die Lager würden aufgelöst. Die sowjetischen Behörden hätten ihre Entscheidungen getroffen. Welche, wußte niemand. Erwartet wurde jedoch eine Wende zum Besseren. Die Offiziere dachten, es käme die Zeit ihrer Entlassung in die Freiheit.

Optimisten glaubten, daß die polnischen Gefangenen an die westlichen Verbündeten übergeben würden; höchstwahrscheinlich an die Armee des französischen Generals Maxime Weygand, die in Syrien stand. Man hoffte auf eine französische Frühjahrsoffensive und daß die sowjetischen Behörden einem Konflikt um die polnischen Gefangenen des Septemberfeldzuges mit den westlichen Mächten ausweichen würden. Kurz gesagt, der Wunsch war der Vater des Gedankens. Pessimisten glaubten ebenfalls, daß man sie entlassen werde. Sie vermuteten jedoch, die sowjetischen Behörden würden sie in die von Deutschen besetzten polnischen Landesteile entlassen, wo die meisten herkamen. Das hätte automatisch ihre Einweisung in deutsche Kriegsgefangenenlager zur Folge gehabt. Offiziere aus den polnischen Ostgebieten bezweifelten, daß man sie in ihre Heimatorte entlassen werde. Die Sowjetunion wolle eine Konzentration polnischer Offiziere auf ihrem strategischen Vorfeld vermeiden. Man nahm daher an, daß sie ins Landesinnere verbracht und Reserveoffiziere in ihren Zivilberufen tätig werden könnten. Berufsoffiziere sahen sich in Lagern oder Zwangsansiedlungen. Am bedrückendsten für alle war, daß die pessimistischen Lösungen eine Teilnahme am Kampf gegen Hitlerdeutschland unmöglich machen würden. Optimisten wie Pessimisten waren in einem Punkt einer Ansicht: Egal wie die Zukunft aussehen werde, man werde ihnen Gelegenheit geben, ihre Familien, wenn auch nur für kurze Zeit, zu sehen.

Die künftige Tragödie konnte sich niemand vorstellen.

Transporte ins Ungewisse

Anfang April 1940 begann die Auflösung der drei Sonderlager Kosjelsk, Starobjelsk und Ostaschkow. Die Lagerstatistik für das Lager Kosjelsk weist für den 1. April insgesamt 4599 Mann aus, darunter neun adlige Grundbesitzer und 61 hohe Staatsbeamte. In Starobjelsk befanden sich am 1. April 3 893 Gefangene, unter ihnen neun Militärgeistliche, fünf hohe Staatsbeamte und 2 adlige Grundbesitzer. Angaben für Ostaschkow liegen nicht vor.

Am 3. April verließ der erste Transport aus Kosjelsk das Lager mit unbekanntem Ziel, am 4. April wurde begonnen, das Lager Ostaschkow zu »entlasten« (rus.: rasgrusit'), und am 5. April war das Lager Starobjelsk an der Reihe. Die Aktionen verliefen minutiös geplant und überall nach dem gleichen Grundmuster. Die Grundsatzentscheidungen waren auf höchster Ebene getroffen worden. Die Konsequenzen erwiesen sich als tödlich.

Am 5. März 1940 hatte der Volkskommissar Lawrenti Berija eine vierseitige Beschlußvorlage (Aktennummer 794/B) eingebracht.

Lawrenti Berija und Kliment Woroschilow

Aus dem Deckblatt geht hervor, daß sie für das Zentralkomitee der Kommunistischen Partei der Sowjetunion B(olschewiki) und »Genossen Stalin« bestimmt war. Sie wurde jedoch dem ZK der KPdSU nicht vorgelegt. Beraten wurde sie im engsten politischen Führungskreis um Stalin und mit geringfügigen Änderungen durch eigenhändige Unterschrift auf dem Deckblatt bestätigt: durch (in der Reihenfolge von oben nach unten) »J. Stalin, K. Woroschilow, W. Molotow, A. Mikojan«. Die Zustimmung der nicht anwesenden Michail Kalinin und Lasar Kaganowitsch wurde offensichtlich eingeholt, denn am Rand ist von fremder Hand eingetragen: »Kalinin – dafür« und darunter »Kaganowitsch – dafür«. Molotow gehörte zum engeren Führungskreis um Stalin, er war nicht nur Mitglied des Politbüros und Volkskommissar für Auswärtige Angelegenheiten, sondern auch Vorsitzender des Rates der Volkskommissare; Volkskommissare waren neben Berija auch Kaganowitsch, Mikojan und Woroschilow; Kalinin wirkte als Vorsitzender des Obersten Sowjets der UdSSR. Damit hatten alle Unterzeichner nicht nur höchste bzw. hohe parteipolitische, sondern auch staatliche Funktionen inne.

Das Dokument ist ein Zeugnis eines in seiner Art und in seinem Ausmaß einzigartigen Staatsverbrechens. Es beginnt mit der Feststellung: »In den Lagern für Kriegsgefangene des NKWD der UdSSR und in den Haftanstalten der Westgebiete von Ukraine und Belorußland befindet sich derzeit eine große Anzahl ehemaliger Offiziere der polnischen Armee, ehemaliger Mitarbeiter der polnischen Polizei und Spionageorgane, Mitglieder polnischer nationalistischer k(onter)-r(evolutionärer) Parteien, ... Grenzverletzer und a(ndere). Alle sind geschworene Feinde der Sowjetmacht, haßerfüllt gegenüber der sowjetischen Ordnung.« Weiter führte die Beschlußvorlage aus, daß sich in den Kriegsgefangenenlagern (ohne Soldaten und Unteroffiziere) »14 736 ehemalige Offiziere ... befinden, ihrer Nationalität nach über 97 Prozent Polen«. In den genannten Haftanstalten befänden sich 10 685 Polen, darunter weitere 1 207 ehemalige Berufsoffiziere sowie darüber hinaus Reserveoffiziere, die in zivilen Berufen tätig waren.

Davon ausgehend legte die Vorlage fest, daß über das Schicksal der Betroffenen an Hand der Ermittlungsakten über 14 700 Offiziere

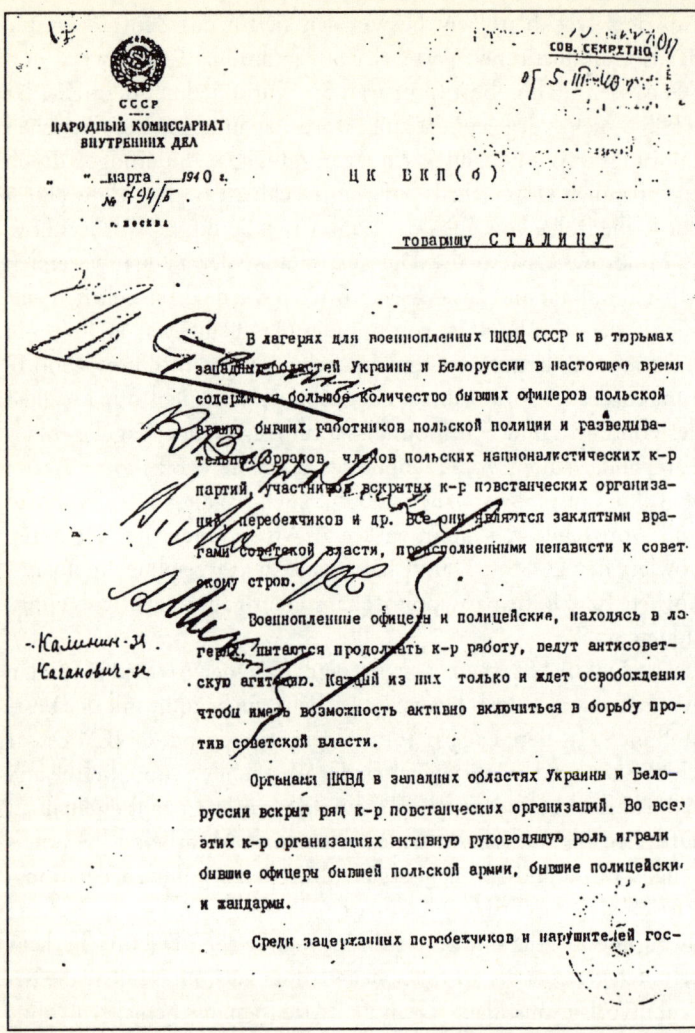

usw. und die 11000 in Haftanstalten befindlichen Polen »in Sonderberatungen zu entscheiden und dabei die Höchststrafe – Tod durch Erschießen – anzuwenden« sei. Die – wider jedes Recht und Gesetz bereits vorgegebenen – Urteile seien allein auf der Grundlage der von NKWD-Mitarbeitern ausgefertigten Unterlagen, einer »Bescheinigung« (russ.: sprawka), zu fällen, »ohne die Inhaftierten vorzuladen,

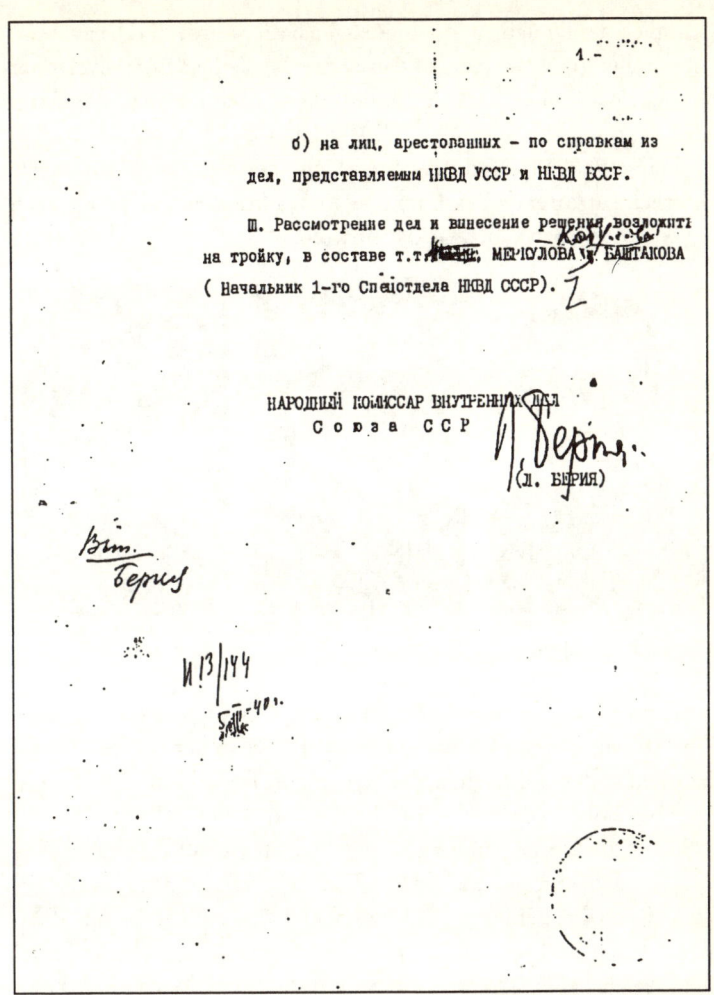

Deckblatt und letzte Seite der Beschlußvorlage des Volkskommissars Lawrenti Berija für das Politbüro der KPdSU vom 5. März 1940 mit handschriftlicher bzw. protokollierter Bestätigung (vollständige Übersetzung: Dokument Nr. 17)

ohne ... Anklage zu erheben«. Einer Dreiergruppe (russ.: troika) wurde die Aufgabe übertragen, die vorgegebene Entscheidung zu sanktionieren; in diesem, dem zugleich letzten Punkt der Vorlage befindet sich auch die einzige Korrektur: Berija, der sich selbst als

Mitglied der Dreiergruppe eingetragen hatte, wurde durch einen seiner Stellvertreter ersetzt, so daß nunmehr die beiden Stellvertreter Berijas, Wsewolod Merkulow und Viktor Kobulow, sowie der Leiter der 1. Sonderabteilung des NKWD Leonid Baschtakow, seit dem 5. März 1940 zum Major der Staatssicherheit befördert, den selbstherrlich getroffenen Beschluß über den politischen Massenmord an 25 000 Menschen »abzuwickeln« hatten.

Leonid Baschtakow   Wsewolod Merkulow   Viktor Kobulow

Wsewolod Merkulow und Berija kannten sich aus jahrelanger und gemeinsamer »Arbeit« in Georgien. Wie in der UdSSR üblich, zog jeder der politischen Aufsteiger, in diesem Fall Berija, ihm ergebene und vertraute Mitarbeiter auf seinen Weg mit »nach oben« – die Wegbegleiter wurden jedoch ebensooft bei einem »Absturz« nach »unten«, auch in den Tod, mitgerissen. Berija und Merkulow wurden beide am 23. Dezember 1953 erschossen, um 19.50 Uhr Berija und um 21.30 Uhr Merkulow. Generaloberst Pawel Batizki, er befehligte das Erschießungskommando, das Berija den Tod brachte, urteilte: »Er lebte wie ein Hund und starb hündisch.« Wsewolod Merkulow galt in den sowjetischen Sicherheitsorganen als gebildeter und intelligenter Mitarbeiter. Der Volkskommissar für Staatssicherheit in den Jahren 1943–1946 verfaßte unter dem Pseudonym Wsewolod Rok Dramen, die im angesehenen hauptstädtischen Maly Theater und auf anderen Bühnen der Sowjetunion gespielt wurden. (Berija ..., S. 96 ff.)

Ein formeller Beschluß des Politbüros des ZK der KPdSU sanktionierte ebenfalls unter dem Datum des 5. März 1940 (Aktennummer P13/144; Protokoll Nr. 13) mit 24 Textzeilen vollinhaltlich die Entscheidungen über Personenkreis, Anzahl und Todesurteile einschließlich der anzuwendenden Prozeduren. (Materialsammlung d. Verf.; vollständige Übersetzung: Dokument Nr. 18)

Auf der Grundlage der obengenannten beiden Dokumente erfolgten ebenfalls Anfang März 1940 die Aufträge zur Ausführung des politisch motivierten Massenmordes. Dies geschah sowohl auf zentraler Ebene des NKWD als auch in den beteiligten Regionalverwaltungen des UNKWD Charkow (für Starobjelsk), Kalinin (für Ostaschkow) und Smolensk (für Kosjelsk).

Dmitri Tokarjew, zur Tatzeit Chef des UNKWD Kalinin (die Stadt erhielt in den 90er Jahren ihren alten Namen Twer wieder), wurde wie auch weitere führende Mitarbeiter des NKWD und der

Originaltext des Beschlusses des Politbüros des ZK der KPdSU vom 5. März 1940 »über die Anwendung der Höchststrafe – die Erschießung«

beteiligten UNKWD in die Zentrale nach Moskau befohlen. Hier wurden sie beauftragt, das Staatsgeheimnis auf jeden Fall zu wahren und den sanktionierten Massenmord auszuführen. Gemeinsam mit Tokarjew waren sein Erster Stellvertreter Wassili Pawlow, Chef der Sonderabteilung des UNKWD in Kalinin, und der Kommandant Rubanow nach Moskau befohlen worden. Pawlow witzelte während der Fahrt, sie führen mit eigenem Kommandanten ... (die Funktion des Kommandanten im System des NKWD war die des Henkers, des Scharfrichters).

An der Einweisung im Dienstzimmer von Kobulow nahmen zwischen 15 und 20 Mitarbeiter teil. Kobulow erklärte den Anwesenden, eine »höhere Instanz« – wobei er sich sicher war, daß diese verstanden, wer gemeint war, habe die oben skizzierte Entscheidung getroffen, und die Anwesenden seien verpflichtet, deren Ausführung in ihrem jeweiligen Zuständigkeitsbereich zu leiten und umfassend abzusichern. (Katyń ..., Bd. 2, S. 432 ff.)

Viktor Kobulow, ein junger Mann Mitte Dreißig, war seit 1925 Mitglied der KPdSU. Ein Ziehkind Berijas, holte ihn dieser vom Posten des Chefs des UNKWD in Rostow in den zentralen Apparat des NKWD, und in der Nachfolge Wsewolod Merkulows war er – nunmehr auf Vorschlag Stalins – zwischen 1946 und 1951 Minister für Staatssicherheit der UdSSR. Seine Bildung war auf dem Niveau der Grundschule verblieben, in den Kriegsjahren leitete er jedoch als Stellvertreter des Verteidigungsministers von 1941 an die SMERSCH, die Abwehr. Die Abkürzung bedeutet, aufgelöst, »Tod den Spionen«; [russ.: smert' schpionam – G. K.] Sein Ende ähnelte dem seines Ziehvaters Berija und dem seines Mitstreiters Merkulow, auch er wurde erschossen, nachdem er sich zuvor als »unschuldig« erkärt hatte. Sein Ankläger war Roman Rudenko, 1940 ebenfalls verstrickt in die Erschießung der polnischen Offiziere. 1945/46 fungierte derselbe Rudenko als Chefankläger der UdSSR beim Internationalen Militärgerichtshof in Nürnberg, der auch den Anklagepunkt »Katyn« behandelte. In einem Brief vom 18. April 1952 an den damals noch in seiner Machtfülle stehenden Lawrenti Berija beklagte Kobulow all jene Erniedrigungen, denen Häftlinge in der UdSSR ausgesetzt waren und die er zuvor selbst angewandt bzw. angewiesen hatte: Mißhandlung, rüde Behandlung, menschenunwürdige Unterbringung usw. usf. (Berija ..., S. 103 ff.)

Während bis in die jüngste Zeit angenommen wurde, daß sowohl der von Stalin & Genossen bestätigte und abgezeichnete Beschluß vom 5. März als auch und vor allem der Beschluß des Politbüros vom gleichen Tag und in gleicher Sache nur in einem Exemplar ausgefertigt und niemals als schriftliches Dokument, sondern immer als mündlich erteilte Weisung bzw. Befehl an die Ausführenden und Beteiligten vermittelt worden seien, lassen neu entdeckte Dokumente jedoch den Schluß zu, daß – unter strengen Geheimhaltungsauflagen – diese Beweisstücke im Umlauf gewesen sind. So gab Wsewolod Merkulow am 28. März das Protokoll Nr. 13 des Politbüros vom 5. März an die für die Aufbewahrung besonders wichtiger Dokumente im ZK der KPdSU zuständige Sonder-Abteilung zu seiner Entlastung zurück. Da es sich um die 41. Ausfertigung handelt, darf angenommen werden, daß mindestens 41 Personen zeitweise den schriftlich ausgefertigten Beschluß in der Hand gehabt haben, der Kreis der Eingeweihten somit wesentlich größer war, als ursprünglich angenommen werden konnte. (Katyń ..., Bd. 2, S. 42 und S. 95) Auch die Tochter Pjotr Soprunenkos berichtete, daß ihr Vater den Beschluß »mit eigenen Augen« gesehen habe.

Neben der Dienstbesprechung mit den Vertretern der oberen und mittleren Leitungsebene bei Kobulow fand am 15. März eine weitere Dienstbesprechung beim Chef der Verwaltung Kriegsgefangene, Pjotr Soprunenko, statt. Dabei wurden u. a. mit den für diesen Tag frühmorgens nach Moskau befohlenen Lagerkommandanten und Leitern der Sonderabteilungen der Lager Kosjelsk (Wassili Korolow und Hans Eilmann), Starobjelsk (Alexander Bereschkow) und Ostaschkow (Ilja Borisowez und Grigori Korytow) die Rahmenbedingungen und Einzelheiten der Ausführung besprochen. Diese Besprechung »über die Organisierung des Abtransports der Kriegsgefangenen nach erfolgtem Urteil« dauerte zwei Tage, wie wir aus den Aufzeichnungen des Leiters der Sonderabteilung des Lagers Ostaschkow Grigori Korytow wissen. Weitere Teilnehmer waren u. a. die Leitung der Sonderabteilung des NKWD (1. Abteilung), der Chef der Wach- und Begleittruppen des NKWD und Mitarbeiter der UPW. Beraten wurden folgende Fragen: Vorbereitungen zum Abtransport im Lager, wo sollen die Urteile verlesen werden, wo sollen die Abgeurteilten an die Wach- und Begleittruppen übergeben werden, die operative Arbeit während des Transports, materielle Sicherstellung. Beraten wurden ferner Täuschungsmanöver. Zum Beispiel sollte durch die Herkunft eines Teils der Teilnehmer am jeweiligen Transport aus einem bestimmten Landstrich oder einer Stadt unausgesprochen suggeriert werden, »daß sie nach Hause entlassen werden«. Fragen nach dem Transportziel sollten mit der vorgeschriebenen Antwort »Zur Arbeit in einem anderen Lager« beschieden werden. (Katyń ..., Bd. 1, S. 468f.)

Im weiteren Verlauf der Operation zur »Liquidierung« der Gefangenen wurden die Henker und die Mittäter eingesetzt. Sie exekutierten die annähernd 25 000 Opfer, Mann für Mann. Die Oberste Militärstaatsanwaltschaft Rußlands ermittelte und befragte in den 90er Jahren eine Reihe von Zeugen und Mittätern; unter ihnen Mitrofan Syromjatnikow (inneres Gefängnis Charkow), von dessen Aussage noch die Rede sein wird, Kyril Borodjenkow, Nikolai Gwosdowski, Iwan Stelmach, I. Siltschenkow, Josif Gribow, die als Mitarbeiter des NKWD im inneren Gefängnis dieser Behörde in Smolensk an den Erschießungen im Wald von Katyn teilnahmen; sowie die Zeugen Iwan Titkow, Iwan Nosdrew, Pjotr Klimow, I. Dwornitschenko und weitere Mittäter. Die »inneren Gefängnisse« unterstanden allein und ausschließlich dem NKWD. Sie dienten sowohl der Isolierung der Häftlinge während der Ermittlungen als auch als Richtstätten. Keine andere Behörde konnte Einblick in die Funktion dieser speziellen Einrichtungen der Repression nehmen.

Eingeteilt wurden auch die für den Abtransport aus den Sonderlagern, den Transport zu und von den Richtstätten, die fotografische Dokumentation der Erschießungen, z.B. durch Lew Orlow in Charkow, die Beisetzung der Gemordeten und weitere Aufgaben bei der »Liquidierung« erforderlichen Mitarbeiter des NKWD.

Ab 16. März war jeder Briefverkehr der Lagerinsassen untersagt. Die Hauptverwaltung Transportwesen des NKWD (GTU) er-

Wladimir Scharapow

arbeitete Sonderfahrpläne für die Transporte, die Wach- und Begleitmannschaften wurden durch den Verwaltungschef, Divisionskommissar Wladimir Scharapow eingewiesen usw. usf. Ende März erfolgte die detaillierte Einweisung der Lagerkommandanten durch die UPW.

Ab 1. April 1940 kamen die ersten Namenslisten für die Transporte in die Hand der jeweiligen Lagerkommandanten. Sie waren durchweg nach einem Schema ausgefertigt, enthielten jeweils den Befehl Soprunenkos oder seines Vertreters, die nachfolgend genannten Kriegsgefangenen »unverzüglich nach Erhalt dieser Weisung« dem zuständigen UNKWD zu überstellen. Die Namen waren numeriert. Genannt wurden lediglich Namen und Vornamen des Gefangenen, der Vornamen des Vaters und das Geburtsjahr (noch nicht einmal das Geburtsdatum) sowie die Nummer seiner Akte und schließlich die jeweilige Gesamtzahl der mit dem Transport zu Überstellenden. Die Angaben erforderten eine, höchstens zwei Zeilen je Gefangenen.

Aus Kosjelsk gingen die Transporte an das UNKWD Smolensk, aus Starobjelsk nach Charkow und aus Ostaschkow nach Kalinin. Zwei Wochen vor Beginn der Erschießungen, am 21. März, verlangte Berija in einem ausführlichen Brief an Lasar Kaganowitsch u. a. die Bereitstellung des erforderlichen Transportraums für die Verlegung von Tausenden Gefangenen aus Haftanstalten in den ukrainischen und belorussischen Westgebieten.

Unter ausdrücklichem Hinweis auf »die zufriedenstellende Arbeit im Volkskommissariat für Verkehrswesen in Friedenszeit« (z. B. bei der Bereitstellung von Transportraum für Gefangenentransporte) wurde Kaganowitsch auf Grund seiner Unfähigkeit, den Anforderungen an die Leitung des Verkehrswesen im Krieg gerecht zu werden, am 25. März 1942 durch den Beschluß Nr. 1486 des GKO, des Staatlichen Verteidigungskomitees, als Volkskommissar abgelöst. (»Wojenno-istoritscheski shurnal«, Moskau, Heft 4/1999, S. 93)

СОВЕРШЕННО СЕКРЕТНО
ТОЛЬКО ЛИЧНО

НАЧАЛЬНИКУ КОЗЕЛЬСКОГО ЛАГЕРЯ ВОЕННОПЛЕННЫХ
СТ. ЛЕЙТЕНАНТУ ГОС. БЕЗОПАСНОСТИ

тов. КОРОЛЕВУ
Гор. Козельск, Смоленск. обл.

С получением сего немедленно направьте в гор. Смоленск в распоряжение начальника УНКВД по Смоленской области нижеперечисленных военнопленных, содержащихся в Козельском лагере:

1. НОВИЦКОГО Францишека Михайловича — 1895 г.р.
2. ДРЕЦКОГО Эдмунда Францевича — 1897 г.р.
3. МЕРНИК Осипа Антоновича — 1907 г.р.
4. КОСМАЛЬСКОГО Здислава Владиславовича — 1907 г.р.
5. ДОБИНСКОГО Флорентина Леоновича — 1897 г.р.
6. ГРАБОВСКОГО Генриха Францевича — 1892 г.р.
7. КУРЕК Марьяна Юзефовича — 1904 г.р.
8. БАРАНОВСКОГО Юзефа Брониславовича — 1910 г.р.
9. ЛОПАТТО Эдварда Ивановича — 1891 г.р.
10. ГАЛОНСКА Ежи Антоновича — 1912 г.р.
11. МУХА Бронислава Людвиговича — 1911 г.р.
12. ВЕЛЮНСКОГО Зигмунда Михайловича — 1908 г.р.
13. МОССАКОВСКОГО Альфреда-Фадея Альфредовича — 1912 г.р.
14. МОНЧИНСКОГО Станислава Вацлавовича — 1913 г.р.
15. КРАЕВСКОГО Яна Юзефовича — 1895 г.р.
16. МАРТИН Петра-Бориса Вильгельмовича — 1893 г.р.
17. МАЛЮКЕВИЧ Станислава Болеславовича — 1907 г.р.
18. ДОБРОСТАНЬСКОГО Казимира Алойзовича — 1898 г.р.
19. БРЖОЗОВСКОГО Теофила Войцеховича — 1896 г.р.
20. КУХАРСКОГО Петра Викентьевича — 1896 г.р.
21. МРУС Константина Константиновича — 1903 г.р.
22. КАМИНСКОГО Яна Игнатьевича — 1911 г.р.
23. МАЕВСКОГО Чеслава Лукьяновича — 1891 г.р.
24. МАЗУР Михаила Яновича — 1913 г.р.
25. АНАСЕВИЧ Яна Валентиновича — 1908 г.р.
26. МРУВЧИНСКОГО Болеслава Юзефовича — 1900 г.р.
27. МАТЕЙЧИК Яна Яновича — 1904 г.р.
28. ЛЮРАНЦ Франца Яновича — 1909 г.р.
29. ГИМПЕЛЬ Людвига Матэушевича — 1903 г.р.
30. БОНАШЕВСКОГО Яна Феликсовича — 1894 г.р.
31. КОВАЛЬСКОГО Александра Юзефовича — 1902 г.р.
32. КОРДАСЕВИЧ Бронислава Владиславовича — 1909 г.р.
33. СТРЖЕЛЕЦКОГО Тадеуша Флорияновича — 1898 г.р.
34. ТАРНОВСКОГО Казимира Теофиловича — 1899 г.р.
35. КОССЕЦКОГО Юзефа Юзефовича — 1896 г.р.
36. СТОЯНОВСКОГО Казимира Францевича — 1896 г.р.
37. ЛЭМПИЦКОГО Юльяна Ромуальдовича — 1882 г.р.
38. НОДЗИНСКОГО Марьяна Марьяновича — 1907 г.р.
39. МАЗУР Станислава Матеушевича — 1909 г.р.
40. ЗАГРАЙ Теодора Яновича — 1911 г.р.
41. КАМИНСКОГО Тадеуша Михайловича — 1906 г.р.

Todesliste vom 2. April 1940. Dem Lagerkommandanten von Kosjelsk wird befohlen, 78 namentlich aufgeführte polnische Kriegsgefangene unverzüglich an die UNKWD Smolensk zu überstellen.

42. ГРАБОВСКОГО Казимира Болеславовича	— 1900 г.р.
43. КУЛЬЧИЦКОГО Зигмунда Владиславовича	— 1909 г.р.
44. АНДРЖЕЕВСКОГО Богдана Чеславовича	— 1907 г.р.
45. БЕЛИЧИНСКОГО Марьяна Вицентовича	— 1902 г.р.
46. АНДЖЕЕВСКОГО Генриха Севериновича	— 1913 г.р.
47. ЛЕВИЦКОГО Станислава Владиславовича	— 1905 г.р.
48. БОНДЗИНСКОГО Тадеуша Стефановича	— 1907 г.р.
49. СНЕГОЦКОГО Станислава Севериновича	— 1902 г.р.
50. ГЖИВИНСКОГО Яна Станиславовича	— 189. г.р.
51. ДОЧИНСКОГО Болеслава Станиславовича	— 1912 г.р.
52. МОЩИНСКОГО Станислава-Рышарда Яновича	— 191. г.р.
53. МЕНЦЕЛЬ Вацлава Яновича	— 1909 г.р.
54. КОВАЛЬСКОГО Виктора Владиславовича	— 1906 г.р.
55. АНУФРИЕВА Георгия Сергеевича	— 190. г.р.
56. ЛИНОВСКОГО Владимира Станиславовича	— 1904 г.р.
57. ДВОРАКОВСКОГО Ежи Тадеушевича	— 1913 г.р.
58. ВЕЛИХ Станислава Антоновича	— 1880 г.р.
59. КОВЕЦКОГО Вацлава Станиславовича	— 1906 г.р.
60. МАРЧЕВСКОГО Тадеуша-Эдварда Леонардовича	— 1911 г.р.
61. ДРАПОВА Эдуарда Андреевича	— 1909 г.р.
62. КЛИМЧИК Антония Антоновича	— 1907 г.р.
63. МАЗУРА Станислава Яновича	— 1914 г.р.
64. АКСАМИТОВСКОГО Стефана Мечиславовича	— 1912 г.р.
65. КОРОНА Фрацишека Ивановича	— 1905 г.р.
66. ГОДЗИШЕВСКОГО Владислава Яновича	— 1895 г.р.
67. ДАНЫЛЮК Ивана Базылевича	— 1914 г.р.
68. ВРУБЛЕВСКОГО Яна Игнатьевича	— 1903 г.р.
69. БЕЛЫНСКОГО Леона Людвиговича	— 1896 г.р.
70. ДОМАГАЛА Тадеуша Станиславовича	— 1913 г.р.
71. ДВОРАКОВСКОГО Владимира Михайловича	— 1895 г.р.
72. БОБЯТИНСКОГО Станислава Оттоновича	— 1912 г.р.
73. ШОКАЛО Антона Иосифовича	— 1908 г.р.
74. КУЧА Иосифа Стефановича	— 1896 г.р.
75. МАРЕЦКОГО Фердинанда Блажевича	— 1896 г.р.
76. ПЕТРОВИЧ Евгения Ипполитовича	— 1907 г.р.
77. РАДЗИШЕВСКОГО Леонарда Юзефовича	— 1891 г.р.
78. ГРАНИЧНЫЙ Юзефа Францишковича	— 1897 г.р.

ВСЕГО СЕМЬДЕСЯТ ВОСЕМ ЧЕЛОВЕК.

НАЧАЛЬНИК УПРАВЛЕНИЯ НКВД СССР
ПО ДЕЛАМ ВОЕННОПЛЕННЫХ
КАПИТАН ГОСУДАРСТВЕННОЙ БЕЗОПАСНОСТИ
(СОПРУНЕНКО)

№
„2" / IV 1940 г.
гор.   Москва

НКВД СССР
№ 062/2
"19" мая 1940 г.
гор. Москва

СОВЕРШЕННО СЕКРЕТНО.
ТОЛЬКО ЛИЧНО.

НАЧАЛЬНИКУ ОСТАШКОВСКОГО ЛАГЕРЯ
ВОЕННОПЛЕННЫХ
МАЙОРУ —

тов. БОРИСОВЕЦ.
Гор. Осташков.—

Adnotacje odręczne:
*подлинник
направлен в г. Осташков
19/V 40* (podpis nieczytelny)

С получением сего немедленно направьте в гор. Калинин в распоряжение Начальника УНКВД по Калининской области нижеперечисленных военнопленных, содержащихся в Осташковском лагере:

1. ПОНАДА Михаила Степановича, 1900 г.р. — дело № 78.3
2. ЗЕРУК Андрея Андреевича, 1920 г.р. — 25004/7827
3. МАТЮК Валентина Евстафьевича, 1916 г.р. — „ 7813
4. КЛЕЙН Кива Абрамовича, 1909 г.р. — „ 7009
5. ЧИРАС Виктора Георгиевича, 1905 г.р. — „ 6007
6. ГРЖИМАЛА-ТАРНОГУРСКОГО Романа Марьяновича, 1892 г.р. — 995/7642
7. АРАШКЕВИЧ Владимира Рудольфовича, 1896 г.р. — 9/7097
8. СНЕЖКО Николая Иосифовича, 1895 г.р. — „ 4817
9. АДАМЕЦ Вицентия Адамовича, 1900 г.р. — 51134/7823
10. КОЙДЕР Антона Ивановича, 1912 г.р. — „ 7834
11. ГУЗЕК Ивана Станиславовича, 1903 г.р. — „ 7812
12. ТОМАЛЯ Франца Мартиновича, 1908 г.р. — „ 7822
13. ПОПОВИЧА Флорьяна Станиславовича, 1901 г.р. — „ 7814
14. ПАНАСЮК Михаила Ивановича, 1905 г.р. — „ 7825
15. СТЕФАНЯК Ивана Теофилевича, 1903 г.р. — 23115/7815
16. ПОД.ЕЛЬСКОГО Норберта Петровича, 1915 г.р. — 53481/7824
17. СИВЕК Яна Апполоновича, 1901 г.р. — 22151/7840
18. КОНДРАТСКОГО Евгения Александровича, 1914 г.р. — „ 7837
19. ТРОХИМ Антона Казимировича, 1901 г.р. — „ 78.0
20. СПУЗЯК Тадеуша Константиновича, 1899 г.р. — „ 7835
21. ЧУШЕЛЬ Павла Мартыновича, 1910 г.р. — „ 7829
22. ЯСЮЛЕВИЧА Станислава Казимировича, 1900 г.р. — 51110/7818
23. ПИГОНЬ Петра Ивановича, 1890 г.р. — 23145/7816
24. ЧЕХОВИЧ Станислава Адамовича, 1912 г.р. — 7123/5970
25. БЛАХОВСКОГО Игнатия Игнатьевича, 1906 г.р. — 31293/7841
26. ХМЕЛЕВСКОГО Альберта Викторовича, 1920 г.р. — 25064/7826
27. ЗОЛОТАРЬ Бронислав Антонович, 1910 г.р. — 23368/7819
28. ЛЕХ Антона Ивановича, 1920 г.р. — 25081/7839
29. ВОДЫНСКОГО Станислава Яновича, 1898 г.р. — „ 1548

Deckblatt der Todesliste vom 19. Mai betreffend Überstellung aus Ostaschkow

Die Unterlagen für die Listen, in denen die jeweils zu exekutierenden Gefangenen aus den drei Sonderlagern und den Haftanstalten aufgeführt waren, kamen von Baschtakow, der mit den beiden Stellvertretern Berijas die tödliche Entscheidung des Politbüros des ZK der KPdSU »umgesetzt« hatte. Die Listen waren entweder von ihm oder seinem Stellvertreter Arkadi Gerzowski abgezeichnet. Zum Abschluß der Operation erhielt Baschtakow am 26. April 1940 den hohen sowjetischen Orden »Roter Stern«.

An diese Abteilung gingen auch die zuvor in den Sonderlagern bzw. in den Haftanstalten ausgefertigten Unterlagen über die Kriegsgefangenen bzw. Häftlinge. Merkulow hatte die Aufsicht über den gesamten Ablauf.

Er war der einzige, der in seltenen Einzelfällen unterschiedlich motivierte Ausnahmeregelungen veranlaßte. Sie betrafen auch Ausnahmeregelungen für Familien, wenn – aus welchen Gründen auch immer – Offiziere nicht in die Erschießungslisten eingetragen wurden. So befahl er z. B. am 6. April Iwan Serow, zu diesem Zeitpunkt noch Volkskommissar für Innere Angelegenheiten der Ukrainischen SSR, acht Familien von der Deportation auszunehmen. Es handelte sich ausnahmslos um Familien hoher Stabsoffiziere, Angehöriger des Generalstabs der Polnischen Streitkräfte, die auf Forderung der 5. Abteilung der Hauptverwaltung Staatsicherheit (Auslandsspionage) von der Erschießung ausgenommen wurden. Sie wurden wenig später nach Pawlitschew Bor und Grjasowez verlegt. Unter ihnen General Jerzy Wołkowicki, Oberstleutnant Marian Morawski und Oberstleutnant Leon Bukojemski. Ähnliche Ausnahmeregelungen betrafen auch die Familien von Polizeioffizieren. (Katyń ..., Bd. 2, S. 136 f.) In Einzelfällen, z. B. dem des Hauptmanns Rudolf Bauer im Lager Kosjelsk, wurden auch Deutsche nach Intervention der Botschaft des Deutschen Reiches von Todestransporten zurückge- und nach Deutschland überstellt.

Stanisław Swianiewicz, Wirtschaftswissenschaftler und Fachmann für Rüstungsindustrie, u. a. Autor einer 1938 erschienenen Studie über die Wirtschaftspolitik Deutschlands, war bereits auf dem Todestransport aus Kosjelsk via Smolensk auf der »letzten Station«, Gnesdowaja, im Wald von Katyn angelangt. Kurz vor der Hinrichtungsstätte trennte man ihn von seinen Schicksalsgefährten und »überstellte« ihn seiner speziellen Kenntnisse wegen an die Zentrale nach Moskau. Swianiewicz, Hauptmann der Reserve und Kompaniechef einer Einheit der Rückwärtigen Dienste, ist der einzige polnische Kriegsgefangene und Zeitzeuge, der bereits im Wald von Katyn war und doch überlebte. Andere Offiziere waren bereits erschossen, als Ausnahmeregelungen eintrafen.

Bis kurz vor Beginn der Liquidierung wurden einzelne Offiziere oder Gruppen von Offizieren von der Zentrale, jedoch dann nicht unbedingt durch Merkulow, aus den Lagern angefordert und nach Moskau verbracht, aus Starobjelsk z. B. am 29. März, sieben Tage vor Beginn der Transporte aus diesem Sonderlager, 22 polnische Offiziere. Angefordert hatte sie der damalige Stellvertreter des Chefs der 5. Abteilung der GUGB des NKWD (tätig im Bereich der Auslandsspionage), Major der Staatssicherheit Pawel Sudoplatow. Einige der angeforderten Offiziere überlebten, andere wie z. B. Oberst Kazimierz Burczak, Oberstleutnant Witold Walicki oder der Artilleriemajor Henryk Dawidowski und weitere Kriegsgefangene wurden zurück ins Sonderlager Starobjelsk überstellt und gingen mit ihren anderen Kameraden auf die Todestransporte. Vor Beginn der planmäßigen Liquidierung der Lager wurden neben den bereits beschriebenen Abtransporten von Geistlichen aus Kosjelsk und Starobjelsk auch kleinere Gruppen von Offizieren z. T. unter besonders entwürdigenden Umständen (ordinäre Visitationen, Fußmärsche bei starkem Frost, rigoroses Vorgehen der Wach- und Begleitmannschaften mit Androhung sofortigen Schußwaffengebrauchs u. a.) in Marsch gesetzt. Aus Kosjelsk z. B. 14 Offiziere in Richtung Smolensk, Sitz des UNKWD. Hier wurde der Trupp, der am 8. März auf Transport geschickt worden war, am 13. auseinandergerissen. Von dieser Gruppe überlebte ein einziger Offizier, der Zeitzeuge, dem der Bericht zu verdanken ist.

Die Massenmorde an den Gefangenen wurden durch Mitarbeiter der drei beteiligten UNKWD-Behörden, darunter auch Kraftfahrer bzw. Gefängniswärter wie z. B. in Charkow und Twer, sowie Mitarbeiter der Moskauer Zentrale des NKWD ausgeführt. Ihre Namen und Dienstgrade kennen wir aus einem Befehl Lawrenti

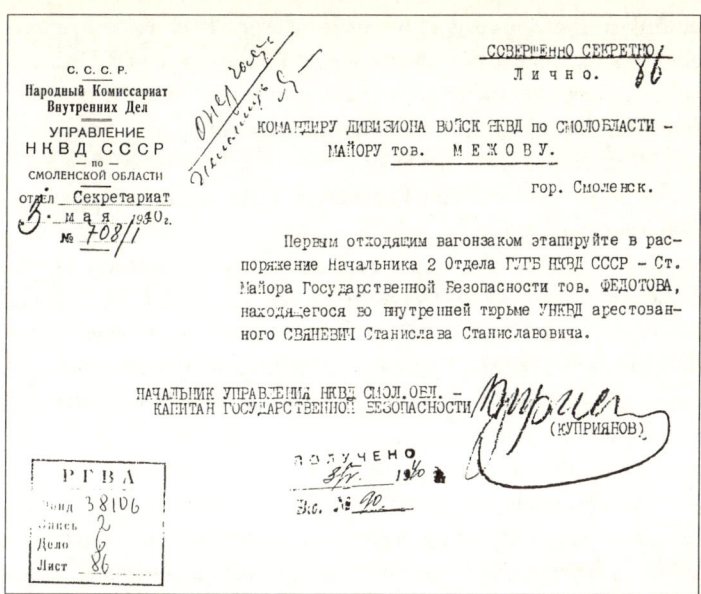

Weisung des Chefs des UNKWD Smolensk Jemeljan Kuprijanow, Swianiewicz an die 2. Abteilung der Hauptverwaltung Staatssicherheit (Spionageabwehr), z. Hd. Fedotows zu überstellen

Berijas vom 26. Oktober 1940 »Über die Auszeichnung von Mitarbeitern des NKWD«. »Für die erfolgreiche Erfüllung von Sonderaufträgen« wurden »nachfolgend genannte Mitarbeiter des NKWD, des UNKWD der Bezirke Kalinin, Smolensk und Charkow« »mit einem Monatsgehalt« ausgezeichnet. Der Befehl 01365 Berijas nennt die Namen und teilweise auch die Dienstgrade und Dienststellungen der an der Ausführung des Staatsverbrechens Beteiligten; insgesamt 124 Personen. Allerdings figurieren in diesen Auszeichnungslisten besonders hohe NKWD-Mitarbeiter bzw. Mitarbeiter mit speziellen Aufgaben nicht. Dazu gehören neben anderen die Mitarbeiter des NKWD in den drei Sonderlagern, Angehörige der Sonderbrigaden des zentralen NKWD-Apparats in diesen Lagern des Mitarbeiterstabs der Verwaltung für Kriegsgefangene oder der Hauptverwaltung Transportwesen des NKWD usw. Dieser Personenkreis wurde entweder ausgezeichnet und/oder befördert. Pjotr Soprunenko erhielt im April 1940 das »Ehrenzeichen« (russ.: »Snak potschota«), Pawel Fedotow, einer der Stellvertreter Berijas, erhielt die Auszeichnung »Verdienter Mitarbeiter des NKWD« und wurde im Dienstgrad befördert. Er wurde am 14. März Kommissar der Staatssicherheit. Das »Ehrenzeichen« wurde Soprunenko »für die Festigung der Staatssicherheit des Landes« zugesprochen.

Als »Ansporn« dürfte die voraus gegangene Beförderung von Mitarbeitern des NKWD gewirkt haben. Mit Befehl Nr. 354 und mit Wirkung ab 17. März 1940 beförderte Berija sieben Mitarbeiter der zentralen NKWD-Apparats, sechs Mitarbeiter des UNKWD Smolensk und des Sonderlagers Kosjelsk, drei Mitarbeiter des UNKWD Charkow und des Sonderlagers Starobjelsk sowie drei Mitarbeiter des UNKWD Kalinin und des Sonderlagers Ostaschkow; durchweg Männer, deren wesentliche Mitwirkung an den zwei Wochen nach den Beförderungen beginnenden Erschießungen bzw. an deren Sicherstellung bezeugt ist. Dies gilt für die jeweils zum Major der Staatssicherheit beförderten Chefs der Verwaltungen des UNKWD in Smolensk und in Charkow Jemeljan Kuprijanow und Pjotr Safonow sowie die jeweils zum Oberleutnant der Staatssicherheit beförderten Chefs der Sonderabteilungen der Sonderlager Kosjelsk, Starobjelsk und Ostaschkow Hans Eilmann, Leonid Lebedew und Grigori Korytow und letztendlich den im zentralen NKWD-Apparat für Kfz-Sondertransporte zuständigen Iwan Feldmann. Die vorauseilende Beförderung im Dienstgrad schloß eine zusätzliche nachfolgende finanzielle Belohnung wie z.B. bei Feldmann, Rubanow und Kuprij nicht aus. (Rosja ..., S. 100–102) Pjotr Safonow erhielt wie auch andere NKWD-Mitarbeiter am 26. April 1940 den Orden »Roter Stern«.

Die durch Berija »für die erfolgreiche Ausführung von Sonderaufgaben« Ausgezeichneten erhielten entweder eine »Geldprämie in Höhe eines Monatsgehalts« (43 Personen) oder »800 Rubel« (81 Personen). (Rosja ..., S. 105 ff.) Unter den Henkern befanden sich der Major der Staatssicherheit Wassili Blochin, der Oberleutnant der Staatssicherheit Josif Gribow, der Oberleutnant der Staatssicherheit Timofej Kuprij, Nikita Melnik, der Oberleutnant der Staatssicherheit Andrej Rubanow u.a.

Pjotr Safonow

Jemeljan Kuprijanow

Die Transporte in den Tod dauerten von Anfang April bis Mitte Mai. Durch lancierte Gerüchte über die Transportziele (z. B. Arbeit in einem anderen Lager) und weitere Maßnahmen (Zusammensetzung der Transporte, die »Verabschiedung« mit Musik oder mit einem Abendessen, das die Kommandantur für die Generale Bohaterewicz, Minkiewicz-Odrowąż und Smorawiński gab, bevor sie am 7. April auf Transport gingen) gelang es den NKWD-Mitarbeitern, die Transporte wie vorgesehen »ungestört« durchzuführen. In Kosjelsk suggerierten Mitarbeiter der Kommandantur im Vorfeld der Transporte, es bestünde auch die Möglichkeit der Ausreise in ein neutrales Land, z. B. nach Bulgarien, Jugoslawien oder in die Türkei. (Tucholski ..., S. 20)

Dem überlebenden Oberst Tadeusz Felsztyn erzählte Minkiewicz, der Geheimdienstoffizier Sarubin habe ihm Anfang März 1940 auf seine Frage nach dem Schicksal der polnischen Gefangenen und diesbezüglicher Behördenentscheidungen geantwortet: »Es ist besser, wenn sie es nicht wissen. Sie würden den Verstand verlieren, wenn ich es ihnen sagte ... Ich versichere Ihnen, Herr General, daß es besser ist, wenn Sie nicht wissen, was wir mit Ihnen vorhaben ...« (Zawodny ..., S. 143) Ausnahmslos alle Gefangenen wurden außerdem gegen Fleckfieber und Cholera geimpft – bevorstehender Transporte wegen. Erklärungen dafür könnten sowohl die Unwissenheit der nachgeordneten NKWD-Mitarbeiter im Lager Kosjelsk über das endgültige Schicksal der Gefangenen sein, als auch eine berechnende Entscheidung der Zentrale, um die Gefangenen in Sicherheit zu wiegen.

Den Meldungen aus den Lagern zufolge war »die Stimmung ... gut«. (Politstellvertreter Jurasow/Lager Ostaschkow vom 26. April) Starobjelsk meldete, »daß die Liquidierung des Lagers normal verläuft«. (Politstellvertreter Kirschin, 14. April) Aus dem Lager Kosjelsk kamen ähnliche Aussagen. Politstellvertreter Alexejew am 5. April: »In Zusammenhang mit den am 3.4.1940 begonnenen Transporten aus dem Lager verhält sich die Mehrheit der Offiziere ruhig und zeigt sich zufrieden, daß sie endlich aus der ›Sklaverei der Gefangenschaft‹ loskommt.« (Roman, Meldunki..., S. 243, 245 und 252)

Manche der Transporte wurden von den Zurückbleibenden in gehobener Stimmung verabschiedet. Diejenigen, die (noch) im Lager verblieben, wurden unruhig.

Merkulow ließ sich umfassend über die Stimmungen der Gefangenen in den drei Sonderlagern informieren, nachdem die Transporte zur Auflösung der Lager und »Liquidierung« der Insassen begonnen hatten. Die Stimmung sei »beseelt«, wenngleich ein Teil der Offiziere versuche, gegenzuhalten. Über die Ziele der Transporte gäbe es die verschiedensten Gerüchte. So werde gesagt: »Man schickt uns nach Sibirien«, »Wir kommen auf eine menschenleere Insel«, »Sie schicken uns in deutsche Lager«, »Man schickt uns nach Karelien, zum Wegebau ...« usw. Rufe während des Abtransports lauteten: »Ungebrochen bleiben wir im künftigen Kampf um ein Großes Polen; was man auch mit uns macht, Polen war und Polen wird bleiben.« Desungeachtet, verlaufe der Abtransport z.B. aus Starobjelsk im wesentlichen ruhig und ungestört. (Katyń..., Bd. 2, S. 181 ff.)

Vor allem wegen des strengen Transportregimes vom Zeitpunkt der Bekanntgabe der jeweils auf einer Liste aufgeführten Kriegsgefangenen bis zum Zeitpunkt der Verkündung des Todesurteils verliefen die Transporte ohne erkennbaren Widerstand. Offensichtlich kam es jedoch, nachdem die Gefangenen erfahren hatten, was ihnen bevorsteht, öfter zur Auflehnung einzelner Gefangener. Deren Widerstand wurde in solchen Fällen – wie noch darzustellen sein wird – brutal gebrochen.

Den Beginn der Liquidierung des Lagers Kosjelsk kennen wir

Pater Prof. Dr. Zdzisław Peszkowski, Jg. 1918, segnet am Allerseelentag 1988 die Gräber seiner Kameraden im Wald von Katyn.

auch durch Zeitzeugen, die überlebt haben. Pater Zdzisław Peszkowski, 1940 Fähnrich, war dabei, als sein Kamerad aus der Kavallerieschule in Grudziądz Julek (Julian) Bakón, Jg. 1911, Fähnrich im 20. Ulanen-Regiment, mit der allen Gefangenen vertrauten Aufforderung »Antreten mit Gepäck« auf den letzten Weg mit unbekanntem Ziel geschickt wurde. Da es noch frostig war, er keinen Mantel und nur leichte Sommerschuhe besaß, gab ihm Peszkowski seine wärmende Decke mit. Der Leichnam des Fähnrichs Bakón wurde, eingehüllt in die Decke, in die der Name des Freundes eingestickt war, 1943 in einem der Massengräber von Katyn entdeckt. Danach galt Peszkowski für längere Zeit als tot, und sein Name stand auf der ersten Liste der Opfer. (Peszkowski ..., S. 23 f.)

Der bereits erwähnte Politstellvertreter Alexejew meldete am 5. April weiterhin: »Am ersten Tag (der Transporte) herrschte unter den Gefangenen, die im Lagerabschnitt 2 ... untergebracht waren, eine gehobene Stimmung.« Am 8. April stellte die Lagerkommandantur den »Drang zur schnellstmöglichen Abreise« – vermeintlich in die Heimat – fest. Eine Reihe von Gefangenen wandte sich mit der Bitte an die Lagerkommandantur, man möge sie »dem nächstmöglichen Transport zuteilen«. (Roman, Meldunki ..., S. 252f.). Der Militärarzt Slowes beschreibt die Atmosphäre jenes 3. April aus der Sicht des Gefangenen. Am Nachmittag des 3. April seien die Namen derer, die sich auf der ersten Liste befanden, verlesen worden. Sie hatten sich mit Gepäck im Filmvorführraum, dem Klub, einzufinden. »Die Neuigkeit verbreitete sich wie ein Blitz ... und Tausende von Kriegsgefangenen strömten zur Kinobaracke, um die ersten Glücklichen zu sehen, die freigelassen wurden.« Die Baracke war durch stärkere Wachen als üblich umstellt. Nach penibler Durchsuchung verließen die strahlenden Männer mit einer in weißes Papier eingeschlagenen Ration, sie bestand aus gewohntem Brot und Hering, ungewohnt war das weiße Papier, eine Seltenheit im Lager, die Baracke. Sie mußten das Lager jedoch nicht durch den Haupteingang verlassen, sondern durch eine bislang von ihnen unbemerkte Pforte im Mauerwerk des alten Klosters ... Am folgenden Tag waren es 300, am dritten Tag annähernd 280 usw. usf. (Slowes ..., S. 114 ff.) Unterbrechungen der Transporte für ein, zwei Tage führten, wie die Tagesmeldungen festhalten, unverzüglich zu wilden Gerüchten unter den Zurückbleibenden. Es wurden ihrer immer weniger. Sie fühlten sich »abgeschrieben«. Da außer – selbst fabrizierten und gezielt gestreuten – Gerüchten nichts über die Transportziele in Erfahrung zu bringen war, befahlen Stabsoffiziere, daß die Gefangenen an versteckter Stelle in den Gefangenentransportwaggons angeben sollten, wo sie ausgeladen worden seien. Das wurde schnell von den NKWD-Mitarbeitern entdeckt. So z.B. am 7. April der Hinweis: »zweiter Transport Smolensk 6./IV-40«. Der Lagerkommandant veranlaßte daraufhin die Löschung des Hinweises und künftige regelmäßige Kontrollen der speziellen Waggons für Gefangenentransporte. (Roman, Meldunki ..., S. 253) Desungeachtet blieben letzte schriftliche Mitteilungen überliefert. Ritzten die Offiziere doch sowohl ihre als auch ihrer Kameraden Namen z.B. auf Feldflaschen ein, schrieben Angaben über Zusammensetzung und Transportdaten an Barackenwände und in ihre Notiz- oder Tagebücher. Letztere wurden 1943 bei den Exhumierungen im Wald von Katyn gefunden. Anhand dieser bruchstückhaft erhalten gebliebenen Hinweise und auf Grund der Mitteilungen Überlebender, die z. B. als Minderjährige aus den Sonderlagern entlassen wurden, konnte der Autor ein erstes zutreffendes Bild vom Schicksal der polnischen Kriegsgefangenen zeichnen. Nach 1990/91 konnten die Angaben der Opfer des Staatsverbrechens mit der Sicht der Täter konfrontiert werden, so daß wir uns nunmehr ein sehr genaues und bis auf wenige Punkte lückenloses Bild von den Ereignissen machen können.

Bereits in den letzten Märztagen des Jahres 1940 sah der polnische Kriegsgefangene und Wirtschaftswissenschaftler Professor Dr. Stanisław Swianiewicz in Kosjelsk jenen hochgewachsenen Offizier, dem er dann nochmals, am 30. April, im Wald von Katyn begegnen würde. Es war der Kommandeur des Bataillons der Wach- und Begleittruppen für die Transporte zwischen Kosjelsk und Katyn, Oberst Stepanow (dessen Namen Swianiewicz damals nicht erfuhr). Am 29. April kam der Befehl, daß Swianiewicz mit seinen Kameraden noch am gleichen Tag auf Transport gehen müsse. An die Wach- und Begleittruppen wurden nicht nur die Gefangenen, sondern auch die sie betreffenden Personalakten übergeben. Bei einer strengen Leibesvisitation wurden alle scharfen Gegenstände beschlagnahmt. Die verstärkte Wachtruppe führte die Gefangenen zu Lastwagen und mit diesen ging es zur Bahnstation. Dort wurde in die »Stolypin«-Waggons umgestiegen, die eigens dem Gefangenentransport dienten. Eingeführt nach der russischen Revolution von 1905, hatten sie ihren Namen im Volksmund (russ.: stolypinka) nach dem damaligen Premier Pjotr Stolypin erhalten. Anstelle der fehlenden Fenster verfügten sie lediglich – wenn überhaupt – über kleine Luftklappen unterm Dach; ihre Türen, Eisengitter, konnten nur von außen geöffnet werden. Im Korridor patrouillierten Wachen. Obwohl jedes Abteil für acht Gefangene vorgesehen war, stopfte man 14 Männer hinein. Im frühen Morgenlicht sahen die auf der Gepäckablage postierten Offiziere die Kuppeln von Smolensk. Nach kurzem Aufenthalt ging es weiter. Dem Sonnenstand nach in nordwestlicher Richtung. Wieder hielt der Zug. Diesmal waren Kommandos zu hören, Motorengeräusche. Eine halbe Stunde später kam der bereits erwähnte Oberst in den Waggon, rief Swianiewicz auf und teilte ihm mit, daß er aus dem Transport herausgelöst werde. Beide stiegen so aus, daß nicht zu sehen war, was auf der anderen Zugseite vor sich ging. Frühling lag in der Luft, erste Lerchen trillerten. Der Oberst bot an, »ein Teechen« zu trinken, nicht »Tee«, sondern, sehr familiär, »ein Teechen« (russ.: tschajok). Swianiewicz kam in einen bereits geleerten Waggon, einem Wachsoldaten befahl der Oberst, das Teechen zu bringen, und verließ selbst den Waggon. Zum Tee gab der Gefangene Zucker hinzu, verzehrte sein Brot und seinen Hering; ein Frühstück, wie es auf Gefangenentransporten nicht »gereicht« wurde. Von seinem Abteil aus konnte er durch die Lüftungsklappe beobachten, wie seine Kameraden Gruppe um Gruppe aus- und auf einen Bus umgeladen wurden, dessen Fenster verblendet waren. Der Platz war von einer dichten Schützenkette umstellt. Beim Umsteigen standen weitere Wachen mit aufgepflanztem Bajonett so, daß nur der Schritt vom Waggon in den rückwärts herangefahrenen Bus frei war. Er nahm etwa 30 Gefangene auf und kehrte nach einer halben Stunde zurück. Am späten Nachmittag holte Oberst Stepanow Swianiewicz ab und verfrachtete ihn in die »grüne Minna«, die in Sowjetrußland »schwarze Krähe« genannt wird (russ.: tschorny woron). Von Katyn aus wurde er in Etappen via Smolensk nach Moskau gebracht. Im Moskauer Gefängnis Lubjanka vernahm man ihn mehrfach. Schließlich erhielt er eine vom Generalstaatsanwalt der UdSSR abgezeichnete Anklage wegen Spionage. 1941 verurteilte man ihn zu acht Jahren Zwangsarbeitslager. Erst im Frühjahr 1942 wurde er nach Intervention des inzwischen akkreditierten Botschafters der polnischen Exilregierung in London Stanisław Kot sowie auf Grund einer speziellen Note des polnischen Außenministeriums an den sowjetischen Botschafter bei der polnischen Regierung in London aus dem Lager, das sich jenseits des Polarkreises in der Autonomen Sowjetrepublik der Komi befand, entlassen. Im Juni 1942 kam er nach Kujbyschew, wohin ein Teil der sowjetischen Regierung evakuiert worden war und wo sich auch die Botschaft der Polnischen Republik befand. Man überschüttete ihn mit Fragen nach dem Schicksal der Offiziere aus Kosjelsk. Swianiewicz legte dem Chef der Polnischen Militärmission, General Wolikowski, einen schriftlichen Bericht vor. Darin teilte er alle ihm bekannt gewordenen Tatsachen mit. Wie auch andere Überlebende, schloß er sich den neu aufgestellten Streitkräften unter General Władysław Anders an, mit denen er die UdSSR verließ. (Swianiewicz ..., S. 108ff.)

Erkennungsmarke des (jüdischen) Militärarztes Leutnant Markus Urlik aus einem der Massengräber von Katyn

Die meisten seiner Kameraden blieben für immer und ewig in russischer Erde.

Auf Transport gingen im April: am 3. u. a. Bychowiec, Wojciechowski und zahlreiche weitere Gefangene; am 4. 302 Männer; am 5. 280 Personen; am 7. 92 Gefangene, u. a. die Generale Bronisław Bohaterewicz, Henryk Minkiewicz-Odrowąż und Mieczysław Smorawiński sowie Major Adam Solski; am 8. 277 Männer, unter ihnen Wacław Kruk; am 9. 270 Offiziere; am 10. 290 Kriegsgefangene, u. a. Buguslawski, Iwanuszko, Urlich [richtig: Urlik, Markus – G. K.], Prof. Pieńkowski, Karol Wajda und Bronisław Wajs; am 12. 204 Gefangene; am 15. April 144 Personen, unter ihnen Józef Bilewski, herausragender Leichtathlet und Teilnehmer an Olympischen Sommerspielen; am 16. April 420 Personen; am 17. April 294, unter ihnen der Offizier der Panzertruppe Antoni Liliental; am 19. April 304 Gefangene; am 20. April 344, unter ihnen der Ingenieur Prof. Dr. Adolf Morawski und Zbigniew Przystasz, ein Militärjurist; am 21. April 240 Gefangene, einer von ihnen war der Lehrer Dr. Dobiesław Jakubowicz; am 22. April 122 Offiziere; am 26. April annähernd 100 Kriegsgefangene, die sich in den Lagern Pawlitschew Bor und Grjasowez wiederfanden; am 27. April 200 Personen; am 29. April kamen nochmals 300 Gefangene auf

Transport, unter ihnen der Fachmann für Sprengstoffe und Hochschuldozent Tadeusz Tucholski und der bereits erwähnte Prof. Dr. Swianiewicz. Festzustellen, wann der Rittmeister Zdzisław Sheybal (1902–1940) auf Transport ging, gelang nicht. Der Silbermedaillengewinner mit der polnischen Militäry-Mannschaft bei den Olympischen Sommerspielen 1936 in Berlin wurde in Katyn erschossen.

Im Mai 1940 folgten drei Transporte: am 10. Mai 50; am 11. Mai nochmals 50; und schließlich am 12. Mai der letzte Transport mit annähernd 90 Gefangenen. Dieser ging, wie der Transport vom 26. April, nach Grjasowez mit Zwischenstation in Pawlitschew Bor.

Somit überlebten außer den beiden Transporten vom 26. April und vom 12. Mai einige wenige weitere Gefangene, die aus anderen Transporten herausgenommen wurden. Erschossen und bis auf wenige Ausnahmen in Massengräbern von Katyn begraben wurden demzufolge 4250 Menschen, darunter eine Frau, die Pilotin Janina Lewandowska.

Aufzeichnungen verdanken wir Einblicke in die Lebenswelt der gefangenen Offiziere. Sie verdeutlichen uns, was Menschen, die von diesen summarisch beschriebenen Transporten aus dem Sonderlager Kosjelsk erfaßt wurden, vom Leben erwarteten, welche Gedanken sie bewegten, was mit ihnen geschah.

Unter dem Datum »3. IV. 40«, dem Tag des Beginns der Transporte, notierte Leutnant Zbigniew Przystasz, der an diesem Tag nicht wissen konnte, daß er am 21. um 13.00 Uhr zum Transport in den Tod befohlen werden würde: »Ich wünsche mir, daß Gott es mir ermöglicht, mit allen anderen nach Polen heimzukehren. Ins normale Leben, daß ich ein Jurastudium absolviere, meine Wünsche hinsichtlich der Familie sich erfüllen und dann – dann (...) wissenschaftlich arbeite, selbst wenn es freiberuflich sein sollte und wenn es möglich wird, auch als Beruf. – Mein Leben möchte ich so ordnen, daß es mir ein Maximum an moralischer Zufriedenheit gibt [...] daß ich meinen Charakter ausbilden kann, meine Gedankenwelt, daß ich eine schöne, gute und geliebte Frau heirate und Kinder mit ihr haben werde [...].« (Tucholski ..., S. 31 f.)

Der Fähnrich Władysław Furtek überlebte: »... Ich verließ das Lager Kosjelsk am 26. April 1940 ...Vor Verlassen des Lagers wurden alle gründlich durchsucht. Während wir auf die Durchsuchung warteten, kam ... Demidowitsch [Anton – G. K.] zu unserer Gruppe, besah uns und sagte wörtlich: ›No, snatschit, wy choroscho popali‹, (d.h.: ›Also, ihr habt das große Los gezogen‹). Wir verstanden nicht, was diese Worte bedeuteten; ob sie ironisch gemeint oder ehrlich gesagt waren. Heute weiß ich, daß sie ehrlich gemeint waren und wir tatsächlich die glückliche Gruppe waren, die dem Blutbad entkam ... Nach dem Sonnenstand zu urteilen, fuhren wir von Kosjelsk aus in südwestlicher Richtung ... Nach einem Aufenthalt änderte sich die Richtung in Nordosten. Während der Fahrt lag ich auf der oberen Bank. An der Wand fand sich folgende Notiz mit einem zum Bleistift umfunktionierten Streichholz: ›Zwei Stationen nach Smolensk werden wir ausgeladen – verladen‹. Das Datum war schwer zu erkennen. Es konnte der 12. oder der 17. April gewesen sein. Diese Notiz erweckte allgemeines Interesse in meinem Abteil. Wir überlegten, was sie wohl bedeuten könne ...« (»Dziennik Polski«, 21. April 1943)

Der Transport vom 26. April landete via Pawlitschew Bor in Grjasowez. In diesen Transport eingegliedert war auch der Fähnrich Władysław Cichy. Er notierte: »Am 26. April wurde mein Name verlesen. Endlich wird sich das Geheimnis lüften. Ich nahm mein Gepäck auf, umarmte meine Gefährten, ›Auf Wiedersehen!‹ Wir waren 107. Die Ältesten: General J.(erzy) Wołkowicki, Oberst M.(arian) Bolesławicz. Im Wachgebäude führten die Bolschewiki eine sorgfältige Leibesvisitation durch ... mir wurde mein zerbrochenes Spiegelchen abgenommen. Hinter dem Tor verlud man uns auf Lastkraftwagen. Wir fuhren nicht zum Bahnhof, sondern zu einem abgelegenen Nebengeleis. Ich sah Gefangenentransportwaggons. Bisher hatten wir den Luxus von Viehwaggons genossen. Diesmal wurden wir zu Verbrechern degradiert. Die Wachen schlossen uns zu 16 Mann in jedem Abteil ein. Los geht's. Aber wohin? Wir beobachten die Umgebung. An den Wänden eine Notiz. Polnisch! An der Decke lesen wir: ›... in Gnesdowo müssen wir aussteigen.‹ Der Name sagt niemanden von uns etwas. Zwei Tage später halten wir in Babynino. Aus dem Nachbarabteil kommt von Oberst Mara-Meyer die Nachricht: ›In der Nähe ist das Lager Pawlitschew Bor.‹ Und wirklich, nach einigen Stunden Warten befehlen die Bolschewiki uns, auszusteigen. Wir befinden uns in einem herrlich gelegenen, mit Kiefern bestandenen, sauberen Lager. Es ist leer. Viel Platz, bessere Bedingungen. Am nächsten Morgen bemerken wir Bewegung am Tor, sehen polnische Uniformen. Eine Gruppe von 63 Gefangenen aus Starobjelsk, darunter Józef Czapski und Oberstleutnant Berling. Im Laufe der nächsten Tage stoßen zu uns eine Gruppe aus Ostaschkow sowie Gruppen aus Kosjelsk und Starobjelsk ...« (Zbrodnia Katyńska ..., S. 42)

Im Archiv des UNKWD Smolensk fand sich zum Thema der Transporte aus Kosjelsk eine aufschlußreiche Akte, angelegt wegen eines Briefes von Frau Aleksandra Urbańska. Sie gehörte zu jenen erwähnten polnischen Offiziersfamilien, die deportiert worden waren. Mit ihrer Familie befand sie sich in Kasachstan, ihr Mann, Leutnant Ryszard Urbański, im Sonderlager Kosjelsk. Nachdem im März 1940 der briefliche Kontakt mit ihrem Mann abgebrochen war, bat sie die örtliche NKWD-Behörde, ihr mitzuteilen, wo sich ihr Mann befinde. Auf diese Bitte hin legte der NKWD-Mitarbeiter Filipowitsch fest: »Informieren, daß er in ein unbekanntes Lager verlegt wurde. 6. Mai 1940.« Der Leichnam des Leutnants Urbański wurde in Katyn ausgegraben und unter der Nummer AM 3220 registriert.

Anfang Mai 1940 kamen auch im Lager Ostaschkow Gerüchte über bevorstehende Verlegungen auf. Wie in Kosjelsk waren sie teils durch NKWD-Mitarbeiter gezielt ausgestreut worden, teils gingen sie von den Gefangenen aus. Unter ihnen überwog die Ansicht, daß sich alles, unabhängig von der Transportrichtung, nur zum Besseren wenden könne. Fragebögen verlangten nach Auskünften zur Person und zur letzten Arbeitsstelle, wollten wissen, wo und in welchem Beruf sich der Befragte nach seiner Entlassung niederzulassen wünsche. Das geschah kurz vor Beginn der Transporte. Sie begannen in diesem Sonderlager am 4. April 1940. Mit wenigen Pausen wurde täglich ein Transport abgefertigt. Major Ilja Borisowez, Lagerkommandant, berichtete nach zehn Tagen, daß »bereits etwa 3000 Personen« abgefertigt »zur Entscheidung« (russ.: na rasbor) worden seien. »Der Apparat der 2. Abteilung ist tagtäglich 16 bis 18 Stunden mit der Formierung der Transporte befaßt«, meldete er.

(Roman, Meldunki ..., S. 242) An manchen Tagen verließen sogar zwei oder drei Transporte das Lager.

Nachdem erste Transporte das Lager verlassen hatten, kam das Gerücht auf, Ziel sei die Grenzstation Brest. Die Gefangenen würden gut verpflegt, hätten verhältnismäßig gute Bedingungen und könnten sich ziemlich frei bewegen. Im Lager selbst, meldete Politstellvertreter Iwan Jurasow Mitte April, sei »die Stimmung der Mehrheit der Gefangenen gehoben, besonders bei den einfachen Polizeiangehörigen. Sie glauben, man schicke sie nach Hause.« (Roman, Meldunki ..., S. 241) Manche Transporte wurden sogar mit Musik verabschiedet. Im Laufe der Zeit kam jedoch bei einer Reihe der Zurückbleibenden eine mehr und mehr gedrückte Stimmung auf. Diejenigen, die aus dem von Deutschen besetzten Teil Polens stammten, äußerten ihre Ablehnung, dorthin verbracht zu werden. Zivilangestellte der Lagerkommandantur äußerten gesprächsweise gegenüber Gefangenen, daß man Leute, die zur Entlassung nach Hause anstünden, nicht unter starker Bedeckung zum Bahnhof transportieren würde. Wahrscheinlicher sei, es gehe irgendwohin »na sewer«, d. h. nach Norden, hinter den Polarkreis.

Im Zusammenhang mit der Auflösung des Lagers Ostaschkow, in dem sich annähernd 6500 Gefangene befanden, konnte bisher allein das genaue Datum von drei Transporten dokumentiert werden. Es waren die Transporte vom 28. April sowie vom 13. und 14. Mai 1940. Am 28. April gingen 300 Gefangene auf Transport, lediglich ein Waggon mit annähernd 30 Männern aus diesem Transport ging ins Lager Pawlitschew Bor. Später kamen zwei weitere Waggons mit etwa 100 Gefangenen hinzu. Somit überlebten aus dem Sonderlager annähernd 130 Gefangene.

Wie im Falle der in Kosjelsk gefangenengehaltenen Offiziere, versuchten auch hier Familienangehörige etwas über ihre Nächsten in Erfahrung zu bringen. Überliefert ist der Versuch einer der nach Kasachstan deportierten Familien. Nachdem sie sich viele Male vergebens an NKWD-Dienststellen und die Staatsanwaltschaft gewandt hatte, schrieb die Familie an Stalin, um etwas über das Schicksal des Vaters und Ehegatten zu erfahren. Nach langer Zeit, im Frühjahr 1941, erhielt sie eine knappe Nachricht des Staatsanwalts von Ostaschkow: »Das Lager, in dem sich ihr Vater befand,

Wassili Blochin

ist im Frühjahr 1940 aufgelöst worden. Der derzeitige Aufenthaltsort Ihres Vaters ist unbekannt.«

Das war ungefähr ein Jahr später, nachdem die durch Dmitri Tokarjew, den damaligen Leiter des UNKWD Kalinin, bezeugten Ereignisse ihren Verlauf genommen hatten. Von ihnen berichtete er dem Militärstaatsanwalt Anatoli Jablokow am 20. März 1991. »Ungefähr 30 Personen nahmen an den Erschießungen teil ... Auf mich machte es einen außerordentlichen Eindruck, als Blochin, Sinegubow und Kriwenko mich aufforderten: ›Na, gehn wir, los gehts, gehn wir!‹ ... Den Raum, in dem die Erschießungen vorgenommen wurden, habe ich nicht betreten. Deren Technologie hatten Blochin und unser Kommandant Rubanow ausgearbeitet. Die Türen zum Korridor waren mit Decken abgedämmt, damit die Schüsse in den Zellen nicht zu hören waren. Die Abgeurteilten, wollen wir sie mal so nennen, wurden über den Korridor zum ›Roten Zimmer‹ geführt, dort überprüfte man an Hand einer Liste die Angaben zur Person, ob auch alles seine Richtigkeit habe. Nachdem man sich davon überzeugt hatte, daß es sich um den Mann auf der Liste handelte, wurden ihm unverzüglich Handschellen angelegt und er zum Richtort geführt. Dessen Wände waren auch schallgedämmt ... Ich sah mit eigenen Augen dieses Grauen. Nach einigen Minuten legte Blochin seine Spezialkleidung an: eine braune Lederkappe, eine lange, braune Lederschürze, braune Lederhandschuhe, deren Stulpen bis über die Ellenbogen reichten. Auf mich machte das einen außerordentlichen Eindruck – ich sah vor mir einen Henker!«

Jablokow: »Und so waren alle gekleidet? Tokarjew: »Nein, nur er ...« Auf die Nachfrage Jablokows, wie das mit der Befragung vor der Erschießung gewesen sei, berichtete Tokarew, daß lediglich gefragt wurde: »Namen, Vornamen, Geburtsjahr, Vatersnamen; nein, den gibt es ja bei ihnen nicht ... das war alles ... Dann wurden die Handschellen angelegt und es ging zur Endstation ...« Als der Militärstaatsanwalt wissen wollte, wie lange dieses Verfahren gedauert

Ehemaliger Sitz des UNKWD in Kalinin/Twer (Mitte der 90er Jahre)

hatte, antwortete Tokarjew, daß »die Arbeit« bei sechstausend Gefangenen lange gedauert habe. Er könne sich natürlich nicht mehr an ein genaues Datum erinnern, aber: »... die Nächte waren schon kurz. Es war offensichtlich Ende April oder Anfang Mai, wenn die Nächte am kürzesten sind ... Und als diese ganze schmutzige Sache beendet war, haben die Moskauer in ihrem Salonwagen so eine Art Bankett gegeben ... Ich bin der Einladung nicht gefolgt, bin nicht hingegangen ... Sie haben auch nach jeder Hinrichtung Alkohol getrunken ...« Auf die Frage des Militärstaatsanwalts, wie die Erschießungen abgelaufen seien, antwortet Tokarjew, das habe er nicht gesehen. Es müsse jedoch »offensichtlich schrecklich« gewesen sein, hätten sich doch die Henker Wassili Blochin und der erste Stellvertreter Tokarjews Wassili Pawlow, der sich an den Erschießungen beteiligte, nicht lange danach selbst erschossen, und Andrej Rubanow sei wahnsinnig geworden. (Katyń ..., Bd. 1, S. 439 ff.) Blochin starb 1955 jedoch eines natürlichen Todes.

Was vor sich ging, bevor die Gefangenen exekutiert wurden, wissen wir aus Berichten der wenigen Überlebenden.

J. R. notierte: »Die Tage vergingen in Hoffnungslosigkeit bis zum 4. April 1940. An diesem Tag verließ der erste Transport ... das Lager ... Die Mehrheit erhoffte sich die Heimkehr nach Polen. Das gab Auftrieb. Als dieser erste Transport das Lager verließ, guckte ich durch einen Spalt im Zaun etwa einen Kilometer hinterher ... Jeden Morgen trugen die zum Transport aufgerufenen Gefährten ihre Strohsäcke zur Kirche und versammelten sich mit ihren armseligen Päckchen im großen Kirchenschiff ... Die hochgestimmten Gefühle wichen, als bei weiteren Transporten auch immer einige Schwerkranke aus dem Lazarett auf Transport gebracht wurden. Die erlöschenden Männer wurden auf Tragbahren gebracht und auf Wagen gelegt, die jeweils von einem Pferd gezogen wurden.« Der Schrecken dieses Bildes blieb tief im Gedächtnis. Ein anderer Überlebender, der am 13. Mai auf Transport ging, berichtet: »Man führte uns unter kleiner Bewachung über die Brücke, weil das Eis auf dem See bereits getaut war ... Nach dreitägiger Fahrt über Torzok, Rshew und Brjansk kamen wir am 16. Mai 1940 an unserem Bestimmungsort an. Zu unserer Verwunderung war dies wiederum Babynino. Wieder befanden wir uns im Lager Pawlitschew Bor ...« (Zbrodnia Katyńska ..., S. 59 f.)

Wachtmeister J. B. beschreibt seine Beobachtungen so: »Jeden zweiten, dritten Tag, manchmal auch Tag für Tag verlas der Blockälteste ... eine Reihe von Namen. 60 bis 300 wurde befohlen, sich für den Transport fertig zu machen. Das dauerte in der Regel eine halbe Stunde. Anschließend hatten sich die Aufgerufenen mit Gepäck zum Kino, das war das große, ehemalige Kirchenschiff, zu begeben. Hier waren die im Lager empfangenen Gegenstände abzugeben; Strohsack, Decke, Löffel, Napf usw. Dann folgte eine sehr sorgfältige Untersuchung. Daraufhin ... marschierte die Truppe bis zum Anschlußgleis. Die Begleitmannschaft ... war mit Maschinenpistolen bewaffnet und führte Hunde mit sich. Auf dem Anschlußgeleis ... standen die Gefangenentransportwaggons ... Ich fuhr am 28. April ab ...« Unterwegs wurde der Waggon, in dem der Wachtmeister fuhr, ab- und an einen anderen Zug angehängt. Ziel dieses Waggons war Pawlitschew Bor, die anderen annähernd 270 Kameraden landeten in Kalinin. (Zbrodnia Katyńska ..., S. 57 f.)

Alle Befehle, die den Abtransport der Gefangenen des Sonderlagers Ostaschkow dokumentieren, liegen vor. Einer wie der andere ist nach dem gleichen Schema ausgefertigt. Die erste Zeile enthält lakonisch die Worte: »Persönlich« und »Str.(eng) geheim«. Im Briefkopf heißt es: »NKWD UdSSR. Nr. -z. B. 05/4 vom 5./IV. 1940 Moskau«. Immer wieder heißt es gleichlautend: »An den Kommandanten des Lagers für Kriegsgefangene Ostaschkow – Major Gen.(ossen) Borisowez. Stadt Ostaschkow«. Darauf folgen die ebenfalls sich immer wiederholenden Worte: »Unverzüglich nach Erhalt dieses Befehls haben Sie die nachfolgend aufgeführten Kriegsgefangenen, die sich im Lager Ostaschkow befinden, in die Verfügungsgewalt des Chefs des UNKWD des Gebiets Kalinin zu überstellen.« Numeriert werden aufgeführt z. B. an dem genannten Tag 100 Namen, Vornamen, Geburtsjahr und die Nummer des Aktenvorgangs. Nach dem letzten Namen wird die Gesamtzahl der jeweils abzutransportierenden Gefangenen genannt. Gezeichnet ist jede Liste entweder – zumeist – vom Chef der Verwaltung für Kriegsgefangene Soprunenko oder seinem Stellvertreter Chochlow. (Tucholski ..., S. 719–913) Mehrfach kam es zu Verwechslungen. So meldete Borisowez z. B. am 17. Mai, daß der Gefangene Krawec fälschlicherweise bereits anstelle des Gefangenen Krawczyk auf Transport nach Kalinin gebracht worden sei.

Bevor die Liquidierung der Sonderlager Kosjelsk und Starobjelsk begann, hatten am 20. Februar 1940 Pjotr Soprunenko und Semjon Nechoroschew, Leiter und Politkommissar der Verwaltung für Kriegsgefangene, dem Volkskommissar Berija vorgeschlagen, alle in diesen beiden Lagern befindlichen Schwerkranken, Invaliden, Tbc-Kranken und alle, die älter als 60 waren, »ungefähr 300 Mann«; weiterhin Ärzte, Ingenieure, Agronomen und Lehrer, »über die nichts Kompromittierendes vorliegt« und die aus den Westgebieten der Ukraine und Belorußlands stammten, »400–500 Mann«, zu entlassen. Dieser Vorschlag wurde abgelehnt. (Katynskaja drama ..., o. S. Dokumentenanhang)

Die Auflösung des Lagers Starobjelsk verlief unter ähnlichen Bedingungen wie die der beiden anderen Sonderlager. Ein einziger, letztendlich unwesentlicher, Unterschied ist festzustellen. Die

Aktion zur Auflösung des Lagers wurde von einer intensiven Propagandakampagne begleitet. Diese zeitigte unerwartete und unerwünschte Folgen. Eine Befragung der Lagerbehörden im März 1940 suggerierte, die Gefangenen würden zu ihren Familien nach Polen oder an die Verbündeten Polens übergeben werden. (Łopianowski ..., S. 5) Daraufhin trafen aus Polen Briefe ein, in denen es hieß, man erwarte nunmehr die Langersehnten. Das Polnische Rote Kreuz richtete an Grenzübergängen, z. B. in Brest, Versorgungspunkte ein. Hier sollten die Heimkehrer verpflegt und eingekleidet werden. Um die Version zu nähren, eine der Fahrtrouten verlaufe bis an die rumänische Grenze und durch Rumänien hindurch bis zu den Verbündeten Polens in Nahost, wurden gezielt schriftliche Unterlagen, die diese Version stützten, ins Lager eingeschleust. Außerdem wurden die Gefangenen nach Sprachkenntnissen für die angeblich zu passierenden bzw. zu erreichenden Länder gefragt.

Die gezielt ausgestreuten Gerüchte wirkten. Als die Transporte begannen, war ein großer Teil der Gefangenen davon überzeugt, daß es in die Freiheit gehe. Nachdem Politkommissar Kirschin am 14. April 1940 an Nechoroschew gemeldet hatte, daß »die Liquidierung des Lagers normal« verlaufe, verwies er darauf, daß »eine große Zahl der Gefangenen« darum bitte, sie in der UdSSR zu belassen und nicht an die Deutschen zu überstellen. Dies betreffe vorwiegend Ärzte, Ingenieure, Lehrer. In diesem Sinne hätten sich ausnahmslos Offiziere jüdischer Herkunft geäußert. Sie hatten offensichtlich erfahren, wie sich in Polen die rassistische Politik der deutschen Besatzungsmacht auswirkte. Die in diesem Zusammenhang genannten Militärs, z. B. der Arzt Jerzy Altman sowie Abram Siemiontek und Jakub Tenenbaum sind wie alle anderen ihrer Lagergefährten exekutiert worden. »Berufsoffiziere polnischer Herkunft haben keine Anträge auf Verbleiben in der UdSSR gestellt.« Ihnen erging es ebenso wie ihren jüdischen Kameraden. (Katyń ..., Bd. 2, S. 221 ff.) Am 20. April meldet Kirschin wiederum, daß »die Liquidierung des Lagers normal« verlaufe. Seit dem 5. April seien 2 619 Personen auf Transport geschickt worden. »Negative Stimmungen, antisowjetische Haltungen, Selbstmorde oder Selbstmordversuche, Fluchten und Fluchtversuche« habe es nicht gegeben. (Roman, Meldunki ..., S. 245 ff.) Wie in Ostaschkow wird auch hier in Meldungen an die Zentrale hervorgehoben, daß »die Kader der Lagerkommandantur ... ausnahmslos an der Vervollständigung und dem Abschluß der Unterlagen der Gefangenen arbeiten«. Im Unterschied zu Kosjelsk und zu Ostaschkow sind jedoch bislang keine Transportlisten mit den Namen der jeweils auf Transport gehenden Gefangenen für das Lager Starobjelsk bekannt geworden. Gefunden wurden jedoch die Unterlagen über Sammeltransporte, die zwischen 5. April und 4. Mai 1940 von den Bahnhöfen Woroschilowgrad und Walujki abgingen, die beide den Bahnanschluß zum Lager Starobjelsk sicherten. Solomon Milschtein, Chef der 3., der Geheimen Politischen Abteilung des NKWD bzw. NKGB, forderte auf Grund von Entscheidungen seines Vorgesetzten Wsewolod Merkulow Transporte an, beide Namen sind bei jedem Transport angegeben. Die Transportunterlagen weisen aus, welche Gefangenentransporte in diesem Zeitraum zwischen Starobjelsk und Charkow (z. B. Nr. der Waggons, deren Belegung usw.) vorgenommen worden sind. (Katyń ... Bd. 2, Suplement o. S.)

Außerdem gibt es eine mehr als 4000 Namen umfassende Liste (Tucholski ..., S. 914-987), die von den NKWD-Mitarbeitern im Lager Starobjelsk Michail Gaididei und Boldarewa aufgestellt wurde. Darin sind, alphabetisch geordnet, die Personalangaben jener »Kriegsgefangenen des Lagers Starobjelsk, die aus dem Lager abtransportiert worden sind«, dokumentiert. Auf die Anfrage des Lagerkommandanten Bereschkow hin, was mit diesen und weiteren Unterlagen geschehen solle, befahl Soprunenko am 6. September 1940, die Personalmappen aufzulisten, alles andere »zu verbrennen« und Vollzug zu melden.

Was in Charkow mit den Gefangenen geschah, von deren Personalunterlagen vorstehend die Rede ist, dafür gibt es Zeugen. Einer von ihnen ist Mitrofan Syromjatnikow, seit 1933 Mitarbeiter des NKWD und 1939/40 Hauptfeldwebel und Oberwärter im inneren Gefängnis des UNKWD Charkow. Am 20. Juni 1990 wurde er erstmals durch den Major im Justizdienst W. Jerschyk in Charkow verhört. Er sagte aus: »Ungefähr im Mai 1940 ... trafen große Gruppen polnischer Militärs ein. In Charkow kamen sie per Eisenbahntransport in Gefangenenwaggons an. [Den Frachtbriefen ist zu entnehmen, daß es sich um den Südbahnhof handelte. – G.K.] Autos des UNKWD brachten die Polen zum Gebäude des UNKWD ... Ich habe sie oftmals entgegengenommen und in die Zellen eingewiesen. In der Regel blieben sie nur kurz im inneren Gefängnis, ein, zwei Tage, manchmal auch nur für einige Stunden. Danach wurden sie in den Keller des NKWD geführt und dort erschossen ... Ich habe sie häufig in den Keller führen müssen ... Wer die Polen erschossen hat, kann ich nicht sagen ...« (Katyń ..., Bd. 2, S. 473 ff.)

Auf die Frage nach den Namen verantwortlicher Mitarbeiter des UNKWD in Charkow zur Tatzeit nannte Syromjatnikow bei einer zweiten Vernehmung den Leiter Pjotr Safonow, dessen Stellvertreter P. Tichonow und den Kommandanten Timofej Kuprij. Er bezeugte weiterhin, daß die Erschießungen im UNKWD Charkow mit Revolvern sowjetischer Produktion vom Typ Nagan vorgenommen worden seien. Er habe danebengestanden, als ein Mitarbeiter die leeren Hülsen aus den Trommeln zog und mit scharfen Patronen nachlud. (Katyń ..., Bd. 2, S. 474 ff.)

Aus der Liquidierungszeit des Lagers Starobjelsk, die wie bei den beiden anderen Sonderlagern von Anfang April bis Mitte Mai dauerte, sind von den 4 000 Gefangenen lediglich Angaben zur Zusammensetzung von zwei Transporten gefunden worden. Das betrifft die Transporte vom 25. April und vom 12. Mai sowie einige Gefangene, die einzeln verlegt worden sind. Aus dem erstgenannten Transport von annähernd 300 Gefangenen wurden 63 Männer herausgelöst, der zweite Transport bestand aus 19 Kriegsgefangenen, aus dem unterwegs nochmals drei herausgelöst wurden. Diese beiden Transporte erreichten Pawlitschew Bor. Das Schicksal aller anderen Transporte blieb für Jahrzehnte unbekannt.

Rittmeister Józef Czapski, Maler, Schriftsteller, Offizier, hat ausführlich von seinen und seiner Kameraden Erlebnissen berichtet. »Auf den Kirchentreppen stehend, verabschiedete der Lagerkommandant die auf Transport Gehenden mit einem vertrauensvollen Lächeln: ›Ihr fahrt nun‹, sagte er einem von uns. ›Laßt mich wissen, wohin, und ich komme gerne nach.‹ Ich verließ Starobjelsk mit 16 Gefährten erst am 12. Mai.

Bereits am Bahnhof gab es Überraschungen. Man pferchte uns ...

zu mehreren in die engen Zellen, die ohne Fenster waren und stark vergitterte Türen hatten. Wir lasen Inschriften in Polnisch an den Wänden: ›Man lud uns bei Smolensk aus‹. Die Wachmannschaft war außergewöhnlich brutal. In der Regel durfte man zweimal täglich das Klosett aufsuchen. Verpflegt wurden wir mit Fischchen und Wasser. Es war sehr heiß, manche wurden ohnmächtig. Die Wachen ließ das gleichgültig. Ihr Beruf hatte sie so geprägt. In Charkow wurden zwei von uns aus dem Transport herausgenommen. Über Tula führte man uns in die Nähe von Smolensk. Auf der kleinen Station Babynino wurden wir ausgeladen und mit Kolbenstößen auf eine große Lore verfrachtet. Darin fuhren wir durch einen elenden, armseligen Landstrich, durch so arme Dörfer, wie ich sie nirgendwo und nirgends in Polen gesehen habe.

Wir waren auf das Schlimmste gefaßt. Schweigend blickten die Leute zu uns auf. Mit Augen, die aussahen, als ob sie nichts sähen ... Die Kinder auf dem Schulweg riefen uns ›Polnische Herren‹ oder ›Blutsauger‹ hinterher.

So kamen wir in die Nähe eines dicht bewaldeten neuen Lagers. Verflogen unsere Träume von Frankreich, von Polen. Pawlitschew Bor, wie dieses Lager hieß, lag – wie der Name bedeutete – inmitten herrlicher Wälder. Hier trafen wir 200 Gefährten aus Kosjelsk, 120 aus Ostaschkow und 63 aus Starobjelsk. Die letzteren waren am 25. April auf Transport gegangen, am gleichen Tag wie eine andere ... Gruppe. Mehrfach wurde ihnen gesagt, daß sie sich nicht den anderen Gefährten zugesellen sollten, sie führen unter besonderen Bedingungen.

Diese 63, unsere 16 und etwa 10 weitere, die im Laufe des Winters einzeln verlegt worden waren, das waren alle, die von den 4000 Gefangenen ... in Starobjelsk überlebten. Im Lager Pawlitschew Bor waren wir insgesamt annähernd 400 Gefangene. Nach einigen Wochen verlegte man uns alle nach Grjasowez bei Wologda, wo wir bis August 1941 blieben.

Anfangs waren wir davon überzeugt, daß unser Los das gleiche wie das unserer Gefährten sei. Wir dachten, alle seien wir über zahlreiche kleinere Lager verstreut worden. Aber sehr schnell begannen wir daran zu zweifeln, denn in jeder Postkarte aus Polen standen immer drängendere Fragen, was mit unseren Gefährten aus

Starobjelsk, Kosjelsk und Ostaschkow geworden sei, seit man uns getrennt habe.

Auf der Grundlage dieser Karten aus Polen schlossen wir bereits im Sommer 1940, daß wir die einzigen Gefangenen seien, von denen nach dem April 1940 Nachrichten nach Polen gelangten.« (Czapski, Wspomnienia ..., S. 44 ff.)

Da diejenigen, die überlebten, erst gegen Ende der Liquidationsphase des Lagers auf Transport geschickt wurden, konnten sie zahlreiche Vorgänge verfolgen. Sie kannten auch die Gefühle ihrer Mitgefangenen.

Ein Ausschnitt aus dem Bericht des Oberleutnants Bronisław Młynarski vermittelt einen Einblick: »Um 9 Uhr kam der sowjetische Kommandant des Lagers ... Bereschkow und einige unserer Offiziere zu unserem Kommandeur. Das war Major Kazimierz Niewiarowski von den Pionieren. Er erklärte, daß am heutigen Tage die Auflösung [russ.: rasgruska] beginne; mit anderen Worten, die Liquidierung des Lagers. Täglich werden etwa 200 Gefangene das Lager verlassen. Auf unsere vielen Fragen hin erklärte er bruchstückhaft, soweit ihm bekannt sei, gehe es ›nach Hause‹ [russ.: domoj] ... Für diejenigen, die aus West- oder Mittelpolen kamen, war der Weg ›nach Hause‹, d.h. in deutsches Besatzungsgebiet, kein verlockender Gedanke. Die Deutschen und die Sowjets standen gut zueinander und würden sie ausliefern. Diejenigen jedoch, die in den polnischen Ostgebieten ansässig waren, überlegten, daß sie theoretisch frei seien; allerdings nur solange, bis das NKWD sie ... anschließend wieder, diesmal in die Tiefe Rußlands, deportieren werde ... Obwohl unser Schicksal dunkel und geheimnisvoll war, war der Gedanke, das Tor von Starobjelsk hinter sich lassen zu können, sensationell, so daß er die Stimmen der äußersten Pessimisten übertönte. Die überwiegende Mehrheit glaubte felsenfest an ein besseres Morgen. Ungeduldig und nervös warteten alle auf den Tag, da sie auf Transport gehen würden.

Am 5. April wurde die erste Liste ... verlesen. Sie hatten schnell ihr Gepäck zu packen und sich um 12 Uhr in der Kirche einzufinden ... Nach einer Stunde sorgfältiger Überprüfungen, bei denen metallische Gegenstände, Gedrucktes und Notizen beschlagnahmt wurden, mußten unsere Freunde im Gänsemarsch die Kirche verlassen ... Zu beiden Seiten bildeten die Zurückbleibenden ein dichtes Spalier. Sprechen war streng verboten ... Wir verabschiedeten sie mit dem Zeichen des Kreuzes und den halblauten Rufen ›Es lebe Polen‹ ... Ähnlich vergingen auch die folgenden Tage – bis zum 12. Mai 1940, da die letzte kleine Gruppe das Lager verließ ...

Die allgemeinen Charakteristika der Transporte ließen nicht erkennen, daß die Auswahl nach Kriterien der politischen Haltung, nationalen oder religiösen Gesichtspunkten erfolgte. Dagegen wurde offensichtlich auf Proportionen bei den Dienstgraden geachtet ... Ähnlich wurde auch im Hinblick auf die verschiedenen Blöcke verfahren, d.h. bei jedem Transport waren Gefangene aus jedem der Unterkunftsblöcke dabei ... Diese Methode ließ vermuten, daß Freundeskreise zerbrochen werden und damit Versuche sich zu verständigen, zu flüchten, verhindert werden sollten.

Wir erhoben oftmals Einspruch ... und baten, die Zusammensetzung einzelner Transporte zu verändern, Brüder nicht zu trennen. Leider ohne jeden Erfolg. Die Antwort war, daß die Listen nicht verändert werden dürften und im übrigen ›alle sich bald wieder treffen würden‹ [russ.: wy wsje skoro wstretitjes].

Der letzte Transport, zu dem auch ich gehörte, ... verließ das Lager um die Mittagsstunde des 12. Mai 1940. ... An diesem Tag blieben noch zehn Offiziere im Lager. Da ihr Schicksal nicht bekannt ist, muß man diesen Tag als letzten Tag des Gefangenenlagers Starobjelsk bezeichnen.« (Czapski, Rozmowa ...)

Durch die Korrespondenz mit Familienangehörigen erfuhren die in Pawlitschew Bor festgehaltenen Offiziere, daß jedweder postalische Kontakt zwischen Gefangenen der Sonderlager und ihren Familien im Frühjahr 1940 beendet worden war. Briefe, Postkarten und Telegramme blieben sowohl für jene aus, die unter deutschem Besatzungsregime, als auch für jene, die in der UdSSR lebten. Allein im Lager Starobjelsk ergab eine Bestandsaufnahme vom 8. Juni 1940, daß von der Lagerkommandantur insgesamt 3 080 Briefe, Postkarten und Telegramme zurückgehalten und nicht an die Gefangenen ausgeliefert worden waren; möglicherweise z. T. auch deshalb, weil man die Gefangenen bereits exekutiert hatte. Nochmals 3 460 Briefe und Postkarten der Gefangenen an ihre Familien waren nicht auf den Postweg gebracht worden. (Katyń ... Bd. 2, S. 364)

Alle individuell, z.T. rührenden, von Kindern, unternommenen Versuche, eine erschöpfende Auskunft über Familienangehörige von sowjetischen Behörden zu erhalten, blieben entweder unbeantwortet oder liefen auf nichtssagende Täuschungen hinaus. Beispiele dafür gibt es eine ganze Reihe. Als z.B. die Frauen des Artilleriemajors Lucjan Chrystowski und des Leutnants Wacław Komornicki, beide nach Nordkasachstan deportiert und zwangsangesiedelt im Dorf Bolschoj Isjum, wissen wollten, wo ihre Männer seien, antwortete ihnen der NKWD-Mitarbeiter im Lager Starobjelsk, der Dolmetscher Tschecholski, Anfang Juni 1940: »Ihre Männer sind abgereist. Ihre Adresse ist unbekannt. Wenden Sie sich an das NKWD Verwaltung Kriegsgefangene, Moskau Dzierżyński-Platz 2.« Selbst das war zuviel. Soprunenko entließ Daniil Tschecholski. (Katyń ..., Bd. 2, S. 362f.)

Die Handvoll Überlebender kam in das Lager Pawlitschew Bor, bevor sie nach Grjasowez überführt wurden, wo sich seit Ende 1939 finnische Kriegsgefangene des Winterkriegs zwischen Finnland und der UdSSR befunden hatten. In Starobjelsk dagegen wurden, nach dem Auszug der letzten polnischen Gefangenen, jene Rotarmisten inhaftiert, die in finnische Gefangenschaft geraten und nach Ende der Kampfhandlungen von den Finnen freigelassen worden waren.

Pawlitschew Bor liegt annähernd 200 km nordöstlich von Moskau. Die Lagerbedingungen für die Überlebenden verbesserten sich grundlegend. Untergebracht waren sie nunmehr in einem ehemaligen Sanatorium. Jeweils acht bis zehn Männer teilten sich ein Zimmer. Jeder Gefangene erhielt zwei Garnituren Unterwäsche, Decke und Strohsack. Wecken war um 08.00 Uhr. Eine Stunde stand für Morgentoilette und Stubendienst zur Verfügung, bis es um 09.00 Uhr Frühstück gab. Suppe, 500 Gramm Schwarz- und 500 Gramm Weißbrot. Dem schlossen sich Lagerarbeiten im zugeteilten Garten an. Befohlen war tägliches Sonnenbad, so es das Wetter erlaubte. Gegen 14.00 Uhr folgten Mittag- und gegen 20.00 Uhr Abendessen. Die Mahlzeiten mit Fleisch- und Fischgerichten waren jeweils ausreichend, es gab »sogar Zander«, wie es in zwei überlieferten Aufzeichnungen zum Lagerleben heißt. Zur Verpflegung gehörten ferner Tee und 350 Gramm Zucker für jeweils 10 Tage, ausreichend Machorka, der kräftige russische Tabak, und Zigarettenpapier sowie weitere bisher unbekannte Annehmlichkeiten. Es gab genügend Wasser, 200 Gramm Seife pro Mann und Monat. Die Wäsche wurde gewaschen. Schnell waren die Läuse verschwunden. Zur Verfügung stand eine Lagerbibliothek, und Prof. Dr. Bolesław Szarecki richtete einen Sanitätsdienst ein. Der Lagerkommandant Gennadi Lawrentjew lieferte Anfang Juni, höchstwahrscheinlich im Hinblick auf die Mitte Juni bevorstehende Verlegung der Gefangenen nach Grjasowez, eine sehr ausführliche Beschreibung der Lagersituation. Im Rückblick auf das erste Halbjahr 1940 ging er davon aus, daß auch dieses Lager »wie alle Lager für Kriegsgefangene« dazu diene, die Gefangenen zu isolieren, sie »politisch und kulturell« zu »betreuen«. Deshalb gehe es vornehmlich darum, Fluchten zu verhindern. »Jedwedes negative antisowjetische Auftreten Einzelner oder von Gruppen sowie amoralische Erscheinungen« unter den Gefangenen seien zu unterbinden. Als Beispiele für letztere werden aufgeführt – in dieser Reihenfolge und Zuordnung – »Trunkenheit, Kartenspiel, Selbstmord u.a.«

Offiziere stellten den überwiegenden Anteil an den Gefangenen, Intelligenzberufe herrschten vor. Unter den Gefangenen waren Ingenieure, Professoren, Ärzte, Schriftsteller, Diplomaten, Forstleute usw. Aus der Sicht des Lagerkommandanten seien sie »ihren Überzeugungen nach ... eine überwiegende Mehrheit von Patrioten der Großbourgeoisie und der Ansiedler [in den Ostgebieten Polens – G.K.], wobei sie Mitglieder oder Anhänger polnischer nationalistischer Parteien und anderer faschistischer Organisationen sind. Man muß ständig dessen eingedenk sein, daß die Stoßrichtung dieser Elemente immer auf das Herz unseres Vaterlandes gerichtet ist ... Deshalb ... glauben sie an die Zukunft eines polnischen Staatswesens und ihre Unbesiegbarkeit.«

Obwohl es den Anschein habe, daß das Lagerleben ruhig verlaufe, gebe es »in Wirklichkeit ... viele Momente verdeckter organisatorischer Tätigkeit konterrevolutionären Charakters«. Ein großer Teil der polnischen Offiziere hänge nach wie vor der Idee eines »Polen von Meer zu Meer« [d.h. vom Schwarzen Meer bis zur Ostsee – G.K.] an. Nach wie vor vertraten polnische Offiziere die Ansicht, daß UdSSR und Polen gemeinsam gegen die Deutschen

Polnische Gefangene in Grjasowez beten vor dem Altar der Mutter Gottes von Kosjelsk

kämpfen sollten, obwohl die Deutschen militärisch erfolgreich seien – dann würden die Alliierten, denen die USA helfen werde, den Sieg davontragen. Allerdings machten einzelne Offiziere auch keinen Hehl aus ihrer Ansicht, es gelte sowohl gegen Deutschland als auch gegen die UdSSR zu kämpfen. Diese und weitere Äußerungen zu internationalen Beziehungen und Entwicklungen standen in krassem Gegensatz zu der von der UdSSR verkündeten und verwirklichten Politik, wurden deshalb als feindselige Äußerungen Unbelehrbarer, derer Namen im Bericht aufgeführt sind, gewertet.

Außerdem gäbe es einzelne Gefangene, die mit der Lagerkommandantur, mit Vertretern der Roten Armee und des Sicherheitsapparats zusammenarbeiteten.

Viele der Polen fühlten sich auch in diesem Lager nach wie vor wie zwischen Mühlsteinen, verwiesen immer wieder darauf, daß sie ohne jedwede gesetzliche Sanktion in Lagern isoliert seien: »Das ist unmenschlich ...« (Katyń ..., Bd. 2, S. 368 ff.)

Auf Befehl Merkulows wurden am 14. Juni 1940 alle 394 Gefan-

Mutter Gottes von Kosjelsk. Holzschnitt des in Katyn ermordeten Hauptmanns Tadeusz Zielinski

genen nach Grjasowez verlegt. Neun Kranke folgten etwas später. Weitere Zugänge aus Lagern und Haftanstalten folgten im Laufe der nächsten Wochen. Die Bedingungen waren ähnlich günstig wie in Pawlitschew Bor. Hier gehörte sogar ab und an Stör, er wurde von Gefangenen geräuchert, zur Verpflegung. Untergebracht waren die Gefangenen, die Mehrzahl ihrer Nationalität nach Polen, aber auch Juden, Deutsche, Belorussen und Litauer, in sieben Holz- und drei Steinbaracken, die allesamt mit elektrischer Beleuchtung ausgestattet waren. Da ein Flüßchen das Lager querte, konnten die Gefangenen in ihm baden und bauten sich einen Sprungturm.

Die 15 hier eingesetzten speziellen NKWD-Mitarbeiter unterstanden Merkulow direkt. Sie stellten fest, daß die größte Gruppe der Gefangenen dem Sowjetsystem ablehnend gegenüberstand. Informeller Kopf dieser Gruppe sei der General Wołkowicki. Unter den polnischen Offizieren deutscher Nationalität befänden sich Anhänger des Deutschen Reiches. Offiziere deutscher Nationalität verhielten sich, getrennt von Polen und Juden, feindselig gegenüber diesen beiden Gruppen. Offiziere deutscher Nationalität würden von jenen, die auf den Sieg des Faschismus setzten, »in faschistischem Geist« bearbeitet. In der Frisörstube grüßten Deutsche mit »Heil Hitler«. (Katyń ..., Bd. 2, S. 370)

Nachdem sich mit dem Überfall des Großdeutschen Reiches auf die UdSSR das Blatt gewendet hatte, wurden diejenigen polnischen Offiziere deutscher Nationalität, die sich noch im Lager Grjasowez befanden, in entlegene Gebiete jenseits des Polarkreises deportiert.

In Grjasowez zeigten sich wie in den Lagern Starobjelsk und Kosjelsk sowohl »subtiler antisemitischer Boykott« als auch offene antisemitische Ausschreitungen. In Kosjelsk war, wie wenig später in den Massengräbern von Katyn, annähernd ein Viertel der Offiziere jüdischer Herkunft. Im Lager kam es z.B. durch die polnischen Offiziere Łukasz Karocki und Bogdan Dormanowski Mitte April zu antisemitischen Äußerungen und Handlungen, zu aggressiven Worten und Taten u.a. gegen Simcha Kon. In Kosjelsk, Pawlitschew Bor und auch in Grjasowez mußten Offiziere jüdischer Herkunft abgesondert von jenen, »die den Antisemitismus mit der Muttermilch aufgesogen hatten«, leben. Darüber hinaus kam es auch in den letztgenannten beiden Lagern zu offenen Konfrontationen und Zusammenstößen. (Slowes ..., S. 125 ff., 135 f.; Roman, Meldunki, S. 258) Als Antisemiten verhielten sich nicht nur polnische, sondern gleichermaßen auch Offiziere deutscher Nationalität in den Polnischen Streitkräften.

Polnische Offiziere wie z.B. Hauptmann Tadeusz Czerny, Rittmeister Józef Czapski oder der Militärarzt Prof. Dr. Bolesław Szarecki, der nach 1945 den Militärmedizinischen Dienst der Polnischen Volksarmee leitete, wandten sich zwar entschieden gegen jedwede Erscheinung des Antisemitismus, sie konnten jedoch die durch Standesdünkel, soziale Herkunft und Erziehung geprägten antisemitischen Haltungen nicht verändern.

Die Lagerleitung von Grjasowez ließ die Gefangenen wissen, daß sie hier nicht mehr »überwintern« würden, weil ihnen die Freiheit winke. Das erwies sich als unzutreffend. (Tucholski ..., S. 19 ff.)

Beunruhigende Indizien

Ab Mitte Mai 1940 gab es einige wichtige Bemerkungen und Ereignisse, die die Polen beunruhigten.

Oberleutnant Alfons Koehler, interniert in ein Lager für polnische Offiziere bei Kowno/Kaunas, war in den polnischen Streitkräften in der Militärspionage tätig gewesen; er bat die litauischen Lagerbehörden, ihn zu verbergen, stand doch der Einmarsch der Roten Armee in Litauen und der Anschluß an die UdSSR kurz bevor. Die litauische militärische Abwehr entschied, Koehler an die Wehrmacht auszuliefern. Als im Gespräch Koehlers mit den litauischen Abwehroffizieren auch das Thema Kosjelsk berührt wurde, sagte einer der litauischen Offiziere: »Kosjelsk ist doch hingemordet worden.« Dieses Gespräch führte Koehler Anfang Juni 1940.

Zur gleichen Zeit wandte sich Oberst Adam Sawczyński, der sich in deutscher Gefangenschaft im Oflag II in Arnswald befand, gemeinsam mit anderen Offizieren an die deutschen Militärs mit der Bitte, sie im Rahmen des Gefangenenaustauschs in die UdSSR zu verlegen. Der den polnischen Offizieren freundlich gesonnene Kommandant des Offizierslagers II, Loebecke, warnte Sawczyński: »Aber sie werden euch dort ermorden.«

Auch von sowjetischer Seite sind Äußerungen belegt, die bereits frühzeitig auf die Tragödie der polnischen Gefangenen hindeuteten. Mitarbeiter des NKWD hatten befehlsgemäß sowohl politisch auf die polnischen Offiziere eingewirkt, um sie für die sowjetische Politik zu gewinnen, sei es als politische Parteigänger, sei es als verdeckte Mitarbeiter des NKWD. Annähernd 20 Offiziere, unter ihnen auch der General Wacław Przeżdziecki, die sich aus Überzeugung oder zum Schein zur Zusammenarbeit mit der Roten Armee und zu Gesprächen mit Vertretern des NKWD bereit erklärten, wurden Anfang Oktober 1940 nach Moskau verlegt. Unter ihnen war der Rittmeister Narcyz Łopianowski, der sich bald und unverblümt gegen eine wie immer geartete Zusammenarbeit mit der sowjetischen Seite wandte. Oberst Eustachy Gorcyński, die Oberstleutnante Zygmunt Berling, Leon Bukojemski und Leon Tyczynski führten sowohl in den Moskauer Gefängnissen Lubjanka und Butyrki als auch außerhalb der Stadt in der abgeschotteten Villa Malachowka gemeinsam mit weiteren polnischen Offizieren Gespräche mit der sowjetischen Seite. Daran beteiligt waren u.a. der Volkskommissar Berija, sein Stellvertreter Merkulow und weitere NKWD-Offiziere, unter ihnen Georgi Sergejewitsch Schukow, der nicht mit dem Heerführer, Marschall Georgi Konstantinowitsch Schukow, verwechselt werden darf. Bei diesen Gesprächen (Łopianowski ..., S. 52 ff.) ging es u.a. um die Formierung einer polnischen Einheit in der UdSSR und um eine enge Bindung Polens an die UdSSR. Oberstleutnant Berling gehörte zu den polnischen Offizieren, die sich dafür entschieden hatten. Er verlangte jedoch als unabdingbare Voraussetzung, daß diese Einheit für alle Soldaten und Offiziere offen sein müsse. Unabhängig von den jeweiligen politischen Ansichten müsse jeder sich ihr anschließen können. Im Laufe der sich monatelang hinziehenden Gespräche äußerten Berija und Merkulow, daß »selbstverständlich« »alle Polen aller politischen Überzeugungen das Recht« hätten, in diese Armee einzutreten. Berling habe daraufhin gesagt: »Wir haben hervorragende Kader für die Armee in den Lagern Starobjelsk und Kosjelsk.« Daraufhin sei von sowjetischer Seite – es war nicht Merkulow, wie lange, ausgehend von Rittmeister Czapski, angenommen wurde, sondern Berija – der Satz gefallen: »Nein, diese nicht. Mit denen ist uns ein großer Fehler unterlaufen« [russ.: My sdelali s nimi bolschuju oschibku]. (Czapski, Wspomnienia ..., S. 60; Łopianowski ..., S. 6f.)

War doch Mitte Mai 1940 die gesamte vom Politbüro der KPdSU beschlossene und dem Volkskommissariat für Innere Angelegenheiten übertragene Liquidierung der Gefangenen ausgeführt.

»Abrechnung«

Am 9. Juni 1940 meldete Wassili Tschernyschew, einer der Stellvertreter Berijas, daß die drei Sonderlager leer und zur Aufnahme neuer Gefangener bereit stünden. Die Aufnahmekapazität belaufe sich in Ostaschkow auf 8000 Gefangene, in Kosjelsk und in Starobjelsk auf jeweils 5000 Gefangene. Die Kriegsgefangenen in

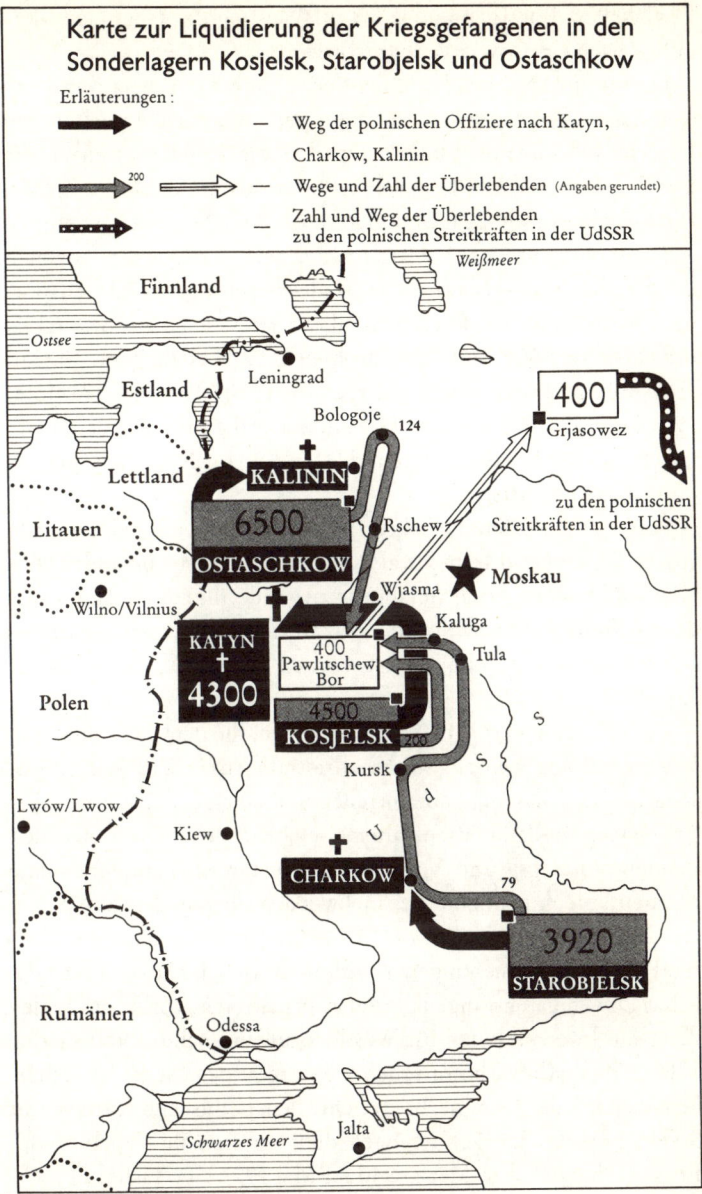

Pawlitschew Bor/Juchnow seien auf Weisung des Genossen Merkulow nach Grjasowez verlegt worden.

Bereits am 15. April hatte die Verwaltung Kriegsgefangene von allen Lagerkommandanten verlangt, per Eilkurier die noch in den Lagern vorhandenen Unterlagen über die Lagerinsassen an die UPW abzugeben. Der Leiter, Pjotr Soprunenko, zeichnete im Mai 1940 (nicht vor dem 21. und nicht nach dem 25.) eine statistische Zusammenfassung ab. Sie listete »die Zahl der Kriegsgefangenen aus den drei Sonderlagern« auf, die aus diesen Lagern »abtransportiert« worden waren. Für Ostaschkow nennt seine Statistik 6 399, für Kosjelsk 4 609 und für Starobjelsk 3 974 Gefangene, die auf Transport geschickt wurden; insgesamt 14 587 Personen, darunter 395, deren Ziel Pawlitschew Bor und nicht die für die anderen Gefangenen jeweils »zuständigen« UNKWD von Kalinin, Smolensk und Charkow waren.

Spätere Statistiken der Jahre 1941–1943 nennen als Gesamtzahl 15 131 Personen, d. h. mehr als sich in den Lagern befanden. Die Überzahl kommt durch Gefangene zustande, die aus Gefängnissen, dem Arbeitslager Rowno oder Lazaretten den Exekutionstransporten bzw. -stätten zugeführt worden waren. (Katyń ..., Bd. 2, S. 344 ff.)

Über die annähernd 11 000 Gefangenen, die dem Beschluß vom 5. März zufolge ebenfalls zur Höchststrafe [russ.: WMN, d. h. wysschaja mera nakasanija] abzuurteilen und zu erschießen waren, liegen bislang aus den Haftanstalten noch keine detaillierten abschließenden Vollzugs- und Vollstreckungslisten vor, sondern allein Momentaufnahmen; zum Beispiel wurden allein in den Gefängnissen der Stadt Lwów im Juli 1941 2 464 Gefangene erschossen. Während über die Erschießungen in westukrainischen Haftanstalten des NKWD wenigstens angenäherte Informationen vorliegen, fehlen derartige Informationen für Westbelorußland nahezu vollständig.

General Andrej Chomitsch, Stellvertreter des Chefs des Sicherheitsdienstes der Ukraine, überreichte dem polnischen Staatsanwalt Stefan Śnieżko Jahrzehnte nach den Untaten im Ergebnis der Entscheidungen vom März 1940 im Mai 1994 eine Liste mit 3 435 Namen. Die Namen befanden sich in Unterlagen, die der Oberleutnant der Staatssicherheit Zwetuchin am 25. November 1940

Совершенно Секретно.

С П Р А В К А

ОБ ОТПРАВКАХ ВОЕННОПЛЕННЫХ.

1. ОСТАШКОВСКИЙ ЛАГЕРЬ.

Отправлено: 1/ В УНКВД по Калининской
области   6287 чел.

2/ В Юхновский лагерь   112 "

И т о г о: 6399 чел.

II. КОЗЕЛЬСКИЙ ЛАГЕРЬ.

Отправлено: 1/ В УНКВД по Смоленской
области   4404 чел.

2/ В Юхновский лагерь   205 "

И т о г о: 4609 чел.

III. СТАРОБЕЛЬСКИЙ ЛАГЕРЬ.

Отправлено: 1/ В УНКВД по Харьковской
области   3896 чел.

2/ В Юхновский лагерь   78 "

И т о г о: 3974 чел.

ВСЕГО ОТПРАВЛЕНО: 1/ В УНКВД   14587 чел.

2/ В Юхновский
лагерь   395 чел.

НАЧАЛЬНИК УПРАВЛЕНИЯ НКВД СССР
ПО ДЕЛАМ О ВОЕННОПЛЕННЫХ
КАПИТАН ГОСБЕЗОПАСНОСТИ   /СОПРУНЕНКО/

НАЧАЛЬНИК 2-го ОТДЕЛА УПРАВЛЕНИЯ
НКВД СССР ПО ДЕЛАМ О ВОЕННОПЛЕННЫХ
ЛЕЙТЕНАНТ ГОСБЕЗОПАСНОСТИ   /МАКЛЯРСКИЙ/

Originaltext der statistischen Zusammenfassung der Verwaltung für Kriegsgefangenenwesen vom Mai 1940 über die »Liquidierung« der polnischen Kriegsgefangenen befehlsgemäß in fünf Säcken an Baschtakow nach Moskau übersandt hatte. Auf der Liste stehen, alphabetisch geordnet, die Namen von in westukrainischen Haftanstalten erschossenen polnischen Staatsbürgern.

Diese »ukrainische Spur Katyns« wurde dank sorgfältiger wissenschaftlicher Forschungen unter Einbeziehung polnischer Archive und der Familienmitglieder Erschossener durch Zuzanna Gajowniczek zu einem großen Teil bloßgelegt. So konnten z. B. die Schicksale hoher polnischer Offiziere wie der Generale Mieczysław Linde und Kazimierz Dzierzanowski oder des Obersten Jan Rozwadowski, des Majors Stanisław Hejnich – alle nicht in den Sonderlagern, sondern in den im Beschluß vom 5. März 1940 aufgeführten Haftanstalten gefangengehalten – aufgeklärt werden.

Ebenfalls Jahrzehnte später, am 3. März 1959, veranlaßt und unterzeichnet der damalige Vorsitzende des KGB Alexander Schelepin ein in mehrererlei Hinsicht ungewöhnliches Schriftstück. Der vierzigjährige Schelepin ist seit dem Vorjahr Nachfolger von Iwan Serow im Amt; ein ungewöhnlich junger Mann in der Hierarchie der UdSSR. Zuvor war er Erster Sekretär des Kommunistischen Jugendverbandes Komsomol. Das zweiseitige Schreiben »an Genossen Chruschtschow N.(ikita) S.(ergejewitsch)« ist von Hand geschrieben. Bereits das ist ungewöhnlich. Kein unbefugtes Auge sollte Einblick in den Inhalt nehmen. Allein der Verfasser und seine Ehefrau, sie war es, die in auserlesener Schönschrift das Dokument geschrieben hat, sollten eingeweiht bleiben. Schelepin unterrichtet den damaligen Ersten Sekretär der KPdSU von den in seiner Behörde befindlichen Unterlagen über »die Liquidierung der genannten Personen auf Beschluß des ZK der KPdSU vom 5. März 1940«. Er nennt geringfügig von den Angaben Soprunenkos abweichende Zahlen (siehe die Übersetzung und den Originaltext der Aktennotiz Schelepins sowie eine Beschlußvorlage und einen Bearbeitungsvermerk: Dokument Nr. 88). Als Grund dafür teilt er mit, daß er sich a l l e i n »auf die im Komitee für Staatssicherheit beim Ministerrat der UdSSR vorhandenen Nachweisunterlagen und weitere Materialien« stützt, jedoch nicht auf jene, die sich bei anderen Behörden befänden; das können die Unterlagen der Stand-

und Kriegsgerichte, die Tagesmeldungen der Wach- und Begleittruppen, der inneren Gefängnisse des NKWD z.B. aus den ersten Kriegstagen und -wochen sein, die bei diesen verblieben oder verlorengegangen und auch vernichtet worden waren.

Schelepin listet auf, daß in der von ihm geleiteten Behörde »7305 Menschen in anderen Lagern und in den Gefängnissen der Westukraine und Westbelorußlands erschossen« worden sind. (Materialsammlung d. Verf.) Auch Schelepin hält es wie zahlreiche seiner Vorgänger und Nachfolger für »zweckmäßig«, Unterlagen zur Nachweisführung über die Identität der Opfer der »Operation« zu vernichten, und macht einen entsprechenden Vorschlag.

Anfang der 90er Jahre von Ermittlern der Militärstaatsanwaltschaft befragt, was aus seinem Vorschlag geworden sei, verweigerte Schelepin die Aussage. Oberst a.D. Stepan Rodschewitsch von der rußländischen Militärstaatsanwaltschaft hielt jedoch wenige Tage vor seinem Tod (17. November 1993) in einer Aktennotiz fest, daß Chruschtschow mit einer Entscheidung zum Vorschlag gezögert habe. Schelepin habe daraufhin eigenmächtig befohlen, einen Teil der Akten zu verbrennen. Schelepin wies auch an, daß z.B. bei Pjatichatki und Miednoje Betondecken über einen Teil der Massengräber zu legen seien. (Prokurator in: »Karta«, Heft 12/1994, S. 139) Zuvor waren bereits in den letzten Kriegsjahren sanitäre Einrichtungen eines Lazaretts über Teilen der Massengräber errichtet worden.

III. Hintergangen
Frühjahr 1940 – Frühjahr 1943

Ergebnislose Suche nach den Verschollenen

Bereits im Sommer und Herbst des Jahres 1940, von Juni bis Oktober, suchten ausgewählte polnische Offiziere der im Untergrund wirkenden künftigen Landesarmee – Armia Krajowa, abgekürzt AK – die Situation der deportierten polnischen Zivilisten und der Kriegsgefangenen zu erkunden. Unentdeckt legten sie insgesamt 28 000 Kilometer in der UdSSR zurück. Sie fanden jedoch keinen einzigen Hinweis auf das Schicksal der Lagerinsassen von Kosjelsk, Starobjelsk und Ostaschkow. In ihrem Abschlußbericht, der im großen und ganzen die Situation treffend beschrieb, äußerten sie die Vermutung, daß die Offiziere an den Oberlauf der Wolga bzw. an deren Mittellauf verlegt worden seien.

Im Sommer 1941 veränderte sich die militärpolitische Lage in Europa grundlegend. Am 22. Juni 1941 überfiel Deutschland gemeinsam mit seinen Satelliten – italienischen, ungarischen, rumänischen, slowakischen und spanischen Truppen – die UdSSR. Es errang in den ersten Monaten zahlreiche und überraschende Blitzsiege. Hauptgründe dafür waren die ungenügende Verteidigungsbereitschaft der Roten Armee und des Landes, falsche Lagebeurteilungen und daraus resultierende falsche strategische Entscheidungen durch die sowjetische Führung, vor allem durch Josef Stalin. Dieser hatte noch Ende 1939 »die mit Blut besiegelte Freundschaft der Völker Deutschlands und der Sowjetunion« während der Aggression gegen Polen beschworen, die »alle Aussicht habe, langandauernd und beständig zu werden«. (»Prawda«, Moskau, 24. Dezember 1939)

Am 21. Juni 1941 lagen der obersten Führung der UdSSR vier umfassende Informationen vor, die den Beginn des Überfalls für den 22. Juni bzw. für einen sehr eng begrenzten Zeitraum um den

22. Juni herum bestimmten: aus Berlin von deutschen Antifaschisten um Harro Schulze-Boysen, aus Vichy, dem Sitz von Marschall Henri Pétains Kollaborationsregierung, aus Genf von Sandor Rado und aus Tokio von Richard Sorge. Im letzten für Moskau bestimmten Funkspruch Sorges vor dem Überfall Hitlerdeutschlands auf die Sowjetunion vom 20. Juni 1941 hieß es u. a., daß der Krieg unausweichlich sei. »Die deutsche militärische Übermacht« biete aus der Sicht der obersten politischen Führung des Großdeutschen Reiches und des Oberkommandos der Wehrmacht »die Möglichkeit der Zerschlagung der letzten großen Armee in Europa«. Die »strategischen Verteidigungspositionen« der UdSSR seien »in einem noch schlechteren Zustand, als dies die Verteidigung Polens gewesen sei«. (Fesjun ..., S. 142) Zwischen Juli 1940 und dem 22. Juni 1941 hatte die sowjetische Führung insgesamt mehr als 120 detaillierte Informationen über die Planungen und praktischen Schritte für den bevorstehenden Überfall erhalten.

Amajak Kobulow

Allein aus Deutschland, wo Bachtscho Kobulows Bruder Amajak das nachrichtendienstliche Netz leitete, listete die von Merkulow beauftragte Soja Rybkina 26 detaillierte Meldungen auf. Aber noch am 21. Juni, als Berija Stalin die letzten beiden Informationen vor dem Überfall vorlegte, glaubte dieser den Warnungen nicht. Liebedienerisch drohte Berija wie bereits bei anderen Gelegenheiten, diese »Provokateure« und »Hundesöhne« »im Lagerstaub« zu zertreten. Sowohl er selbst als auch das Volk seien eingedenk der »weisen« Führung durch Stalin sich dessen gewiß, »daß Hitler uns 1941 nicht angreifen wird«. (»Snamja«, Heft 6/1990, S. 165) So fuhr – vier Stunden vor Beginn der Aggression – Stalin aus dem Kreml zu seiner Datscha, der Volkskommissar für Staatssicherheit Wsewolod Merkulow war nicht in seiner Behörde, sondern ebenfalls außerhalb der Hauptstadt, desgleichen der Leiter der für die außenpolitische Aufklärung zuständigen 5. Abteilung der Hauptverwaltung Aufklärung im NKGB (Volkskommissariat für Staatssicherheit) Pawel Fitin. Stalin hatte auch alle Warnungen von alliierter Seite über die Vorbereitung einer Aggression als »unverschämte Provokation« mißachtet.

Nunmehr veränderte sich die Haltung der Sowjetregierung gegenüber den Westmächten Frankreich und Großbritannien sowie deren Verbündeten Polen, das es ja nach dem erklärten Staatsverständnis der UdSSR seit Herbst 1939 nicht mehr gab, schnell und grundlegend. Die polnische Exilregierung hatte keinerlei Vorbehalte und verlangte auch keine Entschädigung von der UdSSR für die Folgen des Einmarsches der Roten Armee und der nachfolgenden Angliederung großer Teile Polens an die UdSSR. Sie bestand jedoch auf der Wiederherstellung des Status quo vor dem Einmarsch der Roten Armee in Polen. Als Grundvoraussetzung für ein eventuelles Übereinkommen mit der UdSSR im Kampf gegen die nunmehr beide Staaten bedrohende Aggression des Großdeutschen Reiches verlangte die polnische Exilregierung die sofortige Freilassung aller polnischen Gefangenen, Häftlinge und Deportierten, die sich auf dem Hoheitsgebiet der UdSSR befanden. Eine Note mit diesem Verlangen überreichte das Außenministerium der Republik Polen am 8. Juli 1941 an den Minister des britischen Kriegskabinetts Anthony Eden. Diese Haltung lag auch dem Entwurf eines polnisch-sowjetischen Vertrags vom 12. Juli 1941 zugrunde. Bereits am 30. Juli wurde er unterzeichnet. Das Abkommen enthält die Ungültigkeitserklärung der deutsch-sowjetischen Teilungsverträge vom 23. August und vom 28. September 1939 sowie die Zustimmung der Regierung der UdSSR zur Bildung einer polnischen Armee unter polnischem Kommando auf dem Territorium der UdSSR. (Polen ..., S. 256 f.)

Dessen Zusatzprotokoll bestimmte:

»1. Mit dem Moment der Wiederherstellung der diplomatischen Beziehungen amnestiert die Regierung der Union der Sozialistischen Sowjetrepubliken alle polnischen Bürger, die auf dem Territorium der UdSSR ihrer Freiheit beraubt sind, sei es als Kriegsgefangene, sei es aus anderen hinlänglichen Gründen.

2. Dieses Protokoll tritt gleichzeitig mit dem Vertrag vom 30. Juli 1941 in Kraft.« (Polen ..., S. 257)

Am 14. August 1941 unterzeichneten beide Seiten ein polnisch-sowjetisches Militärabkommen. Damit war formell der Weg frei, nunmehr auch in der UdSSR polnische Streiträfte für den Kampf gegen die deutsche Aggression aufzustellen. Polnische Militärs in den sowjetischen Gefangenenlagern und Haftanstalten waren zu entlassen. Sie durften sich ebenso zu den ersten polnischen Feldlagern in Marsch setzen wie die sich als Freiwillige meldenden wehrpflichtigen polnischen Zivilisten, die man deportiert hatte. Sammelpunkte der entstehenden polnischen Divisionen waren Busuluk (Gebiet Tschkalow/Orenburg), Tatischtschewo und Tozkoje (beide im Gebiet Saratow). An diesen drei Orten konzentrierten sich in den Folgemonaten 25 115 Militärs. Der bekannte und beliebte russische Schriftsteller Kornej Tschukowski notierte am 21. Oktober 1941 in seinem Tagebuch: »Wir sind bereits in Asien. Am dritten Tag sahen wir auf einer der Bahnstationen des Tschkalower (Orenburger) Gebiets polnische Militärs. Sie krochen aus verschiedenen Waggons. Abgemagerte, aber imponierende Gestalten in dünnen Mäntelchen. Theatralisch erwiesen sie sich gegenseitig militärische Ehrenbezeugungen ... ›Wohin des Wegs?‹ frage ich einen der Polen. ›Nach Busuluk. Dort ist unsere Armee.‹ ›Das Klima ist in der Gegend, scheint mir, sehr gut.‹ ›Bei uns, in Polen, herrscht besseres.‹« (Tschukowski ..., S. 159)

Bereits von Anfang an zeigte sich, daß die zu diesem Zeitpunkt in sowjetischem Gewahrsam befindlichen polnischen Soldaten lediglich einen geringen Teil derjenigen Militärs ausmachten, die 1939 durch die Rote Armee gefangengenommen worden waren und deren Zahl sowjetischerseits bekanntgegeben worden war. Unverzüglich begannen Gespräche und Verhandlungen auf diplomatischer und militärischer Ebene sowie zwischen Josef Stalin und Władysław Sikorski. Sie zogen sich ein Jahr lang hin, bis zum Sommer 1942, letztendlich bis zu dem Zeitpunkt, da die bis dahin formierten polnischen Einheiten über den Iran aus der UdSSR abgezogen wurden.

Im Zusammenhang mit den Gesprächen auf diplomatischer, militärischer und auch auf höchster Regierungsebene wurde Anfang Dezember 1943 eine als abschließend gedachte streng geheime »Information über die kriegsgefangenen Polen, die sich 1939–1941 in den Lagern des NKWD befanden« ausgefertigt. Es ist zu bedenken, daß zum Zeitpunkt der Endredaktion dieses zusammenfassenden

Materials bereits die Massengräber von Katyn geöffnet und die Leichname gerichtsmedizinisch untersucht worden waren. Dieser Aspekt soll jedoch erst im folgenden Kapitel genauer erörtert werden.

Eine der wesentlichen Informationen dieses Materials, für das die 2. (die Nachweis-)Abteilung der Verwaltung Kriegsgefangene verantwortlich zeichnete, bestand darin, daß ihr zufolge in den Monaten September/Oktober 1941 an die sich formierenden Polnischen Streitkräfte 25115 Militärangehörige abgegeben bzw. überstellt worden seien. Unter ihnen seien 960 Armeeoffiziere, 2 Gendarmerieoffiziere, 65 Grenztruppenoffiziere, 42 Polizeioffiziere, somit insgesamt 1069 Offiziere, gewesen. An die UNKWD seien 15131 Militär- und Polizeiangehörige überstellt worden. Bei ihnen handelt es sich um jene Militärs, die in Katyn, Charkow und Twer erschossen worden sind. (Katyń ..., Bd. 2, S. 413 ff.)

Eine auf Befehl Stalins zusammengestellte und ausschließlich für ihn bestimmte Statistik, die Berija vorlegte, nennt unter dem Datum des 1. Mai 1944 u. a. die Zahl von insgesamt 119865 Menschen, die 1942 die UdSSR im Rahmen der Verlegung der Anders-Armee in den Nahen Osten verlassen hätten. 76110 von ihnen seien zu diesem Zeitpunkt Soldaten, Unteroffiziere und Offiziere gewesen, die anderen ihre Familienangehörigen. (Konflikty ..., S. 168)

Zeitgleich mit den 1941 geführten Verhandlungen auf allen Ebenen begann die polnische Seite intensiv nach den Verschollenen zu suchen. Dafür zeichneten die polnischen Militärbehörden verantwortlich. Ihre Suche nahmen sie mit der Befragung der Offiziere aus dem Lager Grjasowez auf.

Bereits am 14. Juli 1941 hatte sich General Jerzy Wołkowicki an Stalin mit der Bitte gewandt, daß man die Gefangenen endlich freilassen und sie in die Lage versetzen möge, »gegen den gemeinsamen Feind« kämpfen zu können.

Am 20. August 1941 verließen die beiden polnischen Generale Wacław Przeździecki und Jerzy Wołkowicki das Lager Grjasowez. Sie fuhren nach Moskau. Am folgenden Tag ließ der Lagerkommandant antreten und verlas den langerwarteten Befehl über die Amnestierung der polnischen Gefangenen. Die Wachen des NKWD wurden eingezogen. Der offizielle Tag der Freiheit war jedoch der 25. August.

Zdzisław Peszkowski beschreibt das Geschehen dieses Tages und die Gefühle der polnischen Offiziere: »Um 10.00 Uhr waren wir alle angetreten. Wer würde durch das Lagertor kommen? Es war im Auftrag von General Anders der Oberstleutnant Stanisław Pstrokoński. Auf Befehl des Generals reihte er uns in die Polnischen Streitkräfte ein. Seine Ansprache beendete er mit dem Ruf: ›Polen lebe hoch!‹, den wir dreifach wiederholten. Am Nachmittag traf, wie angekündigt, der General bei uns ein. Ihn begleiteten General Zygmunt Bohusz-Szyszko, der Chef des Stabes der entstehenden Polnischen Streitkräfte, sowie sowjetische Militärs, unter ihnen der NKWD-General Schukow. Anders übermittelte uns die Grüße des Oberbefehlshabers Sikorski. Er erklärte, daß der Aufbau der Polnischen Streitkräfte in der UdSSR beginne, wir von Anfang an dazugehören. Anders forderte die Angetretenen auf, im Interesse des Sieges über den Feind das Gewesene zu vergessen. Es gelte, die Heimat von den teutonischen Unterdrückern zu befreien.

Ein jeder von uns fragte sich: Und wo sind die Kameraden?« (Peszkowski ..., S. 55 ff.)

Auf Befehl von General Władysław Anders wurde beim Stab der Polnischen Streitkräfte in der UdSSR ein spezielles Arbeitsbüro geschaffen. Sein Leiter war der Rittmeister Józef Czapski, der aus Starobjelsk nach Grjasowez verlegt worden war. Sein Auftrag war es, die »Frage nach den Vermißten aus Starobjelsk, Kosjelsk und Ostaschkow« zu beantworten. Er setzte seine Suche bei den Gefährten an, die – ebenso wie er – sich nach dem Aufenthalt in einem der drei Sonderlager in Grjasowez befanden.

Die Suche konzentrierte sich auf die UdSSR und auf Gespräche mit Behördenvertretern dieses Landes.

Zu diesem Zeitpunkt wurde die Frage der Verschollenen nicht vor einem internationalen Forum behandelt. Sollte doch das einmütige Auftreten der Alliierten im Kampf gegen Hitlerdeutschland nicht gefährdet werden. Sowjetische Vertreter gaben zwar unklare, verwaschene, auch widersprüchliche und lachhafte Antworten auf die Frage nach dem Verbleib der polnischen Militärs in sowjetischem Gewahrsam, aber ein Rest an Hoffnung blieb. Waren doch die höchsten Repräsentanten des sowjetischen Staatswesens beteiligt. Im Laufe der Suche und der Verhandlungen trug die polnische Seite umfassendes Tatsachenmaterial zusammen. Dessen eigentlicher Wert stellte sich erst zwei Jahre später, als das Verbrechen von Katyn offenkundig geworden war, heraus.

Zu den Namenslisten, die die polnische Seite den sowjetischen Verbindungsoffizieren übergab, konnte diese angeblich keine genauen Auskünfte erteilen. Und dies trotz offensichtlicher und allen Beteiligten bewußter Sorgfalt im Umgang mit Unterlagen über Gefangene in sowjetischer Hand. Sowjetische Behörden verwiesen darauf, daß polnische Gefangene bereits 1939/40 entlassen worden seien.

Den polnischen Militärs und Diplomaten schien diese Erklärung verdächtig. Sie hatten ja durch die Gefangenen von Grjasowez erfahren, daß seinerzeit ausschließlich Soldaten und Unteroffiziere, keinesfalls jedoch Offiziere »nach Hause« entlassen oder an die Wehrmacht überstellt worden waren, ausgenommen eine knappe Handvoll, vier polnische Offiziere deutscher Nationalität, die nach Intervention der Botschaft Hitlerdeutschlands entlassen worden waren. Desungeachtet befahlen die polnischen Behörden der Aufklärungsabteilung der AK, in Polen nachzuforschen und außerdem zu prüfen, ob es polnische Militärs in deutschen Offiziersgefangenenlagern gebe, die vorher in sowjetischem Gewahrsam gewesen waren.

Die geschickt und schnell durchgeführte Operation konnte nicht einen einzigen der verschollenen Offiziere auffinden. Weder in dem unter deutschem Okkupationsregime stehenden Teil Polens noch in Kriegsgefangenenlagern der Wehrmacht befand sich ein einziger polnischer Offizier, der zuvor in sowjetischem Gewahrsam gewesen war. Władysław Sikorski hatte ursprünglich General Stanisław Haller als Befehlshaber der in Aufstellung befindlichen Streitkräfte in der UdSSR vorgesehen. In der Schlacht bei Komarow hatte Haller im August 1920 den damaligen Stolz der Roten Armee, die Erste Reiterarmee, in die Flucht geschlagen. Unter den Flüchtenden waren nicht nur ihr Befehlshaber Budjonny, sondern auch Woroschilow, Timoschenko und Stalin. 1939/40 befand sich Haller im Lager Starobjelsk. Jedoch weder 1941 noch später konnte – außer dem Abtransport nach Charkow – eine Spur von ihm gefunden werden. Daraufhin ernannte Sikorski General Anders. Ihn hatte das NKWD Anfang August aus dem Moskauer Gefängnis Lubjanka entlassen.

Bei Anders meldeten sich sofort die Oberstleutnante Berling und Tyszyński. Sie unterrichteten ihren nunmehrigen Befehlshaber über das Bestehen und die Zusammensetzung der drei Sonderlager, in denen ab Herbst 1939 polnische Gefangene festgehalten worden waren. Sie nannten auch die Zahl der Gefangenen, annähernd 15 000 Mann. Von den beiden Oberstleutnanten erfuhr Anders über die Zusammensetzung und die Zahl derer, die in Grjasowez zusammengefaßt worden waren. Dort war am 30. Juni – nach Zwischenstationen in Kosjelsk und Juchnow – noch die sogenannte baltische Gruppe dazugekommen, das waren jene polnischen Offiziere, die anfangs in Litauen und Lettland interniert worden waren und nach dem Anschluß dieser beiden Republiken an die UdSSR in sowjetische Hand fielen. Außerdem erhielt Anders detaillierte Informationen über die Beobachtungen bei der Auflösung der Sonderlager, deren Zeugen ja die Offiziere von Grjasowez gewesen waren.

Bereits am 16. August 1941 fand die erste Besprechung des Generals Anders mit den Vertretern der sowjetischen Militärführung statt. Deren Abordnung wurde geleitet von General I. Panfilow von der Militäraufklärung der Sowjetarmee, der GRU. Teilnehmer war auch der NKWD-Kommissar 3. Ranges (später ein Generalsrang) Georgi Schukow, der ab September oder Oktober 1941 im Auftrage Stalins Bevollmächtigter Vertreter der sowjetischen Seite beim Aufbau der Polnischen Streitkräfte war. Schukows Abteilung im NKWD, nicht jedoch Schukow selbst, der einen von Stalin unterzeichneten Befehl in Sachen polnischer Streitkräfte erhalten hatte, war Leonid Reichmann unterstellt. Von Reichmann wird noch die Rede in Zusammenhang mit der Suche nach den Verschollenen sein.

Schukow hatte seinen Dienst im NKWD in Smolensk begonnen (Reichmann übrigens in Charkow) und war einer von drei Brüdern mit annähernd gleicher dienstlicher Vergangenheit. In der 2. Verwaltung der Hauptverwaltung Staatssicherheit des NKWD leitete Schukow die Abteilung Mittel- und Osteuropa. Damit war er auch für Polen »zuständig«. Seine steile Karriere brach überraschend ab, nachdem der inzwischen zum Generalleutnant Beförderte unvorsichtig genug war, sich abwertend über Wanda Wasilewska zu äußern, die inzwischen eine wichtige Rolle bei der Zusammenarbeit zwischen polnischen antifaschistischen Kräften und der UdSSR im Kampf gegen Hitlerdeutschland wahrnahm. 1944 strafversetzt nach Nowosibirsk, sah man ihn später als Chef der Abteilung Kriegsgefangene und Internierte des dortigen UNKWD. Seine letzten Lebens- und Dienstjahre verbrachte er als Direktor des Moskauer Hotels »Tourist« und als Verfasser von Schriften zum Gaststättenwesen. (Abarinow ..., S. 96 ff.)

An jenem 16. August 1940 fragte Anders, mit wieviel Soldaten und Offizieren er für die Polnischen Streitkräfte rechnen könne. Die sowjetische Seite antwortete, mit 1 000 Offizieren und 20 000 Soldaten. Diese Antwort traf Anders tief. Er fragte nach den Insassen der Lager Kosjelsk, Starobjelsk und Ostaschkow. Die sowjetische Seite verlautete, dazu könne sie sich nicht äußern, werde sich jedoch um genaue Informationen bemühen. Die gleiche Frage stellte General Anders auf jeder der folgenden fünf Dienstbesprechungen. Jedesmal erhielt er eine unbefriedigende Antwort. Die sowjetische Seite umging außerdem in jedem Protokoll dieses Thema.

Die Regierung der Republik Polen interveniert

Wenig später als die Militärbehörden, ab September 1941, unternahmen auch die polnischen Zivilbehörden eine Reihe energischer Schritte auf der Suche nach den Verschollenen. Sie stellten in dieser Phase den guten Willen ihrer sowjetischen Gesprächspartner nicht in Frage. Hielten sie es doch für möglich, daß wenige Wochen nach Kriegsbeginn zahlreiche Schwierigkeiten, zudem fehlende Sorgfalt örtlicher Lager- oder Gefängnisbehörden, auch deren Eigenmächtigkeiten sowie technische und Transportschwierigkeiten z. B. in arktischen Gebieten, die Gründe dafür seien, daß nur wenige Polen entlassen wurden und in einem der drei Feldlager einträfen.

Das erste Gespräch führte zu diesem Thema Professor Stanisław Kot mit Andrej Wyschinski, dem seinerzeitigen Stellvertreter des

Volkskommissars für Auswärtige Angelegenheiten, am 20. September 1941.

Andrej Wyschinski war zu Beginn seines politischen Weges als Menschewik (Anhänger der Minderheit) Gegner der Bolschewiki (Anhänger der Mehrheit). Er gesellte sich jedoch unverzüglich den Bolschewiki zu, nachdem diese die Macht in den Händen hatten. Jurist seiner Ausbildung nach, wurde er 1933 Stellvertreter und 1935 Generalstaatsanwalt der UdSSR. In allen wichtigen politischen Prozessen der Jahre des »Großen Terrors« vertrat er die Anklage. In seinen »theoretischen« Veröffentlichungen vertrat er u. a. generell die Ansicht, es bedürfe der Rechtsnormen und einer Strafprozeßordnung nicht, Gesetze könnten »beiseite gelegt« werden. Seine »Verdienste« als Ankläger, Rektor der Moskauer Universität, Akademiemitglied, Stellvertreter des Vorsitzenden des Volkswirtschaftsrates und Stellvertreter des Außenministers sowie Inhaber zahlreicher weiterer Funktionen wurden mit sechs Lenin-Orden bedacht. Im November 1954 wurde seine Urne an der Kremlmauer beigesetzt. (Berija ..., S. 114f.)

Am 27. September überreichte Kot der Sowjetregierung eine Note. Sie führte Beispiele auf, die belegten, daß polnische Staatsbürger nach wie vor in Zwangsarbeitslagern und Gefängnissen festgehalten wurden. Ihre Versuche, Kontakt mit ihrer Botschaft aufzunehmen, würden behindert. Polen werde es verwehrt, eine Wohnung am Ort eigener Wahl zu suchen bzw. den zugewiesenen Verbannungsort bzw. die zugewiesene Wohnung zu wechseln. Nach wie vor würden polnische Bürger zu Zwangsarbeiten herangezogen. Schließlich ging die Note darauf ein, daß sowjetische Behörden es ablehnten, die Unterlagen auszufertigen und auszuhändigen, in denen den Betroffenen die Amnestie bescheinigt werde.

Am 6. und 14. Oktober fanden weitere Gespräche statt. »Konkrete Antworten« könne er nicht geben, beeilte sich Wyschinski zu versichern. (Lebedewa, Dokumenty ..., S. 128)

Dabei blieb es bis zum letzten Gespräch Kots mit Wyschinski vor der Abreise des Botschafters nach London im Juli 1942. Als am 14. Oktober Kot an den bevorstehenden Besuch Sikorskis in Moskau erinnerte und in diesem Zusammenhang hervorhob: »Ich hoffe, daß General Sikorski nach seiner Ankunft alle seine Offiziere finden wird«, antwortete Wyschinski: »Wir übergeben Ihnen alle Leute, die wir haben; aber wir können Ihnen keinen übergeben, den wir nicht haben.« Das hielt er höchstwahrscheinlich für eine diplomatische Antwort.

Vor seinem Besuch in Moskau wandte sich Sikorski am 15. Oktober 1941 mit einer speziellen Note an den sowjetischen Botschafter bei der polnischen Exilregierung in London. Sie blieb unbeantwortet. Gleichzeitig erfuhr der Regierungschef und Oberbefehlshaber, daß polnische Bürger nach wie vor in sowjetischen Lagern und Gefängnissen festgehalten würden. Das betraf z. B. jene 8000 polnischen Gefangenen, die in Arbeitslagern der Metallurgie eingesetzt waren. Sie hatten ihre Freilassung verlangt, dafür und für die Verbesserung ihrer miserablen Arbeits- und Lebensbedingungen auch gestreikt. Daraufhin wurden sie im Mai 1941 in den Raum Kotlas in das SevShelDorLag, das Nordlager für den Eisenbahnbau, verlegt. Hier vegetierten sie unter menschenunwürdigen Bedingungen dahin. Die Baracken waren teilweise fensterlos und ohne ausreichende Heizungsmöglichkeiten. Die Fröste setzten im Herbst ein, und die Gefangenen hatten Schwerstarbeit, zeitweise bis zur Brust im Schnee, zu leisten.

Eine Woche nachdem Sikorski die Note überreicht hatte, sprach Kot mit Molotow und bezog sich auch auf vorhergehende Gespräche mit Wyschinski über die unzureichende Verwirklichung der Amnestie. Molotow behauptete in seiner Antwort, im Grunde genommen seien alle polnischen Bürger im Ergebnis der Amnestie frei. Er gab jedoch zu, daß sie »im Zusammenhang mit riesigen Transport- und Verwaltungsproblemen« in einer Reihe von Gebieten sicherlich noch »in den bisherigen Unterkünften untergebracht« seien.

Die polnische Seite wertete diese Erklärung Molotows als Bestätigung ihrer Hypothese durch ein hochrangiges sowjetisches Regierungsmitglied, daß die vermißten Offiziere sich weit jenseits des Polarkreises befinden und dort gegenwärtig keine Möglichkeiten ihres Rücktransportes bestehen. Auch die vertrauliche Note Kots an den Volkskommissar Molotow vom 1. November, mit der Bitte, die polnischen Gefangenen bis zum Eintreffen Sikorskis freizulassen, blieb ohne jeden Erfolg.

Anfang November 1941 hatte Kot seine vierte Begegnung mit Wyschinski. Der Botschafter bat, wenigstens informiert zu werden, »wo sich die Leute befinden, und mindestens telegrafischen Kontakt zu ihnen herzustellen«. Wyschinski zuckte lediglich mit den Schultern, auch als ihm Namen der Lager genannt wurden, die mit polnischen Gefangenen belegt waren. Er wiederholte, alle Gefangenen seien in die Freiheit entlassen worden.

»Botschafter: ›Wieviel Zeit ist bereits vergangen, seit der Vertrag unterzeichnet wurde, und so viele unserer Landsleute sind noch nicht in Freiheit, wie es ihnen rechtmäßig zusteht! Wir erhalten von ihnen noch nicht einmal Briefe oder Telegramme. Wir verfügen auch nicht über ihre Adressen. Obwohl Sie, Herr Kommissar, mir im Gespräch am 14. Oktober versprochen haben, die interessierenden Angaben am nächsten Tag bereitzustellen ...‹

Wyschinski: ›Das habe ich tatsächlich versprochen, aber am 15. Oktober war die Abfahrt aus Moskau, und dadurch sind die Verbindungen zwischen den Behörden unterbrochen. Das beeinflußt die Verspätung der Angaben ...‹

Botschafter: ›Die Zentralen des NKWD oder GULAG verfügen über die entsprechenden Angaben. Ich ersuche Sie, mir zu erlauben, daß ich Bevollmächtigte entsende, die, begleitet von Mitarbeitern des NKWD, alle Lager besuchen, in denen sich unsere Landsleute befinden. Wir würden ihnen Hilfe angedeihen lassen, sie aufrichten und sie unterstützen, den Winter zu überleben.‹

Wyschinski: ›Herr Botschafter, Sie stellen die Frage so, als ob wir die Absicht hätten, irgendwelche polnischen Bürger zu verbergen. Wo sollen sie denn sein?‹

Botschafter: ›Meine Angaben habe ich von den Augenzeugen, ihren Erklärungen und Protokollen. Sie haben gesehen, wann zu welcher Stunde soundsoviele unserer Offiziere ins Unbekannte abtransportiert wurden. Würde ich von Ihnen, mein Herr, genaue Angaben erhalten, würde ich diese nutzen. Menschen sind doch keine Dampfwolken, die sich in Luft auflösen ...‹

Wyschinski: ›Einige der in den Listen des Herrn Botschafters aufgeführten Personen haben wir bereits gefunden. Die anderen werden wir auch noch finden. Wenn ich den Rest der genauen Namen haben werde, werde ich mich an kompetente Behörden wenden können. Sollte sich herausstellen, daß jemand zu bestrafen ist, wird er bestraft werden. Allerdings irren Herr Botschafter, wenn Sie annehmen, daß diese Angelegenheiten in meinem Verantwortungsbereich liegen. Mir unterstehen polnische Fragen im Volkskommissariat für Auswärtige Angelegenheiten ...'« (Kot, Rozmowy ..., S. 100f.)

Nach dem vollständigen Fiasko der polnischen Bemühungen, die Gefangenen aus Lagern und Haftanstalten zu befreien, wandte sich die Regierung Polens an die Briten mit der Bitte, bei der Lösung der Frage zu helfen. Die britische Regierung intervenierte daraufhin am 3. November 1941 bei der UdSSR. In Antwort auf die polnische Note vom 1. und die britische vom 3. November antwortete Molotow am 8. November 1941:

»In Übereinstimmung mit der Weisung des Vorsitzenden des Obersten Sowjets der UdSSR [d. h. Michail Kalinins – G. K.] vom 13. August dieses Jahres zur Amnestie sind alle polnischen Bürger, die ihrer Freiheit beraubt waren, entweder als Kriegsgefangene oder aus anderen hinreichenden Gründen, frei. Bestimmte Gruppen in die Freiheit entlassener Kriegsgefangener und andere Personengruppen haben materielle Hilfe durch die sowjetischen Behörden erfahren.« (Szczesniak ..., Tło, S. 85)

Aus der Note ging hervor, daß alle polnischen Bürger frei seien. Aber die Polnische Regierung wußte nach wie vor nichts über das Schicksal der polnischen Gefangenen in Kosjelsk, Starobjelsk und Ostaschkow sowie Tausender Soldaten in Zwangsarbeitslagern auf dem Gebiet der UdSSR.

Am 12. November führte Kot sein fünftes Gespräch mit Wyschinski, in dem dieser unter anderem sagte, daß seiner Überzeugung nach die Offiziere bereits frei seien. Es gehe darum festzustellen, wo sie sich befinden. Wenn einer von ihnen noch nicht frei sein sollte, werde er sofort in die Freiheit entlassen. »Für mich besteht dieses Problem nicht.« Der sowjetische Botschafter Bogomolow bei der polnischen Exilregierung in London überreichte am 14. ebenfalls eine Antwortnote. Sie wiederholte, was bereits in Molotows Note gestanden hatte. Einschließlich der Behauptung, »alle polnischen Offiziere, die sich in der UdSSR befinden«, seien freigelassen worden.

An diesem 14. November wurde Stanisław Kot im Kreml zu Moskau und im Beisein Molotows von Josef Stalin empfangen. Das zweistündige Gespräch begann um 19.00 Uhr. Darüber gibt es Aufzeichnungen von Kot und von Podzerob, der diese im Auftrage Stalins notierte. Beide Seiten betonten einleitend die Notwendigkeit der Schaffung einer polnischen Armee im Rahmen der Antihitlerkoalition in der UdSSR. Stalin äußerte die Bereitschaft, seinen »Beitrag bei der Organisierung der polnischen Armee zu leisten, und bittet, ihm vorzutragen, weshalb der Botschafter unzufrieden in bezug auf die Organisierung der polnischen Armee ist«. (Lebedewa ..., Dokumenty, S. 130). Botschafter Kots Aufzeichnungen sind wesentlich detaillierter, deshalb folgen wir hier ihnen: »Botschafter: ›Ich habe Ihnen, ... der Sie mit so wichtigen Aufgaben belastet sind, viel Zeit geraubt. Ich habe jedoch noch eine Frage – darf ich sie aufwerfen?‹

Stalin (höflich): ›Ich bitte sehr, Herr Botschafter.‹

Botschafter: ›Sie haben die Amnestie für polnische Bürger in der UdSSR erlassen. Würden Sie sich dafür verwenden, daß sie auch in der Praxis vollzogen wird?‹

Stalin: ›Gibt es etwa noch Polen, die festgehalten werden?‹

Botschafter: ›Aus dem Lager Starobjelsk ... haben wir noch nicht einen einzigen Offizier ...‹

Stalin: ›Ich werde das klären. Allerdings geschieht mit den in Freiheit Entlassenen auch Seltsames. Wie hieß doch der Verteidiger von Lwów? General Langner?‹

Botschafter: ›General Langner ...‹

Stalin: ›Richtig, General Langner. Wir haben ihn bereits im vorigen Jahr entlassen. Man brachte ihn nach Moskau und sprach mit ihm. Inzwischen ist er ins Ausland geflohen ... Unsere Amnestie sieht keine Ausnahmen vor, aber mit einigen Militärs konnte das gleiche geschehen, wie mit General Langner.‹

Botschafter: ›Wir haben die Namen und Listen. Z.B. ist bisher General Stanisław Haller nicht aufgetaucht. Es fehlen uns die Offiziere von Kosjelsk, Starobjelsk und Ostaschkow, die von dort aus im April und Mai 1940 verlegt worden sind.‹

Stalin: ›Wir haben alle in Freiheit gesetzt ...‹

Botschafter: ›Aber meine Bitte an Sie ... ist, daß Sie verfügen, alle

Offiziere, die für den Aufbau der Polnischen Streitkräfte erforderlich sind, zu entlassen. Wir haben Protokolle, wann sie aus den Lagern verlegt worden sind.‹

Stalin: ›Und es existieren genaue Listen?‹

Botschafter: ›Alle Namen sind den russischen Lagerkommandanten bekannt, die sie tagtäglich beim Appell aufgerufen haben. Außerdem hat das NKWD über jeden einzelnen Nachforschungen angestellt. Aber nicht ein einziger Offizier aus dem Stab von General Anders ist bisher zur Verfügung gestellt worden. Es geht um die Armee, die der General befehligt hat.‹

Stalin: (seit einigen Minuten geht er langsam auf und ab, raucht dabei, hört dabei zu und antwortet auch im Gehen. Er wendet sich jetzt schnellen Schrittes dem Telefon auf Molotows Schreibtisch und stellt eine Verbindung mit dem NKWD her.)

Molotow steht auf, geht ebenfalls zum Telefon: ›Nicht so ist die Verbindung herzustellen, sondern so‹ ...

Stalin ins Telefon: ›Hier ist Stalin. Haben Sie alle Polen aus den Gefängnissen entlassen? (Einen Moment ist es still, während er zuhört). Weil hier bei mir der Botschafter Polens sitzt. Er sagt mir, daß noch nicht alle entlassen sind.‹ (Erneut hört er zu. Dann legt er den Hörer auf und kehrt an den Konferenztisch zurück.)

(Nach einigen Minuten, in denen über andere Themen gesprochen wurde, stand Stalin auf das Läuten des Telefons hin wieder vom Konferenztisch auf und hörte einige Zeit zu; offensichtlich hörte er die Antwort auf seine vorher gestellte Frage über die Entlassung der Polen. Nachdem er den Hörer aufgelegt hatte, kehrte er an den Konferenztisch zurück und sagte nicht ein einziges Wort.)«
(Kot, Rozmowy ..., S. 113–117 und 118–129)

Abschließend fragte Stalin Kot, ob dieser Wanda Wasilewska kenne. Er habe sie vor einem Jahr, im Herbst 1940, gebeten, polnische Offiziere als künftige Kommandeure einer polnischen Armee zu gewinnen ... Das sei zu einer Zeit gewesen, als noch ein deutsch-sowjetischer Nichtangriffsvertrag in Kraft gewesen sei. Er betone das, um zu unterstreichen, daß seine Bemühungen um die Schaffung einer polnischen Armee nicht von konjunkturellen Erwägungen, sondern aus grundsätzlichen Überlegungen gespeist würden. Kot erinnerte sich, daß Wanda Wasilewska an der Universität zu

Lwów seine Studentin gewesen sei. (Lebedewa, Dokumenty ..., S. 133)

Wanda Wasilewska hat andere Erinnerungen. Sie sprach vor dem Einfall der Wehrmacht dreimal mit Stalin: Ende Januar 1940, Anfang April 1940 und im März 1941. Im April 1940 habe Stalin sie »vertraulich« auf die polnischen Offiziere hin angesprochen, sie habe jedoch erklärt, für Aussagen über diese sei sie nicht kompetent genug. Die Gespräche Stalin–Wasilewska fanden somit zur gleichen Zeit statt, da diese Offiziere erschossen wurden. (Wasilewska, Wspomnienia ..., S. 350 und 368). Berija und Merkulow führten mit den Offizieren um Berling im Herbst 1940 Gespräche über die Aufstellung polnischer Einheiten. Außerdem sprach das NKWD mit dem polnischen General Marian Januszaitis-Żegota, der sogar im Gefängnis des NKWD Lubjanka vor einem großen Kreis von Offizieren seine Ansichten zur militärpolitischen Lage und deren Entwicklung vortragen konnte. Berija schlug am 2. November 1940 Stalin vor, eine polnische Division aufzustellen. Pantelej Ponomarenko, Erster Sekretär des ZK der KP Belorußlands, äußerte im November 1940 gegenüber polnischen Kommunisten: »Wir brauchen polnische (Militär-)Kader, alle werden gebraucht.« (Ebenda, S. 367)

Die Planungen der Gruppe um Oberstleutnant Berling zogen sich jedoch hin. Auch das Politbüro der KPdSU traf seine zustimmende Entscheidung erst am 4. Juni 1941, kurz vor Beginn der deutschen Aggression. Als Dislozierungsraum der aufzustellenden Division war der Militärbezirk Mittelasien vorgesehen.

Hinsichtlich der angeblich nicht gegebenen »konjunkturellen Erwägungen« Stalins erinnert sich Wanda Wasilewska ebenfalls grundlegend gegensätzlicher Aussagen. Nikita Chruschtschow, Erster Sekretär des ZK der KP der Ukraine, habe ihr einen Monat vor dem ersten deutschen Luftangriff auf Lwów mitgeteilt, Stalin habe erklärt, daß die UdSSR »jetzt weiter denn je von einem Krieg mit Deutschland entfernt« sei, und sie solle dies wissen. (Ebenda, S. 368)

Das Oberkommando der Polnischen Streitkräfte fordert seine Offiziere zurück

Die im August 1941 begonnene Suche nach den polnischen Gefangenen wurde durch den Stab der Polnischen Streitkräfte intensiv betrieben. Alle möglichen Wege und Mittel, jede sich bietende Gelegenheit, wurden für die Suche genutzt. Die Militärs, nicht wie die Diplomaten an strenge Regeln des Protokolls gebunden, konnten direkter vorgehen. Deshalb unterzeichnete General Anders am 4. November einen Brief an die Leitung des NKWD. Er enthielt die Bitte, die verschollenen polnischen Gefangenen zu suchen. Die Zahl der fehlenden Offiziere gab er mit 8722 an. Zugleich verwies der General in seinem Brief darauf, daß dies eine unvollständige Liste sei und an ihrer Vervollständigung weiter gearbeitet werde. Auf diesen Brief erhielt der Befehlshaber niemals eine Antwort.

Unverblümt und geradezu ließ General Anders seine sowjetischen Partner wissen, daß die mehrfache Mitteilung sowjetischer Behörden, ein großer Teil der Offiziere sei im Herbst 1940 nach Polen entlassen worden, »nicht mit der Wahrheit übereinstimmt«. »1. Es gab nicht einen einzigen Fall, wo die Familie der oben Aufgeführten irgend etwas über deren Schicksal wußte; 2. Die Suche in den deutschen Kriegsgefangenenlagern verlief ergebnislos; 3. Unsere eigene Aufklärung in Polen hat festgestellt, daß diese Offiziere nicht in Polen sind.« (Zbrodnia Katyńska …, S. 72)

Eine spezielle Arbeitsgruppe im Stab des Generals suchte unbeeindruckt von diplomatischen u. a. Verlautbarungen konzentriert nach den Verschollenen und damit auch an der Vervollständigung der Liste. Gesammelt und registriert wurden alle zugänglichen Informationen über Polen in der UdSSR.

In Vorbereitung auf ein Gespräch zwischen General Władysław Sikorski, Premierminister der Exilregierung Polens, und Josef Stalin, legte die polnische Botschaft ihrem Regierungschef eine »Aktennotiz zur Frage der in den Lagern Kosjelsk, Starobjelsk und Ostaschkow internierten Soldaten der Polnischen Streitkräfte« vor. Sie bestätigte die unumstößliche Tatsache, daß mehr als 95 Prozent aller Insassen der genannten Lager abtransportiert worden sein und danach jede Spur abbrach.

Einer der Verschollenen war Brigadegeneral Franciszek Sikorski, Bruder von Władysław. Er hatte sich bereits Ende Oktober 1939 aus Starobjelsk an den Marschall Semjon Timoschenko gewandt. Nachdem er diesen daran erinnert hatte, daß die polnischen Militärs bis zuletzt gegen den deutschen Ansturm auf Lwów gekämpft hatten, verlangte er für sich und seine Kameraden die persönliche Freiheit zurück. (Katyń ..., Bd. 1, S. 203 f.)

Władysław Sikorski und Stalin trafen sich am 3. Dezember 1941 im Kreml. Außerdem nahmen W. Molotow, I. Panfilow, St. Kot und W. Anders am Gepräch teil. Anders dolmetschte seinen Vorgesetzten und machte sich detaillierte Notizen, während der bereits erwähnte Podzerob eine vage schriftliche Darstellung vom Gesprächsverlauf anfertigte.

Einleitend stellte Sikorski fest, daß die Weisung zur Amnestie nicht vollständig ausgeführt und nach wie vor Gefangene festgehalten wurden.

»Stalin (dabei notierend): ›Das ist unmöglich. Die Amnestie betraf alle Polen, und alle Polen sind frei.‹ (Die letzten Worte richtete er an Molotow, der Zustimmung zeigte.)

Anders (nennt auf die Forderung Sikorskis hin Einzelheiten): ›Das stimmt nicht mit der tatsächlichen Lage überein. Ich habe bei der Truppe Männer, die erst vor wenigen Wochen freikamen und gemeldet haben, daß in verschiedenen Lagern noch Hunderte, wahrscheinlich Tausende unserer Landsleute stecken. Die Befehle der Regierung sind dort nicht befolgt worden, wo die Kommandanten vieler Lager die Produktionspläne zu erfüllen haben, nicht ihre besten Arbeitskräfte weglassen wollen, ohne die die Planerfüllung teilweise unmöglich wäre.‹

Molotow (lächelt und nickt zustimmend) ...

Stalin: ›Diese Leute gehören vor Gericht.‹

Anders: ›So ist es.‹

Sikorski: ›Es ist nicht unsere Sache, der sowjetischen Regierung genaue Listen unserer Leute vorzulegen. Vollständige Listen haben ja die Lagerkommandanten. Ich habe eine Liste mit den Namen von ungefähr 4000 Offizieren mitgebracht. Sie wurden mit Gewalt festgehalten, und sie müssen in Arbeitslagern oder in Gefängnissen sein. Auch diese Liste ist sicher nicht vollständig. Sie enthält lediglich die Namen, die noch im Gedächtnis waren. Ich habe veranlaßt zu prüfen, ob sie sich in Polen aufhalten ... Es stellte sich heraus, daß dort nicht ein einziger zu finden ist. Ähnlich ist es auch mit den Kriegsgefangenenlagern in Deutschland. Die Leute müssen sich hier befinden. Niemand ist zurückgekehrt.‹

Stalin: ›Das ist unmöglich. Sie sind geflohen.‹

Anders: ›Wohin sollen sie geflohen sein?‹

Stalin: ›Na, in die Mandschurei.‹ [Gemeint ist der 1932 unter japanischer Vorherrschaft gegründete Marionettenstaat Mandschukuo in Ostasien – G. K.]

Anders: ›Es ist unmöglich, daß alle geflüchtet sind ... Die Mehrzahl der in der Liste aufgeführten Offiziere kenne ich persönlich ... Diese Leute vegetieren dahin und kommen unter schrecklichen Bedingungen um.‹

Stalin: ›Sie sind sicher frei. Sie sind nur noch nicht zurückgekommen.‹

Sikorski: ›Rußland ist groß, und die Schwierigkeiten sind gleichermaßen groß. Diejenigen, die sich gemeldet haben, berichten, daß die anderen dahinvegetieren und arbeiten. Wenn auch nur ein einziger außerhalb der Grenzen Rußlands wäre, hätte er sich sicher bei mir gemeldet.‹

Stalin: ›Wissen Sie, die sowjetische Regierung hat auch nicht den geringsten Anlaß, auch nur einen einzigen Polen festzuhalten.‹

Molotow: ›Es ist nicht möglich, daß ihre Männer noch in Lagern sind.‹

Anders: ›Ich stelle auf das entschiedenste fest: Sie sind es.‹
(Anders ..., S. 66 ff.)

Nichts von diesem Meinungsaustausch findet sich im sowjetischen Protokoll wieder.

Anders teilte in diesem Gespräch die Absicht der polnischen Seite mit, acht Divisionen sowie die dazugehörigen Divisions- und Korpstruppen (Artillerie, Nachrichten, Pioniere etc.) aufzustellen. Insgesamt seien 150 000 Mann unter Waffen vorgesehen. Diese Zahl hatte Sikorski, der von anderthalb Millionen Polen in der UdSSR ausging, auch in einem Brief an Winston Churchill genannt. (Documents ..., S. 167) Im Namen der sowjetischen Seite behauptete

Wyschinski bei anderer Gelegenheit im Vorfeld des Gesprächs zwischen Stalin und Sikorski, in der UdSSR würden 387 932 Polen leben, also deutlich weniger, als Sikorski annahm. Wyschinski belegte seine Darstellung mit entlarvenden Zahlen: 71 481 Polen befänden sich in Untersuchungshaft, 291 137 seien deportiert und zwangsangesiedelt und bei 25 314 handle es sich um Kriegsgefangene. Insgesamt seien per 1. Oktober 1941 bereits 345 511 Polen in die Freiheit entlassen, es gehe also allein noch um 42 421 Personen. (Kot, Rozmowy ..., S. 317)

Sowohl Sikorski und Anders als auch Stalin erklären in ihrem Gespräch, daß sich Männer zur Armee melden, ohne kämpfen zu wollen. Möglicherweise wollten sie nur verpflegt werden. (Lebedewa, Dokumenty ..., S. 139) Stalin bezeichnet in weiterem Zusammenhang mit diesem Thema »die Slawen als die tapfersten Völker Europas«.

Rittmeister Czapski beschreibt in seinen Erinnerungen die weitere Suche nach den Verschollenen. Als Ausgangspunkte für die Suche nutzte er jene Informationen, die polnische Militärs mit zu den Sammelpunkten der entstehenden polnischen Streitkräfte in Tatischtschew, Tozk usw. brachten. Täglich kamen Hunderte Männer nach Tozk. Jeder Ankömmling wurde befragt. Egal, ob er aus Workuta, Magadan, Karaganda oder von der Kolyma kam. Die Ankommenden suchten nach ihren Familien und machten Angaben über ihre Gefährten in den Lagern, überreichten lange Namenslisten derer, die sich noch in den Lagern befanden, noch nicht in Freiheit waren.

»Von Anfang an«, so Czapski, »fragte ich jeden eintreffenden Polen, ob er nicht mit einem unserer Landsleute zusammengearbeitet habe, der aus Starobjelsk, Kosjelsk und Ostaschkow gekommen war. Wir glaubten ja noch daran, daß unsere Gefährten in Kürze kommen würden ... Aber es hatte nicht nur keiner mit einem aus diesen Lagern zusammengearbeitet, sondern sie hatten auch nichts von ihnen gehört. Von ihrem Schicksal hatten wir nichts in der Hand, außer widersprüchliche Meldungen vom Hörensagen ...

Die Meldungen mit Nachrichten über die Vermißten sandten wir dem Befehlshaber und an die Botschaft in Kujbyschew ...

Tag für Tag warteten wir auf unsere Gefährten. Wir vervollständigten und erweiterten unsere Listen. Ein Monat war vergangen, und keiner der ehemaligen Gefangenen von Starobjelsk, Kosjelsk und Ostaschkow hatte sich gemeldet. Zum Zeitpunkt des Eintreffens des Oberkommandierenden in Moskau Anfang Dezember [1941 – G.K.] zählte unsere Liste bereits über 4500 Namen. General Anders nahm sie nach Moskau mit ...

In den ersten Januartagen des Jahres 1942 entsandte mich General Anders nach Tschkalow, als ›Upolnomotschennyj dlja newoswraschtschonnych wojennoplennych‹ [d.h. Bevollmächtigter für nicht zurückgekehrte Kriegsgefangene – G.K.]. Ich sollte versuchen, Licht in die Angelegenheit durch Verhandlungen mit dem Chef der Hauptverwaltung Lager [GULag – G.K.] Viktor Nasedkin, zu bringen.

Viktor Nasedkin

Dieser sagte mir, daß er im Frühjahr 1940, zum Zeitpunkt der Liquidierung der Lager, noch nicht an der Spitze der GULag stand [war Chef der GULag zwischen 7. August 1939 und 2. September 1947 – G.K.]. Ihm unterstünden auch nicht die Kriegsgefangenen, sondern allein die Arbeitslager; die politischen und die kriminellen Häftlinge. Möglicherweise seien ›auch‹ unter diesen polnische Militärs, aber Genaueres darüber wisse er nicht. Er werde sich sachkundig machen und mir morgen auf meine Fragen antworten ...

In meiner Anwesenheit gab der General telefonisch Befehl, die Frage der drei Lager Starobjelsk, Kosjelsk und Ostaschkow sorgfältig aufzuklären ... Er wiederholte dabei die Worte aus dem Brief von General Anders: ›Auf Befehl des Genossen Stalin.‹ Damit war mein erstes Gespräch mit dem General beendet.

Gegen 23.00 Uhr empfing mich am gleichen Tag der Chef des UNKWD Tschkalow ... Bsyrow [Czapski hat sich nicht richtig erinnert. Es handelt sich um Iwan Bsyrin, 1908–1944, von 1938 bis August 1942 in führender Position, zuletzt als Chef des UNKWD in Tschkalow – G.K.] nahm mich sehr höflich auf, erwies mir alle

Iwan Bsyrin

Ehre und versprach mir zu helfen. Vor allem erklärte er, nirgends werde ich etwas erfahren, ausgenommen an höchster Stelle bei den zentralen Behörden. Als Zeugen waren drei Mitarbeiter des NKWD anwesend. Er gab mir zu verstehen, daß Merkulow oder Fedotow mir würden helfen können.« (Czapski, Wspomnienia ..., S. 48 ff.)

Pawel Fedotow war 1940 Kommissar für Staatssicherheit 3. Ranges, der einem Generalsrang entsprach. Er leitete die 2. Verwaltung der Hauptverwaltung Staatssicherheit, deren Aufgabe die Spionageabwehr war. Für seine Mitwirkung bei der Liquidierung der Sonderlager im Frühjahr 1940 war er im April 1940 ausgezeichnet worden. Er hatte nicht nur an der Ermordung der polnischen Kriegsgefangenen mitgewirkt, sondern machte sich auch durch die Mitwirkung an tödlichen Repressionen gegen sowjetische Funktionäre, u.a. in der Autonomen Republik der Wolgadeutschen oder der Sowjetrepublik Kirgisien sowie zahlreicher weiterer gesetzloser Vorgehensweisen schuldig.

Pawel Fedotow

Im Lager Ostaschkow wurden mehrsprachige Funker auf seine Weisung hin »handverlesen« ausgesucht, um sie später in sowjetischem Interesse einsetzen zu können. (Abarinow ..., S. 98 ff.)

Bsyrin sagte seinem Gesprächspartner weiterhin, daß es in seinem Tschkalower Gebiet keine inhaftierten Polen gebe. Tags darauf wurde Czapski wiederum von Nasedkin empfangen. Das Überraschungsmoment war vorbei. Er könne ihm nichts sagen. Allein die zentralen Behörden wären imstande, eine Erklärung zu geben.

Mitte Januar 1942 ging Czapski auf Dienstreise nach Kujbyschew und Moskau. Bei sich führte er Empfehlungsbriefe für General Schukow. General Anders schrieb, wie sehr die Frage der Vermißten die Aufstellung der Polnischen Streitkräfte behindere, wie stark dieses Thema den General selbst belaste, auch auf die ihm Unterstellten ausstrahle. Er erklärte, warum er selbst nicht fahren könne und deshalb Czapski mit der Bitte um Hilfe schicke, so, als ob er selbst gekommen sei.

»Die sowjetischen Generale, die ich aufzusuchen hatte, bekleideten hohe Dienststellungen im NKWD bzw. NKGB, und ihnen waren spezielle Aufgaben der Zusammenarbeit beim Aufbau der Polnischen Streitkräfte übertragen worden. General Reichmann verhörte in den vergangenen zwei Jahren zahlreiche unserer Gefährten. Ich rechnete damit, daß die Herren, die genaue Kenntnisse vom tatsächlichen Verlauf der Dinge haben mußten, mir helfen würden, vom allmächtigen Berija und von Merkulow empfangen zu werden. Aber in Kujbyschew waren weder Reichmann noch Schukow. Erst am 3. Februar, nach zahlreichen Schwierigkeiten und nach kurzer Verhaftung, die als Fehler erklärt wurde, drang ich zur Lubjanka vor, zu General Reichmann. Schukow war abwesend.«

Leonid Reichmann hatte seine Geheimdienstkarriere in Charkow und Leningrad begonnen, u. a. den Prozeß gegen das »Antisowjetische Trotzkistische Zentrum« und weitere Schauprozesse mit vorbereitet. Sehr früh zum Hauptmann der Staatssicherheit befördert, hielt er sich nach der Einnahme Lwóws durch die Rote Armee, ab Ende September 1939 und 1941, besuchsweise auch 1941 in der Stadt auf. Dort hatte er erstmals mit General Anders gesprochen, Anders konnte Russisch, Reichmann erlernte Polnisch. Im Krieg zeichnete Reichmann u. a. für Sicherheitsfragen in der Westukraine verantwortlich und wurde im Zuge antisemitischer Politik Ende der 40er, Anfang der 50er Jahre in der UdSSR selbst repressiert. In diesem Zusammenhang erfuhr er auch eine große persönliche Enttäuschung, als sich seine Frau, die berühmte Primaballerina Olga Lepeschinskaja, von ihm lossagte. In seinen letzten Lebensjahren, er verstarb 1990 in Moskau, wandte sich Reichmann wissenschaftlicher Arbeit zu. Er veröffentlichte neben weiteren Forschungsarbeiten ein von Kennern geschätztes Buch zum »Mechanismus der Sonnenaktivität«. (Abarinow ..., S. 88 ff.)

Leonid Reichmann gab zwar ein Gespräch mit dem ihm bekannten Anders Anfang November 1941 in Kujbyschew zu, wobei es um die Verschollenen gegangen sei, bestritt jedoch gegenüber dem russischen Journalisten Wladimir Abarinow, Józef Czapski in Moskau begegnet zu sein. Der Rittmeister schildert allerdings ausführlich diese Begegnung, beginnend mit seiner Beobachtung, daß Reichmann, bevor er ihn, den polnischen Rittmeister, empfing, mit dem seinerzeitigen Lagerkommandanten von Grjasowez Chodas ein Gespräch hatte. »Ich bat Reichmann, mir behilflich zu sein, damit ich mit Berija oder Merkulow sprechen könne. Das lehnte er höflich ab. Daraufhin übergab ich eine Denkschrift. Darin hatte ich ausführlich die gesamte Geschichte der Lager aufgezeichnet, soweit sie uns bekannt geworden war. Sie reichte bis zu Auflösung der Lager, d. h. bis Mai 1940. Nach dieser Einleitung hatte ich u. a. folgendes geschrieben:

›Seit dem Tag der Amnestie für alle polnischen Gefangenen und Inhaftierten, dem 12. VIII. 1941, sind sechs Monate vergangen ... Bei den Polnischen Streitkräften melden sich, in Gruppen oder einzeln, polnische Offiziere und Soldaten, die aus Gefängnissen und Lagern kommen ... Ungeachtet der Amnestie, ungeachtet des festen Versprechens, uns die Gefangenen zurückzugeben, das Stalin selbst unserem Botschafter Kot im Oktober 1941 gegeben hatte, ungeachtet des kategorischen Befehls, den Stalin im Beisein des Oberbefehlshabers der Polnischen Armee, General Sikorski und des Generals Anders am 3. XII. 1941 gab, alle Gefangenen von Starobjelsk, Ostaschkow und Kosjelsk zu suchen und freizulassen, ist nicht ein einziger Gefangener aus Starobjelsk, Ostaschkow und Kosjelsk freigekommen. Außer der erwähnten Gruppe aus Grjasowez und einigen Dutzend einzeln Inhaftierter und bereits im September 1941 in Freiheit Gesetzter hat sich nicht ein einziger gemeldet. Wir haben auch nicht ein einziges Zeichen, Hilfe zu leisten, von einem der Kriegsgefangenen aus den oben erwähnten Lagern erhalten. Tausende aus Lagern und Haftanstalten Zurückkehrende wurden befragt, aber wir erhielten keinerlei sichere Angabe über den Aufenthaltsort der Internierten ...

Wir wissen, mit welch außerordentlicher Sorgfalt jeder Gefangene registriert wurde ... Die Akte eines jeden Offiziers wurde mit seinen handschriftlichen Erklärungen, mit seinem geprüften Foto und Dokumenten in Ordnern aufbewahrt. Es ist bekannt, wie sorgfältig und umfassend das NKWD diese Arbeit erledigte. Keiner von uns Kriegsgefangenen kann auch nur für einen Augenblick annehmen, daß der Aufenthaltsort von 15 000 (fünfzehntausend) Mann, davon achttausend Offizieren, den obersten Instanzen des NKWD nicht bekannt sei. Sollte sogar das feierliche Versprechen Stalins, sein kategorischer Befehl, das Schicksal der ehemals polnischen Gefangenen betreffend, uns nicht hoffen lassen, wenigstens zu erfahren, wo sich unsere Kampfgefährten befinden und, sollten sie umgekommen sein, dann wie dies geschah und wo?‹

Es folgte eine zahlenmäßige Übersicht so genau wie möglich ... General Reichmann las aufmerksam ... Seine Miene verzog sich nicht ein einziges Mal, kein Muskel zuckte in seinem Gesicht ... Er antwortete mir, daß er nichts vom Schicksal dieser Leute wisse und das dies nicht zu seinem Verantwortungsbereich gehöre. Um General Anders entgegenzukommen, werde er sich bemühen und mich vom Ergebnis seiner Bemühungen informieren. Er bat mich, in Moskau auf eine telefonische Einladung seinerseits zu warten. Der Abschied war eisig. Ich wartete zehn Tage. In der Nacht des zehnten Tages wurde ich angerufen. Reichmann war selbst am Apparat. In außerordentlich höflichem Ton ließ er mich wissen, daß er am nächsten Tag in aller Frühe abreisen müsse. Leider sei es ihm nicht möglich, mich nochmals zu sehen. Er riet mir, nach Kujbyschew zu fahren. Alle Unterlagen in dieser Angelegenheit seien an den Stellvertreter des Volkskommissars für Auswärtige Angelegenheiten, Wyschinski, übersandt worden. Das einzige, was mir gelang, war, Reichmann zu sagen, daß Wyschinski nichts wisse, weil Botschafter Kot bis zu diesem Zeitpunkt bereits achtmal mit ihm über dieses Thema gesprochen habe. Ohne jedes Ergebnis. Damit endete meine Dienstreise nach Moskau.«

Ein kleiner Hoffnungsstrahl blieb den Polen noch. Äußerte doch der eine oder andere NKWD-Mitarbeiter, die den polnischen Streitkräften zugeteilt worden waren, daß unter arktischen Bedingungen lediglich die Monate Juli/August für Schiffsbewegungen in Frage kämen. Da nach wie vor nicht ausgeschlossen wurde, daß Offiziere auf arktische Inseln verlegt worden sein konnten, nährte dies die Hoffnung auf Rückkehrer in den Sommermonaten. Aber niemand meldete sich. Alle Versuche, verläßliche Auskünfte zu erhalten, scheiterten. Am 28. Januar hatte die Regierung Polens die 49. Note überreicht, mit der wegen des Schicksals der Verschollenen interveniert wurde. Sie blieb ebenso ergebnislos wie die vorhergehenden.

Neue Schwierigkeiten ergaben sich daraus, daß diejenigen Polen, die sich bei den Streitkräften meldeten, ihrerseits nach ihren Familienmitgliedern suchten. Fehlende Kontakte mehrten die Unruhe. Sie steigerte sich noch, als am 8. März 1942 Botschafter Kot ein vorsichtig abgefaßtes Kommuniqué in der Botschaftsschrift »Polska« veröffentlichen wollte. Es rief zur Geduld auf, stehe doch die Rückkehr der Gefangenen bevor. Die sowjetische Zensurbehörde unterdrückte diese Äußerung. Sie verbot von da an auch alle Suchanzeigen polnischer Familienmitglieder nach ihren Angehörigen.

Am 18. März 1942 wurde General Anders gemeinsam mit seinem Stabschef, Oberst Leopold Okulicki, 1944/45 wird er Befehlshaber der AK, der Landesarmee, sein, durch Stalin empfangen.

Anlaß war die unzureichende und vor allem den Kriegsbedingungen geschuldete unzureichende Versorgung der Polnischen Streitkräfte mit Nahrungsmitteln und Waffen. Aber auch die Frage nach den Verschollenen wurde wiederum gestellt. Dieses Gespräch nahm folgenden Verlauf (gekürzt):

»Anders: ›Außerdem befinden sich noch zahlreiche unserer Gefährten in Gefängnissen und Arbeitslagern ... Bisher haben sich die Offiziere aus Kosjelsk, Starobjelsk und Ostaschkow nicht gemeldet. Sie müssen in Ihrer Hand sein. Wir haben zusätzliche Informationen über sie gesammelt (er übergibt zwei Briefe, die Molotow an sich nimmt). Wo können sie sich nur aufhalten? Wir glauben Spuren ihres Aufenthalts im Raum Kolyma gefunden zu haben.‹

Stalin: ›Ich habe alle Befehle gegeben, die erforderlich sind, sie in Freiheit zu setzen. Man sagte sogar, daß sie auf Franz-Joseph-Land seien, aber dort ist niemand. Ich weiß nicht, wo sie sein sollen. Weshalb sollte ich sie festhalten? Vieleicht befinden sie sich in Lagern, die den Deutschen in die Hände gefallen sind, und sie sind auseinandergelaufen.‹«

[Dies ist das erste und für lange Zeit das einzige Mal, daß die sowjetische Seite suggeriert, die polnischen Offiziere könnten durch den die UdSSR überraschenden deutschen Angriff dem Lagerleben entronnen sein. Ab 1943 wird diese aus der Luft gegriffene

Version zur ständig wiederholten Behauptung, verschärft durch die Nuance, daß die polnischen Offiziere durch Wehrmachtsangehörige ermordet worden seien. Davon später. – G. K.]

»Okulicki: ›Das ist ausgeschlossen. Dann wüßten wir es.‹

Stalin: ›Wir haben ausnahmslos nur jene Polen in Gewahrsam, die den Deutschen dienten.‹ (Nach dieser nicht näher erklärten Behauptung wechselt er das Thema).« (Anders ..., S. 119 f.)

Am 19. Mai 1942 überreichte die polnische Botschaft ein Memorandum über die Verwirklichung des Zusatzprotokolls zum Polnisch-Sowjetischen Vertrag vom 30. Juli 1941. Wiederum wurden detailliert alle Bemühungen der polnischen Seite aufgelistet, Namenslisten, Gespräche auf höchster politischer und militärischer Ebene usw., um verbindlich und erschöpfend Auskunft über das Schicksal der Verschollenen zu erhalten. Nicht einer der gefangenen Offiziere sei bisher zurückgekehrt und habe sich bei den Polnischen Streitkräften gemeldet. Einen Monat später übergab die polnische Botschaft am 13. Juni eine weitere Note mit den gleichen Forderungen und Tatsachen. Weder auf die eine noch auf die andere Note erhielt sie jemals eine Antwort.

Eine knappe und vage Erklärung des Volkskommissariats für Auswärtige Angelegenheiten vom 10. Juli 1942 wiederholt wiederum die unbewiesene Version, »zahlreiche polnische Bürger« seien aus der UdSSR ausgereist oder ins Ausland »geflüchtet«, einige davon nach Deutschland. Neu war die erstmals geäußerte regierungsoffizielle Version, daß infolge »unorganisierter Reisen« »ein gewisser Teil polnischer Bürger« in den Polargebieten erkrankt und deshalb in Krankenhäuser eingeliefert worden sei. All dies wurde als »natürliche Erklärung« dargestellt, »warum eine gewisse Zahl polnischer Bürger sich nicht gemeldet hat« (Polish-Soviet Relations ..., S. 40 ff.)

Der regierungsoffizielle sowjetische Katalog reduziert die Gründe für das Verschwinden von Tausenden: Sie sind nach Hause gegangen, ins Ausland geflohen, unterwegs verstorben oder schwer erkrankt. Obwohl seit der Einnahme von Smolensk und Kosjelsk durch die Wehrmacht nahezu ein Jahr vergangen war, die Wehrmacht auch kurzzeitig Kalinin erreicht hatte und seit der Einnahme von Starobjelsk zwei Wochen vergangen waren, benutzten die sowjetischen Behörden bis auf das erwähnte Mal auch nicht den Hauch der Version, daß die Lager und die Gefangenen in deutsche Hand gefallen und ermordet worden seien.

Der gängigen Versionen des »Verschwindens« der polnischen Offiziere bediente sich Wyschinski anläßlich des Abschiedsbesuchs des Botschafters Stanisław Kot am 8. Juli 1942. Er habe sich mit dem Thema befaßt, und seine Untersuchung habe ergeben, möglicherweise seien die Verschollenen »außerhalb der UdSSR«, »ein Teil verstorben«, auf jeden Fall »alle ... in die Freiheit entlassen worden ...«.

General Anders suchte in einem für Winston Churchill bestimmten Memorandum vom 22. August 1942 die Regierung des Verbündeten nochmals für die Aufklärung des Schicksals der Verschwundenen zu interessieren. Handele es sich doch »um die besten Offizierskader der polnischen Armee«. (Anders ..., S. 144)

Die britische Regierung hüllte sich auch zu diesem Thema in Schweigen, um es sich nicht mit dem überlebensnotwendigen sowjetischen Verbündeten zu verderben.

Die sowjetische Regierung blieb bei ihren durchsichtigen Behauptungen hinsichtlich der Schicksale polnischer Gefangener. Daß keine ihrer Versionen stimmte, ergibt sich auch aus der Tatsache, daß die sowjetischen Behörden, nachdem feststand, daß die Polnischen Streitkräfte unter General Anders in den Mittleren Osten verlegt würden, den Zulauf zu den polnischen Divisionen in der UdSSR unterbanden. Polens Männer standen erst dann wieder zur Verfügung, als nunmehr Berling an die Aufstellung polnischer Truppen ging.

IV. Die Ermordeten klagen an
1943/44 und 1990/91

Katyn

Am 20. November 1941 übernahm Oberstleutnant Friedrich Ahrens das Nachrichtenregiment 537 von seinem Vorgänger, Oberst Albert Bedenk. Es sicherte die Nachrichtenverbindungen der Heeresgruppe Mitte. Der Regimentsgefechtsstand befand sich in dem etwa einen Quadratkilometer großen Katyner Wäldchen. Hier lag das mit Sauna, Kinoraum, Schießstand, Garagen und 14 bis 15 Räumen recht komfortable sogenannte Dnjepr-Schlößchen unweit des Flusses. Zuvor Erholungsheim des NKWD gewesen, war es seit Mitte August Regimentsstabsquartier. Nach Auskunft seines damaligen Kommandeurs dienten zu diesem Zeitpunkt im Stab 17 Männer; »fünf oder sechs Offiziere, vier Unteroffiziere und der Rest Soldaten«, d.h. die Vorausabteilung. Oberst Bedenk befand sich seit 28. Juli in Smolensk, nachdem die kämpfende Truppe einige Tage zuvor das Gebiet durchquert hatte. (The Katyn Forest Massacre ..., S. 28). In den Betriebskompanien, Fernsprech-, Fernschreib- und Funkeinheiten, die bis Mitte August nachgezogen wurden, dienten überwiegend hochqualifizierte Soldaten und Unteroffiziere aus Berlin und dem Umland. Ihren Dienst versahen diese »Beamten mit Gewehr im Schichtdienst«, als Fernschreiber, Funker usw. im Umkreis von höchstens drei Kilometern vom Regimentsgefechtsstand entfernt. Auf dem Bahnhof Gnesdowo hatte der Eisenbahnbevollmächtigte der Heeresgruppe Unterkunft in einem Sonderzug bezogen.

Der Stab der Heeresgruppe Mitte und weitere Führungsstäbe hatten sich ebenfalls westwärts von Smolensk, beiderseits der Straße Witebsk-Smolensk, südlich von Krasny Bor eingerichtet. Hier im Wald von Katyn entstand infolge grundlegender strategischer Fehleinschätzung zwischen Oktober 1941 und August 1942

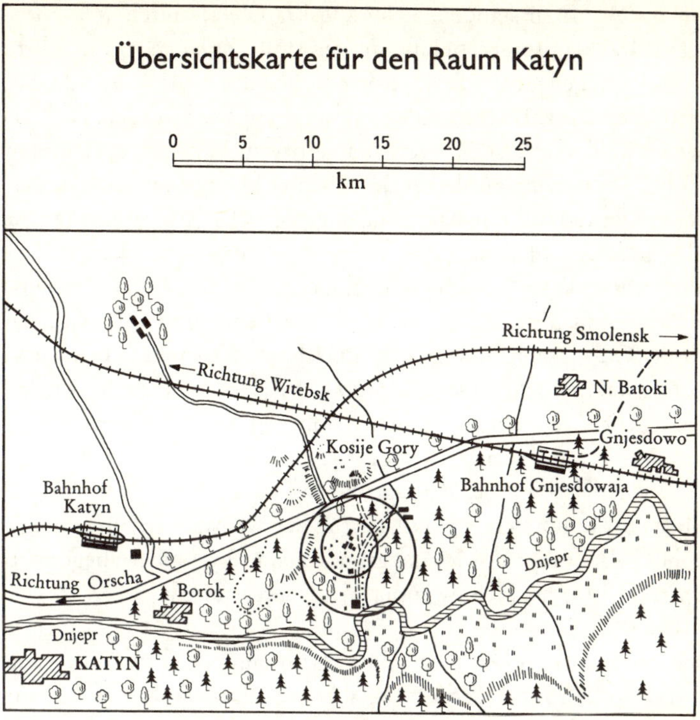

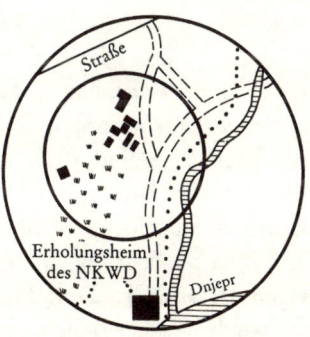

Übersichtskarte für den Raum Katyn

ein sogenanntes Führerhauptquartier für Hitler und dessen Führungsgehilfen. Dazu wurde ein bereits vorhandenes militärisches Führungszentrum der Roten Armee so ausgebaut, daß letztendlich 42 Fachwerk- und Blockhäuser sowie ein spezieller Bunker eigens für Hitler standen. Sicherungskräfte etc. sollten in 31 Standardbaracken untergebracht werden. Eine Zufahrtsstraße führte von der sogenannten Smolensker Rollbahn auf das Gelände, auf dem spezielle Fahrstraßen und Fußwege angelegt wurden. Der Katyner Wald wurde stellenweise aufgeforstet. Für den sogenannten Führersonderzug wurde auf dem Bahnhof Gnesdowo ein spezieller Gleisanschluß mit Bahnsteig angelegt. Der Reichsminister für Bewaffnung und Munition Fritz Todt besichtigte am 2. Januar 1942 die aufwendigen Bauarbeiten. Eingesetzt waren knapp zweieinhalbtausend Mitarbeiter der nach ihm benannten Organisation Todt (OT), unter ihnen auch polnische und knapp 1000 sowjetische Zwangsarbeiter. Deren Unterkünfte würden 1943 z. T. von den polnischen Gerichtsmedizinern während ihrer Exhumierungsarbeiten genutzt werden. (Seidler ..., S. 236ff.)

Die Anlage wurde, da sich die militärische Lage am Mittelabschnitt durch den ersten Rückzug der Wehrmacht von strategischer Bedeutung vor Moskau grundlegend zu verändern begonnen hatte, nur für die Heeresgruppe Mitte bereitgestellt.

Sie war im November/Dezember 1941 bis unmittelbar vor Moskau vorgestoßen. Ihr Oberbefehlshaber Generalfeldmarschall Fedor von Bock erkennt Ende November, daß »die Kraft der Truppe völlig erschöpft ist«. Sein Nachfolger ab 16. Dezember, Generalfeldmarschall Hans von Kluge, greift in Übereinstimmung mit dem Generalstab des Heeres zwar weiter an, blieb jedoch zunächst in den vorbereiteten Minenfeldern und hartnäckig verteidigten Stellungssytemen der Roten Armee liegen und wurde durch deren Gegenoffensive weit zurückgeworfen, wenngleich Hitler befohlen hatte, jeder größere Rückzug sei »unzulässig«. (Günter ..., S. 84ff.)

Am 17. Oktober 1941 hatten deutsche Panzer den Raum Kalinin und für einen einzigen Tag auch das Dorf Miednoje erreicht. Sie mußten sich jedoch wieder zurückziehen. Am 22. Oktober erreichten Verbände der 6. Armee im Rahmen der Heeresgruppe Süd Charkow. Die Stadt blieb für längere Zeit in deutscher Hand.

Während von Kalinin lediglich in den Tagesmeldungen der 1. Panzerdivision der Wehrmacht die Rede war und Charkow im Wehrmachtsbericht genannt wird, erregen Charkows Vorort Pjatichatki und das Dorf Miednoje erst genau ein halbes Jahrhundert später, dann jedoch internationale, Aufmerksamkeit. Wurden hier 1991 doch die sterblichen Überreste der polnischen Offiziere aus Ostaschkow und Starobjelsk gefunden.

Katyn wurde bereits im Frühjahr 1943 weltweit bekannt.

Nachdem Ahrens seine Dienststellung als Regimentskommandeur übernommen hatte, wurde er von ihm unterstellten Soldaten darauf hingewiesen, daß sich auf einer Erhebung inmitten des Katyner Wäldchens ein Birkenkreuz befinde. Er habe dann (Der Prozeß ..., Bd. 17, S. 303 ff.) im Verlauf des Jahres 1942 immer wieder gehört, daß hier Erschießungen stattgefunden haben sollten, aber darauf zunächst nichts gegeben.

Das Kreuz aus Birkenstämmchen hatten polnische Zwangsarbeiter der OT aufgestellt. Sie hätten Leichname in polnischen Uniformen ausgegraben und daraufhin, im Gedenken an die Toten, einige Birkenkreuze dorthin gebracht.

Zu den Wehrmachtsoldaten des Nachrichtenregiments 537 gehörten u.a. die Berliner Erwin Okoniewski und sein Kriegskamerad Reinhold Linke. Günther Büchner aus Zossen diente in der 1. Kompanie als Fernschreiber. Linke war – geringer – Sprachkenntnisse wegen zum Ortskommandanten des erwähnten Krasny Bor ernannt worden. Er hielt sich viel unter der russischen Dorfbevölkerung auf, hatte auch guten Kontakt zu ihr. Beim »Abfahren der Dörfer« und »beim Samogonka« [d.h. Selbstgebrannten – G.K.] erzählten die Dorfbewohner von Erschießungen im Wald von Katyn. (»Neues Deutschland«, Berlin, 20./21. Juli 1991)

Die Nachrichtensoldaten stellten, wie Günther Büchner sich erinnerte, Absenkungen und Bruchstellen im Waldboden fest. Reinhold Linke meldete die Mitteilungen der Ortsbewohner bereits im Herbst 1942, aber daraufhin tat sich nichts. Die Hinweise erwiesen sich als stichhaltig. Im Winter 1942 zu 1943, im Januar oder Februar, fiel Ahrens auf, daß sich am Birkenkreuz eine Grabstelle befand. Beim Ausritt hatte er Wölfe gesehen, war mit einem Jäger die Spur abgelaufen, hatte Scharrstellen und später, als es zu tauen begann, auch Knochen gefunden. Es waren Menschenknochen. Ahrens war der Ansicht, daß das eine Angelegenheit für den Kriegsgräberoffizier sei. Das war ein Irrtum. Nach Ankündigung durch

Das Gräberfeld im Wald von Katyn im Frühjahr 1943 zu Beginn der Exhumierung

den Chef des Medizinischen Dienstes der Heeresgruppe Mitte, Professor Dr. Gerhard Buhtz, begannen Ausgrabungen unweit der Station Gnesdowo, etwa 200 bis 300 Meter südlich der Straße Smolensk–Witebsk. Buhtz verfügte zu diesem Zeitpunkt bereits über Erfahrungen bei der Obduktion in deutschen Konzentrationslagern. Jahre vor Kriegsbeginn hatte er im Auftrag der SS Sektionen im KZ Buchenwald ausgeführt. 1938 als Direktor des Instituts für Gerichtliche Medizin und Kriminalistik an die Universität Breslau berufen, setzte er die Zusammenarbeit mit der SS im KZ Groß Rosen fort. (Klee, Deutsche Medizin ..., S. 234 f.)

Schweigende Zeugen sagen aus

Ab Anfang April 1943 mußten sowjetische Kriegsgefangene und Ortsansässige die Massengräber öffnen. Sie sahen, eingeklebt ins sandige Erdreich, Schichten über Schichten von Leichnamen. Einer neben dem anderen. Die Gesichter nach unten. Viele gefesselt. Daß

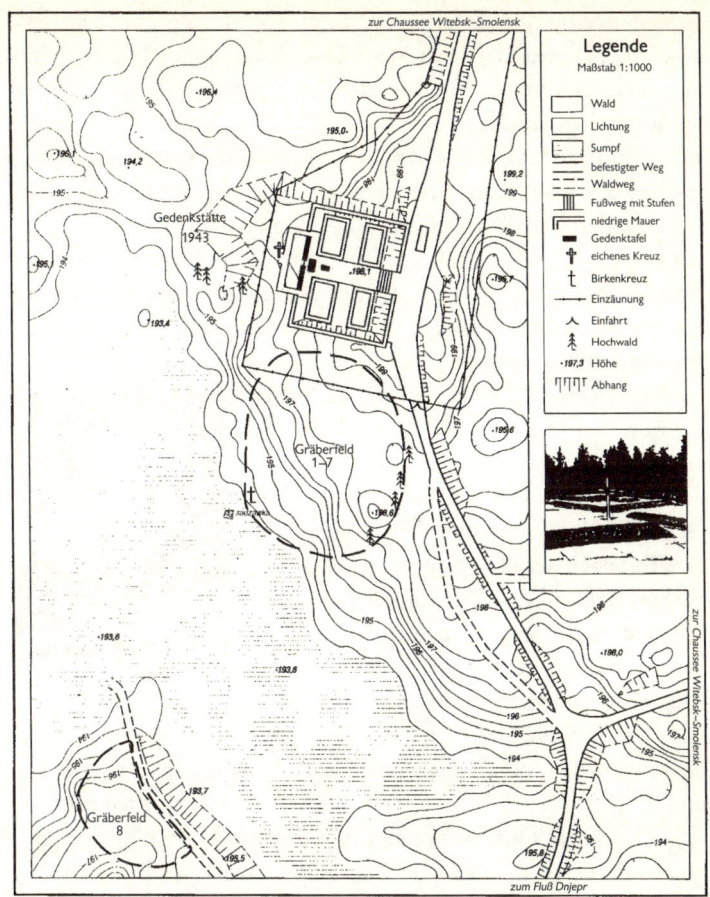

Wald von Katyn. Gräberfeld

sich manche der Offiziere gewehrt haben müssen auf ihrem letzten Weg, bezeugen vierstrahlige Stiche mit dem sowjetischen Bajonett und Kiefernbrüche, letztere wahrscheinlich durch einen Stoß mit dem Kolben. Die Mehrzahl trug polnisches Schuhwerk, die polnischen Offiziersuniformen waren noch gut erhalten. Die Obduktion stellte bei allen als Todesursache Einschüsse am Hinterkopf fest. Bei manchen der Erschossenen auch weitere Verletzungen. In den Taschen, Schuhen oder versteckt in der Unterwäsche fanden sich bei den meisten Leichnamen Briefe, Impfzeugnisse, Zeitungsausschnitte, Urkunden, Familienfotos, Notizbücher. Die zu jedem Leichnam gehörenden Beweisstücke wurden jeweils gesondert in numerierten Umschlägen aufbewahrt und ausgewertet. Sie kamen später in die Hand der Aufklärung der Landesarmee AK, durch Professor Wiktor Sukiennicki teilweise in die Sammlung der Hoover Foundation of War and Revolution in den USA.

Ebenso wie die sterblichen Überreste der polnischen Offiziere sind insbesondere auch ihre letzten Aufzeichnungen, die bei den hinterrücks Ermordeten gefunden wurden, von außerordentlicher Aussagekraft.

Das Tagebuch des Majors Adam Solski (es wurde unter der Nr. 0490 archiviert) ist eine der Aufzeichnungen, die es ermöglichen, das Schicksal des Autors und seiner Gefährten auf Transport von Kosjelsk aus in den Tod nachzuvollziehen:

Adam Solski

»Sonntag. 7. IV. 1940. Morgen. Nachdem uns gestern die ›Pilger‹ [gemeint sind die in den ursprünglich für Pilger bestimmten Klostergebäuden des Sonderlagers Kosjelsk untergebrachten Offiziere – G.K.] zugeordnet wurden, befahl man uns, bis 11.40 Uhr gepackt zu haben und im Klub zur Durchsuchung anzutreten. Mittagessen im Klub [...]. Nach der Durchsuchung passierten wir 14.55 Uhr die Mauern von Kosjelsk. Um 15.55 Uhr (nach unserer polnischen Zeit 14.55 Uhr) verlud man uns auf dem Anschlußgleis Kosjelsk in Gefangenentransportwaggons. Man sagt, daß die Hälfte aller Personenwagen in der UdSSR solche Waggons sind. Mit mir fahren Józef Kutyba, Hptm. Szyfter, Paweł sowie noch Majore, Oberstleutnante und Hauptleute, insgesamt zwölf. Platz ist für höchstens sieben.

8. IV. um 3.30 Uhr Abfahrt von Haltestelle Kosjelsk in Richtung Westen, 9.45 Uhr auf dem Bahnhof Jelnja.

8. IV. stehen wir seit 12 Uhr in Smolensk auf einem Anschlußgleis.

9. IV. frühmorgens, kurz vor 5, Wecken in den Waggons und Vor-

bereitung zum Aussteigen. Irgendwohin geht es mit Autos. Was wird werden?

9. IV. Von früh an allgemeine Verzweiflung. Transport in Gefangenentransportautos, in Zellen (schrecklich). Man bringt uns in einen Wald, so etwas wie einen Erholungsort. Sorgfältige Durchsuchung. Man nahm mir die Uhr ab, auf der es 6.30 Uhr war, fragte nach Ehering, nahm die Rubel weg, Koppel, Taschenmesser ...«

Hier bricht das Tagebuch ab. (Zbrodnia Katyńska ..., S. 200)

Diesem Transport vorausgegangen war der Befehl Nr. 015/2 – 1940 – Moskau – Persönlich – Geheime Verschlußsache. Gerichtet an den Lagerkommandanten von Kosjelsk, Oberleutnant der Staatssicherheit Gen.(ossen) Korolow, Kosjelsk, Gebiet Smolensk, ist ihm u. a. zu entnehmen, daß neben Major Solski und weiteren Gefährten auf dem Transportbefehl unter der Nummer 6 Mieczysław Smorawiński, geb. 1893, damals also noch nicht fünfzig Jahre alt, mit seiner Akte Nr. 1140 und unter der Nummer 7 Bronisław Bogatyrewicz, geb.1870, mit seiner Akte Nr. 1139 aufgeführt sind. (Katyń ..., Bd. 2, S. 143) Am Vorabend des Abtransports ist General Smorawiński zusammen mit den anderen Generalen mit einem kleinen Bankett vom Lagerkommandanten, gereicht wurden sogar Kaviarhäppchen, verabschiedet worden. Alle Aufgeführten, dazu gehören bis auf den General Jerzy Wołkowicki alle anderen Generale im Lager Kosjelsk, waren dem UNKWD Smolensk zu überstellen. Sie gingen, wie Major Solski dokumentiert, am 7. April auf Transport.

Beim Brigadegeneral Smorawiński fanden sich nach der Exhumierung in Katyn in seinen Uniformtaschen sein Sparbuch, die Urkunde seiner Auszeichnung mit dem Orden Virtuti Militari, ein Ausweis als Chefinspekteur der Polnischen Streitkräfte, ein Zigarettenetui, ein goldener Ehering und zwei kleine Medaillons. Er erhielt – wie auch die anderen Generale – bei der Wiederbestattung 1943 ein Einzelgrab.

Das Tagebuch von Karol Wajda (archiviert unter der Nr. 01453), des Vaters des weltberühmten polnischen Film- und Theaterregisseurs Andrzej Wajda, beginnt am 30. August 1939 mit der Notiz, daß der Einberufungsbefehl eintraf. Es umfaßt die Zeit des Septemberfeldzugs bis zum Beginn der Gefangenschaft bei Zodziszki, schildert den Fußmarsch bis Wilno, den Transport über Molodeczno und Orscha nach Kosjelsk.

Wir zitieren aus dem letzten Teil des Tagebuchs, der den Transport zwischen Kosjelsk und Gnesdowo beschreibt.

»5. IV. – Das gleiche wie gestern. Sie griffen sich Leute heraus und transportierten sie mit unbekanntem Ziel ab. Wir sind noch alle zusammen. Morgen soll eine Pause eingelegt werden. Sie machen Durchsuchungen und schnappen sich weg, was sie erwischen. Natürlich stehlen sie. Ein Befehl unserer Vorgesetzten besagt, daß wir das nicht erlauben sollen; aber erlaube mal nicht ...

6. IV. – Gegen 10, heute kein Transport, dafür wurden alle aus den skit-Unterkünften zu uns verlegt. In unsere Stube kamen zwei Fähnriche. Ich weiß nicht, wie wir mit dem Platz zurechtkommen. Gerüchte zum Thema Abtransport gibt es unterschiedliche. Eins besagt, daß es getrennte Lager geben wird und dabei auch neutrale – Rußland – Deutschland – Lettland? Ein anderes – ohne neutrale. Ein weiteres, nur Rußland, wir werden sehen ... Aha, an zwei Tagen sind insgesamt 700 auf Transport gegangen.

8. IV. – 20.30 ... die Transporte werden fortgesetzt. Sie suchen sich Leute raus und weiß der Teufel, wohin sie gebracht werden. Wir sind noch alle zusammen, die Gerüchte die gleichen. Heute haben wir ... für einen Monat abgefaßt. Schönes Wetter, haben uns gebräunt. Seit gestern finden in den Blöcken ausgezeichnete Laienveranstaltungen statt ...

9. IV. – Gegen 8. Zum Frühstück nur Hering. Die Deutschen haben Norwegen besetzt, die machen Dinger. Werden sehen, wie es weitergeht. Was wird Schweden dazu sagen? Was wird mit diesem Land? Gegen 23 Uhr – vor dem Schlaf. Man trennte uns. Karol fährt. Werden sehen, was morgen sein wird. Das Lager ist voller Unruhe. Unterschiedliche Nachrichten. Besetzung Dänemarks durch die Deutschen ... über Norwegen, über Schweden. Junge, Junge, das wird ein Tanz.

10. – Um 8 Uhr – Frühstück – wieder Hering ... Wir erwarten den Eintritt der Vereinigten Staaten ...

11. – 16 Uhr. Ich sitze in einem kleinen Abteil eines Gefängniswaggons – wir sind zu sechst, Platz ist für drei. Wir stehen noch auf dem Bahnhof Kosjelsk. Wohin, wissen wir nicht ...

12. – 11 Uhr. Wir sind noch im Zug. Endlich sind wir (so scheint es) bis Smolensk gekommen. Noch sind wir nicht auf dem Bahnhof. Die Nacht war schlimm. S(ehr) wenig Platz, Essen gaben sie natürlich nicht. Wie immer, war überzeugt, daß es so werden würde. Hol sie die Pest. Aus Notizen, die wir fanden (7), wissen wir, daß wir etwa 10 km nach Smol.(ensk) ausgeladen werden. Werden sehen.«

Hier bricht das Tagebuch ab. (»Tygodnik Powszechny«, Kraków, 16. April 1989)

Im April 1940 notierte der Leutnant Bronisław Wajs in sein Tagebuch (archiviert unter der Nr. 01458):

»3. – Früh – Dickgekochte Buchweizengrütze und Hering. Mittagessen – Suppe mit Buchweizen und Buchweizengrütze. 74 für einen Transport zusammengestellt. Große Unruhe im Lager.

4. – ... Früh dickgekochte Buchweizengrütze. – Mittagessen Grützsuppe und Grütze. Transporte verlassen das Lager. ...

6. – Früh – Dickgekochte Buchweizengrütze und Hering. Mittagessen – Grützsuppe und Grütze. Alle aus dem skit sind zu uns verlegt worden ...

10. – Früh – Hering. Kartoffelsuppe und Mais zum Mittagessen. Unterbrechung der Transporte ...

11. – Aus dem Lager in Kosjelsk abgefahren: Wajs, Ulrichs [Otton – G.K.] und Skupien [Sebastian – G.K.]. 12 Uhr. Gefangenenwaggons. 19.30 Uhr Abfahrt von Kosjelsk – Wohin?

12. – Die Gefängniswaggons für Verurteilte sind vergittert. Ohne Essen und Wasser. Im Abteil von 1 x 2 – wir 6 Kriegsgefangene. Halt in Smolensk. 22 Uhr bereits kalte Suppe und Grütze.«

(Tucholski, Mord ..., S. 38 f.)

Das Tagebuch (archiviert unter Nr. 0867) des Hauptmanns Józef Trepiak.

Notiert in einem Taschenkalender des Jahres 1939, beginnend mit Kriegsbeginn, am 1. September 1939. Nach dem Jahreswechsel benutzte Trepiak in den Monaten Januar bis April 1940 die noch unbenutzten Seiten des Kalenders vom Vorjahr. Das jeweils zutreffende Datum trug er von Hand ein. In Gefangenschaft geriet er am 20. September 1939, bei Włodzimierz-Wołyński. Über Luzk, Rowno und Schepetowka kam er ins Sonderlager Kosjelsk. Wir zitieren Eintragungen aus dem Monat April 1940:

»4 – Donnerstag. Bedeckt, trüb, nachts regnete es. An die 200 auf Transport – allgemeine Betroffenheit im Lager. Abends ... Zeitung und ein fröhlicher Abend der Amateure. Morgen soll Pause bei den Transporten sein.

5 – Von früh an gingen ›Häscher‹ umher und riefen die Namen auf. An die zweihundert diesmal ... Ein schöner Tag, anfangs bedeckt, später sonnig – kalt ...

6 – Ruhe, Transportpause. Schöner sonniger Tag, aber kalt ...

7 – Sonnig, windstill, wärmer. Drei Generale Minkiew.(icz), Smorawiński und Bohaterowicz sowie weitere rd. 120 hohe Offiziere auf Transport. Wir warten ...

8 – ung.(efähr) 280 auf Transport. Trauriger Tag. Welle von Gerüchten, wohin ...

9 – Diesig, schon früh viel Schnee. Etwa 200 auf Transport ... Viele Majore ... Mittagessen 17.30 Uhr nachmittags ...

10 – Ein diesiger Tag, ziemlich warm. Niemand auf Transport ... Am Morgen Hering, Nachmittags 2 Portionen Grütze ...

15 – Diesig, ziemlich kalt. Sie begannen erst gegen 1 mit dem Sammeln. Rund 150, von uns Bilewski (Józef). Früh(stück) je zwei Löffel dünner Grütze, Mittagessen – Kartoffelsuppe und dickgekochte Grütze ...

17 – S(ehr) schöner Tag, sonnig. Von früh an Transport – ungefähr 300. Aus der 11. Liljental [richtig: Liliental, ein Panzeroffizier – G.K.] ... Am Nach(mittag) in Block 5 verlegt. Bis 10 gepackt. Ob wir bleiben? ...

21 – Abreise von Kos(jelsk). ›Überfälle‹ ab 9. Gegen 13 Uhr wurde ich gerufen. Gegen 17 Uhr Abfahrt zu den Waggons. Schreckliche ›Fahrt‹ mit Auto. Auf dem Anschlußgleis in Kosjelsk in Gef(angenen)Wag(gons) je 14 in ein Abteil.

22 – Zwischen 2 und 3 in der Nacht Abfahrt von Kosjelsk.«

Hier brechen die Notizen ab. (»Tygodnik Powszechny«, Kraków, 16. April 1989)

Dr. Bolesław Jakubowicz, Lehrer in Tarnowskie Góry, geriet bei Włodzimierz-Wołyński am 23. September 1939 in Gefangenschaft. Über Schepetowka, Kiew, Starobjelsk und Tjotkino erreichte er am 3. November Kosjelsk. Sein Tagebuch (archiviert unter Nr. 0836) betrifft den April 1940:

»1. IV. – Die Zeit vergeht. Schon den achten Monat haben wir Krieg – wann hört das auf – Marysieńko. [Hier und im folgenden handelt es sich um den liebevoll variierten Namen der Frau oder Geliebten – G.K.]

2. IV. – Irgend etwas geht vor sich, es liegt etwas in der Luft – Maryś, Liebste.

3. IV. – Heute wurden 62 geholt, abtransportiert …

4. IV. – Die Transporte werden fortgesetzt. (342) Niemand weiß wohin – Ich liebe Dich, Marysieńko.

5. IV. – Die Transporte dauern an. … So ist das, Marysieńko, Liebes. Keiner weiß, wohin sie uns diesmal bringen. Auf jeden Fall immer näher zu Dir.

6. IV. – Heute gab es keinen Transport – Marysiątko, hätte ich doch wenigstens einen Brief von Dir.

7. IV. – Sie transportieren wieder. Ich hatte einen schlimmen Traum, Marysieńko. Heute früh hatten wir Gottesdienst bei uns …

9. IV. – Sie verfrachten. Jetzt sind insgesamt 1287 abtransportiert. Ich bin neugierig, wann die Reihe an mir ist und wohin ich fahren werde, Marysiątko …

11. IV. 4.50 Uhr – Interessante Nachrichten. Transporte. So ist, Marysieńko, nichts bekannt, nicht wie, nicht wohin – man kann nur vermuten – Liebste.

12. IV. – Transporte. Ich sehne mich sehr nach Dir …

13. IV. – Pause. Wie sehr wünsche ich mir, Liebe, auch Bożenka zu sehen oder wenigstens einen Brief zu erhalten. So lange schon habe ich keine Nachricht von Dir, mein Schatz.

14. IV. – Pause. Ich werde noch wahnsinnig, Marysieńko, Liebste, und fühle mich schlecht. …

17. IV. – Transport … Nicht mehr lange …, und ich bin an der Reihe, meine Liebe. Man verlegte uns in den Block I (den großen).

20. IV. – Transport. Post gab es, aber ich habe keinen Brief erhalten. Marysiątka, meine schöne, nichts.

21. IV. – Heute nach der Mittagsstunde wurde ich geholt – Nach der Durchsuchung – im Auto zum Anschlußgleis in Gefangenenwaggons – 15 Mann in einem Abteil hinter Gittern.

22. IV. – Um 1.30 Uhr, nach 12 Stunden Fahrt, Smolensk.«

Hier brechen die Notizen ab.

(»Tygodnik Powszechny«, Kraków, 16. April 1989)
Und schließlich das Tagebuch des Wacław Kruk.
Am 8. April wurde aus Kosjelsk ein Transport abgefertigt, dem 277 Männer angehörten. Bei einem der Militärs wurde ein Notizbüchelchen geborgen. Es enthielt neben Aufzeichnungen auch eine Bleistiftzeichnung. Sie zeigt ein bärtiges Männergesicht und ist mit »Kruk Wacław, Kozielsk« unterzeichnet. Den entzifferten Notizen, verwahrt im Umschlag mit der Archivnummer 0424, entstammt die Beschreibung des Transports:

»8. IV. 1940 Seitdem habe ich nichts geschrieben. Ich meinte, daß nichts von Bedeutung sei. Die letzte Zeit, d. h. seit Ende März und Anfang April, verbreiten sich Reisegedanken. Wir hielten das für normale Gerüchte. Aber aus dem Gerücht wurde diesmal Tatsache. Von Anfang April an begann man Transporte abzufertigen, anfangs kleine. Vor allen aus den skit-Unterkünften ...

Nachdem die Lagersachen ... abgegeben worden waren, erfolgte wiederum eine Durchsuchung in der 19. Baracke. Von dort aus führte man uns durchs Tor und zu den Autos, die uns zu einer kleinen Haltestelle brachten, nicht nach Kosjelsk (Kosjelsk ist durch Hochwasser abgeschnitten). An der Haltestelle wurden wir unter strenger Bewachung in Gefängniswaggons verladen. In der Zelle (die ich überhaupt das erste Mal sehe) sind wir dreizehn Mann. Noch kenne ich meine zufälligen Gefährten im Unglück nicht. Jetzt warten wir auf die Abfahrt. So sehr ich vorher optimistisch war, so erwarte ich jetzt von dieser Reise nichts Gutes. Schlimm ist, daß wir nicht wissen, ob wir herauskriegen können, in welche Richtung wir fahren. Geduldig warten wir. Wir fahren in Richtung Smolensk. Die Sonne scheint, auf den Feldern liegt noch viel Schnee.

9. IV. 1940. Dienstag. Die Nacht haben wir bequemer verbracht als ehemals in den Viehwaggons. Es war ein bißchen mehr Platz und rüttelte nicht so stark. Heute ist richtiges Winterwetter. Schnee fällt, es ist diesig. Auf den Feldern Schnee wie im Januar. Es ist nicht auszumachen, in welche Richtung wir fahren. Nachtsüber fuhren wir nur wenig. Jetzt passierten wir den größeren Bahnhof Spas-Demjanskoje. Einen solchen Bahnhof habe ich auf der Karte nicht bei Smolensk gesehen. Ich befürchte, wir fahren nach Norden oder nach Osten, dem Wetter nach zu urteilen. Tagsüber ist es so, wie es

seit langem ist. Gestern morgen gab man uns im Waggon Zucker und Brot sowie kaltes, abgekochtes Wasser. Jetzt ist es mittags, und etwas zu essen gibt es nicht. Der Umgang ... ordinär. Nichts ist erlaubt. Zur Toilette kann man, wenn es dem Posten gefällt, da helfen keine Bitten und kein Schreien ... Jetzt, 14.30, nähern wir uns Smolensk. Diesmal stehen wir auf dem Güterbahnhof ... Aber in Smolensk. Jetzt ist es fast Abend, Smolensk liegt hinter uns. Wir haben die Haltestelle Gnesdowo erreicht. Es sieht so aus, als ob wir hier aussteigen müssen. Hier sind viele Uniformierte. Jedenfalls hat man uns bis jetzt nichts zu essen gegeben. Seit dem gestrigen Frühstück leben wir von einer Ration Brot und einer bescheidenen Wasserration.«

Hier bricht das Tagebuch ab.
(Tucholski, Mord ..., S. 40f.)

Die letzten Zeilen in der zweifachen Bedeutung dieses Wortes von der Hand eines unbekannt gebliebenen Offiziers lauten: »Smolensk. 17 Uhr 5 (?) km hinter Smolensk eine Sommerfrische (?) Leute (?) 127 (?) vorbereitet sind Au/.../«
(Tucholski, Mord ..., S. 30)

Am 13. April 1943 rollte mit einer Rundfunkmeldung gegen 15.15 Uhr eine in ihrem Umfang und in ihrer Intensität gigantische Propagandawelle Nazideutschlands an. In Smolensk seien Massengräber von 10000 polnischen Offizieren gefunden worden. Die gerichtsmedizinische Untersuchung beginne. Die Offiziere seien teilweise an den Händen gefesselt. Alle seien durch Genickschüsse getötet worden. Die Identifizierung bereite keine Schwierigkeiten. Die Bodenbeschaffenheit und die Tatsache, daß bei den Ermordeten zahlreiche Dokumente gefunden worden seien, stünden dafür. Es handele sich in Katyn um die Massengräber des gesamten polnischen Offizierskorps in sowjetischer Gefangenschaft. (»Völkischer Beobachter«, Berlin, 16., 17. und 18. April 1943)

Von Anfang an ging es der deutschen Seite darum, die Zahl der Opfer so groß wie möglich erscheinen zu lassen. Der Grund dafür waren angestrebte innen- und außenpolitische Wirkungen. Daher bereits zu Beginn der Ausgrabungen die Behauptung, in Katyn sei das gesamte polnische Offizierskorps in sowjetischem Gewahrsam ermordet worden. Deshalb suggerierte die Nazipropaganda, die »vorsichtige Schätzung« lasse mit 10000–12000 Opfern rechnen. (Amtliches Material ..., S. 10)

Ebenfalls von Anfang an wurde das »jüdisch-bolschewistische System« für den Massenmord verantwortlich gemacht. Einer der Kronzeugen der antisemitischen Propaganda, der Ortsansässige »Gregori Silwjestroff«, will – obwohl die Transporte vom Bahnhof zur Richtstätte nach seinen eigenen Angaben meist in den Abendstunden, aber auch nachts vorgenommen worden seien – »bei der Vorbeifahrt« Männer »mit typisch jüdischen Gesichtern« gesehen haben. (Amtliches Material ..., S. 24)

Hitlerdeutschland lud sowohl aus neutralen Ländern wie der Schweiz als auch aus besetzten Ländern wie Dänemark und Tschechien und schließlich aus Satellitenstaaten wie Rumänien und Ungarn Gerichtsmediziner und weitere Fachleute ein. Sie untersuchten die von russischen Zwangsarbeitern und Kriegsgefangenen exhumierten Leichname.

In die Propagandakampagne waren alle Medien einbezogen. Presse, Plakate, Rundfunk und Film zogen alle Register. Außerdem wurden im gesamten Einflußraum des Großdeutschen Reiches Berichte von Augenzeugen lanciert, die nach Katyn gebracht, dort die speziell aufgebaute Ausstellung besichtigt und die Massengräber gesehen hatten. Diese Propagandawelle rollte wochenlang über Europa hinweg, vor allem auch über Polen. Besondere Wirkungen versprach sich die faschistische Propaganda von der Einbeziehung der Familien ermordeter Offiziere. Reaktionen von Familienangehörigen, die an den Gräbern gezeigt und deren Äußerungen auf Bild- und Tonträger aufgezeichnet wurden, nutzte die Nazipropaganda »in antibolschewistischem, antisemitischem, antienglischem Geist und im Geiste der Isolierung der polnischen Emigrationsregierung«. (Armia Krajowa ..., Bd. 3, S. 7f.)

Bereits im Vorfeld der ersten Veröffentlichungen waren erste offizielle bzw. offiziöse Delegationen zusammengestellt worden, aus dem besetzten Polen bereits vor dem 10. April 1943.

Brigadegeneral Stefan Rowecki-Grot, 1942–43, bis zu seiner Ermordung im KZ Sachsenhausen, Befehlshaber der Landesarmee AK, meldete am Tag nach der ersten deutschen Veröffentlichung über Katyn seinem Oberbefehlshaber und Chef der polnischen Exilregierung Władysław Sikorski nach London: »Bei Smolensk haben die Deutschen ein Massengrab entdeckt. In ihm befinden sich die sterblichen Überreste einiger Tausend unserer Offiziere aus dem Lager Kosjelsk, die im März und April 1940 ermordet worden sind. An der Besichtigung der Gräber nahmen auch einige Polen aus Warschau und Krakau teil, die extra deswegen dorthin gebracht worden sind. Ihre Berichte lassen keinen Zweifel an dem Massenmord aufkommen. Die öffentliche Meinung ist aufgewühlt. Näheres melde ich in den nächsten Tagen ...« (Armia Krajowa ..., Bd. 2, S. 491 f.)

Die Polen, von denen in der Meldung die Rede ist, waren im Laufe des Vormittags am 10. April nach Smolensk geflogen worden. Unter Druck der deutschen Besatzungsbehörden beteiligten sich der Generaldirektor des Obersten Rates für Sozialfürsorge (RGO) Edmund Seyfried und Dr. med Grodzki von der gleichen Institution, der Schriftsteller Ferdinand Goetel, der Arzt Dr. med. Konrad Orzechowski, Direktor eines Städtischen Krankenhauses in Warschau, sowie der für die verachtete Natternpresse der deutschen Besatzer in Polen tätige Journalist Władysław Kawecki, die Fotoreporterin I. Didur und der Arbeiter Franciszek Prochownik, Meister in der Fabrik Zieleniewski.

Ein Offizier der Amtsgruppe Wehrmachtspropaganda, der Oberleutnant Slowenszyk, im Zivilberuf Journalist in Wien, gab gegenüber den Polen die Erklärungen ab, die die Naziführung lancieren wollte. Dabei mengten sich offensichtliche Tatsachen mit Halbwahrheiten, Lügen und Verleumdungen. Höchst unzufrieden zeigte Slowenszyk sich, nachdem sich polnische kriegsgefangene Offiziere, nach Katyn gebracht, weigerten, für die Nazipropaganda eingespannt zu werden.

Den Polen sagte man, daß polnische Arbeiter die Begräbnisstätte im Frühjahr 1942 entdeckt hätten. Später habe die Geheime Feldpolizei der Wehrmacht zielgerichtet Ortsansässige befragt. Dabei habe es sich herausgestellt, daß im März und April 1940 zahlreiche Exekutionen vorgenommen worden seien. Die polnischen Gefangenen seien mit Zügen bis zur Station Gnesdowaja gebracht und dort auf Autos umgeladen worden. Ein russischer Zeuge habe einmal einen Frachtbrief gesehen, auf dem als Ausgangsort »Kosjelsk« angegeben gewesen sei. Etwa 15 Kilometer von der Bahnstation erhebe sich ein sanfter Hügel, Kosije Gory genannt, dort befänden sich drei Massengräber. Auf den Gräbern stünden Kiefernbäumchen. Weiterhin meldete General Stefan Rowecki-Grot nach London: Die Anzahl der Leichen zu schätzen sei schwierig, da bisher in keinem Fall der Grund der Gruben erreicht worden sei. Nach Probegrabungen an bisher zwei Massengräbern, das dritte sei noch nicht angeschnitten worden, könne angenommen werden, daß die Zahl von 10 000 Leichen übertrieben ist. Die polnischen Teilnehmer der Besichtigung schätzen, daß es sich in einem der Massengräber um 3 000 und im zweiten um weitere 5 000 Leichname handele. Diese ersten und vorläufigen Schätzungen erwiesen sich in den folgenden Wochen als deutlich überhöht. Zutreffend war jedoch, daß auf dem Gräberfeld auch eine große Anzahl von Sowjetbürgern bestattet lag, die in den zwanziger und dreißiger Jahren Opfer der Repressionspolitik geworden waren. (Armia Krajowa ..., Bd. 2, S. 501)

Während die Nazipropaganda auf Hochtouren lief und die polnische Seite versuchte, sich ein wahrheitsgemäßes Bild zu machen, schwieg die sowjetische Seite. Erst zwei Tage nach der ersten deutschen Propagandameldung wurde über Radio Moskau am 15. April 1943 um 7.15 Uhr ein Kommuniqué verlesen, das auch die Parteizeitung »Prawda« abdruckte. Dessen wichtigste Aussagen:

»Im Laufe der vergangenen zwei bis drei Tage verbreiteten die Goebbelsschen Verleumder eine niederträchtige Erfindung, in der behauptet wird, sowjetische Organe hätten im Frühjahr 1940 unweit von Smolensk massenhaft polnische Offiziere erschossen. Indem das deutsch-faschistische Lumpengesindel diese Ungeheuerlichkeiten erfand, schreckte es vor den schändlichsten und unsinnigsten Lügen nicht zurück, um dieses Verbrechen zu vertuschen, das – wie jetzt deutlich wurde – von ihnen selbst verübt worden ist.

Die deutsch-faschistischen Verdrehungen in dieser Frage lassen jedoch keinen Zweifel am tragischen Schicksal der polnischen Kriegsgefangenen aufkommen, die bei Bauarbeiten westwärts von Smolensk 1941 eingesetzt und unweit von Smolensk untergebracht waren. Gemeinsam mit zahlreichen sowjetischen Bürgern fielen sie den deutsch-faschistischen Mördern in die Hände, nachdem sich die sowjetischen Truppen aus dem Raum Smolensk zurückgezogen hatten.

In den ungeschickten Faseleien über zahlreiche Gräber, die die Deutschen angeblich in der Nähe von Smolensk gefunden haben, erwähnen die hitlerschen Lügner das Dorf Gnesdowaja. Dabei verschweigen sie, wie es sich für Verleumder gehört, daß unweit von Gnesdowaja historische archäologische Ausgrabungen ... vorgenommen wurden ...«

Diese Verlautbarung ist offensichtlich zusammengeschustert, denn es handelt sich nicht um das Dorf Gnesdowaja, sondern Gnesdowo, und zum anderen ist es unmöglich, eine wissenschaftliche archäologische Ausgrabung einer vielhundertjährigen Grabstätte mit erst wenige Jahre zuvor angelegten Massengräbern zu verwechseln. Leonid Reichmann erinnerte sich Jahrzehnte später, daß der zeitweise in Smolensk wirkende NKWD-General Georgi Schukow diese – nur ein einziges Mal, dann jedoch weltweit verbreitete – Darstellung zu verantworten habe. (Abarinow ..., S. 97)

Für den ersten Befehlshaber der Polnischen Streitkräfte in der UdSSR, General Władysław Anders, waren die Verlautbarungen über Katyn Anlaß genug, um sich seiner Erfahrungen zu erinnern. Nunmehr Befehlshaber der Streitkräfte Polens in Nahost, sandte er am 15. April 1943 ein ausführliches Fernschreiben an den Minister für Nationale Verteidigung in London:

»Seitdem ich aus der Haft entlassen worden war, bemühte ich mich, unsere Soldaten von Starobjelsk, Kosjelsk und Ostaschkow aufzufinden. Ich erhielt von den sowjetischen Behörden ständig ausweichende Antworten. Der Oberbefehlshaber [d. h. Sikorski – G. K.] intervenierte während eines Gesprächs mit Stalin in Moskau und erhielt die Antwort, daß sie wahrscheinlich geflohen seien. Meinerseits habe ich während meines gesamten Aufenthalts angestrengt versucht, bei allen sowjetischen Behörden, einschließlich Stalin, irgendetwas über ihr Schicksal zu erfahren. In Privatgesprächen äußerten einige sowjetische Amtsinhaber, daß in dieser Frage eine ›rokowaja oschibka‹ [d. h. ein verhängnissvoller Fehler – G. K.] geschehen sei. ... Es ist ... möglich, daß die aus Kosjelsk abgezogenen Offiziere bei Smolensk ermordet wurden. Ein Teil der vom deutschen Rundfunk veröffentlichten Namen deckt sich mit den Namen in unseren Karteien. Tatsache ist, daß nicht ein einziger der 8 300 Offiziere von Kosjelsk und Starobjelsk sowie der 4 000 Unteroffiziere der Gendarmerie und der Polizei in Ostaschkow sich bei den Streitkräften gemeldet hat. Von den meisten dieser Gefangenen haben wir, ungeachtet allergrößter Anstrengungen, auch nicht die geringste Nachricht erhalten. Seit langem sind wir zutiefst davon überzeugt, daß sie nicht mehr am Leben, daß sie ermordet worden sind. Desungeachtet hinterließen die deutschen Nachrichten einen tiefen Eindruck und riefen riesige Entrüstung hervor. Ich halte es für erforderlich, daß sich die Regierung in dieser Frage äußert, um von der sowjetischen Seite eine offizielle Erklärung zu erlangen. Dies um so mehr, da die meisten unserer Soldaten davon überzeugt sind, daß auch der Rest unserer Gefährten von den Sowjets ermordet worden ist ...« (Polish-Soviet Relations ..., S. 215)

Noch im April 1943 besuchte auch eine Gruppe kriegsgefangener polnischer Offiziere Katyn. Sie kamen aus dem Oflag II C der Wehrmacht in Woldenberg. Der Dienstgradälteste war Oberstleutnant Stefan Mossor. Unter ihnen ein Leutnant, im Zivilberuf Staatsanwalt. Wie seine Kameraden hielt er die ganze Angelegenheit für eine aus den Fingern gesogene Finte, eine deutsche Propagandaaktion, die darauf abziele, die Polen in die antibolschewistische Front einzugliedern. Die 6000 kriegsgefangenen Offiziere des erwähnten Lagers durchschauten zwar die Absicht der faschistischen Führung und der Wehrmacht, doch hatten viele von ihnen Verwandte, die sie in sowjetischer Hand wußten. Die meisten konnten sich ein Verbrechen derartigen Ausmaßes nicht vorstellen. Sie wollten daran glauben, daß ihre Nächsten noch am Leben seien. Die Kriegsgefangenen sprachen darüber, wie diese vermeintliche Finte zustanden gekommen sein könnte. Verbreitet hielt sich die Ansicht, daß die Deutschen die Leichname von in Konzentrationslagern getöteten Zivilisten in polnische Offiziersuniformen gekleidet hätten. Anschließend habe man sie nach Katyn gebracht und dort eingegraben, wo die Bolschewiki früher einmal Exekutionen vorgenommen hätten. Diese Vorstellungen hielten die in deutscher Kriegsgefangenschaft befindlichen polnischen Offiziere anfangs für möglich. Empfangen und eingewiesen wurden die Polen durch den bereits erwähnten Slowenszyk. Aber nachdem die Offiziere sich ein eigenes Bild gemacht, die Leichname ihrer gefesselten Kameraden, die Schußverletzungen an den Schädeln observiert, einzelne identifiziert, Einblick in die schriftlichen Unterlagen, die sich in den Uniformen befanden, genommen hatten, wurde ihnen klar: Die Uniformen waren bereits getragen worden, als ihre Besitzer noch lebten ... (Zbrodnia Katyńska ..., S. 192 ff.)

Die bereits erwähnte Delegation polnischer Zivilisten überzeugte sich ebenfalls an Ort und Stelle durch Augenschein vom Vorhandensein zweier geöffneter Gruben. Exhumiert waren bereits 25 Leichname, darunter die an ihren Uniformen und mitgeführten Dokumenten identifizierten Generale Smorawiński und Bohaterewicz. Alle anderen Leichname trugen Offiziersuniformen, Rangabzeichen, Koppel und Offiziersschuhe.

Nachdem diese zivile Abordnung sich einen ersten Eindruck verschafft hatte, sagte der Vertreter der polnischen Rada Główna Opiekuńcza (RGO), des Obersten Rates für Sozialfürsorge, in polnischer Sprache:

»Landsleute! Ehren wir durch Schweigen die hier Gefallenen. Sie starben, damit Polen lebe.«

Späterhin besichtigte die Delegation im Obduktionsgebäude, das sich etwa einen Kilometer vom Massengrab entfernt befand, die bei den Toten gefundenen Dokumente, Briefe, Notizbücher, Ausweise, Visitenkarten, Medaillen und Schulterüberwürfe, die Bestandteil mancher Uniformen, z.B. bei der Kavallerie, waren. (Zbrodnia Katyńska ..., S. 502)

Auf der Grundlage dieser Beweisstücke waren insgesamt zu diesem Zeitpunkt 47 Leichname identifiziert worden.

Obwohl die zivilen und militärischen deutschen Instanzen anfänglich keine Nachrichten über den Aufenthalt einer polnischen Gruppe in Katyn veröffentlichte, war die Exilregierung in London von Anfang an durch ihre Aufklärer der AK im Lande unterrichtet.

Wenige Tage nachdem die erste polnische Abordnung in Katyn eingetroffen war, reiste eine technische Delegation an. Ihr gehörten vor allem Vertreter des PRK, des Polnischen Roten Kreuzes [poln.: PKC, Polski Krzyż Czerwony – G.K.] an: Dr. med. Bartoszewski,

R. Banach, Dr. S. Klapert, K. J. Skarżyński, Dr. med. A. Szebesta u. a., sowie als Beobachter der Krakauer Kanonikus, der Priester Stanisław Jasiński, Vertrauter des Erzbischofs Adam Stefan Sapieha, unter deutscher Okkupation faktisches Oberhaupt der katholischen Kirche im Land, sowie der Redakteur Marian Martens. Ein Teil der Mitglieder dieser Gruppe verblieb für längere Zeit in Katyn. Sie nahm am Fortgang der Exhumierung teil, an der Identifizierung und an der Beisetzung.

Die religiöse Zeremonie der Beisetzung erfolgte ungeachtet der Tatsache, daß ein hoher Anteil der in Katyn ermordeten Offiziere der polnischen Streitkräfte – knapp ein Viertel – jüdisch war und die Erkennungsmarken als Religionszugehörigkeit den Hinweis »moj.« [d.h. abgekürzt in polnisch: mosaisch – G.K.] trugen, ausschließlich nach römisch-katholischem Ritus und erstmals durch den erwähnten Kanonikus Jasiński. Die Symbolik der Stätte ist in den folgenden Jahrzehnten mehrfach verändert und erneuert worden. Erst die letzte Gestaltung des Gräberfeldes von Katyn in den 90er Jahren beendete die einseitige Vereinnahmung aller Opfer unter dem Zeichen des Kreuzes.

Eine weitere Gruppe, die Marian Wodziński leitete, vergrößerte die technische Delegation des PRK. Die Beteiligung von polnischen Ärzten und Sanitätern, deren Zahl des Arbeitsumfangs wegen auf zwölf erhöht wurde, sollte aus der Sicht der Naziführung die Weltöffentlichkeit davon überzeugen, daß es sich bei den Leichnamen in den Massengräbern um die sterblichen Überreste polnischer Offiziere handele. Außerdem wurden polnische Sprachkenntnisse beim Lesen und Übersetzen der gefundenen Dokumente gebraucht. Die Mitwirkung an der Exhumierung half der polnischen Seite, Informationen zu gewinnen. Abschriften eines Teils dieser so gewonnenen Informationen dienten der Unterrichtung der polnischen Exilregierung. Der Generalsekretär des Polnischen Roten Kreuzes, K. J. Skarżyński, unterrichtete am 16. April 1943 das Präsidium dieser Institution vom Aufenthalt in Katyn. Im Juni wurde eine erweiterte Fassung dieses Berichts vorgelegt. In ihm hieß es z. B.:

»Unweit von Smolensk befinden sich bei Katyn Gräber polnischer Offiziere. Ein Teil der Gräber ist geöffnet. Ausgehend von der Leichenschau der bisher Exhumierten kann festgestellt werden, daß die Offiziere durch Schüsse in den Hinterkopf ermordet worden sind. Die Schußverletzungen verweisen auf eine außerordentlich fachmännische Exekution.

Nach den Unterlagen zu urteilen, die bei den Ermordeten gefunden worden sind, erfolgten die Morde in den Monaten März und April 1940.«

Die deutsche Seite verlangte, daß die polnische Seite durch eigene Delegierte die Authentizität der Entdeckungen in Katyn bestätigen solle. Zeitweise wurde sogar erwogen, General Władysław Sikorski freies Geleit nach und von Katyn zuzusichern. Das Präsidium des Polnischen Roten Kreuzes sollte außerdem Vertreter in die Kriegsgefangenenlager der Wehrmacht für polnische Offiziere entsenden, um die dort befindlichen polnischen Offiziere zu unterrichten.

Das Präsidium des PRK antwortete am 19. April 1943 sehr zurückhaltend. Es stimmte zu, mit den deutschen Behörden technisch zusammenzuarbeiten, drang jedoch darauf, daß dies im Rahmen der bestehenden internationalen Abkommen über Rotkreuzarbeit geschehe. Zuvor seien die von der deutschen Besatzungsmacht aufgehobenen Rahmenbedingungen der Rotkreuz-Arbeit wieder herzustellen. Das betraf u.a. die Zuständigkeit des Polnischen Roten Kreuzes für das gesamte ursprüngliche Hoheitsgebiet Polens, die umgehende Entlassung polnischer Kriegsgefangener aus deutschen Konzentrationslagern und das Verbot der Auslieferung von Kriegsgefangenen an die deutsche Polizei. Da die deutsche Seite diesen Forderungen nicht nachkam, wurden auch keine Delegationen des PRK in die Offizierslager der polnischen Kriegsgefangenen entsandt.

Der Gerichtsmediziner Dr. Marian Wodziński, der fünf Wochen lang in der Technischen Kommission des PRK arbeitete, lieferte den polnischen Behörden folgendes auszugsweise wiedergegebenes Gutachten:

»Auf der Grundlage der Exhumierungen, die mit Hilfe der Technischen Kommission des Polnischen Roten Kreuzes vom 29. April bis 3. Juni 1943 am Ort des Verbrechens im Wald von Katyn, der 16 km westwärts von Smolensk gelegen ist, vorgenommen wurden, komme ich zu folgenden inhaltlichen Schlußfolgerungen:

1. Die exhumierten Leichname von 4143 Personen waren in acht Massengräbern bestattet. Sieben dieser Massengräber lagen nahe beieinander auf einer sandigen Erhebung, ungefähr 500 Meter von der Straße Orscha–Smolensk entfernt.

Das größte Massengrab, angelegt in der Form des Buchstabens ›L‹, enthielt ungefähr 2500 Leichname; in den anderen Massengräbern befanden sich zwischen 700 (Grab Nr. 2) und 50 (Grab Nr. 5) Leichname.

Die Exhumierten waren eng beieinander in Reihen und meistens mit dem Gesicht nach unten bestattet. Lediglich im Grab Nr. 1 waren die obersten Schichten der Leichname ungeordnet.

Das Grab Nr. 8, das sich etwa 100 Meter von allen anderen Gräbern befindet, wurde nur teilweise geöffnet. Im Vergleich zu anderen Grabstätten kann es zwischen 150 und 200 Leichname enthalten.

2. Da die Leichname zumeist polnische Offiziersuniformen trugen sowie bei ihnen Impfzeugnisse des Lagers ›Kosjelsk‹ gefunden wurden, kann angenommen werden, daß es sich um Leichname der polnischen Gefangenen von 1939 aus dem Lager Kosjelsk handelt.

3. Die Leichenschau ergab als Todesursache Kopfschüsse ...

[Es folgen detaillierte Angaben zum Verlauf der Exekution, zum Zustand der Leichname und zu den Methoden der gerichtsmedizinischen Expertise. – G.K.]

11. Da im Grab Nr. 1 als Fußbekleidung einer ganzen Reihe von Toten Holzschuhe gefunden wurden, die mit Schnüren oder Riemchen an den Oberteilen des Schuhwerks befestigt waren, sogenannte Appelltreter, und dieses Schuhwerk in allen anderen Gräbern fehlt, kann angenommen werden, daß das Grab Nr. 1 durch die Opfer der ersten Exekutionen gefüllt wurde, als noch winterliche Witterungsbedingungen herrschten, während die folgenden Gräber erst später angelegt wurden. Nach Angaben in den Notizbüchern, die bei den Exhumierten gefunden worden sind, sind die ersten sieben Massengräber Ende März und im April 1940 angelegt worden.

Das am 1. Juni 1943 geöffnete Grab Nr. 8 wurde als letztes angelegt. Als Zeitpunkt seiner Anlage bestimme ich die erste Hälfte des Monats Mai. Die Leichname waren in Sommeruniformen gekleidet und die bei ihnen gefundenen sowjetischen Zeitungen stammten von Anfang Mai 1940.

12. Die Untersuchung der Beweisstücke, die bei den Leichnamen gefunden worden sind, so von Impfbescheinigungen ... aus dem Gefangenenlager Kosjelsk, von Ausweisen, Sparbüchern der polnischen Sparkassen, Tagebüchern, Briefen an die Gefangenen in Kosjelsk oder Briefen, die aus Kosjelsk nicht abgeschickt worden sind, militärischer Erkennungsmarken aus Aluminium, Visitenkarten, Skizzen, Fotografien usw. erlauben es, Familiennamen, Vornamen, Dienstgrad, Beruf, Alter, Wohnort, Religionszugehörigkeit usw. der meisten Opfer festzustellen.

13. Die erwähnten Beweisstücke, vor allem die Tagebücher und Notizbücher, ermöglichten es, den Zeitpunkt des Verbrechens genau zu bestimmen. Alle brechen in der zweiten Märzhälfte und im April 1940 ab. Auf der Grundlage dieser Notizen konnte auch der Transportweg festgestellt werden, den die Gefangenen zum Ort des Verbrechens zurückzulegen hatten. Es war dies der Weg Kosjelsk–Smolensk–Gnesdowaja. Weitertransport erfolgte mit Gefängnisautos bis zum Hinrichtungsplatz im Wäldchen von Katyn. So endet z. B. das Tagebuch von Adam Solski ...

14. Die Angaben russischer Zeugen (Sacharow, Kiseljow), die sehen konnten, wie im Frühjahr 1940 Transporte polnischer Gefangener zum Bahnhof Gnesdowaja [der Ort heißt Gnesdowo, die Bahnstation, russisch: stanzija, verlangt die Endung -aja – G. K.] gebracht und von hier mit Autos in Richtung des Waldes von Katyn weitertransportiert wurden, decken sich mit den Erkenntnissen der Leichenschau und dem Fundort.

Der Zeuge Kiseljow, der unweit vom Ort des Verbrechens wohnt, hat sowohl Schreie als auch Schüsse aus dem Wäldchen gehört.

15. Da eine ganze Reihe weiterer Gräber im Wald von Katyn gefunden wurden, in denen sich Leichen von Russen mit den typischen Schußverletzungen am Hinterkopf fanden, läßt dies den Schluß zu, daß dieses Waldstück bereits seit langem als Hinrichtungsstätte diente.

Nach dem Zustand der Verwesung dieser Leichname in den russischen Gräbern kann geschlossen werden, daß sie zwischen fünf und fünfzehn Jahren begraben lagen.

16. Ich behalte mir vor, dieses gerichtsmedizinische Gutachten nach der Aufarbeitung weiterer Materialien zu vervollständigen.
Dr. Marian Wodziński«

Eine Abschrift dieses Berichts wurde im September 1947 ausgefertigt. Im Archiv der PSZ [poln.: Polskie Siły Zbrojne; Polnische Bewaffnete Kräfte – G. K.] in London hinterlegt, blieb sie dadurch erhalten.

Die Delegation polnischer kriegsgefangener Offiziere der Wehrmacht aus Gefangenenlagern verschiedener Wehrbereiche faßte in Katyn ihre Eindrücke ebenfalls in einem abschließenden Bericht zusammen. Als erster unterzeichnete ihn der Dienstgradälteste, der Militärtheoretiker Oberstleutnant Mossor. Dieser Bericht wurde nach Kriegsende, am 27. November 1945, in Rom den dort befindlichen polnischen Exilbehörden übergeben, Mossor kehrte nach Polen zurück.

Nachdem die Kriegsgefangenen sich mit den Gegebenheiten von Katyn vertraut gemacht hatten, schrieben sie in der Gemeinschaftsunterkunft ihren Bericht. Ursprünglich war er für die polnischen Offiziere in Gewahrsam der Wehrmacht bestimmt.

Auch sie erkannten die Uniformen, Dienstgradabzeichen, die Zugehörigkeit zu den jeweiligen Waffengattungen »ohne Zweifel« als dem polnischen Militär eigen: »Die Uniformen waren polnische.« Nur wenige Leichname seien nicht in Uniform, sondern zivil gekleidet gewesen. Besonders fiel ihnen auf, daß überall polnisches Papiergeld lag. Die Identifizierung erfolge auf Grund der bei den Leichnamen gefundenen Dokumente wie z. B. Sparbücher oder Korrespondenz, an Hand von Erkennungsmarken oder Zigarettenetuis mit eingravierten Angaben zur Person und anderen Hinweisen. Allerdings seien nicht alle Exhumierten auch zu identifizieren.

Die bei den Leichnamen befindlichen Dokumente wurden nach dem Trocknen in einem nahegelegenen Forsthaus in provisorischen Kästen in numerierten Umschlägen aufbewahrt. Die Kriegsgefangenen konnten Einblick nehmen. Die Dokumente waren gelegentlich aus der polnischen in die deutsche Sprache übersetzt und teilweise chemisch behandelt worden, um unlesbare Stellen lesbar zu machen. Der Zustand der Dokumente sei im großen und ganzen nicht schlecht. Einige Fotografien und Korrespondenzen seien in einem guten Zustand; gut zu erkennen bzw. zu lesen. Eingesehen wurden Postkarten aus Polen, die an Gefangene im Lager Kosjelsk adressiert waren. Die spätesten Poststempel stammten von Januar und Februar 1940.

Die letzten Eintragungen in Tage- oder Notizbücher stammten vom 15. März 1940 (Leutnant Jan Bartys aus Kraków).

In gutem Zustand befanden sich der Wehrpaß des Brigadegenerals Smorawiński und sein Sparbuch aus Lublin. Die Uniformhosen mit Generalsbiesen waren noch erhalten. Die Rangabzeichen gut, das Gesicht des Generals nicht mehr zu erkennen. Beim General wurde ein silbernes Zigarettenetui mit nicht mehr lesbaren goldenen Widmungsunterschriften gefunden.

Im Befehl Nr. 015/2 des NKWD SSSR wird dem Lagerkommandanten von Kosjelsk Korolow befohlen (Position 6), Smorawiński »unverzüglich« dem Chef des UNKWD Smolensk zu »überstellen«. Auf der Liste befanden sich u. a. die Namen aller anderen Generale im Lager Kosjelsk. Allein der General Wołkowicki wurde auf Anforderung der 5. Abteilung des NKWD vom Transport ausgenommen. Auf den Todestransport mit den anderen Generalen gingen außerdem u. a. Adam Solski, dessen Tagebuch im Massengrab gefunden und hier zitiert wurde, die beiden Priester Jan Ziółkowski und E. Choma, die erst Ende März aus dem Moskauer NKWD-Gefängnis Butyrki nach Kosjelsk verlegt worden waren, sowie der Arzt Piłsudskis Dr. A. Stefanowski und der Chef der Rechtsabteilung des Verteidigungsministeriums Bolesław Matzner.

Oberstleutnant Mossor fügte seiner Meldung vom 23. August 1943 an den Oberbefehlshaber folgende Information bei:

»Im Mai 1943 begann die bekannte Propaganda in Sachen Katyn. Ich befand mich unter den Offizieren, die dorthin gebracht wurden, um uns die Gräber und die Leichname zu zeigen. Die Tatsache, daß Tausende polnische Offiziere im Frühjahr 1940 in diesem Wald erschossen worden sind, ist zweifelsfrei. Man versuchte, uns für Rundfunk-, Presse- und Filmpropaganda auszunutzen. Dagegen wehrte ich mich entschieden und erfolgreich. Ich erklärte mich lediglich bereit, unsere Eindrücke direkt an die polnischen kriegsgefangenen Offiziere weiterzugeben.« (Zbrodnia Katyńska ..., S. 199)

Auf Grundlage des ihnen zur Verfügung gestellten Briefwechsels sowie ihnen mitgeteilter Tatsachen und nach Augenscheinnahme berichteten auch ausländische Journalisten aus und über Katyn. Es waren dies Korrespondenten aus formal neutralen, jedoch dem Nazireich nicht grundsätzlich ablehnend, z.T. auch sympathisierend gegenüberstehenden Staaten wie Schweden (Korrespondent von »Stockholms Tidningen« Christer Jaederlund), Schweiz (Schnetzer von »Der Bund«) und Spanien (Sanchez von »Informaciones«). Auf Wunsch der Journalisten ließen die deutschen Besatzungsbehörden auch bisher ungeöffnet gebliebene Teile der Massengräber öffnen und ermöglichten Kontakte zur ortsansässigen Bevölkerung. War doch eines der Grundanliegen der faschistischen Propaganda, im Zeichen des verkündeten »totalen Krieges«, gegen den sich auch der deutsche Widerstand zu dieser Zeit im Zeichen der »Weißen Rose« gewandt hatte, die antikommunistischen Kräfte in Europa – kurz nach Stalingrad und während des Aufstands im Warschauer Getto – alle antikommunistischen Kräfte unter deutscher Führung zusammenzuschweißen.

Die Verschollenen von Ostaschkow und Starobjelsk

Während ab 1943 alle wichtigen Vorgänge in und um Katyn im wesentlichen offengelegt wurden, auch einzelne Zusammenhänge zwischen Katyn und Kosjelsk geklärt werden konnten, blieb das Schicksal der polnischen Gefangenen von Starobjelsk und Ostaschkow noch für Jahrzehnte völlig im dunkeln.

So hatte z.B. der polnische Offizier Adam Moszyński 1951 vor dem Untersuchungsausschuß des US-Repräsentantenhauses erklärt, er sei »sicher«, »daß die Gefangenen von Ostaschkow auf zwei sehr alte Lastkähne verfrachtet worden sind, die, nachdem sie sich auf hoher See [Moszyński hat zuvor das arktische Weißmeer genannt – G.K.] befanden, durch russisches Artilleriefeuer zerstört wurden.« (The Katyn Forest Massacre ..., S. 11)

Licht in das Staatsverbrechen kam erst, als das Staatswesen, das die Verbrechen befohlen hatte, zerfallen war und das bis dahin gehütete Staatsgeheimnis ab 1990/91 Schritt um Schritt gelüftet wurde.

Die deutsche Propaganda hatte 1943 die Zahl der in Katyn ermordeten polnischen Offiziere mit zehn- bis zwölftausend Mann angegeben. Ihr Täterwissen hütend, hatte die sowjetische Seite dieser Angabe nicht widersprochen, wenngleich in Katyn »lediglich« ein Drittel der der Mordaktion vom Frühjahr 1940 zum Opfer gefallenen Gefangenen lag. 1944 erklärte die sowjetische Seite in ihrer offiziellen »Mitteilung der Sonderkommission zur Feststellung und Untersuchung des Tatbestandes der Erschießung kriegsgefangener polnischer Offiziere durch die faschistischen deutschen Okkupanten im Wald von Katyn«, die Zahl der Toten im Wald von Katyn liege bei elftausend Mann. (Ebenda, S. 2) Tatsächlich exhumiert und von den sowjetischen Medizinern einer Leichenschau unterzogen wurden etwas über 900 Gebeine.

Keine der beiden Versionen ist durch Tatsachen bestätigt, alle Tatsachen widerlegen jede der beiden Versionen.

Es darf angenommen werden, daß die deutsche Seite 1943 die Zahl der in Katyn angeblich beerdigten Gefangenen deswegen so beträchtlich überhöhte, weil sie die sowjetische Seite so stark wie möglich diskreditieren wollte. Die sowjetische Seite lastete das von ihr begangene Staatsverbrechen nicht nur dem verbrecherischen und auf Völkermord eingeschworenen deutschen Regime an, das tatsächlich massenhaft Kriegsverbrechen begangen hatte und beging, sondern verdreifachte die Zahl der polnischen Opfer in Katyn. Höchstwahrscheinlich deswegen, weil sie damit ein für allemal Fragen nach dem Verbleib der polnischen Offiziere in sowjetischer Hand aus dem Wege zu gehen vermeinte. (Zu Kriegsverbrechen der Wehrmacht an Kriegsgefangenen siehe die ausführliche Studie von Szymon Datner: Zbrodnie Wehrmachtu ...)

Bis 1990/91 gab es – wie bis 1943 im Falle von Katyn – lediglich Hypothesen, Indizien, Vermutungen, was aus den Tausenden Gefangenen von Ostaschkow und Starobjelsk geworden sei.

Seitdem ist geklärt, daß Katyn, Miednoje und Pjatichatki die sterblichen Überreste der Gefangenen der Sonderlager von Kosjelsk, Starobjelsk und Ostaschkow bergen. Die hypothetischen Vermutungen und die berechnenden Täuschungsversuche, die polnischen Gefangenen seien in die Mandschurei oder mit unbekanntem Ziel geflohen, auf einsame arktische Inseln verbracht, im Eismeer versenkt, in Djergatschi bzw. Besludowka bei Charkow oder Bologoje bei Kalinin/Twer beigesetzt, sind ein halbes Jahrhundert nachdem das Staatsverbrechen begangen worden ist, endgültig widerlegt, eindeutig beantwortet, die Sachverhalte im wesentlichen geklärt worden.

Während die Erschießung der Gefangenen von Kosjelsk im Wald von Katyn vorgenommen wurde, erschossen die Hinrichtungskommandos die Gefangenen von Ostaschkow und Starobjelsk in den jeweiligen Gebäuden der inneren Gefängnisse des UNKWD. Der Grund dafür ist nach Zeugenaussage des Chefs des UNKWD Kalinin Dmitri Tokarjew darin zu suchen, daß »besondere Vorkommnisse«, Fluchtversuche, von einem dieser Versuche im Wald von Katyn wußte Tokarjew, von vornherein verhindert werden sollten. (Katyń ..., Bd. 2, S. 467)

Sowohl in Miednoje als auch in Pjatichatki errichteten die Bezirksverwaltungen des NKWD bzw. des KGB laut Feststellung der Obersten Militärstaatsanwaltschaft Rußlands vom 3. September 1991 später auf dem Gelände mit den Massengräbern »Wochenendsiedlungen des UKGB der Bezirke Charkow und Twer«. In Katyn bestand bereits ein Erholungsheim für Mitarbeiter des NKWD, als dort die Massaker stattfanden. Die Anlagen existierten hier wie dort noch zu Beginn der neunziger Jahre. (Materialsammlung d. Verf.) Auch andernorts, z. B. in Butowo bei Moskau, dem Gelände der Richt- bzw. Begräbnisstätte von mehr als 20 000 Opfern politischer Repressionen vor dem zweiten Weltkrieg, befanden sich Wochenendsiedlungen von Mitarbeitern des NKWD und seiner Nachfolgeorgane sowie eine Apfelplantage.

Miednoje

Die 1. Panzerdivision der Wehrmacht war im Oktober 1941 auf dem Südufer der Wolga auf Kalinin vorgestoßen. Sie nahm am 14. Oktober eine Brücke über den Fluß Twerza, einem Nebenfluß der Wolga, bildete einen Brückenkopf und hielt kurzzeitig einen Teil der Stadt Kalinin besetzt. Am 3. November mußte sich die Panzertruppe zurückziehen. Aber auf dem Nordufer der Wolga waren die Panzer am 17. Oktober auf Miednoje, es liegt 32 km von Kalinin entfernt, und Torshok an der Twerza vorgestoßen. Jedoch konnten sie sich lediglich einen einzigen Tag lang hier halten. Von den Massengräbern in Miednoje mag sie annähernd ein Kilometer getrennt haben; der Mord an den mehr als 6000 polnischen Gefangenen von Ostaschkow konnte ihnen allein aus Zeitgründen und der Witterungsbedingungen wegen nicht angelastet werden.

Zu diesem Zeitpunkt lagen die Gefangenen bereits anderthalb Jahre in den Massengräbern von Miednoje.

Die Dokumentation »Rozstrzelani w Twerze« (Erschossen in Twer) nennt, alphabetisch geordnet, die wichtigsten biographischen Angaben von 6314 polnischen Opfern, die in Miednoje bestattet worden sind. (Rozstrzelani ..., S. 5–344)

Den ersten Gefangenentransport von Ostaschkow nach Kalinin im April 1940 hatte der Kommandeur der Wach- und Begleittruppen Kriwenko auf den Weg bis zum Hinrichtungsort gebracht. (Katyń ..., Bd. 2, S. 488 f.) Jeder folgende Transport umfaßte annähernd 250 Gefangene. Die Erschossenen wurden von den Kraftfahrern des NKWD und den Mitarbeitern des inneren Gefängnisses von der Richtstätte zu den LKW getragen und verladen. Jeweils 25 bis 30 Tote. Im Verhör bezeugte Dmitri Tokarjew:

»Jablokow [Oberstleutnant, Militärstaatsanwalt – G. K.]: Wohin wurden sie gebracht, wohin kamen die Leichname?

Tokarjew: In Richtung Miednoje, Miednoje ... Ich war nur ein einziges Mal dort. Sucharew [Fahrer Tokarjews – G. K.] hat mich hingebracht. Nicht weit von dort entfernt hatte ich eins meiner Wochenendhäuser [russ.: datscha – G. K.]. Deshalb habe ich nachgesehen, als alles schon in Ordnung gebracht worden war ...

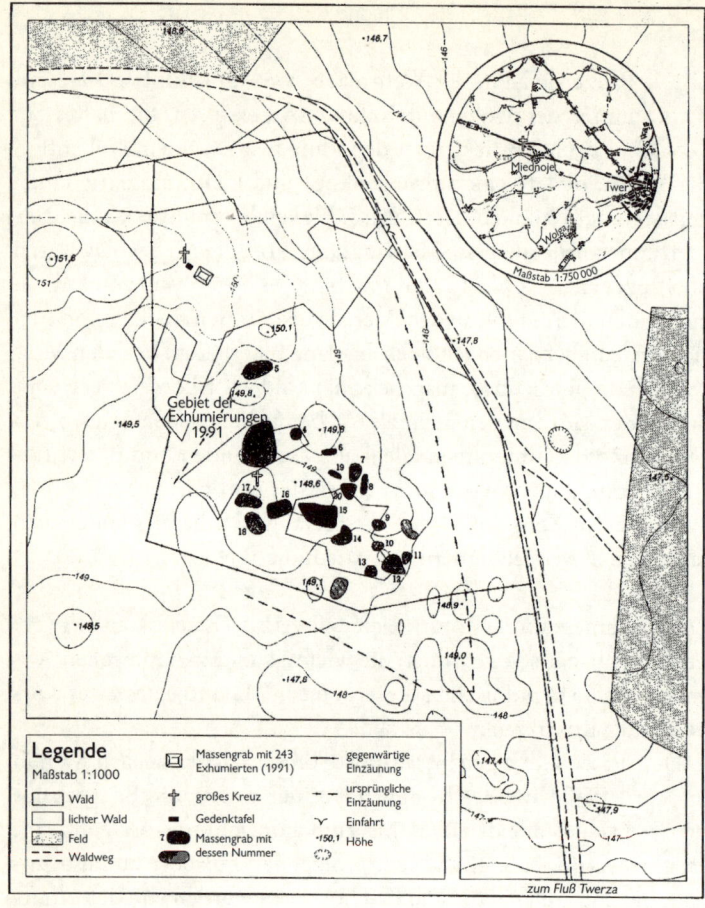

Miednoje. Gräberfeld

Jablokow: Wie sah es dort aus, kahl oder – im Gegenteil – bewachsen?

Tokarjew: Das war am Rande eines kleinen Wäldchens. In der Nähe verläuft die Straße. Na ja, den Platz hatte Blochin ausgesucht ... Unweit der Datschen, die damals dort standen, ob auch heute noch, weiß ich nicht ...

Jablokow: War das Gebiet eingezäunt?

Tokarjew: Nein, nicht eingezäunt ... Nach Abschluß der Operation wurde ein Wächter dort eingesetzt, den Namen weiß ich nicht mehr ... Unter dem Vorwand, er habe mein Wochenendhaus zu bewachen, sollte er eigentlich das Gelände im Auge behalten. Diese Datscha war knapp einen Kilometer von den Massengräbern entfernt ...

Jablokow: Wurden Bäume dort gesetzt?

Tokarjew: Meiner Erinnerung nach nicht ... In den bald folgenden Kriegsjahren ist alles verwildert ...«

(Katyń ..., Bd. 2, S. 456 ff.)

Die Exhumierung der Gebeine der Gefangenen begann im August 1991 unter Aufsicht der polnischen Staatsanwaltschaft. Sie dauerte in Miednoje vom 15. bis 31. August. Inzwischen war auf dem Gräberfeld ein schütterer Mischwald herangewachsen. Zwei Jahre zuvor hatten Mitarbeiter des KGB aus Moskau nicht nur genau die Lage der Massengräber angezeigt und markiert, sondern auch veranlaßt, daß zwei Wochenendhäuser für Mitarbeiter der Behörde, die genau auf einem der Massengräber errichtet worden waren, abgetragen wurden. Im Laufe der Arbeiten fanden sich auch unter einem in den achtziger Jahren errichteten sowjetischen Denkmal für Gefallene des zweiten Weltkriegs und unter einer speziellen Betonschicht noch vier Lagen sterblicher Überreste ehemaliger Gefangener von Ostaschkow.

Von polnischer Seite leitete der Stellvertreter des Generalstaatsanwalts der Republik Polen Stefan Śnieżko, die Ausgrabungen in Miednoje und in Pjatichatki. Ihm zur Seite standen u.a. Oberst Andrzej Komarski und Oberst Przemysław Tomaszewski.

Professor Bronisław Młodziejowski leitete fachlich die Ausgrabungen auf den Gräberfeldern. Zu den Wissenschaftlern der polnischen Seite gehörte u.a. Jędrzej Tucholski, dessen Vater unter den ermordeten Offizieren gewesen war. Anwesend war auch Pater Professor Zdzisław Peszkowski, der zu den Gefangenen im Sonderlager Kosjelsk gehört hatte. Die sowjetische Seite war mit dem Chef der Militärstaatsanwaltschaft General Wjatscheslaw Frolow vertreten. Weiterhin anwesend waren die Militärstaatsanwälte und Obersten Alexander Tretezki, Nikolai Anisimow und Stepan Rodschewitsch.

Leutnant Dr. Tadeusz Tucholski – ermordet 1940 im Wald von Katyn – mit Sohn Jędrzej (1937)

Als abkommandierte militärische Hilfskräfte unter dem General Juri Rybakow führten 54 Soldaten, Russen und Ukrainer, die Erdarbeiten in Miednoje aus. In Pjatichatki waren es unter Oberst Juri Schumejko 90 Soldaten. Die meisten von ihnen stammten aus mittelasiatischen Republiken und sprachen nur schlecht oder gar nicht russisch. Die Soldaten waren durchweg noch sehr jung, 18 bis 19 Jahre alt.

Hilfe erhielt die polnische Seite in Miednoje weiterhin durch Militärs einer Sondereinheit des rußländischen Innenministeriums. Die Aufgabe weiterer zugeteilter Milizangehöriger bestand darin, das Gelände und damit die Arbeiten abzuschirmen. Die russische Seite stellte darüber hinaus auch technische Hilfsmittel zur Verfügung.

Auch nach einem halben Jahrhundert Zeitabstand zwischen dem Staatsverbrechen und dessen Aufdeckung erwies sich die psychische Belastung für alle Beteiligten als außerordentlich schwer.

Exhumiert wurden insgesamt 240 Tote. (Tucholski, Ekshumacje ..., S. 141)

Die Massengräber in Miednoje sind im Frühjahr 1940 maschinell – nach Tokarjews Erinnerung durch einen Löffelbagger vom Typ »Komsomolez« – angelegt worden. Im ersten Jahr der Exhumierungen öffneten die polnischen Wissenschaftler, zu ihnen gehörten die Archäologin Magdalena Bromberg und der Dozent M. Głosek, unterstützt von polnischen Polizisten, acht Massengräber unterschiedlicher Ausmaße mit jeweils einigen hundert Opfern. Außerdem wurden über 220 Probebohrungen auf dem gesamten Gräberfeld vorgenommen. Von Seiten der Bezirksverwaltung des KGB (UKGB) Twer wurde versucht, durch »einen bestimmten negativen Druck und Einflußnahme ... die unverzügliche Einstellung der Exhumierungsarbeiten zu erreichen«, wie die Oberste Militärstaatsanwaltschaft am 3. September 1991 festhielt. Diese letztendlich gescheiterten Versuche »von maßgeblichen Mitarbeitern des UKGB Twer« kulminierten am 19. August. An diesem ersten Tag des Putsches gegen den Präsidenten Gorbatschow erschien Viktor Lakonzew, Chef des KGB im Bezirk Kalinin, auf dem Gräberfeld und erklärte den Militärstaatsanwälten, die die Exhumierung leiteten: »Unter den veränderten Bedingungen hat Ihre Arbeit ihren Sinn verloren. Stellen Sie die Grabungsarbeiten ein ... Und überhaupt, wir brauchen diesen Platz hier wieder selbst.« (»Nowoje Wremja«, Moskwa, Nr. 43/1992, S. 13) Die Anmaßungen des Generals Lakonzew wurden durch die feste Haltung der polnischen Seite und durch das Eingreifen der Obersten Militärstaatsanwaltschaft der UdSSR unterbunden. (Materialsammlung des Verf.) Auch »Hinweise« sowjetischerseits auf die »Seuchengefahr« für die an der Exhumierung Beteiligten waren von der Absicht geprägt, die Ausgrabungen mögen bereits unmittelbar nach ihrem Beginn eingestellt werden.

Die Wissenschaftler und Ermittler stießen schon am ersten Tag auf ein Massengrab.

Professor Młodziejowski:

»Die Exhumierung erwies sich in Miednoje als außerordentlich schwere Aufgabe. Die im Keller des NKWD in Twer durch Schüsse in den Hinterkopf Getöteten wurden vor Tagesanbruch auf LKW geworfen, die mit Blech ausgeschlagen waren, und in den Wald [von Miednoje – G. K.] gefahren. Hier wurden sie in die durch eine spezielle Maschine angelegten Massengräber mit einer Tiefe bis zu sechs Meter gekippt. So lagen die Toten durcheinander, ungeordnet, durch die Last der Schichten zusammengepreßt ... Von einer präzisen Exhumierung der Leichname konnte keine Rede sein ...« (»Gazeta Wyborcza«, Warszawa, 27. September 1994) Desungeachtet konnte in Einzelfällen die Identität der Toten ermittelt werden. Erkennungsmarken und schriftliche Zeugnisse sowie in Holzbehältnisse geschnitzte Namen trugen dazu bei.

Der 1940 15jährige Einwohner von Miednoje Jewgeni Fadejew erinnerte sich 1991, als Jugendlicher die nächtlichen LKW-Transporte gesehen zu haben, auch, daß einmal ein LKW liegengeblieben sei, von dem NKWD-Mitarbeiter die neugierigen Kinder vertrieben. Völlig unabhängig davon bestätigte der seinerzeitige Chef des UNKWD Kalinin Tokarjew, daß »entsprechend der Technologie« die eingesetzten LKW mit Planen abgedeckt und bewacht diesen Weg nahmen. (Katyń ..., Bd. 2, S. 456)

Die Toten lagen in 15 bis 20 Schichten übereinander. Die Gräber waren bis zu 3,8 Meter tief. (Tucholski, Ekshumacje ..., S. 136 ff.) Die Probebohrungen ergaben an allen Stellen das gleiche. Nach der erdfarbenen obersten Schicht veränderte sich die Farbe. Dunkelblau herrschte vor. Das war die Farbe der Uniformen der polnischen Polizei. Sie hatte den Boden gefärbt. Die Henker hatten außerdem oftmals die Umhänge der Toten diesen so über den zerschossenen Köpfen zusammengeschlagen, daß Blut etc. zurückgehalten wurde, oder die »Bestatter« hatten über die oberste Leichenschicht Umhänge als eine Art »Abdeckung« ausgebreitet und erst darauf die letzte Erdschicht geschoben.

Nach dieser tiefdunkelblau gefärbten Schicht kamen Schädel mit Schußverletzungen, Teile der Körper ans Tageslicht. Die eng zusammengepreßte Leichenschicht maß in einem der Massengräber einen halben Meter in der Höhe. Gefunden wurden noch guterhaltene Uniformteile, sogar die Bügelfalte war manchmal noch zu erkennen. An Hand der Steckschüsse konnte festgestellt werden, daß die Erschießungen zumeist mit deutscher Pistolenmunition und

Walther-Pistolen vorgenommen worden waren, in manchen Fällen auch durch Revolver vom Typ Nagan. Zu Tage gefördert wurden polnische Polizei- und Militärmützen, Koppel, Dienstgradabzeichen, Kochgeschirr, Rasierzeug und dicke Holzsohlen, die sich die Gefangenen selbst geschnitzt hatten. Bei den täglichen Appellen stellten sie sich auf diese »Untersetzer«, um sich, so gut es ging, vor der Bodenkälte zu schützen. Das Schuhwerk war zumeist noch gut erhalten, meistens steckte das Fußskelett der ehemaligen Träger noch in den Schuhen. Im Unterschied zu Katyn fanden sich in Miednoje keinerlei Briefe, jedoch handschriftliche Notizen, Aufzeichnungen. Und Zeitungen. Keine der Zeitungen trug ein Datum nach dem 4. April 1940. Aber auch hier Tabakpfeifen oder selbstgefertigte Tabakbehältnisse, Zigarettenetuis der Raucher. Und Schlüssel. Schlüssel über Schlüssel. Für die heimische Wohnung, die ersehnte Heimkehr ... (»Gazeta Wyborcza«, Warszawa, 27. September 1994)

Alle sterblichen Überreste der Erschossenen wurden in Särgen beigesetzt.

In Miednoje errichtete Polen, unterstützt von den Soldaten, ein Kreuz zum Gedenken an die Opfer. (»Historia i Życie – Życie Warszawy«, Warszawa, 12./13. Oktober 1991) Wladimir Krupko, Einwohner Twers und Verfechter der Idee eines Denkmals in Miednoje, äußerte nachdenklich anläßlich der Exhumierungsarbeiten: »Hier liegen Tausende Eurer Leute, von uns sind es Millionen, die so unter die Erde gebracht wurden.«

Pjatichatki

Seinen Namen hat dieses einstmalige Dorf nach fünf Katen an der Straße von Charkow in Richtung Belgorod. In den dreißiger Jahren des 20. Jahrhunderts entstand hier in ländlicher Abgeschiedenheit eines der ersten Forschungsinstitute der Welt für Atomphysik. In ihm wirkten sowohl Lew Landau als auch Pjotr Kapiza, die Jahrzehnte später ihrer Forschungen wegen weltweit anerkannt wurden. Anderthalb Kilometer hinter Pjatichatki in Richtung Belgorod zweigt eine mit roten Backsteinen gepflasterte Straße in den

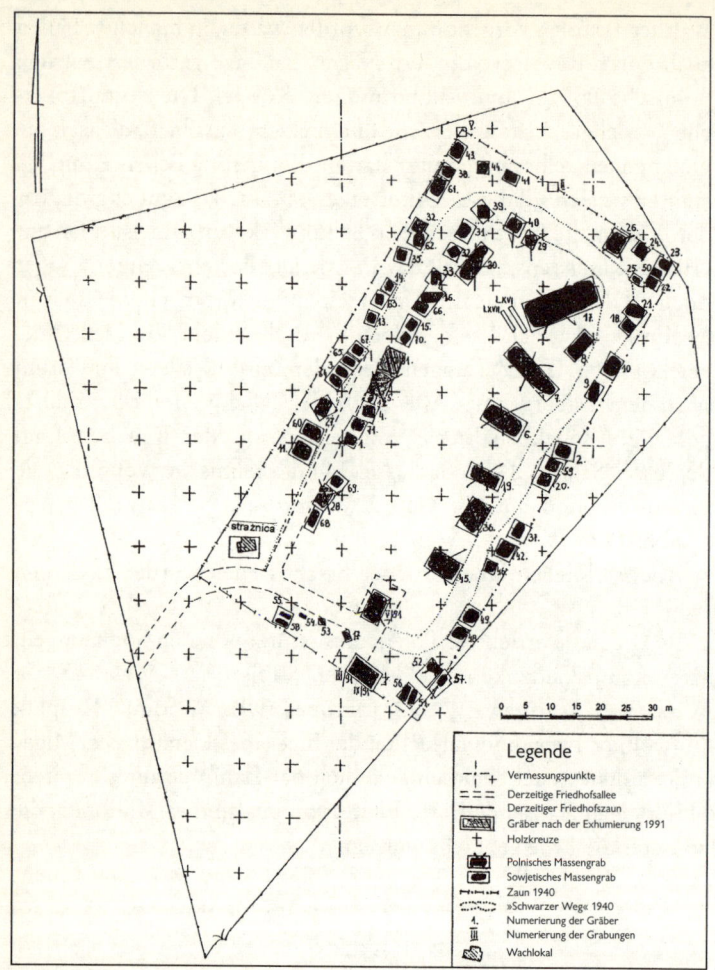

Pjatichatki. Gräberfeld

Wald ab. Im Volksmund wird sie jedoch nicht roter, sondern schwarzer Weg genannt.

Im Hochsommer 1991 wurden hier zwischen dem 25. Juli und dem 9. August im VI. Quartal des Waldparks mit dem historisch überlieferten Namen Pjatichatki zwei größere und mehrere kleinere Massengräber entdeckt und geöffnet. In ihnen befanden sich die sterblichen Überreste polnischer Offiziere, Opfer aus dem Sonderlager Starobjelsk. Exhumiert und gerichtsmedizinisch untersucht wurden 161 Leichname. Auch in Pjatichatki stießen die Ermittler von Anfang an auf die sterblichen Überreste der Ermordeten. Die Toten lagen hier in Schichten bis in 2,40 Meter Tiefe, die oberste Schicht befand sich nur dreißig Zentimeter unter der Erdoberfläche. Stellenweise waren in früheren Jahren Raubgrabungen vorgenommen worden. Durch die Untersuchungen der Schußwaffensachverständigen wurde an Hand der Schußverletzungen festgestellt, daß die Erschießungen in Charkow auch mit kleinkalibriger und mit Gewehrmunition vorgenommen worden waren. Auch hier wurden Erkennungsmarken und schriftliche Zeugnisse auf Metall oder festem Holz aus dem Besitz der Ermordeten gefunden.

Alphabetisch geordnete Namenslisten wurden von wissenschaftlichen Mitarbeitern des Forschungsinstituts »Karta« angelegt. Sie dokumentieren die Kurzbiographien von 4236 bzw. 3739 Opfern aus dem Sonderlager Starobjelsk, die in Pjatichatki liegen. (Tucholski, Mord ..., S. 377–521; Tucholski, Ekshumacje ..., S. 136 ff., und Rozstrzelani w Charkowie ...)

Der bereits erwähnte Zeuge Mitrofan Syromjatnikow sagte aus: »Nach der Exekution wurden die Körper der Erschossenen auf Lastwagen geworfen und zum Waldpark gefahren, dem ... Ort der Beisetzungen ... Mehrmals mußte ich die Leichname der Polen verladen und sie zur Begräbnisstätte fahren. Sie befand sich ungefähr 200 Meter von der Belgoroder Chaussee entfernt. Das Gebiet war eingezäunt und wurde bewacht ... Die Leichname wurden in zwei oder drei tiefe Gruben gelegt und mit einem weißen Staub überschüttet ... unter uns vermuteten wir gesprächsweise, daß er wahrscheinlich die Zersetzung der Leichname fördere. Alle Aufgaben, die mit der Erschießung der Polen verbunden waren, wurden durch NKWD-Vertreter aus Moskau kontrolliert ...« (Katyń ..., Bd. 2, S. 475)

Bis zum März 1938 wurden die Opfer der verschiedenen Repressionswellen in der UdSSR, vor allem diejenigen der Zeit des Großen Terrors 1936–1938, auf dem alten jüdischen Friedhof der Stadt beigesetzt, danach an einer neuen Stelle, ein bis anderthalb Kilometer von Pjatichatki entfernt. Chef des UNKWD Charkow in diesen Jahren war Leonid Reichmann. Im Abstand von etwa 100 Metern zur Straße ließ der damalige Kommandant des UNKWD Charkow, Seljony, einen Bretterzaun errichten. Grün angestrichen, umschloß er ein Quadrat mit den Seitenlängen von annähernd 150 x 150 Metern. Zum Tor des Grundstücks führte ein unauffälliger Weg, eine Schneise im Wald.

Auf diesem damals abgelegenen und abgeschirmten Gelände legten Syromjatnikow und weitere Mitarbeiter des UNKWD kleinere – im Maßstab 4 x 5 Meter – und große Massengräber an, noch bevor ihnen mitgeteilt wurde, daß diese für die Polen bestimmt seien. Die großen Massengräber verglich Syromjatnikow in ihren Ausmaßen mit Panzerabwehrgräben. An jedem der Massengräber schachteten sechs Männer ungefähr eine Woche lang. Sie waren so angelegt, daß die LKW mit den Toten rückwärts in die Gruben einfahren konnten. Die NKWD-Mitarbeiter luden die Leichname stapelweise ab, »... legten, legten und legten ...« (Katyń ..., Bd. 2, S. 493) – bis das Massengrab gefüllt war.

Als Oberaufseher im inneren Gefängnis wies Syromjatnikow die Gefangenen in die Zellen des inneren Gefängnisses ein, führte sie aus der Zelle zum Erschießungskommando, lud die Erschossenen auf die LKW und von den LKW ins Massengrab. Er habe in jener Zeit lediglich drei bis vier Stunden täglich frei gehabt, erinnerte sich Syromjatnikow, denn auch die notwendige Säuberung der LKW, um die Spuren der Todestransporte zu beseitigen, habe Zeit verlangt.

Wer waren sie, die Toten, fragte den Zeugen der Oberst des Justizdienstes Alexander Tretezki?

»Syromjatnikow: Ich habe doch gesagt, Militärs. Generale, Hauptleute, Offiziere eben. Woher sie stammten? Man erklärte uns, es hänge mit 1939 zusammen, der Westukraine ... Das sagten die, die aus Moskau gekommen waren ... einen Tag bevor die ersten Polen eintrafen ... Sie [die Moskauer – G.K.] kamen in Zivil. Die ›Dwojki‹ oder ›Trojki‹ kamen immer in Zivil, auch der Staatsanwalt aus Moskau, Rudenko; sie verhängten die Urteile ...« (Katyń ..., Bd. 2, S. 484)

Roman Rudenko werden wir während des Nürnberger Prozesses wiederbegegnen, denn dieser Vertreter der Generalstaatsanwaltschaft der UdSSR war ab 1944 (bis 1953) Generalstaatsanwalt der Ukraine und trat als Hauptankläger während des Nürnberger Prozesses gegen die Hauptkriegsverbrecher auf, bei dem auch das Thema »Katyn« eine Rolle spielte.

Die Erschossenen wurden in Partien von jeweils 50 Toten nach Pjatichatki gefahren, dort im Massengrab abgelegt, von einem Mitarbeiter mit einer Erdschicht bedeckt, auf die dann die nächste Schicht der sterblichen Überreste weiterer Erschossener kam. Bis Kriegsbeginn wurde, weil es Einsenkungen im Erdreich gab, Erde aufgefüllt. (Ebenda, S. 484 ff.)

Dort stand rundum ein Eichenwald, junge, etwa 50jährige Eichen. Vor der Eroberung Charkows durch die Wehrmacht sprengte der Chef des inneren Gefängnisses im UNKWD Charkow Kuprij die Kellerräume, in denen die Erschießungen vorgenommen worden waren, und in seinem Auftrag wurde auch der Holzzaun, der die Massengräber umschloß, niedergelegt und verbrannt. 1944, als Syromjatnikow zu überprüfen hatte, wie es dort aussehe, war alles zugewachsen; nichts mehr zu sehen, nur Buschwerk, Gestrüpp.

Syromjatnikow, dessen Name sich unter den von Berija ausgezeichneten NKWD-Mitarbeitern befindet, bestritt, jemals die 800 Rubel für die Henkersarbeit erhalten zu haben. Auch seine Bekannten aus dem UNKWD Charkow hätten nichts davon gesehen. Wahrscheinlich, so Syromjatnikow, habe sich der Nachfolger Seljonys als Kommandant und Oberleutnant der Staatssicherheit Kuprij das Geld eingesteckt. (Katyń ..., Bd. 2, S. 490)

Nach dem Krieg entstand ganz in der Nähe ein neuer Stadtteil Charkows. Wie bereits in den Kriegsjahren sammelten Kinder ab und an Uniformknöpfe mit dem polnischen Adler, ohne zu wissen, wie diese an diesen Ort gekommen waren. In den siebziger Jahren meldete der Forstmann Anatoli Omelitsch, daß nach starken Regenfällen, besonders im Frühjahr und im Herbst, im Waldpark menschliche Knochen und Totenschädel ausgeschwemmt werden. Daraufhin wurde ein neuer Zaun aufgestellt, und es wurden neue Wochenendhäuser für Mitarbeiter des KGB errichtet. Das Waldstück stand schon seit den zwanziger Jahren dem KGB bzw. seinen Vorläufern zur Verfügung. (»Moskowskije nowosti«, Moskau, Nr. 24/1990).

Bei den systematischen Grabungen im nunmehrigen Waldpark

wurden sowohl große als auch kleinere Massengräber geöffnet. Von letzteren hatte der Zeuge Syromjatnikow ebenfalls berichtet. Neben Ausrüstungegenständen, Erkennungsmarken, Uniformteilen wurden die sterblichen Überreste, Skelette und Skeletteile der Gefangenen von Starobjelsk gefunden. Wie in Miednoje wurden in Pjatichatki die sterblichen Überreste der Erschossenen in Särgen beigesetzt. Nur noch wenige Opfer konnten identifiziert werden. Zu ihnen gehörte der Jurist im Zivilberuf und Leutnant Dr. Maurycy Broch, dessen Familie den letzten Brief aus Starobjelsk vom April 1940 aufbewahrt. Sie konnte allein deshalb überleben, weil die Familie als Offiziersfamilie zu deportieren war. Aus dem Gebiet Aktjubinsk/Kasachstan kehrte sie 1945 nach Polen zurück. (Mikulski, Biogramy ..., S. 68 f.)

Die Grabungen erfolgten auch hier unter Aufsicht der polnischen Staatsanwaltschaft, sie waren von den ukrainischen Behörden allein auf einem genau vorgeschriebenen Gebiet gestattet. Der polnische Versuch, außerhalb dieses Gebiets zu graben, wurde unterbunden. Abgeschlossen waren sie 1996. Am 1. September 1996 fand ein Appell zu Ehren der hier ruhenden Toten statt. Sein feierliches Ritual »in ehrendem Gedenken und Versunkenheit« rief – ein letztes Mal – die mehr als 4 000 Ermordeten »nach 56 Jahren Eures Todes« zum Appell. Er endete mit dem Wunsch, daß niemals mehr der Frieden einer polnischen Familie durch die Qualen eines Krieges gestört werde, künftige Generationen Polen im Frieden aufwachsen mögen. »Niemals mehr sollen Mütter und Frauen ihre Söhne und Gatten beweinen müssen, niemals mehr sei Krieg auf polnischer Erde.

Niemals! Niemals! Niemals!« (Mikulski, Biogramy ..., S. 509)

Einer Übereinkunft zwischen den Regierungen Polens und der Ukraine zufolge wurde Anfang der neunziger Jahre die Begräbnisstätte für ewig an Polen übergeben. Ein Kreuz wurde errichtet. Davor steht eine Granittafel mit der Inschrift:

»Zum Gedenken an 3 921 Generale und Offiziere der Polnischen Streitkräfte, die als Gefangene in Starobjelsk im Frühjahr 1940 durch das NKWD ermordet und hier begraben wurden – von ihren Landsleuten.« (»Życie Warszawy«, 28. Juli und 12. August 1991; »Express Wieczorny«, Warszawa, 27., 28. und 29. Juli 1991)

Gräberfeld der ermordeten polnischen Kriegsgefangenen in Pjatichatki (1996)

Im Juni 1998 wurde schließlich im Beisein des Präsidenten der Republik Polen Aleksander Kwaśniewski der Grundstein für ein Denkmal gelegt. (Mikulski, Biogramy ..., S. 505–511)

Unter den Toten auf dem symbolischen Gedenkort Pjatichatki befindet sich Oberst Dr. Jan Maria Pióro. Dessen liebevoller letzter Brief aus Starobjelsk an seinen Sohn Tadeusz trägt das Datum des Tages, an dem in Moskau der Führungszirkel um Stalin den Todesspruch über das in sowjetischem Gewahrsam befindliche polnische Offizierskorps verhängte: 5. März 1940. Der letzte Brief des Sohnes an den Vater vom April 1940 kam mit dem Vermerk zurück: »Verlegt«.

Oberst Pióro, Jg. 1887, war Arzt von Beruf, Chirurg, hatte sowohl den militärmedizinischen Dienst eines Korps der Polnischen Streitkräfte als auch ein Feldlazarett geleitet. Gemeinsam mit seiner Frau Elżbieta gehörte er zur nobelsten Gesellschaftsschicht Polens. Die Familie nahm z. B. an der herbstlichen Fuchsjagd des Fürsten Leon Sapieha teil. Sohn Tadeusz, Artillerieoffizier, war es bei Lwów gelungen, aus kurzzeitiger sowjetischer Gefangenschaft zu fliehen, sich in der Folgezeit auf sowjetischem Gebiet durchzuschlagen. Im Sommer 1943 meldete er sich bei der entstehenden polnischen

Armee unter dem Kommando von Zygmunt Berling, dessen Name ihm damals ebensowenig etwas sagte wie zuvor der Name des Generals Władysław Anders, zu dessen Formationen er sich auf den Weg gemacht, die er jedoch nicht erreicht hatte.

Nach Verwundungen, nach dem Sieg über Nazideutschland absolvierte Pióro eine Generalstabsausbildung und diente u. a. im Generalstab der Polnischen Volksarmee sowie an deren Generalstabsakademie und im Stab der Streitkräfte des Warschauer Paktes.

Oberst Dr. Jan Maria Pióro ...

1967 quittierte der Militärtheoretiker, Militärhistoriker und -publizist Brigadegeneral Tadeusz Pióro aus Protest gegen antisemitische Tendenzen in der Polnischen Volksarmee den Dienst. Auch sein vormaliger Befehlshaber Zygmunt Berling schied aus dem gleichen Grund aus dem aktiven Dienst aus. Beide verließen demonstrativ die Polnische Vereinigte Arbeiterpartei.

Sein Dienstweg im 1. Armeekorps des »Verbands Polnischer Patrioten« (ZPP) begann für Pióro als Batteriechef der Stabsbatterie. Im Februar 1944 stand seine Einheit, bereits auf dem Vormarsch zur Befreiung Polens, bei Smolensk. Am 26. Januar war der bereits erwähnte Bericht der sowjetischen Sonderkommission zum Thema Katyn, von dem detaillierter im folgenden Kapitel noch die Rede sein wird, veröffentlicht worden.

... und Sohn Tadeusz Pióro; Brigadegeneral

Am 1. Februar 1944 fuhr Tadeusz Pióro gemeinsam mit Kameraden der 1. Artilleriebrigade nach Katyn. Zugegen war auch Oberst

Leon Bukojemski-Nałęcz, zuvor Gefangener des Sonderlagers in Starobjelsk, jedoch von den Todestransporten ausgenommen worden. Tadeusz Pióro nahm zu diesem Zeitpunkt an, der Vater sei unter den 11000 Ermordeten – so die Zahl der sowjetischen Sonderkommission – von Katyn. Am Inhalt der sowjetischen »Mitteilung …« hatte er keinerlei Zweifel. Bevor die polnischen Soldaten nach Katyn aufbrachen, bat die Publizistin Maria Broniewska von der Zeitung des »Verbandes Polnischer Patrioten« Leutnant Pióro um einen Beitrag für die Soldatenzeitung »Zwyciężymy« [poln.: Wir siegen – G. K.]. Pióro sagte ohne Zögern zu.

An der Mordstätte stand ein großes Holzkreuz. Mit Zapfen war auf dem Schnee die Losung ausgelegt: »Ehre den Gefallenen! 1941!« Die polnischen Soldaten legten Kränze nieder. Auf den Schleifen stand: »Ehrendes Gedenken den Opfern des Hitlerschen Terrors« und »Den durch Hitleristen ermordeten Polen«. Berling sprach zu den angetretenen Soldaten, nach ihm Aleksander Zawadzki, sein Stellvertreter als Korpskommandeur. Sie wiederholten die Grundaussagen der sowjetischen Sonderkommission zu Katyn. Eine Feldmesse wurde zelebriert. Während der Messe ging Pióro zur Seite und besah sich die aufgewölbten schneebedeckten Hügel. Er ging in den angrenzenden Wald. Spuren des Verbrechens waren noch sichtbar: Drahtenden, blutverkrustete Fetzen von Mützen … Seine Absicht, in das naheliegende Dorf zu laufen und dort mit Einwohnern zu reden, erwies sich als unmöglich. Das gesamte Gelände war von Mitarbeitern des NKWD umstellt. Jeder der Posten trug eine MPi. Der einzige offene Weg war der Weg, auf dem die Polen hergeleitet worden waren. Sein Kampfgefährte Oberst Bukojemski erzählte ihm wenig später, daß er kurz zuvor bereits – gemeinsam mit Berling – ebenfalls versucht hatte, mit Einwohnern zu reden. Von den ursprünglichen Ortsansässigen wohnte niemand mehr hier. Nur noch Ortsfremde.

»Das genügte mir. Als einige Stunden danach Broniewska anrief und fragte, wann sie den Zeitungsbeitrag abholen könne, antwortete ich ihr, daß ich nichts schreiben werde. Ohne ein Wort zu sagen, legte sie auf.« (Pióro, Armia …, S. 19 ff.; Pióro, W lesie …, In: »Polityka«, Warszawa, 18. Februar 1989)

Unmittelbar vor Abschluß der Arbeiten der sowjetischen Außerordentlichen Kommission unter Nikolai Burdenko veranstaltete die Presseabteilung des Außenministeriums der UdSSR eine Besichtigung des Tatorts Katyn für ausländische Journalisten in der UdSSR. Sie reisten im Januar 1944 mit Flugzeug und zuletzt im Jeep an, wurden mit Kaviar und anderen Leckerbissen bewirtet. Holmer Smith, einer der Teilnehmer, erinnerte sich, daß Burdenko sich während der Pressekonferenz taub gegenüber Fragen der Journalisten stellte, keine der Fragen beantwortete und stereotyp auf den Bericht verwies. (»Wiadomości«, London, 28. November 1976) Der Amerikanerin Kathleen Harriman, Tochter des Botschafters der USA in der UdSSR, auch der Botschaftssekretär John Melby war angereist, blieben Bewirtung und Gesehenes im Gedächtnis. Vom einzigen polnischen Journalisten bei dieser Gelegenheit und an diesem Ort, Hauptmann Jerzy Borejsza, Berichterstatter der Zeitung des Verbands Polnischer Patrioten »Wolna Polska« wird berichtet, er habe die Pressekonferenz verschlafen.

Den ausländischen Journalisten wurde ein offenes Massengrab mit einigen hundert Leichnamen gezeigt. Sie trugen polnische Uniformen, in den meisten Fällen jedoch keine Offiziers-, sondern Mannschaftsuniformen. Sie waren außerdem in Winteruniformen gekleidet. Borejsza notierte, er habe sieben Gräber gesehen, alle anderen Journalisten berichteten von einem Massengrab in den Abmessungen 60 x 60 x 3 und einem zweiten, kleineren Grab von 7 x 6 x 3,5 Meter. Die Gerichtsmediziner nahmen im Beisein von Journalisten Autopsien vor. Während der Pressekonferenz wurde auf die Patronenhülsen aus deutscher Produktion und schriftliche Hinweise darauf, daß die polnischen Gefangenen im Sommer 1941 noch am Leben gewesen seien, verwiesen.

Polnische Historiker von Rang wie Czesław Madajczyk sind in den Folgejahren zu der Ansicht gelangt, daß den ausländischen Journalisten 1944 ein speziell präpariertes Massengrab gezeigt wurde. Der ursprünglich in Anwesenheit des Polnischen Roten Kreuzes 1943 angelegte Friedhof mit Gemeinschaftsgrab und Einzelgräbern für die Generale sei von sowjetischer Seite beseitigt und ab Herbst 1943 durch Leichenumbettungen ein präparierter Schuld»beweis« angelegt worden. (Madajczyk ..., S. 139 ff.)

V. Hintertrieben: Die wahren Täter bleiben ungenannt
Sommer 1943 – Herbst 1992

Die Verbündeten lassen Polen im Stich

Mit den Veröffentlichungen der Nazimedien ab 13. April 1943 über die ermordeten polnischen Offiziere in den Massengräbern von Katyn und den Radio- und Pressestellungnahmen der sowjetischen Seite am 15. April 1943 entwickelten sich die Dinge schnell.

Am 16. April schickte das Deutsche Rote Kreuz folgendes Telegramm an das Internationale Rote Kreuz in Genf:

»Bezugnehmend auf Veröffentlichung Fund Tausender von Leichen polnischer Offiziere im Wald von Katyn bei Smolensk (stop) Halten angesichts internationaler Bedeutung der Sache Beteiligung des Internationalen Komitees für dringend erwünscht, besonders im Hinblick auf von Deutsch-Rotkreuz, Polnisch-Rotkreuz und anderen Stellen übermittelte Vermißtenfälle bei Vermißtenvermutungen in Sowjet-Union (stop) Nach Erkundigung Deutsch-Rotkreuz würde einer sofortigen Entsendung einer Abordnung des Komitees für Mitbeteiligung an den Ergebnissen an Ort und Stelle deutscherseits jede Erleichterung gewährt werden. Grawitz.« (Amtliches Material ..., S. 86)

Bei Ernst Grawitz handelte es sich um den Reichsärzteführer der SS, mitbeteiligt an zahlreichen Verbrechen gegen die Menschlichkeit. SS-Brigadeführer Grawitz unterzeichnete u. a. am 30. Mai 1941 nach einem »Vortrag beim Reichsführer SS am 27.5.41« eine »Geheime Reichssache« über massenhafte medizinische »Versuche« an Häftlingen des KZ Auschwitz, an »Lagerinsassinnen«. Grawitz teilte dafür u. a. Professor Carl Clauberg ein. Er befürwortete am 29. Mai 1941 ein spezielles »Frauenkonzentrationslager« zur Verfügung von Clauberg, ebenfalls SS-Brigadeführer. (SS im Einsatz ..., S. 356 ff.; Medizin ohne ..., S. 22 ff.)

Mit einem weiteren Telegramm in dieser Angelegenheit wandte

sich auch der Präsident des Deutschen Roten Kreuzes, der Herzog von Coburg, ebenfalls eng verbunden mit dem faschistischen Terrorregime des Dritten Reiches, nach Genf.

Der folgende Tag, der 17. April 1943, war für die polnische Seite besonders wichtig. Der Ministerrat der Exilregierung gab eine Erklärung ab. Zuvor hatte er sich eingehend mit allen Informationen über das Schicksal der polnischen Offiziere, deren sterbliche Überreste bei Katyn gefunden worden waren, vertraut gemacht.

»Es gibt keinen Polen, der nicht zutiefst von der Nachricht betroffen wäre, die die deutsche Propaganda mit größtem Aufwand verbreitet, daß bei Smolensk in einem Massengrab die sterblichen Überreste ermordeter und vermißter polnischer Offiziere gefunden wurden; sowie über die Exekutionen, deren Opfer sie wurden. Die polnische Regierung hat ihren Vertreter in Genf am 15. April d.J. beauftragt, sich mit der Bitte an das Internationale Rote Kreuz zu wenden, eine Delegation zu entsenden, die an Ort und Stelle die Sachlage prüfe. Es ist zu hoffen, daß in kürzester Frist eine Verlautbarung dieser Institution erfolgt, die die Vorgänge klärt und die Verantwortlichkeit feststellt.

Gleichzeitig verbittet sich die Regierung Polens im Namen des polnischen Volkes, daß mit der Anklage dieses Verbrechens eigene Verbrechen vertuscht werden sollen. Die heuchlerische Entrüstung der deutschen Propaganda vermag nicht die wiederholten und ununterbrochen fortdauernden Verbrechen, die am polnischen Volk verübt werden, zu überdecken.«

Nach der Aufzählung einer Reihe von deutschen Kriegsverbrechen wird festgestellt:

»Polen bringt nicht unermeßliche Opfer, kämpft und erträgt übermenschliche Leiden, damit die Deutschen daraus unverschämte Ansprüche im Hinblick auf die angebliche Verteidigung der christlichen und europäischen Kultur ableiten. Das Blut polnischer Soldaten und Zivilisten, wo immer es auch vergossen wurde, ruft das Gewissen der freien Völker der Welt an. Die polnische Regierung verurteilt jedwedes Verbrechen, das an polnischen Bürgern verübt worden ist, und spricht jedem das Recht ab, diese Opfer im politischen Spiel zu mißbrauchen, der selbst für Verbrechen gegenüber

Nazipropagandaplakat 1943 in Frankreich mit antisemitischer Aussage

dem Volk und dem Staat Polen verantwortlich ist.« (»Dziennik Polski«, London, 19. April 1943)

Auf der gleichen Sitzung beschloß der Ministerrat, sich noch einmal direkt an die sowjetische Regierung zu wenden und diese zu bitten, eine Erklärung über das Schicksal der vermißten polnischen Gefangenen abzugeben.

Eine entsprechende Note wurde dem Botschafter der verbündeten UdSSR am 20. April 1943 überreicht. Nachdem in der Note daran erinnert worden war, daß dieses Thema oftmals in Gesprächen mit sowjetischen Behörden und auch im Schriftverkehr behandelt wurde, stellte der polnische Außenminister fest, daß er genötigt sei, »peinlicherweise die Aufmerksamkeit ... darauf zu lenken, daß die polnische Regierung ungeachtet zahlreicher Versuche niemals eine Liste der Kriegsgefangenen und auch keine gründliche Erklärung erhielt, wo sich die vermißten Offiziere befinden, sowie jene anderen Gefangenen, die aus den oben angeführten drei Lagern [Kosjelsk, Starobjelsk, Ostaschkow – G. K.] verlegt wurden.

Da die Regierung der UdSSR, wie es sich im Kommuniqué des Sowjetischen Informationsbüros vom 15. April 1943 erwies, anscheinend über wesentlich mehr Informationen verfügt, als sie zu diesem Thema der polnischen Regierung mitgeteilt hat, wende ich mich erneut mit der Bitte an Sie, Herr Botschafter, der Regierung Polens umfassende und genaue Informationen über das Schicksal der Kriegsgefangenen zur Verfügung zu stellen.

Allein unumstößliche Tatsachen vermögen ein Gegengewicht zu den verständlicherweise zutiefst aufgewühlten Gefühlen der polnischen und der Weltöffentlichkeit zu schaffen, die durch die umfassenden und weitgehenden deutschen Unterstellungen bei Entdeckung Tausender Leichname polnischer Offiziere, die im Frühjahr 1940 bei Smolensk ermordet worden sind, hervorgerufen wurden.« (Zbrodnia Katyńska ..., S. 89)

Die Note blieb ebenso unbeantwortet wie die über zwanzig offiziellen oder inoffiziellen Dokumente, die in der Zeit vom Sommer 1941 bis zum April 1943 durch polnische Behörden an die sowjetischen übergeben wurden. Eine bereits am 17. April 1943 an die sowjetische Botschaft in London übermittelte Note erreichte den Adressaten verspätet. Das benutzte Stalin für den Vorwurf, die polnische Regierung habe sich wegen Informationen zum Thema Katyn nicht an die Regierung der UdSSR, sondern allein an das Internationale Rote Kreuz gewandt. Unter diesem Vorwand spielte er diesmal die Rolle eines Übergangenen.

General Marian Kukiel, Verteidigungsminister der polnischen Exilregierung, veröffentlichte zeitgleich mit der Erklärung des Ministerrats vom 17. April 1943 eine ausführliche Erklärung. Sie stellte die gesamte Angelegenheit in ihrer historischen Entwicklung dar.

»Am 17. September 1940 [d. h. auf den Tag genau ein Jahr nach dem Einmarsch der Roten Armee in Polen – G. K.] veröffentlichte das offizielle Organ der Roten Armee, die ›Krasnaja Swesda‹, die Nachricht, daß Sowjetrußland ab 17. September 1939 181 000 polnische Kriegsgefangene gemacht habe, darunter ungefähr 10 000 Berufs- und Reserveoffiziere. Nach Informationen der polnischen Regierung wurden auf sowjetischem Gebiet drei große Gefangenenlager eingerichtet: in Kosjelsk, östlich von Smolensk, in Starobjelsk, bei Charkow, und in Ostaschkow bei Kalinin. In letzterem befanden sich Mitarbeiter der polnischen Polizei und Militärpolizei. Anfang 1940 begannen die sowjetischen Behörden die Gefangenen darüber zu unterrichten, daß die Lager aufgelöst würden und den Gefangenen erlaubt würde, nach Hause, zu ihren Familien, zurückzukehren. Spezielle Listen wurden aufgestellt, die genau festhielten, wohin die Gefangenen nach ihrer Entlassung zu gehen wünschten. Zu diesem Zeitpunkt befanden sich im Lager Starobjelsk 3920 Gefangene ... unter diesen wiederum nahezu 400 Militärärzte. In Ostaschkow waren 6570 Gefangene.

Am 5. April 1940 begannen die sowjetischen Behörden, die Lager zu leeren. [Die Operation begann am 3. April in Kosjelsk, setzte sich am 4. in Ostaschkow und am 5. in Starobjelsk fort – G. K.] ... Das dauerte bis Mitte Mai. Von den Gruppen, die aus Kosjelsk verlegt wurden, ist bekannt, daß sie in Richtung Smolensk abtransportiert wurden. Von allen Lagern wurden lediglich alles in allem etwa 400 Gefangene im Juni 1940 in Grjasowez, Bezirk Wologda, konzentriert ...

Im August 1941, als eine Offiziersgruppe aus Grjasowez nach Busuluk kam, wo die polnischen Einheiten aufgestellt wurden, war darunter nicht ein einziger der Offiziere, die aus den Lagern Kosjelsk, Starobjelsk und Ostaschkow in andere Richtungen abtransportiert worden waren ... Durch diese Sachlage beunruhigt, wandten sich der polnische Botschafter bei der sowjetischen Regierung, Professor Kot, und auch der Befehlshaber der polnischen Truppen in Rußland, General Anders, an die entsprechenden sowjetischen Behörden mit der Bitte, das Schicksal der polnischen Offiziere aus den drei Lagern zu klären. Am 6. Oktober 1941 berührte Botschafter Kot mehrmals in einem Gespräch mit Premier Stalin, mit Molotow und Wyschinski die Frage der polnischen Gefangenen und bemühte sich, geordnete Listen dieser Gefangenen zu erhalten, die dem aktuellen Stand entsprächen. General Sikorski intervenierte während seines Gesprächs am 3. Dezember 1941 anläßlich seines Besuchs in Moskau bei Stalin, um zu erreichen, daß alle polnischen Gefangenen freigelassen würden. Da die gewünschten Listen von den sowjetischen Behörden nicht übergeben worden waren, übermittelte er Stalin eine unvollständige Liste mit den Namen von 3 843 polnischen Offizieren, die auf der Grundlage von Aussagen ihrer Schicksalsgefährten zusammengestellt worden war. Stalin versicherte Sikorski, daß die Entscheidung, die Polen in die Freiheit zu entlassen, umfassend sei, ... und daß die sowjetische Regierung alle polnischen Offiziere entlassen habe. Eine zusätzliche Liste mit den Namen von 800 Offizieren wurde Stalin durch General Anders am 18. März 1942 überreicht, aber nicht ein einziger der in beiden Listen genannten Offiziere meldete sich bei den Polnischen Streitkräften zurück.« (Polish-Soviet Relations ..., S. 220f.)

Marian Kukiel beschreibt anschließend detailliert weitere diplomatische Schritte unter Beteiligung der Botschafter Polens und der UdSSR sowie des Außenministeriums der UdSSR. Immer wieder und wieder ging es um die vollständige Aufklärung des Schicksals der polnischen Gefangenen. Unterstrichen wurde die militärische Bedeutung dieser polnischen Militärs für den gemeinsamen Kampf der Verbündeten im Rahmen der Antihitlerkoalition. Kukiel bedauerte, daß »weder die polnische Regierung noch die polnische Botschaft ... jemals eine Auskunft darüber erhielten, wo sich die Offiziere und die anderen Gefangenen nach ihrem Abtransport aus den Lagern Kosjelsk, Starobjelsk und Ostaschkow befänden.

Wir sind gewohnt, daß die deutsche Propaganda lügt, und sind uns klar darüber, welche Ziele mit den jüngsten Veröffentlichungen verfolgt werden. Desungeachtet und in Anbetracht dessen, daß von deutscher Seite detaillierte Informationen über die Entdeckung der sterblichen Überreste Tausender polnischer Offiziere unweit von Smolensk vorgelegt wurden, sowie angesichts der kategorischen Erklärung, sie seien im Frühjahr 1940 durch die Sowjets ermordet worden, ist es unabdingbar, die geöffneten Massengräber durch die entsprechenden internationalen Einrichtungen zu untersuchen. Die polnische Regierung wendet sich deshalb an das Internationale Komitee vom Roten Kreuz mit der Bitte, eine Delegation dorthin zu entsenden, wo polnische Kriegsgefangene ermordet worden sind.« (Polish-Soviet Relations ..., S. 220ff.)

Zur gleichen Zeit übergab der Vertreter des Polnischen Roten Kreuzes in der Schweiz dem Vertreter des Internationalen Komitees vom Roten Kreuz (IRK), Rueger, am 17. April 1943 um 16.30

Uhr eine Note der Regierung Polens. Sie enthielt die Bitte, das Internationale Rote Kreuz möge das Massaker an den polnischen Gefangenen in Katyn untersuchen und dazu eine entsprechende neutrale Delegation an den Ort des Verbrechens schicken.

Der Vertreter des IRK informierte den polnischen Delegierten, daß seine Bitte höchstwahrscheinlich durch die Leitung des Internationalen Komitees akzeptiert werde. Er kündigte das Zusammentreten der entsprechenden neutralen Delegation bereits für den 20. April 1943 an.

Dazu kam es jedoch nicht. Die Haltung des IRK veränderte sich plötzlich. Dieser Sinneswandel war eine Folge des Einspruchs der in der Antihitlerkoalition mit Polen verbündeten sowjetischen Regierung. Statt dessen veröffentlichte das IRK am 20. April ein knappes Memorandum, in dessen Punkt 3 es hieß:

»Im Geist des Memorandums vom 12. IX. 1939 kann das Internationale Komitee im Grunde eine Teilnahme an der technischen Prozedur der Identifizierung durch Entsendung von Experten nur in Betracht ziehen, wenn alle beteiligten Seiten diesem zustimmen.« (Zbrodnia Katyńska ..., S. 90)

Nach privaten Informationen, die dem polnischen Vertreter beim IRK zuteil wurden, war die Entsendung einer Untersuchungskommission nach Katyn vorgesehen gewesen, die sich aus schwedischen, portugiesischen und schweizerischen Experten zusammensetzen sollte. Die Leitung sollte in Schweizer Händen liegen. Diese Entscheidung werde nur dann getroffen, wenn die sowjetische Seite eindeutig zustimme. Deshalb empfahl das IRK der polnischen Regierung, sich direkt oder durch Vermittlung der Verbündeten an die UdSSR zu wenden.

Die Antwort der Regierung Stalins auf die polnische Note und die Bemühungen des IRK war eine heftige Propagandaaktion. Die Tageszeitung »Prawda«, Zentralorgan der KPdSU, warf in einem von Radio Moskau am 21. April gesendeten Artikel unter dem Titel »Die Polen arbeiten mit Hitler zusammen« der polnischen Regierung vor, mit Hitler zusammenzuwirken. Das war absurd. Zur gleichen Zeit griff die regierungsoffizielle Nachrichtenagentur TASS die mit der UdSSR verbündete Regierung des Generals Władysław

Sikorski an. Sie behauptete, der polnische Appell an das IRK bezeuge, wie groß in der polnischen Emigrationsregierung unter Premier Sikorski die »prohitlerschen« Elemente seien ...

Diese Art Anwürfe wurden von da an das Wesenselement sowjetischer Propaganda gegenüber Polen, dem polnischen Staatswesen in Exil und in der Illegalität.

Da das Thema Katyn in der Öffentlichkeit stark beachtet wurde, sah sich das IRK veranlaßt, am 23. April 1943 folgendes Kommuniqué herauszugeben:

»Das Deutsche Rote Kreuz sowie die polnische Regierung in London haben sich an das Internationale Rote Kreuz mit der Bitte um Zusammenarbeit bei der Identifizierung der Leichname, die nach deutschen Informationen in der Nähe von Smolensk gefunden worden sind, gewandt.

In beiden Fällen hat das Internationale Rote Kreuz geantwortet, daß es grundsätzlich bereit sei, Hilfe bei der Auswahl neutraler Experten zu leisten, dies jedoch unter der Voraussetzung, daß eine derartige Einladung an alle interessierten Seiten ergehe. Das würde in Übereinstimmung stehen mit der Denkschrift, die das Komitee vom Internationalen Roten Kreuz am 12. September 1939 allen am Krieg teilnehmenden Völkern zugestellt hat.« (Zbrodnia Katyńska ..., S. 90)

In ihm seien die Grundsätze zusammengefaßt, die für die Teilnahme des Internationalen Roten Kreuzes an solcherart Untersuchungen maßgeblich sind. Sowohl die deutsche wie auch die polnische Seite erklärten sich einverstanden mit der Übernahme der Angelegenheit durch das IRK. Es wurde lediglich auf die Antwort der sowjetischen Regierung gewartet. Konnte doch angenommen werden, diese werde zufrieden sein, wenn eine völkerrechtlich geachtete neutrale Institution wie das IRK in Genf sich der Klärung des Problems annähme. Hätte dies doch der Regierung der UdSSR die Möglichkeit gegeben, die Vorwürfe zu entkräften und nachzuweisen, daß das Verbrechen – so wie von der sowjetischen Seite beteuert – durch die Wehrmacht verübt worden sei.

Die Regierung der UdSSR verweigerte jedoch ihre Zustimmung für die Einbeziehung des IRK an der Untersuchung des Mordes von Katyn.

Statt dessen entschloß sich die von Josef Stalin geführte Regierung der UdSSR, die diplomatischen Beziehungen mit der verbündeten Exilregierung Polens abzubrechen.

In der Nacht vom 25. zum 26. April 1943, vom Ostersonntag zum Ostermontag, wurde der polnische Botschafter in der UdSSR um 0.15 Uhr ins Volkskommissariat für Auswärtige Angelegenheiten einbestellt. Diesmal versuchte Wjatscheslaw Molotow dem Botschafter eine vorher im Wortlaut verlesene Note zu überreichen. Ihr Text:

»Die Sowjetregierung hält das Benehmen der Regierung Polens gegenüber der UdSSR für völlig anormal. Es tut jedweden Regeln oder Sitten in den Beziehungen zwischen zwei verbündeten Staaten Gewalt an. Die feindselige Verleumdungskampagne gegenüber der Sowjetunion, die durch die deutschen Faschisten in Zusammenhang mit der Ermordung der polnischen Offiziere begonnen wurde, wobei sie diesen Mord unweit von Smolensk und dort vorgenommen haben, wo deutsche Truppen standen, wurde sofort durch die Regierung Polens und in jeder möglichen Weise durch die offizielle polnische Presse aufgegriffen. Weit davon entfernt, die niederträchtige faschistische Verleumdung der UdSSR zurückzuweisen, hielt es die Regierung Polens nicht für notwendig, sich an die Sowjetregierung mit der Bitte oder der Forderung nach Klärung dieser Angelegenheit zu wenden.

Nachdem sie ein abscheuliches Verbrechen an polnischen Offizieren begangen haben, inszenieren die Hitlerschen Behörden nunmehr eine Untersuchungskomödie. Dafür zogen sie gewisse profaschistische polnische Elemente heran, die sie selbst im besetzten Polen zusammengesucht haben, wo alles unterm deutschen Stiefel liegt und wo nicht ein ehrenhafter Pole sich offen äußern kann.

Die Regierungen Polens wie Hitlerdeutschlands wandten sich an das Internationale Rote Kreuz. Dieses wurde genötigt, unter den Bedingungen eines terroristischen Systems mit seinen Galgenvögeln und der Massenvernichtung friedlicher Menschen in einer ›Untersuchungs‹komödie mitzuwirken, die hinter dem Rücken der Sowjetregierung stattfindet ...

Die Tatsache, daß die der Sowjetunion feindselige Kampagne sowohl in der deutschen wie in der polnischen Presse gleichzeitig begann und die gleichen Linien verfolgte, läßt keinen Zweifel, daß Kontakte oder Absprachen bei der Verwirklichung dieser feindseligen Kampagne zwischen dem Gegner der Verbündeten, Hitler, und der polnischen Regierung bestehen.«

Diese durch nichts bewiesenen Unterstellungen gipfelten in der Behauptung, »die polnische Regierung« biedere sich der Tyrannei Hitlers an und führe »einen verräterischen Schlag gegen die Sowjetunion«. Ziel dessen sei es, »die Hitlerschen Verleumdungen nutzend«, »territoriale Zugeständnisse auf Kosten der Sowjetukraine, Sowjetbelorußlands und Sowjetlitauens zu erreichen«.

Damit verteidigte die UdSSR zwar unausgesprochen, aber unnachgiebig jene imperialen Positionen, die sie in den Verhandlungen und Abkommen mit Nazideutschland im August/September 1939 auf Kosten Polens erreicht hatte. Der Regierung Polens wurde weiterhin unterstellt, sie »schlittere« »auf den Weg des Einverständnisses mit der Regierung Hitlers, sie habe »aufgehört, freundschaftliche Beziehungen zur UdSSR zu unterhalten«, und nehme »eine feindselige Haltung gegenüber der Sowjetunion ein«: »Im Zusammenhang mit all diesem hat sich die Sowjetregierung entschieden, die Beziehungen mit der polnischen Regierung abzubrechen.« (Zbrodnia Katyńska ..., S. 91 ff.)

Botschafter Tadeusz Romer lehnte es ab, diese Note entgegenzunehmen. Als Gründe dafür nannte er die darin enthaltenen Verleumdungen und Unwahrheiten. Die Note sei, so Romer, in einem Ton abgefaßt, »den kein Botschafter, der seines Namens würdig ist, akzeptieren könne«. Die Note wurde ihm in seine Privatwohnung zugestellt. Auch das entsprach keineswegs den diplomatischen Regeln.

Nach dem Abbruch der diplomatischen Beziehungen verlautbarte die Regierung Polens am 28. April 1943, ihre Politik sei nach wie vor »auf freundschaftliche gegenseitige Beziehungen zwischen Polen und Sowjetrußland« gerichtet. Sie basiere auf dem Prinzip der Integrität des polnischen Staates und dessen uneingeschränkter Souveränität. Polens Volk kämpfe ungebrochen im Land und außerhalb seiner Grenzen gegen die deutschen Eroberer. Dabei bringe es unermeßliche Opfer. Es gäbe keinerlei Kollaboration mit der deutschen Seite. Angesichts dessen brauche sich Polens Regierung nicht gegenüber Anwürfen über Kontakte oder die Unterstellung eines Einverständnisses mit dem faschistischen Deutschland zu verteidigen. Sie wehre sich entschieden gegen alle Versuche, Mißtrauen zwischen den Alliierten zu säen. »Pflicht einer jeden polnischen Regierung« sei es jedoch, »die polnischen Rechte und die Rechte seiner Staatsbürger zu verteidigen.

Die Ziele, um derentwillen die Alliierten kämpfen, sind die unveränderliche Grundlage der Politik der polnischen Regierung. Sie tritt um jeden Preis für die Stärkung des Bündnisses ein und für die Festigung der Solidarität im Kampf gegen den gemeinsamen Feind.« (»Dziennik Polski«, London, 29. April 1943)

Der Abbruch der diplomatischen Beziehungen mit Polen durch die UdSSR überraschte die Diplomatie der westlichen Alliierten in der Antihitlerkoalition. Die britische Regierung unternahm den – erfolglosen – Versuch, den Konflikt zu lösen.

Anthony Eden, britischer Minister für Auswärtige Angelegenheiten, gab am 4. Mai 1943 im Unterhaus eine Erklärung über die »bedauerlichen Schwierigkeiten« ab. Die britische Regierung machte für diese Schwierigkeiten »den gemeinsamen Feind« verantwortlich und äußerte Hoffnung, es werde wieder zu einer uneingeschränkten Zusammenarbeit zwischen Polen und der UdSSR kommen. Sie hoffe, die »Staatsräson« werde sich – wie bereits 1940 – wiederum durchsetzen. Dabei befinde sie sich »in engstem Kontakt mit der Regierung der Vereinigten Staaten«. Eden schloß: »Eines ist auf jeden Fall sicher – die Deutschen haben keine Grundlage für die Hoffnung, daß ihre Manöver die koordinierte Offensive der Alliierten oder den Widerstandsgeist der unterjochten Völker Europas schwächen.« (»Dziennik Polski«, London, 5. Mai 1943)

Auch Winston Churchill, der britische Kriegspremier, schlug gegenüber Josef Stalin und dessen Botschafter Iwan Maiski einen solchen vermittelnden Ton an, der im Interesse der Antihitlerkoalition lag. Władysław Sikorski gegenüber war er ruppiger und erklärte zynisch, es sei nicht die Zeit für Streitereien und Anschuldigungen. Sikorski könne sowieso nichts tun, um die Toten »wieder zum Leben zu erwecken«. (Szcześniak, Tło ..., S. 146 f.)

Die Polen waren den Großmächten nützlich, weil »wir« Hitler schlagen müssen, aber Churchill berührte im Gespräch mit Maiski das Thema Katyn nicht. Ähnlich verhielt sich die Regierung der USA. Roosevelt sandte Stalin einen persönlichen Brief, dessen Inhalt noch nicht einmal der Botschafter der USA kennen durfte. Admiral William H. Stanley, Botschafter in der UdSSR bis Oktober 1943, durfte auch nicht am Gespräch teilnehmen, das Roosevelts »alter Freund« Joseph A. Davis mit Stalin in der Nähe der Bering-Straße führte. Großbritannien und die USA, die über Katyn gut unterrichtet waren, bemühten sich intensiv, die Polen zu veranlassen, ihren Standpunkt einzunehmen. Hatte doch der amerikanische Botschafter in der Sowjetunion bereits am 7. Februar 1942 den Bericht des Rittmeisters Józef Czapski erhalten, in dem die Namen der Gefangenen aufgelistet waren, an die sich die Überlebenden in Grjasowez im ersten Anlauf noch zu erinnern vermochten. Mit der Diplomatenpost war das Material an das Außenministerium der USA gegangen. Auch die Verbindungsoffiziere der Briten und Amerikaner bei den verbündeten Polnischen Streitkräften, Oberstleutnant Szymanski, der die US-Army vertrat, und Oberst Hull, Vertreter der Briten, erhielten und sammelten ab Juni 1942 Material über die Vermißten. Da ihr Zugang zu den Polnischen Streitkräften durch nichts begrenzt war, erhielten sie Informationen zu allen Aspekten des Vorgangs. Szymanski übermittelte nicht nur die von ihm beschafften Informationen an das Kriegsministerium in Washington, sondern berücksichtigte auch die Erkenntnisse seines britischen Kollegen. Nachdem die Gräber von Katyn geöffnet worden waren, versorgte Szymanski den Chef des militärischen Nachrichtendienstes der US-Army, General George Strong, in einem zusätzlichen Bericht mit Details über das Massaker.

Der Chef der osteuropäischen Sektion des amerikanischen militärischen Nachrichtendienstes, Oberst Iwan Dawns Yeaton, befahl wegen der Menge des gesammelten Materials die Anlage eines speziellen Archivs zum Thema Katyn. Im Frühjahr 1943 waren die Arbeiten abgeschlossen. John F. Carter, Chef einer ausgesuchten kleinen Forschungsgruppe, die speziell für den Präsidenten tätig war, unterrichtete Roosevelt mündlich über Katyn. Der Präsident erhielt auch Einblick in einen vertraulichen Bericht zum Thema, den die polnische militärische Aufklärung vorbereitet hatte. Doch nichts von alledem bewog die amerikanische oder die britische

Seite, sich für die Opfer einzusetzen. Sie stellten ihre Staatsräson über die Moral. Die »moralische Karte« spielten die USA noch nicht einmal in Nürnberg. Erst nach Jahren, auf dem Höhepunkt des »kalten Krieges«, »besannen« sie sich auf Katyn und nutzten es als Element dieses »kalten Krieges« zu Beginn der fünfziger Jahre. Auch dann kann von moralischen Beweggründen keineswegs die Rede sein.

Hartnäckig verteidigte 1943 Władysław Sikorski die Position Polens. Am 4. Juli 1943 stürzte die von ihm benutzte Militärmaschine vor Gibraltar unter immer noch ungeklärten Umständen ab und riß Sikorski in den Tod.

Die sowjetische Sonderkommission

Das letzte offizielle sowjetische Dokument, das sich auf die direkte Untersuchung des Verbrechens von Katyn und die Exhumierung der Leichname bezieht, ist die »Mitteilung der Sonderkommission zur Feststellung und Untersuchung des Tatbestandes der Erschießung kriegsgefangener polnischer Offiziere durch die faschistischen deutschen Okkupanten im Wald von Katyn« vom 24. Januar 1944. Eingesetzt wurde die Sonderkommission im September 1943 durch die »Außerordentliche Staatliche Kommission zur Feststellung und Untersuchung der Verbrechen der deutsch-faschistischen Eroberer und ihrer Helfershelfer«, die ihre Tätigkeit seit 1942 ausübte.

Die Sonderkommission Katyn wurde von dem erfahrenen und hochgeachteten Wissenschaftler und Mediziner Generaloberst Nikolai Burdenko geleitet, unter dessen Namen sie auch als Burdenko-Kommission in die Geschichte einging. Burdenko war seit 1939 Mitglied der Akademie der Wissenschaften der UdSSR und seit August 1941 Chefchirurg der Roten Armee. Der Neurochirurg, Jg. 1876, hatte 1897 das Geistliche Seminar zu Pensa absolviert und danach Medizin in Jurjew studiert. Erste militärmedizinische Erfahrungen sammelte er im russisch-japanischen Krieg 1904/1905. Auch im ersten Weltkrieg diente er als Militärarzt. Ab 1934 baute er das Zentrale Neurochirurgische Institut auf, dessen Leiter er bis an sein Lebensende blieb. Burdenko wurde seiner theoretischen und praktischen Leistungen wegen oftmals ausgezeichnet. Zum Beispiel erhielt er 1943 für seine Verdienste bei der chirurgischen Versorgung verwundeter sowjetischer Soldaten den Titel »Held der Arbeit«. Ebenso wie Burdenko gehörten auch der Schriftsteller Alexej Tolstoi und der Metropolit der orthodoxen Kirche Nikolai der »Außerordentlichen Kommission« seit 1942 und seit Herbst 1943 auch der »Sonderkommission« an. Weitere Mitglieder der letzteren waren u. a. der Chef des Sanitätswesens der Roten Armee, Generaloberst Jefim Smirnow, der Vorsitzende des Roten Kreuzes und Roten Halbmondes in der Sowjetunion S. Kolessnikow und der nunmehrige Volkskommissar für Bildungswesen der Russischen Unionsrepublik Wladimir Potjomkin. Letzterer hatte dem polnischen Botschafter im September 1939 die sowjetische Note zum Einmarsch der Roten Armee in Polen verlesen.

Außer den insgesamt acht namentlich genannten Mitgliedern der Sonderkommission wurden nur noch die Namen der im Rahmen der Sonderkommission wirkenden fünf Mitglieder der gerichtsmedizinischen Sachverständigenkommission sowie weitere sechs Mediziner des Sanitätsdienstes der Roten Armee öffentlich genannt, die der gerichtsmedizinischen Sachverständigenkommission zuarbeiteten.

Der Sachverständigenkommission gehörten renommierte Gerichtsmediziner an. Unter ihnen der Erste gerichtsmedizinische Sachverständige des Volkskommissariats für Gesundheitswesen und Direktor des Wissenschaftlichen Forschungsinstituts für gerichtliche Medizin beim Volkskommissariat für Gesundheitswesen Viktor Prosorowski, dem wir beim Nürnberger Prozeß gegen die Hauptkriegsverbrecher als Zeuge der Anklage nochmals begegnen werden, sowie die Professoren für gerichtliche Medizin W. Smoljaninow und für pathologische Anatomie D. Wyropajew.

Alle anderen im Rahmen der Burdenko-Kommission wirkenden Personen blieben in den Jahrzehnten zwischen Herbst 1943 und Anfang der 90er Jahre anonym. Sie vernahmen »zahlreiche Zeugen« (Mitteilung ..., S. 2) und sie verfaßten den weitaus größten Teil der obengenannten »Mitteilung«. Sie lieferten 31 von den insgesamt 41

Seiten der Mitteilung. Die Mitglieder der medizinischen Sachverständigenkommission gaben sechs Seiten »Gutachten« zu Protokoll, drei Seiten sind »Allgemeine Schlußfolgerungen« der Sonderkommission, und auf einer Seite werden Personalien genannt. Die sich damit stellende Frage, wer den größten Teil der »Mitteilungen« verfaßte, konnte bis Anfang der 90er Jahre nicht beantwortet werden. Seitdem wurde durch dokumentarische Beweise offenkundig, daß die sogenannten Zeugenbefragungen, die Beschreibungen der Situation im Raum Katyn und die Grundaussagen der Burdenko-Kommission von Mitarbeitern des NKWD verfaßt worden sind.

Ihre »Allgemeinen Schlußfolgerungen« stützte die Sonderkommission auf das gesamte Material, über das sie verfügte. Dazu gehörten die Aussagen der »mehr als 100« (Mitteilungen ..., S. 39) einvernommenen Zeugen, z. T. dieselben, die anderthalb Jahre zuvor von der Geheimen Feldpolizei der Wehrmacht vernommen worden waren, die Angaben der Gerichtsmediziner und die in den Gräbern gefundenen Dokumente und Beweisstücke.

»Mit unwiderleglicher Klarheit« kam die Sonderkommission zu folgenden Schlußfolgerungen:

»1. Die polnischen Kriegsgefangenen, die sich in drei Lagern westlich von Smolensk befanden und bis Kriegsbeginn bei Straßenbauarbeiten beschäftigt waren, sind auch nach dem Eindringen der deutschen Okkupanten in Smolensk bis einschließlich September 1941 dort verblieben;

2. im Wald von Katyn wurden im Herbst 1941 von den deutschen Besatzungsbehörden Massenerschießungen polnischer Kriegsgefangener aus den oben erwähnten Lagern vorgenommen;

3. die Massenerschießungen polnischer Kriegsgefangener erfolgten durch eine deutsche Militärbehörde, die sich hinter dem fiktiven Namen ›Stab des 537. Baubataillons‹ verbarg, an dessen Spitze Oberstleutnant Arnes und seine Mitarbeiter, Oberstleutnant Rext und Leutnant Hott, standen;

4. im Zusammenhang mit der Verschlechterung der allgemeinen militärischen und politischen Lage Deutschlands Anfang 1943 trafen die deutschen Besatzungsbehörden zu provokatorischen Zwecken eine Reihe von Maßnahmen, um ihre eigenen Missetaten den

Organen der Sowjetmacht in die Schuhe zu schieben, in der Hoffnung, zwischen Russen und Polen Zwietracht zu säen;

5. zu diesen Zwecken

a) bemühten sich die faschistischen deutschen Okkupanten, durch Zureden, Bestechungsversuche, Drohungen und barbarische Mißhandlungen unter den Sowjetbürgern ›Zeugen‹ zu finden, von denen sie falsche Aussagen darüber zu erlangen suchten, daß die polnischen Kriegsgefangenen angeblich im Frühjahr 1940 von Organen der Sowjetmacht erschossen wurden;

b) holten die deutschen Besatzungsbehörden im Frühjahr 1943 von anderen Orten Leichen der von ihnen erschossenen polnischen Kriegsgefangenen zusammen und legten sie in die geöffneten Gräber im Walde von Katyn, wobei sie damit rechneten, daß es ihnen gelingen werde, die Spuren ihrer eigenen Missetaten zu verwischen und die Zahl der ›Opfer der bolschewistischen Greuel‹ im Wald von Katyn zu erhöhen;

c) bei den Vorbereitungen zu ihrer Provokation benutzten die deutschen Besatzungsbehörden für die Arbeiten zur Öffnung der Gräber im Wald von Katyn, zur Entfernung der Dokumente und Beweisstücke, die sie überführen könnten, etwa 500 russische Kriegsgefangene, die nach Ausführung dieser Arbeit von den Deutschen erschossen wurden.

6. Durch die Ergebnisse der gerichtsmedizinischen Untersuchung wurde einwandfrei festgestellt:

a) der Zeitpunkt der Erschießung: Herbst 1941;

b) daß die deutschen Henker bei der Erschießung der polnischen Kriegsgefangenen die gleichen Pistolenschüsse ins Genick anwandten wie bei dem Massenmord an Sowjetbürgern ...

7. Die Schlußfolgerungen, die sich aus den Zeugenaussagen und dem gerichtsmedizinischen Sachverständigengutachten über die Erschießung krigsgefangener Polen im Herbst 1941 ergeben, werden durch die Beweisstücke und Dokumente, die aus den Katyner Gräbern ausgegraben wurden, restlos bestätigt.

8. Mit der Erschießung der polnischen Kriegsgefangenen im Wald von Katyn verwirklichten die faschistischen deutschen Okkupanten konsequent ihre Politik der physischen Ausrottung der slawischen Völker.«

Unterzeichnet wurde die Mitteilung von den Mitgliedern der Sonderkommission, obenan stand die Unterschrift Nikolai Burdenkos. (Mitteilungen ..., S. 39f.)

Die gerichtsmedizinische Sachverständigenkommision verfaßte ein »Gutachten« (Mitteilungen ..., S. 32ff.) und gab darüber hinaus an, sie habe »bei der Öffnung der Gräber« Dokumente gefunden, die »bewiesen«, daß polnische Offiziere »durch die Deutschen« ermordet worden seien, stammten die gefundenen Briefe, Zeitungen, Bescheinigungen doch »nicht nur aus der zweiten Hälfte des Jahres 1940, sondern auch aus der Zeit des Frühjahrs und Sommers (März bis Juni) 1941«. (Mitteilungen ..., S. 37f.)

Im Gutachten der gerichtsmedizinischen Sachverständigenkommission heißt es:
»Nach der Öffnung der Gräber und der Exhumierung der Leichen wurde festgestellt:

a) unter der Masse der Leichen der polnischen Kriegsgefangenen befinden sich Leichen in Zivilkleidung, deren Zahl im Verhältnis zur Gesamtzahl der untersuchten Leichen geringfügig ist (insgesamt zwei von 925 exhumierten Leichen); die Leichen hatten Militärstiefel an;

b) die Bekleidung der Leichen der Kriegsgefangenen zeugt davon, daß sie dem Offizierskorps und teilweise dem Mannschaftsbestand des polnischen Heeres angehörten;

c) die bei der Untersuchung der Kleidung festgestellten Schnitte durch die Taschen und Stiefel, die umgewendeten Taschen und die Risse in ihnen zeigten, daß die Bekleidung jeder Leiche (Mantel, Hose usw.) in der Regel untersucht wurde;

d) in einigen Fällen wurde bei der Besichtigung der Kleidung festgestellt, daß die Taschen ganz waren. In diesen wie auch in den zerschnittenen und zerrissenen Taschen, unter dem Uniformfutter, unter den Leibriemen, in den Fußlappen und Socken wurden gefunden: Zeitungsstücke, Broschüren, Gebetbücher, Briefmarken, Postkarten, Briefe, Quittungen, Notizen und andere Dokumente sowie Wertgegenstände (Goldstücke, goldene Dollarstücke), Pfeifen, Taschenmesser, Zigarettenpapier, Taschentücher usw.;

e) auf einem Teil der Dokumente wurden (sogar ohne Spezialuntersuchung) bei der Besichtigung Daten aus der Zeit zwischen dem 12. November 1940 und dem 20. Juni 1941 festgestellt;

f) der Stoff, aus dem die Kleidung besteht, besonders die Mäntel, die Uniformen, Hosen und Oberhemden, ist gut erhalten und läßt sich nur mit sehr großer Mühe mit den Händen zerreißen;

g) bei einem sehr kleinen Teil der Leichen (bei 20 von 925) waren die Hände hinten mit weißen geflochtenen Schnüren zusammengebunden ...«

Es folgen Ausführungen zu den Schußwunden und weiteren Verletzungen bei einigen der Leichname sowie zur Nutzung von »Maschinenpistolen, vorwiegend Kaliber 7.65 mm«, zur Art der Schußverletzungen sowie zur Art der Erhaltung des Körpergewebes und zum »Zustand der Leichen an anderen Grabstätten in der Stadt Smolensk und in ihrer nächsten Umgebung«. (Ebenda, S. 34 f.) Warum auch außerhalb Katyns Grabungen vorgenommen worden waren, wird nicht begründet.

Abschließend betrachtet es »die gerichtsmedizinische Sachverständigenkommission, die die Tatsachen und Ergebnisse der Untersuchungen zur Grundlage nimmt als festgestellt, daß kriegsgefangene Offiziere und zum Teil Soldaten der polnischen Armee durch Erschießung getötet wurden;

konstatiert, daß diese Erschießung in eine Zeit fällt, die etwa zwei Jahre zurückliegt, d. h., daß sie zwischen September und Dezember 1941 stattfand;

erachtet die Tatsache, daß die gerichtsmedizinische Sachverständigenkommission in der Kleidung der Leichen Wertsachen und Dokumente fand, die im Jahr 1941 datiert sind, als Beweis dafür, daß die faschistischen deutschen Behörden, die im Frühjahr und Sommer 1943 eine Durchsuchung der Leichen vornahmen, diese Durchsuchung nicht sorgfältig durchführten, die aufgefundenen Dokumente hingegen zeigen, daß die Erschießung nach dem Juni 1941 vorgenommen wurde;

stellt fest, daß die Deutschen im Jahre 1943 nur eine verschwindend kleine Anzahl Obduktionen von Leichen der erschossenen polnischen Kriegsgefangenen vornahmen;

stellt fest, daß das Verfahren bei der Erschießung polnischer

Kriegsgefangener völlig identisch ist mit der Art der Erschießung friedlicher Sowjetbürger und sowjetischer Kriegsgefangener, die von den faschistischen deutschen Behörden auf dem vorübergehend besetzten Gebiet der Sowjetunion, darunter in den Städten Smolensk, Orjol, Charkow, Krasnodar und Woronesh, weitgehend angewandt wurde ...« (»Mitteilung ...«, S. 35f.)

Die Burdenko-Kommission hatte ihre Arbeit im September 1943 aufgenommen. Am 26. September mußte die Wehrmacht Smolensk und das Smolensker Gebiet räumen. Erstmals schoß man im September 1943 in Moskau Salut zu Ehren der Befreiung einer Großstadt von der zeitweiligen deutschen Besatzung.

Die von Hitlerdeutschland ab April 1943 mit außergewöhnlichem Propagandaaufwand betriebenen Exhumierungen von Katyn waren im Sommer 1943 abgebrochen worden. Nicht nur, weil die Hitze und deren Folgen für Hunderte in Verwesung begriffene Leichen die Arbeit in und an den geöffneten Massengräbern außerordentlich erschwerte, sondern vor allem, weil die Rote Armee durch ihre Sommeroffensive Smolensk immer näher rückte.

Am 26. September 1943, unmittelbar nach der Befreiung von Smolensk, führten die Mitglieder der Sonderkommission eine Voruntersuchung durch und nahmen die Arbeit auf. Geleitet wurden die Arbeiten auf dem Gräberfeld durch vier anonyme Mitarbeiter des NKWD aus Minsk, der Hauptstadt Belorußlands. Sie steuerten die Arbeit vor Ort, handelten jedoch im Auftrag Wsewolod Merkulows, der seit April 1943 als Volkskommissar für Staatssicherheit fungierte. Gemeinsam mit dem Stellvertretenden Volkskommissar Sergej Kruglow befand sich Merkulow im Januar 1944 in Katyn. Die Angaben in ihrem Bericht an den für Sicherheitsfragen im Politbüro zuständigen Berija decken sich mit denen der »Allgemeinen Schlußfolgerungen« am Ende der regierungsoffiziellen »Mitteilung«. (Ebenda, S. 39ff.) Offenbar hatte Merkulow letzte Hand an den Bericht der Sonderkommission gelegt, der am 24. Januar 1944 der Öffentlichkeit vorgelegt wurde.

Während die NKWD-Mitarbeiter von September 1943 bis Januar 1944 in Katyn tätig waren, hielten sich die gerichtsmedizinischen

Sachverständigen sowie weitere Kommissionsmitglieder lediglich tageweise in Katyn auf.

Die Exhumierungen wurden sogar vorgenommen, bevor die Gerichtsmediziner eintrafen. Sie befaßten sich ihren eigenen Angaben zufolge insgesamt acht Tage mit den ihnen vorgelegten Leichnamen. Sie gaben an, die Exhumierung und ihre gerichtsmedizinische Untersuchung »in der Zeit vom 16. bis zum 23. Januar 1944« vorgenommen zu haben (»Mitteilungen ...«, S. 32). Ihre Feststellung, daß sie die Exhumierung vorgenommen hätten, entspricht nicht den Tatsachen. Die Toten wurden exhumiert bevor die Gerichtsmediziner eintrafen. Die 11 gerichtsmedizinischen Kommissionsmitglieder nahmen, folgt man ihren Angaben, erst ganz zum Schluß der Tätigkeit der Sonderkommission ihre Arbeit auf; exhumierten und untersuchten in kürzester Zeit, eine Woche lang, 925 Leichname, obwohl die Arbeit der Sonderkommission im September 1943, ein Vierteljahr zuvor, begann und auch die Gerichtsmediziner – alles ihren eigenen Angaben zufolge – am 26. September in Smolensk eingetroffen seien. (»Mitteilungen ...«, S. 2 und S. 32) So sind bereits die Angaben zu Zeit- und Arbeitsabläufen der Gerichtsmediziner in den Mitteilungen widersprüchlich. »Die Gesamtzahl der Leichen beläuft sich laut Aufstellung der gerichtsmedizinischen Sachverständigen«, die ja nach eigenen Angaben die Leichenschau bei 925 Personen vorgenommen hat, »auf 11 000«. Damit wird suggeriert, daß alle in sowjetische Kriegsgefangenschaft geratenen polnischen Offiziere durch Angehörige der Wehrmacht im Wald von Katyn erschossen worden sind. Eine Begründung für die Zahl von 11 000 Opfern bleibt die Burdenko-Kommission schuldig.

Neben dem Gutachten enthält der abschließende Bericht der Burdenko-Kommission u.a. Beschreibungen des Tatorts Katyn als einer angeblich allgemein zugänglichen Sommerfrische der Einwohnerschaft, Darstellungen zur angeblichen Situation der kriegsgefangenen Polen im Raum Smolensk, zur »Entstehung der deutschen Provokation« und die »Präparierung der Gräber von Katyn«. (»Mitteilungen ...«, S. 2 ff.)

Die ausführliche Darstellung über angeblich drei vorhandene Kriegsgefangenenlager Nr. 1-ON, Nr. 2-ON und Nr. 3-ON (die es laut offizieller Mitteilung des rußländischen Sicherheitsministeriums an die Oberste Militärstaatsanwaltschaft Rußlands niemals gegeben hat) für polnische Kriegsgefangene im Raum Smolensk, deren angeblicher Einsatz beim Straßenbau bis zum Beginn des Überfalls Nazideutschlands auf die UdSSR, die behaupteten Bemühungen eines angeblichen Kommandanten des Lagers Nr. 1-ON, des »Majors der Staatlichen Sicherheit W. M. Wetoschnikow«, zu deren Verlegung aus dem Kriegsgebiet ins sichere Hinterland, zur angeblichen Erschießung der polnischen Kriegsgefangenen durch Wehrmachtsangehörige, zum angeblichen Erschießungskommando, die dabei benutzten Namen oder Dienstbezeichnungen usw. sind durch Mitarbeiter des NKWD von A bis Z aus der Luft gegriffen worden und entsprechen nicht den Tatsachen.

Hier sei lediglich kursorisch angemerkt, daß noch nicht einmal alle Namen von Personen und Institutionen, die in dieser Mitteilung genannt werden, zutreffend sind. So handelt es sich bei dem als Verantwortlichen für den Massenmord bezeichneten Oberstleutnant Arnes (das kyrillische Alphabet kennt den Buchstaben »h« nicht) in Wirklichkeit um Oberstleutnant Ahrens, der außerdem erst ab November 1941 in Katyn war; der von sowjetischer Seite als Zeuge benannte Ortsansässige Grigori Silwestrow wird sowohl als Silwjestroff als auch Silwerstow aufgeführt; der angeblich für polnische Kriegsgefangene zuständige sowjetische Major Wetoschnikow ist, wie der russische Sicherheitsdienst bekanntmachte, ein Homunkulus des NKWD, der nie existiert hat (vgl. z. B. Dokument Nr. 87); bei dem dubiosen »Stab des 537. Baubataillons«, der die Erschießung zu verantworten gehabt habe, handelt es sich in Wirklichkeit um das Heeres-Nachrichten-Regiment (HNR) 537. Darüber hinaus wurden die Massenerschießungen im Zeichen des faschistischen Völkermordes und der Kriegsverbrechen ab Sommer 1941 systematisch durch die sogenannten »Einsatzgruppen« der deutschen Seite vorgenommen, deren Führung und personelle Zusammensetzung weitgehend erforscht sind.

Die deutsch- und die russischsprachige Version der »Mitteilung« erschienen 1944 im Verlag für fremdsprachige Literatur in Moskau, eine polnischsprachige Fassung erschien 1945 im gleichen Moskauer Verlag.

Ihre Aussagen werden sowohl durch die Schlüsseldokumente des Staatsverbrechens als auch durch einige hundert weitere Dokumente sowjetischer Herkunft vor allem aus dem Bereich des NKWD, durch Zeugenaussagen von Mitarbeitern des NKWD zur Tatzeit, durch Beobachtungen und Aufzeichnungen polnischer Opfer sowie weitere Tatsachenbeweise, z.B. gerichtsmedizinische Untersuchungen, widerlegt. Dem Versuch der sowjetischen Seite, die »Mitteilung« als Beweisstück der Anklage im Internationalen Nürnberger Prozeß gegen die Hauptkriegsverbrecher zu benutzen, war ein völliger Mißerfolg beschieden und das Thema Katyn wurde in Nürnberg, wovon noch die Rede sein wird, stillschweigend fallengelassen.

In der UdSSR fanden in Leningrad und in Smolensk Prozesse wegen tatsächlicher und wegen behaupteter Kriegsverbrechen durch Wehrmachtsangehörige statt. Dabei sagte der Kriegsgefangene Arno Dührer in Zusammenhang mit einem Prozeß gegen Wehrmachtsangehörige in Sachen Kriegsverbrechen in Leningrad aus, im Wald von Katyn seien 15 000 bis 20 000 Russen, Juden und polnische Offiziere erschossen und begraben worden. Er kam mit einer Lagerstrafe davon. In Leningrad wurden jedoch acht Todesurteile gefällt, die im November 1945 öffentlich vollstreckt wurden. (»Der Spiegel«, Hamburg, Heft 45/1992, S. 226–231) Verurteilt und gehängt wurden: Ernst Böhm, Ernst Geherer, Heinrich Remmlinger u.a. Ein ähnlich angelegter Prozeß mit anschließender öffentlicher Hinrichtung fand in Smolensk statt. Hier wurden sieben Wehrmachtsangehörige gehängt.

Da sich die Auftraggeber des NKWD offensichtlich bewußt waren, daß die von ihnen beschafften Zeugenaussagen sowjetischer Bürger von 1943/44 und den Folgejahren nicht stichhaltig waren, suchten »in Sachen Katyn« sowohl NKWD als auch der militärische Nachrichtendienst der Roten Armee GRU nach »Beweis«material, um die sowjetische These von der Schuld der deutschen Okkupanten zu stützen. So übersandte Oberst Zypitschko, Kommissarischer Leiter der V. Verwaltung der GRU im Generalstab der Roten Armee, an Generalleutnant Kobulow (der 1940 der »Troika« angehört hatte, die die Todesurteile gegen die polnischen Kriegsgefangenen ausgefertigt hatte) 349 Seiten Material, das vor allem die Frontstäbe der Roten Armee zusammengetragen hatten. Es handelte sich dem Anschreiben zufolge um »Beutedokumente in Sachen Katyn«, darunter Soldbücher, Aufzeichnungen, Fotografien u.a. Dazu gehörten die Soldbücher des Obergruppenführers der SS Friedrich Eckeln und des Pioniergenerals Franz Mahnke sowie von Stabsoffizieren und Unteroffizieren. [Materialsammlung d. Verf. – G.K.] Nichts davon erwies sich z.B. in Nürnberg als nutzbar.

Nikolai Burdenko wußte, daß der Bericht der von ihm geleiteten Sonderkommission nicht stichhaltig war. 1946, im Jahr seines Todes, sagte Nikolai Burdenko unter vier Augen einem Freund: »Ich folgte einem persönlichen Befehl Stalins und reiste nach Katyn, wo die Gräber entdeckt worden waren ... Alle Leichname lagen seit vier Jahren in der Erde. Der Tod trat 1940 ein ... Für mich als Mediziner war diese Tatsache offensichtlich. Es war unmöglich, sie in Frage zu stellen. Unsere Genossen vom NKWD hatten einen ernsten Fehler begangen ...« (Zawodny ..., S. 158)

Ihr »ernster Fehler« rächte sich in Nürnberg.

Nürnberg: Täter klagen an

Vom 20. November 1945 bis zum 1. Oktober 1946 fand vor dem Internationalen Militärgerichtshof in Nürnberg der Prozeß gegen die deutschen Hauptkriegsverbrecher statt. Einer der Hauptanklagepunkte lautete auf Verbrechen gegen die Menschlichkeit und Kriegsverbrechen. Zu den zahlreichen Anklagepunkten gehörte auch der Vorwurf des Mordes an polnischen Offizieren. Des Verbrechens beschuldigt wurden Angehörige der deutschen Wehrmacht. Vorbereitet hatte die Anklage in diesem Punkt die Staatsanwaltschaft der UdSSR. Entsprechend einer Vereinbarung der Alliierten von 1945 war sie zuständig für die Anklage bei allen in Osteuropa begangenen Kriegsverbrechen. Ursprünglich wurden im Entwurf der Anklageschrift Wehrmachtsangehörige des Mordes an 925 polnischen Offizieren in Katyn beschuldigt. Das entsprach der Anzahl der von der Burdenko-Kommission exhumierten Leichen. Im Verlauf der weiteren Arbeit an der Anklageschrift wurde diese Zahl beträchtlich erhöht, was selbst den damaligen Generalstaatsanwalt der UdSSR Konstantin Gorschenin, der an dieser Arbeit beteiligt war, überraschte. Letztendlich hieß es in der Anklage: »Im September 1941 wurden 11000 polnische Offiziere, Kriegsgefangene, im Wald von Katyn bei Smolensk ermordet ...«

Hauptankläger der UdSSR im Nürnberger Prozeß war Roman Rudenko. Von dessen Anwesenheit im Frühjahr 1940 in Charkow während der Erschießung der polnischen Offiziere aus dem Sonderlager des NKWD in Starobjelsk wissen wir durch den Zeugen der Militärstaatsanwaltschaft Rußlands Mitrofan Syromjatnikow, der in den Jahren 1990 bis 1992 fünfmal aussagte. Am 3. Juni 1946 sagte der mit einem Generalsrang des Justizdienstes der Sowjetarmee ausgestattete Rudenko: »Wir stehen auf dem Standpunkt, daß dieser Ausschnitt aus der verbrecherischen Tätigkeit der Nationalsozialisten durch das von der Sowjetischen Anklagebehörde vorgelegte Beweismaterial voll erwiesen ist. Es war dies ein Bericht der Außerordentlichen staatlichen Kommission, die die Umstände untersuchte, unter denen die Massenerschießung der polnischen kriegsgefangenen Offiziere durch die nationalsozialistischen Angreifer in den Wäldern von Katyn erfolgte. Dieses Dokument wurde von der Sowjetischen Anklagebehörde unter [dem vom Militärgericht registrierten – G.K.] Aktenzeichen USSR-54 am 14. Februar 1946 vorgelegt, vom Gerichtshof als Beweisstück angenommen und kann ... nicht angefochten werden ... Die Sowjetische Anklagebehörde möchte noch besonders auf die Tatsache hinweisen, daß die bestialischen Verbrechen der Deutschen in Katyn von einer besonderen, kompetenten staatlichen Untersuchungskommission mit der größten Sorgfalt untersucht worden sind. Als Ergebnis dieser Untersuchung ist die Tatsache festgestellt worden, daß das Verbrechen in den Wäldern von Katyn von Deutschen verübt wurde und nur ein Glied darstellt in der Kette vieler bestialischer Verbrechen, die von den Nationalsozialisten begangen wurden ...« (IMG ..., Bd. 15, S. 318 ff.)

Rudenko als Person und die UdSSR als Staat traten somit als Ankläger eines Verbrechens vor die internationale Öffentlichkeit, das sie selbst zu verantworten hatten bzw. an dem sie mitschuldig waren. Eingebunden in diese Zusammenhänge war der sowjetische Jurist und Gehilfe der Anklage Nikolai Sorja. Er schied am 24. Mai 1946 in Nürnberg unter nicht geklärten Umständen aus dem Leben. Seine persönlichen Aufzeichnungen zum Thema Katyn und auch seine Korrespondenz in Sachen Katyn verschwanden für ewig aus den Unterlagen. Der ursprünglich in Leipzig beigesetzte Leichnam Nikolai Sorjas wurde ein Jahr später exhumiert und kremiert. Seine Familie wurde darüber nicht unterrichtet.

Auch für den polnischen Juristen Dr. Roman Martini hatte die Beschäftigung mit dem Thema Katyn tödliche Folgen. Die Regierung der Volksrepublik Polen in Warschau unter Bolesław Bierut überreichte den Hauptanklägern des Internationalen Militärgerichtshofes ein in zwanzig Kapitel gegliedertes Material zu den Themen der Anklage. Das Thema Katyn wurde in diesem Material nicht berührt. Polnische Ankläger waren einer Übereinkunft der Großmächte Frankreich, Großbritanien, USA und UdSSR zufolge nicht zugelassen. Und dies, obwohl die Regierung Polens bereits 1945 über ihren Generalstaatsanwalt Jerzy Sawicki (1910–1967) in Sachen Katyn hatte ermitteln lassen.

Dieser, seiner Ausbildung und beruflichen Erfahrung nach Strafrechtler und Rechtsanwalt, vertrat 1944 bis 1953 als Generalstaatsanwalt der VR Polen die Anklage in zahlreichen Prozessen gegen deutsche Kriegsverbrecher. 1945/46 gehörte er der polnischen Delegation beim Nürnberger Kriegsverbrecherprozeß an, ab 1952/53 arbeitete er in Forschung und Lehre.

Bereits etwa drei Tage nach der Befreiung der Stadt Kraków am 19. Januar 1945 wurde Dr. Hieronim Bartoszewski, der 1943 der Technischen Kommission des Polnischen Roten Kreuzes in Katyn angehört hatte, von einem sowjetischen Militär zum Verhör geführt. Dabei interessierte sich die sowjetische Seite ausschließlich für Bartoszewskis Ansicht, wer die polnischen Offiziere in Katyn ermordet habe. »Wahrheitsgemäß antwortete ich«, so Bartoszewski, »daß das Polnische Rote Kreuz sich mit der Identifizierung der Leichname und der Benachrichtigung der Angehörigen befaßt habe. Es untersuchte nicht, wer den Mord verübt hatte. Zwei Monate saß ich in Haft ... Später verhörte mich der Generalstaatsanwalt Sawicki während der Vorbereitungen zum Nürnberger Prozeß. Er verlangte Zeugenaussagen von mir und von Klapert [der ebenfalls der Technischen Kommission angehört hatte – G. K.]. Ob die anderen Mitglieder der Kommission verhört worden sind, weiß ich nicht.« (»Przegląd Tygodniowy«, Warschau, Nr. 18/1989)

Der von Sawicki mit der Sammlung von Beweismaterial beauftragte Staatsanwalt Roman Martini, er war gerade aus einem Kriegsgefangenenlager der Wehrmacht heimgekehrt nach Kraków, fand und befragte im Zuge seiner Ermittlungen Zeugen. Er stieß auch auf Dokumente zum Thema Katyn. Sowohl die Zeugen als auch die Dokumente verwiesen ausschließlich auf die Verantwortung des NKWD für Katyn. Am 30. März 1946 wurde der energische Staatsanwalt Martini von zwei jungen Männern in seiner Krakauer Wohnung in der Krupnicza-Straße ermordet. Nach Angaben seines Sohnes Leszek wurden offiziell als Motive angegeben a) Raubmord, b) politisch motivierter Racheakt durch ukrainische Nationalisten, deren militante Organisation UPA (Ukrainische Aufständischen-Armee) vor allem zwischen 1944 und 1948/49 einen erbarmungslosen Kampf gegen Polen jedweder politischer Zuordnung führte. Die Mörder wurden zwar gefaßt, konnten jedoch, bevor es zu einem Prozeß kam, fliehen. Sie tauchten für immer unter.

Als der polnische Korrespondent Eryk Lipiński den sowjetischen Staatsanwalt Smirnow in Nürnberg fragte, warum in dem den Korrespondenten übergebenen Material zwar die Rede von Einzelverbrechen, nicht jedoch vom Massenverbrechen in Katyn die Rede sei, sah ihm Oberst Smirnow tief in die Augen und antwortete ihm sowohl viel- als auch nichtssagend: »Katyn – das ist eine andere Sache.« (»Polityka«, Warschau, 18. Februar 1989)

Vertreter Großbritanniens und der Vereinigten Staaten meldeten zwar Protest gegen das Katyn-Monopol der sowjetischen Anklage an, der amerikanische Hauptankläger entschied jedoch: »Wenn die Sowjets ihre Anklage beweisen können, haben sie das Recht, sie vorzutragen.« Daß die US-amerikanische Seite bereits zu diesem Zeitpunkt in Sachen Katyn – ein Verbrechen, über das die obersten Regierungskreise der USA ja umfassend informiert waren – eine Falle aufstellte, in die die sowjetische Seite auch hineintappte, ist zwar naheliegend, kann aber nur vermutet werden.

Das Verbrechen von Katyn war unter den Kriegsverbrechen, die während des zweiten Weltkriegs an Gefangenen begangen worden waren, eines der schwerwiegenden Verbrechen mit weitreichenden internationalen Folgen. Von vornherein durfte es die größte Aufmerksamkeit der Öffentlichkeit beanspruchen. Die Anklageschrift des Nürnberger Internationalen Militärgerichtshofes nannte lediglich noch ein annähernd vergleichbares Kriegsverbrechen. Im März 1944 waren aus dem Sta(mm)lag(er) Luft III im schlesischen Sagan 55 Offiziere der RAF geflohen. Nachdem man ihrer wieder habhaft geworden war, wurden sie durch die Deutschen erschossen. Ein weiteres Verbrechen an Gefangenen betraf 12 bis 15 amerikanische Mitglieder einer Militärmission, die im Januar 1945 in Uniform auf dem Balkan abgesetzt worden waren, um die Operationen mit den Partisanen zu koordinieren. Sie wurden ebenfalls erschossen. Diese verabscheuungswürdigen und durch die Haager Landkriegsordnung verbotenen Verbrechen waren in ihrem Ausmaß jedoch nicht zu vergleichen mit Katyn und in nichts zu vergleichen z.B. mit den Verbrechen, die an sowjetischen oder jugoslawischen Kriegsgefangenen von deutscher Seite begangen wurden.

Den Anklagepunkt zu Verbrechen an Kriegsgefangenen vertrat in Nürnberg der sowjetische stellvertretende Hauptankläger, Oberst Juri Pokrowski. Er sprach am 13. und 14. Februar 1946. Die Ausführungen zu Katyn finden sich im Band VII des offiziellen vielbändigen Protokolls des Internationalen Militärgerichtshofes (IMG) (S. 469–472).

Oberst Pokrowski trug vor: »Ich unterbreite dem Gerichtshof als Beweis für dieses Verbrechen die amtlichen Dokumente der Sonderkommission, die mit der Feststellung und Untersuchung der den Erschießungen zugrunde liegenden Umstände beuftragt war.«

Zu diesem Zeitpunkt des Prozesses wurde von der Anklage keinerlei neues Beweismaterial herangezogen.

Anders die Verteidigung. Sie präsentierte den ehemaligen Wehrmachtsoffizier Friedrich Ahrens, in sowjetischen Unterlagen als Arnes bezeichnet, Chef des Heeres-Nachrichten-Regiments 537, in sowjetischen Dokumenten als »Baustellenstab 537« ausgewiesen. Auch die sowjetische Anklagevertretung, der bereits erwähnte Oberjustizrat Smirnow, nutzte am 1. Juli 1946 die Möglichkeit des

Kreuzverhörs, fragte nach den Umständen, unter denen Ahrens auf die Massengräber gestoßen sei, nach zeitlichen Abläufen und so weiter (IMG ..., Bd. XVII, S. 318ff.) Die Aussagen von Friedrich Ahrens wurden durch weitere Zeugenaussagen, z. B. die des Oberleutnants Reinhard von Eichborn und des Generals Eugen Oberhäuser, bestätigt. (Ebenda, S. 325f.) Im Endergebnis stellte sich heraus, daß Oberstleutnant Friedrich Ahrens zum von der sowjetischen Seite behaupteten Zeitpunkt des Verbrechens noch gar nicht Regimentskommandeur des HNR 537 war. Er übernahm dieses Regiment erst im November 1941, also deutlich nach dem sowjetischerseits angegebenen Zeitpunkt der Erschießung. Bis November 1941 führte – wie oben dargestellt – Oberst Albert Bedenk das Regiment.

Nach diesen Aussagen hielten die Richter des Internationalen Militärgerichtshofes die Anklage gegen Ahrens nicht mehr aufrecht.

Vorgegriffen sei: Das Urteil des Hohen Gerichtshofes wurde am 30. September und am 1. Oktober 1946 verlesen. Im Urteilstext findet sich im Kapitel über Morde und unmenschliche Behandlung von Gefangenen kein Wort über Katyn.

Eingegangen wird auf die oben erwähnte Ermordung der 12 bis 15 Mitglieder der US-amerikanischen Militärmission auf dem Balkan, die Ermordung der 55 britischen RAF-Offiziere und auf die verbrecherischen Befehle der deutschen Wehrmachtsführung zur Ermordung bestimmter Kategorien von Kriegsgefangenen nach rassistischen (z.B. Juden) oder politischen (z.B. politische Kommissare der Roten Armee) Gesichtspunkten. Es fehlt jedoch jeder Hinweis auf das größte Verbrechen an Kriegsgefangenen, das während des zweiten Weltkriegs verübt worden ist – den politisch motivierten und befohlenen Massenmord in Katyn.

Das Verbrechen war zwar in der Anklage erwähnt worden, wurde dann aber stillschweigend vom Urteil ausgenommen. Dieses Verschweigen kann als beredter Ausdruck dafür gelten, daß der IMG davon ausging, daß die deutschen Kriegsverbrecher das Verbrechen von Katyn nicht begangen hatten. Während die sowjetische Anklagevertretung in anderen Fällen abweichende und begründete Stellungnahmen zum Urteil abgab und diese auch in das Protokoll einfügen ließ, erhob sie in der Angelegenheit Katyn keinen Einspruch gegen dessen Verschweigen.

Zurück zum Prozeßverlauf:

In Moskau wurde, als sich Schwierigkeiten bei der Behandlung u. a. der deutsch-sowjetischen Vereinbarungen von 1939 im Vorfeld und nach Beginn des zweiten Weltkriegs und des Themas Katyn abzeichneten, eine formell durch Molotow, tatsächlich aber durch Wyschinski geleitete »Kommission zur Leitung des Nürnberger Prozesses« gebildet (auch genannt: »Regierungskommission zur Organisierung des Gerichtsverfahrens über die deutschen Hauptkriegsverbrecher«).

Sie beauftragte u. a. den General Leonid Reichmann sowie die Juristen Lew Schejnin und Aron Trainin (dieser hatte bereits an der Ausarbeitung des Statuts des IMG mitgewirkt und war als Konsultant der sowjetischen Anklagevertretung tätig), sich innerhalb von fünf Tagen mit allen Materialien zur »deutschen Provokation in Katyn« bekanntzumachen und Vorschläge zu unterbreiten, wie sie in Nürnberg genutzt werden könnten, um der deutschen Provokation zu begegnen. (Katynskaja drama ..., S. 160f.) Desungeachtet bestritt Reichmann auch später, jemals in die Angelegenheit Katyn einbezogen gewesen zu sein. (Abarinow ..., S. 89)

Bereits am 21. März 1946 fand in Moskau eine Beratung statt, auf der beschlossen worden war, über den Bericht der von Burdenko geleiteten »Sonderkommission« hinaus, »Material zur Katyn-Frage« vorzubereiten. Das dürfte sowjetischerseits – es war ein Vierteljahr vor der Verhandlung des Themas in Nürnberg – auf Ungewißheiten hinsichtlich des Ausgangs hinweisen. Den Vorsitz führte Andrej Wyschinski. Anwesend waren, dem Protokoll zufolge, Vertreter der Generalstaatsanwaltschaft und der Sicherheitsdienste der UdSSR, Merkulow, Abakumow, Gorschenin und andere. Auf jeden Fall wußten Merkulow und Abakumow, was in Katyn und andernorts geschehen war. Nach einer einleitenden Information »des Gen. [ossen] Wyschinski über den Prozeßverlauf« beschloß die Kommission, Material zur Katyn-Frage vorzubereiten:

»1. Bulgarische Augenzeugen beschaffen. Dazu wird unser Vertreter nach Bulgarien abkommandiert.

Ausführung: Gen. Abakumow.

2. Drei bis fünf von unseren Augenzeugen und zwei medizinische Experten (Prosorowski, Semjonowski, Smoljaninow) beschaffen. Ausführung: Gen. Merkulow.

3. Polnische Augenzeugen und ihre Angaben beschaffen. Ausführung: Gen. Gorschenin.« [Er wurde zur Zusammenarbeit mit »Gen. Sawicki«, dem polnischen Generalstaatsanwalt, angewiesen – G. K.]

4. Originaldokumente, die bei den Leichen gefunden worden sind, sowie Protokolle der Obduktion dieser Leichen beschaffen. Ausführung: Gen. Merkulow.

5. Dokumentarfilm über Katyn vorbereiten. Ausführung: Gen. Wyschinski.

6. Gen. Merkulow beschafft einen deutschen Zeugen, der an der Provokation von Katyn teilgenommen hat.« (»Neue Zeit«, Moskauer Hefte für Politik, Deutschsprachige Ausgabe, Nr. 16, 16.–22. April 1990, S. 37 ff.)

Weder polnische noch deutsche Augenzeugen wurden »beigebracht« (Punkte 3 und 6). Merkulow, der zu dieser Zeit am längsten Hebel saß, »beschaffte« die sowjetischen Augenzeugen und die gewünschten Dokumente. Der Gerichtsmediziner Viktor Prosorowski trat als Zeuge der Anklage in Nürnberg auf. Er präsentierte dem IMG u. a. Post von polnischen Absenderinnen aus Warschau und Tarnopol sowie Quittungen, allesamt mit Datumsangaben, die unausgesprochen die sowjetische Seite ent- und die deutsche belasteten. Er machte auch Angaben zur Situation am Tatort Katyn.

Abakumow sorgte dafür, daß der bulgarische Professor Marko Antonow Markow, 1943 Mitglied der Ärztekommission in Katyn, vorbereitet und nach Nürnberg gebracht wurde.

Ein Jahr vor dem Nürnberger Prozeß hatten Markow und ein weiterer bulgarischer Gerichtsmediziner, Georgi Michailow, sowie ein Regierungsbeamter und drei kirchliche Würdenträger in Sofia vor Gericht gestanden. Markow wegen seines Wirkens in Katyn, die anderen fünf Personen, weil sie 1943 bei der Öffnung eines Massengrabes in Winniza gerichtsmedizinisch bzw. propagandistisch mitgewirkt hatten. Markow und sein Berufskollege wurden freigesprochen, die anderen zu Freiheitsstrafen verurteilt. Aus dem Untersuchungsgefängnis entlassen, zog Markow in Nürnberg seine 1943 vollzogene Unterschrift unter dem Bericht der Internationalen Ärztekommission, die als Zeitpunkt der Ermordung der Gefangenen das Frühjahr 1940 bestimmt hatte, zurück. Er habe, so seine Aussage nunmehr, wie auch andere Mitglieder der Kommission gezwungenermaßen unterzeichnet. Die Meinungsänderung dürfte dadurch bewirkt worden sein, daß er damit in Bulgarien zumindest einer langjährigen Freiheitsstrafe entging.

In Prag verlor Professor Hajek der Mitwirkung in der Internationalen Ärztekommission wegen seinen Lehrstuhl, Professor Miloslavich verließ Zagreb, Professor Orsos Budapest. Beide emigrierten. Sie standen für Nürnberg nicht zur Verfügung. Der Schweizer Professor F. Naville, ebenfalls 1943 Mitglied der Internationalen Ärztekommission und Bürger eines mehr oder weniger neutralen Staates, wurde in Nürnberg nach heftigem Protest der sowjetischen Anklage nicht gehört, obwohl er öffentlich den Vorwurf des Zwangs gegenüber der Internationalen Ärztekommission zurückwies.

Somit konnten Merkulow und Abakumow wohl das eine oder andere ausrichten, aber die Situation in Nürnberg war nicht zu retten.

Jahre später, im Juli 1952, in der Hochzeit des Kalten Krieges, veranstaltete ein Komitee des Repräsentantenhauses der USA eine Anhörung in Sachen Katyn. Miloslavich, Naville, Orsos, Palmieri und Tramsen bestätigten dabei ihre im Gutachten von 1943 geäußerten Befunde. (The Katyn Forest Masacre ..., S. 21)

In Nürnberg wurde Katyn an drei Tagen, vom 1. bis 3. Juli 1946, verhandelt. Als einziges Beweismaterial hatte die sowjetische Anklagevertretung den Bericht der Sonderkommission Nikolai Burdenkos vorgelegt. Im Laufe des Verfahrens betonte die sowjetische Anklage die Bedeutung der am Tatort gefundenen Hülsen für Pistolenmunition des deutschen Herstellers Geco. Sie wurden als Beweis für die Schuld der deutschen Seite gewertet. (IMG ..., Bd. XVII, S. 400f.) Die Munition des Herstellers Geco stammte von einer Firma aus Durlach. Sie wurde auch in den seit den zwanziger

Jahren an die UdSSR verkauften Pistolen vom Typ Walther aus Zella-Mehlis verschossen. Sowohl Walther-Pistolen als auch die passende Pistolenmunition sind nach Osteuropa und auch an die Sowjetunion verkauft worden.

Nicht genutzt wurden z. B. die Ermittlungen des Rittmeisters Józef Czapski zum Schicksal der Verschollenen der drei Sonderlager Kosjelsk, Starobjelsk und Ostaschkow, nicht genutzt wurden die letzten Zeugnisse der in Katyn ermordeten polnischen Offiziere, darunter ihre Tagebucheintragungen, nicht genutzt auch die diplomatischen Verhandlungen zwischen polnischen Exil- und sowjetischen Regierungsbehörden. Die sowjetische Seite versuchte auch, das Gerichtsverfahren abzukürzen, indem sie, anstatt Zeugen zu hören, schriftliche Zeugenaussagen in nichtöffentlicher Sitzung vorlegen wollte.

Nach scharfem Wortwechsel zwischen der Verteidigung und der Anklage entschied das Gericht, jeweils drei Zeugen jeder Seite zu hören. Unter ihnen war jedoch kein Pole. Weder ein Militär aus den Streitkräften unter dem Befehl von Władysław Anders noch einer, der unter dem Befehl von Zygmunt Berling gestanden hatte. Weder ein Vertreter der ursprünglichen polnischen Exilregierung noch ein Vertreter der nunmehrigen polnischen volksdemokratischen Regierung in Warschau.

Ins Kreuzverhör genommen wurden z. B., wie bereits dargestellt, Friedrich Ahrens und – von sowjetischer Seite – der Gerichtsmediziner Professor Viktor Prosorowski, letzterer u. a. zum Thema der in Katyn gefundenen Patronenhülsen vom Kaliber 7.65 mm, gestempelt mit »Geco 7.65D«, einem eindeutigen Herkunftsnachweis. Auf diese Hülsen am Tatort hatte bereits Professor Gerhard Buhtz verwiesen, Gerichtsmediziner an der Universität Breslau und Chef des Sanitätsdienstes der Heeresgruppe Mitte, der die gerichtsmedizinischen Untersuchungen am Tatort Katyn eingeleitet und beaufsichtigt hatte.

Die renommierte Rüstungsfirma Walther hatte in den zwanziger Jahren und bis 1932 im Rahmen offizieller Exportgeschäfte ihre Pistolen an die UdSSR, aber auch noch danach in baltische Staaten und an Polen geliefert. Ähnlich verhielt es sich mit der badischen Munitionsfirma Gustav Genschow Co. (Geco) aus Durlach, seit

1938 ein Stadtteil von Karlsruhe. Diese Waffen und diese Munition wurden – neben anderen – den Zeugenaussagen zufolge auch bei der Erschießung der polnischen Offiziere genutzt. Der Hauptgrund dafür war, daß infolge der hohen Qualität der benutzten Materialien und der Fertigungstechniken die Walther-Pistolen sich nicht so schnell »heiß« schossen wie Waffen anderer Hersteller. Mitglieder der Delegation des Polnischen Roten Kreuzes brachten Patronenhülsen vom Tatort nach Polen mit, die mit »Geco« gestempelt waren. (IMG ..., Bd. XVII, S. 400)

Wenige Jahre später, 1951, wurde Gustav Genschow in Frankfurt/Main von Vertretern des US-Repäsentantenhauses als Zeuge befragt:

»Genschow: ... seit 1933–34 wurde das Wort ›Geco‹ auf dem Boden der Hülse eingeprägt und darunter ›7.65‹.

Frage: Kann Munition diesen Kalibers und in dieser Firma hergestellt, in verschiedenen Arten von Pistolen genutzt werden?

Genschow: Ja, das ist möglich, weil es eine Standardgröße war ...

Frage: Wurde sie international genutzt ...

Genschow: Ja, natürlich.

Frage: Hat Ihre Firma jemals Pistolenmunition des Kalibers 7.65 nach Osteuropa exportiert?

Genschow: Ja, so ist es.« (The Katyn Forest Massacre ..., S. 27)

Schließlich erwies sich in Nürnberg die in der »Mitteilung ...« der Burdenko-Kommission vertretene Version, die Opfer von Katyn wären polnische Kriegsgefangene gewesen, die bis zum Einfall der Wehrmacht in die UdSSR sich in den Lagern Nr. 1, Nr. 2 und Nr. 3 befunden hätten, 1941 in deutsche Hand gefallen und erschossen worden wären, als nicht durch eine einzige konkrete Angabe gestützt (wo sich die Lager befanden, wer sich in ihnen namentlich befand, wer der sowjetischen Lagerleitung angehörte usw.)

Infolge der offensichtlichen Diskrepanz zwischen Tatsachen, Tat und Feststellungen der Burdenko-Kommission, die z.T. öffentlich vor dem IMG verhandelt wurden, teils hinter den Kulissen zur Sprache kamen und zu dem Widerspruch zwischen Anklage und Urteil führten, verwarf der Internationale Militärgerichtshof die Feststellungen der »Mitteilung ...«.

Ebenfalls 1946, in seinem Todesjahr, tat dies Nikolai Burdenko selbst. Er bekannte Boris Olschanski gegenüber: »Ich bin davon überzeugt, daß solche Katyns waren und daß es sie auch in Zukunft geben wird .... Wenn wir unser Mütterchen Rußland umgraben würden, würden wir viele Gräber finden ... Ich folgte einem persönlichen Befehl Stalins und reiste nach Katyn, wo die Gräber entdeckt worden waren ...« (Zawodny ..., S. 158) Durch Boris Olschanski, einen Artillerieoffizier, der 1946 aus der Sowjetarmee desertierte und in die USA gelangte, wurde diese Version aktenkundig. Sie lag der Kommission des Repräsentantenhauses der USA vor, die 1951/52 einen Bericht zum Thema Katyn vorbereitete. (»The Katyn Forest Massacre ..., S. 21)

Man kann erklären, warum die Alliierten der Antihitlerkoalition 1943 das Verbrechen von Katyn im Interesse des Kampfes gegen den deutschen Faschismus und seine Verbündeten nicht öffentlich verhandelten, es verschwiegen. General Clayton Bissell, Stellvertreter des Chefs des militärischen Nachrichtendienstes, antwortete zu Beginn der 90er Jahre vor dem Untersuchungsausschuß des Repräsentantenhauses auf die Frage, warum er den Bericht des Augenzeugen Oberstleutnant Van Vliet jun., der 1943 als Kriegsgefangener nach Katyn gebracht worden war und sich im Mai 1945 bei ihm gemeldet hatte, jahrlang geheimgehalten habe: »Er war als top secret eingestuft worden, denn in dieser Zeit bemühte sich Präsident Roosevelt um die Hilfe der Sowjets im Kriege gegen Japan. Es existierte ein Befehl, alles zu vermeiden, was zur Abkühlung der sowjetisch-amerikanischen Beziehungen beitragen konnte ... Das sind die nackten Tatsachen.« (The Katyn ...) Es war Krieg, ein unerbittlicher Krieg, der 1943 noch nicht entschieden war. 1943 errang – nach Stalingrad, nach der Schlacht im Kursker Bogen und der Landung britischer und amerikanischer sowie polnischer Streitkräfte in Italien nach Abschluß des Afrika-Feldzuges – die Antihitlerkoalition die strategische Initiative. Eine Spaltung der Verbündeten in dieser Situation hätte katastrophale Folgen haben können. Aber von welchen Zielen ließen sich die Alliierten 1946 leiten? Niemand konnte die Toten ins Leben zurückrufen. Doch die Offenlegung des Verbrechens, die Benennung der Verantwortlichen und die Darstellung des Mechanismus hätte – möglicherweise – dämpfend oder gar verhindernd auf die letzten Terrorwellen des auslaufenden Regimes unter Josef Stalin in den Jahren 1946–1953 gewirkt.

Im Osten wie im Westen wurde eines der größten Kriegsverbrechen verschwiegen.

Macht ohne Moral triumphierte.

VI. Hinterfragt: Augenzeugen, Befehle, Beschlüsse ...

Gewalt geht vor Recht

- **Dokument Nr. 1**

Am 3. Februar 1933 lud der Reichswehrminister Werner von Blomberg Adolf Hitler ein. Dieser war seit vier Tagen Reichskanzler und hatte den Wunsch geäußert, sich mit der Generalität und Admiralität treffen zu wollen. In der Dienstwohnung des Chefs der Heeresleitung in der Berliner Bendlerstraße (jetzt: Stauffenbergstraße) erläuterte Hitler seine innen- wie außenpolitischen Ziele. Auf Grund des Vortrags entstanden Aufzeichnungen.

Veröffentlicht: Vogelsang, Thilo: Neue Dokumente zur Geschichte der Reichswehr. In: Vierteljahreshefte für Zeitgeschichte, München, Heft 4/1954, S. 434 f. Siehe dazu auch Wirschin, Andreas: »Man kann nur Boden germanisieren«. In: Vierteljahreshefte für Zeitgeschichte, Heft 3/2001, S. 517–550. In diesem Aufsatz sind weitere Aufzeichnungen der Ansprache Hitlers dokumentiert, u. a. durch die Admirale Erich Raeder und Conrad Albrecht sowie Helga von Hammerstein.

Ziel der Gesamtpolitik allein: Wiedergewinnung der pol(itischen) Macht ... Im Innern ... Keine Duldung der Betätigung irgendeiner Gesinnung, die dem Ziel entgegensteht ... Wer sich nicht bekehren läßt, muß gebeugt werden ... Stärkung des Wehrwillens mit allen Mitteln ... Beseitigung des Krebsschadens der Demokratie! Nach außen: Kampf gegen Versailles ... Aufbau der Wehrmacht wichtigste Voraussetzung für ... Wiedererringung der pol(itischen) Macht ... Eroberung neuen Lebensraumes im Osten u(nd) dessen rücksichtslose Germanisierung ...

- **Dokument Nr. 2**

Am 26. Juli 1939 ließ der Geheimrat Dr. Karl Schnurre, Leiter des Ostreferats im Reichsaußenministerium, im Auftrag der Reichsregierung

Wehrmachtpropaganda im besetzten Polen:
»Er schützt Dich und Deine Habe! Deine Leistung – die Pflicht-Lieferung«

die Sowjetregierung wissen, daß man außer schnell abzuschließenden Kredit- und Wirtschaftsvereinbarungen »auch die politischen Beziehungen neu ordnen« könne: »Vorstellbar wäre eine Nichtangriffsvereinbarung ... und sich auch über die Interessen beider Seiten zwischen der Ostsee und dem Schwarzen Meer zu verständigen.« »Dieses Gespräch war wichtigste Vorstufe für die bald folgenden Verhandlungen in Moskau ...« (Walter Schmid, Attaché an der deutschen Botschaft in Moskau u.a. in den 30er Jahren, im Interview mit Karlen Vesper; »Neues Deutschland«, Berlin, Beilage vom 21. Juni 2001)

»Für die Deutsche Reichsregierung« unterzeichnete, am 23. August 1939, wenige Tage vor dem Einmarsch der Wehrmacht in Polen (1. September) Joachim von Ribbentrop und »In Vollmacht der Regierung der UdSSR« Wjatscheslaw Molotow, gezählte Wochen vor dem Einmarsch der Roten Armee in Polen (17. September) u.a. ein »Geheimes Zusatzprotokoll«. Die UdSSR leugnete jahrzehntelang, bis zu Beginn der 90er Jahre, die Existenz dieses und weiterer geheimer Zusatzabkommen mit Nazideutschland auf Kosten Polens. Obwohl z.B. der Außenminister der UdSSR Andrej Gromyko bereits 1975 Einblick in die Originaldokumente (Texte und Karten) genommen hatte, leugnete er – ebenso wie der letzte Staatspräsident der UdSSR Michail Gorbatschow, der sie 1987 auf dem Tisch hatte – bis 1992 die Existenz der Geheimabkommen.

Veröffentlicht: »Die Beziehungen ...«, S. 91 und »Woprosy istorii«, Heft1/1993, S. 12.

... Für den Fall einer territorial-politischen Umgestaltung der zum polnischen Staat gehörenden Gebiete werden die Interessensphären Deutschlands und der UdSSR ungefähr durch die Linie der Flüsse Narew, Weichsel und San abgegrenzt.

Die Frage, ob die beiderseitigen Interessen die Erhaltung eines unabhängigen polnischen Staates erwünscht scheinen lassen und wie dieser Staat abzugrenzen wäre, kann endgültig erst im Laufe der weiteren politischen Entwicklung geklärt werden.

In jedem Falle werden beide Regierungen diese Frage im Wege einer freundschaftlichen Verständigung lösen ...

- **Dokument Nr. 3**

Vier Tage vor Beginn der Kampfhandlungen gegen Polen durch die deutsche Wehrmacht suchte der Militärattaché der Botschaft des Deutschen Reiches in Moskau, General Ernst Köstring, das Volkskommissariat für Verteidigung in Moskau auf und gratulierte zum Abschluß der Vereinbarungen. Oberst Osetrow, Chef der Abteilung Internationale Verbindungen, hielt fest:

Veröffentlicht: »Faschistski metsch ...«, S. 364f.

Köstring erklärte, daß er ... nach der Rede des Gen.[ossen] Stalin auf dem XVIII. Parteitag [1939 – G. K.] an die gegebene Möglichkeit erinnert habe, gutnachbarliche Beziehungen zur Sowjetunion herzustellen [es gab damals noch keine gemeinsame deutsch-sowjetische Grenze – G. K.], aber damals habe man sich in Deutschland dazu ungläubig verhalten. Ribbentrop ... zweifelte noch während der Vorbereitung seines Flugs nach Moskau an einem möglichen Erfolg. Ribbentrops Zweifel ... verflogen erst dann, als er einem großen Mann, Gen. Stalin, begegnet sei und dessen klare und keinen Raum für Zweifel lassende Fragestellung vernommen habe.

GEHEIMES ZUSATZPROTOKOLL.

Aus Anlass der Unterzeichnung des Nichtangriffsvertrages zwischen dem Deutschen Reich und der Union der Sozialistischen Sowjetrepubliken haben die unterzeichneten Bevollmächtigten der beiden Teile in streng vertraulicher Aussprache die Frage der Abgrenzung der beiderseitigen Interessenssphären in Osteuropa erörtert. Diese Aussprache hat zu folgendem Ergebnis geführt:

1. Für den Fall einer territorial-politischen Umgestaltung der in den zu den baltischen Staaten (Finnland, Estland, Lettland, Litauen) gehörenden Gebieten bildet die nördliche Grenze Litauens zugleich die Grenze der Interessenssphären Deutschlands und der UdSSR. Hierbei wird das Interesse Litauens am Wilnaer Gebiet beiderseits anerkannt.

2. Für den Fall einer territorial-politischen Umgestaltung der zum polnischen Staate gehörenden Gebiete werden die Interessensphären Deutschlands und der UdSSR ungefähr durch die Linie der Flüsse Narew, Weichsel und San abgegrenzt.

Die Frage, ob die beiderseitigen Interessen die Erhaltung eines unabhängigen polnischen Staates erwünscht erscheinen lassen und wie dieser Staat abzugrenzen wäre, kann endgültig erst im Laufe der weiteren politischen Entwickelung geklärt werden.

In jedem Falle werden beide Regierungen diese Frage im Wege einer freundschaftlichen Verständigung lösen.

3) Hinsichtlich des Südostens Europas wird von sowjetischer Seite das Interesse an Bessarabien betont. Von deutscher Seite wird das völlige politische Desinteressement an diesen Gebieten erklärt.

4) Dieses Protokoll wird von beiden Seiten streng geheim behandelt werden.

Moskau, den 23. August 1939.

Für die
Deutsche Reichsregierung
J. RIBBENTROP

In Vollmacht
der Regierung der UdSSR
W. MOLOTOW

Originaltext eines Geheimen Zusatzprotokolls vom 23. August 1939; unterzeichnet durch Ribbentrop und Molotow

Daraufhin sei er in die Botschaft gekommen, habe direkt mit Hitler gesprochen, seine Meinung mitgeteilt und Hitlers Einverständnis erhalten.

• **Dokument Nr. 4**

Am 16. September 1939 unterrichtete der Botschafter des Deutschen Reichs in Moskau, Friedrich Werner Graf von der Schulenburg, das Auswärtige Amt in Berlin über ein Gespräch mit Wjatscheslaw Molotow, das am selben Tag um 18.00 Uhr begonnen hatte. Um 02.00 Uhr nachts des 17. September 1939 wurde von der Schulenburg in den Kreml gerufen. Stalin, Molotow und Woroschilow lasen ihm den Text

der Note vor, die dem polnischen Botschafter wenig später, 03.15 Uhr, verlesen wurde. Auf drei Einwände von der Schulenburgs hin veränderte Stalin den Text entsprechend den deutschen Wünschen. Somit wurde dem polnischen Botschafter Grzybowski ein zwischen der UdSSR und dem Deutschen Reich abgestimmtes Dokument vorgetragen.
Veröffentlicht: »Die Beziehungen ...«, S. 111f.

Molotow erklärte, daß militärisches Eingreifen Sowjetunion unmittelbar bevorstände. Vielleicht sogar schon morgen oder übermorgen ... Sowjetregierung beabsichtige ihr Vorgehen wie folgt zu begründen: polnischer Staat sei zerfallen und existiere nicht mehr; damit seien sämtliche mit Polen geschlossenen Verträge hinfällig; dritte Mächte könnten versuchen, aus dem entstandenen Chaos Vorteile herauszuschlagen; Sowjetunion fühle sich verpflichtet, zum Schutz ihrer ukrainischen und weißrussischen Brüder einzugreifen ... Sowjetregierung sehe für eine andere Motivierung leider keine Möglichkeit, da die Sowjetunion sich bisher um die Lage ihrer Minderheiten in Polen nicht gekümmert habe und ihr jetziges Eingreifen nach außen irgendwie begründen müsse ...

- **Dokument Nr. 5**
Gefechtsbefehl 01 des Befehlshabers der Belorussischen Front Michail Kowaljow vom 15. September 1939, 04.20 Uhr.
Veröffentlicht: »Katyń ...«, Bd. 1, S. 67 ff.

1. Das belorussische, ukrainische und polnische Volk bluten in einem Krieg, den die herrschende Clique der Gutsbesitzer und Kapitalisten Polens mit Deutschland begonnen hat. Die Arbeiter und Bauern Belorußlands, der Ukraine und Polens haben sich zum Kampf gegen ihre ewigen Feinde – Gutsbesitzer und Kapitalisten – erhoben ...
2. Im Morgengrauen des 17. Septembers beginnen die Armeen der Belorussischen Front die Offensive mit dem Auftrag, die aufständischen Arbeiter und Bauern Belorußlands und Polens, die das Joch der Gutsbesitzer und Kapitalisten abschütteln, zu unterstützen und zu verhindern, daß das Territorium Westbelorußlands von den Deutschen besetzt wird ...«

Herbst 1939. Die Rote Armee marschiert in Polen ein: »Unsere Armee, die Befreierin der Werktätigen« J. Stalin

Tagesbefehl Nr. 1423 Michail Tuchatschewskis, Oberbefehlshaber der Nordarmee der Roten Armee, vom 2. Juli 1920

Kämpfer der Roten Armee!
  Die Stunde der Abrechnung ist gekommen!
  Das Heer unter dem Roten Banner und die Armee des raubgierigen Weißen Adlers stehen sich im Kampf auf Leben und Tod einander gegenüber. Der Weg zum Weltenbrand führt über den Leichnam des Weißen Polens. Auf unseren Bajonetten bringen wir den werktätigen Massen Glück und Frieden.
  Auf nach Westen!
  Die Stunde des Angriffs ist gekommen.
  Vorwärts, nach Wilno, Minsk und Warschau!
  Vorwärts, Marsch!

- **Dokument Nr. 6**
Tagesbefehl 005 des Befehlshabers der Belorussischen Front Michail Kowaljow vom 16. September 1939.
  Veröffentlicht: »Katyń ...«, Bd. 1, S. 70 ff.

ICH BEFEHLE:
Den Verbänden der Belorussischen Front, die auf der gesamten Frontbreite die Offensive beginnen, energisch den Werktätigen Westbelorußlands und der Westukraine zur Hilfe zu eilen. Durch einen blitzartigen und vernichtenden Schlag sind die Streitkräfte des Grundbesitzertums und der Kapitalisten zu zerschlagen ... Für unsere glückliche sowjetische Heimat, für den Großen STALIN ...

- **Dokument Nr. 7**

Am 19. September 1939 wurde das Statut für die am gleichen Tag mit dem Befehl 0308 des Volkskommissars für Innere Angelegenheiten Lawrenti Berija ins Leben gerufene Verwaltung für Kriegsgefangene bestätigt.
Veröffentlicht: »Katyn ...«, Bd. 1, S.79 ff.

1. Die Verwaltung für Kriegsgefangene ist Bestandteil des Volkskommissariats für Innere Angelegenheiten der UdSSR. Sie ist eine Selbständige Verwaltung.

Wassili Tschernyschew

Der Chef der Verwaltung untersteht dem Volkskommissar ...
Die direkte Anleitung der Verwaltung liegt beim Stellvertreter des Volkskommissars für Innere Angelegenheiten, Gen[ossen Wassili – G. K.] Tschernyschew ...

3. Die Verwaltung ... leitet unmittelbar die Organisierung der Lager, die Unterbringung, Nachweisführung, den Unterhalt der Kriegsgefangenen und deren Nutzung bei Arbeiten ..., sie bestimmt die inneren Regeln des Lagerlebens ...

- **Dokument Nr. 8**

Dienstvorschrift der Sonderabteilung des NKWD der UdSSR vom 19. September 1939 zur einheitlichen operativen Nachweisführung.
Veröffentlicht: »Katyń ...«, Bd. 1, S. 84 ff.

1. Die Abteilung Nachweisführung des jeweiligen Lagers füllt unverzüglich nach dem Eintreffen eines jeden Kriegsgefangenen den Personal-

bogen (Anlage 1) aus und reicht diesen zusammen mit einem erkennungsdienstlichen Foto (Anlage 2) an die Sonderabteilung des Lagers weiter.
2. Auf der Grundlage des Personalbogens legt die Sonderabteilung für jeden Kriegsgefangenen zwei alphabetisch geordnete Karteikarten (Anlage 3) und eine Stammakte (Anlage 4) an ...
Beigefügt werden die Fingerabdrücke ...
7. Die Formalitäten der Anwerbung von Kriegsgefangenen in den Lagern erfolgen auf der Grundlage des Befehls Nr. 00931 vom 11. VII. 1939 des NKWD der UdSSR ...

- **Dokument Nr. 9**

Am 23. September 1939 bestätigte Wassili Tschernyschew das Statut der Kriegsgefangenenlager.
Veröffentlicht: »Katyń ...«, Bd. 1, S. 101 ff.

1. Zur Verwahrung der Kriegsgefangenen, die von den Einheiten der Roten-Arbeiter-und-Bauern-Armee übernommen worden sind, werden spezielle Kriegsgefangenenlager eingerichtet.
2. Grundaufgaben der Kriegsgefangenenlager sind:
   a) die Verwahrung der Kriegsgefangenen in einer Art und Weise, die sie von der Bevölkerung isoliert;
   b) ein Lagerregime, das jede Flucht aus dem Lagerregime verhindert;
   c) agitatorisch-propagandistische sowie kulturelle Massenarbeit unter den Kriegsgefangenen ...

Die Leitung des Lagers liegt, ausgenommen die Sonderabteilung, beim Lagerkommandanten, dem Kommissar des Lagers sowie dem Stellvertreter des Lagerkommandanten ...

Die Sonderabteilung nimmt die tschekistisch-operative [d. h. geheimdienstliche – G. K.] Bearbeitung der Kriegsgefangenen vor.

Die Politische Abteilung führt die agitatorisch-propagandistische Arbeit mit den Kriegsgefangenen durch, leitet die Arbeit des Klubs und der Bibliothek. Sie führt die politische Arbeit unter den Mitarbeitern des Lagers ...

- **Dokument Nr. 10**

Die Regeln der Verwaltung für Kriegsgefangenenwesen des NKWD

vom 28. September 1939 schrieben für den Aufenthalt der Kriegsgefangenen in den Lagern vor:
Veröffentlicht: »Katyń ...«, Bd.1, S. 113–115.

1. Alle ins Lager eingelieferten Kriegsgefangenen sind zu registrieren. Während der Registrierung ist jeder Kriegsgefangene verpflichtet, wahrheitsgemäß auf die Fragen des Personal-Fragebogens zu antworten.
2. Alle Gegenstände, deren Besitz bei eingelieferten Kriegsgefangenen verboten ist: Geld über die festgesetzte Höchstgrenze hinaus, Wertgegenstände und Dokumente werden eingezogen ....
3. Die Lagerverwaltung ist verpflichtet, jedem Kriegsgefangenen eine Quittung über alle konfiszierten Wertsachen und Gelder auszustellen. ...
6. Dem Kriegsgefangenen gegenüber ist jede ordinäre Haltung oder die Verletzung seiner Menschenwürde untersagt ...
8. Kriegsgefangene sind verpflichtet, Arbeiten im Lager- und in eigenem Interesse ohne Bezahlung auszuführen ...
12. Kriegsgefangene, die die Regeln für den Aufenthalt verletzen, sich nicht den Festlegungen der Lagerverwaltung und der -wache unterordnen, können durch eine Verfügung des Kommandanten oder des Kommissars bzw. deren Vertreter bis zu einem Monat in die Strafbaracke eingewiesen oder mit bis zu 20 Tagen Arrest bestraft werden. ...

   Im Arrest dürfen Bücher, Zeitungen und Zeitschriften gelesen werden ...
16. Kriegsgefangene können sich beschweren oder Vorschläge unterbreiten:
    a) wegen ungerechter Behandlung durch einen Lagermitarbeiter beim Lagerkommandanten und beim Kommissar,
    b) wegen ungerechter Behandlung durch die Lagerverwaltung bei der Verwaltung Kriegsgefangenenwesen des NKWD der UdSSR,
    c) in allen Fragen bei den Regierungsbehörden der UdSSR ...
18. Für begangene Verbrechen haben sich Kriegsgefangene strafrechtlich entsprechend den Rechtsnormen der UdSSR und der Unionsrepubliken zu verantworten. Die Nichtausführung von Weisungen

der Lagerverwaltung, Widerstand gegen deren Weisungen ... werden als militärische Vergehen gewertet und Verstöße dieser Art durch das Militärgericht geahndet.

- **Dokument Nr. 11**
Am 2. Oktober 1939 schlugen L(awrenti) Berija und L(ew) Mechlis* »dem ZK der KPdSU, Genossen STALIN« zur Entscheidung vor:

1) Alle kriegsgefangenen einfachen Soldaten – Ukrainer, Belorussen, Angehörige anderer Nationalitäten –, deren Heimat die Westukraine und Westbelorußland ist, sind nach Hause zu entlassen ...
3) In einem besonderen Lager sind jene einfachen Soldaten zusammenzufassen, deren Heimat der deutsche Teil Polens ist. Sie verbleiben bis zu den Verhandlungen mit den Deutschen und der Entscheidung, sie in ihr Herkunftsgebiet zu entlassen, im Lager.
4) Es ist ein Sonderlager für kriegsgefangene Offiziere einzurichten. Offiziere vom Dienstgrad Oberstleutnant aufwärts einschließlich Generale, sowie hohe Staats- und Militärbeamte sind abgesondert von den anderen Offizieren in einem eigenen Lager festzusetzen.
5) Mitarbeiter der Spionage und der Spionageabwehr, Gendarmen, Gefängniswärter und Polizisten sind in einem gesonderten Lager unterzubringen ...
11) Die Kriegsgefangenen sind in folgende Lager einzuweisen:
   a) Generale, Oberstleutnante, hohe Staats- und Militärbeamte in das Lager Saonikejewsk, Bezirk Wologda ...
   von Stalins Hand mit rotem Stift am Rand verändert in:
   »im Süden unterbringen / in Starob(jelsk) ...«
   b) Mitarbeiter der Spionage und der Spionageabwehr ... im Lager Ostaschkow, Bezirk Kalinin ...

* *Lew Mechlis wirkte im ZK der KPdSU in Stalins nächster Umgebung. Von Dezember 1937 bis September 1940 war er Stellvertreter des Volkskommissars für Verteidigung und Chef der Politischen Hauptverwaltung der Roten Armee.*

- **Dokument Nr. 12**
Die Aufgaben der Sonderabteilungen des NKWD in den Kriegsgefangenenlagern legte eine Weisung des Volkskommissars Lawrenti Berija vom 8. Oktober 1939 detailliert in 9 Paragraphen fest.

Veröffentlicht: »Meshdunarodnaja shisn«, Moskau, Heft 5/1990, S. 121 ff., und »Katyń ...«, Bd. 1, S. 150 ff.

§ 1. Es ist ein nachrichtendienstliches Agentennetz aufzubauen. Es dient der Unterrichtung über konterrevolutionäre Formierungen unter den Kriegsgefangenen, über deren Stimmungen und Vorstellungen. Dabei ist es erforderlich, zwei Kategorien des Agentennetzes zu schaffen:
1. Agenten, die nach außen hin weiterhin die Positionen des Kampfes zur ›Wiederherstellung‹ Polens vertreten. Sie sollen in alle entstehenden antisowjetischen Gruppierungen unter den Kriegsgefangenen eindringen ...
2. Agenten zur Unterrichtung über die politische Haltung der Kriegsgefangenen, entweder nach dem Gesichtspunkt der Zugehörigkeit zu einer Einheit oder nach landsmannschaftlichen Zugehörigkeiten.

§ 2. Den Agenten ist die Aufgabe zu stellen, folgende Gruppierungen aufzuspüren und zu durchdringen:
a) Mitarbeiter von Spionageeinrichtungen, Polizeidienststellen und des Staatsschutzes des ehemaligen Polens, Außendienststellen, Niederlassungen und Staatssicherheitsabteilungen in den Wojewodschaften, Polizeidienststellen, bei militärischen Verbänden, in den Armeekorps, beim Strafvollzug und bei den Bataillonen des Grenzschutzkorps (KOP);
b) Agenturen der o. a. Einrichtungen, deren geheime Mitarbeiter und Agenten;
c) Mitglieder militant-faschistischer und nationalistischer Organisationen des ehemaligen Polens ..., der POW [der Polnischen Militärorganisation – G. K.], der PPS [Polnische Sozialistische Partei – G. K.], der »Ansiedler« [in den Ostgebieten Polens – G. K.], des »Verbands der Unteroffiziere der Reserve«, des »Verbands der Reserveoffiziere«, des »Verbands der Rechtsanwälte Polens« ..., der »Zionisten«;
d) Mitarbeiter im Gerichtswesen und in der Staatsanwaltschaft;
e) der Agenturen fremder Nachrichtendienste;
f) Mitglieder terroristischer Emigrantenorganisationen [der sogenannten Weißen Emigration – G. K.];

g) Provokateure der früheren zaristischen Ochrana [d.h. der politischen Geheimpolizei – G.K.] und der Personen, die im Polizeidienst sowie im Justizvollzugsdienst des vorrevolutionären Rußlands standen;

h) Provokateure in den brüderlichen kommunistischen Parteien des ehemaligen Polens*, der Westukraine und Westbelorußlands ....

i) großbäuerliche und antisowjetische Elemente, die aus der UdSSR in das ehemalige Polen geflüchtet sind;

Die Agenten haben außerdem festzustellen und zu verhindern, daß Gefangene einzeln oder gruppenweise Fluchtversuche aus den Lagern unternehmen ...

* *Neben der auf Grund falscher Anschuldigungen durch die Komintern 1937 aufgelösten Kommunistischen Partei Polens, gab es eigenständige Kommunistische Parteien der Westukraine und Westbelorußlands.*

• **Dokument Nr. 13**
Auszug aus dem Beschlußprotokoll der Sitzungen des Politbüros des ZK der KPdSU vom 3. Dezember 1939; Nr. P 8/151 Streng geheim. Sondermappe.
Veröffentlicht: »Katyń ...«, Bd. 1, S. 297.

151. – NKWD-Angelegenheiten
Dem Vorschlag des NKWD, alle registrierten Berufsoffiziere der ehemaligen polnischen Armee zu verhaften, wird zugestimmt.
Sekretär des ZK der KPdSU (B) J. STALIN

• **Dokument Nr. 14**
Aktennotiz des Mitarbeiters der Verwaltung für Kriegsgefangenenwesen Alexander Makarow vom 30. Dezember 1939 über seine Tätigkeit im Lager Ostaschkow zur Bearbeitung von Kriegsgefangenenakten.
Veröffentlicht: »Katyń ...«, Bd. 1, S. 337 f.

Ich melde, daß durch die Tätigkeit ... bis 30. XII. 2000 Ermittlungsakten abgeschlossen worden sind, an die Sonderberatung sind 500 Akten übersandt, 150 Anklageakten sind ausgefertigt. ...

Gen.[osse] Major*, ich bitte Sie, mir und Gen. Fjodorow** von der

3. Abteilung der Hauptverwaltung Staatssicherheit des NKWD der UdSSR ... je eine komplette Uniform durch Gen. Borisowez anweisen zu lassen. Sowohl er als auch ich sind schlecht gekleidet, tragen dünne, verschmutzte Feldblusen, während wir ausnahmslos Polizeikommissare verhören. Außerdem müßte man allein aus operativen Gründen anständig gekleidet sein ...

* *Soprunenko, Verwaltungschef.*
** *Dmitri.*

• **Dokument Nr. 15**

Franciszek Sikorski

Brigadegeneral Franciszek Sikorski, Verteidiger von Lwów, Bruder des Premierministers der Regierung Polens im Exil und Oberbefehlshabers der Streitkräfte Polens Władysław Sikorski, schrieb am 20. Oktober 1939 aus dem Sonderlager Starobjelsk an den Befehlshaber der Ukrainischen Front Semjon Timoschenko. Der Brief wurde nicht beantwortet, befand sich jedoch u.a. auch in den Händen von Pjotr Soprunenko und Lawrenti Berija.

Franciszek Sikorski (1889–1940) ist in Charkow erschossen worden. Seine sterblichen Überreste befinden sich in einem der Massengräber von Pjatichatki.

Veröffentlicht: »Meshdunarodnaja shisn«, Moskau, Heft 5/1990, und »Katyń ...«, Bd. 1, S. 203 ff.

Befehlshaber
der Verteidigung Lwóws
Brigadegeneral SIKORSKI

An den
Befehlshaber der Ukrainischen Front
TIMOSCHENKO

Ich habe die Ehre, Sie darüber zu unterrichten, daß General LANGNER* vor seiner Abreise nach Moskau mir den Inhalt des Gesprächs mitgeteilt hat, das Sie mit ihm hatten. Daher ist mir bekannt, daß Sie verstanden haben, warum wir uns, obwohl schriftliche Kapitulationsangebote des deutschen Befehlshabers vorlagen, die uns außerordentlich günstige Bedingungen zusicherten, von der Androhung eines Sturmangriffs von vier Divisionen, verbunden mit einer Bombardierung der Stadt, einschüchtern ließen.

Ihnen ist klar gewesen, daß wir ohne zu schwanken und obwohl noch keine konkreten Vorschläge der Roten Führung in unserer Hand waren, Verhandlungen mit Vertretern des Staates aufnahmen, in dem – im Unterschied zu Deutschland – die Prinzipien der Gerechtigkeit gegenüber anderen Völkern und Persönlichkeiten verpflichtend sind.

Sie hatten Gelegenheit sich davon zu überzeugen, daß wir unsere Verantwortung als Soldaten bis zum letzten Augenblick wahrgenommen haben und gegen den deutschen Aggressor kämpften sowie zur rechten Zeit und in angemessener Form den Befehl des Polnischen Oberkommandos ausführten, der uns verpflichtete, die Rote Armee nicht als kriegführende Macht zu betrachten.

Ihre richtige Lagebeurteilung gipfelte in der Bestätigung unserer Vereinbarung über die Kapitulation.

Im Zusammenhang damit erachte ich es als meine Verpflichtung, Sie, mein Herr, mit unserer aktuellen und tatsächlichen Lage bekannt zu machen.

Ich befinde mich in [der] St.[adt] Starobjelsk. Hierher wurden alle Offiziere verlegt, die, dem Befehl des Polnischen Oberkommandos folgend, ihre Waffen vor der Roten Armee nicht nur in Lwów, sondern auch in all den anderen Gebieten niederlegten, über die sich Ihre Macht erstreckte, die Sie als Befehlshaber der Ukrainischen Front ausübten. ...

Ich erlaube mir ... Ihre Aufmerksamkeit auf folgende Punkte zu lenken:

1. Unsere verzögerte Entlassung in die Freiheit hat für alle von uns wie auch für unsere Familien zur Folge, daß wir uns in einer sehr schwierigen Lage befinden, wenngleich die Sowjetmacht sich sehr bemüht, um unsere Lebensbedingungen zu erleichtern.

2. Unsere Verlegung um mehr als 1000 Kilometer nach Osten ... kompliziert unsere Rückkehr an die Wohnorte und verhindert letztlich den direkten Kontakt mit unseren Familien.

3. Der Aufenthalt in Starobjelsk und die Beschränkungen unserer persönlichen Freiheit sogar an diesem Ort sind für uns ein außerordentlich schweres Erlebnis ...

* *Brigadegeneral Władysław Langner (1897–1972) führte im Septemberfeldzug die Truppen im Wehrbereich »Lwów«, wurde nach der Kapitulation der Stadt zu Gesprächen nach Moskau gebracht und gelangte auf bisher nicht offengelegte Art und Weise an die Seite der westlichen Verbündeten Polens.*

• **Dokument Nr. 16**
Am 13. Januar 1940 überreichte Oberst Edward Józef Saski, Richter am Obersten Militärgericht, Gefangener in Starobjelsk, dem Lagerkommandanten ein Gesuch, das eine »Gruppe von Obersten, Starobjelsk, Kirowstraße 32«, Anfang Januar verfaßt hatte. Auf dem Dienstweg wurde die Eingabe dem Volkskommissar Berija vorgelegt, eine Antwort ist nicht bekannt.
Veröffentlicht: »Katyń ...«, Bd. 1, S. 364–367.

I. Allgemeiner Teil
  I. Wir bitten uns zu erklären, wie das Verhältnis der Regierung der UdSSR zu uns ist, insbesondere
  1. Sind wir anerkannt als Kriegsgefangene?
    Wenn ja, bitten wir uns gegenüber um Verhaltensweisen, die von allen Regierungen gegenüber Kriegsgefangenen akzeptiert sind; vor allem
    a) uns die Möglichkeit zu gewähren, uns ungehindert an eine bei der Regierung der UdSSR akkreditierte Botschaft zu wenden, die die Interessen der Bürger Polens und damit auch der Kriegsgefangenen vertritt;
    b) uns mit dem Roten Kreuz verständigen zu können, um mit unseren Familien, die sich außerhalb der Grenzen der UdSSR befinden, zu korrespondieren;
    c) Namenslisten der Kriegsgefangenen zu veröffentlichen, die es unseren Angehörigen ermöglichen zu erfahren, wo wir uns befinden;
    d) nicht eingezogene Angehörige der Reserve und Personen a. D. zu entlassen;
    e) uns einen Sold zuzugestehen, der es uns erlaubt, unumgäng-

liche persönliche Lebensbedingungen zu sichern, da z. B. unsere Kleidung und unser Schuhwerk abgetragen sind und wir selbst über keine materiellen Voraussetzungen, dies zu ändern, verfügen;
2. Sind wir Häftlinge?
Wenn ja, bitten wir uns über die Verbrechen zu informieren, derentwegen wir unserer Freiheit beraubt worden sind, und uns formell anzuklagen;
3. Sind wir Internierte?
Dann erklären Sie uns bitte, warum wir unserer Freiheiten beraubt wurden, um so mehr, da wir auf polnischem Territorium verhaftet wurden.
II. Wir bitten uns zu erklären, aus welchen Gründen im Lager Kranke und Alte festgehalten werden, die nichts mit dem gegenwärtigen Krieg zu tun haben. Wir bitten, diese Personen zu entlassen.
III. Bis zum jetzigen Zeitpunkt ist die Frage der Korrespondenz mit Familienmitgliedern nicht geklärt. ...
Wir bitten zu veranlassen:
Keinerlei Einschränkungen hinsichtlich der Personen, die Familienangehörige suchen;
Erlaubnis, mindestens einmal wöchentlich und nicht wie bisher einmal monatlich eine Postkarte oder einen Brief absenden zu dürfen ...
Uns das Recht einzuräumen, Lebensmittelpakete von unseren Familien empfangen zu dürfen, desgleichen Wäsche und weitere Dinge des Alltags;
Uns Briefpapier und -umschläge zugänglich zu machen ...
IV. Die medizinische Versorgung ist unzureichend ...
V. Wir bitten, uns bei den Filmvorführungen keine Filme oder Filme mit Episoden zu zeigen, die unser Nationalgefühl oder die Ehre unseres Vaterlandes verletzen.
Wir bitten weiterhin, daß man sich an uns, vor allem durch Personen in niedrigeren Dienstgraden, auf angemessene Weise wendet. Egal, ob wir als Kriegsgefangene oder als Internierte betrachtet werden, sind wir doch nach wie vor Militärs mit entsprechendem Dienstgrad ...«

Weitere Forderungen betrafen die Bereitstellung von Büchern, Sportgeräten, die Möglichkeiten eines Fremdsprachenunterrichts. Außerdem verlangten sie, mindestens einmal wöchentlich die Gelegenheit zu erhalten, mit dem Lagerkommandanten bzw. in Wirtschaftsangelegenheiten mit dem entsprechenden Lagerverantwortlichen Rücksprache nehmen zu können.

- **Dokument Nr. 17**

Mit Veränderungen bestätigte Beschlußvorlage vom 5. März 1940 zur Vorgehensweise gegenüber polnischen kriegsgefangenen Offizieren in der Verfügungsgewalt des NKWD der UdSSR. Die Bestätigung durch eigenhändige Unterschrift erfolgte auf dem Deckblatt durch: J. Stalin, K. Woroschilow, W. Molotow, A. Mikojan und durch die eingeholte Zustimmung von Kalinin und Kaganowitsch. (Faksimile siehe S. 80/81)

Veröffentlicht: »Katyń ...«, Bd. 1, S. 471–474, Faksimile und Materialsammlung d. Verf. Die Übersetzung in »Das Parlament«, 2. April 1993, S. 17, ist fehlerhaft.

UdSSR.
Volkskommissariat für Innere Angelegenheiten   Streng geheim
vom 5. III. 40
Nr. 794/B
ZK KPdSU (B)
Genossen S T A L I N

In den Lagern für Kriegsgefangene des NKWD der UdSSR und in den Haftanstalten der Westgebiete von Ukraine und Belorußland befindet sich derzeit eine große Anzahl ehemaliger Offiziere der polnischen Armee, ehemaliger Mitarbeiter der Polizei und Spionageorgane, Mitglieder polnischer nationalistischer k[onter]-r[evolutionärer] Parteien, Teilnehmer aufgedeckter k-r Aufständischenorganisationen, Grenzverletzer und a[nderer]. Alle sind geschworene Feinde der Sowjetmacht, haßerfüllt gegenüber der sowjetischen Ordnung.

Die kriegsgefangenen Offiziere und Polizeiangehörigen in den Lagern versuchen die k-r Tätigkeit fortzusetzen, sie führen eine antisowjetische Agitation. Jeder von ihnen wartet nur darauf, freizukommen, um die Möglichkeit zu erhalten, sich aktiv in den Kampf gegen die Sowjetmacht einzuschalten.

Die Organe des NKWD in den Westgebieten der Ukraine und Belorußlands haben eine Reihe k-r aufständischer Organisationen aufge-

Telegramm aus Starobjelsk, befördert von der »Deutschen Reichspost«

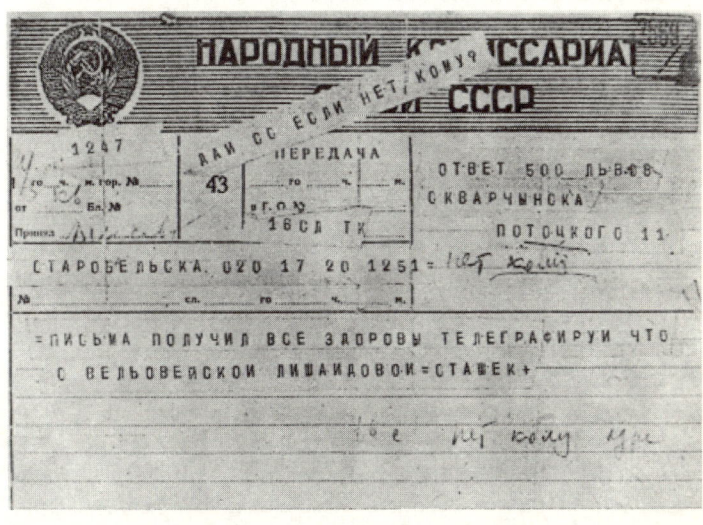

Telegramm aus Starobjelsk, befördert vom »Volkskommissariat für Nachrichtenwesen der UdSSR«

deckt. In all diesen k-r Organisationen spielten ehemalige Offiziere der ehemaligen polnischen Armee, ehemalige Polizisten und Gendarmen eine aktive, führende Rolle.

Unter den Flüchtlingen und Verletzern der Staatsgrenze wurde eine beträchtliche Anzahl von Personen entdeckt, die Teilnehmer k-r Spionage- und Aufständischenorganisationen sind.

In den Lagern für Kriegsgefangene befinden sich (ausgenommen Soldaten und Unteroffiziere) 14 736 ehemalige Offiziere, Beamte, Gutsbesitzer, Polizisten, Gendarmen, Gefängniswärter, Ansiedler* und Aufklärer – ihrer Nationalität nach über 97 Prozent Polen**.

Unter ihnen:***
Generale, Oberste, Oberstleutnante 295
Majore und Hauptleute 2 080
Leutnante, Unterleutnante, Fähnriche 6 049
Offiziere und dienstgradjüngere Kommandeure der
Polizei sowie des Grenzschutzes und der Gendarmerie 1 030
Einfache Polizisten, Gendarmen, Aufseher und Spione 5 138
Beamte, Gutsbesitzer, Priester und Ansiedler 144

In den Gefängnissen der Westgebiete der Ukraine und Belorußlands befinden sich insgesamt 18 632 Häftlinge (10 685 von ihnen Polen)+.

Unter ihnen:
Ehemalige Offiziere 1 207
Ehemalige Polizisten, Aufklärer, Gendarmen 5 141
Spione und Diversanten 347
Angehörige verschiedener k-r ...Organisationen ... 5 345
Grenzverletzer 6 127

Davon ausgehend, daß sie alle eingefleischte, unverbesserliche Feinde der Sowjetmacht sind, hält das NKWD für notwendig:

I. Dem NKWD der UdSSR ist vorzuschlagen:
1. Die Verfahren über die in den Lagern befindlichen 14 700 ehemaligen polnischen Offiziere, Beamten, Gutsbesitzer, Polizisten, Aufklärer, Gendarmen, Ansiedler und Aufseher,
2. sowie über die inhaftierten und in den Haftanstalten der Westgebiete von Ukraine und Belorußland befindlichen 11 000 Mann, Mitglieder verschiedener k-r Spionage- und Diversionsorganisationen, ehema-

lige Gutsbesitzer, Fabrikanten, ehemalige polnische Offiziere, Beamte und Grenzverletzer – in Sonderberatungen zu entscheiden und dabei die Höchststrafe – Tod durch Erschießen – anzuwenden.

II. Die Sonderberatungen sind abzuwickeln, ohne die Inhaftierten vorzuladen und ohne ihnen gegenüber Anklage zu erheben, indem durch ihren Beschluß die Ermittlung und die Anklage für eingestellt erklärt werden.
Dabei ist folgendermaßen zu verfahren:
a) bei Personen, die sich in Kriegsgefangenenlagern befinden, sind sie nach Unterlagen vorzunehmen, die die Verwaltung Kriegsgefangenenwesen des NKWD der UdSSR vorlegt,
b) bei inhaftierten Personen nach Unterlagen, die die NKWD der USSR und der BSSR vorlegen.

III. Die Sonderberatung und der jeweilige Beschluß wird einer Troika übertragen. Sie besteht aus den Genossen Merkulow, Kobulow und Baschtakow (Chef der 1. Sonderabteilung des NKWD der UdSSR)

Volkskommissar für Innere Angelegenheiten der U n i o n der Sozialistischen Sowjetrepubliken
gez. L. Berija

* Als Ansiedler wurden Polen bezeichnet, die als Landwirte, Förster u.a. in den polnischen Ostgebieten – nunmehr Westgebiete der Ukraine und Belorußlands – angesiedelt worden waren. Viele von ihnen hatten 1920 Polen gegen die Invasion der Roten Armee verteidigt und dafür auf Grund eines Gesetzes der Republik Polen vom 17. Dezember 1920 Land im Osten oder eine Stellung im Staatsdienst erhalten.
** Die Zahl ist deutlich überhöht.
*** Die Zahlen änderten sich ständig, sie sind lediglich als Orientierungsgrößen zu nutzen.
+ Außerdem befanden sich hier vor allem noch Ukrainer und Juden, wie den diversen Namenslisten zu entnehmen ist.

- **Dokument Nr. 18**
Beschlußprotokoll Nr. 13/144 des Politbüros des ZK der KPdSU vom 5. März 1940
Veröffentlicht: »Katyń ...« Bd. 1, S. 477, Faksimile und Materialsammlung d. Verf.

Streng geheim
Kommunistische Partei der Sowjetunion (B)
Nr. P13/144 Gen. Berija
März 1940
Auszug aus dem Protokoll Nr. 13
Beschluß vom 5. III. 40
144. Zu NKWD der UdSSR*
I. Dem NKWD ist vorzuschlagen:
  1. Die Verfahren der 14 700 in den Lagern für Kriegsgefangene [dieses Wort ist unterstrichen – G.K.] befindlichen ehemaligen polnischen Offiziere, Beamten, Gutsbesitzer, Polizisten, Aufklärer, Gendarmen, Ansiedler und Aufseher,
  2. sowie die Verfahren der verhafteten und in den Gefängnissen der Westgebiete von Ukraine und Belorußland befindlichen 11 000 Mitglieder verschiedener k-r Spionage- und Diversionsorganisationen, ehemaliger Gutsherren, Fabrikanten, ehemaliger polnischer Offiziere, Beamter und Grenzverletzer sind in außerordentlichen Beratungen und unter Anwendung der Höchststrafe gegen sie – Tod durch Erschießen – abzuwickeln.
II. Die Verfahren sind durchzuführen, ohne die Arretierten vorzuladen und ohne ihnen die Anklage mitzuteilen. Dabei ist folgendermaßen vorzugehen:
  a) Personen in den Lagern für Kriegs-Gefangene [so im Original – G.K.] sind an Hand der Unterlagen der Verwaltung Kriegsgefangenenwesen des NKWD der UdSSR
  b) Personen, die inhaftiert sind, sind an Hand der Unterlagen der Verfahren, die von den NKWD der Ukraine und Belorußlands vorzulegen sind, abzuurteilen.
III. Die Verfahren und die Beschlußfassung sind einer Troika zu übertragen, der die Gen(ossen) Merkulow, Kabulow** und Baschtakow (Chef der 1. Sonderabteilung des NKWD der UdSSR) angehören.

Sekretär des ZK«
(nicht abgezeichnet)

* *Vgl. Dokument Nr. 89.*
** *Falsch im Protokoll, richtig: Kobulow. Es handelt sich um Viktor (eigentl. Bogdan) Kobulow, sein Bruder Amajak, der in manchen Darstellungen mit ihm ver-*

wechselt wird, befand sich zwischen September 1939 und Juni 1941 als Chef des sowjetischen Auslandsspionagenetzes in Deutschland in Berlin.

- **Dokument Nr. 19**

Weisung des Volkskommissars L. Berija vom 20. März 1940 an den Volkskommissar für Innere Angelegenheiten der Kasachischen Unionsrepublik Semjon Burdakow (1901–1978, ab 1922 OGPU/NKWD/MWD) über die Deportation von Familien polnischer Offiziere
Veröffentlicht: »Katyń ...«, Bd. 2, S. 79 f.

Aus den Westgebieten der Ukrainischen und der Belorussischen SSR werden für 10 Jahre 25 000 Familien ehemaliger Offiziere, Polizisten, ... Angehörige von Personen, die repressiert wurden und sich in Lagern für Kriegsgefangene befinden, in die nördlichen Gebiete der Kasachischen SSR deportiert.

Es handelt sich bei diesen Familienangehörigen um annähernd 75 000 bis 100 000 Personen ...

Alle Deportierten sind unter Beobachtung zu nehmen ...

Es ist sicherzustellen, daß operative Agenten unter den Deportierten rechtzeitig feindselige Tätigkeiten aufdecken und Fluchtversuche unterbinden ...

- **Dokument Nr. 20**

Eine Aktennotiz vom Monat März – nicht später als 25. März – informiert Kobulow, Mitglied der Troika des NKWD zur Liquidierung der polnischen Offiziere und weiterer Gefangener, zwei Wochen nach der entsprechenden Entscheidung vom 5. März über die Zuarbeiten aus dem Lager Starobjelsk.
Veröffentlicht: »Katyń ...«, Bd. 2, S. 85 f.

Beginnend ab 20. März wurden Listen über 760 Personen nach Moskau übersandt. Antworten liegen noch nicht vor. Bitten um Eile. In Charkow ist alles vorbereitet. Die Waggons stehen in Starobjelsk bereit.

Im Lager herrscht große Unordnung; die Wachen leisten den Polen verschiedene Dienste, kaufen Wertgegenstände an, knüpfen verbrecherische Kontakte. Dabei Entdeckte werden verhaftet. Heute hat die Sonderabteilung des Charkower Militärbezirks vier Kriegsgefangene verhaften und nach Charkow abtransportieren lassen. Ich halte das für überflüssig. Man kann sie ja mit der ersten Partie überstellen. Bitte um schnelle Hinweise ...

Von Kobulows Hand steht auf der Aktennotiz:
Eilt! Gen. Soprunenko. Weisen Sie an, daß keine Verhaftungen unter den Kriegsgefangenen mehr vorgenommen werden ... Melden Sie Vollzug.

- **Dokument Nr. 21/1**
Mit Fernschreiben Nr. 4888 vom 1. II. 1940 melden (Pjotr) Soprunenko und (Stepan) Belolipezki* an Berija über ihre Tätigkeit im Sonderlager Ostaschkow.
Veröffentlicht: »Katyń ...«, Bd. 1, S. 391.

Ermittlungsverfahren gegen polnische Polizisten im Lager Ostaschkow abgeschlossen, ausgefertigt 6 Taus[end] 50 Akten. Übersendung der Akten [an – G. K.] SonderBeratung begann. Abschließen Übersendung achten Februar. Notwendige Maßnahmen [für die – G. K.] Verfahren abgeschlossen.

* *Stepan Belolipezki, Leutnant der Staatssicherheit, Leiter einer Ermittlergruppe, die zwischen 4. Dezember 1939 und 1. Februar 1940 die Ermittlungsakten in Sachen der Gefangenen im Lager Ostaschkow abzuschließen und der Sonderberatung vorzulegen hatte, einschließlich der Anklagepunkte.*

- **Dokument Nr. 21/2**
Weisung des Chefs der Verwaltung Kriegsgefangenenwesen vom 30. März 1940 an den Lagerkommandanten in Starobjelsk, Alexander Bereschkow
Veröffentlicht: »Katyń ...«, Bd. 2, S. 109 f.

Übermitteln Sie zuerst die Unterlagen* über die höchsten Dienstgrade, sodann die der oberen und mittleren Offizierskader. Zuletzt über die Ärzte, Lehrer, Agronomen und weitere Zivilisten, über die kein belastendes Material vorliegt.

* *Diese sogenannten »Unterlagen« bestanden vornehmlich in Angaben an Hand eines von Kobulow entworfenen Vordrucks, der über Soprunenko allen in die Operation Einbezogenen zugestellt worden war. Der Vordruck enthielt:*

Nr., unter der die Personalakte eines jeden Kriegsgefangenen geführt wurde; dessen Namen, Vornamen und Namen des Vaters; Geburtsjahr, Geburtsort, Besitzstand, Familienstand, soziale Herkunft, seit wann und wo in Kriegsgefangenschaft; Dienststellung und Dienstgrad.

Diese Angaben genügten für das – sowieso bereits vorher im Beschluß vom 5. März 1940 – festgelegte Urteil. Jede dafür angelegte »Unterlage« hatte die Abmessungen 14 cm x 4 cm.

An Hand der in der Rubrik »Urteil« eingetragenen Entscheidung wurden die Abtransportlisten aus den Sonderlagern in der Verwaltung Kriegsgefangenenwesen des NKWD zusammengestellt, den Lagerkommandanten übermittelt und ausgeführt.

Lagerleben – Im Zeichen von Ungewißheit und Hoffnung

• Dokument Nr. 22

Brief von Jan Niedzielski, Leutnant der Reserve, geb. 1898, von Beruf Lehrer.*

Im »Verzeichnis der bis zum 7. Juni 1943 identifizierten 4143 Leichen« wird Jan Niedzielski unter Position 791 geführt. Außer seiner Erkennungsmarke wurde bei ihm auch ein Brief gefunden. (»Amtliches Material ...«, S. 186)

Der nachfolgende Brief befindet sich im Besitz der Tochter des Ermordeten, die nach dem Warschauer Aufstand 1944 nach Deutschland deportiert und als Zwangsarbeiterin eingesetzt wurde. Die Familie erhielt den Brief sowie einige weitere schriftliche Lebenszeichen des Ehegatten und Vaters Anfang 1940. Sie waren nicht mit der Post befördert, sondern als Zeichen des Widerstands von Unbekannten von Hand zu Hand bis nach Warschau weitergereicht worden.

22. XI. 39
Meine Liebste!
Ich bin in Rußland, fühle mich ziemlich gesund ... Schreibt mir, wie es Euch geht, ob Krysienka** zur Schule geht, wo Ihr wohnt und ob Du, meine Wanda, in der Schule tätig bist ... Macht Euch keine Sorgen um mich, denkt daran, wie Ihr Euch für den Winter mit Kohlen versorgt, mit Kartoffeln und anderen Lebensmitteln. Meine Liebsten, wendet Euch ans Sekretariat der Freien Volksschule und nehmt Urlaub für mich, selbstverständlich unbezahlten.

Ich umarme Euch beide von Herzen,
Euer Euch innig liebender Janek

Schreibt mir in polnisch, aber die Adresse*** in russisch:

Niedzielski Jan, UdSSR Stadt Kosjelsk, Bezirk Smolensk, Postfach 12

* *Siehe »Liste der exhumierten Opfer in den Massengräbern von Katyn«. Warszawa 1989, S. 117.*
** *Koseform des Namens der Tochter Krystyna.*
*** *Die Adresse ist in kyrillischen Buchstaben geschrieben.*

• **Dokument Nr. 23**
Edmund Bondke schrieb aus dem Sonderlager Starobjelsk zwei Postkarten und schickte ein Telegramm*; letzte Lebenszeugnisse des Lehrers und Leutnants.
Veröffentlicht: »Biogramy ...«, S. 64.

29. November 1939
Liebste Janeczko!** Ich bin in Sowjetrußland. Fühle mich völlig gesund. War nicht verwundet. Benachrichtige darüber ... und Deine Eltern ...

11. Dezember 1939
Allerliebste Frau! Es nähert sich die Heilige Weihnacht und in Gedanken teile ich gemeinsam mit Dir, Deinen Eltern und allen Anverwandten die Oblate. Ich wünsche Euch, daß das Neue Jahr sich uns gnadenreicher und glücklicher erweisen möge. Mit meiner Gesundheit steht es gut, unruhig bin ich einzig und allein deswegen, weil es mir an Nachrichten von den Deinen fehlt ...

* *Das Telegramm vom 8. April 1940 ist in deutscher Sprache und bestätigt den Empfang einer Postkarte.*
** *Koseform des Namens der Ehefrau Janina.*

• **Dokument Nr. 24**
Als 1943 der Leichnam des Leutnants und Regimentsadjutanten Marian Gawron in Katyn exhumiert wurde, fand sich in seiner Uniform ein noch nicht abgeschickter Brief, den das Polnische Rote Kreuz unter der Nr. 03707 archivierte.
Veröffentlicht: »Biogramy ...«, S. 121.

Kosjelsk, 7. Januar 1940
Suchdienst – Warszawa
Da ich keinerlei Nachricht von meiner Familie habe, bitte ich sehr herzlich die Adresse meiner Frau und meiner vier Kinder zu suchen und ihnen meine Adresse mitzuteilen ... Die Kinder: Zbigniew 11 Jahre, Krystyna 10 Jahre, Barbara 9 Jahre und Andrzej 7 Jahre.

Für die erbetene Information bedanke ich mich im voraus ...

- **Dokument Nr. 25**

Der Arzt und Leutnant Jan Zienkiewicz, Vater von zwei Kindern, hielt in seinem Notizbuch fest, was ihm während der Gefangenschaft wichtig war. Es wurde beim Verfasser nach der Exhumierung 1943 in Katyn gefunden und archiviert.

Veröffentlicht: »Biogramy ...«, S. 473–481.

18. (IX.) ... wurden wir entwaffnet und gefangengenommen ... Erneute Durchsuchung nach Waffen ...

19. (IX.) Schlimme Nacht ... Ich habe nichts mehr von meinen Sachen – auch meinen Regenmantel hat sich jemand angeeignet. ... Wir sind hungrig. Der gesamte Weg ist verstopft durch Panzer ...

Nach drei Tagen ein schlimmer Marsch – die Leute sind hungrig und nicht an solche Strecken gewöhnt. 55 km ....

28. (IX.) Im Konzentrationslager Kosjelschtschansk ... Enge: 26 Mann in einem Zimmer ... Schreckliche Lebensbedingungen ...

18. (X.) – Mittwoch. Auf dem Appellplatz treten die Soldaten an, die aus den Wojewodschaften stammen, die von den Russen besetzt worden sind. Ich wollte einen Brief an meine Frau schreiben, aber es ist verboten Briefe mitzunehmen. Ich bat um Übermittlung einer mündlichen Nachricht ...

2. (XI.) Früh Abfahrt ... Kosjelsk ... Ankunft: 5. 11 ... Verhalten gegenüber den Offizieren ist ziemlich gut ...

28. 11. Erlaubt, daß monatlich ein Brief an die Familie geschrieben werden darf ...

1. 12. Den ganzen Monat über verläuft das Leben monoton, schlafen, aufstehen, essen ...

21. 1. ... War heute zum ›dopros‹ [russ.: Vernehmung – G.K.]. Wurde gefragt, was ich tagsüber mache: Ich liege auf der Pritsche und

starre an die Decke. Seit einiger Zeit verpflegt man uns mit einem besonders schlimmen Kohl und Fisch oder mit Hering, die Leute kotzen ...
3. 4. Es begann das Reisefieber ...

• **Dokument Nr. 26**
Brief von Oberst Wacław Sokolewicz, Jg. 1877, von Beruf Pharmazeut und tätig im Ministerium für Sozialfürsorge. Seines Alters wegen nicht mehr zum aktiven Wehrdienst herangezogen, jedoch als Oberst a. D. und hoher Ministerialbeamter verhaftet. Er kam in das Sonderlager Starobjelsk. Erhalten blieb sein Brief an die Ehefrau.
Veröffentlicht: Tucholski, Mord ..., Faksimile Nr. 326.

Starobielsk 27. November 1939
Liebste Estusiu,*
Ich bin gesund und in Starobielsk in Rußland.

Bin in großer Sorge wegen Wojtus*, ob er gesund ist, ob er in die Schule und in welche Schule er geht ... Schreib mir, ... ob M ... in Warschau ist. Wie steht es mit den Apotheksräumen auf der Jeruzalemska-Straße, stimmt es, daß die Genehmigung zur Öffnung von Apotheken in Kraft ist.

Frau Czesława sollte sich so gut sie vermag zurückhalten, denn es könnte sein, daß ich nach meiner Rückkehr nicht gewillt bin, ihre despotischen Forderungen zu erfüllen. ...

Ich schreibe nur an Dich, liebe Estusiu, nur an Dich. Sei so gut und grüße alle Verwandten, Freunde und Bekannten von mir und gib ihnen meine Adresse. Mit großer Ungeduld erwarte ich eine Antwort von Dir und Briefe von ihnen.

Ich küsse Dich, umarme Dich fest ... Dein Wacek*
Meine Adresse**: Rußland – UdSSR Stadt Starobjelsk Postfach 15

* *Für alle Vornamen benutzt der Briefschreiber die jeweilige Koseform.*
** *Die Adresse ist teilweise in lateinischen, teilweise in kyrillischen Buchstaben geschrieben.*

• **Dokument Nr. 27**
Postkarte des Polizisten Bernard Mierzwa aus Lwów. Er schrieb an seinen Verwandten Andrzej, mit der Absenderadresse: »Horod [d. h. Stadt; hier russische Bezeichnung für Stadt mit lateinischen Buchstaben – G. K.] Ostaszkow [poln. Schreibweise für Ostaschkow – G. K.]

Kalininskiej [so im Original – G.K.] Oblasti, jaschtschik 37 [d.h. Bezirk Kalinin, Postfach 37 – G.K.]
Veröffentlicht: Tucholski, Katyń ..., Faksimile 211 und 212.

Ostaszkow 28./I. 1940
... Ich lasse Euch wissen, daß ich in »Rußland« bin. Ich bin gesund. G (? ...) blieb bei B (? ...), und sobald Ihr von mir Nachricht habt, so schreibt ihr einen Brief und gebt ihr meine Adresse ...

- **Dokument Nr. 28**

Erlebnisbericht von Oberst Stanisław Lubodziecki, der mehrfach und schwer verhört worden war. Schließlich wurde er aus Kosjelsk mit unbekanntem Ziel verlegt. Was die Zurückbleibenden als Todesurteil empfanden, erwies sich letztendlich als lebensrettend.
Veröffentlicht:»Wiadamości Polskie«, London, 21. März 1948

Unter den Kriegsgefangenen, die am 2. November 1939 nach Kosjelsk kamen, waren Berufs- und Reserveoffiziere, Offiziere, die in den verschiedensten Waffengattungen und Truppenteilen gedient hatten. Unter uns befanden sich auch Zivilisten, die verschiedenste Berufe ausgeübt hatten. Diese Gruppe bestand aus etwa 100 Männern, die Anzahl der Offiziere überstieg 4000 ....

Es gab einige Dutzend Offiziere, die einen Diplomabschluß hatten. Dann waren da einige hundert Ärzte. Unter ihnen die Obersten* Biskupski [August, Chirurg], Nelken [Samuel, Psychiater] und Stefanowski [Antoni, Internist, Chefarzt], die Oberstleutnante Millak [Michał, Chefarzt, Professor an der Universität Wilno], Rosnowski [Zbigniew, Internist], Czarnek [Włodzimierz, Internist], Dobrowolski [Henryk, Bakteriologe], die Majore Prof. Pieńkowski [Stefan, Neurologe und Psychiater], Dozent Gołyński [Bolesław, Internist], Prof. Zieliński [Marcin, Neurologe, Psychiater, Chefarzt, Klinikdirektor], die Hauptleute Mitkus [Witold, Neurologe], Mogilnicki [Tadeusz, Kinderarzt] ....

Die genannten und weitere nicht genannte Ärzte waren die Creme der polnischen Ärzteschaft.

In Kosjelsk waren Richter und Staatsanwälte interniert, unter ihnen der Präsident des Obersten Gerichts [Bolesław] Pohorecki, ...; nahezu alle Mitglieder des Obersten Militärgerichts ...

Ingenieure und Schriftsteller, Journalisten und Publizisten, Kaufleute, Industrielle, Lehrer und Bauern waren hier. Vertreter der Geistlichkeit desgleichen, so der Präses der Kurie der römisch-katholischen Kirche [Czesław] Wojtyniak u. a.

Dieser beträchtliche Teil der polnischen Intelligenz war jedes Tätigseins beraubt, jeder Möglichkeit, seine Fähigkeiten und Energie anzuwenden ...

Notwendigerweise widmete man in Kosjelsk den Gesprächen viel Zeit oder es wurde auch einfach geschwatzt. Gesprochen wurde über alle möglichen Themen. Vor allem interessierte man sich für den Krieg. Allerdings erreichten uns leider nur sehr knappe Nachrichten über den Kriegsverlauf. Wir verfolgten den Krieg zwischen der Sowjetunion und Finnland. Der sowjetische Rundfunk, dessen Sendungen teilweise über einen im Lager installierten schlechten Lautsprecher empfangen werden konnten, behauptete voller Dünkel und Selbstüberhebung am Vorabend des Krieges mit Finnland, daß die Rote Armee am Tage nach Kriegsausbruch im Triumph in Helsinki, Finnlands Hauptstadt, einmarschieren ... werde. Die bombastische Ankündigung wurde nicht verwirklicht. Die Gefangenen von Kosjelsk, hochgebildete Offiziere, beobachteten den Kriegsverlauf an Hand veröffentlichter Berichte sowie an Hand der aus Zeitungen ausgeschnittenen Karten, die an die Wände gepinnt wurden ... Den tatsächlichen Kriegsverlauf konnte man sich denken ... Die einzigen direkten Nachrichten über das Leben außerhalb des Lagers kamen von einer alten Reinemachefrau, die den Korridor der Generalsbaracke sauberhielt. Sie ... berichtete von der hohen Zahl Gefallener und von sehr vielen Verwundeten, auch davon, daß es im Land an verschiedenen Waren fehlte. Brot sei nur unregelmäßig zu ergattern.

Wie lange der Krieg gegen Hitler dauern werde, darüber war man geteilter Auffassung. Fast alle Gefangenen, ausgenommen eine kleine Gruppe von Offizieren deutscher Herkunft, die sich zu ihrer Nationalität bekannten, wünschten einen schnellen Sieg über Hitler. Vielleicht deshalb redete die Mehrzahl der Offiziere sich selbst und den Gefährten ein, daß der Krieg nicht mehr lange dauern werde. Für 1940 erwartete man die gewünschte Niederlage. Eine Minderheit von Skeptikern vertrat die Ansicht, daß der Krieg länger dauern werde. Und der nüchternste und pessimistischste General sah das Kriegsende im Herbst 1941.

Die Gedanken der Offiziere in Kosjelsk kreisten vor allem um die

Frage, ob man sie nach Polen abtransportieren werde ... Der Haß auf die Sowjets ... war so groß, daß man vom Gefühl her nur irgendwohin, weit weg von hier, kommen wollte, auch auf die Gefahr hin, aus dem Regen in die Traufe zu kommen ...

Die täglichen Gespräche der meisten Gefangenen begannen mit der Frage: »Was gehört, von unserer Rückkehr in die Heimat?«

Die Antworten klangen optimistisch. Da hieß es, die Gefangenen würden in Bälde fahren. Verschiedene Termine wurden genannt, verschiedene Details, die zeigen sollten, daß die Abreise bald bevorstehe und außer Frage stehe. Die Lagerkommandantur – sagte man – ordne die Listen der Gefangenen nach ihrer Herkunft aus den verschiedenen Wojewodschaften, um entsprechende Sammeltransporte zusammenstellen zu können. Dann wieder hieß es, Begleitmannschaften seien eingetroffen oder Waggons würden bereitgestellt ...

An diesen Gerüchten war ein Körnchen Wahrheit ... Dann hieß es wieder, England habe vorgeschlagen, die gefangenen polnischen Offiziere gegen Erstattung der Internierungskosten an die Sowjetunion nach England oder an ein neutrales Land zu übergeben ...

* *Die Vornamen und Angaben zum Beruf (in eckige Klammern gesetzt) wurden vom Verfasser ergänzt.*

• **Dokument Nr. 29**
Gespräch über das Sonderlager Starobjelsk mit Józef Czapski, der als Rittmeister d. R. diente und 1939 in sowjetische Gefangenschaft kam. Der Versuch, ihn durch Vermittlung des Vatikans freizubekommen, blieb erfolglos. Aus Starobjelsk wurde er verlegt und zuletzt in Grjasowez gefangengehalten, bevor er nach entsprechenden Vereinbarungen zwischen der polnischen und der sowjetischen Regierung im Hochsommer 1941 aus dem Lager entlassen wurde. Er schloß sich unverzüglich den in Aufstellung befindlichen polnischen Streitkräften unter General Anders an.

In dessen Auftrag suchte er 1941/42 nach den Verschollenen. Czapski ist Verfasser des Buches »In einem unmenschlichen Land« und anderer Bücher. Er betätigte sich auch als Maler. Das Gespräch wurde wenige Tage nach der Entdeckung der Massengräber von Katyn geführt und publiziert.

Veröffentlicht: »Orzeł Biały«, London, 25. April 1943.

– Was hatten Sie, Herr Rittmeister, mit dem Lager Starobjelsk zu tun und wann war das?

Am 26. IX. 39 kam ich gemeinsam mit dem Stamm des 8. Ulanen-Regiments in russische Gefangenschaft. In Starobjelsk eingewiesen wurde ich Anfang Oktober. Das Lager verließ ich als einer der letzten im Mai 1940 ... Sofort, als mir im November 1941 die Aufgabe gestellt wurde, die Soldaten einzuweisen, die sich bei den Polnischen Streitkräften meldeten, begann ich sie nach dem Schicksal der Vermißten zu fragen. Das geschah auf Befehl von General Anders bis zum 1. April 1942. Ich habe Tausende befragt. Es gelang mir, Körnchen um Körnchen von dem Geschehen zusammenzutragen. Im April 1942 informierte ich zusammenfassend über das Ergebnis Minister Kot, der sich in Kujbyschew befand.

– Gab es geordnete Listen der in den Lagern Gefangengehaltenen?

Unter den Überlebenden waren Offiziere, die den Lagerkommandanten bei der Wirtschaftsverwaltung zur Hand gegangen waren. So z.B. erhielt Oberleutnant Bronisław Młynarski, vormals Adjutant des Lagerältesten in Starobjelsk, Kenntnis von außerordentlich wichtigen Ereignissen. Dank dieser Kenntnisse konnten wir detaillierte Listen der Gefangenen anfertigen. Ihre Gesamtzahl in den drei Lagern belief sich auf mehr als 15 000 Personen, darunter 8 700 Offiziere. In Starobjelsk waren nahezu ausnahmslos Offiziere sowie einige Dutzend Fähnriche. In Ostaschkow dagegen befanden sich überwiegend Soldaten des Grenzschutzkorps und der Staatspolizei.

Alle waren Kriegsgefangene, alle kamen im Herbst 1939 in Gefangenschaft. Von ihnen allen sind bisher 300 bis 400 in Freiheit. Etwa 300 der Geretteten sind später in Grjasowez gewesen, einige Dutzend kamen aus verschiedenen Gefängnissen, wohin sie aus Kosjelsk, Starobjelsk oder Ostaschkow eingeliefert worden waren ...

– Wie waren die Lebensbedingungen in Starobjelsk?

Die Bedingungen waren unzweifelhaft um vieles besser als die Bedingungen in Lagern, wo Politische saßen. Das Essen war knapp, aber es reichte, um nicht zu hungern. Wenn vom Dach über den Kopf die Rede ist, dann war es am schlimmsten im sogenannten Zirkus. Das war eine ehemalige Kirche. Hier waren etwa 1 000 Männer eingepfercht. Die Betten standen jeweils fünfstöckig übereinander. Da es sehr eng war, mußte man ein Ausbund an Geschicklichkeit sein, um nicht aus dem obersten Bett unterm Kirchendach auf den Boden zu fallen ...

Im Lager gab es auch eine kleine Bibliothek. Sie enthielt ausnahmslos russische Bücher. Sie befriedigte noch nicht einmal den hundertsten Teil des Lesehungers. Die Verhöre liefen in der Regel ohne Gewaltanwendung ab. Das höchste war, daß einer drei Tage und drei Nächte ununterbrochen verhört wurde.
– Wie ging der Abtransport aus Starobjelsk vor sich?

Zuerst setzten die Lagerbehörden Gerüchte in Umlauf, wir würden an die Deutschen ausgeliefert. Später hieß es, man werde uns via Rumänien und Griechenland an die polnischen Streitkräfte, die in Frankreich kämpften, übergeben ... Es kam sogar soweit, daß man uns mitten in der Nacht weckte und fragte, wer Balkansprachen spreche ... Eines Tages fand ein Gefangener gar die Skizze unseres Transports. Sie führte über Bessarabien nach Griechenland. Die hatte man uns untergeschoben ...
– Und wer gehörte zur Gruppe, die gemeinsam mit Ihnen das Lager verließ?

... Wir waren einige Dutzend Offiziere. Das wirft die Frage nach den Auswahlkriterien für die Zusammensetzung dieser Gruppe auf. Ich habe oft darüber nachgedacht und bin zu der Überzeugung gelangt, daß es weder ein politisches noch ein anderes genau definiertes Auswahlprinzip gegeben hat, um uns 70 Offizieren, die aus Starobjelsk nach Grjasowez kamen, das Leben zu retten. Es war in jedem Fall reiner Zufall. Es gab z. B. alle Dienstgrade, vom General Wołkowicki bis zum einfachen Soldaten. Es gab Leute, die sich eine »Rote Ecke« eingerichtet hatten, und es gab Anhänger der äußersten Rechten, so der ONR* ...
– Welche Hinweise zum Schicksal der Gefangenen aus den Lagern gibt es auf Grund der von Ihnen gesammelten Informationen?

... Die ersten Hinweise verwiesen auf Franz-Joseph-Land. So äußerte der Chef des NKWD in Tschkalow auf meine direkte Frage, daß sich die Gefangenen von Starobjelsk im Hafen Dudinka befänden, in der Mündung des Jenissej. Von diesem Hafen aus gehe es auf die Insel Franz-Joseph-Land.

Alle Informationen waren jedoch unsicher ...
– Welche Haltung nahm Stalin in dieser Frage ein?

Stalin, der zuerst durch den Botschafter der Republik Polen darauf angesprochen wurde**, nahm mit großem Zorn die Nachricht auf, daß es noch Polen gäbe, die nach wie vor inhaftiert seien. Dann fügte er hinzu, daß die Amnestie ausnahmslos für alle gelte, und rief beim

NKWD an. Er befahl, unverzüglich diese Entscheidung durchzusetzen. Ein weiteres Mal wurde Stalin mit dem Thema durch General Anders im Kreml während des Besuchs von General Sikorski konfrontiert. Der höchste russische Machthaber äußerte daraufhin die Vermutung, daß unsere Offiziere in die Mandschurei geflohen seien. Darauf antwortete ihm General Anders, daß er das NKWD gut genug kenne, um diese Institution ernst zu nehmen. Stalin lächelte über dieses Kompliment und versicherte, wenn es Leute gebe, die wider Recht und Gesetz Polen noch in Lagern halten würden, dann werde man diese Leute brechen [russ: my budem ich lomat' – Czapski zitiert ihn in Russisch – G. K.].

– Welches sind Ihre, Herr Rittmeister, abschließenden Bemerkungen?

Die gesamte deutsche Propaganda müssen wir mit verständlicher Vorsicht aufnehmen ... Vor allem seit drei Jahren fehlende Nachrichten über die Vermißten erlauben es nicht, optimistisch zu sein. Mit einem abschließenden Urteil sollte man warten, bis die Ergebnisse der Arbeit der erwähnten Rot-Kreuz-Kommission vorliegen. Auf keinen Fall können sie dazu dienen, den deutschen Terror zu rechtfertigen; ebensowenig wie die deutsche Barbarei unser Urteil über die Tragödie von Kosjelsk, Starobjelsk und Ostaschkow mildern kann.

* *Die ONR, das National-Radikale-Lager, entstand 1934 als Abspaltung der Nationalpartei und war offen für faschistoide Einflüsse (extremer Nationalismus, Antisemitismus usw.).*
** *Stanisław Kot.*

- **Dokument Nr. 30**

Stefan Nastarowicz kam im Alter von 15 Jahren mit seinem Vater Michał, der Mitarbeiter der Polnischen Staatspolizei* war, anfangs nach Pawlitschew Bor, dann nach Ostaschkow. Als Minderjähriger wurde er 1939 in seine Heimatstadt Łódź zurückgeführt. Seine Erinnerungen an den Aufenthalt im Sonderlager Ostaschkow schrieb er, nachdem Brigadegeneral Tadeusz Pióro, Militärhistoriker und Generalstäbler, in der öffentlichen Diskussion in Polen zu Katyn in der Zeitung »Polityka« einen umfangreichen Beitrag unter dem Titel »W lesie Katyńskim (Im Wald von Katyn) veröffentlicht hatte. Nastarowicz war einer von vielen Zeitzeugen, die daraufhin ihre Erlebnisse mitteilten.

Veröffentlicht: »Polityka«, Warszawa, 18. März 1989.

Am 28. September wurden wir unter starker militärischer Bewachung zum Bahnhof geführt und in Güterwagen verladen ... Am 3. Oktober 1939 erreichten wir den Bahnhof Babynino. Von hier aus führte man uns in einer langen Kolonne, bewacht von Berittenen, nach Pawlitschew Bor. Das lag in einem Waldstück, und das Gelände war von einer hohen Mauer umgeben. Hier befanden sich einige gemauerte Gebäude. Auf dem zentralen Platz dieses Geländes stand ein Stalindenkmal.

Das Objekt wurde als Sanatorium bezeichnet. Hier blieben wir bis zum 26. Oktober 1939. Anschließend erreichten wir mit einem neuerlichen Transport am 30. Oktober 39 Ostaschkow. Von dort aus verbrachte man uns per Schiff auf eine Insel im Seliger-See. Hier befanden sich ein von einer Mauer umgebenes Kloster und Klosternebengebäude. In den Seitenschiffen der Kirche und stellenweise im Hauptschiff waren mehrstöckige Pritschen aufgestellt. Pritschen dieser Art standen auch in den anderen Gebäuden. Im Kloster befanden sich hohe Offiziere, ich erinnere mich auch an zwei Generale. Die »blaue« Polizei sowie die Polizeireserve trugen Militärumhänge und die blauen Polizeimützen; die Angehörigen des Grenzschutzkorps, Priester, Zivilpersonen und die Minderjährigen wurden in Nebengebäuden untergebracht. Als Schmäkkerchen sei mitgeteilt, daß sich im Lager auch ein Kinoportier befand. Er war seiner Phantasieuniform wegen – Schulterstücke, Ärmelaufschläge, Biesen an den Hosen – eingesammelt worden. Er wurde als Besonderheit traktiert, da man nicht wußte, welcher der Gefangenengruppen er zuzuzählen sei ...

Im Lager war das Zehnersystem eingeführt. Es gab Zehnergruppenleiter und Hundertschaftsführer. In diesen Gruppen wurde Brot gefaßt, auch Zucker und Machorka. Hauptnahrung waren Fischsuppen. In einem abgeteilten Teil der Anlage gab es ein Kino und einen Laden mit Süßwaren, Zwirn, Nadeln, Bleistiften, Schuhcreme. Ein Bad war ebenfalls vorhanden. Im Lagerbereich befand sich auch ein Sägewerk. Hier arbeiteten Russen, Zivilisten, die aus Ostaschkow kamen. Geld für den Kauf notwendiger Kleinigkeiten kam aus dem Verkauf von Füllfedern, Uhren, sogar Eheringen. Während meines Aufenthaltes auf der Insel arbeiteten die Internierten nicht ...

Sowohl in Pawlitschew Bor als auch in Ostaschkow wurden häufig die Personalien aufgeschrieben. Eines Tages wurde ein Transport zur Ausreise zusammengestellt. Auf der Liste stand auch mein Name, aber nicht der Name meines Vaters. Vom Lagerkommandanten erfuhr er, daß dies ein Transport einfacher Soldaten, Zivilisten und Minderjähriger sei, die nach Hause kämen. Vater glaubte dem nicht allzusehr, aber ... Wurde doch von Tag zu Tag das Wetter schlechter, die Temperatur fiel unter Null, und zum Transport gehörten zwei frühere Kollegen meines Vaters. Er entschied, ich solle mitfahren. ... Aus einer von Vater gekauften Decke wurden für mich Ohrenschützer und ein Schal gearbeitet.

Am Abreisetag, dem 21. November 1939, wurden wir im großen Saal zusammengezogen. Hier befahl man uns, alle Adressen der Angehörigen Zurückbleibender abzugeben. Viele begannen, Papiere zu zerreißen. Auf dem Boden lag bald eine dichte Schicht von Papierschnipseln. Dann führte man uns gruppenweise zum Hafen. Von dort aus ging es nach Ostaschkow. ... Am 1. Dezember wurde er [in Brest – G. K.] an die Deutschen übergeben ... Nach Łódź kehrte ich am 8. Dezember 1939 zurück. Bei mir hatte ich die Adressen von 91 Personen, die in Ostaschkow zurückgeblieben waren. Die hatte ich in meine Schülermütze und in meine Schuhe eingenäht. Im Dezember und im Januar benachrichtigte ich – entsprechend den Adressen – die Familien über das Schicksal ihrer Nächsten. Ende Dezember 1939 und Anfang Januar 1940 erhielten einige Familien auch Postkarten von den Internierten in Ostaschkow. Von Vater* kam keinerlei Nachricht ...

* *Michał Nastarowicz, Jg. 1891, wird in der Liste »Rozstrzlani w Twerze ...« S. 200 als Erschossener aufgeführt.*

• **Dokument Nr. 31**
Erlebnisbericht von Oberstleutnant Tadeusz Felsztyn, Jg. 1894, der aus Kosjelsk über Grjasowez zu den Polnischen Streitkräften unter Anders kam.
Veröffentlicht: »Wiadomości Polskie«, London, 23. Mai 1948.

... Anfang November [1939 – G. K.], als begonnen wurde, die Gefangenen ins Lager zu verbringen, war die Atmosphäre durch ständigen Streit geladen. Er brach aus jedem Anlaß, selbst dem nichtigsten, aus und gipfelte in gegenseitigen Anwürfen und Schuldzuweisungen, in leidenschaftlichen Vorwürfen gegen alles und jeden. Mit einem Wort, es zeigten sich die bitteren und stürmischen Nachwirkungen der Septemberniederlage. Nach einem Monat etwa, Mitte Dezember, glätteten sich die Wellen der Leidenschaft. Die Stimmungen wurden ausgeglichener, der Glaube an die Zukunft und an den letztendlichen Sieg beherrschte alle. Es gab weniger Streit, und – das ist interessant – er brach nunmehr nicht so sehr wegen unterschiedlicher Auffassungen zur Vergangenheit aus, sondern eher wegen des Vorwurfs, daß die Haltung oder die Äußerung des jeweiligen Offiziers nicht patriotisch genug sei.

Diese Veränderungen waren nicht zufällig, und sie kamen auch nicht von selbst, sondern sie waren in beträchtlichem Umfang das Ergebnis des zielgerichteten, geschickten und konsequenten Wirkens von General Henryk Minkiewicz, Gott hab ihn selig.

Als Dienstgradältester in Kosjelsk hielt er die Geister fest in seiner Hand und – ungeachtet der Widerstände von Seiten der Lagerbehörden – organisierte ein vorzüglich funktionierendes illegales Netz von Verbindungsoffizieren zwischen ihm und allen Behausungen des Lagers, die damals, dem Russischen folgend, Blocks genannt wurden ...

Ein weiteres Zeichen der Verbesserung des geistigen Klimas in Kosjelsk war ein lebendiges Bemühen zur eigenen Weiterbildung; Vorträge wurden gehalten, und es gab sogar Verlagstätigkeit. Entgegen den Verboten der Lagerbehörden blühte die Sprachausbildung ... Die Vorträge wandten sich vielfältigen Themen zu, wissenschaftlichen, militärischen, sozialen, politischen, literarischen sogar. Da in Kosjelsk die Blüte der polnischen Intelligenz versammelt war, gab es keinen Mangel an Vortragenden, und es gab wahrscheinlich keinen Zweig des menschlichen Denkens, der nicht in dieser eigenschöpferischen Aktion geblüht hätte. Der Hunger nach einem lebendigen Wort war so groß, daß ich mir ein Taschenkalenderchen zulegen mußte, in das ich chiffriert die Stunden und den Ort meiner Vorträge eintrug, hatte ich doch oft drei oder vier an ein und demselben Tag ...

Veranstaltet wurden auch literarische Abende und ... Konzerte ... Der unermüdliche Jim Poker veröffentlichte sogar seine Novellen ... Er begann sogar eine politisch-literarische Zeitschrift herauszugeben, natürlich von Hand geschrieben und von Hand vervielfältigt.

Die Lagerkommandantur beobachtete all diese Erscheinungen kulturellen Lebens aufmerksam und gereizt. Und sowohl der unermüdliche Oberleutnant [Konstanty – G. K.] Chałaciński, der rezitierte, als auch Jim Poker saßen jeder 20 Tage in der Arrestzelle »wegen Verbreitung polnischen Patriotismus«, wie es im Lagerbefehl hieß. Desungeachtet blühte das kulturelle Leben in Kosjelsk bis zu Auflösung des Lagers ...

Natürlich gab es unter den annähernd 5 000 Gefangenen auch andere Typen ... Es gab Spekulanten ..., Wahrsager, Spiritisten, Traumdeuter ...

Ich erinnere mich noch an die Antwort des Generals Wołkowicki auf die Frage, warum er mit seiner Division nicht vor den deutschen, sondern vor den Bolschewisten kapituliert habe ...

»Diejenigen, die in deutsche Gefangenschaft geraten sind, werden auf keinen Fall mehr am Krieg teilnehmen, die jedoch, die jetzt in Rußland sind, haben eine möglicherweise kleine, aber doch eine Chance, daß sie in diesem Krieg nochmals kämpfen werden.«

... Als schließlich im April 1940 begonnen wurde, das Lager zu »entlasten«, verbreiteten die sowjetischen Behörden das Gerücht, daß wir zu »Verteilerpunkten« gebracht würden, wo jeder erklären müsse, ob er den Deutschen ausgeliefert werden oder um Asyl in Rußland bitten wolle. General Minkiewicz wies daraufhin an, jeder habe gegen die Auslieferung zu protestieren und auch dagegen, zwangsweise in Rußland zurückgehalten zu werden.

»Ihr müßt sagen« – so der General –, »daß ihr verlangt, in ein neutrales Land überstellt zu werden.« ...

- **Dokument Nr. 32**

Protokoll des Gesprächs von Marek Hołubicki mit dem Fähnrich Henryk Gorzechowski. Im Alter von 18 Jahren trat er als Freiwilliger in das Polnische Heer ein, diente bei den Ulanen und kam nach mehreren Zwischenstationen Mitte Oktober 1939 nach Kosjelsk. Hier befand sich auch sein Vater Henryk Gorzechowski. Der Name des Vaters befindet sich in der Liste der Ermordeten von Katyn (Tucholski, Mord ..., S. 111), der Sohn überlebte. Er schloß sich den Polnischen Streitkräften unter General Anders an, verließ mit diesen die UdSSR und kam schließlich zur Kriegsmarine und nach England.

Veröffentlicht: »Ład«, Warszawa, Nr. 23, 24, 25, Juni 1989.

... Untergebracht wurden wir in einem ehemaligen Kloster. Zwei große Kirchen nannten wir Agamemnons Grab und Indisches Grabmal ... auf jeden Bettenplatz kamen [anfangs – G. K.] fünf Mann ...
– Und wie sah die Lagerorganisation aus?

In den Kirchen standen dreistöckige Bettgestelle. Sie waren überfüllt, und wenn ich hinzufüge, daß anfangs die meisten ernstlich magen- oder

blasenkrank waren, dann kann man sich vorstellen, wie die Nächte und die Träume der Gefangenen aussahen ... Diese Unterkünfte waren außerordentlich unbequem und ungesund. Vor allem, weil keine Heizung eingebaut war und es, als wir ankamen, bereits sehr kalt war. Der Winter 1939–1940 war hart. In den Zellen [der Mönche – G. K.] war es etwas wärmer. Da hatte ich ein bißchen Glück gehabt.
– Und wie verhielten sich die Herren des NKWD zu ihnen?

Man darf vor allem nicht vergessen, daß dieses Lager der Untersuchung seiner Insassen diente. Es wurden alle Angaben zur Person zusammengetragen. Obwohl man uns formell wojennoplennyje [russ.: Kriegsgefangene] nannte, will man das heute nicht mehr wahrhaben. So wird behauptet, wir wären interniert gewesen. Später, in Grjasowez, trug ich den Titel »ehemaliger Fähnrich der polnischen Armee, derzeit Kriegsgefangener« [diese bei jeder Meldung zu benutzende Formel wiederholt G. in Russisch – G. K.].

Oft wurden wir zu Verhören gerufen, den sogenannten doprosy [russ.: Verhöre – G. K.]. Die Mitarbeiter des NKWD waren 24 Stunden im Dienst. Der Befehl zum Verhör konnte einen zu jeder Tageszeit erreichen. Zum Verhör holte uns immer ein Wachhabender ab ...

Ich wurde immer von einem Offizier verhört; der Hochverehrte war ungefähr 150 cm groß ... Während der Verhöre lag vor ihm auf dem Tisch eine »Mauser«. Ich mußte in bestimmter Entfernung sitzen. Die Verhöre verliefen im großen und ganzen so: Immer wurde nach den Angaben zur Person gefragt. Das war die Grundlage. Dann fragte man nach etwas, was nicht wenigen unserer Offiziere völlig unverständlich war. Sie wurden nach ihrer Zugehörigkeit zu einer bestimmten gesellschaftlichen Schicht ... gefragt. Man wollte wissen, gehört der Verhörte zur Schlachta (dem niederen Adel), ist er ein Angehöriger des Bürgertums oder ein Bauer. Ich sagte ihnen, daß bei uns solche Zuordnungen unbekannt seien. Gleichgültig, woher einer kam, nannte man ihn »Herr ...« [im polnischen »Pan« G. K.] und damit hatte sich's.

Mich fragte er: »Und wieviel Land hatten Sie?«

Ich antwortete ihm: »Ich hatte Land in meinen Blumentöpfen auf dem Fensterbrett.«

Ich war ja noch jung und wußte nicht um das Gewicht der Frage. Zum Glück für mich ging es mit einem heftigen Verweis meines unangebrachten Späßchens wegen ab.

Aber damals erspähte ich auf dem Schreibtisch etwas, was mich nachdenklich machte. Auf ihm lag ein Schriftstück mit der Nazi-Krähe und der Aufschrift »Polizeipräsidium Kattowitz« in deutscher Sprache. Nach meinem Verhör suchte ich nach einem Kumpel aus Oberschlesien ... Er war, stellte sich heraus, Vorsitzender des Reserveoffizierverbands in Katowice. Da verstand ich, wie satanisch die Zusammenarbeit zwischen unseren beiden Nachbarn, den zwischen ihnen abgeschlossenen Verträgen zufolge, war: Hand in Hand arbeiteten die speziellen Organe der beiden Staaten ...
— Im Lager befanden sich auch Angehörige der polnischen Aristokratie?
Ja, drei Fürsten waren unter uns: Lubomirski, Mirski und ein Radziwill. Sie kamen frei. Die Engländer holten Radziwill, die Rumänen Mirski und die Italiener Lubomirski. Das hat mir Radziwill anvertraut, als ich ihn später in London wiedertraf ...
— Am 28. Februar 1940 wurden Sie 19 ... Der Tag ist in Ihrem Gedächtnis geblieben?
Ja, fest. Mein Vater schenkte mir eine Holzschnitzerei, die Mutter Gottes vom spitzen Tor*. Das Holz stammte aus einem der Bodenbretter des Betts. Auf die Rückseite hatte er geschrieben: Kozielsk [polnische Schreibweise – G.K.], 28. II. 1940.
— Was sagte Ihr Vater dabei?
Nichts. Er überreichte mir seine Arbeit schweigend. Wir umarmten uns nur herzlich. Damals sah ich das erste Mal Tränen in meines Vaters Augen ...
— Ihr Vater mußte mit dem vorletzten Transport das Lager verlassen, das war am 11. Mai 1940. Sie wollten nicht, daß man Sie trenne ...
Während des Appells am 11. Mai wurden die Namen derer verlesen, die auf Transport gehen mußten. Ein Name lautete: »Gorzechowski, Gienryk Gienrykowicz«. Ich fragte damals: »Vater oder Sohn?« Einen Moment herrschte Stille. Dann hieß es: »Egal. Na, los schon, der Vater.« Meine Bitte, mit ihm fahren zu dürfen, war erfolglos. Der Vater konnte mir nur noch sagen: »Wenn was passiert, dann sorge du für die Mutter.« Als ob er es geahnt hätte. Ich wußte damals nicht, daß die Worte des NKWD-Mitarbeiters: »Egal. Na, los schon, der Vater«, mir das Leben retteten. Vater brachten sie den Tod ...
Das Lager Grjasowez, wo wir uns ungefähr Ende Juni befanden, befand sich ebenfalls in ehemaligen Klostergebäuden ...

– Wie viele waren Sie in Grjasowez bis zum Eintreffen der Gruppe aus der litauischen Internierung?

Etwa 400.

– Trafen Sie viele Gefährten aus Kosjelsk?

Ja, mehr aus Kosjelsk als aus anderen Lagern, z. B. Starobjelsk. Aber damals haben wir nicht genau gezählt, hatten andere Sorgen ...

Ja, ich fragte Major Alexandrowitsch** vom NKWD ... nach meinem Vater. Anfangs antwortete er ausweichend, zu guter Letzt sagte er mir: »Junger Mann, dringe nicht in mich. Wo dein Vater jetzt ist, dorthin kommst du noch früh genug.«

Nach meiner Ankunft in England mußte ich zuerst meinem Kommandeur berichten, was während des Septemberfeldzugs geschehen war ... Endlich, im April 1943, wurde die tragische Nachricht im deutschen Rundfunk bekanntgegeben ... Es war schon im Mai, als Major Godunow mich rief, um die nächste Nachrichtensendung abzuhören. Wieder Namenslisten. Und plötzlich hörte ich: »Oberleutnant Henryk Gorzechowski ... Zwei im Kragen eingenähte Fotografien, schwer zu entziffernder Text sowie die Auszeichnung ›Virtuti Militari‹« ... Alles versank um mich. Die Fotografien hatte ich selbst dem Vater vor seinem Abtransport aus dem Lager eingenäht ...

* *Mutter Gottes Zum Spitzen Tor zu Wilno/Vilnius.*
** *Es handelt sich wahrscheinlich um den Hauptmann der Staatssicherheit A., der sowohl in Kosjelsk als auch in Grjasowez tätig wurde, in Kosjelsk gemeinsam mit W. Sarubin.*

• **Dokument Nr. 33**
Bericht von Witold Ogniewicz über seinen Aufenthalt in den Lagern Kosjelsk und Grjasowez. Aufgezeichnet durch Jędrzej Serda.
Veröffentlicht: »Wiadomości Polskie«, London, 20. Juni 1943.

... Das Lager Kosjelsk lag einige Kilometer von der Stadt Kosjelsk entfernt. Bereits von weitem sahen wir, daß man uns in ein altes Kloster führte ... Das gesamte Kloster-Lager war von einer hohen Mauer umgeben. »Für alle Fälle« war die Mauer von Stacheldraht bekrönt. An den vier Ecken des Lagers erhoben sich Wachtürme, auf denen sich Tag und Nacht mit Maschinenpistolen bewaffnete Kämpfer* befanden. Aber das war nicht alles an Posten. Zwischen den Türmen standen »Pilze«, unter denen weitere Militärs postiert waren. Außerdem standen am Haupttor zwei Rotarmisten ...

Kosjelsk war Offizierslager. Leider kann ich keine genauen Zahlen angeben, aber nach meinen Beobachtungen und Berechnungen zwischen Dezember 1939 und Mai 1940 waren im Lager etwa 30 Prozent Berufsoffiziere und etwa 65 Prozent Reserveoffiziere. An die 5 Prozent waren Unteroffiziere, Beamten, Studenten und Schüler von Mittelschulen. Im Lager befanden sich auch einige Priester, ein Rabbiner und eine liebenswerte Pilotin im Dienstgrad eines Oberleutnants. Vertreten waren alle Waffengattungen (etwa hundert von den Luftstreitkräften ..., und ungefähr vierhundert Ärzte) ...

Die Kavalleristen gewannen auch den schwersten Augenblicken des Unglücks noch ein freundliches Lächeln ab ... Zahlreich vertreten war auch das Offizierskorps der Kriegsmarine, überwiegend befanden sich hier Offiziere des Oberbefehlshabers der Marine in Warszawa–Gdynia. Es waren mehr als dreißig Marineoffiziere. Auf engen Zusammenhalt hielten die Offiziere der Garnisonen Wilno und Nowa Wilejka ...

Das Lager wurde durch uns selbst verwaltet. Wir führten eine eigene Küche, verfügten sogar über ein Zimmer für Begegnungen und Treffen sowie einen Chor. Im Laufe von sieben Monaten erhielten wir zweimal Fleisch. Unser Leben war unter kulinarischem Gesichtspunkt nicht allzu abwechslungsreich. »Chleb da kascha – pischtscha nascha« [russ., das leicht abgewandelte Sprichwort bedeutet wörtlich übersetzt: »Brot und Grütze – davon leben wir« – G. K.] ist eine treffende Beschreibung unserer Speisekarte. Allerdings klang dieses russische Sprichwort leicht übertrieben, da es schwerfällt, einfachen Hafer, mit dem unsere ehemaligen Ulanen einst ihre Pferde fütterten, Grütze zu nennen. Aber unsere Köche bereiteten den Hafer so ausgiebig und sorgsam, bis er aufquoll, platzte und zu Grütze wurde. Manchmal gab es Zucker, Tee und Seife. Wenn ich hinzufüge, daß man uns von Zeit zu Zeit Machorka und Zigarettenpapier zuteilte, wird deutlich, daß man leben konnte, vorausgesetzt, man hatte aus Vorkriegszeiten etwas zuzusetzen. Offiziere wurden für Aufräum- und Instandhaltungsarbeiten innerhalb des Lagers eingesetzt. Wir bedienten die Elektrozentrale, reinigten das Lager, stachen Torf, hielten die Latrinen sauber ...

Unsere Behausungen hatten wir in ehemaligen Klostergebäuden einschließlich der Kirchen. Die Generale und ein Teil der Stabsoffiziere lebten in einem nicht allzu großen Haus an der Hauptlagerstraße. Ich war in einer der Kirchen (Block 2) untergebracht. Neben dem Tor befand sich ein allen gut bekanntes Gebäude – die »Verwaltung Ermittlung«. Hier prüfte man unsere Zugehörigkeit zu Parteien, unsere sozialnoje poloschenije [russ., bedeutet soziale Herkunft – G. K.], wie das unsere »Staatsanwälte« nannten. Die Untersuchungen fanden tags und nachts statt, immer im Abstand von einigen Tagen. Beim ersten Mal saß ich einer Frau gegenüber, ihren Familiennamen habe ich vergessen. Sie war hochgewachsen, mit dunklen Augen, von guter Figur. Die gesamte Zeit über fragte sie mich nach meiner sozialen Herkunft und der Zugehörigkeit zu Organisationen. Hier konnte ich beobachten, wieviel Papier die Sowjets verbrauchten ...

Der Winter verging im Lager Kosjelsk wie ein Alptraum. Der Frühling kam wie überall – warm und schön.

Am 3. April begann der generelle »Abtransport« der Offiziere. Als wir unsere Betreuer nach dem Reiseziel fragten, erhielten wir unterschiedliche Antworten. Manchmal antwortete man uns, wir führen in eine »Schule des Kommunismus«, ein andermal hieß es, wir führen nach Hause oder in neutrale Staaten. In einer der letzten Gruppen fuhren die Generale und einige Stabsoffiziere.**

Als ich am 12. Mai 1940 mit einer Gruppe ... aus Kosjelsk abtransportiert worden war, blieb das ehemalige Kloster fast leer zurück ...

Als unser Lager Grjasowez zu den Polnischen Streitkräften kam, die 1941 aufgestellt wurden, fehlten uns viele Gefährten aus Kosjelsk. Es fehlten ihre Hände und Hirne für die Arbeit in Reih und Glied, es fehlten uns jene, mit denen wir die Freude auf die heraufziehende F r e i h e i t teilen konnten.

* *Ogniewicz benutzt – wie auch andere polnische Offiziere – ironisch den russischen Begriff Kämpfer, der seit dem Bürgerkrieg den Begriff »Soldat« ersetzt hatte, ebenso wie es in diesen ersten Jahrzehnten der Sowjetmacht in der Roten Armee keine Offiziers- und Generalsdienstgrade alter Art gab. Im dritten Jahrzehnt der Sowjetmacht erfolgte die – wiederum politisch motivierte – Rückkehr zu den traditionellen Dienstgradbezeichnungen.*
** *Dadurch wurden z. B. die Leichname dieser zuletzt Erschossenen in Katyn zu Beginn der Exhumierungen im Frühjahr 1943 gefunden; lagen sie doch zuoberst in den Massengräbern.*

- **Dokument Nr. 34**
Meldung des Chefs der Verwaltung Kriegsgefangenenwesen Soprunenko und des Kommissars der Verwaltung Nechoroschew an den

»Chef der Hauptverwaltung Wirtschaftswesen des NKWD »Gen.(ossen) Kobulow« vom 25. Dezember 1939
Veröffentlicht: »Katyń ...«, Bd. 1, S. 332f.

In den Lagern für Kriegsgefangene im Bereich der Betriebe des Volkskommissariats für Schwarzmetallurgie ... ist in jüngster Zeit eine zunehmende Aktivität antisowjetischer Elemente zu beobachten ...

Unter dem Einfluß dieser Agitation wächst die Zahl der Arbeitsverweigerungen. Im Lager Kriwoj Rog verweigern täglich bis zu 519 Personen die Arbeit ...

Die unbefriedigenden Angebote für den Alltag der Kriegsgefangenen durch die Betriebe des Volkskommissariats wirken ebenfalls negativ auf ihre Stimmungen und die Arbeitsleistung.*

Die Wirksamkeit der operativen Arbeit ist ungenügend. ...

* *Ende Dezember 1939 verweigerten von 6900 Kriegsgefangenen im Lager Kriwoj Rog 2236 die Arbeit, u.a. wegen unzureichender Winterkleidung oder Mängel im Arbeitsablauf.*

• **Dokument Nr. 35**
Michail Alexejew, Oberoffizier für politische Arbeit im Lager Kosjelsk, meldete am 22. Januar 1940 ein »außerordentliches politisches Vorkommnis« im Lager Kosjelsk an den Chef der Politabteilung der Verwaltung für Kriegsgefangenenwesen Semjon Nechoroschew.
Veröffentlicht: »Katyń ...«, Bd. 1, S. 381f.

Ich melde, daß am 21. Januar 1940 die Gefangenen der Blöcke 10 und 20 komplett und der Blöcke 12 und 16 teilweise das Essen verweigert haben. Es bestand aus Sauerkohlsuppe mit Anchovis.

Die Gefangenen motivierten ihre Ablehnung mit dem Hinweis, die Suppe sei bitter und rieche nach Fisch .... Als Hauptgrund der Verweigerung ist anzusehen, daß infolge verzögerter Abgabe der Lebensmittel durch die Zentrale, darunter Grütze, Zucker u.a., sowie der Ablehnung Fleisch bereitzustellen, die Versorgung der Gefangenen unterminiert wurde ..., was zur Einseitigkeit bei Frühstück und Mittagessen führte ... Die Ältesten der Blöcke Nr. 10 und Nr. 20 erhielten 10 bzw. 15 Tage Arrest ...

- **Dokument Nr. 36**
Aus dem Briefwechsel des Majors Henryk Dudych, Jg. 1896, Bataillonskommandeur, aus Starobjelsk mit der Familie.
Veröffentlicht: »Ład«, Warszawa, Nr. 15, 9. April 1989.

Starobjelsk, d. 8. I. 1940
Meine Lieben,
Ich befinde mich hier seit dem 11. 10. 1939. An Resi* und an meine Eltern habe ich schon geschrieben, aber leider von ihnen keine Nachricht erhalten. Deshalb wende ich mich an Euch, um Euch ein Lebenszeichen von mir zukommen zu lassen und Euch zu bitten, mir von Euch, von Resi und unseren Kindern Nachricht zu geben, da ich annehme, daß Resi bereits eine Verbindung zu Euch hergestellt hat. Ich bin gesund, den Aufenthalt hier ertrage ich gut, allein, daß jede Nachricht aus der Heimat fehlt, macht mich traurig ...

Starobjelsk, den 8. II. 1940
Mein liebstes Resilein, Alinchen und Wojtusiu**,
Heute sind es fünf Monate her, seid wir getrennt sind, aber trotz einiger Briefe an Euch habe ich bisher keine direkte Nachricht von Euch. Ein großes Glück war es, daß ich am 22. I. ein Telegramm von Herrn Marks aus Lwów zugestellt erhielt, in dem einige Worte mich wissen lassen, daß er eine Karte von mir erhalten hat und sich meine Familie gesund in Jaroslaw befindet. Im Telegramm kündigte er auch einen Brief an mich an, aber bisher habe ich ihn noch nicht erhalten. Ich bin froh, daß Marks irgendwie Kontakt zu Dir gefunden hat und Dir das Geld übersandt hat, das ich bei ihm für Dich hinterlegte. Ich wundere mich, daß ich keine Nachricht von Euch erhalten habe, da hier einige Briefe aus dem deutsch. Besatzungsgebiet eingetroffen sind, davon 6 aus Jaroslaw, eine Karte sogar aus unserem Haus ... Was mich angeht, so bin ich Gott sei dank gesund. Es fehlt mir an nichts. Die Gegend, in der ich mich befinde, hat etwas von einem Kurort an sich. Das Wasser riecht schweflig, die Luft ist sehr gut ...
  Bemüht Euch, diese schweren Kriegszeiten zu überstehen ...
  Ich appelliere nochmals an Dich, Resi, daß Du Dich nicht überarbeitest, und die Kinder sollen Mutti helfen. Wenn die Schulen geschlossen sind, sollen sie zu Hause lernen, und Wojtuś kann Alinchen helfen.

Ich empfehle Euch alle Gottes Fürsorge, umarme und küsse Euch herzlich
  Väterchen

8. März 1940
  ... Ich schreibe Euch seit dem 29. November bereits das fünfte Mal, aber ich habe bisher kein einziges Mal Antwort erhalten. Diesmal schreibe ich eine Karte in der Hoffnung, daß sie schneller ankommt. Euer Schicksal beunruhigt mich sehr ...

Die Familie des Majors Dudych schrieb regelmäßig, nachdem sie eine erste Nachricht erhalten hatte. Die Korrespondenz wurde ihm offensichtlich, bis auf die Postkarte vom 20. Februar 1940, nicht ausgehändigt. Ein Telegramm des Majors, das am 13. März 1940 von ihm um 23.21 Uhr aufgegeben wurde, erhielt die Familie in deutscher Sprache:

Postkarte vom 20. Fbr. erhalten. Tobiaszewicz auch Fleszar*** bittet Nachrichten. Kusse. Diduch[+]

Postkarten und Briefe sowie Päckchen, die die Familie in den folgenden Monaten schickte, sind verschollen bzw. kamen mit dem Stempel zurück: »Retour – parti«.[++]

Koseform für Regina Dudych, seine Frau.
**Tochter und Sohn der Familie.*
***zwei Schicksalsgefährten, die ebenfalls Nachrichten der Familien erwarteten.*
[+] *muß richtig Dudych heißen.*
[++] *Zurück an Absender – abgereist.*

- **Dokument Nr. 37**

Postkarte von Jan Budziński, Jg. 1905, Absolvent der Universität Lwów, Leutnant bei der bespannten Artillerie, Veterinärmediziner, Gefangenschaft ab 17. September 1939, an seine Frau Regina.
  Veröffentlicht: »Biogramy ...«, S. 80 ff.

Starobjelsk 29. XII. 1939
Liebe Regina!
Heute erhielt ich die Karte aus Lwów, wodurch ich erfuhr, daß Du Dich mit Haneczka und Macka* in Lipniki befindest. Darüber bin ich sehr

froh, weil ich um Euer Schicksal höchstlich besorgt war ... Ich habe einige Karten nach Wieliczko, Kraków, ... geschrieben und habe auch Deine Familie durch einen Bekannten unterrichtet. Hast Du schon Bescheid? Festtagsgrüße habe ich nach Wieliczko gesandt, deshalb Euch nochmals die allerbesten Wünsche sowie ein gedeihliches Neues Jahr ...

Kinder der jungen Familie

- **Dokument Nr. 38**

Der Flugzeugführer Jan Rejecki kam in Gefangenschaft nach Kosjelsk. Der nachfolgende Brief des in Katyn Ermordeten wurde am 25. November 1939 geschrieben und befindet sich in Familienbesitz. Kopie in Materialsammlung d. Verf.

Liebste Haneczko!
Als ich in den Krieg zog, hast Du mich gebeten, oft Briefe zu schreiben. Leider waren die Verhältnisse, in die ich kam, nicht danach. Erst jetzt habe ich die Möglichkeit, Nachricht von mir zu geben.

Ich befinde mich in der UdSSR. Fühle mich sehr gut und habe einen hervorragenden Appetit. Die einzige Unzulänglichkeit ist, daß meine persönlichen Sachen irgendwo verlorengegangen sind.

Ständig bin ich in Gedanken bei Dir. Wenn Du schreibst, so verständige vorher meine Mutter, damit sie gemeinsam mit Deinem Brief eine Karte an mich schicken kann. ...

Wie kommst Du, Liebste, zurecht? Arbeitest Du, und wo? Wie sieht das Haus aus, wie seine Einrichtung – sind meine Sachen noch vorhanden? Wie stehts mit dem Złoty, und wie siehts in Poznań aus? Ist das Leben wieder in ruhige Gleise gekommen und ist Betrieb in der Universität? ...

Da ich den nächsten Brief in einem Monat schreibe, wünsche ich Dir von ganzem Herzen ruhige und gesunde Feiertage ...

Wenn Du mir ein Paket schicken kannst, so schicke mir folgende Sachen: Unterwäsche zum Wechseln, zwei Paar Strümpfe, einen warmen Schal, Handtuch, den blauen Pullover oder die Windjacke, Hausschuhe, Seife, Zahnpaste und eine Creme.

Auf einen Brief von mir antworte mit einem Brief. Beunruhige Dich meinetwegen nicht und warte geduldig ...

Tausendfache Küsse, Janek

PS: Schicke Olivenöl ...

- **Dokument Nr. 39**

Michał Kowal, Polizist, Jg. 1898, kam nach Ostaschkow. Sein Sohn Jan wurde gemeinsam mit der Großmutter im April 1940 nach Kasachstan deportiert, kam 1942 zur polnischen Armee unter Władysław Anders, kämpfte u. a. am Monte Cassino, emigrierte nach dem zweiten Weltkrieg in die USA, absolvierte ein Mathematikstudium und arbeitete wissenschaftlich. Eine einzige Postkarte blieb als Lebenszeichen des in Kalinin erschossenen Vaters.

Veröffentlicht: »Biogramy …«, S. 209 f.

Allerliebste (...) und Jasiu*, befinde mich in Rußland, bin gesund ... Wie steht es mit Euch, mit der ganzen Familie. Achte auf Deine Gesundheit, auf die Kinder und beunruhige Dich nicht. Grüße und küsse alle. Wünsche Euch frohe Feiertage und Erfüllung all Eurer Wünsche im Neuen Jahr. Euer Vater Michał.

* Koseform für Jan.

- **Dokument Nr. 40/1**

Brief Józef Bilewskis, Hauptmann, Artillerieoffizier, Leichtathlet, Teilnehmer an den Olympischen Sommerspielen von Amsterdam und Los Angeles, Gefangener in Kosjelsk, ermordet in Katyn.

Der Brief an seine Frau befindet sich in Familienbesitz. Kopie in Materialsammlung d. Verf.

Liebe Hanulko!*
Ich befinde mich in Sowjetrußland. Bin gesund und fühle mich gut.

Józef Bilewski

Ich bin unruhig, wie es Dir und Mama geht. Schreibt sofort, wie es um Eure Gesundheit steht, besonders um Deine, Hanulko ... Hanulko, ich küsse Dich zärtlich, wünsche Dir Gesundheit und daß Du Dein Schicksal nicht allzu schwer nimmst.

Dein Józek

* Koseform für Halina.

Auf einer undatierten früheren Postkarte hatte er u. a. geschrieben:

Am 20. IX. wurde ich durch Sowjettruppen gefangengenommen. Wir kamen nach Luck, und heute befahl man unsere Verlegung mit unbekanntem Ziel ... Vielleicht kommt doch alles noch zu einem guten Ende ...
Ich küsse Dich innig.
Józek

- **Dokument Nr. 40/2**

Durch das lange Schweigen ihres Mannes beunruhigt, sandte Halina Bilewska eine russisch geschriebene Postkarte an den Lagerkommandanten von Kosjelsk:

Warschau, 11. XI. 1940
Lagerkommandanten des Kriegsgefangenlagers in Kosjelsk
Ich bitte mir mitzuteilen, wo sich der Kriegsgefangene Józef Bilewski derzeit befindet. Er war im Lager Kosjelsk und schrieb mir im November des vorigen Jahres einen Brief aus dem Lager.
Seine jetzige Adresse bitte ich an die Adresse zu senden:
Generalgouvernement Warschau Śniadeckistr. 10/31 Halina Bilewska

Sechs Wochen später hielt sie die Postkarte wieder in der Hand: Sie trug den roten Stempel: Zurück an Absender.

- **Dokument Nr. 41**

Die Erinnerungen von Rittmeister Narcyz Łopianowski beginnen mit seinen Eindrücken von Kosjelsk.
Veröffentlicht: Łopianowski ..., S.19f.

... 1939 bestimmten die bolschewistischen Behörden, im Ergebnis der gemeinsam mit den Deutschen unternommenen Aktion gegen Polen, diesen Ort als Lager für polnische Kriegsgefangene. In den drei Kirchengebäuden wurden bis zu fünfstöckige Holzpritschen eingebaut. In jeder der Kirchen lagen annähernd tausend Menschen. Die vierte, die kleine Kirche, diente als Küche und Lebensmittellager für die Lagerbewohner. Für jeden Gefangenen waren 40 Zentimeter Brett als Schlafplatz vorgesehen, und die Lagerstatt der hier Untergebrachten nutzten unzählige blutgierige Wanzen.

Die Politoffiziere ließen uns keine Ruhe. Von früh bis spät wollten sie uns davon überzeugen, daß der einzige Staat, der den Menschen Wohlstand und Glück zu sichern vermag, die Sowjetunion ist. Zur Verfügung stand ihnen auch ein Kino, in dem neben Propagandafilmen auch Filme gezeigt wurden, die an die Traditionen von Peter den Großen und Katharina die Große erinnerten, d. h. an jene Zaren, die das Imperium Rußlands schufen, die slawischen Lande einten und deshalb die Welt beherrschen sollten.

Ich hatte mir angewöhnt, entlang der Mauer lange Spaziergänge zu unternehmen, um mich körperlich fit zu halten. Eines Tages begegnete ich ... Leutnant Michał Siemiradzki, einem erfahrenen Offizier. ... Er schlug mir vor, eine kleine Porträtzeichnung von mir anzufertigen, ... ein Vorschlag, dem ich gerne zustimmte. Danach mußte ich lange nach einem Weg suchen, um das Bildchen meiner Frau* zukommen zu lassen, die mit unseren beiden Kindern ... aus dem heimischen Nest in Augustów bis nach Warschau geflüchtet war, und dort Unterschlupf gefunden hatte.

Im Lager ... stand das Leben der Gefangenen immer im Zeichen der Ungewißheit ...

* *Frau Irena kämpfte als Leutnant in der illegalen Landesarmee AK gegen die deutsche Besatzungsmacht; die Familie emigrierte nach Kriegsende nach Kanada.*

- **Dokument Nr. 42**

Brief des Kapitäns zur See Ludwik Franciszek Pawlikowski vom 19. Februar 1940 aus dem Lager Kosjelsk an seine Frau. Zwei Monate später, am 15. April 1940, wurde er in Katyn erschossen.

Der Brief befindet sich in Familienbesitz. Kopie in Materialsammlung d. Verf.

Meine liebste Zosinienko!
Bis jetzt warte ich auf Antwort auf meinen Brief von Mitte Dezember des Vorjahres ... Ich bin froh, daß Du und Janka einander gefunden habt, weil Euch die Gemeinsamkeit wahrscheinlich ein bißchen Freude bringt ... Ich bin nach wie vor mit meinen Kameraden zusammen, und wir sind gesund. Der Winter, in diesem Jahr sehr streng, geht seinem Ende zu. Ich habe, Gott sei dank, bis jetzt alles überstanden und werde mit Gottes Hilfe alles bis zu einem guten Ende überstehen – sorge Dich nicht um mich, sondern denk an Dich und an Deine Gesundheit ... Schreibe,

schreib; Nachrichten von Euch sind eine Unterstützung für mich. Vielleicht kommt irgendwann ein Lebenszeichen von Dir ...
Ludek

• **Dokument Nr. 43**
In seinen 1990/91 in Warschau veröffentlichten »Erinnerungen« (»Wspomnienie«), Auszüge wurden 1967 in der von 1963 bis 1981 erscheinenden Warschauer Wochenzeitung »Kultura« (Nr. 16, 17 und 18) veröffentlicht, berichtet Zygmunt Berling u. a. über Starobjelsk, wo er Ende Oktober 1939 eingeliefert wurde. Über Zwischenstationen in Moskauer Gefängnissen, einem Aufenthalt in der »Villa Malachowka«, kam er nach Grjasowez.

Zygmunt Berling als Gefangener im Sonderlager Starobjelsk; Bleistiftzeichnung des Mitgefangenen Rittmeisters Józef Czapski

... Das Lager [Starobjelsk – G. K.] war ziemlich dicht belegt. Es erwies sich, daß hier ungefähr zweitausend Soldaten und Unteroffiziere auf ihre Rückführung in die Heimat warteten ... Kurz danach gingen die Soldaten gruppenweise auf die Reise. An ihre Stelle kamen täglich von überallher größere oder kleinere Gruppen von Offizieren ...

Das Leben begann sich entsprechend den für das Lager aufgestellten Regeln zu normalisieren ... Es wurde eine gute sanitäre Betreuung organisiert und ständige medizinische Hilfe. Ein Bad war vorhanden, eine Wäscherei usw. Ein Kino gab es auch. Wir erhielten Zeitungen, und man konnte die qualitativ schwache Bibliothek nutzen. Erlaubt war es, mit den Familien zu korrespondieren, allerdings war der Briefwechsel begrenzt ... Wir erhielten keinerlei Löhnung, und Einkäufe im kleinen Lagergeschäft, in dem es hauptsächlich Machorka, Papirossy, schlimmes Kölnischwasser, manchmal Butter oder Hammelwurst gab, beglichen wir aus dem Erlös unserer an Lager-Arbeiter verkauften Uhren oder entbehrlicher Kleidungsstücke ...

Als wir die Arbeit zur Aufstellung einer polnischen Division aufnahmen*, erarbeiteten wir eine Liste mit 600 Namen von Offizieren, die wir aus den Lagern herausziehen und in der Division einsetzen wollten. Mit dieser Liste wurden wir nach Moskau gebracht, um die Angelegenheit vorzutragen. Es empfing uns Merkulow, Berija war anwesend. Als die personellen Fragen an der Reihe waren, trugen wir unsere Liste vor. Während Merkulow und Berija die Liste durchsahen, herrschte Schweigen. dann sagte Merkulow [Łopianowski glaubt, daß es Berija war – G.K.]: »My s etimi ludi sdelali bolschuju oschibku« [russ.; »Mit diesen Leuten haben wir einen großen Fehler begangen« – G.K.]. Hier mischte sich Berija ein: »Etich ludjej w Sowjetskom Sojuse njet ...Oni ujechali sa granizu« [russ.; »Diese Leute gibt es nicht in der Sowjetunion ... Sie sind ins Ausland gefahren.« – G.K.].

Das verwunderte uns nicht. Wußten wir doch, daß die Lager aufgelöst worden waren, die Gefährten waren abgereist und nur wir, die wir erklärt hatten, hierbleiben zu wollen, waren in der Sowjetunion geblieben. Ich muß jedoch gestehen, daß später kritische Überlegungen zu diesem Thema aufkamen ...

* *Vorarbeiten erfolgten vor allem in der Villa Malachowka, einem Sonderobjekt des NKWD bei Moskau. Details beschreibt aus ablehnender Sicht Narcyz Łopianowski (S. 47ff.).*

Die Vollstreckung

- **Dokument Nr. 44**

Aussage des Ortseinwohners Iwan Andrejew vom 28. Februar 1943 zu den Erschießungen der Gefangenen von Kosjelsk.

Veröffentlicht: »Amtliches Material ...«, S. 24f.

Ungefähr Mitte März bis Mitte April kamen im Bahnhof Gnesdowaja täglich 3 bis 4 Züge an. 2 bis 3 Waggons waren ausgesprochene Arrest-Wagen. Diese wurden am Bahnhof abgestellt. Die Insassen, zum Großteil polnische Soldaten, die ich an der Mütze erkannte, sowie auch Zivilisten, wurden aus den Waggons in geschlossene Lastkraftwagen verladen. Die Lastkraftwagen fuhren dann die Straße vom Bahnhof zur Rollbahn und bogen dann links in Richtung Katyn ab. Ich habe dann einige Male beobachtet, daß sie ungefähr 2½ Kilometer von hier von der Rollbahn abbogen und gegen Kosi Gory fuhren. Ich habe es nicht selbst gesehen, doch mehrfach gehört, daß diese Leute in Kosi Gory beim NKWD erschossen worden sind ...

- **Dokument Nr. 45**
Aussagen des Mitarbeiters des NKWD Mitrofan Syromjatnikow zum Staatsverbrechen an den polnischen Offizieren im Frühjahr 1940. Militärstaatsanwalt Oberst Alexander Tretezki, der die Ermittlungen in der Strafsache 159, die Ermordung der polnischen Offiziere betreffend, leitete, und der Major in der Regionalverwaltung des KGB in Charkow W. Jerschyk befragten Syromjatnikow zur Entstehung der Massengräber im 6. Quartal des Waldparks von Charkow. Die zweite und die vierte Zeugenbefragung zu den Erschießungen der Gefangenen von Starobjelsk fanden am 10. April und am 30. Juli 1991 statt. An der vierten Befragung nahm auch der Stellvertreter des Generalstaatsanwalts der Republik Polen, Stefan Śnieżko, teil.
Veröffentlicht: »Katyń ...«, Bd. 2, S. 442 ff.

... Hinsichtlich der Repressionen gegen polnische Militärs ist mir bekannt: Ungefähr im Mai 1940 kamen auf dem Rangierbahnhof des Südbahnhofs Waggons mit polnischen Militärs an, die durch die Rote Armee während der Befreiung der Westgebiete von Ukraine und Belorußland gefangengenommen worden waren. Es waren Offiziere der polnischen Armee und Gendarmen. Woher sie nach Charkow kamen, weiß ich nicht. Damals hieß es, sie kämen aus einem Kriegsgefangenenlager, in dem sie eine Rebellion angezettelt hätten ... Vom Rangierbahnhof kamen sie per Auto, mit der sogenannten »Krähe« [russ.: woron; dem entspricht die »grüne Minna« – G. K.] in das innere Gefängnis des UNKWD [in Charkow – G. K.] ... Im Gefängnis blieben sie einen oder zwei Tage, sodann wurden sie in den Keller des UNKWD geführt und erschossen ... Die Exekutionen der Polen erfolgten in einem abgeteilten, isolierten Raum ohne Fenster ... Die Leichname der erschossenen Polen wurden auf LKW verladen und nachts zur Begräbnisstätte gebracht, zur Waldparkzone Charkows ...

Während der vierten Befragung bezeugte Syromjatnikow zum Ablauf der Exekutionen u. a.:

Syromjatnikow: Der Staatsanwalt kontrollierte nur. Der Betreffende wurde hereingeführt; dann fragte der Staatsanwalt nach Namen, Vornamen, Namen des Vaters, Geburtsjahr. Dann sagte er: »Gehen Sie bitte.«

Tretezki: Waren ihnen, wenn sie nach Namen, Vornamen ... gefragt wurden, die Hände bereits gefesselt?

Syromjatnikow: Unbedingt. Man brachte sie in diese Zelle bereits gefesselt. ...

Śnieżko: War es eine große oder eine kleine Zelle?

Syromjatnikow: Das sah, mein Herr, so aus: Es ging einen Korridor entlang, dann kam eine Nische. Dort mußten sie sich im Kreis hinsetzen ... Auf den Ruf »Los!« [russ.: dawai – G. K.] wurde die Tür geöffnet. Sie führte in ein Zimmer. Und dort ...

Weiter im Korridor war wieder eine Nische, auch ohne Fenster, und dort legten wir sie ab, nachdem alles fertig war. Verstehen Sie ...« ...

Śnieżko: Wie viele warteten jeweils im Kreis?

Syromjatnikow: ... Vielleicht 5 oder 6 Personen ...

Śnieżko: Bereits gefesselt?

Syromjatnikow: Ja, gefesselt ...

Tretezki: Und wo fesselte man sie?

Syromjatnikow: Ich sag doch, im Erdgeschoß, dort, in einem Zimmer. Dort warteten 3 Personen ...

Tretezki: Das bedeutet, sie handelten wie am laufenden Band?

Syromjatnikow: Ja, ja, ja ...

Śnieżko: Nachdem der Schuß gefallen war, der Leichnam weggetragen werden mußte, wie geschah das ...?

Syromjatnikow: Nachdem er schoß, fiel der Leichnam zu Boden und der Kommandant [Kuprij – G. K.] rief: »Hallo!«, und das bedeutete, wegräumen.

- **Dokument Nr. 46**

Dmitri Tokarjew, Chef des UNKWD Kalinin, bezeugte während der Befragung durch den Vertreter der Militärstaatsanwaltschaft Anatoli Jablokow, einen der Ermittler in der Strafsache 159, am 20. März 1991 die Abläufe während der Erschießung der Gefangenen des Sonderlagers Ostaschkow.

Veröffentlicht: »Katyń ...«, Bd. 2, S. 432 ff., und »Neue Zeit«, Moskauer Hefte für Politik, Nr. 42, Oktober 1991, S. 32–35.

Tokarjew: Als Blochin, Sinegubow und Kriwenko anreisten*, brachten sie einen Koffer gefüllt mit Pistolen mit ...

Jablokow: Welche Pistolen?

Tokarjew: Walther-Pistolen, meiner Meinung nach Walther.

Jablokow: Und welche Munition für diese Pistolen ...

Tokarjew: Na für Walther, bekannte Pistolen ..., welches Kaliber, das weiß ich nicht, ... nur deutsche ...

Dmitri Tokarjew

...

Jablokow: ... bitte beschreiben Sie das innere Gefängnis ...

Tokarjew: Hier ist der Keller, hier sind die Zellen. ... Und hier die »Rote Ecke«, von dort führt ein anderer Korridor bis zur Zelle, in der die Erschießungen vorgenommen wurden ... In der »Roten Ecke« wurden die Personalien überprüft, dann ging es zu der Zelle über den anderen Korridor, wo erschossen wurde. Das ist alles ... Kein großer Raum ... Von dort führte eine Tür auf den Hof. Durch sie wurden die Leichname getragen und auf die LKW geladen ...

Jablokow: Aus den Zellen zur »Roten Ecke« wurden die Gefangenen einzeln gebracht?

Tokarjew: Nur einzeln, ja ... In der »Roten Ecke« waren verschiedene Plakate, alles, was in eine »Rote Ecke« gehört ... Es war ein Leninzimmer, so hat es geheißen ...

Jablokow: Und die Todeszelle war leer?

Tokarjew: Dort stand eine Pritsche ...

...

Jablokow: Sie haben gesagt, daß es auf jeden Fall Spirituosen gab ...

Tokarjew: Sie haben kistenweise gekauft. ... Für alle, die beteiligt waren, mit den Erschießungen und mit den Beisetzungen ... Die saßen dann im Pyjama da und haben getrunken ... Immer nach den Erschießungen, nur nach den Erschießungen. Davor oder während wurde nicht getrunken. Nur nach den Erschießungen. ...

Als man die Polen erschossen hatte, wurde im Salonwagen** ein Bankett gegeben ...

* *Blochin, Sinegubow und Michail Kriwenko waren Vertreter der Moskauer NKWD-Zentrale, sie leiteten die Erschießung der Gefangenen von Ostaschkow bzw. sicherten – wie Kriwenko – Bedingungen dafür.*
** *Gemeint ist der Waggon, in dem die Vertreter der Zentrale aus Moskau angereist waren und in dem sie während der Anwesenheit in Kalinin Unterkunft bezogen hatten.*

- **Dokument Nr. 47**

Bereits in der letzten Vorbereitungsphase zu den Erschießungen wurden Vertreter der Moskauer Zentrale des NKWD in die Lager abkommandiert: nach Starobjelsk der Hauptmann der Staatssicherheit M. Jefimow, der zuvor im Rahmen einer von ihm geleiteten Brigade die »operativen« Vorbereitungen für die Exekutionen im Lager betrieben hatte, und im gleichen Dienstgrad der Chef des Moskauer Lefortowo-Gefängnisses Alexander Mironow, der für die »Betreuung« der Agenten im Lager zuständig war; nach Kosjelsk kam wiederum der Major der Staatssicherheit Wassili Sarubin und nach Ostaschkow der Leutnant der Staatssicherheit Cholitschew.

Für jedes der Sonderlager abkommandiert wurde außerdem je ein hoher Vertreter der Hauptverwaltung Wach- und Begleittruppen des NKWD. Diese Offiziere »pendelten« zwischen Sonderlager und Hinrichtungsort. Zuständig für Starobjelsk war der Chef der Sonderabteilung dieser Hauptverwaltung Alexej Rybakow; für Ostaschkow der Chef des Stabes dieser Einheiten Michail Kriwenko und für Kosjelsk der Stellvertreter des Chefs der Operativabteilung der Hauptverwaltung, Oberst Iwan Stepanow (dem Stanisław Swianiewicz im Wald von Katyn begegnet war).*

Schließlich meldete Solomon Milstein, Chef der Hauptverwaltung Transportwesen des NKWD, nach Anlaufen der »Operation« täglich an Berija und Merkulow die Einhaltung bzw. – geringfügige – Abweichungen vom minutiös ausgearbeiteten »Fahrplan« der »wagonsak«**, »beladen« (vom Sonderlager zur Hinrichtungsstätte) und »leer« von der Hinrichtungsstätte zurück zum Sonderlager.

Quelle: »Katyń ...«, Bd. 2, Suplement.

Beispielsweise meldete Milstein »über die Bewegung der Gefangenenwaggons im Eisenbahntransport am 4. April 1940« [Datum im Original unterstrichen – G. K.]:

Beladen am 4. April ds. Js. im B.[ahnhof] Kosjelsk ... 4 Waggons anstelle lt. Plan vorgesehener 3 Waggons.

Die Waggons Nr. 3006 und 663 um 20.30 Uhr .... und 22.10 mit Zug Nr. 1145 nach Smolensk. Die Waggons Nr. 684 und 650 um 24.00 Uhr (Abfahrt) ... und am 5. IV. weiter ab Suchinitschi um 12.00 Uhr nach Smolensk.

Auf Anforderung des Vertreters der Hauptverwaltung Begleittruppen, Oberst Stepanow, sind für 5./IV. ds. Js. vorgesehen zur Beladung 4 Waggons ... (Bd. 2, S. 131, Faksimile)

Am 18. Mai 1940 meldete z. B. der Lagerkommandant von Starobjelsk Alexander Bereschkow an den Chef der Verwaltung Kriegsgefangenenwesen Pjotr Soprunenko:

Ich übermittle im Anhang die Information über die Anzahl der lt. Listen zum Abtransport vorgesehenen Kriegsgefangenen und die Zahl der abtransportierten Kriegsgefangenen zwischen 5. April und 12. Mai 1940. Erhalten habe ich Listen mit den Namen von 3 891 Personen und deshalb auf Transport geschickt 3 885 Personen, ... weitere drei Personen zur Verfügung der 2. Abteilung des NKWD der UdSSR ... (Bd. 2, S. 314 ff.)

Dmitri Tokarjew bezeugte am 20. März 1991:

(Anatoli) Jablokow: Dmitri Stepanowitsch, sagen Sie uns, wie wurden die Gefangenen von Ostaschkow zum UNKWD Kalinin transportiert?

Tokarjew: ... Mit Kriwenko kam ein kompletter Gefangenentransport. In den »wagonsak« befanden sich Kriegsgefangene aus Ostaschkow, ... und in Gefangenentransportautos kamen sie vom Bahnhof Kalinin ins inneren Gefängnis. Und das war die ganze Technologie ...

Vom Lager bis Ostaschkow kamen sie im Fußmarsch, und in Ostaschkow wurden sie in die wagonsak eingeladen ... (Bd. 2, S. 448)

Kriwenko, Rybakow und Stepanow wurden mit Befehl des Volkskommissars Berija vom 26. Oktober 1940 für ihre »Verdienste« bei der »Entlastung der Gefängnisse und der Auflösung der drei Sonderlager« »mit einem Monatsgehalt« ausgezeichnet. (Ebenda, S. 404).
** wagonsak: russische Abkürzung für Gefangenentransportwaggon.

- **Dokument Nr. 48**

Tagesbefehl des Bataillonskommandeurs der Wach- und Begleittruppen, Major T. Meschow, vom 21. Mai 1940. Meschow hielt sich vom 19. März bis Mitte Mai 1940 im Lager Kosjelsk auf.

Veröffentlicht: »Meshdunarodnaja shisn«, Moskwa, Heft 5/1990, S. 125; »Katyń ...«, Bd. 2, S. 336 f.

... In der Zeit vom 23. März bis 13. Mai erfüllten die 2. Kompanie und ein Zug der 1. Kompanie eine verantwortungsvolle Aufgabe, die durch die Hauptverwaltung Wach- und Begleittruppen sowie den Brigadekommandeur zur Auflösung des NKWD-Lagers Kosjelsk gestellt wurde. Ungeachtet der hohen Anspannung und der Schwierigkeit der durchzuführenden Aufgabe – sowohl beim Abtransport als auch bei der Bewachung des gesamten Lagers – wurde die gestellte Aufgabe, das Lager zu liquidieren und keine Flucht auch nur eines einzigen Kriegsgefangenen sowie eine Rechtsverletzung im Dienste zuzulassen, verwirklicht. Die durchgeführte Aktion wurde durch den Vertreter der Hauptverwaltung der Wach- und Begleittruppen des NKWD der UdSSR, Oberst Stepanow, mit der Note »gut« eingeschätzt ...

- **Dokument Nr. 49**

Aussage des Ortseinwohners Parfeon Kisseljeff* vom 27. Februar 1943.

Veröffentlicht: »Amtliches Material ...«, S. 25 f.

Auf mündliche Vorladung erscheint der Russe Kisseljeff, Parfeon, 72 Jahre alt, Landwirt, wohnhaft in Kosi Gory, und erklärt auf Befragen folgendes:

Ich wohne seit 1907 in Kosi Gory. Seit ungefähr 10 Jahren wurde das Schloß im Wald als Sanatorium für höhere NKWD-Beamte benutzt. Das ganze Waldgelände war durch einen 2 Meter hohen Stacheldraht eingezäunt. Außerdem war alles durch Posten mit Gewehr gesichert. Allen Zivilpersonen war der Zutritt zu dem Waldstück streng verboten ... Im Frühjahr 1940 wurden zirka 4 bis 5 Wochen lang täglich 3 bis 4 Lastwagen, beladen mit Menschen, zu dem Waldstück gebracht und dort angeblich von der NKWD erschossen. Die Wagen waren verschlossen, so daß niemand sehen konnte, was darin war. Eines Tages, als ich auf dem

Bahnhof Gniesdowa war, sah ich, wie aus den Eisenbahnwagen in die mir bekannten Lastkraftwagen Männer umstiegen und in Richtung Waldstück fuhren. Was mit den Männern gemacht wurde, kann ich nicht sagen, da sich niemand in die Nähe wagen durfte. Das Schießen und Schreien von Männerstimmen habe ich bis in meine Wohnung gehört. Es ist wohl anzunehmen, daß die Männer erschossen wurden. In der Umgebung macht man keinen Hehl daraus, daß hier Polen durch das NKWD erschossen wurden ...

Als das Waldstück durch die deutschen Truppen eingenommen war, ging ich in den Wald, um mich zu überzeugen. Ich war der Meinung, ich würde noch einige Leichen finden, aber vergeblich, denn ich fand nur einige aufgeworfene Hügel. Es stand bei mir fest, daß die Toten nur unter den Hügeln liegen konnten. 1942 im Sommer waren Polen bei einer deutschen Einheit in Gniesdowa beschäftigt. Eines Tages kamen zehn Polen zu mir und baten mich, ich möchte ihnen doch zeigen, wo ihre Landsleute liegen würden, welche vom NKWD erschossen worden wären. Ich führte sie in das Waldstück und zeigte ihnen die Hügel. Die Polen baten ferner, ich möchte ihnen eine Hacke und eine Schaufel leihen, was ich auch getan habe. Ungefähr nach einer Stunde kamen dieselben empört und schimpfend auf das NKWD zurück. Die Polen erklärten, daß sie auf einem der Hügel die Leichen gefunden hätten. Als äußeres Zeichen haben sie von Birkenholz zwei Kreuze hingestellt, welche heute noch dort stehen ...

* *Der Name ist im »Amtlichen Material ...« ungenau wiedergegeben. Kiseljow widerrief diese Aussage vom Herbst 1942 vor der Außerordentlichen Staatlichen Kommission (vgl. »Mitteilungen ...«, S. 14ff.), weil er »durch Drohungen eingeschüchtert« und »mißhandelt worden« sei.*

- **Dokument Nr 50**

Aussage des Ortseinwohners Grigori Silwjestrow vom 1. April 1943.*
Veröffentlicht: »Amtliches Material ...«, S. 24.

... Die Ausladungen wurden meist in den Abendstunden, aber auch nachts durchgeführt. Daß der Abtransport auch nachts geschah, konnte ich mehrmals feststellen, da mein damaliges Wohnhaus unmittelbar an der Straße vom Bahnhof zur Rollbahn lag. Meiner Schätzung nach fuhr diese Kolonne täglich etwa zehnmal und in den Monaten April und Mai ungefähr vier Wochen hindurch ...

Da man sich bei der Ausladestelle selbst nicht aufhalten durfte, konnte ich von dem etwa 50 Meter entfernten Platz, von dem aus ich meine Beobachtungen machte, nur sehen, daß es hauptsächlich Uniformierte, vermutlich Offiziere, doch auch Zivilisten waren, die aus den Waggons stiegen. Unter den Zivilisten waren auch ältere Leute, vereinzelt sogar auf Krückstöcke gestützt, zu sehen. Frauen habe ich darunter nicht festgestellt. Als der Uniformen unkundig, konnte ich nicht beurteilen, welcher Nation die Soldaten waren. Auch die umlaufenden Gerüchte waren nicht einheitlich. Die einen behaupteten, es wären Polen; manche aber, es wären Finnen gewesen. Ebenfalls nur gerüchteweise hörte man, die Gefangenen seien zu dem etwa 4 Kilometer von hier entfernten sogenannten »Ruhehaus der Kollektiven«** geschafft und dort erschossen worden. Dies nahm auch ich an, da zur Zeit dieser Transporte das in der Umgebung des Hauses übliche Pilzesammeln verboten war. Im allgemeinen hüteten sich aber die Dorfbewohner, die ja meist von den Vergängen gewußt haben, ihren Vermutungen offen Ausdruck zu geben.

* *Laut Bericht der sowjetischen Sonderkommission ist Grigori Silwjestrow, Jg. 1891, dort als Silwerstow bekannt, »noch vor der Befreiung des Smolensker Gebiets durch die Rote Armee verstorben«. (»Mitteilung ...«, S. 21)*
** *Falsch übersetzt. Es handelt sich um das Erholungsheim des NKWD.*

• **Dokument Nr. 51**
Der ukrainische Dissident Swjatoslaw Karawanski erfuhr 1967 im Gefängnis zu Wladimir von dem Förster Iwan Andrejew* über Katyn.
In: »Orzeł Biały«, London, Januar 1980.

... Der Förster von Katyn wurde unmittelbar nach der Einnahme von Smolensk durch die Rote Armee inhaftiert, weil er 1943 als Zeuge vor der Kommission ausgesagt hatte, die das Verbrechen von Katyn untersuchte. Andrejew bestätigte vor dieser Kommission, ... er habe nicht gesehen, wie das Verbrechen erfolgt sei, aber bis in die späte Nacht Schüsse gehört. Später sei er zu einem sowjetischen Kommissar gerufen worden, der ihm gesagt habe: »Hier sind Panzergräben zugeschüttet worden, diese Stellen müssen mit Setzlingen bepflanzt werden.«

Als die Deutschen einmarschierten, habe er ihnen davon erzählt ... Diese Aussage wurde später der Grund für seine Inhaftierung. Er wurde sofort nach der Rückkehr der Sowjets verhaftet und erhielt 25 Jahre. Er saß in Einzelhaft in Wladimir, vollständig isoliert.

Durch den Fehler eines Aufsehers kam er während eines Hofgangs doch einmal in einen Abschnitt für andere Häftlinge ... Er sagte ihnen: »Ich bin Andrejew, der Förster von Katyn. Ich sitze hier. Von Zeit zu Zeit verhört man mich, um mich aufzufordern, meine Aussage von 1943 vor der Kommission zurückzuziehen. Hier sitzt auch meine Frau ...«

* *Über Andrejew, Jg. 1917, heißt es in der »Mitteilung ...«, er sei 1943 »mit den Deutschen abgezogen« oder »vielleicht von ihnen gewaltsam verschleppt« worden. (S. 21)*

• **Dokument Nr. 52**
Die Erschießungskommandos für die Gefangenen der drei Sonderlager bestanden aus jeweils ungefähr 30 Mann. Ihnen gehörten neben einigen Vertretern des Kommandanturbereichs der NKWD-Zentrale in Moskau, zuständig u.a. für Hinrichtungen, leitende NKWD-Mitarbeiter der UNKWD, der Gebietsverwaltungen, in Charkow, Kalinin und Smolensk, auch hier aus den jeweiligen Kommandanturbereichen der inneren Gefängnisse, in der Masse jedoch »einfache« Mitarbeiter des NKWD, Aufseher, Kraftfahrer etc. an. Die aus den Gefängnissen der Westukraine und Westbelorußlands zur Exekution überstellten Häftlingsschübe kamen gruppenweise in die inneren Gefängnisse von Kiew, Odessa, Minsk usw. und wurden dort erschossen. Die Weisungen dazu erfolgten aus der Sonderabteilung des NKWD in Moskau, in der Regel über Baschtakow, den »dritten Mann« der »Troika«. Rückmeldungen aus der Ukraine liegen – veröffentlicht – vor, stehen aus Belorußland noch aus.

Die Angehörigen der Erschießungskommandos und Mitwirkende bei der »operativen Sicherstellung« wurden nach Abschluß ihrer Mitwirkung ausgezeichnet, einige außerdem bereits zwei Wochen v o r Beginn der Erschießungen im Dienstgrad durch Berijas Befehl Nr. 354 vom 17. März 1940 befördert.

Veröffentlicht: »Katyń ...«, Bd. 2, S. 404–409. Faksimile Deckblatt und letzte Seite des Befehls.

Befehl des Volkskommissars für Innere Angelegenheiten der UdSSR für 1940
  01365 Über die Auszeichnung von NKWD-Mitarbeitern
  Für die erfolgreiche Ausführung von Sonderaufgaben
  BEFEHLE ich

folgende Mitarbeiter* des NKWD der UdSSR, der UNKWD der Bezirke Kalinin, Smolensk und Charkow

mit einem Monatsgehalt auszuzeichnen. [Das Wort Monatsgehalt ist im Befehl unterstrichen – G.K.]

Hauptmann der Staatssicherheit Iljin F.K.
Oberleutnant der Staatssicherheit Gribow J.I. (Josif Iwanowitsch)
Oberleutnant der Staatssicherheit Rubanow A.M. (Andrej Maksimowitsch)
Oberleutnant der Staatssicherheit Kuprij, T.F. (Timofej Fjodorowitsch)
Leutnant der Staatssicherheit Karawajew, W.M.
Major der Staatssicherheit Blochin, W.M. (Wassili Michailowitsch)
Major der Staatssicherheit Okunjew, A.W.
.....
Oberleutnant der Staatssicherheit Feldmann, I.I. (Iwan Iwanowitsch)
.....
Hauptmann der Staatssicherheit Besrukow, I.D. (Iwan Dmitrijewitsch)
...
Feldwebel der Staatssicherheit Gwosdowski, N.A. (Nikolai, Afanasjewitsch)

Erklärungen zur Mitwirkung des Betreffenden an der Liquidierung der Sonderlager siehe nachstehend in der gleichen Reihenfolge wie im Befehl.

Iljin = Stellv. Chef UNKWD Smolensk, zuständig für Sonderabteilung in Kosjelsk

Gribow = Kommandant des inneren Gefängnisses des UNKWD Smolensk

Rubanow = Chef der Verwaltung des UNKWD Kalinin, nahm an Erschießungen teil

Kuprij = Chef der Verwaltung des UNKWD Charkow, nahm an Erschießungen teil

Karawajew = Chef der 1. Abteilung der Sonderabteilung des UNKWD Smolensk, nahm an Erschießungen teil

Blochin = Chef der Kommandantur der Verwaltung des NKWD, leitete Erschießungen in Kalinin, nahm an den Erschießungen teil

Okunjew = Stellv. Chef der 1. Abteilung Bereich Technik des NKWD

Feldmann = Chef der Kfz-Basis des NKWD

Besrukow = Stellv. Chef der 6. Abteilung der Hauptverwaltung Wirtschaft des NKWD, leitend an der »Leerung« des Lagers Starobjelsk beteiligt

Gwosdowski = Gehilfe des Kommandanten des UNKWD Smolensk, nahm an den Erschießungen in Katyn teil

Insgesamt listet der Befehl Berijas 44 Mitarbeiter des NKWD auf, die ein zusätzliches Monatsgehalt erhielten.

Anschließend listet der Befehl 81 Namen von NKWD-Mitarbeitern auf, die mit 800 Rubeln (die Zahl 800 ist im Befehl unterstrichen) »ausgezeichnet« werden.
Bekannt ist die Mitwirkung weiterer NKWD-Mitarbeiter, die – wie z. B. Wassili Sarubin oder Pjotr Soprunenko – nicht auf dieser Auszeichnungsliste auftauchen.

- **Dokument Nr. 53**

Ab 16. März 1940 war den Kriegsgefangenen in den Sonderlagern Kosjelsk, Starobjelsk und Ostaschkow jeder Briefverkehr untersagt. Weder durften sie Post empfangen, noch durften sie schreiben. Nach Vollzug der Exekutionsbefehle stellte sich für die zentralen und die Lagerbehörden des NKWD die Frage, wie mit der vorhandenen Post zu verfahren sei. Entschieden wurde deren Vernichtung.

Auf der »Information« über zurückgehaltene ein- und ausgehende Post im Lager Starobjelsk vom 8. Juni 1940 (– eingehende Post = 3080 Einheiten + 300 Telegramme und – ausgehende, ebenfalls konfiszierte Post = 3460 Einheiten; gez. durch den Leiter der Sonderabteilung des Lagers Feldwebel M. Gaididaj und den Politmitarbeiter D. Tschecholski) ist handschriftlich eingetragen: »verbrennen«.

Veröffentlicht: »Katyń ...«, Bd. 2, S. 365

Am 13. Juni 1940 setzte Soprunenko den Lagerkommandanten von Starobjelsk Bereschkow davon in Kenntnis, daß die Postzensur 20 Briefe abgefangen habe, die nach dem 16. März aufgegeben worden seien. Dabei sei versucht worden, die Herkunft aus dem Kriegsgefangenenlager zu vertuschen. Er befahl umgehende Klärung des Sachverhalts. Es stellte sich heraus, daß D. Tschecholski diese Briefe – entgegen anderslautendem Befehl – insgeheim aufgegeben hatte, auch noch, nachdem die Gefangenen bereits abtransportiert worden waren, um »die Familien zu beruhigen«. Damit habe er »die operativen Entscheidungen des Zentrums« verletzt. Er wurde gemaßregelt. (»Katyń ...«, Bd. 2, S. 385f.)

Am 15. Juni 1940 befahl Soprunenko Bereschkow:

Nr. 5/51 ...
Die gesamte hinterlassene Korrespondenz der Kriegsgefangenen ist zu verbrennen. Die in jeweils 3 Exemplaren vorhandenen Negative und Fotografien sind zu vernichten. (»Katyń ...«, Bd. 2, S. 388)

Protokoll
19. Juni 1940
Wir, die Unterzeichneten ....
    haben vernichtet .....
    3. Fotos der Kriegsgefangenen, die aus dem Lager abtransportiert worden sind, insgesamt 5105 Stück; ... durch verbrennen;
    4. ... Negative der Fotos von Kriegsgefangenen, die aus dem Lager abtransportiert worden sind, insgesamt 4398 Stück, durch Abwaschen der Emulsion von den Glasplatten ...

Veröffentlicht: »Katyń ...«, Bd. 2, S. 393, Faksimile und »Katynskaja drama ...«, ohne Seitenangabe, und »Katyń ...«, Bd. 2, S. 400.

Protokoll
Am 23. Juli 1940 haben wir, die Unterzeichneten, wie befohlen, die eingegangene Post, adressiert an die Kriegsgefangenen, die aus dem Lager abtransportiert worden sind, vernichtet ...
    1. Einschreibebriefe 422
    2. Einfache Briefe 562
    3. Postkarten, eingeschriebene 148
    4. Einfache Postkarten 3102
    5. Telegramme 79
Alle aufgeführten Briefschaften sind verbrannt worden, worüber dieses Protokoll ausgefertigt worden ist.

Politischer Kontrolleur der Sonderabteilung Klok
Leiter der 2. Abt. des Lagers Sysojew
Sekretär der Lagerkommandantur Kurjatschi

Und schließlich am 25. Oktober 1940:

Protokoll
    ... Am heutigen Tag wurden folgende Archivunterlagen der Sonderabteilung verbrannt:
    1. Die Karteikarten aller Kriegsgefangenen, insgesamt 4031; entsprechend beigefügter Liste;
    2. Untersuchungsergebnisse zu 26 Verfahren entsprechend der beigefügten Liste;
    3. Die alphabetisch geordneten Namenslisten der Kriegsgefangenen ...;

А К Т.

1940 года Июня 19 дня.

Мы, Сотрудники Старобельского лагеря НКВД: Нач. 2-го Отделения СНСОЕВ, политконтролер т. ЧЕХОЛЬСКИЙ и работник хозотделения т. ПЕТУХОВ на основании указания Управления НКВД СССР по делам о военнопленных № 25/5689 сего числа произвели уничтожение следующего:

1. Входящей корреспонденции, адресованной военнопленным, выбывшим из лагеря -заказных писем 395 шт., простых писем 1200, почтовых карточек заказных 207, простых почтовых карточек 1942, телеграмм 300 шт.

2. Исходящей корреспонденции за апрель м-ц 1940 г. от военнопленных, выбывших из лагеря, писем простых 258 шт., почтовых карточек 3402 шт.

3. Фотокарточек 4-й экземпляр на военнопленных, выбывших из лагеря 5105 штук.

Корреспонденция и фотокарточки уничтожены путем сжигания.

4. ~~Фотопластинки~~ - негативы на выбывших из лагеря военнопленных 4358 штук уничтожены путем смывания имульсии со стекла.

О чем и составлен настоящий акт.

(СНСОЕВ)

(ЧЕХОЛЬСКИЙ)

(ПЕТУХОВ)

Originaltext des Protokolls der Aktenvernichtung vom 19. Juni 1940 in Starobjelsk

4. Die Karteikarten ...;

5. Berichte und Hinweise über Kriegsgefangene, insgesamt zwei Ordner ...;

6. Befragungsbögen der Kriegsgefangenen ...;

7. Befehle des Lagers Starobjelsk des NKWD, insgesamt 235 Seiten;
8. Posteingangsbuch;
9. Fotoabzüge von Aufnahmen der Kriegsgefangenen, insgesamt 68 Stück.
gez. Pismennij (Mitarbeiter der 2. Abteilung) und Gaididaj.

Am 25. November 1940 übersandte der Leiter der Sonderabteilung des NKWD der Ukraine Zwetuchin zu Händen Baschtakows Akten der in ukrainischen Haftanstalten Erschossenen polnischen Offiziere und weiterer Häftlingsgruppen. Der Begleitbrief:

157143 ...
Ich übersende befehlsgemäß die Personalakten der Häftlinge aus den Haftanstalten entsprechend der Listen in Ihren Befehlen ...
Anlage: 3 435 Akten.
Veröffentlicht: »Gajowniczek ...«, Warszawa, 1995, S. 1–233.

Die Suche und fortgesetzte Verschleierungsversuche

• **Dokument Nr. 54**
Zwischen Spätherbst 1940 und Frühsommer 1941 wurden in bzw. bei Moskau unter der Leitung von Oberstleutnant Zygmunt Berling Gespräche mit überlebenden polnischen Militärs geführt. Von sowjetischer Seite und im Auftrag Lawrenti Berijas nahm als Vertreter des Volkskommissariats für Innere Angelegenheiten von Anfang an der Oberstleutnant bzw. Oberst des NKWD Jegorow teil. Die polnischen Militärs waren dabei eine Art privilegierter Gefangener. Anfangs drehten sich die Gespräche um die Frage, unter welchen Bedingungen polnische Offiziere bereit seien, an der Aufstellung polnischer Streitkräfte in der UdSSR mitzuwirken. Die politischen und militärischen Vorstellungen der 15 polnischen Offiziere im Dienstgrad zwischen Leutnant und Oberst in der Villa Malachowka bei Moskau waren unterschiedlich. General Wacław Przeżdziecki distanzierte sich bereits zu Beginn der Gespräche. Die politischen Widersprüche erwiesen sich letztendlich als unvereinbar.
In Vorträgen und Diskussionen machten sich die Offiziere mit dem

politischen System der UdSSR vertraut, das kontrovers beurteilt wurde, sowie mit den Dienstvorschriften, Führungsgrundsätzen und der Bewaffnung der Roten Armee. Letztendlich schied nach kontroversen Diskussionen um die politisch-militärische Willenserklärung, bei der es u. a. darum ging, ob die Offiziere als polnische Offiziere oder als Offiziere der e h e m a l i g e n polnischen Armee unterzeichnen sollten, die Minderheit (der Artillerieoffizier Major Józef Lis, Rittmeister Narcyz Łopianowski) aus der Gruppe aus. Eine Mehrheit (unter ihnen Oberstleutnant Leon Bukojemski, der Pionieroffizier Oberst Eustachy Gorcyński, der Panzeroffizier Hauptmann Kazimierz Rosen-Zawadzki) akzeptierte diese. Sie wurde, nachdem sie mehrfach verändert worden war, Berija am 22. Juni 1941, unmittelbar nach Beginn der deutschen Aggression, übermittelt.

Die inhaltlichen Auseinandersetzungen, die Haltungen der Beteiligten sowie die Einflußnahme durch Mitarbeiter des NKWD sind dokumentiert in: Łopianowski ..., S. 32 ff. Die Endfassung ist veröffentlicht in: »Dokumenty i materiały ...«, Bd. VII., Warszawa 1961, S. 219 f.

... Wir, die unterzeichnenden Offiziere* der ehemaligen polnischen Armee, halten es, empört über den verbrecherischen Überfall Hitlerdeutschlands auf die Union der Sozialistischen Sowjetrepubliken, für unsere Pflicht, folgendes zu erklären:

1. Der Krieg, den Hitlerdeutschland der Union der Sozialistischen Sowjetrepubliken aufgezwungen hat, ist eine Herausforderung an die gesamte Welt der Arbeit, die Arbeiter, Bauern und die schaffende Intelligenz aller Nationalitäten, einschließlich der deutschen ...

4. Als Angehörige eines der Völker, die durch den faschistischen Aggressor unterdrückt werden, sehen wir den einzigen Weg zur Befreiung des polnischen Volkes im Zusammenwirken mit der Union der Sozialistischen Sowjetrepubliken, in deren Rahmen** unser Vaterland sich vollwertig entwickeln kann.

5. Wir versprechen, disziplinierte Offiziere der Befreiungsarmee zu sein, um unsere heilige Verpflichtung gegenüber dem eigenen Volk und den Schaffenden der gesamten Welt zu erfüllen.***

6. Wir versprechen der Sowjetregierung, daß wir die übernommenen Verpflichtungen in Ehren erfüllen werden.

...

Es lebe die Befreiung der durch den Faschismus unterdrückten Völker!
Es lebe der geniale Führer ... der unterdrückten Völker, Gen.[osse] Stalin!

* *Es unterzeichneten: Oberstleutnant Zygmunt Berling, Oberstleutnant Leon Bukojemski-Nalęcz, Oberst Eustachy Gorcyński, Oberstleutnant Leon Tyszyński, Oberstleutnant Kazimierz Dudziński, Hauptmann Kazimierz Rosen-Zawadzki sowie sieben Leutnante bzw. Fähnriche. Sie alle traten in die Polnischen Streitkräfte in der UdSSR unter General Anders ein; Berling diente z.B. als Stabschef der 5. Division. Ein Teil dieser Offiziere verließ mit Anders 1942 die UdSSR, ein Teil verblieb in der Sowjetunion. – Im Februar 1944 wandte sich Berling über den Kommisar für Staatssicherheit 3. Ranges Schukow an Stalin, nachdem er erfahren hatte, daß die Hauptleute Kazimierz Rosen-Zawadzki und Roman Imach (auch er hatte zu den Unterzeichnern gehört) in Palästina, wo Teile der Anders-Armee standen, durch dessen Militärpolizei verhaftet worden waren. Berling bat Stalin, »über die Engländer« Schritte zu unternehmen, um die Genannten und weitere neun namentlich bekannte Offiziere, von denen angenommen wurde, daß sie verhaftet worden seien, freizubekommen. (Konflikty ..., S. 108–111)*
** *Unter anderem diese Formulierung war Grund für ein Todesurteil, das ein Kriegsgericht der Anders-Armee im Hochsommer 1943 gegen Berling verhängte.*
*** *Am 8. April 1943 schlug der nunmehrige Oberst Berling erneut vor, polnische Streitkräfte in der UdSSR aufzustellen. Dieser zweite Vorschlag erfolgte nach Abzug der Truppen unter Anders aus der UdSSR und war wiederum nicht an das Volkskommissariats für Verteidigung oder den Ministerrat bzw. das Oberkommando der Roten Armee gerichtet, sondern an das Volkskommissariat des Inneren, bei dem offensichtlich nach wie vor die Zuständigkeit in Sachen polnischer Militärs lag. Siehe: Dokumenty i materiały ..., Bd. VII, Warszawa, 1961, S. 395f.*

- **Dokument Nr. 55**

Telegramm des Volkskommissars für Auswärtige Angelegenheiten der UdSSR, Wjatscheslaw Molotow, an den Botschafter der UdSSR in Großbritannien, Iwan Maiski, vom 3. Juli 1941.

Veröffentlicht: Dokumenty i materiały ..., Bd. VII, Warszawa, 1961, S. 211 ff.

... Zu Ihrer Information teile ich Ihnen mit, daß es in der UdSSR dreihunderttausend kriegsgefangene Polen nicht gibt und niemals gegeben hat.* Es gibt lediglich zwanzigtausend kriegsgefangene Polen, die dem Polnischen Nationalkomitee** übergeben werden, sobald dieses Komitee gegründet sein wird.

* *Am 11. Juli 1941 geht Molotow nochmals auf dieses Thema ein: »Ich wiederhole, daß es lediglich zwanzigtausend polnische Kriegsgefangene in der UdSSR gibt und die anderen entlassen wurden oder eigenmächtig geflohen sind, da die Sowjetregie-*

rung nicht die Absicht hatte, sie als Kriegsgefangene zu halten.« (Dokumenty i materiały ..., Bd. VII, Warszawa, 1961, S. 228)
** Der Vorschlag, ein solches Komitee zu gründen, ging von der Regierung der UdSSR aus. Er wurde von der polnischen Exilregierung nicht akzeptiert, die für die Gründung eines derartigen Komitees keine Notwendigkeit sah und auf alleiniger Zuständigkeit bestand.

- **Dokument Nr. 56**

Telegramm Iwan Maiskis vom 5. Juli 1941 an den Volkskommissar für Auswärtige Angelegenheiten über ein Gespräch mit dem Premierminister der Exilregierung der Republik Polen, Władysław Sikorski, zur polnisch-sowjetischen militärischen Zusammenarbeit.

Veröffentlicht: Dokumenty i materiały ..., Bd. VII, Warszawa, 1961, S. 225 ff.

...

g) Im Zusammenhang mit der Aufstellung einer Armee sind alle polnischen Militärdienstpflichtigen in der UdSSR, deren Zahl Sikorski ... auf mindestens 180 000 Soldaten und 10 000 Offiziere beziffert, freizulassen.

- **Dokument Nr. 57**

Brigadegeneral Jerzy Wołkowicki wandte sich am 14. Juli 1941 aus dem Lager Grjasowez an den Oberbefehlshaber der Roten Armee, Josef Stalin.

Veröffentlicht: »Meshdunarodnaja shisn«, Heft 12/1990, S. 126

Wir wenden uns an Sie, Exzellenz, mit der Bitte, uns aus der Gefangenschaft zu entlassen, in die wir gerieten, weil uns die deutschen Faschisten nach Osten abdrängten. Wir bitten Sie, uns zu gestatten, wenn wir in die Freiheit entlassen sein werden, uns in englisches Gebiet zu begeben, um dort gegen den gemeinsamen Feind zu kämpfen. Dort befindet sich unsere rechtmäßige Regierung und unsere Armee; dort wird unsere Anwesenheit unseren Verbündeten besonders nützlich sein. Die entstandene Lage erlaubt es nicht, viel Zeit für Beratungen und Verhandlungen zu verschwenden. Auf halbe Ration gesetzt, verlieren wir unter schweren Bedingungen unsere Kraft, die besser gegen den gemeinsamen Feind eingesetzt werden sollte.

- **Dokument Nr. 58**

Am 10. August 1941 unterzeichneten die UdSSR und die Republik Polen ein Militärabkommen. Bis auf einen einzigen Begriff war es deckungsgleich mit dem Militärabkommen zwischen der Republik Polen und Frankreich von 1940: wo dort Frankreich stand, stand nunmehr UdSSR. Das Abkommen – im Auftrage Władysław Sikorskis unterzeichnete es der polnische General Zygmunt Bohusz-Szyszko, im Auftrage des sowjetischen Oberkommandos und Generalstabs Marschall Alexander Wasilewski – sah die Aufstellung polnischer Landstreitkräfte in der UdSSR vor. Ihnen sollten Wehrpflichtige und Freiwillige angehören. In Punkt 7 hieß es, daß die Truppen für den Kampfeinsatz bestimmt seien, sobald sie dafür genügend ausgebildet und -gerüstet wären. Knapp zwei Wochen später, am 19. August, wurden fürs erste zwei Divisionen und ein Ersatzregiment vereinbart. Das Protokoll zum Vertrag über den gemeinsamen Kampf gegen Hitlerdeutschland vom 30. Juli 1940 hatte den Weg sowohl der polnischen Wehrpflichtigen als auch der Freiwilligen zu den aufzustellenden polnischen Verbänden freigemacht.

Veröffentlicht: Dokumenty i materiały ..., Bd. VII, Warszawa, 1961, S. 232, und Turlejska ..., S. 53 ff.

...

Art. 1. Mit der Wiederherstellung der diplomatischen Beziehungen amnestiert die sowjetische Regierung alle polnischen Bürger, die derzeit auf dem Gebiet der UdSSR ihrer Freiheit beraubt sind; sei es als Kriegsgefangene, sei es auf Grund anderer entsprechender Grundlagen.*

1941–1942 wurden daraufhin in einem konfliktreichen Prozeß Zehntausende Polen aus den unterschiedlichen Lagern der Hauptverwaltung Lager des NKWD (GULag) sowie aus ihren Verbannungsorten entlassen, zumeist mit Marschpapieren ausgestattet, die es ihnen ermöglichten, sich bei den entstehenden Polnischen Streitkräften zu melden. Vertrauensleute der polnischen Botschaft vor allem in Sibirien, Mittelasien und in den Gebieten jenseits des Polarkreises unterstützten die Freilassung und die Freigelassenen.

Erklärung des Befehlshabers der Polnischen Streitkräfte in der UdSSR Władysław Anders über Radio Moskau: »Für uns alle, gibt es nur einen Weg. Schulter an Schulter mit der Sowjetarmee gegen den gemeinsamen Feind, die Deutschen, zu kämpfen ... Unseren Verbündeten versichern wir, daß wir die auf uns genommenen Verpflichtungen einhalten.«

- **Dokument Nr. 59**

Kriegstagebuch des Generals Zygmunt Bohusz-Szyszko (1893–1982), dem demokratische Überzeugungen nicht fremd waren. 1940 Kommandeur einer Selbständigen (polnischen) Brigade in Frankreich, 1941/42 Chef der Militärmission der polnischen Regierung in der UdSSR und Chef des Stabes der Polnischen Streitkräfte in der UdSSR. Kehrte nach dem Sieg über den Hitlerfaschismus nach Polen zurück und siedelte zeitweise in den neugewonnenen Westgebieten.
Veröffentlicht: »Orzeł Biały«, London, 1975, Nr. 134/35.

16. August, Sonnabend, 1941

Heute ... hatten wir das erste Gespräch mit den Vertretern des (Sowjet-)Landes. Geleitet wurde es vom zweiten Vertreter (Boris) Schaposchnikows, General Panfilow. Außer ihm waren dabei: General Schukow*, (Władysław) Anders und ich.

Panfilow überreichte uns eine Namensliste. Sie enthielt die Namen von etwa 1200 Offizieren, Polizisten und Zivilbeamten, die sich im Lager Grjasowez bei Wologda befinden, sowie eine Übersicht in Zahlen über etwa 40 000 Soldaten in den Lagern ... Anders fragte unverzüglich: »Und wo sind die anderen?«

Auf diese Frage, die wir den sowjetischen Vertretern bei jeder der nächsten Sitzungen stellten, erhielten wir keine plausible Auskunft ...

Panfilow erklärte bei der Übergabe der Listen ..., daß man einen Armeestab bilden, eine Infanteriedivision mit entsprechender Ausrüstung und Diensten sowie ein Ersatz-Regiment aufstellen solle; weil für mehr nicht genug Leute da seien. Daraufhin antwortete Anders:

»Aus der Rede Molotows vor dem Obersten Sowjet im November 1939 wissen wir, daß die Rote Armee zwölf unserer Generale gefangen nahm, über 8000 Offiziere und über 300 000 Soldaten. Das hat ihre Presse später bestätigt. Wo sind diese Männer?«

»Ich weiß nichts über sie«, antwortete Panfilow und schaute fragend auf Schukow. Dieser war offensichtlich auf eine derartige Frage vorbereitet, da er ohne zu zögern antwortete, daß die Mehrzahl der Gefangenen in Arbeitslagern gehalten werde. Durch die Wirren des Krieges sei momentan nicht zu klären, wo sie sich befänden.

»Zur Arbeit wurden die Soldaten geschickt. Aber wo sind die Offiziere? Warum enthält die uns übergebene Liste nur Angaben über ungefähr 1000 Männer? In dieser Liste fehlen auch die Namen meiner Untergebenen, von denen ich sehr genau weiß, daß sie in Ihre Gefangenschaft kamen«, fragte General Anders nochmals.

Darauf erklärte Schukow, sie seien wahrscheinlich in Lagern im Westen der Sowjetunion gewesen und nach dem Überfall der Deutschen nach Osten verlegt worden. Im Laufe der Zeit werde sich alles klären und die Offiziere würden sich melden.

* *Es handelt sich nicht um den sowjetischen Heerführer, sondern um den NKWD-General Georgi S. Schukow.*

- **Dokument Nr. 60**

Jahrzehnte später wurden Zahlen über die 1941/42 amnestierten polnischen Staatsbürger bekannt, über die Art und Weise ihrer Freiheitsberaubung in der Zeit zwischen Herbst 1939 und 1941. Sie geben die Sicht der NKWD-Führung wieder, lassen z.B. politisch wichtige Fragen, wie die massenhafte Ablehnung der sowjetischen Personalausweise durch polnische Staatsbürger oder die Weigerung der sowjetischen Seite, polnische Staatsbürgerschaften für bestimmte Personengruppen anzuerkennen, außer acht.

Veröffentlicht: »Konflikty ...«, S. 34–37 und 168–175.

UdSSR
NKWD Staatliches Verteidigungskomitee
... Januar 1943 Genossen S T A L I N

(handschriftlich über diesen Kopf geschrieben: Nr. 28 Von Berija
  Über die Polen)

Auf der Grundlage des Erlasses des Präsidiums des Obersten Sowjets vom 12./VIII-1941 über die Amnestierung polnischer Bürger wurden freigelassen aus Gefängnissen, Lagern, Verbannungsorten und Orten zwangsweiser Ansiedlung 389041 Personen, die bis 1.–2. November 1939 die polnische Staatsbürgerschaft hatten ...*

Bislang leben diese Personen in der UdSSR mit Bescheinigungen, die ihnen ... bestätigen, daß sie auf freien Fuß entlassen wurden, auf der Grundlage des Erlasses ... vom 12./VIII-1941 ...

In Zusammenhang mit dem Protest der polnischen Botschaft gegen die Einberufung einiger Kontingente ehemals polnischer Staatsbürger in die Rote Armee ... richtete das Volkskommissariat für Auswärtige Angelegenheiten am 1. Dezember 1941 eine Note an die polnische Botschaft. Sie erklärte, daß die Sowjetregierung, geleitet von gutem Willen ..., die polnische Staatsbürgerschaft den Polen zuerkennt ..., jedoch nicht gewillt ist, als polnische Staatsbürger die Personen anderer Nationalität anzuerkennen, die in der genannten Zeit in diesen Gebieten gelebt haben ...

Vom gleichen Absender erhielt der gleiche Empfänger am 1. Mai 1944 eine in seinem Auftrag ausgefertigte »Übersicht über ehemalige polnische Bürger« [die vier letzten Worte sind im Original unterstrichen – G.K.].

...
1. Im September 1941 waren registriert an früher verhafteten und deportierten Personen aus den Westgebieten der Ukraine und Belorußlands (aus dem Gebiet des ehemaligen Polens) 389 382 Pers.
Davon:
In Gefängnissen, Lagern und an Verbannungsorten 120 962
In Orten zwangsweiser Ansiedlung ... 243 106
In Kriegsgefangenenlagern 25 314
2. Auf der Grundlage des Erlasses ... vom 12. August 1941 ... wurden amnestiert und entlassen 389 041 Pers.
3. 1942 wurden von den Amnestierten in den Iran evakuiert 119 865 Pers. Davon:
Militärs in der Anders-Armee** 76 110
deren Familienangehörige 43 755
...

* *(Semskow, GULAG ... In: Soziologitscheskije issledowanija, Moskau, 6/1991, S. 10ff., spricht von 43 000 Freigelassenen.)*
** *Unter den Militärs, die über den Iran nach Nahost kamen, befand sich auch der damalige Unteroffizier Menachem Begin. Bei bzw. in Wilno verhaftet und zu acht Jahren abgeurteilt, kam er, am 22. September 1941 amnestiert, aus dem Lager Petschora im Hohen Norden auf freien Fuß. Umgehend meldete er sich zur Dienstaufnahme bei der Anders-Armee in Busuluk. Mit annähernd 3000 weiteren jüdischen Soldaten kam er mit dieser Armee 1942 nach Palästina. Sie kämpften in Nahost, Nordafrika sowie in Italien, dort z. B. am Monte Cassino und auf anderen europäischen Kriegsschauplätzen gegen den Faschismus und für einen jüdischen Staat. Begin war von 1977 bis 1983 Premierminister Israels. (»Jüdische Korrespondenz«, Berlin, Februar 2000, S. 4)*

- **Dokument Nr. 61**
Tagebuch des Stellvertreters des Volkskommissars für Auswärtige Angelegenheiten der UdSSR Andrej Wyschinski. Eintragung vom 7. Oktober 1941.
Veröffentlicht: »Meshdunarodnaja shisn«, Moskwa, 12/1990, S. 123 ff.

Gespräch* mit dem polnischen Botschafter, Herrn [Stanisław] Kot, und dem Ersten Sekretär der Botschaft, Herrn Arlet.

6. Oktober 1941

... Weiterhin fragt Kot mich, ob man die politischen Häftlinge nicht beschleunigt in Freiheit setzen können. Er nennt Sommersztein**, Cieliewicz und Luckiewicz (alle drei sind in Balaschow inhaftiert) sowie Prof. Szor. Außer den Genannten sind noch zahlreiche weitere politische Häftlinge bis zum heutigen Tag nicht auf freiem Fuß z. B. aus der »Stronnictwo Ludowe«.*** Nicht in Freiheit sind auch viele Offiziere. So sind, nach Kenntnis der Botschaft, 9 500 Offiziere festgehalten worden. Bei den polnischen Streitkräften befinden sich derzeit jedoch lediglich 2 000 Offiziere. Die Botschaft ersucht, die anderen 7 500 freizulassen. Der Botschafter verweist auch darauf, daß vor einiger Zeit in Ostaschkow bei Moskau ein Lager für höhere Dienstgrade der Feldgendarmerie war. Bis jetzt ist nicht ein einziger von ihnen bei den polnischen Streitkräften.

Ich versprach dem Botschafter zu klären, warum die von ihm benannten Personen noch nicht auf freiem Fuß sind: Ich bezweifelte jedoch, daß die Zahl der von ihm genannten angeblich nicht in Freiheit befindlichen Offiziere zutreffend sei. Meiner Kenntnis nach ist eine große Zahl polnischer Offiziere nicht inhaftiert worden. Wen man inhaftiert habe, der sei inzwischen in Freiheit. Gleichzeitig erklärte ich ihm, daß die Botschaft nicht außer acht lassen dürfe, daß wir einige polnische Staatsbürger, die der Spionage im Interesse Deutschlands oder anderer Verbrechen, die unserer gemeinsamen Sache Schaden zufügen, überführt worden seien, nicht aus der Haft entlassen würden.[+] ...

Kot erklärte sein Einverständnis. Für solche Personen werde er nicht eintreten. Aber er befürchtet tragische Fehler ... Unter den bisher nicht entlassenen polnischen Staatsbürgern sind Generale und Militärärzte. Kot fragt, ob man diese Militärärzte nicht umgehend in die polnischen Truppenteile schicken könne.[++]

Ich sagte dem Botschafter, daß es keine Hindernisse dafür gäbe und, meiner Meinung nach, die Mehrzahl bereits in Freiheit wäre ...

* *Am Gespräch nahm der Abteilungsleiter im Volkskommissariat Nowikow teil. Es dauerte knapp anderthalb Stunden.*
***Emil Sommerstein (1883–1957); Rechtsanwalt, Abgeordneter im Sejm von 1922/27 und 1930/39, 1939–1944 Häftling in der UdSSR, ab 1944 Verband Polnischer Patrioten (ZPP) und Polnisches Komitee Nationaler Befreiung (PKWN), weiterhin Gründer und Vorsitzender des Zentralkomitees Polnischer Juden, ab 1946 in den USA.*
*** *Diese Partei rekrutierte ihre Mitglieder vor allem aus der Bauernschaft. Sie agierte in den dreißiger Jahren gegen die rechtsgerichtete Sanacja in Polen, trat für ein System der kollektiven Sicherheit in Europa und für gutnachbarschaftliche Beziehungen zur UdSSR ein. Nach dem Überfall Deutschlands auf die UdSSR setzte sie sich für eine gemeinsame antifaschistische Kampffront zwischen Polen und der UdSSR ein.*
Auf der »Wunschliste« Wanda Wasilewskas vom 9. November 1943 für das PKWN stehen neben Sommerstein und anderen Politikern und Militärs auch Politiker der »Stronnictwo Ludowe«: der 1941 in der UdSSR zum Tode verurteilte und amnestierte Bauernführer und Führer dieser Partei Andrzej Witos und Włodzimierz Stahl. (Siehe: »Konflikty ...«, S. 62ff.)
+ *Die oben erwähnte »Übersicht ...« vom 1. Mai 1944 nennt die Zahl von insgesamt 341 Personen, die »nicht amnestiert ... und weiter in Haft« seien. (»Konflikty ...«, S. 168)*
++ *Mit Stand vom 3. Juni 1943 sind in Katyn unter den ermordeten polnischen Militärs 156 Ärzte und Veterinäre identifiziert worden.*

- **Dokument Nr. 62**

Der Militärarzt Salomon Slowes erinnert sich an seine Eindrücke nach der Entlassung der kriegsgefangenen Polen aus dem Lager Grjasowez bei den Truppen unter General Władysław Anders in Tozkoje.

Veröffentlicht: Slowes ..., S. 146 ff.

Am 2. September 1941 öffneten sich die Tore des Lagers Grjasowez ... Wir waren unsere eigenen Herren. Am Abend stellten wir uns in Viererreihen auf. Jede Kolonne war einem bestimmten Waggon zugeteilt. Wir marschierten die Lagerstraße hinunter, und viele stimmten Schlachtgesänge aus den 20er Jahren an ... Am 3. September begaben wir uns mit dem Zug auf eine sechstägige Reise ... Am 8. September erreichten wir den kleinen Bahnhof von Tozkoje ... Unser Bestimmungsort, Tozkoje, lag zwischen Kujbyschew und Tschkalow [Orenburg] ... Eine der Baracken diente als Lagerklinik. Ein langer, unbeleuchteter Flur führte zu den Behandlungsräumen und den Unterkünften der Ärzte. An Patienten herrschte kein Mangel. Viele Soldaten waren unterernährt, in Lumpen gehüllt und barfuß. Entbehrungsreiche Monate bei harter Arbeit in arktischer Kälte hatten sie zu Skeletten abmagern lassen. Auch die physisch Stärkeren, die die Lagerzeit relativ gut überstanden hatten, litten an Vitaminmangelkrankheiten wie Skorbut, Zahnausfall ...

Es gab sogar eine Krankenstation, die in einigen kleinen Häusern am Rand des Lagers untergebracht war. Ihr Leiter, Oberst Funk, war ein altgedienter Militärarzt, der seine Pflichten mit Hingabe und Einfühlungsvermögen versah ... Die Zustände in der Krankenstation waren schlecht. Nachts pfiff der kalte Wind durch die Ritzen, die Räume waren unbeheizt, Betten und Bettzeug knapp ... Die Vorräte an Arzneimitteln waren äußerst knapp ...

Die ersten Einheiten sahen abenteuerlich aus. Viele Männer trugen Pelzmützen oder Wollkappen ... die Füße steckten in ... zerrissenen Sandalen oder Armeestiefeln, die mit Bindfäden zusammengehalten wurden ...

Eines Tages kam der Chirurg Dr. Ernest Penski ins Lager. Ich kannte den ehemaligen Offizier und Leiter einer chirurgischen Abteilung ... als kräftig gebauten Mann ... Er war zum Skelett abgemagert und trug nur ein schmutziges Hemd und zerrissene Hosen am Leib. Von den arktischen Regionen nach Tozkoje war es ein weiter Weg gewesen. ... Ich gab ihm mein einziges Hemd, das noch in meinem Rucksack war. Er starrte es ungläubig an, riß die verlausten Lumpen von den Schultern und warf sie ins Ofenfeuer. Dann wusch er sich mit eiskaltem Wasser ... und kam schließlich, angetan mit dem frischem Hemd, zu mir zurück. Er lächelte wie neugeboren.

Oberst Penski faßte in seinem Beruf schon bald wieder Fuß ...

- **Dokument Nr. 63**

Protokoll des Gesprächs von J. Stalin mit Botschafter St. Kot. 14. November 1941. Es dauerte zwei Stunden. Teil nahmen außerdem W. Molotow und der Mitarbeiter Podzerob, von dessen Hand die Aufzeichnungen stammen.

Veröffentlicht: »Meshdunarodnaja shisn«, 12/1990, S. 130 ff.

Eine Folge der von den Polen eingenommenen entschiedenen Anti-Hitler-Position – fährt der Botschafter fort – ist das Bemühen, für den Kampf gegen Deutschland eine möglichst große Armee aufzustellen.*
Alle polnischen Bürger, die sich im Ausland befinden und fähig sind, eine

Waffe zu tragen, sind verpflichtet, in dieser Armee zu dienen ... Die größte Konzentration an Polen ist hier, in der UdSSR ...

Gen. Stalin antwortet, daß wir die Notwendigkeit der Schaffung einer polnischen Armee verstehen ...

Anschließend bittet der Botschafter, die Direktive zur Amnestie wortgetreu zu verwirklichen. Ihr Autor ist Gen. Stalin. Die Polen, die noch nicht in Freiheit sind, müssen freigelassen werden. Hauptsächlich sind Offiziere noch nicht frei. Und sie sind unabdingbar für die Polnischen Streitkräfte. Nicht ein einziger Offizier des Stabs von Anders im Jahre 1939, nicht ein Freund Sikorskis, ist freigelassen worden.

Gen. Stalin antwortet, daß er das klären wird ... Gen. Stalin bittet, ihm eine Liste der Polen zu übergeben, die nach Meinung des Botschafters noch nicht freigelassen worden sind.

Kot antwortet, daß er Gen. Wyschinski bereits eine kleine Liste überreicht hat. Gleiche Listen müssen die Lagerkommandanten von Starobjelsk, Ostaschkow und Kosjelsk haben, wo sich die polnischen Offiziere befanden. Unter den noch nicht befreiten polnischen Offizieren sind 14 Generale, darunter General Haller** ...

Gen. Stalin fragt Kot, ob er Wasilewska*** kennt.

Kot antwortet, daß sie seine Studentin an der Universität war.

Gen. Stalin sagt, daß er vor etwa einem Jahr mit ihr gesprochen hat. Er bat sie, polnische Offiziere als Kommandeure einer polnischen Armee zu suchen. Wasilewska hat keine Offiziere gefunden ...

Polen stellte im zweiten Weltkrieg nach der UdSSR, den USA und Großbritannien die viertgrößte Armee der Antihitlerkoalition in den Dienst des Kampfes gegen den deutschen Faschismus.

**General Stanisław Haller (1872–1940) war an der operativen Planung Polens gegen die UdSSR 1919/20 beteiligt; u.a. an der Vorbereitung der Operation gegen Kiew. Ab 1939 als Kriegsgefangener im Sonderlager Starobjelsk; 1940 wie nahezu alle seiner Gefährten, darunter sieben weitere Generale, dem UNKWD Charkow überstellt und erschossen.*

***Wanda Wasilewska (1905–1964), Schriftstellerin und Politikerin, setzte sich seit den dreißiger Jahren für die Verteidigung der Menschenrechte und den antifaschistischen Kampf ein. 1943–1946 war sie Vorsitzende des Verbandes Polnischer Patrioten (ZPP) und hatte maßgeblich Anteil an der Aufstellung polnischer Streitkräfte in der UdSSR nach dem Abzug der Anders-Armee.*

Stalin bezieht sich indirekt auf die Gespräche vom Herbst 1940 in und bei Moskau mit nicht exekutierten polnischen Offizieren um Zygmunt Berling. Bisher gibt es keinen Beweis, daß Wasilewska von diesen Geheimgesprächen im Verantwortungsbereich des NKWD wußte.

- **Dokument Nr. 64**

Protokoll des Gesprächs* zwischen Josef Stalin und Władysław Sikorski am 3. Dezember 1941.

Veröffentlicht: »Meshdunarodnaja shisn«, 12/1990, S. 134ff.

Leider ist bisher noch nicht alles verwirklicht, was auf der Grundlage des sowjetisch-polnischen Vertrages in der UdSSR verwirklicht werden sollte. Noch viele Polen befinden sich in Lagern und Gefängnissen ... Sikorski und der polnische Botschafter können keine genauen Listen dieser Personen vorlegen, aber diese Listen müssen in der Hand des Kommandanten der Konzentrationslager sein.

Gen. Stalin antwortet, daß alle Polen, die inhaftiert waren, nach der Amnestie befreit worden sind. Möglicherweise sind einige von ihnen noch vor ihrer Entlassung irgendwohin geflohen, zum Beispiel in die Mandschurei. Ich möchte, sagt Gen. Stalin, daß Herr Sikorski fest davon überzeugt ist, daß wir keinerlei Absicht haben, auch nur einen einzigen Polen zu inhaftieren ...

Die Amnestie galt für alle. Es kann sein, daß einige Polen, die bereits auf freiem Fuß sind, wegen Transportschwierigkeiten nicht von ihren Aufenthaltsorten wegkommen. Gegenwärtig gibt es weder in Gefängnissen noch in Lagern noch in der Verbannung Polen; ausgenommen natürlich Kriminelle oder solche, die Verbindung zu den Deutschen hatten.

General Anders sagt, daß es gegenwärtig in den Lagern noch festgehaltene, nicht befreite Polen gibt. Bei ihm melden sich ständig Leute, die gerade aus einem Lager kommen und davon berichten, daß in diesem Lager noch zahlreiche Polen sind ...

Sikorski und Kot sagen, daß sie dafür eintreten, daß die Polen nicht umsonst im Hohen Norden sterben, sondern helfen, gegen Deutschland zu kämpfen.

Das wollen wir auch – antwortet Gen. Stalin ...

* *Außer den beiden Oberbefehlshabern nahmen Molotow, Anders und Kot teil. Es dolmetschte General Anders, es protokollierte Podzerob. Das Gespräch dauerte zwei Stunden und 30 Minuten.*

- **Dokument Nr. 65**

Aktennotiz A. Wyschinskis vom 6. Dezember 1941 über Informationen, die Botschafter Kot zum Gespräch zwischen den Regierungschefs Sikorski und Stalin am 3. Dezember übermittelte.

Veröffentlicht: Dokumenty i materiały ..., Bd. VII, Warszawa, 1961, S. 293.

...
5. In die polnische Armee sind alle militärdienstpflichtigen polnischen Bürger zu entsenden, gleich, wo sie sich derzeit aufhalten;
6. Außerdem versprach Gen. Stalin zu klären, warum die Polen, die sich in den Kriegsgefangenenlagern befinden, deren Namen Sikorski an Gen. Stalin übergeben hat, nicht freigelassen worden sind.

- **Dokument Nr. 66**

Aktennotiz des Stellvertreters des Volkskommissars für Auswärtige Angelegenheiten der UdSSR, A. Wyschinski, vom 8. Juli 1942 in Kujbyschew über ein Gespräch mit dem Botschafter der Republik Polen in der UdSSR, St. Kot.

Veröffentlicht: Dokumenty i materiały ..., Bd. VII, Warszawa, 1961, S. 353 ff.

... Das Gespräch begann ohne die üblichen protokollarischen Höflichkeiten ...

Nachdem alle Fragen behandelt waren, erklärte Kot, er wolle noch, wie er sich ausdrückte, zwei sehr wichtige Fragen besprechen. Die Lösung dieser Fragen werde große Bedeutung für die polnisch-sowjetischen Beziehungen nicht nur gegenwärtig, sondern auch für die Zukunft haben ...

Nach dieser Art Einleitung sagte Kot, worum es ging. Es erwies sich, daß es um die Ausreise aus der UdSSR von ›soviel wie möglich Kindern‹ gehe, dies die Worte Kots, sowie um die angeblich bisher noch nicht freigelassenen Militärangehörigen (8300 Offiziere, einige Generale und Oberste, Richter, Staatsanwälte usw.) ...

Kot bemühte sich, nachzuweisen, daß unsere Antworten zu diesem Thema bisher formalen Charakter getragen hätten. Sie wären darauf hinausgelaufen, zu behaupten, daß man alle freigelassen und die Amnestie verwirklicht habe. Er bitte, diese Frage nicht durch formales Herangehen zu behandeln, sondern vom Wesen der Sache her. Er sei überzeugt, daß eine ganze Reihe Leute in sowjetischer Hand tatsächlich noch nicht freigelassen worden seien.

Ich äußerte Überraschung für diese Art der Fragestellung. Erneut erklärte ich, daß alle Militärangehörigen und alle anderen polnischen Bürger in Freiheit wären, ausgenommen eine kleine Gruppe Polen. Über die Unmöglichkeit, diese freizulassen, haben wir rechtzeitig die Botschaft unterrichtet. Wir hätten nicht nur keine 8 300, sondern überhaupt keine polnischen Militärangehörigen in Haft. Kot blieb bei seiner Meinung und berief sich auf angebliche Informationen aus Polen, von Familienangehörigen dieser Militärs.

Ich wiederholte nochmals, daß wir keine Militärangehörigen in Haft haben und ein beträchtlicher Teil derer, von denen Kot redete, sei noch vor Kriegsbeginn entlassen worden und nach Polen ausgereist. Ein Teil sei nach Kriegsbeginn entlassen worden.

Daraufhin schlug Kot vor, daß wir dies bestätigen, indem wir die Namenslisten der Entlassenen vorlegen, unter Hinweis auf das Datum der Entlassung.

Ich wies diesen Vorschlag zurück, indem ich darauf verwies, daß es bei Massenentlassungen unmöglich war, Namenslisten anzufertigen. Daraufhin war dieses Gesprächsthema erschöpft ...*

* *Weder bei diesem Gespräch – ein knappes Jahr vor der Entdeckung von Katyn – und der sodann sowjetischerseits lancierten Behauptung, die 11 000 bzw. 12 000 polnischen Offiziere seien in drei Lagern bei Smolensk in deutsche Hand gefallen und ermordet worden, noch bei Gesprächen mit anderen sowjetischen Offiziellen wurde vor Frühjahr 1943 die dann strapazierte Version von der Verantwortung der Deutschen für Katyn und am Mord an a l l e n polnischen Offizieren bei Smolensk benutzt. Bis Katyn wurden ausnahmslos andere Erklärungen unterschiedlichster Art – wie dokumentiert – abgegeben. Auch von Personen, Entscheidungsträgern, die genau wußten, was sich ereignet hatte.*

• **Dokument Nr. 67**
Im Sommer 1942, zum Zeitpunkt des vorstehend auszugsweise wiedergegebenen Gesprächs, waren die Streitkräfte unter General Anders bereits größtenteils aus der UdSSR abgezogen und nach Nahost verlegt worden.

Fähnrich Zdzisław Peszkowski, nach dem Krieg studierte er Theologie, wurde zum Priester geweiht und erhielt eine Professur an einer US-amerikanischen Lehranstalt, erinnert sich an die Formierung und den Abzug der 6. polnischen Division »Lwów« unter General Michał Karaszewicz-Tokarszewski.

Veröffentlicht: »Peszkowski ...«, S. 58 ff.

... Bei der Truppe meldeten sich immer neue arme Teufel – die in die Arbeitslager und Bergwerke, in die Wälder zum Holzfällen und in die Kolchosen Verbannten. Sie schleppten sich mit letzter Kraft herbei ... Als ich [nach einer Dienstreise und nachdem die Truppe bereits aufgestellt worden war – G.K.] zurückkehrte, erfuhr ich, daß wir unverzüglich Rußland verlassen und zwar nach Persien (Iran).

Dabei kam es nochmals zu einer unvergeßlichen Begegnung mit Oberst Zygmunt Berling. Er war Chef der Garnison und zuständig für den Hafen [Krasnowodsk, Kaspisches Meer – G.K.] und unseren Abtransport. Seit Grjasowez standen wir uns auf besondere Art nahe. Er hatte mich eine Zeitlang in Englisch unterrichtet. Er war ein Mann von hoher Kultur. In Grjasowez hielt er sich von General Wołkowicki und anderen etwas fern. Er bekannte sich zur Ostorientierung. Er war der Meinung, daß unser Schicksal uns auf lange Zeit, ob es uns gefalle oder nicht, mit Rußland verbinde. Mit mir war damals nicht zu reden, ... ich ertrug weder die Bolschewiki noch die Deutschen. Von irgendwelchen Orientierungen wollte ich nichts wissen. Für mich waren das Feinde ... In Grjasowez hatte mir Berling eines Tages unter dem Siegel der Verschwiegenheit gesagt, daß er am nächsten Tag das Lager verlassen und nach Moskau fahren werde.* Mir sagte er: »Du bist jung und am Westen orientiert. Ich denke, ... daß wir zu Polens Bestem mit den Bolschewiki zusammenarbeiten müssen ...« Und diesen Oberst Berling traf ich nun wieder als Chef der Basis, von der aus wir in die Freiheit fuhren ... Er lud mich in seinen Stab ein und sagte mir: »Gott mit Dir! Vergiß nicht, was ich Dir in der Zeit der Unfreiheit gesagt habe ...« Ich fühlte tief dieses Ethos der polnischen Zerissenheit. Ich bin ihm nie wieder begegnet ...

* *Dort begannen in Haftanstalten und in der Villa Malachowka politische und militärische gedankliche Vorarbeiten für eine polnische Division in der UdSSR.*

- **Dokument Nr. 68**

Ein knappes Jahr später, 1943, war Zygmunt Berling mit der Formierung zuerst einer polnischen Division, sodann eines Armeekorps und schließlich einer Armee in der UdSSR befaßt. Er führte seine Polen an der Seite der Sowjetarmee im Zeichen der Antihitlerkoalition bis nach Berlin, bis zum Sturm auf den Reichstag im Mai 1945.

Die ideellen Ziele der Soldaten waren, einem programmatischen Grundsatzdokument des Verbandes Polnischer Patrioten zufolge:

1. Der polnische militärische Verband ist geschaffen worden, um dem polnischen Volk bei der Befreiung vom deutschen Joch zu helfen; 2. Den Kampf um die Wiedergewinnung der souveränen Rechte und der Unabhängigkeit Polens zu führen; 3. Durch die Waffenbrüderschaft die Bande unverbrüchlicher Freundschaft zwischen dem polnischen Volk und den Völkern der UdSSR ... sowie die Freundschaft mit den angelsächsischen Verbündeten zu stärken; 4. Ein freies, demokratisches, unabhängiges, starkes Polen zu erkämpfen. 5. Angetreten ist der Verband unter dem weiß-roten Nationalbanner, unter dem Weißen Adler der Piasten und dem ehrenvollen Aufruf »Für Eure und Unsere Freiheit«. (»Organizacja ...«, S. 49 ff.)

Zygmunt Berling; Vereidigung in Selze (15. Juli 1943)

Von Anfang an stellte sich die nicht neue Frage nach den Offizieren.

Veröffentlicht: »Konflikty ...«, S. 48 ff.; 52 ff. und 63 ff. Siehe weiterhin die sehr materialintensive und quellengestützte Darstellung »Blum, Zolnierze ...«, die 1967 für den Dienstgebrauch als Manuskript vervielfältigt worden ist, insbesondere S. 65 ff.

Staatliches Verteidigungskomitee GOKO-3294 [Abkürzung russ.: Gosudarstwenny Komitet Oborony; Staatliches Verteidigungskommitee – G. K.]
vom 6. Mai 1943. Moskau. Kreml.

Das Staatliche Verteidigungskomitee beschließt:
1. Dem Antrag des »Verbandes Polnischer Patrioten« über die Formierung einer polnischen Schützendivision mit dem Namen »Tadeusz Kościuszko« auf dem Territorium der UdSSR wird zugestimmt.*

Zugestimmt wurde auch dem Vorschlag des »Verbandes Polnischer Patrioten« (ZPP), den Generalstäbler Oberst Zygmunt Berling als Divisionskommandeur einzusetzen. Der Kommissar für Staatssicherheit G. Shukow wurde angewiesen, »praktische Schritte« bei der Formierung zu unterstützen. Als Aufstellungsbasis wurde Selze, ein Sommerlager der Truppen des Militärbezirks Moskau der Roten Armee an der Oka, bei Rjasan bestimmt.

6. Zugestimmt wird dem Antrag des »Verbandes ...«, mit Hilfe der Roten Armee die Kontingente einzuziehen, die zur Formierung erforderlich sind ...
 a) Zwischen 15. Mai und 5. Juni sind einzuziehen
 – alle Kommandeure aus dem Bereich der oberen und mittleren Führungsebenen der vormals polnischen Bürger, die ihrer Nationalität nach Polen sind, bis zum Alter von 50 Jahren;
 b) – alle Offiziere der unteren Führungsebene ..., bis zum Alter von 45 Jahren einschließlich;
 c) – 10 000 Soldaten ...
7. Dem Antrag des »Verbandes ...« ist zuzustimmen, aus der Roten Armee die erforderliche Zahl von Kommandeuren ... in die polnischen Einheiten abzukommandieren, die in der UdSSR aufgestellt werden ...

Ein weiterer Beschluß des Staatlichen Verteidigungskomitees vom 10. August 1943 erweiterte den o. a. Beschluß. Aufzustellen war nunmehr ein Armeekorps, der Offiziersnachwuchs wurde durch spezielle Ausbildung an vorläufig einer Offiziersschule sichergestellt; einzuziehen waren u. a. 750 Mann mit Hochschulausbildung, die eine Offiziersausbildung erhalten sollten.**

Während der 11. Sitzung der Konferenz der Außenminister der UdSSR, der USA und Großbritanniens am 29. Oktober hielt der sowjetische Außenminister seinen beiden Kollegen vor:

Molotow: Ich will sagen, daß die polnische Division, die sich bei uns befindet, sehr gut, heldenhaft gegen die Deutschen kämpft.
 Eden: Bald werden auch andere polnische Divisionen [gemeint sind die über den Iran aus der UdSSR verlegten polnischen Truppen – G. K.] gegen die Deutschen kämpfen.
 Molotow: Sehr gut ... Das ist es, was wir wollen.
 (»Die Sowjetunion...«, Bd. 1, S. 222)

* *Diese Division griff erstmals am 12. und 13. Oktober 1943 bei Lenino auf Seiten der Antihitlerkoalition in den Kampf zur Befreiung Europas von der großdeutschen Besatzungs- und Vernichtungspolitik ein.*
** *Der Anteil an Offizieren der früheren Polnischen Streitkräfte in der polnischen Armee, die in der UdSSR aufgestellt wurde, blieb infolge der bekannten Umstände niedrig. Er belief sich bei den im ersten Halbjahr 1944 zur 1. Armee Eingezogenen auf 284 Offiziere, 410 Fähnriche und Unteroffiziere, die bereits im polnischen Heer bis einschließlich 1939 gedient hatten. (Blum, Z dziejów ..., S. 68)*

Der Tatbestand – Katyn

• **Dokument Nr. 69**
Edmund Seyfried, Generaldirektor des polnischen Obersten Rats für Sozialfürsorge (RGO) im sogenannten Generalgouvernement (GG), wurde am 9. April 1943 durch Richard Türk, einen hohen Beamten der deutschen Verwaltung des GG, von dem Vorhandensein der Massengräber in Katyn informiert. Türk verlangte die Entsendung einer offiziellen Delegation des RGO. Diese durch Adam Ronikier geleitete Einrichtung sprach sich entschieden gegen die Entsendung einer derartigen Delegation aus. Seyfried nahm jedoch als Privatperson und insgeheim gedeckt durch den RGO die Gelegenheit wahr, die eine Einladung des Chefs der Hauptabteilung Propaganda im GG, W. Ohlenbusch, bot. Seyfried flog am 10. April aus Kraków ab, kehrte am nächsten Tag 20.10 Uhr zurück, informierte mündlich den RGO und legte am 13. April 1943 seinen schriftlichen Bericht vor. Damit war diese polnische Institution unterrichtet, bevor die Propagandakampagne der Nazis begann.

Der im Archiwum Akt Nowych, Sign. 51 (Archiv Neuer Akten) in Warszawa verwahrte Bericht ist veröffentlicht: »Historia i życie«, Nr. 4, Dodatek »Życie Warszawy«, Warszawa, 24. Februar 1989.

»... Wir kamen ... in Smolensk 12.45 Uhr an. Von diesem Moment an wurden wir durch das deutsche Militär betreut ...

Darstellung der Angelegenheit aus deutscher Sicht:

Im Oktober 1942 wurde eine Gruppe polnischer Zivilarbeiter ... im Dorf Gnesdowo untergebracht, am Vorwerk Kosi Gory an der Eisenbahnlinie Smolensk–Witebsk ... Ortsansässige erzählten, nachdem sie festgestellt hatten, daß die bei ihnen untergebrachten Leute Polen waren, daß im Wald bei Kosi Gory Gräber hier erschossener polnischer Offiziere lägen. Wie die polnischen Arbeiter darauf reagierten, ist nicht bekannt, auf jeden Fall wurden am Ort, wo sich die polnischen Leichname befanden, drei primitive Holzkreuze aufgestellt. Davon erhielten die deutschen Behörden erst jetzt, im Laufe des März, Kenntnis. Dies geschah unter folgenden Umständen:

Als im Februar des laufenden Jahres sowjetische Diversanten die im Raum Smolensk operierende deutsche Armee behinderten, schickte diese ihre Aufklärer in die umliegenden Dörfer ... Sie berichteten unter anderem, daß sich unter der Bevölkerung ... hartnäckige Gerüchte halten, daß im Wald von Kosi Gory, in dem sich seit zig Jahren ein Erholungsheim für Funktionäre der G.P.U. in einem hoch umzäunten Parkgelände befindet, Massengräber von polnischen Soldaten liegen, die hier von den Bolschewiki erschossen worden seien ... In der zweiten Märzhälfte begann das Militär mit Grabungsarbeiten auf dem Gelände. Es hat vorläufig ein Massengrab gefunden. Dies hat die Ausmaße von 28 Metern Länge, 14 Metern Breite und 6 Metern Tiefe. In diesem Grab lagen unter einer Erdschicht von einer Stärke von 1,5 Metern Leichname in polnischen Uniformen. Sie lagen in zwölf Schichten übereinander, wobei eine Schicht von der anderen durch leichte Sandschichten getrennt ist. Zahlreiche Leichname hatten die Hände mit Schnur gefesselt auf dem Rücken. Sie lagen zumeist mit dem Gesicht nach unten. Nach Beginn der Untersuchung erwies sich, daß es sich um Leichname polnischer Offiziere aus dem Kriegsgefangenenlager von Kosjelsk handelte, das etwa 300 Kilometer südöstlich von Smolensk liegt.

Nachdem dies festgestellt worden war, begannen die Militärbehörden auf dem gesamten eingezäunten Gebiet zu suchen. Bei Probebohrungen wurden Leichname in polnischen Uniformen gefunden ... Nach diesen Entdeckungen bildeten die Militärbehörden eine besondere Arbeitsgruppe, deren Aufgabe es ist, weitere Untersuchungen vorzunehmen. In ihr wirkt z. B. der Gerichtsmediziner der Universität Breslau, Dr. Buhtz, mit seinen Assistenten. Auf der Grundlage der von den Militärbehörden eingeleiteten Untersuchungen erwies sich:

1. Es handelt sich um die sterblichen Überreste polnischer Offiziere, die sich ... im Lager Kosjelsk befunden haben;

2. Diese Offiziere wurden ungefähr Ende Februar bis Mitte April 40 per Eisenbahn zur Station Gnesdowaja gebracht, 3 bis 5 vergitterte

Waggons täglich. Die Offiziere wurden ausgeladen und mit Lastwagen zu den Kosi Gory gefahren. Das wurde durch Aussagen der zurückgebliebenen ... Eisenbahner bestätigt;

3. Zur Unterstützung der deutschen These, daß diese Offiziere durch die Bolschewisten ermordet wurden, führen die Deutschen an:

a) Außer den Aussagen, die in Punkt 2 erwähnt wurden, befinden sich unter den gefundenen Dokumenten auch Notizbücher sowie Kalender mit durchgestrichenen Datumsangaben. Sie enden April 40;

b) Die bei den Leichnamen gefundene Korrespondenz weist darauf hin, daß die Briefe keinen Poststempel mit einem Datum später als April 40 aufweisen;

c) Die Mordstätte wurde eingeebnet und dem umliegenden Gebiet in der Weise angepaßt, daß junge Kiefern gesetzt wurden, deren Wuchs darauf hinweist, daß sie drei Jahre alt sind;

d) Schließlich verweist, den deutschen ärztlichen Gutachten zufolge, der Zustand der Leichname darauf, daß sie drei Jahre in der Erde lagen.

Gleicherweise überreichte man uns einen Stoß Fotografien geöffneter Massengräber von Leichnamen, Rangabzeichen, Fotokopien von Dokumenten sowie Kopien von Protokollen der Gespräche mit Ortsansässigen ...

Am Sonntag, dem 11. April 1943, fuhren wir um 8.30 Uhr mit Personenautos zu den Grabstätten ...

Ergebnis unserer Ortsbesichtigung:

Inmitten eines Hochwalds, das Bodenrelief ist hügelig, befindet sich eine offene Grube; ungefähr 25 Meter lang und etwa 10 bis 14 Meter breit (geschätzt). In dieser Grube liegen die Leichname von unzweifelhaft polnischen Soldaten, was man sofort an den Uniformen erkennt, Koppeln, Tornistern usw. Die Leichname – von denen jeder zweite bis dritte auf dem Rücken gefesselte Hände aufweist, die Schnur ist bereits verrottet – liegen zumeist mit dem Gesicht nach unten. Sie liegen so eng neben- und übereinander, daß eine Körpermasse sich gebildet hat, eng miteinander verbunden. Ob es 12 Schichten sind, wie die Deutschen behauptet haben, das konnten wir in der kurzen Zeit nicht feststellen.

Neben diesem befindet sich in einer Entfernung von einigen Dutzend

Schritten ein zweites geöffnetes Massengrab. In ihm liegen die Leichname ebenso wie vorstehend geschildert. Im freien Gelände haben die Deutschen etwa 250 Leichname abgelegt, bei denen eine Obduktion erfolgt ist. Teilweise sind sie identifiziert worden. Außerdem lagen zwischen den beiden geöffneten Gräbern am Wegrand auf der Erde zwei vor einigen Tagen exhumierte Leichname, die die Uniformen polnischer Generale trugen. Das war leicht an den Rangabzeichen auf den Mänteln festzustellen, desgleichen am Uniformrock sowie an den roten Biesen an den Hosen. Nach Aussage der Deutschen handelt es sich bei den ermordeten Generalen um General Mieczysław Smorawiński sowie General Bronisław Bohaterewicz. Sie wurden uns von den Deutschen original gezeigt, und zwar dort, wo die Identifizierung vorgenommen wird. Alle Leichname, die wir sahen, waren ohne Ausnahme in Mänteln, ohne Mützen, vollständig bekleidet und mit Schuhen an den Füßen.

Prof. Dr. Buhtz, der die Obduktionen durchführte, schlug uns vor, eine Obduktion in unserem Beisein vorzunehmen und zu demonstrieren, wie die Exhumierung erfolgt. Er bat uns, einen Leichnam anzugeben, der zu exhumieren sei. Wir bestimmten einen unter der zweiten, noch im Grab liegenden Schicht. Er wurde exhumiert und auf den Obduktionstisch gelegt. Die Obduktion erfolgt, indem der Assistent des Professors mit einem Besteck die Haut am Hinterkopf löst und die Einschußstelle freilegt. Sodann wird die Vorderseite des Schädels freigelegt, um die Ausschußstelle zu suchen ... Anschließend erfolgt die Suche nach Dokumenten. Dazu werden die Manteltaschen sowie die Taschen des Uniformrocks und der Hosen aufgeschnitten. Es wurde keinerlei Ausweisdokument gefunden, dafür jedoch ein Stoß Postkarten, auf denen als Absenderin Frau Bronisława Ziełinska aus Goszczan angegeben war. Der Empfängername war nicht mehr lesbar. Zu sehen war lediglich die Anschrift »Kosjelsk« in kyrillischen Buchstaben. Bei der Besichtigung der Leichname in den Gräbern und der bereits exhumierten Körper stellten wir fest, daß sie bereits im Zustand der Mumifizierung sind. ... Bei der Obduktion, während der wir anwesend waren, befand sich unter dem Uniformrock noch ein Pullover. Der Zustand der Bekleidung ist noch ziemlich gut; die Schuhe sind – in Abhängigkeit davon, ob sich der Leichnam in den oberen oder in den unteren Schichten befand – ... in mehr oder weniger gutem Zustand. Nach der Besichtigung der Gräber bat ich den uns begleitenden Offizier um Erlaubnis, in polnischer Sprache einige

Worte an meine Landsleute richten zu dürfen, die wie ich dieser Delegation angehörten. Ich wolle, sagte ich ihm, die Toten ehren. Er stimmte sofort zu und entfernte sich von unserer Gruppe.

Daraufhin sagte ich ungefähr folgendes:

»Ich bitte Sie, meine Herren, daß wir entblößten und geneigten Hauptes in aller Stille unsere Helden ehren, die starben, damit Polen auch künftig lebe.«

Danach standen wir eine Minute schweigend und traten von den Gräbern zurück.

...

Der gesamte Ablauf wurde mehrfach gefilmt und fotografiert.

...

Anschließend fuhren wir im Auto zu der Stelle, die die Beweisstücke untersucht. Sie ist ungefähr einen Kilometer von der Hinrichtungsstätte entfernt. Man zeigte uns hier die in einer Glasvitrine liegenden Dokumente, die bei den ermordeten Offizieren gefunden wurden. Aus ihnen geht hervor, daß es sich zweifelsfrei um ermordete polnische Offiziere handelt, die vorher im bolschewistischen Lager Kosjelsk gefangengehalten worden waren. Das bezeugen Urkunden, Tagebücher, Kalender, Korrespondenz, Regimentsabzeichen usw. ... Aus den Poststempeln geht hervor, daß die Postverbindungen Anfang April 1940 abbrachen. Für ein späteres Datum gibt es keinen Hinweis, auf jeden Fall nicht bei den Dokumenten, die wir in Augenschein nahmen ...

* *Dem Aktenbündel beigefügt ist eine Liste mit 38 Namen bzw. Hinweisen zur Identität.*

- **Dokument Nr. 70**

Protokoll der Internationalen Ärztekommission von April 1943. Die überwiegend aus Gerichtsmedizinern zusammengesetzte Kommission stammte bis auf den Schweizer Prof. François Naville ausnahmslos aus Ländern, die entweder mit dem faschistischen Großdeutschen Reich verbündet, von diesem okkupiert oder an dieses angeschlossen worden waren. Desungeachtet befanden sich unter diesen Wissenschaftlern Mediziner mit Kontakten zur antifaschistischen Widerstandsbewegung ihres Landes.

Veröffentlicht: »Amtliches Material ...«, S. 114–118.

z. Zt. Smolensk, den 30. April 1943

Protokoll

aufgenommen anläßlich der Untersuchung von Massengräbern polnischer Offiziere im Wald von Katyn bei Smolensk, die durch eine Kommission führender Vertreter der Gerichtlichen Medizin und Kriminalistik europäischer Hochschulen und anderer namhafter medizinischer Hochschullehrer durchgeführt wurde.

In der Zeit vom 28. bis 30.4.1943 hat eine Kommission ... die Massengräber polnischer Offiziere ... einer eingehenden wissenschaftlichen Untersuchung unterzogen.

Die Kommission bestand aus folgenden Herren

1. Belgien: Dr. Speelers, ord. Professor der Augenheilkunde an der Universität Gent

2. Bulgarien: Dr. Markow, ord. Dozent für gerichtliche Medizin und Kriminalistik an der Universität Sofia

3. Dänemark: Dr. Tramsen, Prosektor [Arzt, der Leichenzerlegungen durchführt oder überwacht – G.K.] am Institut für gerichtliche Medizin in Kopenhagen

4. Finnland: Dr. Saxen, ord. Professor der pathologischen Anatomie an der Universität Helsinki

5. Italien: Dr. Palmieri, ord. Professor der gerichtlichen Medizin und Kriminalistik an der Universität Neapel

6. Kroatien: Dr. Miloslavich, ord. Professor der gerichtlichen Medizin und Kriminalistik an der Universität Agram

7. Niederlande: Dr. de Burlet, ord. Professor der Anatomie an der Universität in Groningen

8. Protektorat Böhmen und Mähren: Dr. Hajek, ord. Professor der gerichtlichen Medizin und Kriminalistik in Prag

9. Rumänien: Dr. Birkle, Gerichtsarzt des rumänischen Justizministeriums und erster Assistent am Institut für gerichtliche Medizin und Kriminalistik in Bukarest

10. Schweiz: Dr. Naville, ord. Professor der gerichtlichen Medizin an der Universität Genf

11. Slowakei: Dr. Subik, ord. Professor der pathologischen Anatomie an der Universität in Preßburg, Chef des staatlichen Gesundheitswesens der Slowakei

12. Ungarn: Dr. Orsos, ord. Professor der gerichtlichen Medizin und Kriminalistik an der Universität Budapest

Bei den Arbeiten und Beratungen ... waren ferner anwesend:

1. der vom Oberkommando der Deutschen Wehrmacht mit der Leitung der Ausgrabungen in Katyn beauftragte ord. Professor der gerichtlichen Medizin und Kriminalistik an der Universität Breslau, Dr. Buhtz;

2. Medicin-Inspecteur Dr. Costedoat, der vom Chef der französischen Regierung beauftragt worden war, den Arbeiten der Kommission beizuwohnen.

Die vor kurzem zur Kenntnis der deutschen Behörden gekommene Entdeckung von Massengräbern polnischer Offiziere ... hat den Reichsgesundheitsführer Dr. Conti* dazu veranlaßt, die oben genannten Fachgelehrten ... zur Besichtigung der Fundstelle von Katyn einzuladen, um zur Klärung dieses einzigartigen Falles beizutragen.

Die Kommission vernahm persönlich einige russische einheimische Zeugen, die u. a. bestätigten, daß in den Monaten März und April 1940 fast täglich größere Eisenbahntransporte mit polnischen Offizieren auf dem nahe bei Katyn gelegenen Bahnhof Gniesdowa ausgeladen, in Gefangenenautos nach dem Wald von Katyn transportiert, später nie wieder gesehen wurden; sie nahm ferner Kenntnis von den bisherigen Befunden und Feststellungen und besichtigte die aufgefundenen Beweisstücke. Hiernach sind bis zum 30. April 1943 982 Leichen ausgegraben worden. Davon wurden etwa 70 Prozent sofort identifiziert, während die Papiere der übrigen erst nach sorgfältiger Vorbehandlung zur Identifizierung verwertet werden können. Die vor dem Eintreffen der Kommission ausgegrabenen Leichen sind sämtlich besichtigt, in größerer Zahl auch obduziert worden, und zwar durch Professor Buhtz und seine Mitarbeiter. Bis zum heutigen Tag wurden 7 Massengräber geöffnet, deren größtes schätzungsweise 2 500 Offiziersleichen enthält.

Von den Mitgliedern der Kommission wurden persönlich 9 Leichen obduziert und zahlreiche besonders ausgewählte Fälle einer Leichenschau unterzogen.

Gerichtlich-medizinische Ergebnisse der durchgeführten Besichtigungen und Untersuchungen:

Als Todesursache der sämtlich bisher ausgegrabenen Leichen wurde ausnahmslos Kopfschuß festgestellt. Es handelt sich durchweg um Genickschüsse, in seltenen Fällen um doppelte Genickschüsse, in einem einzigen Fall um einen dreifachen Genickschuß. Der Einschuß sitzt durchweg tief im Genick und führt in den Knochen des Hinterhauptbeins nahe am Hinterhauptloch hinein, während der Ausschuß in der Regel in der Gegend der Stirn-Haargrenze, in ganz seltenen Fällen tiefer liegt. Es handelt sich durchweg um Pistolenschüsse von einem Kaliber unter 8 mm.

Aus der Sprengung des Schädels und dem Befund von Pulverschmauch am Hinterhauptsknochen in der Nähe des Einschusses sowie aus der gleichartigen Lokalisierung der Einschüsse ist auf Schuß mit aufgesetzter Mündung oder aus unmittelbarer Nähe zu schließen, zumal auch die Richtung des Schußkanals mit wenigen geringen Abweichungen durchweg gleichartig ist. Die auffallende Gleichartigkeit der Verletzungen und der Lokalisation des Einschusses in einem ganz beschränkten Bereich der Hinterhauptgegend lassen auf eine geübte Hand schließen. Bei zahlreichen Leichen konnten gleichartige Fesselungen der Hände und in einigen Fällen auch vierstrahlige Bajonettstiche an Kleidung und Haupt festgestellt werden. Die Ausführung der Fesselung entspricht den an Leichen russischer Zivilisten festgestellten Fesselungen, die ebenfalls im Wald von Katyn ausgegraben und schon viel früher begraben wurden. Es wurde ferner festgestellt, daß auch die Genickschüsse bei den Leichen von Zivilrussen ähnlich zielsicher abgegeben wurden.

Aus der Feststellung eines Querschlägers im Kopf eines durch Genickschuß getöteten polnischen Offiziers, der nur die äußere Knochentafel eingedrückt hatte, ist zu schließen, daß durch dieses Geschoß erst ein anderer Offizier getötet worden ist und daß es nach Austritt aus dessen Körper in die Leiche eines bereits erschossen in der Grube Liegenden eingedrungen ist. Diese Tatsache läßt vermuten, daß Erschießungen offenbar auch in den Gruben stattfanden, um einen Transport zur Grabstätte zu vermeiden.

Die Massengräber befinden sich in Waldlichtungen. Sie sind vollkommen geebnet und mit jungen Kiefernbäumchen bepflanzt. Nach dem eigenen Augenschein der Kommissionsmitglieder und der Aussage des als Sachverständigen zugezogenen Forstmeisters von Herff handelt es sich um wenigstens fünfjährige, im Schatten großer Bäume schlecht entwickelte Kieferpflanzen, die vor drei Jahren an diese Stelle gepflanzt wurden.

Die Massengräber sind stufenförmig in das hügelige Gelände, das aus reinem Sand besteht, vorgetrieben. Sie reichen zum Teil bis ins Grundwasser.

Die Leichen liegen fast ausschließlich in Bauchlage dicht neben- und übereinander, an den Seiten deutlich geschichtet, in der Mitte mehr unregelmäßig. Die Beine sind fast immer gestreckt. Es handelt sich offensichtlich um eine systematische Lagerung. Die Uniformen der ausgegrabenen Leichen haben nach übereinstimmender Wahrnehmung der Kommission sämtlich im ganzen und einzelnen, insbesondere in bezug auf Knöpfe, Dienstrangabzeichen, Auszeichnungen, Stiefelformen, Wäschestempel usw. die eindeutigen Kennzeichen polnischer Uniformen. Es handelt sich um Winterbekleidung; häufig finden sich Pelze, Lederjacken, Strickwesten, Offiziersstiefel, typische polnische Offiziersmützen. Nur bei ganz wenigen Leichen handelt es sich nicht um Offiziere, in einem Fall um einen Geistlichen.** Die Maße der Kleidung entsprechen den Maßen der einzelnen Körper. Die Unterkleidung ist ordnungsgemäß zugeknöpft, Hosenträger, Gürtel ordnungsgemäß angebracht. Daraus ergibt sich, daß die Leichen in den von ihnen bis zum Tode getragenen Uniformen verscharrt wurden.

Bei den Leichen befinden sich keine Uhren und Ringe, obwohl Uhren nach den mit genauen Zeitangaben versehenen Aufzeichnungen verschiedener Tagebücher bis in die letzten Tage und Stunden hinein vorhanden gewesen sein müssen. Edelmetallgegenstände wurden nur in verborgener Lage bei ganz wenigen Leichen entdeckt.*** Dagegen fanden sich bei vielen Leichen noch Goldzähne im Gebiß. Polnische Banknoten wurden in größeren Mengen vorgefunden, in nicht seltenen Fällen auch Wechselgeld. Ferner fanden sich polnische Zigaretten- und Streichholzschachteln bei den Toten, in einigen Fällen auch Tabakdosen und Zigarettenspitzen mit der Gravierung »Kocielsk« [so falsch im Original – G.K.]. Die bei den Leichen vorgefundenen Dokumente (Tagebücher, Briefschaften, Zeitungen) stammen aus der Zeit von Herbst 1939 bis März und April 1940. Das letzte bisher festgestellte Datum ist das einer russischen Zeitung vom 22.4.1940.

Es finden sich verschiedene Grade und Formen der Verwesung ...

Es fehlen gänzlich an den Leichen Insekten und Insektenreste, die aus der Zeit der Einscharrung stammen könnten. Hieraus ergibt sich, daß die Erschießungen und die Einscharrungen in einer kalten, insektenfreien Jahreszeit geschehen sein müssen.

Eine größere Reihe von Schädeln wurde auf eine Veränderung untersucht, die nach Erfahrungen von Professor [Ferenc] Orsos zur Bestimmung der Zeit des Todes von großer Wichtigkeit ist. Es handelt sich hierbei um eine kalktuffartige mehrschichtige Inkrustation an der Oberfläche des schon lehmartig homogenisierten Gehirnbreies. Solche Erscheinungen sind bei Leichen, die weniger als drei Jahre im Grabe gelegen haben, nicht zu beobachten ...

Zusammenfassendes Gutachten:

Im Walde von Katyn wurden von der Kommission Massengräber von polnischen Offizieren untersucht, von denen bisher sieben geöffnet sind. Aus diesen wurden bisher 982 Leichen geborgen, untersucht, zum Teil obduziert und zu 70 Prozent identifiziert.

Die Leichen weisen als Todesursache ausschließlich Genickschüsse auf. Aus den Zeugenaussagen, den bei den Leichen aufgefundenen Briefschaften, Tagebüchern, Zeitungen usw. ergibt sich, daß die Erschießungen in den Monaten März und April 1940 stattgefunden haben. Hiermit stehen in völliger Übereinstimmung die im Protokoll geschilderten Befunde an den Massengräbern und den einzelnen Leichen der polnischen Offiziere.

Eigenhändige Unterschriften der eingangs des Dokuments unter 1–12 aufgeführten Personen

* *SS-Gruppenführer Leonardo, Conti, Jg. 1900, Mitglied der NSDAP seit 1923, Staatssekretär im Reichsgesundheitsministerium, involviert in Verbrechen gegen die Menschlichkeit.*
***Eine spezielle Aufstellung nennt die Namen, Religionszugehörigkeit (römischkatholisch, evangelisch, mosaisch, orthodox) Dienstgrade und Dienststellung (z.B. Militärgeistlicher, Ordensgeistlicher etc.) von insgesamt 32 geistlichen Würdenträgern, die in Katyn ermordet und beigesetzt worden sind. (Peszkowski ..., S. 82f.)*
*** *Dmitri Tokarjew bezeugt, daß in Kalinin Wertgegenstände und in einem Fall von einem kriegsgefangenen Offizier Goldmünzen eingezogen wurden, über deren Verbleib er keine Aussage treffen konnte.*

- **Dokument Nr. 71**
Obduktionsbefund des Dr. Tramsen.
Veröffentlicht: »Amtliches Material ...«, S. 124f.

Wald bei Katyn, den 30.4.1943, 10.30 Uhr
Obduzent: Dr. Tramsen, Kopenhagen
Leiche Erk.- Nr. 836

Die Leiche Nr. 836 wird am Grabe längs des Häuschens aufgenommen. Sie liegt am entferntesten Ende des Grabes in einer Tiefe von 2,50 m. Die Leiche liegt auf dem Bauche mit einer Hand auf dem Rücken, die andere unter dem Bauche. Beide Beine liegen etwas tiefer unter zwei anderen Leichen ...

Äußerer Befund

1. Kleidung

a) Ein Uniformmantel aus grauer Farbe mit Seitentaschen.

b) Ein Uniformrock ... mit silbernen Knöpfen, worauf man den polnischen Adler sieht. Auf Epauletten gibt es drei silberne Sterne.

In der rechten Tasche innenseitig des Rockes steckt ein Taschenbuch, gedruckt in polnischer Sprache. Es handelt sich um ein pharmazeutisches Taschenbuch von Bayer ...

In der rechten innenseitigen Tasche steckt ein persönlicher Paß in polnischer Sprache gedruckt, mit dem Namen Szymański, Ludwig, Kraków-Miasto. Hauptmann der Reserve. Es gibt einen kleinen Umschlag mit mehreren polnischen und russischen Briefmarken sowie auch ein Stück Papier mit Poesie in polnischer Sprache beschrieben.* ...

2. Es handelt sich um einen Mann im mittleren Alter mit kräftigem Körperbau ...

Innerer Befund

a) K o p f : Im Schädel ist eine Einschußöffnung auf der rechten Seite in der Nackengegend. Der Knochen ist in der Umgebung des Einschusses gesprungen und nach innen gedrückt, es sind mehrere Bruchlinien im Schädelboden. An der linken Seite der Stirn ist eine Ausschußöffnung mit nach außen gesplitterten Knochenstücken in der Umgebung ... In der linken Schläfenseite ist eine Bruchlinie vom Schädeldach bis Schädelboden vorhanden. ...

Todesursache

Der Tod ist durch eine Schußverletzung durch den Kopf, die von hinten nach vorn verläuft, eingetreten. Andere Verletzungen und krankhafte Veränderungen sind nicht festgestellt worden.

* *Ludwig Szymański, geb. 19. Juni 1887, Arzt, Reserveoffizier. (Tucholski ..., S. 230)*

- **Dokument Nr. 72**
1962 interviewte W. Trojanowski Dr. Helge Tramsen. Dieser – ein Mitglied der dänischen Widerstandsbewegung gegen die Nazis – war als Gerichtsmediziner 1943 in Katyn.
Veröffentlicht: »Orzeł Biały«, London, April 1980

Ich heiße Dr. Helge Tramsen. Bin Arzt in Kopenhagen, wo ich auch geboren bin ... Ich absolvierte eine chirurgische Ausbildung im Krankenhaus, und außerdem bildete ich mich vier weitere Jahre am Institut für Gerichtsmedizin der Kopenhagener Universität aus, was bedeutet, das ich gut qualifiziert für Untersuchungen post mortem und die Autopsie von Opfern eines Mordes bin ...
Sie vermuteten, daß die Deutschen das Verbrechen begangen hätten ...
So war es. Nach meiner allgemeinen Kenntnis der Deutschen waren sie ebenso wie jeder andere zur Verübung dieses Verbrechens fähig ...
Was ich in Katyn sah, war so schrecklich, so furchtbar, wie man es in allerschlimmsten Alpträumen nicht träumt. Ich sah mit eigenen Augen Tausende Leichname in polnischen Uniformen, vorsätzlich durch Schüsse in den Hinterkopf ermordet, die Hände auf dem Rücken gefesselt ... Das muß eine schwere Aufgabe für die Mörder gewesen sein, solch eine große Anzahl von Menschen zu ermorden ...
Hatten Sie, mein Herr, die Möglichkeit, selbst Untersuchungen durchzuführen?
Aber selbstverständlich. Wir waren neun Tage in Smolensk. Vier Tage lang ... waren wir in Katyn ... Ich nutzte die Möglichkeit und stieg in ein Grab, das zur Hälfte freigelegt war. Dort bestimmte ich den Platz, von dem ich wollte, daß Leichname herausgenommen würden, und die von mir ausgewählten Leichname untersuchte ich auch selbst ... Ich hatte keine Schwierigkeit, den ersten Leichnam zu identifizieren, und auch über die Todesursache gab es keinen Zweifel. Ein Schuß in den Hinterkopf ...
Erinnern Sie sich an den Namen des Untersuchten?
Er hieß Siemiński, Vorname Ludwik, in Kraków geboren* ... Er trug wie alle anderen Leichname eine polnische Offiziersuniform ... Alle Uniformen, alle Unterwäsche und alles Schuhwerk paßte offensichtlich zum jeweiligen Leichnam. Es wäre meiner Meinung nach unmöglich gewesen, diese Uniformen auszuziehen und einer anderen Leiche überzuziehen und die Opfer dann so zu finden, wie wir sie vorfanden ...

Ich sah zahlreiche Dokumente aus den Massengräbern. Ich sah sie auch in dem Moment, da sie entnommen wurden. Nahezu alle trugen irgendein Datum. Das waren Tagebücher oder Zeitungen, Postkarten oder Briefe von den Familien aus Polen. Nicht ein einziges Mal sah ich auch nur auf einem einzigen Dokument ein Datum später als die letzten Apriltage 1940 ...

Nach meiner Ansicht sind all diese polnischen Offiziere durch Schüsse in den Hinterkopf ermordet worden. Eine andere Todesursache gab es nicht. Sie wurden bei kaltem Wetter in die Erde gebracht. Nach dem Zustand der Leichname und nach allen Dokumenten, die ich bei den Leichnamen sah, muß der Mord im Vorfrühling des Jahres 1940 erfolgt sein ... Davon bin ich absolut überzeugt. Absolut.

* *Ludwik Siemiński, geb. 31.1.1897 in Kraków, wohnhaft Modlin, Major, Kommandeur des Pionierbataillons der 10. Infanterie-Division, verwundet am 3. September 1939 bei den Kämpfen an der Warthe. Bei ihm gefunden wurden: ein Sparbuch, eine Impfkarte, eine Postkarte, außerdem das Fragment einer Liste über Schicksalsgefährten mit Angaben zu 11 Personen.*

- **Dokument Nr. 73**

Abschlußbericht des Feldpolizeisekretärs Voß vom 26. April 1943.
Veröffentlicht: »Amtliches Material ...«, S. 15–17.

...

Zur Person:
Ich heiße Ludwig Voß, bin 34 Jahre alt, gottgläubig, Feldpolizeisekretär, Gruppe Geheime Feldpolizei 570 / Außenkommando bei der Heeresgruppe Mitte*

Zur Sache:
Ich leite die Ausgrabung der im Walde von Katyn ermordeten polnischen Offiziere und habe sämtliche Zeugen vernommen. Die gerichtsärztliche Untersuchung wird von Prof. Dr. Buhtz ... z.Z. Gerichtsmediziner bei der Heeresgruppe Mitte, vorgenommen ...

Anfang Februar 1943 wurden erstmals Meldungen aus den umliegenden Ortschaften überbracht, wonach sich im Walde von Katyn ... Massengräber ermordeter polnischer Offiziere aus dem Jahre 1940 befinden sollten ...

In dem Waldgelände nordostwärts des Ortes Katyn befanden sich mehrere aufgeworfene Hügel in Ausdehnungen von 15 mal 30 Meter.

An der Bodenbewachsung war ersichtlich, daß diese Hügel von Menschenhand aufgeworfen und mit jungen Kiefern bepflanzt worden waren. Eine Versuchsgrabung auf einem dieser Hügel, die während des Frostes im Februar 1943 durchgeführt wurde, bestätigte das Vorhandensein eines Massengrabes. In 2 Meter Tiefe wurden mehrere dicht beieinander liegende Leichen gefunden. Der Verwesungszustand dieser freigelegten Leichen bewies, daß sie zu diesem Zeitpunkt schon einige Jahre unter diesem Hügel lagen ... An der Kleidung war ersichtlich, daß es sich um Polen handelte ...

Wegen des Bodenfrostes konnten zunächst keine Ausgrabungen größeren Ausmaßes vorgenommen werden, so daß eine Schätzung über die Zahl der hier liegenden Toten nicht möglich war ...

Auf Befehl des OKH wurde am 29. März 1943 mit der Freilegung des bis dahin bekannt gewesenen Hügels begonnen. Dieser hat eine Ausdehnung von 8 mal 28 Meter. In 2 Meter Tiefe wurden die ersten Leichen sichtbar ...

Sämtliche Phasen der Ausgrabungsarbeiten sind im Bild festgehalten worden.

An der Bekleidung sowie an Hand der sich in den Taschen befindlichen Ausweispapiere wurde einwandfrei die Nationalität der Leichen und ihre frühere Stellung festgestellt ...

Sämtliche Leichen weisen als Todesursache den Genickschuß auf: unterhalb des Hinterhauptböckers befindet sich der Pistoleneinschuß, über der Nase bzw. dem linken Auge der Ausschuß.

In einem der später gefundenen und heute teilweise freigelegten weiteren Massengräber befinden sich ausschließlich gefesselte Leichen. Diesen sind die Hände auf dem Rücken mit einer Kordel gebunden. Vereinzelt war anderen Leichen der eigene Rock oder ein sackartiges Bündel über dem Kopf zusammengebunden worden ...

Die bisher durchgeführten Identifizierungen beweisen eindeutig, daß es sich fast ausschließlich um Offiziere und insbesondere um Stabsoffiziere der früheren polnischen Armee handelt ...

Die bisher bei den Leichen gefundenen Tagebücher, Taschenkalender usw. lassen den Marschweg, das Leben in dem Lager Kozielsk sowie die Behandlung bis zum Tage der Ermordung erkennen.

Die Tagebucheintragungen enden zwischen dem 6. und 20. April 1940.

Soweit sind die Ermittlungen und der Stand der Ausgrabungen bis zum 24. April 1943 gediehen ...

Als »gottgläubig« bezeichneten sich militante Vertreter des deutschen Faschismus, die weder der evangelischen noch der katholischen Kirche angehören wollten. Die »Geheime Feldpolizei« (GFP) war ein Zweig der Geheimen Staatspolizei (Gestapo) und wirkte im militärischen Bereich als staatspolizeiliches Terrorinstrument.

- **Dokument Nr. 74**

Vertraulicher Bericht der Technischen Kommission des Polnischen Roten Kreuzes. Er faßte im Juni 1943, nach der Rückkehr von Katyn, Eindrücke ihrer Mitglieder und Ergebnisse deren Arbeit zusammen.
Veröffentlicht: »Odrodzenie«, Warszawa, Nr. 7/1989.

Am 17. April 1943 nahm die Kommission in ihrer anfänglichen Zusammensetzung von drei Mitgliedern ihre Arbeit auf ...

Ab 28. April waren acht weitere Mitglieder der Technischen Kommission eingetroffen ...

Die Mitglieder der Kommission, die bei der Suche nach Beweisstücken eingesetzt waren, hatten nicht das Recht, die Dokumente durchzusehen und zu ordnen. Ihre Aufgabe war es, folgende Gegenstände in Umschläge zu packen:

a) Brieftaschen mit vollständigem Inhalt

b) alle Papiere dokumentarischen Charakters, die freiliegend gefunden wurden

c) Auszeichnungen und Erinnerungsstücke

d) Abzeichen, Kreuze usw.

e) je eine Achselklappe

f) Geldbörsen

g) alle Wertgegenstände

...

Die Dokumente wurden durch einen Soldaten per Motorrad ins Büro der Geheimen Feldpolizei gebracht. Die vorläufige Durchsicht und Feststellung der Namen erfolgte in Zusammenarbeit von drei Deutschen und den Vertretern [2–3 – G. K.] der Technischen Kommission des Polnischen Roten Kreuzes. Die Umschläge wurden im Beisein der Polen und der Deutschen geöffnet ...

Während der Arbeit der Technischen Kommission des PRK im Wald von Katyn in der Zeit vom 15. April bis 7. Juni 1943 wurden insgesamt

4243 Leichname exhumiert, von denen 4233 aus 7 Massengräbern stammten, die unweit voneinander gelegen ... waren. Aus diesen 7 Gruben stammten alle Leichname.

Das achte Massengrab lag ungefähr 200 Meter südlich vom ersten Gräberfeld. Es wurde am 2.6. entdeckt. Aus ihm wurden lediglich 10 Leichname entnommen. Bestattet wurden sie im sechsten, noch offenen Gemeinschaftsgrab. Im Hinblick auf das Hochsommerwetter entschieden die deutschen Behörden, die Exhumierungsarbeiten bis September 1943 zu unterbrechen*, woraufhin die siebte Grube, nachdem die o. a. Leichname entnommen waren, wieder zugeschüttet wurde ...

Bei den Sucharbeiten wurde eine Reihe von Massengräbern gefunden, in denen Russen lagen. Diese Leichname befanden sich in den verschiedenen Stadien der Verwesung, teilweise lagen in diesen Gruben Skelette ...

Über jedem neu angelegten Gemeinschaftsgrab wurde ein gehobeltes Holzkreuz von 2,5 Meter Höhe errichtet. Unter dem Kreuz wurden einige Waldblumen gesetzt ...

Auf der Grundlage der o. a. Tatsachen kommt die Kommission zum Schluß:

1. Die Leichname der untersten Schichten der Massengräber befanden sich in einem Zustand, der ihre Identifizierung nicht mehr ermöglichte. Die Uniformen waren noch in relativ gutem Zustand, desgleichen alle metallischen Gegenstände wie Rangabzeichen, Knöpfe, Adler usw.;

2. Todesursache war ein Genickschuß;

3. Aus den bei den Leichnamen gefundenen Dokumenten ergibt sich, daß der Mord zwischen Ende März bis Anfang Mai 1940 erfolgt ist;

4. Die Arbeit in Katyn erfolgte unter ständiger Kontrolle der deutschen Behörden, die Posten für jede Gruppe der Kommission eingeteilt hatten;

5. Die gesamte Arbeit wurde durch Mitglieder der Technischen Kommission des PRK, deutsche Behörden und täglich 20 bis 30 Ortsansässige aus umliegenden Dörfern bewältigt. Außerdem wurden täglich etwa 50 bolschewistische Kriegsgefangene, letztere ausnahmslos bei Grabungsarbeiten und bei der Planierung, eingesetzt;

6. Die Arbeitsbedingungen waren sehr schwer und nervlich belastend. Über die Dramatik der Tatsache selbst hinaus schuf der Verwesungszustand und die damit verbundenen Ausdünstungen eine bedrückende und nervöse Atmosphäre;

7. Oft reisten verschiedene Delegationen an, täglich besichtigten zahlreiche Soldaten das Gebiet ...**

Aus den Geschossen, die aus den sterblichen Überresten der Offiziere entfernt wurden, sowie aus den im Sand gefundenen Geschoßhülsen kann gefolgert werden, daß die Schüsse aus einer kurzläufigen Waffe, Kaliber 7.65 mm, erfolgten. Sie scheinen deutscher Produktion gewesen zu sein. Aus der Befürchtung heraus, daß die Bolschewiken diesen Umstand ausnutzen könnten, achteten die deutschen Behörden streng darauf, daß weder Geschoß noch Hülse von einem Mitglied der Kommission des PRK versteckt werde. Diese Verfügung war naiv und die Überwachung ihrer Ausführung nicht zu verwirklichen. Und schließlich hätten die Beamten des NKWD, die den Mord von Katyn ausführten, über Waffen beliebiger Herkunft verfügen können ...***

* *Im September war die Wehrmacht aus Smolensk und dem Umland vertrieben, die Stadt befreit.*
** *Unter den Delegationen befanden sich die amerikanischen Offiziere Oberst John H. Van Vliet jr. und Oberstleutnant Donald B. Stewart, die in Nordafrika in deutsche Kriegsgefangenschaft geraten waren. Sie besuchten gemeinsam mit zwei britischen Offizieren im Mai 1943 Katyn. Stewart: »Ich kam zu dem Eindruck, den ich niemals vergessen kann. Meine Entscheidung war, daß diese (polnischen) Männer durch die Russen ermordet wurden, während sie deren Gefangene waren.« Van Vliet: »Wenn diese polnischen Offiziere am Leben und in Gefangenschaft gewesen wären, bis die Deutschen die polnischen Kriegsgefangenenlager überrannt hätten, ... dann hätten ihre Kleider verschlissener und ihr Schuhwerk abgerissener sein müssen als sie tatsächlich abgenutzt waren.«*
Die US-Army unterdrückte die Meldungen ihrer Offiziere, die diese bereits 1945 machten, im außen- und militärpolitischen Interesse der Regierung der USA. (»The Katyn Forest ...«, S. 18 f.)
Die Behauptung von Stefan Karner, Direktor des Ludwig-Boltzmann-Instituts für Kriegsfolgenforschung, Van Vliet habe »als Experte an den Exhumierungen durch eine von Deutschland eingesetzte internationale Kommission mitgewirkt«, ist von keiner Sachkenntnis getrübt. Außerdem wird der Name des amerikanischen Offiziers (wie auch der Name des polnischen Professors Swianiewicz) nicht korrekt wiedergegeben. (»Frankfurter Allgemeine Zeitung«, Frankfurt, 22. Oktober 2001)
*** *Am 2. Juli 1946 legte Oberjustizrat Smirnow, der die sowjetische Anklage vertrat, dem Internationalen Militärgerichtshof in Nürnberg Akten vor, die die amerikanische Anklagevertretung der sowjetischen Seite überlassen hatte. In einem Fernschreiben an die deutsche Okkupationsregierung in Krakau hieß es u.a.: »Dringend sofort auf den Tisch – Geheim. Ein Teil des Polnischen Roten Kreuzes aus Katyn ist gestern zurückgekehrt. Die Angestellten des Polnischen Roten Kreuzes haben Hülsen der Patronen mitgebracht, mit denen die Opfer von Katyn erschossen wurden. Es stellte sich heraus, daß es deutsche Munition ist. Kaliber 7.65 der ›Geco‹. Brief folgt. gez. Heinrich«. (»Der Prozeß ...«, Bd. 17, S. 400)*

- **Dokument Nr. 75**

Juri Sorja, Sohn eines Mitarbeiters der sowjetischen Anklage im Nürnberger Kriegsverbrecherprozeß, russischer Wissenschaftler, Mitarbeiter einer Militärakademie in Moskau mit frühem Zugang zu bis in die 90er Jahre geheimgehaltenen Archivbeständen, beschrieb den Umgang mit in Katyn gefundenen Dokumenten und machte Angaben zum Schicksal des Zeugen der Geheimen Feldpolizei Kriwoserzew sowie der Zeugen der sowjetischen Seite Boris Basilewski und Boris Menschagin.

Veröffentlicht: »Neue Zeit«. Moskauer Hefte für Politik, Nr. 16, 16.–22. April 1990, S. 37ff.

...

Die von den Deutschen in Katyn gesammelten Dokumente wurden nach Kraków gebracht, wo im gerichtsmedizinischen Institut eine Gruppe unter der Leitung des Gerichtsmediziners Dr. Jan Robel mit ihrer Untersuchung anfing. Als im Januar 1945 sowjetische Truppen nach Kraków vorstießen, wurde die Katyn-Dokumentation in 14 Kisten auf zwei Lastwagen abtransportiert. Anfang Mai befanden sich alle Kisten in einem Lagerraum des Dresdner Bahnhofs. Als die sowjetischen Truppen auf Dresden vorrückten, steckte der Lagerverwalter alle 14 Kisten in Brand. Auf diese Weise gingen die Dokumente von Katyn verloren. Nur wenige Fotokopien sind erhalten geblieben.

Ein Zeuge, der den Deutschen 1943 in Katyn Hinweise gegeben hatte, war der dort ansässige Iwan Kriwoserzew*. Beim Rückzug der Deutschen floh er zusammen mit ihnen. Nach dem Krieg ließ Kriwoserzew sich als Michael Loboda in England nieder. Im Oktober 1947 wurde er ... erhängt aufgefunden. ...

Eine besondere Stellung unter den Zeugen der sowjetischen Anklage im Fall Katyn hatte der Astronomieprofessor Boris Basilewski. Vor dem Krieg hatte er an der Pädagogischen Hochschule Smolensk gelehrt und vertrat eine Zeitlang unter den Deutschen den Bürgermeister Boris Menschagin, einen ehemaligen Rechtsanwalt. Seinerzeit hatte Basilewski der Burdenko-Kommission Angaben gemacht** und sich dabei auf eine Aussage bezogen, die Bürgermeister Menschagin ihm gegenüber Ende September 1941 gemacht hatte: »Mit den Polen ist es aus. Das hat mir von Schwetzt (Militärkommandant von Smolensk) gesagt. Die sind irgendwo bei Smolensk erschossen worden.« Basilewski sagte in Nürnberg aus, wo er Wort für Wort wiederholte, was er der Kommission 1944 gesagt hatte. Auf die Frage von Rechtsanwalt Otto Stahmer, ob er irgend etwas über Menschagins Verbleib wisse, antwortete Basilewski, daß jener mit den Deutschen geflohen sei. Darüber hinaus sei ihm nichts bekannt. ... Sehr genau wußten darüber allerdings Berija und Wyschinski Bescheid, die den Befehl gegeben hatten, Zeugen für den Fall Katyn zu beschaffen. Inzwischen konnte genau festgestellt werden, daß Menschagin tatsächlich mit den Deutschen aus Smolensk geflohen war. Danach war er eine Zeitlang Bürgermeister von Bobruisk. Bei Kriegsende war er mit seiner Familie in Karlovy Vary, wo er von den Amerikanern interniert wurde. Wenige Tage später ließen sie Menschagin laufen, und er kehrte in das bereits von sowjetischen Truppen besetzte Karlovy Vary zurück. Weil er irrtümlich annahm, daß seine Familie verhaftet war, stellte sich Menschagin der sowjetischen Kommandantur am 28. Mai 1945. Er wurde nach Moskau überführt. Wenig später verurteilte man ihn zu 25 Jahren Freiheitsstrafe. Im Gefängnis von Wladimir hat er seine volle Strafzeit verbüßt, davon 23 Jahre in Einzelhaft. 1984 ist er gestorben.

Im Gefängnis erfuhr er nicht, was beim Nürnberger Prozeß verhandelt wurde. Einige Tage nach seiner Freilassung erinnert sich Menschagin an Katyn: »Am 11. April 1943 wurde mir gemeldet, daß in der Nähe von Krasny Bor in der Gegend von Gnesdowo die Massengräber von erschossenen Polen geöffnet worden seien und daß die Deutschen das als Verbrechen der Sowjetmacht darstellen. Am 17. April kam nach der Arbeit Sonderführer Schulle zu mir und schlug mir vor, zu diesen Gräbern hinzufahren, damit ich mich persönlich davon überzeugen und mir die Erschossenen ansehen konnte. Am nächsten Tag begaben wir uns in die Propagandazentrale und fuhren von dort in Personenwagen über die Witebsker Landstraße ins Gebiet Gnesdowo. ...

Nach 15 Kilometern bogen wir nach links ab. Uns schlug sofort starker Verwesungsgeruch entgegen. Wir sind noch etwas gefahren und sahen dann diese Massengräber. In ihnen haben russische Kriegsgefangene die letzten Sachgegenstände herausgeharkt. An den Rändern haben Leichen gelegen. Alle hatten graue polnische Uniformen an und Konföderations-Käppis auf. Sie hatten alle die Arme auf dem Rücken gefesselt und wiesen Einschußlöcher im Genick auf. Sie sind mit einem einmaligen Genickschuß erschossen worden ...

Die Angaben, die mein Stellvertreter Basilewski in Nürnberg gemacht hat, stimmen absolut nicht mit der Wirklichkeit überein. Äußerst merkwürdig, daß ich kein einziges Mal nach Basilewski gefragt worden bin. Schließlich haben alle Untersuchungsführer mich doch gefragt, was ich über Katyn wußte. Ich habe ihnen dasselbe gesagt, wie jetzt. Auf die Frage, wer geschossen habe, habe ich gesagt, ich wüßte es nicht. Darauf wurde mir gesagt: ›Darauf kommen wir später zurück, und dann schreiben wir Ihre Angaben auf.‹«

Während des Nürnberger Prozesses war Menschagin*** also im Gefängnis der Lubjanka ...

* *Iwan Kriwoserzews Leichnam (der Name wird in den Akten in unterschiedlicher Schreibweise angegeben, wurde in Schottland gefunden. Hier lebte er unter dem Namen Michael Loboda, die Identität war von britischer Seite verändert worden. Die Möglichkeit dafür und für die Einwanderung ergab sich aus Diensten Kriwoserzews nunmehr für die britische Seite.*
** *»Mitteilung ...,« S. 11ff.*
*** *In Menschagins Gefängnisakte in der Haftanstalt Wladimir heißt es (1970) u.a., daß er hier seit 1951 inhaftiert sei und sich seitdem »in der Hauptsache von seiner positiven Seite gezeigt« habe. Er habe ordentlich gearbeitet, derzeit sei aber keine Arbeitsmöglichkeit für die Häftlinge gegeben. Es sei vorgekommen, daß er in den Hungerstreik getreten sei und besondere Haftbedingungen für sich verlangt habe. (Abarinow ..., S. 181)*

- **Dokument Nr. 76**

Gespräch mit Dr. Hieronim Bartoszewski, der 1943 Mitglied der Technischen Kommission des PRK in Katyn war. Untergebracht und verpflegt wurden die Polen in einem Feldlazarett der Organisation Todt, das sich beim Dorf Borok befand. L. Rojkiewicz, der der Kommission angehörte, wurde, weil er seinem Land in der AK diente, von Deutschen 1944 erschossen, Władysław Kasur, ebenfalls der Technischen Kommission angehörend, fiel im Warschauer Aufstand 1944 im Kampf gegen die deutsche Besatzung. Dr. Bartoszewski war das letzte Mitglied dieser Kommission, das noch befragt werden konnte.

Veröffentlicht: »Przegląd Tygodniowy«, Warszawa, Nr. 18/1989.

...

Am Morgen des 16. April brachte man uns ... zum Wald von Katyn ... Dort standen Posten. Sie gehörten einer Formation an, die die Deutschen aufgestellt hatten und in der Belorussen dienten ...

– Sie [die Toten – G. K.] waren zu erkennen?

... Fachleute hatten ihnen den Tod gegeben – alle von uns untersuchten Schädel hatten eine Einschußstelle am hinteren unteren Teil des Schädels, am Genick, und die Ausschußstelle in der Schädeldecke. Wir sahen Leichname, deren Hände auf dem Rücken gefesselt waren. Von weitem sah es aus, als ob dies mit Draht geschehen sei, es war aber mit Schnüren gemacht ... Es gab auch nicht den geringsten Zweifel, daß es sich um polnische Offiziere handelte ... Ab März/April 1940 erhielt das Informationsbüro des Polnischen Roten Kreuzes keine Nachrichten mehr aus Kosjelsk, Starobjelsk und Ostaschkow. Plötzlich und vollständig brach jede Kommunikation ab ...

Die Technische Kommission schloß ihre Arbeiten nicht ab. Die Front geriet in Bewegung, die meteorologischen Bedingungen verschlechterten sich – Hochsommerhitze lag über dem Land, die Leichname verwesten, sie wurden massenhaft von Fliegen attackiert. Die Arbeiten wurden unterbrochen ...

Alle Spuren besagen, daß die Offiziere im Frühjahr 1940 ermordet worden sind. Es gibt auch einen wissenschaftlichen Nachweis, die Untersuchungen des Prof. Orsos, der als Mitglied der Internationalen Ärztekommission 1943 in Katyn war ... Davon erfuhr ich jedoch erst nach dem Krieg. Aber auch unsere Beobachtungen vom Frühjahr 1943 führten zu den gleichen Schlußfolgerungen.

• **Dokument Nr. 77/1**
Bericht des leitenden Gerichtsmediziners Prof. Dr. Gerhard Buhtz über die Ausgrabungen von Katyn.
Veröffentlicht: »Amtliches Material ...«, S. 38–40 und 92–94.

... Auf Befehl des OKH konnte alsdann am 29.3.1943 mit den Ausgrabungen begonnen werden ...

2. Mitarbeiterstab

a) die deutschen Gerichtsärzte Dr. Siegfried Müller, Dr. Theodor Schmidt, Dr. Jobst Waechter,

b) die deutschen Gerichtschemiker Dozent Dr. habil. Walter Specht und Dr. Rudolf Themlitz,

c) der polnische Gerichtsarzt Dr. Wodziński (Krakau) und dessen polnische Hilfskräfte,

d) die deutschen Präparatoren und Sektionsgehilfen Kurt Merzbach, Friedrich Neels und Alfred Schubert,

e) die deutschen Photolaboranten Heinz Roßbach und Bruno Zachlod.

Bei der Auswertung und Ausarbeitung der Untersuchungsergebnisse war in besonderem Maße mein langjähriger Mitarbeiter, Dozent Dr. habil. Specht (Breslau) beteiligt.

3. Die acht Massengräber, ihre Lage und Maße

Bis zum 1.6.1943 wurden in einem umschriebenen Bereich des Katyner Waldes sieben Massengräber untersucht, in denen ausschließlich ermordete Angehörige der ehemaligen polnischen Armee lagen. Diese Gräber befanden sich nahe beieinander in größeren, mit einem auffällig jungen Kiefernbestand bepflanzten, nach Südwesten zu abfallenden Waldlichtungen ...

Grab 1, das wegen seiner Form als »L«-Grab bezeichnet wurde, war das größte der bisher in Katyn aufgefundenen Massengräber ... Die Grabfläche betrug etwa 252 m (Quadrat!).

Das Grab 2 befand sich in einer Entfernung von etwa 20 m südöstlich des »L«-Grabes. Es erstreckte sich in Nordwestsüdost-Richtung und wurde mit 20 x 5 m gemessen, so daß 100 m (Quadrat!) Grabfläche vorlagen.

Grab 3, das sich südwestlich des Grabes 2 befand, maß 3.5 x 6 m (21 m Quadrat!).

Die Gräber 4 und 5 schlossen sich an das Grab 3 nach Südwesten in abfallendem Gelände an. Grab 4 hatte dieselbe Größe wie Grab 3.

Grab 5 maß 3 x 4.5 m (13.5 m Quadrat!) Grabfläche und schloß das Gräberfeld nach Südwesten, einer Sumpfniederung zu, ab. Bei der Eröffnung dieses Grabes trat alsbald Grundwasser zutage, wodurch das Grab bis 0.8 m unter den Grabrand gefüllt wurde. Zur Zeit der Verscharrung muß also ein niedriger Grundwasserstand geherrscht haben.

Südöstlich neben Grab 4 waren die Gräber 6 und 7 festgestellt worden, die gemäß ihrer Größe 4 x 12 m und 3.5 x 9 m = 48 bzw. 22.5 m (Quadrat!) Grabfläche umfaßten.

Diese sieben Massengräber wiesen sonach eine Grabfläche von nicht weniger als 478 m (Quadrat!) auf.

Die Tiefe der einzelnen Massengräber – vom Grabrand bis zur Sohle gemessen – schwankte zwischen 1.85 bis 3.30 m. Die größte Tiefe von

3.30 m wurde im mittleren Teil des langen Schenkels vom »L«-Grab festgestellt ...

Die einzelnen Gräber waren in der Regel bis zu einer Höhe von 1.50 m unterhalb des gewachsenen Bodens mit den Opfern angefüllt worden.

Das am 1. 6. 1943 südwestlich (jenseits) der Sumpfniederung in einer Entfernung von etwa 100 m vom ersten Gräberkomplex aufgefundene, ebenfalls in einen seichten Sandhügel eingelassene Polengrab 8 wurde zunächst nur in einem Ausmaß von 5.5 x 2.5 m eröffnet. Diese Probegrabung erstreckte sich in nordwest-südöstlicher Richtung. In etwa 2 m Tiefe stieß man auf die ersten Leichen ...

Die Ausgrabungen mußten am 3. 6. 1943 wegen der sommerlichen Wärme und der starken Fliegenplage aus sanitätspolizeilichen Gründen unterbrochen werden ...

Zusammenfassung:

1. Auf Grund des bisherigen Standes der Untersuchungen wurden aus den im Katyner Wald gefundenen Massengräbern 4143 Angehörige der ehemaligen polnischen Armee geborgen, von denen 2 815 (67.0 Prozent) identifiziert werden konnten. Die Ausgrabungen mußten aus sanitätspolizeilichen Gründen ... am 3. 6. 1943 abgebrochen werden. Eine weitere erhebliche Zahl von Opfern harrt sonach noch der Ausgabung, der Identifizierung und Untersuchung.

2. Neben zwei Brigadegenerälen wurden unter den Mordopfern 2 250 Offiziere verschiedener Ränge, 156 Ärzte und Veterinäre, 406 Offiziere ohne erkennbaren Rang, Fähnriche und Mannschaften sowie ein Feldgeistlicher sofort an Ort und Stelle identifiziert. Die Identifizierung der übrigen Leichen anhand der bei ihnen gefundenen Briefschaften und sonstigen persönlichen Gegenstände ist noch im Gange.

3. Sämtliche Leichen, die durchweg u. a. persönlichste Gebrauchsgegenstände, Erinnerungsstücke, Briefe von Angehörigen, Dokumente und Tagebücher bei sich trugen, waren mit gut passenden polnischen Uniformen bekleidet, die größtenteils noch Rangabzeichen, Orden und Ehrenzeichen erkennen ließen. Bei den Leichen fanden sich des weiteren zahlreiche militärische Ausrüstungsgegenstände. Die Leichen aus den Gräbern 1 und 7 wiesen Winterkleidung, die aus Grab 8 vorwiegend Sommerkleidung auf.

4. Bei Untersuchung der Leichen fanden sich keinerlei Anhaltspunkte

für eine natürliche krankhafte Todesursache. Dagegen wiesen, abgesehen von Einzelfällen, bei denen ein Schuß nicht – oder nicht mehr – festgestellt werden konnte, alle Leichen den typischen Genickschuß von 7.65 mm Kaliber auf. Entsprechende Hülsen und Geschosse (Steckschüsse) sowie eine am Tatort aufgefundene unversehrte Patrone belegen dieses Ermittlungsergebnis. Die Schüsse wurden aus größter Nähe mit aufgesetzter Mündung abgegeben. Bei einer Vielzahl der exekutierten Opfer ging der Genickschuß durch den hochgeschlagenen Mantelkragen hindurch. Die Feststellung des Nahschusses wurde mit den modernsten physikalischen, optischen und chemischen Methoden getroffen. Hervorzuheben ist die Tatsache, daß die drei Jahre alten Schmauchhöfe der Nahschüsse nicht nur durch Infrarot-Photographie besonders deutlich gemacht werden konnten, sondern daß auch der chemische Nachweis der Nahschüsse durch den positiven Ausfall der Diphenylamin-Schwefelsäureprobe und die Feststellung von Initialresten (Blei) mit Hilfe der Dithizonprobe eindeutig möglich war.

5. Die Erschießungen fanden offenbar vorwiegend außerhalb der Gräber statt.

6. Bei einer großen Zahl der Leichen war eine gleichförmige Fesselung der Hände auf dem Rücken feststellbar. Anderen, speziell aus dem Grabe 5 geborgenen Opfern, die ebenfalls durch Genickschuß getötet worden waren, hatte man den Mantel über den Kopf gezogen, hierbei in einigen Fällen auch den Raum zwischen Mantel und Kopf reichlich mit Sägespänen ausgefüllt.

7. Zu diesen Fesselungsmethoden kommt der Nachweis zahlreicher Bajonettstiche ...

8. Die verschiedentlich nachgewiesenen, zu Lebzeiten entstandenen Unterkieferbrüche beweisen Mißhandlungen der Opfer z. B. mit Fäusten oder Gewehrkolben vor der Ermordung.

9. Der stereotype Genickschuß sowie die völlig gleichförmige Fesselung der Hände und des Kopfes erweisen eindeutig, daß Fesselungen und Erschießungen von geübter Hand geschahen.

10. Die Leichen zeigten verschiedene Zersetzungsformen. Neben geringer Skelettierung und partiellen Mumifizierungserscheinungen an den unbekleideten Körperteilen (Leichen aus der obersten Grabschicht) fand sich durchweg ausgesprochene Leichenwachsbildung mit fettiger Durchtränkung der Kleidungsstücke.

11. Die Zersetzung der Leichen ist primär unabhängig vom Boden erfolgt, sie wurde jedoch sekundär vor allem hinsichtlich der Fettwachsbildung und der Konservierung der inneren Organe maßgeblich durch die saure Bodenreaktion gesteuert. Durch die Leichenzersetzungsprodukte sind andererseits charakteristische chemische und strukturelle Veränderungen im Boden hervorgerufen worden, z. B. Bildung von Eisensulfid, Vivianitablagerungen, Bleichung des Bodens und Abführung seiner Feinstbestandteile. Diese Erscheinungen weisen zwingend auf eine mehrjährige unveränderte Leichenlagerung an primärer Stelle hin.

12. Die beobachteten Leichenerscheinungen, Sektions- und sonstige Untersuchungsbefunde sind weiterhin mit dem auf Grund spurenkundlicher Feststellungen (u. a. Dokumente) und Zeugenaussagen russischer Bewohner benachbarter Dörfer beweisgültig festgelegten Leichenalter von drei Jahren vollauf in Einklang zu bringen.

13. Der mangelhafte Insektenfraß weist darauf hin, daß die Tötung und Einscharrung der Leichen in insektenfreier kalter Jahreszeit stattgefunden hat. Aus den bei den Leichen aufgefundenen Dokumenten, Briefschaften, Tagebüchern und Zeitungen ergibt sich objektiv, daß die Erschießungen im März, April und Mai 1940 erfolgt sind ...

- **Dokument Nr. 77/2**

Der polnische Gerichtsmediziner Bolesław Popielski (1907–1997) stammte aus Lwów. Hier hatte er, der Familientradition folgend, 1925 ein Medizinstudium aufgenommen. 1934, bereits promoviert, vervollständigte er seine wissenschaftliche Ausbildung bei dem weltberühmten Forscher Ludwik Hirszfeld in Warschau, dem Mitbegründer der Blutgruppenforschung und Entdecker der Blutgruppen. 1945 kamen sowohl Hirszfeld als auch Popielski nach unterschiedlichen Erfahrungen unter der deutschen Okkupation als Lehrstuhlinhaber an die nunmehr polnische Universität Wrocław, Prof. Popielski als Gerichtsmediziner. Er konnte Einblick in die Aufzeichnungen des vormaligen Lehrstuhlinhabers Prof. Buhtz nehmen, der wenige Monate vor Kriegsende als vermißt gemeldet wurde. Darüber hinaus wirkte Prof. Popielski in Forschungsprojekten der Polnischen Akademie der Wissenschaften mit, knüpfte und pflegte wissenschaftliche Kontakte u.a. zu seinem Fachkollegen Prof. Dr. mult. Otto Prokop an der Humboldt-Universität zu Berlin, den er wissen ließ, daß Buhtz zwar

»braun«, sein Bericht über Katyn jedoch wissenschaftlich »lege artis« [lat.: vorschriftsmäßig nach den Regeln der ärztlichen Kunst – G. K.] war. [Brief an Prof. Dr. Otto Prokop vom 11. März 1990]

Ab Mai 1989 sprach Prof. Popielski über die gerichtsmedizinischen Untersuchungen in Katyn vor der Wissenschaftlichen Gesellschaft Wrocław und in seinen Lehrveranstaltungen. Er publizierte zu diesem Thema u. a. im »Dolnośląski Diariusz Lekarski« (Niederschlesischen Ärztlichen Tagebuch) und mahnte im Juni 1995, nicht lange vor seinem Tod:

Es gibt unter uns Leute, die ein kritisches Verhältnis zu Erinnerungen haben ... Ich antworte ihnen mit einem vorzüglichen Spruch, den man auf einer Tafel am Eingang zum Ehrenfriedhof in Zakopane lesen kann:
Unser Vaterland, das sind Erde und Gräber.
Sein Leben verliert ein Volk,
sobald es sein Gedächtnis verliert.

- **Dokument Nr. 78**

Gespräch mit dem Schriftsteller und Publizisten Józef Mackiewicz (1902–1985) über dessen Eindrücke von Katyn im Frühsommer 1943. Józef Mackiewicz wirkte ebenso wie sein Bruder Stanisław (Pseudonym Cat) bis 1944 in Wilno. Er vertrat eine extrem konservative politische Richtung. Bekannt u. a. mit Stanisław Swianiewicz, der an der dortigen Universität wirkte. Wegen seiner Publikationen und Verhaltensweisen unter der deutschen Okkupation wurde Mackiewicz von der illegalen polnischen Landesarmee zum Tode verurteilt. Der Vollstreckung entzog er sich durch Flucht und hielt sich seitdem, gedeckt und finanziert durch ausländische Geldgeber und Honorare, in den USA, Großbritannien und in München auf. Er publizierte 1949 ein Buch über Katyn, das zahlreiche Nachauflagen hatte und in mehrere Sprachen übersetzt wurde. Um die Autorenrechte dauern juristische und publizistische Auseinandersetzungen bis in die jüngste Zeit an.

Veröffentlicht: »Goniec Codzienny«, Wilno/Vilnius, 3. Juni 1943 (d. h. am Tag des Abbruchs der Exhumierungen in Katyn).

... Es war ein kühler Tag ... Die Arbeiten sind noch nicht abgeschlossen. Ich kam, als sie noch in vollem Gange waren, aber es scheint mir, daß sie irgendwie auf ihr Ende zugehen ... Hier liegt süßlicher, klebriger Leichengeruch über allem ... Die Dünste raubten mir beinahe das Bewußtsein. Mit aller Willenskraft habe ich die Schwäche überwunden. Wir gingen durch eine Reihe bereits Exhumierter bis zu einer großen Kiefer, und über einen Wall frisch aufgeschütteten Sandes sah ich nach unten ... Entsetzlich. Ein, zwei, drei Tote hinterlassen bereits einen tiefen und bedrückenden Eindruck. Stellen Sie sich Tausende, Tausende vor, und alle in polnischen Offiziersuniformen ...

Ein Stück Wegs entfernt, um dem Leichengeruch zu entgehen, hatten russische Arbeiter ein Feuerchen entfacht. Dort war auch der bekannte Alte, der siebzigjährige Kiseljow ... Ich habe mit ihm und mit anderen gesprochen ...

Ortsansässige Arbeiter steigen hinab in die Gruben und lösen einen Leichnam vom anderen ... Sie werden auf Tragen gelegt und nach oben getragen, wo sie auf die Erde gelegt werden. Eine weitere Arbeitergruppe sammelt unter sorgfältiger Aufsicht von Mitarbeitern und Funktionären des Polnischen Roten Kreuzes alles, was sich bei jedem Leichnam befindet ... Taschen und Beutel werden aufgeschnitten, auch die Stiefelschäfte, um alles zusammenzutragen, was dieser Mensch zu seinen Lebzeiten bei sich trug. Und dann kommt der Augenblick, wo das stumme, traurige Grab zu sprechen beginnt ...

Da liegt Władysław Bielecki [Jg. 1900, Leutnant, Chef der Schreibstube einer Brigade – G. K.]. Die an ihn gerichtete Postkarte ist gut erhalten. Der Poststempel verweist auf Białystok, den 14.1.1940. In der Seitentasche »Głos Radziecki« (Sowjetstimme) vom 29. März 1940 ... Der Nächste. Ein Brief nach Kosjelsk. Adresse unleserlich. Ein Gebetbuch. Eine Brieftasche. Dr. Wodziński öffnet sie, und plötzlich sieht uns alle, die wir uns nach vorn neigen, eine Frau an, blond, mit großen Augen, mit einem Kind auf dem Arme ... Seine Frau und das Töchterchen. Sie gingen mit ihm ins Grab. Die Kugel sitzt ihm noch im Schädel, was selten genug vorkommt ...

Die Leichname werden numeriert, und die gleiche Nr. erhält ein Beutel mit den Papieren und Beweisstücken ... Die Leichname werden in Gemeinschaftsgräbern bestattet. Bisher gibt es drei. Im größten liegen 980 polnische Offiziere ...

Mit mir waren noch zwei portugiesische Journalisten und ein Schwede in Katyn. Aus Warschau kam eine Delegation von Vertretern der Arbeiterschaft verschiedener Fabriken. Sie legten einen Kranz am Grab der wieder beigesetzten Offiziere nieder, mit einer Schleife in den polnischen Farben und polnischer Aufschrift. Schweigend verharrten wir drei Minuten in ehrendem Gedenken.*

Der Mitarbeiter des Generalgouverneurs Hans Frank, Ohlenbusch, unterbreitete am 13. April »dem Herrn Generalgouverneur« Vorschläge, wie »dieses Ereignis der polnischen Bevölkerung gegenüber unter allen Umständen propagandistisch ausgenutzt werden müsse«. (»Das Diensttagebuch ...«)

Der seiner Kriegsverbrechen wegen 1946 gehängte Frank »erklärte seine volle Zustimmung«. Er beabsichtigte, »wenn wir den Krieg einmal gewonnen haben«, »Hackfleisch« aus den Polen zu machen. Zu der von ihm abgesegneten Propagandakampagne notierte Frank: »Die Nachrichten aus Katyn machen auf den größten Teil der polnischen Intelligenz keinen Eindruck, und sie hält den Deutschen ähnliche Übeltaten in Auschwitz entgegen. ... Es gibt doch auch Konzentrationslager in Auschwitz und Maidanek, wo Massenmorde an Polen am laufenden Band verübt wurden.« (»Der Prozeß ...«, Bd. 19, S. 682)

Schlagabtausch: Diplomatisch – Undiplomatisch

- **Dokument Nr. 79**

Zu den Absichten der Naziführer Hitler und Goebbels hinsichtlich der außenpolitischen Propagandaziele in Verbindung mit Katyn. Der Leiter der Kulturpolitischen Abteilung des Auswärtigen Amtes, Prof. Six, wurde am späten Abend des 13. April 1943 unterrichtet.

Veröffentlicht: »Akten ...« 13. April 1943.

Eilt

Sofort vorlegen

... In der Gegend von Smolensk wurde eine GPU-Richtstätte aufgedeckt. In einer Reihe von Massengräbern wurden 12 000 polnische Offiziere gefunden.* Es handelt sich dabei um sämtliche polnische Offiziere, die den Sowjets bei der Besetzung Polens in die Hände gefallen sind.** Es waren an Militär insgesamt 12 000 Offiziere und 300 000 Mann. Von diesen ... sind 10 000 Mann in Iran eingetroffen, jedoch keine Offiziere.*** Diese in Iran angekommenen Soldaten wissen auch nichts, von dem Verbleib ihrer Offiziere.+ Diese Offiziere waren zuerst untergebracht in dem Gefangenenlager Pospelsk.++ ... Der Führer habe nun Befehl gegeben, die Angelegenheit in der ganzen Welt mit allen zur

Verfügung stehenden Mitteln auszuwerten. Durch Reichsminister Dr. Goebbels sind für 14. April Presse und Film informiert worden. Reichsminister Goebbels bittet nun darum, daß seitens des Auswärtigen Amtes das Internationale Rote Kreuz zur Exhumierung der Leichen der letzten großen Massengräber durch Entsendung einer Kommission beigezogen wird. Da die Ausgrabungsarbeiten sehr weit fortgeschritten seien und mit Rücksicht auf die fortgeschrittene Jahreszeit mit einem Zerfall der Leichen zu rechnen sei, wäre eine beschleunigte Einleitung der Einladungen des Internationalen Roten Kreuzes erforderlich.

Ich bitte um Weisung.

* *Unzutreffend.*
** *Falsch.*
*** *Durchweg falsch.*
+ *Unzutreffend.*
++ *Falsch, vermutlich Kosjelsk oder Starobjelsk gemeint.*

- **Dokument Nr. 80**

Erklärung des Sowjetischen Informationsbüros zur deutschen Verlautbarung über die Erschießung polnischer Offiziere in Katyn.

Veröffentlicht: »Iswestija«, Moskau, 16. April 1943.

Die Goebbelsschen Verleumder verbreiten in den letzten zwei bis drei Tagen schändliche, verleumderische und lügnerische Erfindungen. In ihnen wird behauptet, daß im Frühjahr 1940 im Raum Smolensk massenhaft polnische Offiziere durch sowjetische Organe erschossen worden wären. Die deutsch-faschistischen Schurken schrecken in ihrer neuerlichen und ungeheuerlichen Erfindung nicht vor unverschämten und niederträchtigen Lügen zurück, um damit unerhörte Verbrechen, die, wie jetzt offensichtlich ist, von ihnen selbst begangen wurden, zu vertuschen.

Die deutsch-faschistischen Mitteilungen aus diesem Anlaß lassen keinerlei Zweifel am tragischen Schicksal der ehemaligen polnischen Kriegsgefangenen aufkommen, die 1941 westlich von Smolensk bei Bauarbeiten eingesetzt waren und gemeinsam mit zahlreichen sowjetischen Einwohnern, Bewohner des Bezirks Smolensk, im Sommer 1941 in die Hand der deutsch-faschistischen Henker fielen, nachdem die sowjetischen Truppen sich aus dem Raum Smolensk zurückzogen.

Es unterliegt keinem Zweifel, daß die Goebbelsschen Verleumder, die mit Lüge und Verdrehungen die blutigen Verbrechen der Hitlerschen

Räuber zu vertuschen suchen, bei ihrer ungeschickt zusammengeschusterten Kläfferei über zahlreiche Gräber, die angeblich von den Deutschen bei Smolensk gefunden worden seien, auch das Dorf Gnesdowo erwähnen. Aber sie verschweigen gaunerhaft, daß gerade unweit des Dorfes Gnesdowo archäologische Ausgrabungen des historisch bedeutungsvollen »Grabhügels von Gnesdowaja« stattfinden.* Meister auf diesem Gebiet, lassen sich die Hitlerleute auf allergröbste Fälschungen und Tatsachenverdrehungen ein, indem sie verbreiten, daß angeblich im Frühjahr 1940 sowjetische Greueltaten stattgefunden hätten. Damit versuchen sie, von ihrer eigenen Verantwortung für die grauenhaften Verbrechen, die von ihnen selbst begangen wurden, abzulenken.

Den patentierten deutsch-faschistischen Mördern, die ihre Hände im Blut Hunderttausender unschuldiger Opfer gebadet haben, die die Bevölkerung der von ihnen besetzten Länder systematisch ausrotten und dabei weder Frauen noch Kinder oder Greise verschonen, die in Polen selbst viele Hunderttausende polnischer Bürger ausrotteten, gelingt es durch ihre niederträchtige Lüge und Verleumdungen nicht, auch nur einen einzigen zu täuschen. Die Hitlerschen Mörder entgehen der gerechten und unabänderlichen Rache für ihre blutigen Verbrechen nicht.

* Gemeint sind die archäologischen Ausgrabungen eines prähistorischen Hügelgrabs.

- **Dokument Nr. 81**

Persönliche und geheime Botschaft des Premiers J. Stalin für Premierminister Herrn W. Churchill vom 21. April 1943.

Veröffentlicht: »Perepiska ...«, Bd. 1, S. 141 ff.

Die Sowjetregierung hält das Verhalten der Polnischen Regierung gegenüber der UdSSR in der letzten Zeit für völlig anormal. Es verletzt alle Regeln und Normen in den gegenseitigen Beziehungen von zwei verbündeten Staaten ...

Die Regierung des Herrn Sikorski wies nicht nur die niederträchtige faschistische Verleumdung der UdSSR nicht zurück, sondern hielt es auch nicht für notwendig, sich mit Fragen oder Bitten um Klärung an die Sowjetregierung zu wenden ...

Der Umstand, daß die feindselige Kampagne gegen die Sowjetunion gleichzeitig in der deutschen und in der polnischen Presse begann und in gleicher Art und Weise geführt wird, dieser Umstand läßt keinen

Zweifel daran aufkommen, daß es zwischen dem Feind der Alliierten und der Regierung des Herrn Sikorski einen Kontakt und eine Absprache zur Durchführung dieser feindseligen Kampagne gibt. ...

Infolgedessen kam die Sowjetische Regierung zu der Auffassung, daß es notwendig ist, die Beziehungen mit dieser Regierung abzubrechen ...

• **Dokument Nr. 82**
Persönliche und geheime Botschaft des Premiers J. Stalin für Premierminister Herrn W. Churchill vom 25. April 1943.
Veröffentlicht: »Perepiska ...«, Bd. 1, S. 144.

... Allerdings muß ich Ihnen mitteilen, daß der Abbruch der Beziehungen zur Polnischen Regierung eine beschlossene Sache ist, und heute hatte W. M. Molotow die Note über den Abbruch ... zu überreichen ... Ich war zur gleichen Zeit gezwungen, mit der öffentlichen Meinung in der Sowjetunion zu rechnen, die bis auf den Grund ihrer Seele über die Undankbarkeit und Hinterhältigkeit der Polnischen Regierung empört ist ...

• **Dokument Nr. 83**
Persönliche und geheime Botschaft des Premiers J. Stalin für Premierminister Herrn W. Churchill vom 4. Mai 1943.
Veröffentlicht: »Perepiska ...«, Bd. 1, S. 150f.

... Sie teilen mit, daß Sie die notwendige Disziplin in der polnischen Presse herbeiführen werden. ..., aber ich bezweifle, daß es leichtfallen wird, die derzeitige polnische Regierung, deren Umgebung aus prohitlerschen Schreihälsen und deren ungezügelte Presse zu disziplinieren ...

• **Dokument Nr. 84**
Aufzeichnung des Gesandten von Tippelskirch vom 29. April 1943.
Der Diplomat war bis zum Überfall des Großdeutschen Reiches auf die UdSSR an der Botschaft in Moskau tätig, danach im Berliner Auswärtigen Amt zuständig für das Länderreferat Polen, Rußland.
Veröffentlicht: »Akten ...«, 29. April 1943.

Betr.: Abbruch der Beziehungen zwischen der Sowjetunion und der polnischen Emigrationsregierung

(Sowjetische Note vom 25. April 1943, polnische Erklärung vom 28. April 1943)

Die Erklärung der polnischen Emigrantenregierung auf die sowjetische Note, die den Abbruch der Beziehungen zwischen der Sowjetunion und der polnischen Emigrantenregierung ausspricht, geht auf ... die Verantwortung an dem Massenmord der polnischen Offiziere ... nicht ein. Dagegen hält sie an dem grundsätzlichen polnischen Standpunkt in allen Fragen, die den Konflikt zwischen der polnischen Emigrantenregierung und der Sowjetunion verursacht haben, fest ... Sie geht auf die Note der Sowjetregierung nur indirekt ein ...

Das sowjetische Manöver verfolgt den durchsichtigen Zweck, die Gelegenheit zu benutzen, der eigenen Auffassung von der Zugehörigkeit Ostpolens (und Litauens) zur Sowjetregierung Geltung zu verschaffen, sich der unbequemen Sikorski-Regierung zu entledigen und die Wege für eine willfährige polnische Regierung à la Kuusinen zu ebnen.

Die Erklärung der polnischen Emigrantenregierung unterstreicht demgegenüber die Integrität und völlige Souveränität der polnischen Republik und verweist auf den Vertrag vom 30. Juli 1941 (in diesem Vertrag werden die deutsch-sowjetischen Abmachungen über Ostpolen annulliert), und das Abkommen vom 4. Dezember 1941 mit dem Hinzufügen, daß die polnische Regierung gewissenhaft ihren Verpflichtungen nachgekommen sei. Die Beschuldigung einer Fühlungnahme mit der deutschen Seite weist sie nachdrücklich zurück ...

- **Dokument Nr. 85**

General Stefan Rowecki-Grot, Befehlshaber der Landesarmee, meldete seinem Regierungschef, General Sikorski, über die deutsche Nazipropaganda in Polen im Mai 1943.

Veröffentlicht: »Armia Krajowa ...«, Bd. III, S. 7f. und S. 13.

Wanda 7
Vom 13. Mai 1943

Die deutsche Propaganda nutzt energisch weiterhin die Angelegenheit Katyn in der Presse, durch Plakate, mittels Lautsprechern und mittels Sondermaßnahmen aus. Familien Ermordeter werden für Interviews ausfindig gemacht ..., Familienmitglieder nach Katyn geschickt. In der Presse äußert sich die politische Beweisführung in antibolschewistischer, antisemitischer, antienglischer Richtung und gegen die Emigration. Die Nachrichtengebung der Presse ist vollständig oder teilweise fingiert ... aufgerufen wird zur Rache für Katyn mit der Waffe in der Hand, die Rede ist von angeblichen Zusammenstößen zwischen polnischen und sowjetischen Truppen im Iran ...

[Mai 1943]

... Nicht weniger huldigt man in einigen Kreisen der radikalen Intelligenz den revolutionären Umwandlungen; es belebten sich prosowjetische Sympathien, weil man die entscheidende Rolle Rußlands bei der politischen Umgestaltung Europas im Ergebnis des Krieges vorhersieht ...

Katyn wird von der deutschen Propaganda in doppelter Hinsicht ausgenutzt:

a) Für den Versuch, massenhaft Sympathien für den freiwilligen Arbeitseinsatz im Land und im Reich sowie zur Formierung von Freiwilligen-Hilfseinheiten für die Wehrmacht zu bewirken,

b) Durch die Losung des Kampfes gegen den Kommunismus die Repressalien gegen die polnische Bevölkerung zu verdecken ...

- **Dokument Nr. 86**

Bericht des britischen Diplomaten Owen O'Malley, Botschafter seines Landes bei der polnischen Exilregierung in London, an seine Regierung über Katyn. Dem Bericht beigefügt sind Namenslisten von Opfern, Auszüge aus dem Bericht der Internationalen Ärztekommission und Stellungnahmen britischer Beamter bzw. Politiker. Diesem ersten Bericht von 1943 folgte 1944 ein zweiter. Die Berichte bezeugen, daß die britische Regierung – ebenso wie die Regierung der USA – umfassend unterrichtet war, aus imperialem Eigeninteresse jedoch jahrzehntelang taktierte und Tatsachen verschwieg. Beide Berichte sind erstmals 1972, nach dem Tod des Verfassers, veröffentlicht worden. 1979 wertete sie Louis Fitz-Gibbon für sein Buch »Katyn Massacre« aus. In polnischer Sprache sind sie erstmals 1989 zugänglich gemacht worden. Dem Leser hinreichend bekannte Tatsachen werden hier nicht wiederholt, hypothetische Erwägungen des Autors jedoch angeführt, um Einblick in die Vorgehensweise bei der Annäherung an das Thema Katyn zu ermöglichen.

Veröffentlicht: »Tygodnik Kulturalny«, Warszawa, 14. Mai 1989.

.... Das Polnische Rote Kreuz übersandte zwischen August und Oktober 1940 über 500 Fragebögen einzelner Offiziere. Nicht einer der Briefe, die im Verlauf von zweieinhalb Jahren abgesandt wurden, erhielt eine Antwort. Den Fragenden wurde mitgeteilt, daß die Offiziere freigelassen oder »mit Sicherheit bereits in Deutschland« seien oder »Informationen fehlen« oder (Brief des Herrn Molotow an Herrn Kot vom Oktober 1941) daß eine vollständige Liste der Offiziere vorhanden sei und diese den polnischen Behörden »lebend oder tot« übergeben würden ...Völlig unglaubwürdig ist die Behauptung der sowjetischen Behörden, daß zum Thema der polnischen Offiziere im eigenen Land »Informationen fehlen«. Es ist bekannt, daß das NKWD Personalangaben mit höchster Genauigkeit sammelt und registriert ...

Die Massengräber befinden sich etwa 20 Kilometer von Smolensk. Smolensk hat zwei Bahnhöfe, und hier kreuzen sich wichtige Verkehrsverbindungen ...

Das hiesige Klima ist verantwortlich dafür, daß die Deutschen, obwohl sie von den Massengräbern bereits im Herbst 1942 wußten, darüber erst im April 1943 informierten ... im Winter ist die Erde hier in diesem Gebiet sehr stark gefroren. Es wäre unmöglich gewesen, ohne Dynamit oder andere Sprengstoffe anzuwenden, die Gräber zu öffnen ... Der Winter 1942/43 war wider Erwarten jedoch mild und die deutschen Behörden entschieden sich, die Untersuchung zu beginnen, sobald der Zustand des Bodens dies ermöglichte. Die jungen Bäumchen sind ebenfalls der Aufmerksamkeit wert. Erstens bezeugen sie die russische Schuld, wenn man sich erinnert, wie die deutsche Armee 1941 Smolensk nahm. Sie erwartete einen schnellen und leichten Sieg. Deshalb ist es höchst unwahrscheinlich, daß die Deutschen zuerst die Polen ermordet und sich dann die Arbeit gemacht haben, die Gräber mit Setzlingen zu tarnen. Zweitens wurden die Bäumchen durch erfahrene Botaniker untersucht und unzweifelhaft festgestellt, daß die Pflanzung im Mai 1940 oder in den folgenden Monaten – vor Juli 1941 – angelegt worden ist ...

Zwischen Sonderkommissionen, Sondermappen, Sondermaßnahmen und einem sonderbaren Sonderbotschafter

- **Dokument Nr. 87**

Auf Beschluß der »Außerordentlichen Staatlichen Kommission zur Feststellung und Untersuchung der Missetaten der faschistischen deutschen Okkupanten und ihrer Helfershelfer« wurde 1943 eine »Sonderkommission zur Feststellung und Untersuchung des Tatbestandes der Erschießung kriegsgefangener polnischer Offiziere durch die faschistischen deutschen Okkupanten im Wald von Katyn« gebildet. Ihre Ermittlungen wurden nach Abschluß der Untersuchungen im Januar 1944 veröffentlicht. Die »Mitteilung« enthielt über die oben ausführlich dokumentierten Gutachten und Schlußfolgerungen der Sonderkommission hinaus auch Angaben zu den polnischen Kriegsgefangenen in der UdSSR.

Veröffentlicht: »Mitteilung ...«, S. 2ff.

...

Die kriegsgefangenen Polen im Smolensker Bezirk

Die Sonderkommission stellte fest, daß vor der Einnahme von Smolensk durch die deutschen Okkupanten in den westlichen Rayons des Gebiets kriegsgefangene polnische Offiziere und Soldaten beim Bau und der Instandsetzung von Chausseen gearbeitet hatten. Diese kriegsgefangenen Polen waren in drei besonderen Lagern untergebracht, die als Lager Nr. 1-ON, Nr. 2-ON und 3-ON [die im Original nicht aufgelöste Abkürzung bedeutet mit hoher Wahrscheinlichkeit z. B. Lager Nr. 1-Osobogo Nasnatschenija; d. h. Sonderlager – G. K.] bezeichnet wurden und sich 25 bis 45 Kilometer westlich von Smolensk befanden.

Durch Zeugenaussagen und dokumentarische Unterlagen wurde festgestellt, daß die Lager nach Beginn der Kriegshandlungen infolge der entstandenen Situation nicht rechtzeitig evakuiert werden konnten und daß alle kriegsgefangenen Polen sowie ein Teil der Wachmannschaften in deutsche Gefangenschaft gerieten.

Der von der Sonderkommission verhörte angebliche ehemalige Kommandant des Lagers Nr. 1-ON, Major der Staatlichen Sicherheit W. M. Wetoschnikow*, sagte aus:

»... Ich wartete auf einen Befehl zur Liquidierung des Lagers, aber die

Verbindung mit Smolensk war unterbrochen. Daraufhin fuhr ich selbst mit einigen Mitarbeitern nach Smolensk ... (und) ... fand eine angespannte Lage vor ... Inzwischen war Smolensk durch die Deutschen vom Lager abgeschnitten, und was mit den kriegsgefangenen Polen und der im Lager verbliebenen Wachmannschaft geschah, ist mir nicht bekannt ...«

Die Anwesenheit polnischer Kriegsgefangener in Lagern des Smolensker Gebiets wird durch Aussagen zahlreicher Zeugen bestätigt ...

Daß sich kriegsgefangene Polen im Herbst 1941 bei Smolensk befanden, wird auch dadurch bestätigt, daß die Deutschen zahlreiche Razzien auf die aus den Lagern geflüchteten Kriegsgefangenen durchführten ...

* *Die Oberste Militärstaatsanwaltschaft Rußlands stellte zu Beginn der 90er Jahre fest, daß es laut offizieller Auskunft des Sicherheitsministeriums Rußlands weder einen Major Wetoschnikow noch die benannten Lager jemals gegeben hat. Alle diesbezüglichen Angaben waren Fälschungen. (Rosja ..., S. 42)*

- **Dokument Nr. 88**

Im Geheimarchiv der Führung der Kommunistischen Partei der Sowjetunion befanden sich zahlreiche Sondermappen. Der Zugang zu ihnen war z. T. auf eine einzige Person, den jeweiligen Generalsekretär bzw. Ersten Sekretär oder Vorsitzenden des Präsidiums und in dessen Auftrag des Leiters des KGB begrenzt. Neben der Aufschrift »Sow. Sekretno« (russ.: Streng Geheim) enthielten sie den Befehl auf dem Deckblatt: »Auskünfte sind nicht zu erteilen«.

Das »Paket Nr. 1« in einer der wichtigsten Sondermappen (russ.: ossobaja papka) enthielt neben oben bereits zitierten Dokumenten, darunter dem Beschluß der politischen Führung der KPdSU vom 5. März 1940 und der Vorlage Lawrenti Berijas vom gleichen Tag, auch einen Vorschlag des seinerzeitigen Chefs des KGB Schelepin.

Materialsammlung d. Verf.

Handschriftlich
3. März 1959
Genossen Chruschtschow N. S.
Im Komitee für Staatssicherheit ... werden seit 1940 die Nachweisakten und weitere Materialien über die im gleichen Jahr erschossenen kriegsgefangenen und internierten Offiziere, Gendarmen, Polizisten, Ansiedler, Gutsbesitzer u. a. Personen aus dem ehemaligen bourgeoisen Polen aufbewahrt. Insgesamt sind auf der Grundlage von Beschlüssen der

Sondertroika des NKWD der UdSSR 21857 [diese und die folgenden Zahlen sind im Original jeweils unterstrichen – G. K.] Personen erschossen worden. Davon im Wald zu Katyn (Bezirk Smolensk) 4421 Personen, im Starobjelsker Lager bei Charkow 3820 Personen, im Lager Ostaschkow (Bezirk Kalinin) 6311 Personen und 7305 Personen wurden in anderen Lagern und Haftanstalten der Westukraine und Westbelorußlands erschossen.

Die gesamte Operation zur Liquidierung der genannten Personen erfolgte auf Beschluß des ZK der KPdSU vom 5. März 1940. Alle wurden zur Höchststrafe auf Grund der Unterlagen verurteilt, die in Verfahren entstanden, die gegen sie als Kriegsgefangene und Internierte von 1939 eingeleitet wurden.

Seit dem Augenblick der Durchführung der genannten Operation, d. h. seit 1940, sind keinerlei Auskünfte zu dieser Angelegenheit erteilt worden. Alle Unterlagen der 21857 Fälle werden in einem versiegelten Raum aufbewahrt.

Für die sowjetischen Organe besteht weder für all diese Unterlagen ein operatives Interesse, noch haben sie einen historischen Wert. Es ist wenig wahrscheinlich, daß sie für unsere polnischen Freunde von wirklichem Interesse sind. Im Gegenteil, irgendeine unvorhergesehene Unvorsichtigkeit kann zur Dekonspirierung der durchgeführten Operation führen, mit allen für unseren Staat unerwünschten Folgen. Dies um so mehr, da bezüglich der im Wald von Katyn Erschossenen eine offizielle Version besteht. Sie wird durch die auf Initiative der sowjetischen Machtorgane 1944 durchgeführten Untersuchungen bestätigt, die von der Kommission namens »Sonderkommission. ...« gemacht wurden.

Entsprechend den Schlußfolgerungen dieser Kommission werden alle dort liquidierten Polen als durch die deutschen Okkupanten vernichtet betrachtet. Die Materialien der Untersuchung wurden seinerzeit intensiv in der sowjetischen und der ausländischen Presse behandelt. Die Schlußfolgerungen der Kommission sind fest in der internationalen öffentlichen Meinung verankert.

Ausgehend vom Dargelegten wird es für zweckmäßig erachtet, alle Verfahrensunterlagen zu den 1940 im Rahmen der genannten Operation Erschossenen zu vernichten.

Um möglichen Anfragen auf der Ebene des ZK der KPdSU oder der Sowjetregierung entsprechen zu können, können die Protokolle der Beratungen der Troika des NKWD der UdSSR, die die genannten Personen zum Tod durch Erschießen verurteilte, und die Akten über die Vollstreckung der Beschlüsse der Troika erhalten bleiben. Ihrem Umfang nach handelt es sich bei diesen Dokumenten um kein umfangreiches Material und sie können in einer Sondermappe aufbewahrt werden.

Ein Vorschlag für einen Beschluß des ZK der KPdSU ist beigefügt.

Vorsitzender des Komitees für Staatssicherheit beim Ministerrat der UdSSR
gez. A. Schelepin

Vorschlag
Streng geheim
Beschluß des Präsidiums des ZK der KPdSU
vom ... 1959*

Dem Komitee für Staatssicherheit beim Ministerrat der UdSSR wird erlaubt, alle Unterlagen der Operation, die in Übereinstimmung mit dem Beschluß des ZK der KPdSU vom 5. März 1940 stehen, zu vernichten; ausgenommen die Protokolle der Beratungen der Troika des NKWD der UdSSR.

* *Im Schreiben Schelepins ist lediglich die Jahreszahl angegeben, das genaue Datum festzulegen blieb Nikita Chruschtschow überlassen, der diese Entscheidung jedoch nicht traf.*

Handschriftlich ist nach diesen drei Blatt ein weiteres Blatt beigefügt, dem zu entnehmen ist, daß Juri Andropow (Vorsitzender des KGB von 1967 bis 1982) am 15. April 1981 Einsicht in diese Mappe nahm. Sie wurde entsprechend der Geschäftsordnung am gleichen Tag versiegelt und an die Allgemeine Abteilung des ZK der KPdSU, der auch die Aufsicht über die geheimen Sondermappen oblag, zurückgegeben.

Maschinenschriftlich enthält die Sondermappe weiterhin eine »Aktennotiz« vom 18. April 1989, derzufolge der Mitarbeiter der Allgemeinen Abteilung V. Galkin bestätigte, daß er »von Gen. Boldin, W.[aleri] Dokumente in einer versiegelten Mappe und einen geöffneten Umschlag des Pakets Nr. 1 erhielt«, die am gleichen Tag an den VI. Sektor weitergereicht wurden, nachdem sie als Paket Nr. 1 neu versiegelt worden waren. Waleri Boldin war der Kanzleichef des letzten Präsidenten der UdSSR Gorbatschow. Dieser unterrichtete sich – wie z. B. vor ihm Chruschtschow und Andropow – vom Inhalt des Pakets.

• **Dokument Nr. 89**
In den Unterlagen des Politbüros wurden eventuelle Spuren zum Thema Katyn noch Jahrzehnte nach der Ermordung der polnischen Offiziere getilgt, darunter auch der Hinweis auf den Beschluß vom 5. März 1940 und dessen Kurzfassung. Siehe z. B. Dokument Nr. 18.
Materialsammlung des Verf.

Handschriftliche Notiz an einer Übersicht der Beschlußprotokolle des Politbüros der KPdSU in Höhe des oben abgedruckten Beschlusses:

Entfernt aus dem Protokoll am 4. III. 1970 in versiegeltem Paket entsprechend dem Hinweis des Gen.[ossen] Tschernenko K.[onstantin].

Tschernenko war zu diesem Zeitpunkt Leiter der Allgemeinen Abteilung des ZK der KPdSU; 1984–1985 Generalsekretär der KPdSU und Staatsoberhaupt der UdSSR.

• **Dokument Nr. 90**
Am 12. April 1971 brachte Andrej Gromyko für die Mitglieder des Politbüros eine Vorlage zum Thema Katyn ein. Die Abstimmung erfolgte im Umlaufverfahren.
Materialsammlung des Verf.

ZK KPdSU Streng Geheim
Nr. P1/35
Gen.[ossen] Breschnew, Kossygin, Suslow, Andropow ... [u.a. – G. K.]
...
Die Weisungsvorschläge an die Sowjetbotschafter in London und Warschau sind zu bestätigen.

In letzter Zeit sind in England Versuche festzustellen, eine antisowjetische Propagandakampagne um die sogenannte »Angelegenheit Katyn«

Совершенно секретно

ПОДЛЕЖИТ ВОЗВРАТУ
0680
-9 МАР 1965
6-й СЕКТОР
ЦК КПСС Общий отдел

Товарищу Хрущеву Н.С.

В Комитете государственной безопасности при Совете Министров СССР с 1940 года хранятся учетные дела и другие материалы на расстрелянных в том же году пленных и интернированных офицеров, жандармов, полицейских, осадников, помещиков и т.п. лиц бывшей буржуазной Польши. Всего по решениям специальной тройки НКВД СССР было расстреляно 21.857 человек, из них: в Катынском лесу (Смоленская область) 4.421 человек, в Старобельском лагере близ Харькова 3.820 человек, в Осташковском лагере (Калининская область) 6.311 человек и 7.305 человек были расстреляны в других лагерях и тюрьмах Западной Украины и Западной Белоруссии.

...о международном общественном мнении.

Исходя из изложенного представляется целесообразным уничтожить все учетные дела на лиц, расстрелянных в 1940 году по названной выше операции.

Для исполнения могущих быть запросов по линии ЦК КПСС или Советского правительства можно оставить протоколы заседаний тройки НКВД СССР, которая осудила указанных лиц к расстрелу, и акты о приведении в исполнение решений троек. По объему эти документы незначительны и хранить их можно в особой папке.

Проект постановления ЦК КПСС прилагается.

Председатель Комитета государственной
безопасности при Совете Министров СССР А. Шелепин

"3" марта 1959 года

С подлинным верно
Главный государственный...

Originaltext (Ausriß der ersten und letzten Seite) der Aktennotiz Schelepins für Chruschtschow vom 3. März 1959 ...

> Проект
> Совершенно секретно
>
> Постановление Президиума ЦК КПСС.
>
> от _____ 1959 года.
>
> Разрешить Комитету Государственной Безопасности при Совете Министров СССР ликвидировать все дела по операции проведенной в соответствии с Постановлением ЦК КПСС от 5-го марта 1940 года, кроме протоколов заседаний тройки НКВД СССР.

> Документы в этой папке получены от тов. Черненко К.У. в заклеенном виде. Доложены тов. Андропову Ю.В. 15 апреля 1981 г.
> В таком виде получены от тов. Андропова после ознакомления с этими документами.
> Галкин
> 15.IV-81 г.

... sowie die beigefügte Beschlußvorlage für das Präsidium des ZK der KPdSU und ein handschriftlicher Bearbeitungsvermerk Galkins vom 15. April 1981 zu entfachen. In der Presse z. B. werden »Augenzeugenerinnerungen« unterschiedlicher Art veröffentlicht. Für den 19. April ds. Js. ist die Herausgabe eines Buches unter dem Titel »Katyn – ein einmaliges Verbrechen« vorgesehen. Die Fernsehanstalt BBC plant, an diesem Tag einen »Dokumentar«film zu senden.

Das Außenministerium der UdSSR hält es für zweckmäßig, der Sowjetbotschaft in London die Aufgabe zu übertragen, beim Außenministerium Englands in Zusammenhang mit dieser der Sowjetunion feindseligen Kampagne vorstellig zu werden.

Über unseren Schritt sollten die polnischen Freunde informiert werden, die ebenfalls beabsichtigen, bei den Engländern vorstellig zu werden.

...

- **Dokument Nr. 91/1**
Auszug aus dem Protokoll Nr. 60 der Sitzung des Politbüros des ZK der KPdSU vom 8. September 1972.
Materialsammlung d. Verf.

Beschlossen worden ist:
...

Bei der englischen Botschaft in Moskau in Zusammenhang mit der antisowjetischen Kampagne in England um den vorgesehenen Bau eines »Denkmals für die Opfer von Katyn« in London vorstellig zu werden.

1. Der Vorschlag für eine mündliche Erklärung gegenüber der englischen Botschaft in Moskau ... (beigefügt) wird bestätigt.

2. Das Außenministerium wird beauftragt, die polnischen Freunde über unsere Absichten gegenüber den Engländern zu informieren und außerdem festzustellen, welche Absichten sie selbst in diesem Zusammenhang haben.

...

Zum Punkt 46 des Prot.[okolls] Nr. 60
Text der mündlichen Erklärung.

In jüngster Zeit werden in England erneut der Sowjetunion feindselige Versuche unternommen, die verleumderischen Erdichtungen der Goebbelsschen Propaganda über die sogenannte Katyner Sache aufzublasen. Deshalb inszenierten gewisse reaktionäre Kreise eine Kampagne zur Sammlung von Mitteln zum Bau eines »Denkmals für die Opfer von Katyn« in London. Nach Angaben der englischen Presse haben die Initiatoren der Kampagne die Zustimmung der örtlichen Behörden zur Aufstellung eines »Denkmals« im Londoner Stadtteil Kensington-Chelsea erhalten.

Wie der englischen Regierung gut bekannt ist, wurde durch eine maßgebliche Sonderkommisssion ... die Verantwortung der Hitlerleute für das Verbrechen, das sie im Wald von Katyn an polnischen Kriegsgefangenen begangen hatten, unwiderlegbar festgestellt. Das fand seinen Niederschlag in den entsprechenden Materialien des Internationalen Militärgerichtshofs in Nürnberg, der die deutschen Hauptkriegsverbrecher für die planmäßige Vernichtung des polnischen Volkes in den Jahren des zweiten Weltkrigs für schuldig befand.

In diesem Zusammenhang ist die oben erwähnte antisowjetische Kampagne hinsichtlich des »Denkmals« geeignet, die berechtigten Gefühle tiefer Entrüstung in der Sowjetunion hervorzurufen, deren Völker außerordentliche Opfer für die Rettung Europas vor der faschistischen Versklavung gebracht haben.

Das Ministerium verleiht seiner Hoffnung Ausdruck, daß die englische Regierung die erforderlichen Maßnahmen trifft, um dieser provokatorischen Aktion entgegenzuwirken, die lediglich geeignet ist, den sowjetisch-englischen Beziehungen zu schaden.

- **Dokument Nr. 91/2**

Weitere diplomatische Schritte zielten in die gleiche Richtung. Auf Beschluß des Politbüros vom 2. März 1973 wurde dem sowjetischen Botschafter in London aufgetragen:

Materialsammlung d. Verf.

Werden Sie beim Außenminister vorstellig und erklären Sie unter Bezugnahme auf diesen Auftrag das Folgende.

Die Aufmerksamkeit der Regierung Großbritanniens wurde bereits darauf gelenkt, daß in England Versuche unternommen werden, aus feindseligen Absichten gegenüber der Sowjetunion eine Kampagne um die bereits seit langem entlarvten Erdichtungen der Goebbelsschen Propaganda über die sogenannte »Katyner Sache« zu entfachen. Das Außenministerium der UdSSR ist in dieser Angelegenheit am 13. September 1972 bei der Botschaft Großbritanniens in Moskau vorstellig geworden, um der englischen Regierung zu übermitteln ... [siehe vorstehenden Text – G. K.].

... Besonders empörend ist der Charakter der Aufschriften, die für das vorgesehene »Denkmal« sanktioniert sind. In ihnen werden auf das gröblichste die historischen Tatsachen über die wirklichen Schuldigen der Tragödie von Katyn verfälscht und jene niederträchtigen Erfindungen wiederholt, die die Nazis bereits während des zweiten Weltkriegs in die Welt gesetzt haben ...

In Moskau wird erwartet, daß von Seiten der englischen Regierung die erforderlichen Maßnahmen getroffen werden, um diese feindselige Kampagne gegen die Sowjetunion zu beenden, die um die Errichtung eines sogenannten »Denkmals« in London für die Opfer von Katyn entfacht wurde.

Melden sie telegrafisch Vollzug.

- **Dokument Nr. 92**

Protokoll Nr. 3 der Sitzung des Politbüros des ZK der KPdSU vom 5. April 1976.
Materialsammlung d. Verf.

...

Über die Gegenmaßnahmen zur westlichen Propaganda in der sogenannten »Sache Katyn« [im Original unterstrichen – G. K.]

1. Den polnischen Freunden ist Einverständnis zu Konsultationen mit dem Ziel der Beratung möglicher gemeinsamer Gegenmaßnahmen zur westlichen Propaganda zur sogenannten »Sache Katyn« mitzuteilen. Die Konsultationen sollen in der Abteilung des ZK der KPdSU und im Außenministerium der UdSSR durchgeführt werden.

Dabei ist von der Notwendigkeit einer engen Koordinierung aller Schritte der UdSSR und der VRP bei Gegenmaßnahmen und zur Neutralisierung der antisozialistischen und antisowjetischen Aktionen im Westen in Verbindung mit der »Sache Katyn« auszugehen.

Es ist unzweckmäßig, unsererseits mit einer offiziellen Erklärung aufzutreten, die möglicherweise einen Anlaß für feindliche Kräfte bieten würde, mit einer Polemik in dieser Frage mit antisowjetischer Zielsetzung aufzutreten.

2. Die Abteilung des ZK der KPdSU und das Außenministerium der UdSSR sind verpflichtet, die Ansichten der polnischen Freunde, die im Laufe der Konsultationen geäußert werden, zu überdenken und erforderlichenfalls entsprechende Vorschläge an das ZK der KPdSU heranzutragen.

...

4. Das KGB der UdSSR hat über inoffizielle Kanäle Vertretern von Regierungskreisen entsprechender westlicher Länder zu verstehen zu geben, daß die erneute Benutzung verschiedener antisowjetischer Fälschungen von der Sowjetregierung als eine speziell angelegte Provokation beurteilt wird, die darauf gerichtet ist, die internationale Situation zu verschlechtern.

5. Die Bezirksleitung der KPdSU in Smolensk und das Exekutivkomitee des Bezirks werden beauftragt, zusätzliche Maßnahmen zu treffen, um das Denkmal für die polnischen Offiziere und dessen Umgebung in erforderlicher Weise zu unterhalten.

- **Dokument Nr. 93**

Während des Krieges sollte auch die der faschistischen Wehrmacht zugeschriebene Ermordung der polnischen Offiziere in Katyn die polnischen Soldaten zum Kampf motivieren. Zahlreiche Aufrufe an die Soldaten nehmen darauf Bezug. (»Organizacja ...«, S. 188, 244, 271, 382, 444, 601 u. a.)

Seit 1956 benutzte die wissenschaftliche Forschung in der VR Polen den Begriff »deutsches Verbrechen« hinsichtlich Katyns nicht mehr. Die Zensur verhinderte jahrelang, bis in die 70er Jahre, die Nennung der Ortsbezeichnungen Katyn, Kosjelsk, Starobjelsk oder Ostaschkow auch in wissenschaftlichen Veröffentlichungen. Selbst im polnischen Standardnachschlagewerk »Wielka Encyklopedia Powszechna« (Bd. 5, Warszawa, 1965, S. 537) sucht man den Begriff »Katyn« vergeblich: auf Katwijk aan Zee und Katylina (polnische Schreibweise für Lucius Sergius Catilina) folgt die Insel Kauai im Archipel Hawaii. Wird der Begriff »Katyn« doch benutzt, dann ausschließlich, indem das Verbrechen der deutsch-faschistischen Seite zugeschrieben wird. (»Mała Encyklopedia Powszechna«, Warszawa, 1959, S. 407) Ähnlich verhält es sich mit »Bolschaja Sowjetskaja Enzyklopedia«. In deren dritter Auflage, Moskau 1973 (Bd. 11), folgt auf eine Halbinsel im indischen Subkontinent der 1640 verstorbene russische Schriftsteller und Politiker Iwan Katyrew-Postrowski. Katyn fehlt.

Auf Initiative Wojciech Jaruzelskis und im Zuge von dessen Verhandlungen mit Michail Gorbatschow wurde im April 1987 eine »Erklärung über die Zusammenarbeit in den Bereichen Ideologie, Wissenschaft und Kultur« veröffentlicht. Sie wurde zur Geburtsurkunde einer gemeinsamen Historikerkommission der VR Polen und der UdSSR zur Erforschung der »weißen Flecken« in der gemeinsamen Vergangenheit. Kommissionsvorsitzender von polnischer Seite war Prof. Jarema Maciszewski, von sowjetischer Georgi Smirnow. In der öffentlichen Darstellung wurde der Begriff einer »Parteikommission« benutzt, um zu unterstreichen, daß in ihr nicht alle wissenschaftlichen Forschungseinrichtungen der VR Polen vertreten sind. Die Kommission begann im Mai 1987 ihre Arbeit u. a. mit einer kritischen Bewertung der Tätigkeit der durch Nikolai Burdenko geleiteten Sonderkommission und der Forderung nach Zugang zu den Ausgangsmaterialien dieser Kommission sowie historischen Dokumenten zu den »weißen Flecken«. Allein die russische Forscherin Inessa Jaschborowska unterstützte ihre polnischen Kollegen. Prof. Smirnow erbat ein schriftliches Gutachten zum Thema. Die sowjetischen Parteihistoriker, Smirnow war Direktor des Instituts für Marxismus-Leninismus, erwiesen sich im März 1988 als unvorbereitet für eine Diskussion dieser Expertise. Eine dritte und letzte Zusammenkunft fand Ende November 1988 statt. Sie ging ebenso ergebnislos aus wie die vorhergehenden, da die sowjetische Seite einer wissenschaftlichen Bewertung der Ereignisse und der von polnischer Seite vorgelegten Forschungsergebnisse weiterhin auswich bzw. gehalten war, ihr auszuweichen. Daraufhin veröffentlichten die polnischen Wissenschaftler (Czesław Łuczak, Jarema Maciszewski, Czesław Madajczyk, Ryszard Nazarewicz, Marian Wojciechowski u. a.) ihr Gutachten zum Abschlußbericht der Sonderkommission Nikolai Burdenkos sowie bisher in Polen nicht publizierte Dokumente zu Katyn.

Erst der Besuch und die Verhandlungen Wojciech Jaruzelskis in Moskau im April 1990 brachten Bewegung in die Erforschung des Themas.* (Zu den Beratungen: Nazarewicz ..., S. 130 ff.)

Veröffentlicht: (»Gutachten ...«) In: »Polityka«, Warszawa, vom 19. August 1989.

* *An General Jaruzelski wurden im April 1990 übergeben: 1. Die Listen der polnischen Kriegsgefangenen, die aus dem Sonderlager Kosjelsk zwischen Anfang April bis Mitte Mai abtransportiert und dem UNKWD Smolensk überstellt wurden; 2. Die entsprechenden Listen für die gleiche Zeit für die Kriegsgefangenen im Sonderlager Ostaschkow; 3. Die alphabetisch geordnete, jedoch unvollständige Namensliste der im Sonderlager Starobjelsk gefangengehaltenen polnischen Offiziere.*
Am 5. November 1992, nachdem der Sonderbotschafter Boris Jelzins Pichoja Schlüsseldokumente zum Staatsverbrechen an Lech Wałęsa hatte überbringen lassen, schrieb Jelzin an Jaruzelski u.a.: »Wir wissen sehr gut, daß Sie ... viel getan haben, um die Wahrheit über Katyn ans Tageslicht zu bringen. Ständig haben Sie sich in dieser Angelegenheit an die früheren sowjetischen Führer gewandt, die, davon bin ich überzeugt, wußten, daß es diese Dokumente gibt ...« (Oskozki ..., S. 154)

Auszüge aus dem Gutachten der polnischen Historikerkommission vom Mai 1987:

...

IV. Unwiderlegbare Tatsachen zum Mord von Katyn.

1. Im Frühjahr 1940 verbrachte man die in Kosjelsk internierten polnischen Offiziere per Bahn nach Gnesdowaja ... Dies ist durch polnische Quellen belegt und wird auch in der »Mitteilung« [Kurzbezeichnung für den Bericht der sowjetischen Sonderkommission vom Januar 1944 – G. K.] festgestellt.

2. Die bis Gnesdowaja transportierten polnischen Offizier wurden in den Gräbern von Katyn aufgefunden.

3. Todesursache waren Kopfschüsse, die lebenswichtige Teile des Hirns zerstörten und den sofortigen Tod herbeiführten. Der Schuß erfolgte ausschließlich von hinten und in Höhe der Halswirbel. Der Schußkanal verlief aufwärts. Die Ausschußstelle befand sich im Schädeldach. Der Todesschuß wurde aus nächster Entfernung aus einer Pistole vom Kaliber 7.65 mm abgegeben. Genutzt wurde Munition der deutschen Firma GECO. Bei einem Teil der Opfer waren die Hände mit Schnur gefesselt.

4. Die Leichname der Gräber I–VII waren in Winterkleidung ...

5. Als bewiesen gilt, daß in den Gräbern von Katyn 4 151 Opfer gefunden wurden ... Die Anzahl von 11 000 Opfern in der »Mitteilung« wird nicht durch einen einzigen Tatsachenbeweis gestützt.

6. Die Anzahl der aufgefundenen Leichen ... entspricht ungefähr der Zahl der aus Kosjelsk im April und Mai 1940 abtransportierten Offiziere, vermindert um die Zahl der am 26. April und am 12. Mai Abtransportierten, die ins Lager Grjasowez kamen.

7. ... Die »Mitteilung« gab zu verstehen (behauptete dies jedoch nicht direkt), daß es sich bei den 11 000 Leichnamen sowohl um Offiziere aus Kosjelsk als auch aus Starobjelsk handle. Beweis dafür sollten bei sechs (von 925 Exhumierten) Leichnamen gefundene Beweisstücke sein. Damit wurde indirekt suggeriert, daß die Offiziere vor der Ermordung in einem der beiden Lager waren. Die angegebene Zahl von 11 000 Opfern erschöpfte bzw. überschritt sogar die Zahl der vermißten Offiziere insgesamt. Damit wollte man jeder weiteren Diskussion über das Schicksal der Offiziere über Kosjelsk hinaus, das heißt auch der Offiziere von Starobjelsk und Ostaschkow, vorbeugen ...
...
11. Alle Versuche der polnischen Behörden, die vermißten polnischen Offiziere aufzufinden oder eine Nachricht über ihr Schicksal zu erhalten, blieben ergebnislos (zwischen Juli 1941 bis März 1943). Die Korrespondenz der Offiziere mit ihren Familien brach im Februar/März 1940 ab.

12. ... Lediglich zwei Angelegenheiten in Sachen Katyn führten zur Konsternation der Hitlerschen Propagandisten: die Zahl der Opfer (die von ihnen lancierte Zahl von 10–11–12 000 Opfern bestätigte sich bei den Exhumierungen nicht) sowie die Benutzung deutscher Munition. Später wurde festgestellt, daß Munition dieser Art massenhaft in die UdSSR (bis 1932) sowie nach Polen und in die baltischen Länder exportiert worden war ...

V. Zweifel, Unklarheiten, Widersprüche

1. Zeugen und Zusammensetzung der Kommission [gemeint ist wiederum die durch Nikolai Burdenko geleitete sowjetische Sonderkommission – G. K.].

Aus der »Mitteilung« geht nicht hervor, daß sich unter den über 100 Zeugen, die von der Sonderkommission gehört wurden, Männer aus dem Kreis der ehemaligen polnischen Offiziere befunden haben ... Es fehlen auch Aussagen von Mitarbeitern des NKWD, die in den Lagern Kosjelsk, Starobjelsk und Ostaschkow Dienst getan hatten. Ihre Namen waren den polnischen Offizieren bekannt, die in diesen Lagern waren und überlebten. Zur Sonderkommission gehörte nicht ein einziger Pole, z. B. aus dem Kreis des Verbandes Polnischer Patrioten in der UdSSR (ZPP) ...

2. Opfer

Unklarheit bewirken die in der »Mitteilung« benutzten verschiedenen Termini wie »Kriegsgefangene«, »Polen und Kriegsgefangene« sowie »polnische Offiziere«. Es entsteht der Eindruck, daß die Zeugen über nicht näher bestimmte Internierungslager polnischer Militärangehöriger aussagen und nicht über die Offizierslager ...

3. Lager Nr. 1-ON, Nr. 2 -ON und Nr. 3 -ON

Die Existenz dieser Lager ist zweifelhaft.

– Die »Mitteilung« nennt nicht die Orte, wo sie bestanden haben sollen. Dagegen besteht bei Kosjelsk ..., Starobjelsk und Ostaschkow kein Zweifel an ihrer Existenz;

– nach der Befreiung von Smolensk wurden weder den Journalisten noch Vertretern des ZPP Gebäude (oder Ruinen ...) der Lager gezeigt, die vorhanden gewesen sein müssen, da dort (der »Mitteilung« zufolge) angeblich 11 000 Männer untergebracht waren und dies dazu noch unter den Winterbedingungen in den Jahren 1940/41;

– es wurde nicht ein einziges Dokument der Versorgungsdienste oder der Lagerverwaltung dieser Lager vorgelegt. Hätten sie bestanden, muß es eine Korrespondenz mit vorgesetzten Behörden gegeben haben;

– nicht ein einziger Insasse dieser Lager überlebte ...

Die »Mitteilung« behauptet, daß »ein Teil« der Gefangenen in deutsche Hand gefallen sei. Daraus ergibt sich die Frage: Warum wurde der andere Teil nicht als Zeuge gehört; wenn »ein Teil« nicht in deutsche Hand gefallen sein sollte, dann hätte dies den Vorgesetzten gemeldet werden müssen.

4. Die Unmöglichkeit, die Lager zu evakuieren, wird in der »Mitteilung« völlig unglaubwürdig begründet.

Es wäre ein Wunder, wenn man in einer Situation, da die Front sie gerade überrollt hatte und Besatzungsorgane erst im Entstehen begriffen waren, alle polnischen Offiziere abgefangen hätte, die bisher in sowjetischer Gefangenschaft waren ...

5. Alle Informationen über das Funktionieren der Lager Kosjelsk, Starobjelsk und Ostaschkow brechen im Frühjahr 1940 ab ... Die Leerung der Lager begann zwischen dem 3. (Kosjelsk) und 5. April ... Bekannt ist, daß die Transporte aus Kosjelsk bis Gnesdowaja gingen.

Die Sonderkommission ging in ihrer »Mitteilung« nicht auf den Grund ein, warum die polnischen Offiziere im Frühjahr 1940 auf dem Bahnhof

Gnesdowaja (16 km westlich von Smolensk; die Hinrichtungsstätte lag in einer Entfernung von 3 km vom Bahnhof) ausgeladen wurden ...

6. In der »Mitteilung« der sowjetischen Sonderkommission wird behauptet, daß sich die »kriegsgefangenen Polen« bis einschließlich September 1941 im Raum Smolensk befunden hätten, in den Sonderlagern 1, 2 und 3. Sie seien bis zu Anfang des Krieges zwischen Deutschland und der Sowjetunion beim Wegebau eingesetzt worden ... In der »Mitteilung« der Kommission werden namentlich 16 Zeugen dafür benannt, daß sich »polnische Kriegsgefangene« in Lagern des Raums Smolensk befunden haben.

Wenn von Mai 1940 bis Juli 1941 Lager mit 11 000 polnischen Offizieren hier bestanden hätten, könnte man erwarten, daß die polnischen Offiziere die Korrespondenz mit ihren Familien in Polen wieder aufgenommen hätten. Dagegen erhielten die Familien keinerlei Nachricht von ihren Angehörigen. Nach dem Mai 1940 wurden Briefe an die Gefangenen mit dem Aufdruck »Adressat unbekannt« zurückgeschickt oder Briefe an das Polnische Rote Kreuz bzw. an sowjetische Behörden blieben unbeantwortet. Diejenigen Offiziere, die sich in Pawlitschew Bor, dem »zweiten« Kosjelsk, (nach dem Juli 1940)* und in Grjasowez befanden, setzten die Korrespondenz nach Polen fort ...

7. Ein weiterer Zweifel erwächst aus dem Einsatz der kriegsgefangenen Offiziere bei Wegebauarbeiten ... Warum wurden dann die Offiziere, die sich anfangs in Pawlitschew Bor, später in Grjasowez oder im »zweiten« Kosjelsk befanden, nicht für den Wegebau herangezogen? ... Weshalb hätten Generale, ... Invaliden, Männer mit Prothesen ... oder im Alter über 60 bei Wegebauarbeiten eingesetzt werden sollen; wobei Generale auch über Adjutanten verfügten und Ordonnanzen ...

...

9. Aus Zeugenaussagen in der »Mitteilung« geht hervor, daß die Deutschen zahlreiche Razzien durchgeführt hätten, um kriegsgefangener Polen habhaft zu werden, die aus den Lagern entflohen seien. Das widerspricht der Feststellung in der »Mitteilung«, daß »alle kriegsgefangenen Polen sowie ein Teil der Wachen und des Lagerpersonals in deutsche Gefangenschaft gerieten«.

* *Das Sonderlager Kosjelsk wurde – nachdem seine Insassen im April/Mai 1940 abtransportiert worden waren – wiederum als Lager der Verwaltung Kriegsgefangene des NKWD genutzt.*

- **Dokument Nr. 94**

Beschluß Nr. P119/VIII des Politbüros des ZK der KPdSU vom 5. Mai 1988.
Materialsammlung d. Verf.

...

2. Das Ministerium für Kultur der UdSSR und das Ministerium für Kultur der RSFSR haben gemeinsam mit der polnischen Seite (im Falle ihres Einverständnisses) einen Vorschlag über die Errichtung einer Erinnerungsstätte für die polnischen Offiziere in Katyn sowie eines Denkmals für die von den Hitlerleuten in Katyn vernichteten sowjetischen Kriegsgefangenen einzureichen. Sie soll im nächsten Fünfjahrplan errichtet werden.

3. Das Innenministerium der UdSSR, das Außenministerium ... [folgen weitere Institutionen – G. K.] haben bis 1. Juli 1988 Vorschläge für den vereinfachten Zugang der Familienangehörigen der umgekommenen polnischen Offiziere zum Denkmal in Katyn einzureichen.

...

5. Die Propagandaabteilung des ZK der KPdSU [sowie weitere Institutionen der Partei und der Regierung – G. K.] haben die propagandistische Sicherstellung dieses Maßnahmenkomplexes sicherzustellen, der im Rahmen dieses Beschlusses verwirklicht wird.

- **Dokument Nr. 95/1**

Beschluß des Politbüros der KPdSU Nr. P152/15 vom 31. März 1989.
Materialsammlung d. Verf.

Zur Frage über Katyn [im Original unterstrichen – G. K.]

1. Die Staatsanwaltschaft der UdSSR, das Komitee für Staatssicherheit der UdSSR, das Ministerium für Auswärtige Angelegenheiten der UdSSR [sowie verschiedene Abteilungen des ZK der KPdSU – G. K.] haben in einem Monat zur Beratung im ZK der KPdSU Vorschläge über die künftige politische Linie in Sachen Katyn einzureichen.

2. Dem Antrag der polnischen Seite, symbolisch Erde vom Ort der Beisetzung der polnischen Offiziere in Katyn nach Warschau zu überbringen, wird stattgegeben.

- **Dokument Nr. 95/2**
Eduard Schewardnadse, Valentin Falin und Wladimir Krutschkow brachten am 22. März 1989 eine Beschlußvorlage in das Politbüro »Zur Frage über Katyn« ein.
Materialsammlung d. Verf.

Je näher die kritischen Daten des Jahres 1939 rücken, um so schärfer entflammt in Polen die Diskussion um die sogenannten »weißen Flekken« der Beziehungen zur UdSSR (und Rußland). In den letzten Wochen konzentrierte sich die Aufmerksamkeit auf Katyn. In einer Reihe von Veröffentlichungen, sowohl von Personen, deren oppositionelle Ansichten bekannt sind, als auch von Wissenschaftlern und Publizisten, die der polnischen Führung nahestehen, wird unverhüllt behauptet, daß am Tod der polnischen Offiziere die Sowjetunion schuldig ist und die Erschießungen im Frühjahr 1940 stattfanden.

In der Erklärung des Regierungssprechers der polnischen Regierung Jerzy Urban wird dieser Standpunkt de facto als der offizielle Standpunkt legalisiert. Die Verantwortung für das Verbrechen von Katyn wird allerdings dem »Stalinschen NKWD« und nicht dem Sowjetstaat zugemessen ...

In bestimmter Hinsicht bewirkt dies auch Druck auf uns, da dieses Thema bereits seit zwei Jahren in der Kommission sowjetischer und polnischer Wissenschaftler ... nicht vorankommt.

Der sowjetische Teil der Kommission verfügt über keinerlei zusätzliche Materialien, die die »Burdenko-Version« stützen, die 1944 publik gemacht wurde. Zur gleichen Zeit haben unsere Vertreter keine Vollmacht, die in ihrem Wesen gewichtigen Argumente der polnischen Seite zu behandeln. ...*

Die Analyse der Situation zeigt, daß Katyn nicht nur zum Streitpunkt der früheren, sondern auch der heutigen sowjetisch-polnischen Beziehungen wird – je länger die Angelegenheit verzögert wird.

Katyn verstärkt – je mehr Zeit verstreicht um so mehr – die Gefahr, daß in der VRP auch nach dem Schicksal der Tausende internierter polnischer Offiziere gefragt wird, deren Spuren sich im Raum Charkow und Bologoje verlieren. ...

Offensichtlich ist es unmöglich, der Führung der VRP und der polnischen Öffentlichkeit Erklärungen zu den tragischen Ereignissen der

Vergangenheit zu verweigern. Die Zeit ist in dieser Beziehung nicht unser Verbündeter. Möglicherweise ist es wirkungsvoller zu sagen, was tatsächlich vorgegangen ist und wer konkret dafür verantwortlich war, und damit die Debatte zu beenden. ...

Eine Beschlußvorlage für das ZK der KPdSU ist beigefügt.

* *Am 2. August 1993, nach dem Zerfall der UdSSR und grundlegenden politischen Veränderungen im Land, legten russische Wissenschaftler, unter ihnen Inessa Jaschborowska, Valentina Parsadanowa und Juri Sorja, ein ausführliches und nunmehr quellengestütztes wissenschaftliches Gutachten zum Staatsverbrechen vor.*

- **Dokument Nr. 96**

Beschluß »Zu Katyn«. In Folge des oben dokumentierten Politbürobeschlusses P 152/15 vom 31. März 1989 brachten Wladimir Krutschkow (Vorsitzender des KGB der UdSSR, Teilnehmer am Putsch im August 1991), A. Pawlow, Valentin Falin (Abteilungsleiter im ZK der KPdSU, nach der politischen Wende in der UdSSR wissenschaftliche Mitarbeit am Hamburger Institut für Sozialforschung), A. Kapto u. a. am 22. April eine Beschlußvorlage ein.

Materialsammlung d. Verf.

Im Anschreiben (abgezeichnet u. a. von den oben angeführten Personen) heißt es:

...

Die vorhandenen Materialien über den Tod von 1939 in der UdSSR internierten annähernd 12 Tausend polnischen Offizieren sind Veranlassung zu vermuten, daß in Katyn lediglich ein Teil von ihnen umgekommen ist ...

Zur Klärung aller Umstände des Vorgefallenen scheint es notwendig zu sein, die Staatsanwaltschaft der UdSSR gemeinsam mit dem KGB der UdSSR eine sorgfältige Überprüfung vornehmen zu lassen.

Da diese Frage in Polen außerordentliche Schärfe annahm und zum Schaden der sowjetisch-polnischen Beziehungen benutzt wird, ist es zweckmäßig, vor dem Arbeitsbesuch W. Jaruzelskis in der UdSSR (27.–28. April 1989) eine Meldung über die sorgfältige Untersuchung durch kompetente Organe zu veröffentlichen. ...

»Zu Katyn«

...

2. Die Staatsanwaltschaft der UdSSR hat gemeinsam mit dem KGB der UdSSR bis 1. August 1989 das ZK der KPdSU über die Ergebnisse der sorgfältigen Untersuchung der massenweisen Erschießungen polnischer Offiziere im Raum Katyn ... zu informieren.

3. Die Hauptverwaltung Archivwesen beim Ministerrat der UdSSR, das Innenministerium, das Verteidigungsministerium, das Außenministerium der UdSSR haben die Staatsanwaltschaft und das KGB der UdSSR bei der Suche nach erhaltenen dokumentarischen Materialien zu dieser Frage zu unterstützen.

4. Das staatliche Fernsehen und der Rundfunk, die Zeitungen »Prawda« und »Iswestija« haben über die Prüfung der Todesumstände der polnischen Offiziere durch kompetente sowjetische Organe zu informieren.

- **Dokument Nr. 97**
Erklärung der Nachrichtenagentur TASS vom 14. April 1990.
Veröffentlicht: »Katynskaja drama ...«, S. 202.

Bei Begegnungen zwischen Vertretern der sowjetischen und polnischen Führungen und in breiten Kreisen der Öffentlichkeit wurde seit langem die Frage nach der Klärung der Umstände gestellt, die zum Tode der polnischen Offiziere führten, nachdem sie im September 1939 interniert worden waren. Historiker beider Länder stellten sorgfältige Forschungen zur Tragödie von Katyn an, einschließlich der Suche nach Dokumenten.

In jüngster Zeit fanden sowjetische Archivare und Historiker einige Dokumente über polnische Militärs, die in den Lagern Kosjelsk, Starobjelsk und Ostaschkow des NKWD der UdSSR gefangengehalten worden sind. Aus ihnen geht hervor, daß im April/Mai 1940 von annähernd 15 000 polnischen Offizieren, die sich in diesen drei Lagern befanden, 349 in das Lager Grjasowez überführt wurden. Die Mehrzahl wurde »zur Verfügung« der Verwaltungen des NKWD in den Bezirken Smolensk, Woroschilowgrad* und Kalinin** überstellt. Sie werden fortan nie wieder in statistischen Berichten des NKWD erwähnt.

Die entdeckten Archivalien erlauben insgesamt den Schluß, daß für die Verbrechen im Wald von Katyn direkt verantwortlich Berija, Merkulow und deren Helfershelfer waren. Die sowjetische Seite erklärt ihre tiefe Anteilnahme im Zusammenhang mit der Tragödie von Katyn und stellt fest, daß es sich um eines der schweren Verbrechen des Stalinismus handelt.

Die Kopien der gefundenen Dokumente werden der polnischen Seite übergeben. Die Suche nach weiteren Archivalien wird fortgesetzt.

* *Erhielt 1990 seinen ursprünglichen Namen Lugansk wieder.*
** *Erhielt 1990 seinen alten Namen Twer wieder.*

- **Dokument Nr. 98**

Der Präsident der Union der Sozialistischen Sowjetrepubliken Michail Gorbatschow erließ am 3. November 1990, nach dem Besuch des polnischen Außenministers (1989–1993) Krzysztof Skubiszewski, eine »Weisung«. Sie listete in neun Punkten Aufträge im Zuge der Neugestaltung der Beziehungen zwischen der noch bestehenden UdSSR und der Republik Polen auf.

Materialsammlung d. Verf.

...

8. Die Staatsanwaltschaft der UdSSR hat die Ermittlungen zum Schicksal der polnischen Offiziere in den Lagern Kosjelsk, Starobjelsk, Ostaschkow zu beschleunigen. Gemeinsam mit dem Komitee für Staatssicherheit der UdSSR und dem Innenministerium der UdSSR sind die Suche nach Archivmaterialien, die Aussagen zur Repression der polnischen Bevölkerung enthalten, die sich 1939 auf dem Territorium der UdSSR befand, und das Studium dieser Materialien sicherzustellen und eine entsprechende Bewertung vorzulegen.*

9. Die Akademie der Wissenschaften der UdSSR, die Staatsanwaltschaft der UdSSR, das Verteidigungsministerium der UdSSR und das Komitee für Staatssicherheit der UdSSR haben gemeinsam mit weiteren Behörden und Organisationen bis zum 1. April 1991 die Forschungsarbeit zur Feststellung von Archivmaterial durchzuführen, das Ereignisse und Tatsachen aus der Geschichte der beiderseitigen sowjetisch-polnischen Beziehungen behandelt, in deren Ergebnis der sowjetischen Seite Schaden zugefügt worden ist. Die Ergebnisse sind erforderlichenfalls bei Verhandlungen mit der polnischen Seite über die Problematik der »weißen Flecken« zu benutzen.

*Juri Sorja, Sohn des im Mai 1946 in Nürnberg aus dem Leben geschiedenen Nikolai Sorja, ein Militär, der sich im Auftrag der Militärstaatsanwaltschaft intensiv an der Suche nach den Dokumenten des Staatsverbrechens beteiligte, informierte den Militäroberstaatsanwalt Stepan Rodschewitsch und dieser den Generalmajor Wjatscheslaw Frolow von der Militärgeneralstaatsanwaltschaft über den Zwischenstand seiner Suche:

»... Pawlowa [Tatjana; Leiterin des seinerzeitigen CGOAR/Zentralen Staatlichen Sonderarchivs –G.K.] und Nochotowitsch [Dina; Leiterin der Abteilung Sondersammlungen im gleichen Archiv – G.K.] informierten, daß die ›Sondermappen‹ der Stalinschen Führung vorhanden seien, allerdings erst für die Zeit ab 1944 ... Gleichzeitig teilten Pawlowa und Nochotowitsch mit, daß sie die ›Sondermappen‹ durchgesehen und dort kein Dokumente in Sachen Katyn bemerkt haben.

Was die ›Sondermappen‹ für die Zeit vor 1944 und weitere Dokumente zur Erschießung der polnischen Kriegsgefangenen angehe, so stellten Pawlowa und Nochotowitsch fest, daß auf Weisung der Staatssicherheitsorgane der ehemaligen UdSSR die Katyn-Dokumente streng geheim waren. Im Archiv erschienen systematisch der ›Aufseher‹ des Archivwesens Jakowlew sowie weitere Mitarbeiter des KGB der UdSSR und kontrollierten peinlich genau die Einhaltung dieser Bestimmung. Bis 1987 seien alle ›Sondermappen‹ aus der Zeit vor 1944 an das Archiv des KGB der UdSSR abgegeben worden, was durch entsprechende Dokumente bestätigt werde ...« (»Rosja ...«, S. 76ff.)

Über die systematische Verzögerungs- und Verschleierungstaktik von einflußreichen Behörden und Personen listete der Militärstaatsanwalt Tretezki ein Jahr später, am 29. Dezember 1991, 17 schwerwiegende Tatsachen auf. Beteiligt waren an den Bemühungen, die Aufklärung des Staatsgeheimnisses zu be- oder zu verhindern, u.a. der Leiter der Allgemeinen Abteilung des ZK der KPdSU Waleri Boldin, der Vorsitzende des Komitees für Archivwesen Rudolf Pichoja, Juri Petrow, Kanzleichef des Präsidenten der Rußländischen Föderation; der (noch amtierende) Chef des KGB der UdSSR Wladimir Krutschkow.

Noch am 13. Mai 1992 erklärte der Direktor des Präsidialarchivs A. Korotkow dem Militäroberstaatsanwalt Stepan Rodschewitsch, er dürfe auf mündliche Weisung des Kanzleichefs des Präsidenten, »des Gen.[ossen] Petrow, hin, niemanden ins Geheimarchiv ohne die spezielle Genehmigung des Präsidenten B. Jelzin lassen«. Liege diese Genehmigung vor, werde er Einblick in die Dokumente des Politbüros der KPdSU (B) für die genannte Zeit gewähren. Der Antwort auf die Frage nach Dokumenten über die Erschießungen der polnischen Kriegsgefangenen wich er aus. (»Rosja ...«, S. 83f.)

- **Dokument Nr. 99/ 1**

Am 22. Januar 1991 unterrichtete der Generalstaatsanwalt der UdSSR N. Trubin das Politbüro und die Sekretäre des ZK der KPdSU »über den Verlauf der Ermittlungen ... über das Schicksal von 15 000 polnischen Kriegsgefangenen, die sich in den Jahren 1939–1940 in Lagern des NKWD befanden«.

Materialsammlung d. Verf.

Staatsanwaltschaft der UdSSR
22. 0l. 91 Nr. 1-5-II-91

Information zur Tatsache des Todes polnischer Kriegsgefangener
...
Die Oberste Militärstaatsanwaltschaft hat auf Weisung des Generalstaatsanwalts der UdSSR und auf der Grundlage einer Weisung des Präsidenten der UdSSR das Kriminalverbrechen hinsichtlich des Schicksals der 15 Tausend polnischen Kriegsgefangenen ..., die sich 1939–1940 in den Lagern des NKWD in Kosjelsk, Starobjelsk und Ostaschkow befanden und im Verlaufe der Monate April/Mai 1940 zu den UNKWD der Bezirke Smolensk, Charkow und Kalinin abtransportiert wurden, untersucht.* Irgendwelche offiziellen Informationen über das weitere Schicksal dieser Polen waren über einen langen Zeitraum bis zum Beginn der Ermittlungen nicht bekannt.

...

Die aufgefundenen Materialien bezeugen, daß die Kriegsgefangenen durch Wach- und Begleiteinheiten der Hauptverwaltung Wach- und Begleittruppen des NKWD der UdSSR in Eisenbahntransporten zu 90–100–125 Mann in jeweils 2–3 Waggons ab 3. April bis 16. Mai 1940 abtransportiert worden sind.

Die Ermittlungen dauern an.

Die Staatsanwaltschaft der UdSSR ... informiert regelmäßig die polnische Seite. Im November ds. Js. fand in der Obersten Militärstaatsanwaltschaft eine Begegnung mit dem Botschafter Polens in der UdSSR statt ...

Vom 18. bis 20. Dezember 1990 hielten sich die Vertreter des polnischen Rechtswesens, der Stellvertreter des Generalstaatsanwalts, St. Śnieżko, der Staatsanwalt im Justizministerium G. Stawrylo und der Abteilungschef der Obersten Militärstaatsanwaltschaft S. Pszyjemski in der Obersten Militärstaatsanwaltschaft auf und machten sich mit dem Verlauf der Ermittlungen ... bekannt. Beraten wurden weitere gemeinsame Schritte ...

Vorgesehen ist für Ende Februar – Anfang März 1991 eine erneute Begegnung. ...

* *Es handelt sich um das Ermittlungsverfahren der Militärstaatsanwaltschaft Nr. 159, das vom Militärstaatsanwalt, Oberst im Justizdienst Alexander Tretezki, geleitet* *wurde. Außer bereits genannten Ermittlern war auch der Militäroberstaatsanwalt Stepan Rodschewitsch (1943–1993) beteiligt, der aus einer Familie deportierter Polen stammte und sich intensiv um die Aufklärung des Staatsverbrechens bemühte. (Prokurator ..., »Karta«, Heft 12/1994, S. 139f.)*

- **Dokument Nr. 99/2**

Information des Generalstaatsanwalts N. Turbin für Michail Gorbatschow vom 17.5.1991

Materialsammlung d. Verf.

...

Die aufgefundenen Materialien erlauben ein vorläufiges Urteil dahingehend, daß die polnischen Kriegsgefangenen auf der Grundlage eines Beschlusses der Sonderabteilung beim NKWD der UdSSR im Laufe der Monate April/Mai 1940 in den UNKWD der Bezirke Smolensk, Charkow und Kalinin erschossen worden sein können und dementsprechend im Wald von Katyn bei Smolensk, im Raum Miednoje, 32 km von der Stadt Twer entfernt und im 6. Quartal der Waldparkzone Charkows bestattet worden sind ...

...

Die polnische Seite verlangt die Exhumierung an den oben genannten Orten unter Teilnahme polnischer Fachleute und einzelner Vertreter der Öffentlichkeit dieses Landes ... Wir haben vorab unsere Zustimmung zur vorgeschlagenen gemeinsamen Ermittlungsmaßnahme gegeben, die im August diesen Jahres stattfindet.

Die polnische Staatsanwaltschaft äußerte die Bitte, nach Abschluß der Ermittlungen in der sogenannten »Katyner Angelegenheit« alle Materialien kopiert zu erhalten, wozu ich ebenfalls meine Zusage gegeben habe ...

- **Dokument Nr. 100**

Der letzte Vorhang des Dramas zur Lüftung des Staatsgeheimnisses um Katyn wurde unter der Präsidentschaft Jelzins aufgezogen.

Am 14. Oktober 1992 überbrachte der Sonderbotschafter des Präsidenten der Rußländischen Föderation Boris Jelzin, der Chef des Archivwesens Rudolf Pichoja, dem Präsidenten der Republik Polen Lech Wałęsa einen ersten Satz Kopien der Dokumente zur Politik der KPdSU und der UdSSR gegenüber polnischen Bürgern. Am wichtigsten war der Beschluß des Politbüros der KPdSU vom 5. März 1940.

Noch im April 1992 hatte dieser gleiche Rudolf Pichoja dem »Verehrten Boris Nikolajewitsch [Jelzin – G. K.]« mitgeteilt:

Ihrem Auftrag entsprechend, hat das Komitee für Archivwesen die Anfrage der Militärstaatsanwaltschaft behandelt. Der Information des Präsidialarchivs der Rußländischen Föderation vom 26. Februar 1992 zufolge ist es nicht möglich, die Kopien des Beschlusses des Politbüros des ZK der KPdSU über die Erschießung der Polen in Katyn zu übersenden, weil es einen Text dieses Beschlusses für 1940 (und dabei auch in der ›Sondermappe‹) nicht gibt. Im Archiv sind weiterhin auch die gesuchten Ermittlungsakten über 15 Tausend Personen sowie die Beschlüsse der Sonderkommission des NKWD in dieser Angelegenheit nicht vorhanden.

Pichoja stützte sich dabei auf die ihm vorliegende Information des Direktors des Präsidialarchivs A. Korotkow. (»Rosja ...«, S. 82 f.)

Bereits am 3. Oktober 1991 hatte die Militärstaatsanwaltschaft einen Antrag an den Vorsitzenden des Komitees für Archivwesen Rudolf Pichoja (den Jelzin, wie auch andere, bei seiner Versetzung aus dem Ural nach Moskau mitgebracht hatte) gestellt. Erfolglos.

Am 29. Januar 1992 antwortete der Direktor des Präsidialarchivs der Rußländischen Föderation A. Korotkow der Militärstaatsanwaltschaft:

Eine Kopie des angeforderten Beschlusses des ZK der KPdSU (B) [vom 5. März 1940 über die Liquidierung der polnischen Offiziere – G. K.] bereitzustellen erscheint unmöglich, da in den Protokollen der Sitzungen des Politbüros des ZK für das Jahr 1940 der Text eines derartigen Beschlusses nicht vorhanden ist.

Der Hinweis auf den Beschluß und die Kurzfassung seines Inhalts waren ja auf Weisung Konstantin Tschernenkos bereits 1970 aus den Unterlagen getilgt und die Sondermappe noch tiefer vergraben worden.(Siehe Dokument Nr. 89) Noch am 27. Mai 1992 teilte Pichoja der Militärstaatsanwaltschaft mit, im Archiv Stalins befänden sich lediglich »Kleinigkeiten«.

Erst nachdem Lech Wałęsa hatte wissen lassen, wenn die Dokumente über Katyn gefunden würden, werde er darauf verzichten, einen Internationalen Gerichtshof einzuschalten, gab Jelzin grünes Licht, und Pichoja flog mit den Kopien nach Warschau.

Ausschlaggebend waren in erster Linie innenpolitische Schachzüge zur Festigung der Präsidialmacht Jelzins und deren außenpolitische Stützung.

• **Dokument Nr. 100/1**
ITAR-TASS, die offizielle Nachrichtenagentur Rußlands, meldete am 14. Oktober 1992:

»Die Vernichtung der besten polnischen Offiziere in den Wäldern von Katyn im Frühjahr 1940 wurde unmittelbar von den Führern der bolschewistischen Partei organisiert«, sagte Wjatscheslaw Kostikow, Sprecher des Präsidenten, vor rußländischen und ausländischen Korrespondenten während einer Pressekonferenz im Kreml.

Kostikow zeigte den Journalisten zwei Mappen streng geheimer Papiere aus den Archiven ... Als erstes informierte er über das Schlüsseldokument, einen Auszug des Protokolls Nr. 13 des Politbüros vom 5. März 1940 ...

Er gab an, Michail Gorbatschow habe seit langem von den tatsächlichen Organisatoren ... der Tragödie gewußt. Kostikow sagte, daß die 6. Sektion der Archive des Zentralkomitees, in der sich die Dokumente über die Tragödie von Katyn befanden, zu Gorbatschows Privatarchiv gemacht worden sei. Sein Schweigen habe geholfen, die öffentliche Meinung zu täuschen ...*

* Gorbatschow dementierte unverzüglich und ließ erklären, er habe die Sondermappe mit den Geheimdokumenten erst am Tag der Machtübergabe an Boris Jelzin gesehen.

• **Dokument Nr. 100/2**
Der Sonderbotschafter Rudolf Pichoja überreichte die Sondermappen mit Schlüsseldokumenten zum Mord an den polnischen Kriegsgefangenen und anderen Schichten im Warschauer Präsidentenpalast Belvedere an den Präsidenten der Republik Polen Lech Wałęsa. Dabei erklärte Pichoja:

Es ist kein Zufall, daß diese Dokumente so lange Zeit verschwiegen wurden. Dies geschah deshalb, weil sie einen Mord aus politischen Gründen bezeugen.

Indem diese Materialien dem polnischen Volk und der öffentlichen Meinung der Welt übermittelt werden, sind Rußlands Regierung und Präsident Boris Jelzin bestrebt, die Lüge aus den Beziehungen der Völker auszuschließen. Aufrichtige Beziehungen zwischen unseren Völkern müssen auf einem Fundament der Aufrichtigkeit errichtet werden.

Lech Wałęsa antwortete:

Wir sind Zeugen der Übergabe wichtigster Dokumente, die unmenschliche Verbrechen behandeln, die am polnischen Volk begangen wurden. Mir zittern die Knie.

Im Namen des Präsidenten sprach der aus Wilno stammende Czesław Miłosz, der 1951 emigrierte polnische Poet und Nobelpreisträger für Literatur von 1980.

Die Welt wollte nicht an die Möglichkeit eines solchen Verbrechens glauben. 50 Jahre lang haben Staatsmänner, Diplomaten, Historiker – von seltenen Ausnahmen abgesehen – eine Verschwörung des Schweigens gegenüber dem Befehl des Massenmordes an wehrlosen Gefangenen, der vom Kreml ausging, verwirklicht ... Der Entschluß des Präsidenten Jelzin, die Katyner Dokumente zu übersenden, ist ein Akt des neuen Rußlands ... und bestätigt die Hoffnungen eines Europas des XXI. Jahrhunderts, in dem Platz für gegenseitige Achtung und friedliches Zusammenleben der Völker sein wird.

VII. Hintermänner
1939–2000

Die folgende alphabetisch geordnete Namensliste enthält Hinweise zur Person, zum Aufgaben- und zum Verantwortungsbereich politischer, militärischer und sicherheitsdienstlicher Funktionäre vor allem der UdSSR und der KPdSU, die ab Herbst 1939 an Entscheidungen über die polnischen Gefangenen bzw. an ihrer Umsetzung und an der Tilgung oder Verwischung von Spuren beteiligt waren.

Sie entstand ausschließlich an Hand sowjetischer bzw. rußländischer und polnischer, in Ausnahmefällen auch englisch- und deutschsprachiger Quellen; besonders intensiv genutzt wurden die beiden Dokumentenbände »Katyn«. Es werden keine Kurzbiographien vorgelegt, sondern Angaben zur Person und zur Funktion in Verbindung mit dem Staatsgeheimnis und dem Staatsverbrechen, das unter dem Synonym »Katyn« in die Geschichte einging und bis in die Gegenwart nachwirkt.

Die Zugehörigkeit zu geheimdienstlichen Systemen und bzw. oder die Verwicklung in geheimdienstliche Operationen sind der Grund dafür, daß nicht für alle Personen gleichwertige Angaben zur Biographie und zur Funktion gegeben werden können.

Da im Mai 1940 in der Roten Armee die Generalsränge eingeführt wurden, werden sowohl die ursprünglich geltenden Bezeichnungen für Dienstgrad/Dienststellung (z. B. Komarm, Komdiv usw.) als auch ihre nunmehrige Entsprechung benutzt.

Als Faustregel mag gelten: ab Dienstgrad Major der Staatssicherheit bzw. Kommissar der Staatssicherheit 3. Ranges beginnen die Generalsdienstgrade im damaligen Geheimdienstbereich.

Abakumow, Viktor
(1896–1954); eigentlicher Name: Aba Kum; Mitglied der KPdSU seit 1930; OGPU/NKWD/MGB seit 1932, überwiegend im zentralen Apparat der GUGB, ab Ende 1938 anfangs mit der Führung beauftragter Chef des UNKWD Rostow und schließlich bis Februar 1939 deren Chef, Februar 1939 bis April 1943 einer der Stellvertreter des Volkskommissars für Innere Angelegenheiten, Juli 1941 bis April 1943 Chef der Verwaltung »Sonderabteilung« des NKWD; Juli 1941 bis April 1946 im Bereich des Volkskommissariats bzw. Ministeriums für Verteidigung Chef der Militärischen

 Abwehr »Smersch«; 1946–1951 auf Vorschlag Stalins Minister für Staatssicherheit der UdSSR bzw. Mitglied des Kollegiums des MGB und der Kommission Gerichtswesen des Politbüros der KPdSU; beteiligt (ab September als Mitglied einer speziellen Kommission) an der Vorbereitung des Nürnberger Prozesses; im Juli 1951 abgelöst als Minister; als »Häftling Nr. 15« lt. Brief vom 18. April 1952 gleichen Torturen, Mißhandlungen usw. unterworfen, wie er sie selbst an Hunderttausenden zu verantworten hatte; im Dezember 1954 in Leningrad (Ankläger Roman Rudenko) abgeurteilt und hingerichtet.

Alexejew, Michail
Jg. 1908; seit 1932 im NKWD; Oberoffizier für politische Arbeit; Politkommissar im Sonderlager Kosjelsk; an der politischen Beeinflussung und an der »Leerung« des Sonderlagers leitend beteiligt.

Antonow, Iwan
Mitte März 1940 vom Leutnant zum Oberleutnant der Staatssicherheit befördert; Oberinspekteur in der Transportabteilung der Kommandantur des NKWD.

Baschtakow, Leonid
(1900–1970); Mitglied KPdSU seit Juni 1926; OGPU/NKWD/NKGB/MGB ab 1922; u.a. Dezember 1938 bis Februar 1941 Stellvertreter, ab 5. März 1940 Chef der 1. Sonderabteilung des NKWD der UdSSR; 1939 Hauptmann und ab 5. März 1940 Major der Staatssicherheit, Juli 1945 Generalmajor; gehörte mit Kobulow und Merkulow zur Troika, die das vom Politbüro des ZK der KPdSU am 5. März 1940 beschlossene Staatsverbrechen an annähernd 25000 polnischen Offizieren Staatsbeamten usw. leitend und entscheidend verwirklichte bzw. koordinierte und kontrollierte, am 26. April 1940, zum Abschluß der Operation, Orden »Roter Stern«; wurde als Mitschuldiger an Erschießungen von Militärs der Roten Armee zu Beginn der 60er Jahre von der Militärstaatsanwaltschaft verhört.

Basilewski, Boris
(1885–1955 ?); Absolvent der physikalisch-mathematischen Fakultät der Petersburger Universität; Astronom; seit 1919 Professor an der Universität Smolensk; seit 1930 Hochullehrer, Leiter des Lehrstuhls für Astronomie an der Pädagogischen Hochschule Smolensk und Direktor der Sternwarte in Smolensk; Kollaborateur, zuerst als Bürgermeister von Smolensk, anschlie-

ßend als Stellvertreter des Bürgermeisters Menschagin; Zeuge der sowjetischen Sonderkommission nach der Befreiung der Stadt auch im Beisein ausländischer Journalisten und Zeuge der (sowjetischen) Anklage während des Nürnberger Prozesses.

Begma, Pawel
Major der Staatssicherheit; Chef der Sonderabteilung des Belorussischen Militärbezirks; mitbeteiligt an der Ausführung des Beschlusses vom 5. März 1940.

Beljanow, Alexander
Major der Staatssicherheit; Stellvertreter des Chefs der Sonderabteilung der GUGB des NKWD; mitbeteiligt an der Verwirklichung des Beschlusses vom 5. März 1940.

Belolipezki, Stepan
Jg. 1905; 1939 bis 1940 Leutnant der Staatssicherheit; Ermittlungsführer der GUGB des NKWD der UdSSR; leitete vom 4. Dezember 1939 bis 1. Februar eine Sonderermittlungsgruppe im Sonderlager Ostaschkow, um die entsprechenden Unterlagen für die Beschlüsse der Sonderberatungen vorzubereiten, zeichnete u.a. die Vorschläge für die »Anklagepunkte« dieser Beratungen ab.

Bereschkow, Alexander
Jg. 1885; Hauptmann der Staatssicherheit; eingesetzt im Bereich der Hauptverwaltung Lager; 1939 bis 1942 Lagerkommandant des Sonderlagers Starobjelsk; leitend an der »Leerung« des Sonderlagers Starobjelsk beteiligt; 1942 bis 43 Kommandant des Lagers Nr. 84 in Swerdlowsk.

Berija, Lawrenti
(1889–1953); hoher bolschewistischer Partei- und sowjetischer Staatsfunktionär; Kommissar für Staatssicherheit 1. Ranges; Generalkommissar für Staatssicherheit; Marschall der Sowjetunion (Juli 1945); Mitglied der bolschewistischen Partei seit März 1917, seit 1939 Kandidat, seit 1946 Mitglied des Politbüros des ZK der KPdSU sowie (bis 1953) des Präsidiums des ZK der KPdSU, im Juli 1953 als »Feind der Kommunistischen Partei und des sowjetischen Volkes« aus der KPdSU ausgeschlossen; Tscheka/OGPU/NKWD/MWD u.a., ab 25. November 1938 Volkskommissar für Innere Angelegenheiten der UdSSR; seit 1941 Stellvertreter des Vorsitzenden des Rates der Volkskommissare (ab 1946 des Ministerrats) der UdSSR; 1941 bis 1945 Mitglied, seit Mai 1944 Vorsitzender des Staatlichen Verteidigungskomitees; jahrelang engster Mitarbeiter Stalins, als Initiator und/oder Ausführender an einer Vielzahl von Staatsverbrechen (u.a. reichte er die

Beschlußvorlage zur Ermordung der polnischen Kriegsgefangenen und Häftlinge im Politbüro ein, veranlaßte und verwirklichte die Deportation einer Reihe von Völkern der UdSSR), beim Ausbau des Systems der Hauptverwaltung Lager (GULag) führend beteiligt; 26. Juni 1953 verhaftet, nach Urteil des Sondergerichtshofs des Obersten Gerichts der UdSSR am 23. Dezember 1953 zum Tode verurteilt und erschossen.

Bjelanow, Alexander
Jg. 1903; Major der Staatssicherheit; 1939 bis 1941 Stellvertreter des Chefs der Sonderabteilung der GUGB des NKWD der UdSSR; gemeinsam mit Nikolai Osetrow zuständig für die sogenannte operative, d. h. geheimdienstlich-agenturale Arbeit unter den Kriegsgefangenen und die Besetzung der entsprechenden Planstellen in den Kriegsgefangenenlagern; 1948 im Rang eines Brigadegenerals a. D.

Blank, K.
1940 Feldwebel der Staatssicherheit; Mitarbeiter in der 1. Sonderabteilung des NKWD der UdSSR; beteiligt an der Verwirklichung des Beschlusses zur Erschießung der Kriegsgefangenen in den Sonderlagern und Haftanstalten; Geldprämie.

Blochin, Wassili
(1895–1955); Mitglied KPdSU seit April 1921; Tscheka/OGPU/NKWD/ NKGB/MGB seit 1921; mit sehr hoher Wahrscheinlichkeit von Anfang an in Exekutions-Sonderabteilungen; 1940 Major der Staatssicherheit; Juli 1945 Generalmajor; Juli 1934 bis April 1953 Chef der Kommandantur in der Verwaltung Administration und Wirtschaft (die Bezeichnungen wechselten in Nuancen) des NKWD der UdSSR, leitete die Erschießung der Gefangenen des Sonderlagers Ostaschkow und wirkte als Henker daran mit; erhielt dafür Geldprämie und am 26. April 1940 den Orden Roter Stern; im November 1954 degradiert, »weil er sich dem Ansehen des Dienstgrads als nicht würdig erwies«.

Bogdanow, N.
Kraftfahrer im UNKWD Kalinin; Teilnehmer an der Ermordung der Gefangenen des Sonderlagers Ostaschkow; erhielt dafür Geldprämie.

Boldin, Waleri
Kanzleichef des letzten Präsidenten der UdSSR Michail Gorbatschow; Abteilungsleiter des ZK der KPdSU; übte Aufsicht über das Archivwesen der KPdSU und dabei auch über die 6. Sektion aus, in der Akten zum Thema Katyn lagen und verborgen wurden. Boldin transferierte Akten zum Thema Katyn in das Präsidialarchiv; Aktenanforderungen der Militärstaatsanwalt-

schaft in der Ermittlungssache 159 (Katyn) ließ er unbeantwortet; indirekte Hinweise Michail Gorbatschows, die Akten zu vernichten, ließ Boldin nach seiner Darstellung unberücksichtigt.

Borisow
1939 Hauptmann der Staatssicherheit; leitender Mitarbeiter des UNKWD Smolensk; September/Oktober 1939 Leiter der Sonderabteilung im Sonderlager Kosjelsk; abgelöst wegen Trunksucht.

Borisow, Timofej
Jg. 1904; 1940 Feldwebel der Staatssicherheit; Diensthabender Kommandant im Sonderlager Ostaschkow, nahm an der »Leerung« des Sonderlagers teil.

Borisowez, Ilja
Jg. 1891; Major der Staatssicherheit; NKWD seit 1922; bis 1939 bei den Grenztruppen sowie in der Hauptverwaltung Wach- und Begleittruppen des NKWD; ab Herbst 1939 Lagerkommandant des Sonderlagers Ostaschkow; 1941 Stellvertreter des Lagerkommandanten vom Lager Nr. 150 des NKWD in Grjasowez.

Botschkow, Viktor
(1900–1981); Major der Staatssicherheit; 1939 bis 1940 Chef der Sonderabteilung der GUGB des NKWD der UdSSR; mitverantwortlich für die geheimdienstliche Arbeit in den Sonderlagern; 1959 im Rang eines Generals, zuletzt als Stellvertreter des Chefs der Hauptverwaltung Gefängniswesen des MWD der UdSSR, a. D.

Budilow, N.
1940 Kommandeur einer Einheit im 236. Regiment der Wach- und Begleittruppen des NKWD der UdSSR; März bis Mai 1940 Mitwirkung an Gefangenentransporten aus dem Lager Kriwoj Rog in Sonderlager.

Burda, Timofej
Jg. 1908; 1939 bis 1941 Oberaufseher im inneren Gefängnis des UNKWD Charkow, beteiligt an der Ermordung der Gefangenen von Starobjelsk; erhielt dafür Geldprämie.

Burdakow, Semjon
(1901–1978); OGPU/NKWD/MWD seit 1922; 1939 bis 1941 Major der Staatssicherheit, Juli 1945 Generalleutnant; Januar 1939 bis Oktober 1940 Volkskommissar für Innere Angelegenheiten der Kasachischen SSR; verantwortlich für repressives Regime der in diese Sowjetrepublik deportierten

polnischen Familien, Einsatz von Deportierten, Kriegsgefangenen, Internierten bei zahlreichen rüstungswirtschaftlichen Bauten bzw. Betrieben in den Kriegs- und Nachkriegsjahren.

Burdenko, Nikolai
(1876–1946); Neurochirurg; Teilnehmer am russisch-japanischen Krieg (1904–1905) und am ersten Weltkrieg (1914–1917/18); Mitglied der Akademie der Wissenschaften der UdSSR, Begründer und Leiter der Akademie der Medizinischen Wissenschaften, Begründer und Leiter des Zentralen Neurochirurgischen Instituts u. a. wissenschaftlicher Einrichtungen; seit August 1941 Chefchirurg der Roten Armee; seit 1942 Mitglied der Außerordentlichen Staatlichen Kommission zur Untersuchung der Greueltaten der deutsch-faschistischen Okkupanten; 1943/44 Leiter der Sonderkommission zur Untersuchung der Ermordung der polnischen Offiziere in Katyn.

Chochlow, Iwan
Tscheka/OGPU/NKWD seit 1918; Mitglied der KPdSU ab 1926; 1939 Leutnant der Staatssicherheit; Stellvertreter des Chefs der UPW in Fragen operativer Tätigkeit; Oberleutnant der Staatssicherheit seit März 1940; leitend an der »Leerung« der Sonderlager beteiligt; vertrat Soprunenko ab 14. April und unterzeichnete von diesem Tag ab bis Anfang Mai die Listen der UPW, auf Grund derer die Gefangenen an die UNKWD zur Erschießung überstellt wurden; Major der Staatssicherheit 1943 und Lagerkommandant des Sonderlagers Nr. 048 des NKWD der UdSSR.

Cholijew
Mitarbeiter der 2. Abteilung der Hauptverwaltung Wirtschaft des NKWD der UdSSR; im Sonderlager Ostaschkow mitbeteiligt am Aufbau eines konspirativen Agentennetzes.

Cholitschew
Leutnant der Staatssicherheit; 1939 Oberoffizier der Hauptverwaltung Wirtschaft des NKWD der UdSSR; auf Befehl Berijas vom 31. Dezember 1939 Mitglied einer von Soprunenko geleiteten Arbeitsgruppe im Sonderlager Ostaschkow zur Organisierung der Agenturaufklärung; aktiv beteiligt an der »Leerung« des Lagers.

Chudjakow, T.
Stellvertreter des Inspekteurs in der Verwaltung Kriegsgefangenenwesen.

Demidowitsch, Anton
Jg. 1901; 1940 Leutnant; Chef des URO (Lagerstatistik) im Sonderlager Kosjelsk; mitbeteiligt an der »Leerung« des Lagers.

Dmitrijew, Alexander
Mitte März 1940 vom Feldwebel der Staatssicherheit zum Leutnant der Staatssicherheit befördert; Kraftfahrer der 1. Kraftfahrzeug-Basis der Verwaltung Administration und Wirtschaft des NKWD der UdSSR; verantwortlich für den Kfz-Transport der Gefangenen der Sonderlager und Haftanstalten zu den Richtstätten; erhielt dafür Geldprämie.

Doroginin, F.
Mitbeteiligt an der Ermordung der Gefangenen; erhielt dafür Geldprämie.

Doronin, F.
Mitbeteiligt an der Ermordung der Gefangenen; erhielt dafür Geldprämie.

Dulebow, Pawel
Jg. 1909; 1937 bis 1940 Oberleutnant und Kompaniechef im 236. Regiment der Wach- und Begleittruppen des NKWD der UdSSR; Mai/April 1940 verantwortlich für den Abtransport der Gefangenen aus dem Sonderlager Ostaschkow nach Kalinin; anschließend Beförderung zum Stabschef des Regiments.

Eilmann, Hans
Jg. 1901; OGPU/NKWD seit 1925; 1939 Unterleutnant, ab März 1940 Leutnant der Staatssicherheit; Oktober 1939 bis Mai 1940 Chef der Sonderabteilung im Sonderlager Kosjelsk, anschließend in gleicher Funktion im Lager Juchnow und Juli 1940 bis August 1941 im Lager Grjasowez; aktive Mitwirkung an der Operation zur »Leerung« des Sonderlagers Kosjelsk.

Fedotow, Pawel
Jg. 1900; 1940 Major der Staatssicherheit, später Kommissar der Staatssicherheit 3. Ranges; 1940 Chef der 2. Hauptverwaltung Staatssicherheit (GUGB; Abwehr) im NKWD der UdSSR; für Mitwirkung am Staatsverbrechen an den polnischen Gefangenen im April 1940 durch Berija mit dem »Ehrenzeichen« ausgezeichnet; wirkte an zahlreichen politischen Repressivmaßnahmen gegen Armenier, Kirgisen, Wolgadeutsche u.a. nationale Minderheiten mit; seit September 1946 Stellvertreter des Ministers für Staatssicherheit Abakumow; 1959 aus dem KGB entlassen.

Feldman, Iwan
Ab Ende März 1940 zum Oberleutnant der Staatssicherheit befördert; Kraftfahrer der 1. Kraftfahrzeug-Basis der Verwaltung Administration und Wirtschaft des NKWD der UdSSR; wirkte an der Ermordung der Gefangenen mit; dafür mit Geldprämie ausgezeichnet.

Filipow
Leutnant der Staatssicherheit; 1939 Lagerkommandant von Grjasowez.

Filtschenko
Leutnant der Staatssicherheit; 1939 bis 1940 im Auftrag der 1. Abteilung der Hauptverwaltung Administration und Wirtschaft mit dem Aufbau und der Überwachung eines geheimdienstlichen Agentennetzes in den Sonderlagern beauftragt; im Januar 1940 im Sonderlager Kosjelsk an der abschließenden Fassung der Ermittlungsakten beteiligt.

Fitin, Pawel
(1907–1971); 1928 bis 1931 Hochschulstudium; 1934 bis 1935 Militärdienst; ab März 1938 Studium an der Zentralschule des NKWD; 1940 Major der Staatssicherheit; ab 1938 Chef der 5. (Aufklärung) Abteilung (INO) der GUGB des NKWD der UdSSR; anschließend bis 1946 Chef 5. Verwaltung (INU) des NKGB der UdSSR, Juli 1945 Generalleutnant; weiterhin in regionalen Einrichtungen des NKGB, z.B. in Swerdlowsk; 1953 in Unehren entlassen.

Fjodorow, Dmitri
Jg. 1908; 1939 Oberleutnant und Gehilfe des Stabschefs des 136. Bataillons der Wach- und Begleittruppen des NKWD der UdSSR, später im 226. Regiment dieses Verbands; mitbeteiligt am Transport der Gefangenen aus dem Sonderlager Kosjelsk nach Smolensk und Gnesdowo.

Frolow, Andrej
Jg. 1901; Leutnant der Staatssicherheit; Mitarbeiter der GULag; ab September 1939 Mitarbeiter (Inspekteur) der 1. (d.h. der Sonder-)Abteilung UPW, wirkte an der »Leerung« der Sonderlager mit; ab April 1940 in höherer Dienststellung (Oberinspektor).

Gabrilenkow, T.
Für die Mitwirkung an der »Sonderoperation« zur Ermordung der Gefangenen mit einer Geldprämie ausgezeichnet.

Gaididaj, Michail
Jg. 1898; 1940 Feldwebel der Staatssicherheit; seit Ende April mit der Führung der Sonderabteilung im Sonderlager Starobjelsk beauftragt; April/Mai aktive Mitwirkung an der »Leerung« des Lagers sowie anschließend an der Beseitigung von Spuren des Staatsverbrechens durch Aktenvernichtung.

Galizyn, Nikolai
Jg. 1908; 1937 bis 1942 Chef der Kommandantur der UNKWD Charkow; aktive Mitwirkung an der Erschießung der Offiziere des Sonderlagers Starobjelsk; dafür mit einer Geldprämie ausgezeichnet.

Gawrilow, P.
1940 Unterleutnant, Zugführer im 227. Regiment der Wach- und Begleittruppen des NKWD der UdSSR; beteiligt am Abtransport der Häftlinge aus den Haftanstalten der Westgebiete Belorußlands.

Gerzelewitsch, R.
1940 Feldwebel der Staatssicherheit; Chef der Schreibstube und des Sekretariats der Sonderabteilung des NKWD der UdSSR; wirkte an der Vorbereitung und Durchführung der Operation zur Ermordung der Gefangenen mit; dafür ausgezeichnet mit einer Geldprämie.

Gerzowski, Arkadi
Jg. 1904; 1940 Hauptmann der Staatssicherheit; Stellvertreter des Chefs der 1. Sonderabteilung des NKWD der UdSSR; zuständig für die Vorbereitung der Akten und die Aufstellung der Todes-Listen (russ.: spiski-predpisanij; d.h. wörtlich Auftrags-Listen) für die Insassen der drei Sonderlagen und die einbezogenen Häftlinge der Haftanstalten sowie die an- und abschließende Archivierung aller Akten zum Staatsverbrechen; 1953 als Chef eines geheimdienstlichen Sonderarchivs wie Berija u.a. verhaftet.

Gobermann, Max
1939 Mitarbeiter der Hauptverwaltung Lager (GULag) des NKWD; ab Ende September in der Abteilung Nachweisführung und Registrierung der UPW; beteiligt an den Maßnahmen zur »Leerung« der drei Sonderlager.

Golowinkin, N.
Wirkte an der Ermordung der Kriegsgefangenen mit; dafür mit Geldprämie ausgezeichnet.

Gorlinski, Nikolai
(1907–1965); 1938 bis 1940 Hauptmann der Staatssicherheit und Stellvertreter des Volkskommissars für Innere Angelegenheiten der Ukrainischen SSR; aktive Mitwirkung an der »Leerung« der Gefängnisse der ukrainischen Westgebiete; 1954 aus den Sicherheitsorganen entlassen und Generalsdienstgrad aberkannt.

Gorschenin, Konstantin
Generalstaatsanwalt der UdSSR; an der Vorbereitung des Nürnberger

Prozesses und der »Präparierung« von Zeugen beteiligt; Professor an der Moskauer Lomonossow- Universität.

Granowski, German
Leutnant der Staatssicherheit; Chef der 2. Abteilung der GULag; an der Verwirklichung des Beschlusses vom 5. März 1940 beteiligt.

Gribow, Josif
1940 Oberleutnant der Staatssicherheit; Kommandant des inneren Gefängnisses des UNKWD Smolensk; nahm an der Ermordung der Gefangenen teil; dafür ausgezeichnet mit einer Geldprämie.

Grigorjew, Michail
(1903–1961); Chef des Transportwesens im UNKWD Smolensk; nahm an der Operation zur Erschießung der Gefangenen im Wald von Katyn teil; dafür mit einer Geldprämie ausgezeichnet.

Gwosdowski, Nikolai
(1902–1987); 1935 bis 1941 Diensthabender Kommandant und Gehilfe des Kommandanten im UNKWD Smolensk; an den Erschießungen im Wald von Katyn beteiligt; dafür mit einer Geldprämie ausgezeichnet.

Iljin, F. K.
Hauptmann der Staatssicherheit; Stellvertreter des Chefs des UNKWD Smolensk; u. a. zuständig für die operative (geheimdienstliche) Arbeit der Sonderabteilung des Sonderlagers Kosjelsk; wirkte aktiv an der »Leerung« des Lagers mit; dafür mit Sonderprämie ausgezeichnet.

Iwanow, Pawel
Jg. 1904; 1939 bis 1941 Chef der Politabteilung im Lager Ostaschkow.

Jegorow
Oberst; Mitarbeiter Berijas; suchte ab Herbst 1940 polnische Offiziere für eine politische und militärische Zusammenarbeit mit der UdSSR zu gewinnen; führte Gespräche mit Berling u. a.; z. T. in den Gefängnissen Butyrki und Lefortowo in Moskau, z. T. in der »Villa der Wonnen« in Malachowka, bei Moskau.

Jemeljanow, Alexander
Mitte März 1940 vom Feldwebel zum Leutnant der Staatssicherheit befördert; gehörte zur Kommandantur der Verwaltung Administration und Wirtschaft des NKWD der UdSSR; beteiligt an der Erschießung der Gefangenen; dafür ausgezeichnet mit einer Geldprämie.

Jorsch, Jakow
Jg. 1904; 1939 bis 1941 zuerst Abteilungschef, anschließend Stellvertreter des Chefs der Verwaltung Wirtschaft des NKWD der UdSSR; ab 31. Dezember 1939 auf Befehl Berijas im Sonderlager Kosjelsk, u. a. Überprüfung der Agentur und Mitarbeit an den Ermittlungsmaßnahmen.

Jurasow, Iwan
Jg. 1890; KPdSU seit 1917; Oberoffizier für politische Arbeit in der Verwaltung Kriegsgefangenenwesen; wirkte im Sonderlager Ostaschkow an den Vorbereitungen zur »Leerung« des Lagers mit.

Kaganowitsch, Lasar
(1893–1991); bolschewistischer Partei- und Staatsfunktionär; von August 1938 bis März 1946 Stellvertretender Vorsitzender des Rates der Volkskommissare der UdSSR; seit 1911 Mitglied der Führung der Bolschewiki, ab 1930 Mitglied des Politbüros; stimmte dem Beschluß vom 5. März 1940, damit dem Staatsverbrechen an den polnischen Kriegsgefangenen, Internierten und Deportierten, zu.

Kalinin, Anatoli
1939 Oberleutnant, ab März 1940 Hauptmann der Staatssicherheit; Gehilfe des Chefs der 1. Sonderabteilung des NKWD der UdSSR; Mitwirkung in leitender Funktion an der Ermordung der Gefangenen; wurde dafür im voraus im Dienstgrad befördert und erhielt anschließend eine Geldprämie.

Kalinin, Michail
(1875–1946); bolschewistischer Partei- und Staatsfunktionär; ab 1936 Mitglied des Politbüros der KPdSU, ab 1938 Vorsitzender des Präsidiums des Obersten Sowjets der UdSSR; stimmte dem Beschluß vom 5. März 1940, damit dem Staatsverbrechen an den polnischen Kriegsgefangenen, Internierten und Deportierten, zu.

Katschin, Timofej
Jg. 1900; 1940 Leutnant der Staatssicherheit; Gehilfe des Chefs des UNKWD Kalinin; übernahm die Gefangenentransporte aus dem Sonderlager Ostaschkow; erhielt dafür Geldprämie.

Kirschin, Michail
Jg. 1902; Bataillonskommissar; Politkommisar im Sonderlager Starobjelsk; an der »Leerung« des Lagers beteiligt.

Kiseljow, N.
1940 Unterleutnant der Staatssicherheit; Chef der 12. Unterabteilung der

1. Sonderabteilung des NKWD der UdSSR; mitbeteiligt an der Vorbereitung der Unterlagen für die Entscheidungen der Troika und an der Ausfertigung der Todeslisten; erhielt dafür Geldprämie.

Klok
Mitarbeiter der Sonderabteilung im Sonderlager Starobjelsk; beteiligt an der »Leerung« des Lagers und an der Spurenvernichtung.

Kobulow, Amajak
(1906–1954); Bruder von Viktor Kobulow; OGPU/NKWD/MWD ab September 1927, u. a. Handelsrat in der Handelsvertretung der Botschaft der UdSSR in Berlin von September 1939 bis Juni 1941, eigentlich Resident der Auslandsspionage der GUGB des NKWD für Deutschland; Juli 1941 bis Januar 1945 Chef der Abteilung für operative Fragen der Hauptverwaltung Kriegsgefangenenwesen und Internierte des NKWD der UdSSR, Erster Stellvertreter des Chefs dieser Hauptverwaltung bis 1951, Erster Stellvertreter der GULag und Chef der Hauptverwaltung für Kriegsgefangenenwesen und Internierte Juni 1951 bis Mai 1953; 27. Juni 1953 verhaftet, Oktober 1954 verurteilt und erschossen.

Kobulow, Bogdan
(1904–1953); (eigentlich: K., Bachtscho; nannte sich auch K., Viktor; Bruder von Amajak Kobulow); Mitglied KPdSU seit 1925, Militärdienst in der Roten Armee als Soldat und Politarbeiter 1921 bis 1922; naher Mitarbeiter Berijas bereits in Georgien; Tscheka/OGPU/NKWD/NKGB/MWD seit Mai 1922; u. a. September 1939 bis April 1943 sowie – mit Unterbrechung – 1951 bis 1953 Stellvertreter bzw. Erster Stellvertreter des Volkskommissars für Staatssicherheit bzw. für Innere Angelegenheiten; Kommissar der Staatssicherheit 3. Ranges (d. h. Generalsdienstgrad); Chef der Hauptverwaltung Wirtschaft (GEU) im NKWD der UdSSR (4. September 1939 bis 26. Februar 1941); Mitglied der Sonderkommission, der sogenannten Zentralen Troika, die das am 5. März 1940 beschlossene Staatsverbrechen leitend verwirklichte bzw. organisierte, koordinierte und dessen Ausführung minutiös kontrollierte sowie zahlreiche Maßnahmen zur Vertuschung veranlaßte; 1941 bis 1945 Armeegeneral; Mai 1947 bis November 1949 Stellvertreter des Chefs der SMAD in Angelegenheiten der SAG (Sowjetischen Aktiengesellschaften) in der Sowjetischen Besatzungszone bzw. DDR; 27. Juni 1953 verhaftet, 23. Dezember 1953 nach Urteil des Sondergerichtshofs des Obersten Gerichts des UdSSR zum Tode verurteilt und erschossen.

Kogelman
Hauptmann der Staatssicherheit; kontrollierte ab September 1939 im Auftrag Berijas die Arbeit zum Aufbau und zur Funktionsweise des geheimdienstlichen Agentennetzes in den Kriegsgefangenenlagern.

Koptjew, Konstantin
Jg. 1911; 1939 bis 1940 Unterleutnant; Zugführer im 136. Bataillon der Wach- und Begleittruppen des NKWD der UdSSR; April/Mai 1940 Transportkommandant vom Sonderlager Kosjelsk zur Richtstätte Katyn.

Kornijenko, Trofim
Jg. 1906; Major der Staatssicherheit; 1939 Chef der 1. Unterabteilung in der 3. Abteilung der GUGB im NKWD der UdSSR.

Korolow, Wassili
Jg. 1902; OGPU/NKWD seit 1925; Hauptmann; ab März 1940 Oberleutnant der Staatssicherheit; 1939 bis 1941 Kommandant des Sonderlagers Kosjelsk; ab August 1941 Stellvertreter des Kommandanten einer Reihe weiterer Kriegsgefangenenlager, u.a. in Jokschar-Ola bzw. der Lager Nr. 58 und 173; ab 1944 zur Verfügung der Kaderabteilung der UPW.

Korytow, Grigori
Jg. 1900; OGPU/NKWD seit 1923; 1939 Unterleutnant, ab März 1940 Oberleutnant der Staatssicherheit; 1939 bis 1940 Chef der Sonderabteilung im Sonderlager Ostaschkow; beglaubigte die Ermittlungsergebnisse, die an die Zentrale Troika abgegeben wurden; an der »Leerung« beteiligt, im voraus mit Beförderung im Dienstgrad »belohnt«.

Kosochotski, M.
1940 Leutnant der Staatssicherheit; Chef der 1. Sonderabteilung in der UNKWD Kalinin; nahm an der Ermordung der Gefangenen teil; erhielt dafür Geldprämie.

Kowtun, Georgi
1990 General; Stellvertreter des Vorsitzenden des KGB der Ukraine; überreichte im Sommer 1990, nachdem er zuvor versucht hatte, im Herbst 1988 begonnene Untersuchungen in Sachen Starobjelsk/Charkow/Pjatichatki zu unterbinden, gemeinsam mit dem Chef des KGB der Ukraine, General Goluschko, an Włodzimierz Cimoszewicz (Abgeordneter und Vorsitzender des Parlamentsklubs der Demokratischen Linken [SLD] des polnischen Parlaments, 1993 bis 1994 Vizepremier und Justizminister, 1996 bis 1997 Premierminister) eine Namensliste von 4031 polnischen Kriegsgefangenen in Starobjelsk.

Kriwenko, Michail
(1904–1954); diente ab 1928 bei den Inneren Truppen (d.h. für den Einsatz im Landesinneren und vorwiegend zu Repressivmaßnahmen eingesetzten Truppen); 1938 bis 1941 Brigadekommandeur, Kombrig (d.h. im Generals-

rang), Stabschef der Wach- und Begleittruppen des NKWD der UdSSR; April/Mai 1940 zuständig für Abtransport der Gefangenen aus dem Sonderlager Kosjelsk nach Kalinin; beteiligt an den Erschießungen; 1941 bis 1945 Befehlshaber der Wach- und Begleittruppen; 1953 als Lagerkommandant entlassen.

Kruglow, Sergej
(1907–1977); KPdSU seit 1928 (1960 ausgeschlossen); Militärdienst in Roter Armee als Soldat November 1929 bis November 1930; Institut für Rote Professur März 1934 bis September 1935; NKWD/MWD seit November 1938; ab Februar 1939 bis Februar 1941 Stellvertreter bzw. Erster Stellvertreter des Volkskommissars für Innere Angelegenheiten, u. a. zuständig für Kaderangelegenheiten, dabei auch der UPW; nach Militärdienst von April 1943 bis Dezember 1945 wiederum Erster Stellvertreter des Volkskommissars, u. a. Mitwirkung an der sowjetischen Sonderkommission von 1944 zu Katyn; Juli 1945 zum Generaloberst befördert; 1958 außer Dienst; Tod 1977 durch Unfall oder Selbstmord.

Kuprij, Timofej
1940 Unterleutnant, ab März 1940 Oberleutnant der Staatssicherheit; Kommandant der Verwaltung Administration und Wirtschaft im UNKWD Charkow; an den Erschießungen der Offiziere des Sonderlagers Starobjelsk beteiligt, dafür vorauseilend im Dienstgrad befördert, anschließend erhielt er Geldprämie.

Kuprijanow, Jemeljan
Hauptmann der Staatssicherheit, zum Major der Staatssicherheit befördert; 28. Januar 1939 bis 26. Februar 1941 Chef des UNKWD Smolensk; beaufsichtigte u. a. das Sonderlager Kosjelsk, wirkte an dessen »Leerung« mit; erhielt am 26. April 1940 das »Ehrenzeichen« (russ.: snak potscheta).

Kurjatschi, Kiril
1940 Sekretär der Lagerverwaltung im Sonderlager Starobjelsk, an der »Leerung« und Spurenvernichtung im Lager beteiligt.

Lakonzew, Viktor
Zur Zeit der Exhumierung des Gräberfelds in Miednoje bei Kalinin/Twer versuchte der seinerzeitige Chef des UNKWD Kalinin, Generalmajor Lakonzew, am ersten Tag des Putsches in Moskau gegen den Präsidenten

Michail Gorbatschow die Exhumierungsarbeiten zu unterbinden; nachfolgend Stabschef der Inneren Truppen des Innenministeriums der Rußländischen Föderation.

Lebedew, Leonid
Mitte März 1940 vom Leutnant zum Oberleutnant der Staatssicherheit befördert; Chef der Sonderabteilung im Sonderlager Starobjelsk.

Lebedew, Michail
Jg. 1905; Unterleutnant der Staatssicherheit; seit 1934 im NKWD; 1939 bis 1940 Chef der Sonderabteilung im Sonderlager Starobjelsk; nahm an der »Leerung« des Sonderlagers teil; im April wegen Trunksucht entlassen. Vorgänger von Leonid Lebedew.

Lorkisch, Josif
Hauptmann der Staatssicherheit; Chef der 11. Abteilung der Sonderabteilung der GUGB des NKWD der UdSSR; zahlreiche Inspektionen in den Sonderlagern.

Luginin, M.
1940 Unterleutnant der Staatssicherheit; Chef der 1. Sonderabteilung im UNKWD Kalinin; beteiligt an der Operation zur Ermordung der Kriegsgefangenen des Sonderlagers Ostaschkow; erhielt dafür Geldprämie.

Makljarski, Iwan
Oberleutnant der Staatssicherheit; Chef der 2. Abteilung – Nachweisführung – in der UPW; lieferte u. a. Übersichten und Analysen zur nationalen und sozialen Zusammensetzung der Kriegsgefangenen sowie Statistiken, als »Schreibtischtäter« führend an der Verwirklichung des Staatsverbrechens beteiligt.

Maslennikow, Iwan
(1900–1954); seit 1928 Dienst in Grenztruppen und Inneren Truppen der UdSSR; 1935 Absolvent der Frunse-Militärakademie; 1939 Komdiv (Generalsrang); Stellvertreter des Volkskommissars für Innere Angelegenheiten; zuständig für Wach- und Begleittruppen, Innere Truppen und Grenztruppen, koordinierte deren Einsatz hinsichtlich der Bewachung und der »Leerung« der Sonderlager.

Maschtschew, Pjotr
Jg. 1905; KPdSU seit 1930; im Sonderlager Ostaschkow ab 13. Oktober 1939 als Chef der Abteilung Nachweisführung.

Mechlis, Lew
(1889–1953); bolschewistischer Partei- und Staatsfunktionär seit 1918; Dezember 1937 bis September 1940 Stellvertreter des Volkskommissars für Verteidigung und Chef der Politischen Hauptverwaltung der Roten Armee; mitbeteiligt an der Aggression gegen die Republik Polen, der Gefangennahme und Internierung polnischer Staatsbürger; 1940 bis 1944 Stellvertreter des Vorsitzenden des Rates der Volkskommisare der UdSSR; 1944 Generaloberst.

Melnik, Nikita
Jg. 1893; 1938–1941 Diensthabender Gehilfe des Kommandanten des inneren Gefängnisses des UNKWD Charkow, nahm an den Erschießungen der Gefangenen des Sonderlagers Starobjelsk teil; erhielt dafür Geldprämie.

Menschagin, Boris
(1902–1984); 1919–1927 Freiwilliger in der Roten Armee; ab 1928 Rechtsanwalt, seit 1937 in Smolensk; Kollaborateur der deutschen Besatzungsmacht als Bürgermeister von Smolensk; inhaftiert und 1951 nach Entscheidung der Sonderberatung des MWD der UdSSR zu 25 Jahren Haft verurteilt, nach Verbüßung der verhängten Strafe in Wladimir zwangsangesiedelt im Dorf Knjaschnaja Guba am Weißmeer, anschließend in Kirowsk.

Merkulow, Wsewolod
(1895–1953); Vater Hauptmann der zaristischen Armee; KPdSU ab 1925, zeitweise auch in Führungsorganen der bolschewistischen Partei; Absolvent der Fakultät für Physik und Mathematik der Petersburger Universität; 1913 bis 1916 Privatlehrer; Soldat, später Fähnrich, in der zaristischen Armee im ersten Weltkrieg; 1918 bis 1921 Angestellter und Lehrer in einer Blindenschule in Tbilissi; seit 1921, beginnend mit der Tscheka, OGPU/NKWD/NKGB/ MGB/, in sowjetischen Sicherheitsdiensten; enge Zusammenarbeit mit Berija, 1931 bis 1934 dessen Mitarbeiter im ZK der KP (B) Georgiens; mit Berija seit September 1938 Aufstieg in den zentralen Geheimdienstapparat, nunmehr NKWD, u. a. Erster Stellvertreter des Volkskommissars Dezember 1938 bis Februar 1941, Chef der GUGB von Dezember 1938 bis Februar 1941, Erster Stellvertreter des Ministers für Innere Angelegenheiten Juli 1941 bis April 1943, Volkskommissar bzw. Minister für Staatssicherheit April 1943 bis Mai 1946; Kommissar der Staatssicherheit 3. Ranges (Generalsdienstgrad) 1938, Armeegeneral Juli 1945; führend mitbeteiligt am Staatsverbrechen gegen die polnischen Kriegsgefangenen; verwirklichte als Mitglied der Zentralen Troika des NKWD den Beschluß des Politbüros des ZK der KPdSU zur Erschießung der kriegsgefangenen Offiziere und weiterer Gruppen von Internierten, koordinierte die »Operation« zur Ermordung der polnischen Kriegsgefangenen und Internierten; leitende Mitwirkung an Deportationen u. a. der Familien der Kriegsgefangenen, an der wirtschaftlichen Ausbeutung von polnischen

Kriegsgefangenen und Deportierten sowie an Maßnahmen zur Vertuschung des Staatsverbrechens u. a. durch die von Nikolai Burdenko geleitete Sonderkommission sowie anläßlich des Nürnberger Prozesses; ab 1947 aus dem Sicherheitsapparat abgeschoben, 1953 verhaftet, abgeurteilt und erschossen.

Meschow, Terentij
(1895–1941); 1937 bis 1940 Major der Staatssicherheit; Bataillonskommandeur des 136. Bataillons der Wach- und Begleittruppen des NKWD; leitete von März bis Mai 1940 den Abtransport der Kriegsgefangenen aus dem Sonderlager Kosjelsk bis zur Richtstätte im Wald von Katyn; 1940/41 Gehilfe des Stabschefs der 15. Brigade der Wach- und Begleittruppen des NKWD.

Mikojan, Anastas
(1895–1978); bolschewistischer Partei- und Staatsfunktionär; seit 1926 Mitglied des ZK der Kommunistischen Partei der Sowjetunion (B), ab 1935 Mitglied des Politbüros; unterzeichnete den Beschluß des Politbüros vom 5. März 1940, Grundlage des Staatsverbrechens an den polnischen Kriegsgefangenen und Internierten; beteiligt an Entscheidungen zur wirtschaftlichen Ausbeutung der Kriegsgefangenen und Deportierten z. T. unter menschenunwürdigen Bedingungen.

Milstein, Solomon
(1899–1955); KPdSU seit 1929; Militärdienst in der Roten Armee ab 1920; Tscheka/OGPU/NKWD/MWD ab 1922; 1940 Kommissar der Staatssicherheit 3. Ranges, Generalleutnant Juli 1945; Chef der Hauptverwaltung Transportwesen des NKWD der UdSSR (GTU); Vertrauter Berijas, mit dem er 1938 aus Georgien in den zentralen Sicherheitsapparat kam, u. a. als Stellvertreter der Sonderabteilung des NKWD und als Chef der Hauptverwaltung Transportwesen (31. März 1939 bis 26. Februar 1941); wirkte am Staatsverbrechen auf der Grundlage des Beschlusses vom 5. März 1940 u. a. durch Planung, Kontrolle und Information über die Gefangenentransporte zu den Richtstätten mit; 1944 an der Deportation des Volkes der Balkaren mitbeteiligt; Juni 1953 verhaftet, durch das Militärgerichtskollegium beim Obersten Gericht der UdSSR im Oktober 1954 zum Tode verurteilt und erschossen.

Mironow, Alexander
Jg. 1896; 1940 Oberleutnant der Staatssicherheit, Mitarbeiter der 10. Abteilung der GUGB; April/Mai 1940 beteiligt an der »Leerung« des Sonder-

lagers Starobjelsk; danach Chef des NKWD-Gefängnisses Lefortowo in Moskau.

Molotow, Wjatscheslaw
(1890–1986); eigentlich: Skrjabin; bolschewistischer Partei- und Staatsfunktionär; 1926 bis 1952 Mitglied des Politbüros; 1931 bis 1941 Vorsitzender des Rates der Volkskommissare; 1939 bis 1946 Volkskommissar für Auswärtige Angelegenheiten; unterzeichnete im August 1939 den deutsch-sowjetischen Nichtangriffsvertrag und die dazugehörigen Geheimabkommen u. a. zur Aufteilung der Interessensphären sowie im September 1939 den nachfolgenden Grenz- und Freundschaftsvertrag mit weiteren geheimen Zusatzabkommen; unterzeichnete den Beschluß des Politbüros vom 5. März 1940, Grundlage des Staatsverbrechens an den polnischen Kriegsgefangenen und Internierten sowie Deportierten, beteiligt an den nachfolgenden internationalen Täuschungs- und Vertuschungsaktionen u. a. in Verhandlungen mit der polnischen Exilregierung.

Nasedkin, Viktor
(1905–1950); Mitglied KPdSU ab Januar 1937; Militärdienst Rote Armee November 1920 bis Mai 1921; Tscheka/OGPU/NKWD/MWD ab Mai 1921, im zentralen Apparat, GUGB, ab 1934; ab 7. August 1939 bis 26. Februar 1947 Chef der Hauptverwaltung Lager des NKWD der UdSSR (GU-Lag), avancierte vom Hauptmann der Staatssicherheit (Februar 1939) zum Generalleutnant (ab Juli 1945); Februar 1948 in die Reserve versetzt; ab Herbst 1941 in die Suche nach den polnischen Lagerinsassen und deren Mobilisierung für die aufzustellenden polnischen Streitkräfte bzw. nach den Verschollenen v. a. der Sonderlager involviert, zuständig für diejenigen polnischen Kriegsgefangenen, die bis zur (nicht vollständigen) Amnestierung im Herbst 1941 in den unterschiedlichsten Lagern ausgebeutet wurden.

Nechoroschew, Semjon
Jg. 1899; Mitglied der KPdSU ab 1923; NKWD seit 1934; Regimentskommissar; Politischer Kommissar der Verwaltung Kriegsgefangenenwesen des NKWD; leitete im Januar eine Gruppe zur Überprüfung der »operativen« Arbeit im Sonderlager Starobjelsk; wirkte leitend am Auf- und Ausbau der Sonderlager und weiterer Kriegsgefangenenlager, an der Infiltration der Kriegsgefangenen und an der »Leerung« der Sonderlager mit; 1952 aus einer Leitungstätigkeit in der Verwaltung Auslandsverbindungen des Bereichs Moskau im Innenministerium der UdSSR mit Dienstgrad Oberst entlassen.

Nikolski
Major der Staatssicherheit; Hauptverwaltung Transportwesen (GTU) des NKWD.

Nowikow, N.
Leiter der IV., der Europa-Abteilung des Volkskommissariats für Auswärtige Angelegenheiten; nahm in besonderer Verantwortung für die Polenpolitik der UdSSR an Gesprächen und Verhandlungen mit polnischen Militärs, Diplomaten und Politikern teil.

Nowosjolow, I.
1940 Feldwebel der Staatssicherheit; Mitarbeiter der 1. Sonderabteilung des NKWD der UdSSR; wirkte an der Ermordung der polnischen Kriegsgefangenen mit; erhielt dafür Geldprämie.

Ofizerow, A.
1940 Unterleutnant der Staatssicherheit; Mitarbeiter der 1. Sonderabteilung des NKWD der UdSSR; wirkte an der Ermordung der polnischen Kriegsgefangenen mit, erhielt dafür Geldprämie.

Okunjew, A.
1940 Major der Staatssicherheit; Stellvertreter des Chefs der 1. Abteilung der Technikbasis der 1. Hauptverwaltung des NKWD der UdSSR; im April/Mai 1940 leitend an der Ermordung der Kriegsgefangenen in den Sonderlagern und in Haftanstalten beteiligt, erhielt dafür Geldprämie.

Orlow, Lew
Dokumentierte als Fotograf und Mitarbeiter des UNKWD Charkow Erschießungen der kriegsgefangenen Offiziere des Sonderlagers Starobjelsk.

Osetrow, Nikolai
Jg. 1905; 1939 bis 1940 Major der Staatssicherheit; Stellvertreter des Chefs der Sonderabteilung der GUGB im NKWD der UdSSR; zuständig für die operative geheimdienstliche Arbeit in den Kriegsgefangenenlagern; befaßt mit der Vorbereitung und Durchführung repressiver Maßnahmen gegen die polnischen Kriegsgefangenen; 1953 mit Dienstgrad Armeegeneral und Chef der Sonderabteilung des MWD im Moskauer Militärbezirk entlassen.

Osipow, Wladimir
Kraftfahrer im UNKWD Kalinin; wirkte an der Erschießung der Kriesggefangenen des Sonderlagers Ostaschkow mit, erhielt dafür Geldprämie.

Panfilow
Hauptmann der Staatssicherheit; 1939 bis 1940 Stellvertreter des Chefs des UNKWD Smolensk, im Februar 1940 mit der Führung der Geschäfte beauftragt.

Panfilow, I.
Mitarbeiter des militärischen Nachrichtendienstes des Generalstabs der Roten Armee; nahm an Gesprächen zur Aufstellung polnischer Streitkräfte in der UdSSR und über das Schicksal verschollener polnischer Offiziere teil.

Pawlow, Wassili
Hauptmann der Staatssicherheit; Stellvertreter Dmitri Tokarjews; mitbeteiligt an der Erschießung der Kriegsgefangenen des Sonderlagers Ostaschkow; verlor den Verstand/Selbstmord.

Petrow, Gawril
Jg. 1901; 1939 bis 1940 Stellvertreter des Chefs der Unterabteilung in der 3. Abteilung der GUGB des NKWD der UdSSR; nach Kriegsbeginn Nachfolger Pjotr Soprunenkos als Chef der Verwaltung Kriegsgefangenenwesen, anschließend Stellvertreter Amajak Kobulows, der als Verwaltungschef eingesetzt wurde; 1954 im Dienstgrad Armeegeneral als Chef des Stabes der nunmehrigen Hauptverwaltung Kriegsgefangenenwesen des Innenministeriums (MWD) der UdSSR entlassen.

Pokrowski, Juri
Oberst im Justizdienst; Stellvertreter des Hauptanklägers der UdSSR (Roman Rudenko) beim Nürnberger Prozeß; vertrat u. a. die Anklage zum Thema Katyn.

Poluchin, Josif
1939 Major; Stellvertreter des Chefs der Verwaltung Kriegsgefangenenwesen, u. a. zuständig für rückwärtige Dienste der Kriegsgefangenenlager (Finanzen, Wirtschaft); untersuchte und intensivierte ab Anfang 1940 im Sonderauftrag und mit Hilfe einer umfangreichen Arbeitsgruppe das Agentennetz im Lager Kosjelsk; an der »Leerung« der Sonderlager beteiligt.

Potjomkin, Wladimir
Sowjetischer Staatsfunktionär; als Stellvertreter des Volkskommissars für Auswärtige Angelegenheiten mitbeteiligt am Einmarsch der Roten Armee in Polen im September 1939 sowie u. a. an Verhandlungen mit deutschen Diplomaten zum »Austausch« polnischer Kriegsgefangener zwischen beiden Seiten; 1944 als Volkskommissar für Bildungswesen der RSFSR Mitglied der sowjetischen Sonderkommission zu Katyn.

Prosorowski, Viktor
Jg. 1901; Absolvent der Medizinischen Fakultät der II. Moskauer Universität; Gerichtsmediziner; Professur; ab 1940 Hauptgutachter in Fragen der Gerichtsmedizin für das Ministerium für Gesundheitswesen der UdSSR,

Vorsitzender der entsprechenden Kommission im wissenschaftlichen Beirat dieser Behörde; 1944 Mitglied der gerichtsmedizinischen Kommission in der Sonderkommission unter Nikolai Burdenko; nach Angaben Prosorowskis wurden an zehn Tagen von fünf Gerichtsmedizinern 925 Leichname untersucht, d.h. (im Mittel) von jedem Gerichtsmediziner 185 Leichname = 18 Leichname/Tag.

Ratuschnij
Hauptmann der Staatssicherheit; Stellvertreter des Volkskommissars für Innere Angelegenheiten der Ukrainischen SSR; an der Ausführung des Beschlusses vom 5. März 1940 führend beteiligt.

Reichmann, Leonid
(gest. 1990); 1940 Major der Staatssicherheit; benutzte häufig den Tarnnamen »Saizew«; diente anfangs in Leningrad in OGPU/NKWD; an der Vorbereitung einer Reihe politischer Prozesse gegen »Abweichler« (z.B. dem »Bund der Marxisten-Leninisten«) und an den großen Schauprozessen in den 30er Jahren in Moskau beteiligt; schneller Aufstieg vom Hauptmann der Staatssicherheit in den dreißiger Jahren zum Geheimdienstgeneral im Krieg; 1939 geheimdienstliche Tätigkeit in Lwów; Kontakt zu Władysław Anders in Kujbyschew; nochmals in Lwów und Westukraine 1944; im NKWD/NKGB z.T. befaßt mit »polnischen Angelegenheiten«, u.a. Bekämpfung der Landesarmee (AK) und der ukrainischen OUN, einer militanten strikt antisowjetischen und antipolnischen Organisation; ständig enge Kontakte zu Abakumow; ab Oktober 1951 inhaftiert unter dem antisemitischen Vorwurf, im Ministerium für Staatssicherheit eine zionistische Verschwörung angezettelt zu haben, acht Monate im Gefängnis des MGB Lefortowo; Prozeß gegen Reichmann im August 1956 (?); wissenschaftliche Arbeiten im Bereich der Kosmologie.

Reschetnikow
Stellvertreter des Volkskommissars für Innere Angelegenheiten der Belorussischen SSR; an der Ausführung des Beschlusses vom 5. März 1940 führend beteiligt.

Romanow, Nikolai
Jg. 1905; Unterleutnant der Staatssicherheit; NKWD seit 1934; 1939 Stellvertreter des Chefs der Abteilung Operativ der UPW des NKWD der UdSSR; nahm an der »Leerung« der drei Sonderlager teil; 1944 Stellvertreter des Chefs der Abteilung Frontnahe Vorausabteilungen der UPW.

Rostomaschwili, Michail
Oberst; Chef der Sonderabteilung des Militärbezirks Charkow; führend an der Ausführung des Beschlusses vom 5. März 1940 beteiligt.

Rubanow, Andrej
1940 Unter-, ab März Oberleutnant der Staatssicherheit; Kommandant der Verwaltung Administration und Wirtschaft im UNKWD Kalinin, nahm an der Erschießung der Gefangenen des Sonderlagers Ostaschkow teil; erhielt dafür auch Geldprämie.

Rudenko, Roman
(1907–1981); als Staatsanwalt der Ukraine mitbeteiligt an der Ermordung der polnischen Kriegsgefangenen von Starobjelsk in Charkow; 1945/46 Hauptankläger der UdSSR beim Prozeß gegen die Hauptkriegsverbrecher in Nürnberg; 1953 bis 1974 Generalstaatsanwalt der UdSSR.

Rybakow, Alexej
Jg. 1901; zwischen April 1939 und März 1940 Stabschef der 15. Brigade der Wach- und Begleittruppen des NKWD der UdSSR, ab März 1940 mit Dienstgrad Oberst Chef der Abteilung Operativ aller Wach- und Begleittruppen des NKWD; leitete Transport der Gefangenen des Sonderlagers Starobjelsk zum Hinrichtungsort in Charkow.

Sacharow, A.
Nahm an der Operation zur Erschießung der Kriegsgefangenen und Häftlinge teil; erhielt dafür Geldprämie.

Safonow, Pjotr
Hauptmann der Staatssicherheit; 1939 Stellvertreter des Chefs der Hauptverwaltung Lager (GULag); Chef des UNKWD Charkow (3. März 1939 bis Oktober 1941); an der Verwirklichung des Beschlusses vom 5. März 1940 beteiligt, leitete die Erschießung der Gefangenen des Sonderlagers Starobjelsk und von Gefangenen aus den Haftanstalten der Westgebiete der Ukraine, erhielt dafür am 26. April 1940 den Orden »Rote Stern« und wurde am 17. März 1940 zum Major der Staatssicherheit befördert; im Juni 1943 durch das Kriegsgericht der Truppen des NKWD »wegen Mißbrauchs der Dienststellung und Verschwendung« zu acht Jahren Freiheitsstrafe verurteilt, Verbüßung ausgesetzt bis Kriegsende.

Saizew, A.
Nahm an der Operation zur Erschießung der Kriegsgefangenen und Häftlinge teil; erhielt dafür Geldprämie.

Sarubin, Wassili
(1894–1972); Major der Staatssicherheit; Oberoffizier in der 5. Abteilung (Auslandsspionage) der Hauptverwaltung Staatssicherheit (GUGB) des NKWD; führte im Sonderlager Kosjelsk zahlreiche intensive Erkundungs-

gespräche mit den polnischen Offizieren; sprach mehrere Sprachen, darunter auch Polnisch; fälschlicherweise oftmals als »Kombrig« (d. h. Generalsrang vor Wiedereinführung der entsprechenden Dienstgrade) genannt; unterbreitete Vorschläge zur effektiven Führung des Sonderlagers, schlug u. a. die Ablösung des Lagerkommandanten Korolow vor, die nicht verwirklicht worden ist; 1948 im Generalsrang aus den Sicherheitsorganen entlassen.

Schamaida
Leutnant der Staatssicherheit; 1939 bis 1940 Chef der Gefängnisabteilung im UNKWD Smolensk; ab August 1944 mit Dienstgrad Oberstleutnant Stellvertreter des Chefs des UNKWD Smolensk (taucht in der »Mitteilung ...« der sowjetischen Sonderkommission nicht auf).

Schaposchnikow, Boris
Ab 1937 Generalstabschef der Roten Armee; Komandarm I. Ranges (höchster Generaldienstgrad bis zur Einführung derselben im Mai 1940); an der Vorbereitung des Einmarsches der Roten Armee in Polen führend beteiligt; mitbeteiligt an koordiniertem Vorgehen von Wehrmacht und Roter Armee, unterzeichnete am 28. September 1939 gemeinsam mit Kliment Woroschilow militärische Zusatzabkommen zum Freundschaftsvertrag zwischen Deutschem Reich und UdSSR.

Scharapow, Wladimir
(1885–1972); im ersten Weltkrieg Soldat, Unteroffizier, Feldwebel; Rote Armee ab 1918, u. a. Kompaniechef und Bataillonskommandeur; KPdSU seit 1924 (war nach früherer Mitgliedschaft von 1918 bis 1921 ausgeschlossen worden); Tscheka/OGPU/NKWD/MWD/MGB seit 1921, u. a. Dienst bei den Inneren Truppen, ab März 1939 Kombrig, d. h. Generalsrang vor der Wiedereinführung der entsprechenden Dienstgrade; März 1939 bis Februar 1941 Chef der Hauptverwaltung und Befehlshaber der Wach- und Begleittruppen des NKWD der UdSSR; leitete die Sicherung und »Leerung« der Sonderlager, den Transport bis zur Übergabe an die Erschießungskommandos (Katyn) bzw. die UNKWD (Charkow, Kalinin); ab 1941 Stabschef der 29., danach der 70. Armee; März 1952 als Chef der Verwaltung Nachrichtenwesen der Inneren Truppen aus MGB entlassen.

Schelepin, Alexander
Jg. 1918; ab 1940 KPdSU, 1952 bis 1958 Erster Sekretär des Kommunistischen Jugendverbandes in der UdSSR; 1958 bis 1961 Vorsitzender des KGB beim Ministerrat der UdSSR; an der Vertuschung des Staatsverbrechens auf der Grundlage des Politbürobeschlusses des ZK der KPdSU beteiligt, u. a. durch Aktenvernichtung; seit 1964 Mitglied des Politbüros des ZK der KPdSU und ab 1967 Vorsitzender des Zentralrats der Gewerkschaften.

Schigaljow, Iwan
Mitte März 1940 vom Leutnant zum Oberleutnant der Staatssicherheit befördert; Kommandant der Kommandantur im UNKWD Moskau.

Schigaljow, Wassili
Mitte März 1940 vom Oberleutnant zum Hauptmann der Staatssicherheit befördert; Mitarbeiter der Kommandantur des NKWD.

Schilzow, W.
Nahm an der Operation zur Erschießung der Gefangenen im April/Mai 1940 teil; erhielt dafür Geldprämie.

Schukow, Georgi Sergejewitsch
In 30er Jahren Mitarbeiter des UNKWD Smolensk, ab 1941 Kommissar für Staatssicherheit; später Generalleutnant des NKWD; ab Herbst 1941 als Mitarbeiter der GUGB des NKWD der UdSSR mit »polnischen Fragen« befaßt, u.a. dem Aufbau polnischer Streitkräfte und Personalentscheidungen über Führungskräfte des Verbandes Polnischer Patrioten (ZPP) in der UdSSR; 1944 strafversetzt zum UNKWD Nowosibirsk, Chef der Abteilung Kriegsgefangene und Internierte; nach zweitem Weltkrieg Hoteldirektor in Moskau.

Schurawlow, M.
Nahm an der Operation zur Erschießung der Gefangenen im April/Mai 1940 teil; erhielt dafür Geldprämie.

Schurawlow, N.
Nahm an der Operation zur Erschießung der Gefangenen im April/Mai 1940 teil; erhielt dafür Geldprämie.

Schygalow, Wassili
1940 Oberleutnant und ab März Hauptmann der Staatssicherheit; Mitarbeiter der Kommandantur in der Verwaltung Administration und Wirtschaft des NKWD der UdSSR, leitend an der Ausführung des Beschlusses des Politbüros vom 5. März 1940 beteiligt; erhielt dafür Geldprämie.

Semenichin, D.
1940 Oberleutnant der Staatssicherheit; Mitarbeiter der Kommandantur der Verwaltung Administration und Wirtschaft des NKWD der UdSSR; leitend und auch als Henker an den Erschießungen der polnischen Kriegsgefangenen und Häftlinge beteiligt; erhielt dafür Geldprämie.

Serow, Iwan
(1905–1990); Vater zaristischer Gendarmerieoffizier in Wologda, durch

Serow jun. verschwiegen; ab 1926 KPdSU (B), ausgeschlossen »wegen Verletzung der sozialistischen Gesetzlichkeit und Mißbrauch der Dienststellung zur persönlichen Bereicherung«; benutzte häufig Tarnnamen wie Iwanow und Malinow; Laufbahnbeginn in der Roten Armee ab 1925 vor allem bei der Waffengattung Artillerie, u. a. Absolvent der Militärtechnischen Akademie (1935 bis 1936) und der Frunse-Militärakademie (Mai 1936 bis Januar 1939), Absolvent der Sonderfakultät (Geheimdienst) im Dienstgrad Oberstleutnant; NKWD/NKGB/MWD/KGB ab Januar 1939; u. a. Stellvertreter des Chefs der GUGB (Juli bis September 1939), Volkskommissar für Innere Angelegenheiten der Ukrainischen SSR (September 1939 bis Februar 1941), Stellvertreter des Volkskommissars bzw. Ministers für Staatssicherheit der UdSSR (Juli 1941 bis Februar 1947); 1939/40 verantwortlich für Verhaftungen polnischer Offiziere u. a. Gruppen in der nunmehrigen Westukraine, für massenhafte Deportationen und für Erschießungen in den ukrainischen Haftanstalten, 1940/41 für Deportationen aus den baltischen Republiken (Instruktion Nr. 001223); wirkte während des zweiten Weltkriegs (1943/44) an der nahezu vollständigen Deportation von Völkern wie Tschetschenen, Inguschen, Kalmücken und Krimtataren mit; zuständig für Geheimdienstoperationen, z. B. gegen die Landesarmee, in polnischen Gebieten; Januar bis Juli 1945 Berater beim Ministerium für Öffentliche Sicherheit in Polen; ab März 1945 auch Stellvertreter des Befehlshabers der 1. Belorussischen Front bzw. des Chefs der SMAD (Marschall Georgi Schukow) bis Februar 1947, zuständig für Sicherheitsfragen bzw. Zivilverwaltung im Bereich der Sowjetischen Militäradministration in Deutschland (SMAD); Erster Stellvertreter des Ministers für Innere Sicherheit der UdSSR (Februar 1947 bis März 1954); 1954 bis 1958 Chef des KGB (u. a. 1956 Verhaftung der Regierung Imre Nagy in Ungarn) und Dezember 1958 bis Februar 1963 Chef der GRU, der Hauptverwaltung Aufklärung (des Generalstabs der Sowjetarmee); u. a. unter dem Vowurf, »persönlich Beute« im besetzten Deutschland gemacht zu haben, kaltgestellt nach der Aufdeckung des Geheimnisverrats durch den Mitarbeiter der GRU Oberst Oleg Penkowski; kurzeitig abgeschoben und endgültig im September 1965 Versetzung in den Ruhestand; im März 1963 Aberkennung des (1945 verliehenen) Titels »Held der Sowjetunion«, Herabsetzung im Dienstgrad (vom Generaloberst zum niedrigsten Generalsdienstgrad der Sowjetarmee, Generalmajor); Aberkennung der Orden: Suworow-Orden (erhalten für Deportation der o. a. Völkerschaften), des Lenin-Ordens und des polnischen Ordens »Virtuti Militari«.

Shdanow, Andrej
(1896–1948); Funktionär des Apparats der KPdSU, Mitglied des Politbüros, Sekretär des ZK der KPdSU; leitete im Herbst 1939 eine Kommission zu Kriegsgefangenenfragen, in der u. a. über kriegsgerichtliche Verfahren gegen Gefangene entschieden wurde.

Silbermann, K.
Major der Staatssicherheit; Stellvertreter des Chefs der Hauptverwaltung Transportwesen des NKWD der UdSSR; leitend an der Operation zur Erschießung der Kriegsgefangenen und Häftlinge im April/Mai 1940 beteiligt; erhielt dafür Geldprämie.

Sinegubow, N.
1940 Major der Staatssicherheit; im September 1939 durch Beschluß des Politbüros als Leiter des Bereichs Ermittlung und Stellvertreter des Chefs der Hauptverwaltung Transportwesen des NKWD der UdSSR bestätigt; 1940 leitend an der Verwirklichung des Beschlusses des Politbüros vom 5. März 1940 zur Erschießung der polnischen Gefangenen und Häftlinge beteiligt, wirkte darüber hinaus an den Erschießungen der Gefangenen des Sonderlagers Ostaschkow mit; erhielt dafür Geldprämie.

Sjenkewitsch, Illarion
1939 Mitarbeiter der Politabteilung der GUGB des NKWD der UdSSR; Instrukteur in der UPW, zahlreiche Dienstreisen in die Kriegsgefangenenlager zur Kontrolle und Anleitung der politischen Beeinflussung der Kriegsgefangenen.

Sluzki, Mark
1939 Stellvertreter des Chefs der UPW für materiell-technische und finanzielle Ausstattung der Lager.

Smirnow, Jefim
Generaloberst, seit 1928 in der Roten Armee, Absolvent der Militärmedizinischen Akademie, seit 1939 Chef des Sanitätswesens der Roten Armee, 1941 bis 1946 Chef der Hauptverwaltung des Sanitätswesens im Volkskommissariat für Verteidigung; 1944 Mitglied der Sonderkommission in Sachen Katyn.

Sokolow, Alexej
Jg. 1909; Hauptmann der Staatssicherheit; 1939 bis 1940 Stellvertreter des Lagerkommandanten im Sonderlager Ostaschkow; für seine Mitwirkung an der »Leerung« des Lagers zur Beförderung im Dienstgrad vorgeschlagen.

Soprunenko, Pjotr
(1908–1992); fünfklassige Grundschule mit Berufsausbildung, 15jährig im Bergbau des Donbass; vor Einberufung zum Wehrdienst Kursus für »Rote Feldwebel« absolviert; September 1928 bis November 1938 Rote Armee, 1935 Hörer an der Frunse-Militärakademie, versetzt an die Sonderfakultät, die für geheimdienstliche Tätigkeit ausbildete, militärischer Dienstgrad

Major; ab 1938 in der Umgebung Berijas im NKWD; März 1940 Hauptmann der Staatssicherheit; September 1939 bis Mai 1944 Chef bzw. Stellvertreter des Chefs der Verwaltung Kriegsgefangenenwesen (UPW), zeitweise auch Kriegsgefangenenwesen und Internierte (UPWI) des NKWD; leitend an der Einrichtung und Funktionsweise des Kriegsgefangenenwesens und u. a. an der Verwirklichung des Beschlusses vom 5. März 1940 beteiligt, den er – nach Aussage seiner Tochter Jelena – in der Hand gehabt hat; am 26. April 1940 für seine Mitwirkung an der Ermordung der Kriegsgefangenen mit dem »Ehrenzeichen« (russ.: snak potschota) ausgezeichnet; sagte als Zeuge der Militärstaatsanwaltschaft kurz vor seinem Tod aus, wobei er sich bzw. die von ihm geführte Verwaltung zu entlasten suchte; ab Mitte 1944 in unterschiedlichsten Funktionenen, u. a. Chef UNKWD, Leiter von Kriegsgefangenen- und Arbeitslagern vor allem im Bereich der Rüstungsindustrie und besonders der Kernwaffenforschung, -erprobung und beim Bau entsprechender Anlagen; Juli 1945 Generalmajor; Reserve ab September 1963.

Sorin, P.
Nahm an der Erschießung der polnischen Kriegsgefangenen und Häftlinge im April/Mai 1940 teil; erhielt dafür Geldprämie.

Stalin, Josef
(1878–1953); eigentlich: Dschugaschwili; bolschewistischer Partei- und Staatsfunktionär; drei Jahrzehnte (seit 1922) Sekretär bzw. Generalsekretär der bolschewistischen Partei; entscheidend an allen innen- und außenpolitischen Beschlüssen Sowjetrußlands bzw. der UdSSR beteiligt, u. a. zum Einmarsch in Polen 1920 und 1939, der diskriminierenden und repressiven Auflösung der KP Polens und der Ermordung zahlreicher ihrer Funktionäre, den Absprachen und Vereinbarungen mit dem Großdeutschen Reich, der Politik gegenüber dem polnischen Staatswesen und den polnischen Staatsbürgern; unterzeichnete den Beschluß vom 5. März 1940 über die Erschießung polnischer Kriegsgefangener und Internierter als erster, initiierte und bestätigte weitere Entscheidung zum Umgang mit den polnischen Kriegsgefangenen, Internierten und Deportierten, zur Politik hinsichtlich des Schicksals Polens und der Polen; u. a. März 1941 Vorsitzender des Rates der Volkskommisare bzw. (ab 1946) des Ministerrates der UdSSR; Juli 1941 bis Februar 1946 Vorsitzender des Staatlichen Verteidigungskomitees; Oberbefehlshaber der Roten Armee.

Stekolschtschikow, I.
Feldwebel der Staatssicherheit, erhielt für Mitwirkung an der Ermordung der polnischen Gefangenen und Häftlinge eine Geldprämie.

Stelmach, Iwan
(1882–1957); Leutnant der Staatssicherheit; 1937 bis 1941 Kommandant des inneren Gefängnisses des UNKWD Smolensk; an der Erschießung der Kriegsgefangenen des Sonderlagers Kosjelsk beteiligt; erhielt dafür Geldprämie.

Stepanow, Iwan
Jg. 1890; 1940 bis 1947 Oberst; Stellvertreter des Chefs der Abteilung Operativ der Hauptverwaltung Wach- und Begleittruppen des NKWD der UdSSR; von März bis Mai 1940 leitend an der »Leerung« des Sonderlagers Kosjelsk und den Transport der Kriegsgefangenen bis an die Richtstätte im Wald von Katyn beteiligt.

Sucharew
Fahrer des Chefs des UNKWD Kalinin, Dmitri Tokarjew; Mitbeteiligt an den Erschießungen der Gefangenen von Ostaschkow, sagte während der Erschießungen seinem Vorgesetzten zu seinem Mitwirken: »Heute haben wir tüchtig gearbeitet«; Selbstmord mit einer Walther-Pistole, dem Pistolentyp, mit dem er die Gefangenen erschossen hatte.

Sucharew, N.
1940 Bevollmächtigter der Sonderabteilung im Sonderlager Ostaschkow für operative (geheimdienstliche) Arbeit; an der »Leerung« des Lager beteiligt; erhielt dafür Geldprämie.

Sudoplatow, Pawel
(1907–1996); 1939 bis 1940 Stellvertreter des Chefs der 5. Verwaltung (Aufklärung) der GUGB des NKWD der UdSSR; überprüfte und wählte polnische kriegsgefangene Offiziere hinsichtlich ihrer eventuellen Mitarbeit/Verwendung für sowjetische Spionageoperationen aus; 1953 wie Berija u. a. verhaftet und zu einer langjährigen Freiheitsstrafe verurteilt.

Sujew, Pawel
Jg. 1901; 1940 Major der Staatssicherheit; Chef der Hauptverwaltung Gefängniswesen des NKWD der UdSSR; vor allem an der Verlegung der Häftlinge aus den Westgebieten der Ukraine und Belorußlands an die jeweiligen Exekutionsorte beteiligt.

Syromjatnikow, Mitrofan
Jg. 1908; 1940 Leutnant der Miliz; Oberaufseher im inneren Gefängnis des UNKWD Charkow, mitbeteiligt an der Ausführung des Beschlusses des Politbüros vom 5. März 1940; bestritt, die ihm laut Befehl Berijas zugesprochene Geldprämie erhalten zu haben; Zeuge der Militärstaatsanwaltschaft zu Beginn der 90er Jahre.

Sysojew, Wassili
Jg. 1908, seit März 1940 mit der Führung der Geschäfte der 2. Abteilung (Nachweisführung) des Sonderlagers Starobjelsk beauftragt; wirkte an der »Leerung« des Sonderlagers und an der Vernichtung von Spuren des Staatsverbrechens durch Tilgung von Unterlagen mit.

Tichonow, P.
1940 Hauptmann der Staatssicherheit; Stellvertreter des Chefs des UNKWD Charkow; nahm an der Operation zur Erschießung der Offiziere des Sonderlagers Starobjelsk teil; erhielt dafür Geldprämie.

Timofejew
1939 Hauptmann der Staatssicherheit; Chef der 3. Abteilung der GUGB des NKGB; im April/Mai 1940 an der Verlegung der Gefangenen aus den Haftanstalten in der Westukraine an die Exekutionsorte beteiligt.

Tischkow, Arsenij
Jg. 1909; Oberleutnant der Staatssicherheit; 1939 bis 1940 Chef der 1. Abteilung der Sonderverwaltung des NKWD der UdSSR; leitete Mai/Juni 1940 die Verlegung von annähernd 8000 polnischen Kriegsgefangenen in Lager des Hohen Nordens, wo sie unter schwierigsten Bedingungen zum Bau der Petschora-Magistrale eingesetzt wurden.

Titkow, Iwan
Kraftfahrer des UNKWD Smolensk; fuhr polnische Krigegefangene zur Richtstätte im Wald von Katyn; Zeuge der Militärstaatsanwaltschaft zu Beginn der 90er Jahre.

Tokarjew, Dmitri
(1902–1993); Hauptmann der Staatssicherheit, führte auch militärischen Dienstgrad Oberst (hatte bei den Grenztruppen gedient); GPU/OGOU/NKWD seit 1924; 5. Dezember 1938 bis 26. Februar 1941 Chef des UNKWD Kalinin, anfangs mit der Führung beauftragt; an der »Leerung« des Sonderlagers Ostaschkow beteiligt; 1954 als Chef des UNKWD Wladimir (Generalsdienstgrad) abgelöst; sagte 1992 als Zeuge der Militärstaatsanwaltschaft zur Durchführung der Operation zur Erschießung polnischer Gefangener aus.

Tschecholski, Daniil
Jg. 1904; 1939 in der Politverwaltung der Belorussischen Front; anschließend politischer Mitarbeiter und Übersetzer im Sonderlager Starobjelsk; im Juni 1940 wegen Mißachtung – im Interesse der Kriegsgefangenen und ihrer Familien – der Weisungen zur Unterbindung postalischer Kontakte entlassen.

Tschernyschew, Wassili
(1896–1952); Militärdienst im ersten Weltkrieg in der zaristischen Armee, zuletzt Kompaniechef, Mitglied von Soldatenräten und ersten Organen der Sowjetmacht auf dem Land ab 1920, KPdSU ab 1917; ab 1920 Tscheka/OGPU/NKWD/MWD, u. a. ab Februar 1939 Chef der GULag und von Februar 1941 bis September 1952 Stellvertreter des Volkskommissars bzw. ab 1946 des Ministers für Staatssicherheit der UdSSR; 1935 Komdiv (Generalsrang), Juli 1941 Kommissar der Staatssicherheit 3. Ranges, 1945 Generaloberst; Dienstaufsicht u. a. über die Hauptverwaltung Lager (GULag) und die Verwaltung Kriegsgefangenenwesen (UPW) sowie die Hauptverwaltung Gefängniswesen im NKWD; leitend an der Verwirklichung des Staatsverbrechens gegen die polnischen Offiziere in den Sonderlagern und Haftanstalten der Westukraine und Westbelorußlands beteiligt, auch an der Deportation von Kriegsgefangenen in den Hohen Norden sowie der Verlegung internierter polnischer Militärs aus Lettland und Litauen nach Kosjelsk und in andere Lager.

Tschetschew, Alexander
Jg. 1899; Chef der 2. Abteilung der Hauptverwaltung Gefängniswesen des NKWD der UdSSR; verantwortlich für den Abtransport der Häftlinge des Minsker Gefängnisses zu den Richtstätten.

Uglow, Iwan
1940 Leutnant, Gehilfe des Stabschefs des 136. Bataillons der Wach- und Begleittruppen des NKWD der UdSSR; nahm sowohl an der »Leerung« des Sonderlagers Kosjelsk als auch an der Deportation der Familien polnischer Kriegsgefangener und Häftlinge teil.

Ulrich, Wassili
(1889–1951); seit 1926 Vorsitzender des Militärkollegiums des Obersten Gerichts der UdSSR; Generaloberst; mitverantwortlich bei Entscheidungen über Verfahrensweisen zur Aburteilung der Kriegsgefangenen u. a. durch Beschluß des Politbüros des ZK der KPdSU vom 2. Oktober 1939 über kriegsgerichtliche Verfahren gegen Kriegsgefangene und Beschluß vom 28. Januar 1940, daß Anklagevorbereitung und Urteilssprechung bei NKWD-Organen liegen; 1948 an die Militärjuristische Akademie abgeschoben.

Wigowski, Je.
Nahm an der Operation zur Erschießung der Gefangenen im April/Mai 1940 teil; erhielt dafür Geldprämie.

Worobjew, Nikolai
Stellvertreter des Chefs der Politabteilung der Verwaltung Kriegsgefangenenwesen.

Woroschilow, Kliment
(1881–1969); bolschewistischer Partei- und Staatsfunktionär in der UdSSR; Mitglied des Zentralkomitees (seit 1921) und des Politbüros der KPdSU; 1934 bis 1940 Volkskommissar für Verteidigung; mitverantwortlich für die Schwächung der Verteidigungskraft der UdSSR durch repressive Politik gegen einen Großteil führender Militärs, die »aus politischen Gründen« entlassen (allein 1934 bis 1936 22000 Kommandeure aller Führungsebenen), zumeist erschossen (bis 1939 annähernd 34000) wurden oder in z. T. lebenslängliche Lagerhaft kamen; mehrfach (Sowjetisch-Finnischer Krieg, Verteidigung Leningrads, Wolchow) wegen erwiesener Unfähigkeit abgelöst; mitverantwortlich für Einmarsch der Roten Armee in Polen, Entscheidungen über polnische Kriegsgefangene; unterzeichnete Beschluß vom 5. März 1940 über Erschießung polnischer Kriegsgefangener und Internierter, 1953 bis 1956 Vorsitzender des Präsidiums des Obersten Sowjets der UdSSR und damit Staatsoberhaupt.

Wyschinski, Andrej
(1883–1954); in der Rußländischen Sozialdemokratischen Arbeiterpartei 1903 Anhänger des menschewistischen (Minderheiten-)Flügels; ab 1921 KP Rußlands (Bolschewiki); 1935 bis 1939 Generalstaatsanwalt der UdSSR und Ankläger in allen großen Prozessen des »Großen Terrors«; als Stellvertretender Vorsitzender des Rates der Volkskommissare (1939 bis 1944) bzw. Stellvertreter des Volkskommissars für Auswärtige Angelegenheiten bzw. des Außenministers an politischen Repressionen gegen Polen in der UdSSR (z. B. dem sogenannten »Paßport-Regime«, dem Staatsbürgerrecht) und an Maßnahmen zur Vertuschung des Staatsverbrechens auf der Grundlage des Beschlusses vom 5. März 1940 leitend beteiligt.

Zanawa, Lawrenti

Jg. 1900; eigentlicher Name: Dschandschgawa; enger Vertrauter Berijas, mit dem er seit 1921 zusammenarbeitete; Tscheka/OGPU/NKWD/MGB seit März 1921; 1939 Major der Staatssicherheit; Dezember 1938 bis Februar 1941 Volkskommissar für Innere Angelegenheiten der Belorussischen SSR; mitverantwortlich für zahlreiche Massenhinrichtungen, darunter während der Jahre des »Großen Terrors« annähernd 30000 Erschossene in Kuropatki (bei Minsk); leitete die »Leerung« der Gefängnisse in Westbelorußland im Rahmen des im März 1940 beschlossenen Staatsverbrechens.

VIII. Hintergrundmaterial

Bericht über Studien und Quellenmaterialien

Das Staatsverbrechen an Polen, dem Land und seinen Bewohnern, wird seit Jahrzehnten sowohl insgeheim als auch öffentlich und in jedem Fall kontrovers behandelt. Aktuelle Berichte sind ihm gewidmet, vertrauliche Botschaften, wissenschaftliche Darstellungen, Quelleneditionen, Gutachten, polemische Artikel, Reportagen, Erinnerungen, Parlamentsdebatten, Regierungserklärungen, Gerichtsverhandlungen, Dokumentarfilme, Fernsehsendungen und Ausstellungen.

Der sowohl in aller Öffentlichkeit als auch hinter den Kulissen jahrzehntelang geführte Kampf um den uneingeschränkten Zugang zu allen historischen Originalquellen war und ist eine politische Auseinandersetzung um die Suche nach historischer Wahrheit und um die Feststellung historischer Verantwortung und Schuld; gesellschaftlicher wie individueller.

Beteiligt an diesen Auseinandersetzungen waren Institutionen und Personen. Stellung für oder gegen den Zugang zu historischen Quellen bezogen Regierungschefs, Regierungsmitglieder und Abgeordnete sowohl miteinander verbündeter als auch verfeindeter Staaten. Eingebunden waren neben den Politikern auch Geheimdienstmitarbeiter von den Chefs bis zum Mitarbeiter im letzten Glied, Militärs und Wissenschaftler verschiedenster Fachrichtungen und Disziplinen, Historiker und Juristen, Politologen und Gerichtsmediziner.

Unausgesprochen, aber klar erkennbar ging es bei der jahrzehntelangen Auseinandersetzung um die historische Wahrheit in Sachen Katyn immer zugespitzter um die Frage, ob eine grundlegend neue und gerechte Gesellschaftsordnung mit »Leichen im Keller« möglich ist. Die Auseinandersetzung um Katyn reichte damit weit über den eigentlichen Anlaß hinaus. Die historische Forschung zu Katyn verlangte und gab Antworten zum Rang gesellschaftlicher Werte, zu den Motiven von Entscheidungen über Leben und Tod von Personen, Familienverbänden, sozialen Schichten und ethnischen Gruppen.

Eingebunden war sie in die weltweit und auf Leben und Tod geführten Kämpfe im Rahmen der Antihitlerkoalition, in die Auseinandersetzungen in den Zeiten des kalten Krieges und schließlich des Verfalls und der Demontage des gesellschaftlichen Systems, in dessen Schoß Katyn möglich war und wahrgemacht wurde.

Hier wird auf die in diesem Zusammenhang bibliographisch wesentlichen Publikationen und Publikationsreihen verwiesen. Ist doch die Zahl der polemischen journalistischen und publizistischen Veröffentlichungen zum Thema Katyn Legion.

Die originären historischen Quellen spielten und spielen eine besondere und zunehmend wichtigere Rolle. Während zwischen 1939/40 und 1989/90 ein Blick auf Katyn allein von Seiten der wenigen überlebenden und zahlreichen toten Opfer möglich war, sind im letzten Jahrzehnt des 20. Jahrhunderts nicht nur zahlreiche Schlüsseldokumente zu diesem Staatsverbrechen gefunden und veröffentlicht worden, sondern auch eine Vielzahl von Dokumenten zu Detailfragen der Behandlung polnischer Kriegsgefangener und deportierter Zivilisten in der UdSSR. Jahrzehntelang geleugnete internationale Abkommen und Tatbestände kamen ans Licht. Nach den 1943 im Wald von Katyn entdeckten Toten des Sonderlagers Kosjelsk sind bis Mitte des letzten Jahrzehnts des 20. Jahrhundert auch die Toten der beiden anderen Sonderlager, Ostaschkow und Starobjelsk, gefunden worden. Die in Katyn gefundenen Tagebücher und Notizen der Gefangenen erwiesen sich dabei als erste und als einzigartige Quellen von Rang. Ergänzt wurden sie in den folgenden Jahrzehnten durch die Memoiren einer Handvoll Überlebender wie Stanisław Swianiewicz, Józef Czapski, Zdzisław Peszkowski, Salomon Slowes und anderer.

Vor allem die beiden Dokumentenbände zu Katyn »Gefangene eines nicht erklärten Krieges« (Katyń ..., Bd. 1) und »Die Vernichtung« (Katyń ..., Bd. 2) haben dafür gesorgt, daß das Staatsverbrechen nicht mehr länger ein mit Klauen und Zähnen verteidigtes Staatsgeheimnis geblieben ist. 217 fast ausnahmslos erstmals veröffentlichte Dokumente enthält der Band 1 und ebenfalls über 200 Band 2. Es sind Beschlüsse und Befehle, Statistiken und Weisungen, Einvernahmeprotokolle, Stärkemeldungen und Transportlisten, Karten, Lagepläne, Bauzeichnungen usw. usf. An der Suche nach ihnen wie an den Veröffentlichungen haben sowohl rußländische als auch polnische Geschichtswissenschaftler, Juristen und Archivmitarbeiter sowie Angehörige weiterer Berufe zusammengewirkt. Zu den Trägern der Quellenedition gehören u. a. Institute der Rußländischen Akademie der Wissenschaften und die staatlichen Archivverwaltungen beider Länder.

Zu Beginn haben sich Wissenschaftler in Rußland wie Juri Sorja und Inessa Jaschborowska, Alexander Tretezki oder Laienhistoriker aus der »Memorial«-Bewegung um die Lüftung des Staatsgeheimnisses bemüht. Mit Rudolf Pichoja, der letztendlich mit der Übergabe wesentlicher Dokumente zu Katyn ins internationale Rampenlicht trat, war jedoch auch ein Archivar beteiligt, der noch gezählte Wochen vor der Präsentation wichtiger

Dokumente in der Öffentlichkeit abgestritten hat, daß es Materialien dieser Art überhaupt gibt. Anders die Lage auf polnischer Seite, wo mit Aleksander Gieysztor, Czesław Madajczyk, Wojciech Materski, Ryszard Nazarewicz, Marian Wojciechowski, Paweł Mitzner und Jędrzej Tucholski Wissenschaftler einbezogen waren, die seit Jahren für die historische Wahrheit stritten.

Eine weitere wesentliche Quellenedition sind die in der zweiten Hälfte der 90er Jahre erschienenen acht Bände mit detaillierten Angaben zur Person jener Tausende Kriegsgefangener, die in Katyn (Bd. 1), Charkow (Bd. 2),Twer (Bd. 3) erschossen worden sind (»Rozstrzelani…«,) oder – diesem Schicksal entgehend – in das Lager Grjasowez verlegt wurden (Bd. 5, »Jency…«), von dem aus sie im Herbst 1941 auf freien Fuß gesetzt wurden. Dieser verdienstvolle »Index der Repressierten« gibt jedem der Erschossenen seinen guten Namen wieder.

Herausgegeben wird die Reihe durch die Warschauer Forschungsstelle KARTA, eine Institution, in der sich polnische Bürgerrechtler seit Ende der siebziger und zu Beginn der 80er Jahre u. a. mit der Erforschung des Schicksals von Polen in der UdSSR, sei es als Kriegsgefangene, sei es als Deportierte befaßt. Sie gibt auch die Vierteljahreszeitschrift KARTA heraus, von der bisher über 30 Hefte erschienen sind, in denen fallweise auch Vorarbeiten für die angezeigte Quellenedition veröffentlicht wurden.

KARTA und die zu KARTA gehörende Organisation »Polski Memoriał« wirken eng mit Vertretern der rußländischen Bürgerbewegung »Memoriał« zusammen. Systematisch gesuchte und gefundene Archivalien wurden bereits seit den siebziger Jahren zusammengetragen. Früchte dieser Zusammenarbeit, an der von polnischer Seite besonders Paweł Mitzner, Tomasz Kizny, Zbigniew Gluza und von rußländischer u. a. Alexej Pamjatnych, Maren Freidenberg und Sergej Gluschkow beteiligt waren, sind u. a. 1994 im »Biuletyn« der zu KARTA gehörenden Historischen Informationsagentur (HAI) z. B. unter dem Titel »Rußland und Katyn« veröffentlicht worden.

KARTA sammelt nunmehr seit Jahrzehnten Zeitzeugnisse: Erinnerungen, Korrespondenzen, Fotos, amtliche Aktenbestände und Familienarchive, zeitgenössische Presse und Zeitschriften usw. usf. Diese vorbildlich aufbereiteten Sammlungen stehen der Forschung offen und konnten auch vom Autor uneingeschränkt benutzt werden.

Schließlich erschienen im letzten Jahrzehnt des 20. Jahrhunderts eine Reihe von Quelleneditionen, deren Träger vor allem die Familienangehörigen Ermordeter und Deportierter sind. Die an vielen Orten Polens wirkenden Zusammenschlüsse der »Rodzina Katyńska«, der Katyner Familie, sind insbesondere bemüht, die Erinnerung an die Verschollenen und Erschossenen zu bewahren. In Zusammenarbeit zwischen ihnen und Fachwissenschaftlern entstanden vorwiegend aus Familienarchiven (zeitgenössische Fotos, Briefe, Urkunden etc.) gespeiste umfangreiche und einzigartige Quelleneditionen. Zu ihnen gehören die »Biogramy jeńców« (Gefangenenbiogramme; 1999) von Teofil Mikulski, die »Lubelska lista Katyńska« (»Die Lubliner Katyn-Liste«; 1997) von Adam Winiarz und die bereits im November 1989 im wesentlichen abgeschlossene, ebenfalls umfangreiche Forschungsarbeit von Jędrzej Tucholski »Mord in Katyn« (Mord w Katyniu). In letzterer sind sowohl Lebenszeugnisse der Gefangenen von Kosjelsk, aber auch der von Starobjelsk und von Ostaschkow dokumentiert worden. Tucholski verzögerte die Drucklegung des ursprünglichen Manuskripts um ein Jahr und nutzte diese Zeit, um die neueste und erstmals durch Michail Gorbatschow an Wojciech Jaruzelski übergebene Opferliste einzuarbeiten.

Zu den frühen Quelleneditionen gehört auch Czesław Madajczyks historischer Abriß »Das Drama von Katyn« (1989, deutsch 1991), der durch 65 überwiegend aus deutschen Archiven stammende Dokumente ergänzt worden ist.

Die aus rußländischen Archiven des Außen- und des Verteidigungsministeriums stammenden ersten Aktenpublikationen zum Thema Katyn (ab 1990/91) wurden durch Natalja Lebedewa, Michail Semirjaga und Juri Sorja sowie weitere Wissenschaftlerinnen und Wissenschaftler in den Fachzeitschriften »Meshdunarodnaja shisn«, »Nowoje wremja« und »Woprosy istorii« besorgt, darunter die für Rußland sensationellen geheimen Zusatzabkommen zwischen Deutschem Reich und UdSSR (1993). Zu den frühen (1991) Darstellungen und Aktenpublikationen gehört auch der durch O. Jasnow herausgegebene Sammelband »Katynskaja drama« (Das Drama von Katyn). Anatoli Prokopenko, Direktor des Sonderarchivs, fügte ein gutes Dutzend Dokumente/Faksimiles bei.

Ebenfalls 1991 erschien Wladimir Abarinows »Katynski labirint« (Das Labyrinth von Katyn). Diese Arbeit stützt sich nicht so sehr auf Archivalien, sondern basiert in erster Linie auf Aussagen von Zeitzeugen, die Abarinow aufspürte und befragte. Er sei »immer wieder« auf Leute gestoßen, die mitteilten, was ihnen bekannt war. Dadurch sind Tatsachen und Ereignisabläufe überliefert worden, die – wären sie nicht systematisch gesucht und bewahrt worden – ihre Kenner mit ins Grab genommen hätten.

Um zu verhindern, daß nachgegraben werde, sei es bei Exhumierungen, sei es durch wissenschaftliche Forschungen, wurden z. B. in Miednoje und bei Pjatichatki Massengräber mit Betondecken überzogen und größere überlieferte Aktenbestände, bereits beginnend ab 1940, planvoll und vollständig vernichtet. Auch in den Folgejahren ließen politische und geheimdienstliche Entscheidungsträger den verbliebenen Aktenbestand mehrfach »durchkämmen« und teilweise vernichten. Schließlich wurden Akten, die das Staatsverbrechen bezeugten, »ausgelagert« und versteckt. Paradebeispiel dafür ist der Umgang mit dem sogenannten »Paket Nr. 1«. Diese Sondermappe [russ.: osobaja papka – G. K.] gehörte zu einem speziellen Geheimarchiv im sowieso geheimen Archiv, dessen Anlage auf Josef Stalin zurückgeht. Die annähernd anderthalbtausend Sondermappen enthielten verpackt und versiegelt in Umschlägen geheimzuhaltende Dokumente, darunter auch die Originale der Abkommen und Verträge zwischen Deutschem Reich und UdSSR von 1939/40 sowie zu Katyn als Synonym einer für Polen tödlichen Politik. 1990 wurden sie als »Präsidialarchiv der Russischen Föderation« zusammengefaßt und in den Kreml verbracht. Michail Gorbatschow übergab sie nach dem Putsch im Herbst 1991 an den Generalstab der Sowjetarmee. Sie wurden durch Jelzin in den Kreml zurückgeholt und wiederum Teil des geheimen Geheimarchivs.

Waleri Boldin, jahrelang u. a. auch für die Verwaltung des Geheimarchivs zuständig, bezeugt, daß Michail Gorbatschow die deutsch-sowjetischen Abkommen und Verträge seit 1987 kannte. Desungeachtet erklärte er auf dem ersten Kongreß der Volksdeputierten der UdSSR, daß »allen Versuchen, den Urtext« zu finden, kein Erfolg beschieden gewesen sei. Boldin brachte Gorbatschow auch die Sondermappe mit den Dokumenten zu Katyn. Nachdem er sich mit dem Inhalt vertraut gemacht hatte, sagte er zu Boldin: »Das ist das, was man sucht. Das ist über die Erschießung der polnischen Offiziere durch die NKWD-Leute.« Später fragte er Boldin bei zwei verschiedenen Gelegenheiten, ob dieser die Katyn betreffenden Materialien vernichtet habe. (»Neues Deutschland«, Berlin, 13./14. März 1993) Desungeachtet blieben wesentliche Aktenbestände und vor allem alle Schlüsseldokumente erhalten.

Während ein wissenschaftlicher Forschungsansatz in der UdSSR bis Anfang der 90er Jahre durch eine einschränkende Wissenschaftspolitik im Bereich der Gesellschaftswissenschaften nicht möglich war, jedoch seit dem politischen Umbruch zu Beginn der 90er Jahre auf die Ermittlung des tatsächlichen historischen Geschehens gerichtet ist, existierte und existiert in der Sowjetunion bzw. in Rußland eine unverhüllte Rechtfertigungsliteratur. Nachdem die oberste politische Führung der UdSSR 1943/44 regierungsoffiziell den Rahmen abgesteckt hatte, in dem Katyn ein für allemal zu sehen sei, versuchten die jeweils nachfolgenden Entscheidungsträger auf Jahrzehnte jeden neuen Erkenntniszuwachs erfolgreich durch Verbote zu unterdrücken. Wo die Verbote sich als nicht mehr wirkungsvoll erwiesen, wurden neue Forschungsergebnisse und neu erschlossene historische Quellen nicht zur Kenntnis genommen.

Seit Mitte des 20. Jahrhunderts schrieb die offizielle sowjetische Version das Verbrechen an den polnischen Gefangenen des nicht erklärten Kriegs von 1939 der faschistischen Wehrmacht oder/und Hitlerdeutschland zu. Juri Muchins 1995 in Moskau veröffentlichte Darstellung »Katynski detektiv« schlägt in Ton und Inhalt in die gleiche Kerbe. Er behandelt die erschossenen polnischen Offiziere als »aggressive Idioten«. Deren Ziel sei durchweg ein Polen von der Ostsee bis zum Schwarzen Meer gewesen. Im Streben nach historischer Wahrheit und der Feststellung der historischen Verantwortung für den Massenmord sieht Muchin den Versuch, »Polen wiederum in eine gierige europäische Hure« zu verwandeln, die darauf hofft, daß etwas für sie »abfällt«, wenn dieses Verbrechen dem NKWD zugeschrieben wird. (»Prawda«, Moskau, 28. März 1996)

Im Ton nur wenig zurückhaltender sind die Aufsätze zu Katyn, die den langjährigen Chefredakteur der Fachzeitschrift »Wojenno-istoritscheski shurnal« (Militärgeschichtliche Zeitschrift), General W. Filatow, als Autor haben. Sie fanden ihren Weg in die Zeitung der rußländischen kommunistischen Partei »Prawda« oder in die »Sowjetskaja Rossija«. 1997 hatte Filatow die Aktenpublikationen zu Katyn noch nicht zur Kenntnis genommen und bezeichnete es als »45jährige Lüge« im Geiste der Goebbelsschen Propaganda, als die tatsächlichen Verantwortlichen für den politisch motivierten Massenmord beim Namen genannt und deren historische und persönliche Schuld nachgewiesen wurde. Unter anderem in der 1997 in Moskau erschienenen Quellenedition zum Thema Katyn. (»Rossija.« XX wek …)

Während Filatow, Muchin u. a. – ohne Tatsachen anzuführen und entgegen umfassender Quelleneditionen – auf Verleumdung setzen, schlägt die politische Führung der Republik Belorußland – ein, wie Jędrzej Tucholski feststellte, »für historische Forschungen ziemlich schwieriges Gebiet« – unter Premier Alexander Lukaschenko eine andere Taktik ein. Sie setzt wie eh und je auf Verbote. Im Unterschied zur rußländischen oder ukrainischen Regierung seit den 90er Jahren verhindert die Regierung von Belorußland nach wie vor jeden Zugang zu archivalischen Quellen. (»Gazeta Wyborcza«, Warszawa, 26. April 2001)

Es liegt auf der Hand, daß der Aktenbestand der Verwaltung bzw. Hauptverwaltung Kriegsgefangenenwesen oder Hauptverwaltung Kriegsgefangenenwesen und Internierte von besonderem Wert für die Forschungen zum Thema Kriegsgefangene ist. Er wurde bereits in den 60er Jahren aus dem Verantwortungsbereich des damaligen MGB in das mit sieben Siegeln verschlossene Sonderarchiv der Sowjetarmee verlegt. In diesem jahrzehntelang unzugänglichen Aufbewahrungsort der Unterlagen von Millionen deutscher, japanischer, italienischer u.a. Kriegsgefangener des zweiten Weltkriegs erschlossen Archivarinnen wie Olga Saizewa nicht nur den einmaligen Bestand der Akten zu polnischen Kriegsgefangenen, sondern sorgten gegen Ende der 80er Jahre auch dafür, daß Wissenschaftler davon erfuhren. Als Natalja Lebedewa jedoch den ersten Versuch unternahm, diese Quellen auszuwerten, untersagte der Generalstaatsanwalt der UdSSR Alexander Sucharew die Nutzung. Juri Sorja wurde aus gleichem Anlaß vom seinerzeitigen Chef des Archivwesens Waganow bedeutet: »Sie werden keinen Fuß in das Sonderarchiv setzen!« (Jelin, Troje …, S. 12ff.) Mit den

Machtstrukturen verfielen auch deren Verbote, wenngleich nach wie vor »verbotene Zonen« blieben.

Zu den Personen und Institutionen, die Katyn einzig und allein aus der Sicht der »Mitteilung« der Burdenko-Kommission dargestellt wissen wollten und wollen, gehörten erklärlicherweise sowohl das Politbüro der KPdSU als auch das Komitee für Staatssicherheit beim Ministerrat der UdSSR in der Nachfolge von NKWD/NKGB/MWD/MGB, d. h. einflußreiche Kräfte des Partei- und des Repressionsapparats. Noch im März 1990 erklärte der autorisierte Sprecher des KGB der UdSSR A. Grinenko, daß die »Tragödie von Katyn« »in den Schlußfolgerungen der Sonderkommission« dargestellt worden sei. (»Moskowskije nowosti«, Moskau, 4. März 1990) Im folgenden Jahr versuchte der Chef des KGB von Kalinin/Twer, Lakonzew, die begonnenen Exhumierungsarbeiten auf dem Gräberfeld von Miednoje zu stoppen.

Im Laufe einiger Jahrzehnte wandelten sich nicht nur innerhalb der beiden genannten Institutionen die Ansichten zum Thema Katyn schrittweise, zögerlich und auch widersprüchlich, sondern vor allem bei den Vertretern der Historikerzunft. Vertraten doch Wissenschaftlerinnen wie Parsadanowa und Lebedewa noch bis zum Anfang des letzten Jahrzehnts des 20. Jahrhunderts die seit Mitte der 40er Jahre vorgegebenen Positionen. Da der Zugang zu den Quellen unterbunden war, war schwerlich etwas anderes möglich. Selbst eine offizielle polnisch-sowjetische Quellenedition zu den Beziehungen zwischen beiden Ländern (»Dokumenty i materiały …«) über die Jahre 1939 bis 1943 erschien zwar 1961 in Warschau, jedoch erst mit mehr als zehnjähriger Verspätung in Moskau. Enthielt doch der Band Dokumente zum Thema Katyn, die in Nuancen der sowjetischen Staatsräson zuwiderliefen. Dazu kommt die Grundstimmung der rußländischen Öffentlichkeit, die sich dagegen wehrt, mit offensichtlichen Verbrechen der Vergangenheit konfrontiert sein zu müssen.

Daß große und einflußreiche Teile der rußländischen Öffentlichkeit nach wie vor nicht gewillt sind, die Ergebnisse neuer Forschungen auf der Grundlage erstmals zugänglicher historischer Quellen anzunehmen, zeigt sich u. a. auch in der Verlagspraxis. Ein von Inessa Jaschborowska, Anatoli Jablokow und Juri Sorja erarbeiteter Dokumentenband (»Katyń …«) konnte nicht in Rußland erscheinen. So ist die 1998 in Warschau veröffentlichte Übersetzung die Erstausgabe. Von sowjetischer Seite existierte über Jahrzehnte allein und ausschließlich die »Mitteilung« der von Nikolai Burdenko geleiteten Sonderkommission.

Je größer der zeitliche Abstand zu den Ereignissen von Katyn, um so stärker wurde das Bestreben, selbst den geographischen Namen aus dem öffentlichen Bewußtsein zu tilgen bzw. mit dem Begriff Katyn nicht den Mord an den polnischen Militärs zu assoziieren. Deshalb wurden an zahlreichen

Orten Belorußlands, die einmal den Namen »Chatyn« getragen hatten, Erinnerungsstätten, z. B. Glockenstühle, errichtet, deren Glocken, von jedem Lufthauch bewegt, Tag und Nacht an Verbrechen erinnerten, die von der deutschen Besatzungsmacht tatsächlich an den Einwohnern der zahlreichen »Chatyns« begangen worden waren. Durch die »Glocken von Chatyn« sollten die Erinnerungen an Katyn zumindest zeitweise bei einem großen Teil der sowjetischen Bevölkerung übertönt werden.

In der polnischen Forschung hingegen war von Anfang an eine Mehrheit dominant, die nach historischer Wahrheit suchte und Tabuisierungen weitgehend negierte. Diese Suche war von Seiten der Systemgegner vom Streben geprägt, die Machtstrukturen der Volksrepublik Polen zu diskreditieren, bei Anhängern des Systems entsprangen sie dem gegenläufigen Bemühen, durch Darstellung der historischen Wahrheit die Autorität dieser gleichen VR Polen zu erhöhen.

Die polnische historische Forschung zum Thema Katyn beginnt mit den Versuchen, das Schicksal der polnischen kriegsgefangenen Soldaten und Offiziere sowie deren Familien zu klären. Ihre Anfänge reichen vom Herbst 1939 bis zur Öffnung der ersten Massengräber im Wald von Katyn.

Waren es anfangs lediglich chronikartige Aufzeichnungen und Materialsammlungen, ging es ab 1941 vor allem um die Suche nach militärischen Führungskräften und Mannschaften für polnische Streitkräfte im Verband der Antihitlerkoalition. Nach den Vereinbarungen zwischen polnischer Exilregierung und Sowjetregierung 1941 suchte die polnische Seite systematisch nach den Verschollenen, vor allem nach den vermißten polnischen Offizieren. Die sowjetische Seite blockte systematisch und hartnäckig diese Bestrebungen ab. Im Kräftefeld dieser Auseinandersetzungen entstand auf Weisung des Befehlshabers der Polnischen Streitkräfte in der UdSSR, Władysław Anders, 1941/42 eine umfassende Dokumentation zum Schicksal polnischer Militärs in der UdSSR. Dieser Aufgabe nahm sich im Auftrage von Anders der Rittmeister Józef Czapski an.

Sowohl er als auch der Botschafter der Exilregierung Stanisław Kot operierten gegenüber sowjetischen diplomatischen und militärischen Behörden sowie bei Verhandlungen mit Josef Stalin mit diesen immer ausführlicheren Dokumentationen, Ergebnissen einer historischen Zweckforschung im Dienste der Antihitlerkoalition.

Nachdem die polnischen Truppen unter Anders aus der UdSSR abgezogen waren, gewann das Ende 1942 in Jerusalem eingerichtete Dokumentationsbüro besonderes Gewicht bei der fortgesetzten Sammlung und Bearbeitung zum Schicksal von Polen in der UdSSR. In der sogenannten Anders Collection wurden annähernd 18 000 Dokumente gesammelt. Gleichzeitig erfolgte die Vervollständigung der Verlustlisten, in der schließlich Angaben über annähernd 9 000 Personen zusammengetragen wurden.

Diese Quellen bildeten in den letzten Kriegs- und den Nachkriegsjahren des kalten Krieges den Grundstock zwar politisch intendierter, jedoch wissenschaftlichen Ansprüchen genügender Darstellungen und erster Quelleneditionen. Sie behandelten sowohl die Themen Kriegsgefangene und Sonderlager als auch Deportation und Arbeitslager.

Ab 1943, mit der Entdeckung und Öffnung der Massengräber von Katyn, vergrößerte sich die Tatsachenbasis historischer Forschungen zum Schicksal polnischer Militärs in der UdSSR deutlich.

Hitlerdeutschland veröffentlichte das »Amtliche Material zum Massenmord von Katyn« (1943) und verfolgte damit das Ziel, die Anthitlerkoalition zu sprengen. Das gelang hinsichtlich der Beziehungen Polen/Sowjetunion nur kurzfristig. Nachhaltig wirkte dagegen die moralische Delegitimierung der UdSSR, die durch die propagandistische Behandlung des Themas Katyn erreicht wurde.

Von polnischer Seite erschien im gleichen Jahr eine Übersicht der bis zum 1. Juni 1943 identifizierten ehem. Angehörigen der polnischen Armee, die durch die Bolschewiki in Katyn ermordet worden sind (»Wykaz ...«). Vervollständigt und präzisiert wurde diese Liste in den Jahren 1948/49 in der Emigration. Einer Artikelfolge in der Wochenzeitung »Orzeł Biały«, folgte 1949 die von Adam Moszyński besorgte Buchausgabe mit Angaben zu 9615 Vermißten, Verschollenen, Ermordeten. Diese Ausgabe »Lista Katyńska« (Liste Katyn) dokumentiert jedoch nicht nur die Opfer von Kosjelsk (annähernd 73 Prozent), sondern auch einen kleineren Teil der Opfer aus dem Sonderlager Ostaschkow (annähernd 20 Prozent) und einen großen Teil derer des Sonderlagers Starobjelsk (annähernd 87 Prozent).

Eine nochmals überarbeitete und revidierte Fassung der »Lista Katyńska. Jency obozów Kozielsk–Ostaszków–Starobielsk zaginieni w Rosji Sowieckiej« (»Liste Katyn. In Sowjetrußland umgekommene Gefangene der Lager Kosjelsk–Ostaschkow–Starobjelsk«) erschien in London 1972. Sie orientierte sich an Forschungen des im Londoner Exil wirkenden General-Sikorski-Instituts. Die vollständigsten und genauesten Übersichten der Verluste wurden jedoch erst in den 90er Jahren mit den bereits erwähnten »Erschießungslisten« im Rahmen des Forschungsprojektes der »KARTA«, der Dokumentation Tucholskis und den von den Familien initiierten Dokumentationen vorgelegt.

Eine wichtige Quellensammlung, in der sich auch Dokumente zur Tragödie von Katyn befinden, ist die fünfbändige Edition von Zeitzeugnissen durch die Landesarmee. Nachdem in den siebziger Jahren eine Ausgabe in der Emigration (London 1970–1981) erfolgte, kam es 1990 zu einer Ausgabe in Polen. (»Armia Krajowa ...«) Aus dem gleichen Kreis kam auch die speziell Katyn gewidmete Dokumentation »Das Verbrechen von Katyn« (»Zbrodnia Katyńska ...«) Sie erreichte seit 1948 mehrere Auflagen und spiegelte den jeweiligen Kenntnisstand wider. Inzwischen ist sie ein historiographisches Relikt, überholt durch die Forschungsergebnisse seit Anfang der 90er Jahre.

In der VR Polen erschien 1964, bedauerlicherweise allein für den Dienstgebrauch in den Regierungsbehörden, eine der bedeutendsten Quelleneditionen (»Sprawa polska ...«) zum Thema Katyn. Die von Tadeusz Cieślak erarbeitete Publikation enthielt u. a. eine Rede Władysław Sikorskis über das Schicksal internierter und inhaftierter Polen in der UdSSR, das Protokoll des Gesprächs zwischen Stalin und Sikorski im März 1942 und weitere wichtige Dokumente. Veröffentlichungen dieser Art waren selbst für den internen Gebrauch in der UdSSR undenkbar.

Polnische Historiker veröffentlichten 1989 ein bereits zuvor in der gemischten polnisch-sowjetischen Kommission von Parteihistorikern vorgetragenes detailliertes Gutachten (»Zbrodnia Katyńska ...«), auf das die sowjetische Seite zu antworten nicht in der Lage war. Es deckte Punkt für Punkt die Unzulänglichkeiten, Fehler, Mängel, Schwächen und Lügen der »Mitteilung« der Burdenko-Kommission von 1944 auf. Erst Jahre später, nach dem politischen Umbruch in Rußland, vermochte im August 1993 eine interdisziplinär zusammengesetzte Gutachterkommission rußländischer Wissenschaftler in einer ausführlichen Expertise, die aus den nunmehr zugänglichen Quellen gespeist wurde, eine wisssenschaftlich ausgewogene Darstellung vorzulegen. Sie entstand als Auftragsforschung der Militärstaatsanwaltschaft, die in Sachen Katyn die Ermittlungen aufgenommen hatte.

Vom Bestreben diktiert, im Zeichen des kalten Kriegs den vormals hochwillkommenen und nunmehr nicht mehr gebrauchten Verbündeten UdSSR in die Defensive zu zwingen, in die politische »Schurkenstaaten-Ecke« zu stellen, entstand der Bericht einer Kommission des US-amerikanischen Repräsentantenhauses »The Katyn Forest Massacre«. Am 18. September 1951 gebildet, vom Abgeordneten Ray J. Madden geleitet, vernahm die Kommission insgesamt 103 Zeugen bzw. Gutachter und prüfte über 100 schriftliche Aussagen. Sie nahm Einsicht in 220 Dokumente. 1952 lag ihr Abschlußbericht vor. Er instrumentalisierte das Staatsverbrechen von Katyn und spielte die ihm zugedachte Rolle im kalten Krieg.

Mit »Death in the Forest« von Janusz Zawodny wurde auch eine ausführliche Darstellung vorgelegt. An der katholischen University of Notre Dame herausgegeben, gründet sie ihre Darstellung auf eine solide Quellenbasis und analysiert kritisch bisherige Veröffentlichungen zum Thema. Sie galt über lange Zeit als Standardwerk und erlebte zahlreiche Nachauflagen. Durch die Quelleneditionen der 90er Jahre ist sie ein historiographisches Wegzeichen geworden und durch neue Forschungen überholt.

Standardwerke diesen Gewichts stehen ungeachtet einer Reihe von Veröffentlichungen in Polen und Rußland noch aus.

Literaturverzeichnis

Abarinow, Wladimir: Katynski labyrint. (Das Labyrinth von Katyn.) Moskwa 1991. 207 S.

Abramski, Jan und Żywiecki, Ryszard: Katyń. Warszawa 1977 (zahlreiche Nachauflagen).

Akten zur Deutschen Auswärtigen Politik 1918–1945. Aus dem Archiv des Auswärtigen Amtes. Serie E: 1941–1945. Bd. V: 1. Januar bis 30. April 1943. Göttingen 1978.

Amtliches Material zum Massenmord von Katyn. Im Auftrage des Auswärtigen Amtes auf Grund urkundlichen Beweismaterials zusammengestellt, bearbeitet und herausgegeben von der Deutschen Informationsstelle. Berlin 1943.

Anders, Władysław: Bez ostatniego rozdziału. Wspomnienia z lat 1939–1946. (Ohne letztes Kapitel. Erinnerungen an die Jahre 1939–1946.) 4. Aufl., London 1973.

Antosjak, A.: Oswoboshdenije Sapadnoj Ukrainy. (Die Befreiung der Westukraine.) In: »Wojenno-istoritscheski shurnal«, Heft 9/1989, S.51–60.

Aresztowani w rejonie Lwowa i Drohobycza. Alfabetyczny wykaz 5 822 obywateli polskich aresztowanych przez NKWD w rejonie Lwowa i Drohobycza w latach 1939–1941. (Die Verhafteten im Raum Lwów und Drohobycz. Alphabetisch geordnete Liste der 5 822 polnischen Bürger, die vom NKWD im Raum Lwów und Drohobycz 1939–1941 verhaftet wurden.) Warszawa 1998. = Indeks Represjonowanych. (Verzeichnis der Repressierten). Bd. VI.

Armia Krajowa w dokumentach 1939–1945 (Die Landesarmee in Dokumenten 1939–1945). Warszawa 1990 ff., Bd. 1 ff.

Bardach, Janusz: Der Mensch ist des Menschen Wolf. Mein Überleben im Gulag. München 1998.

Bartoszewski, Władysław: Vorwort. In: Slowes …, S. 7–38.

Bergh, Hendryk von: Die Wahrheit über Katyn. Der Massenmord an polnischen Offizieren. Berg am See 1986.

Berija, Sergo: Moj otez – Lawrenti Berija. (Mein Vater – Lawrenti Berija). Moskwa 1994. 431 S.

Berling, Zygmunt: Wspomnienia. (Erinnerungen.) Bd. I und II. Warszawa 1990–1991.

Biała księga. Fakty i dokumenty z okresu dwoch wojen światowych zawierająca dokumenty zebrane i opracowane przez W. Sukiennickiego. (Weißbuch. Tatsachen und Dokumente aus zwei Weltkriegen. Bearbeitet und herausgegeben durch W. Sukiennicki). Paris 1964.

Bliss-Lane, Arthur: I saw Poland Betrayed. An American Ambassador Reports to the American People. New York 1948.

Blum, Ignacy: Polacy w Związku Radzieckim. (Polen in der UdSSR.) In: »Wojskowy Przegląd Historyczny«, Nr. 1(41)/1967, S. 146–173.

Blum, Ignacy: Żolnierze Armii Polskiej w ZSRR. (Die Soldaten der Polnischen Armee in der UdSSR). Warszawa 1967. Als Ms. vervielfältigt. 403 S.

Blum, Ignacy: Z dziejów aparatu politycznego Wojska Polskiego. (Zur Geschichte des Politapparats der Polnischen Streitkräfte.) Warszawa 1957. 300 S.

Büchner, Günther: Biografische Skizzen. Unveröffentlichtes Manuskript. Mahlow o.J.

Czapski, Józef: Na nieludzkiej ziemi. (In einem unmenschlichen Land.) Erweiterte Auflage unter dem Obertitel »Walka« (Der Kampf). London 1967.

Czapski, Józef: Wspomnienia starobielskie. (Erinnerungen an Starobjelsk.) Rom 1947 und London 1965.

Cieselski, Stanisław, Grzegorz Hryziuk und Aleksander Srebrakowski: Masowe deportacje radzieckie w okresie II wojny światowej. (Die sowjetischen Massendeportationen während des zweiten Weltkriegs.) Wrocław 1993.

Das Diensttagebuch des deutschen Generalgouverneurs in Polen 1939–1945. Hrsg. W. Präg u.a. Stuttgart 1975.

Datner, Szymon: Zbrodnie Wehrmachtu na jeńcach wojennych armii regularnych w II wojnie swiatowej. (Die Verbrechen der Wehrmacht gegen Kriegsgefangene der regulären Armeen während des II. Weltkriegs.) 2. Aufl., Warszawa 1964, 2. Aufl. 570 S.

Der Prozeß gegen die Hauptkriegsverbrecher vor dem Internationalen Gerichtshof. Nürnberg. 1947. Bd. 1 ff.

Die Beziehungen zwischen Deutschland und der Sowjetunion 1939–1941. 251 Dokumente. Aus den Archiven des Auswärtigen Amtes und der deutschen Botschaft in Moskau. Hrsg. A. Seidl. Tübingen 1949.

Die Sowjetunion auf internationalen Konferenzen während des Großen Vaterländischen Krieges 1941 bis 1945. Bd. 1: Die Moskauer Konferenz der Außenminister der UdSSR, der USA und Großbritanniens. Moskau – Berlin 1988. 364 S.

Dimitrow, Georgi: Tagebücher 1933–1943. Hrsg. von Bernhard H. Bayerlein. Berlin 2000. 712 S.

Documents on Polish-Soviet Relations 1939–1945. London. Bd. I. 1961; Bd. II. (1967).

Dokumenty i Materiały do historii stosunków polsko-radzieckich. (Dokumente und Materialien zu den polnisch-sowjetischen Beziehungen). Bd. VII. Warszawa 1961.

Dokumenty i materialy po istorii sowjetsko-polskich otnoschenij. (Dokumente und Materialien zur Geschichte der polnisch-sowjetischen Beziehungen). Bd. VIII. Hrsg. I.Chrenow, W. Kowalski u.a. Moskwa 1974. 679 S.

Drugie Półwiecze zbrodni. Katyń – Twer – Charkow. (Die zweite Jahrhunderthälfte des Verbrechens. Katyn – Twer – Charkow. Warszawa 1995.

Dubicki, Tadeusz: Internowani w Rumunii. (In Rumänien interniert.) In: »Karta«, Warszawa, Heft 10/1993, S. 70–75.

Ernst, Günter: Zwei unbekannte Dokumente zur Schlacht vor Moskau – Winter 1941/42. In: »Zeitschrift für Militärgeschichte«, Heft 1/1960, S. 84–87.

Ewakuacja. (Die Evakuierung [der Häftlinge aus den Gefängnissen der sowjetischen Westgebiete – G.K.] In: »Karta«, Warszawa, Heft 12/1994, S.137–138.

Faschistki metsch kowalsja w SSSR. Krasnaja armija i Reichswehr. Tajnoje sodrudnitschestwo 1922–1933. Neiswestnyje dokumenty. (Das faschistische Schwert wurde in der UdSSR geschmiedet. Die Rote Armee und die Reichswehr. Geheime Zusammenarbeit 1922–1933. Unbekannte Dokumente.) Moskwa 1992, 381 S.

Feldmann, Boris: Kurzer Bericht über die Reise nach Deutschland zu den Herbstmanövern der Reichswehr [vom 14. Dezember 1932]. In: »Sowjetskije archiwy«, Moskwa, Heft1/1991, S. 71–77.

Fesjun, A.: Nowyje dokumenty po »delu Sorge«. (Neue Dokumente »in Sachen Sorge«). In: »Nowaja i nowejschaja istorija«, Heft 2/2000, S. 118–146.

Fitz-Gibbon, Louis: A Crime without Parallel. London 1971. Deutsch unter dem Titel: Das Grauen von Katyn. Verbrechen ohne Beispiel. Vlotho 1980.

Fox, John: Der Fall Katyn und die Propaganda des NS-Regimes. In: »Vierteljahreshefte für Zeitgeschichte«, München 1982, S. 462–499.

Gasztold, Tadeusz: Poza »willą rozkoszy«. Działalność kulturalno-oświatowa polskich jeńców wojennych w Rosji Sowieckiej w latach 1939–1947. Koszalin 1995. 207 S.

Gajowniczek, Zuzanna: Ukraiński ślad Katynia. (Die ukrainische Spur Katyns.) Warszawa 1995. 233 S.

Gilensen, V.: W pojedinke s polskoj »dwujkoj« pobedili sowjetskije »monarchisty«. (Im Zweikampf mit der polnischen »Zweiten« [d.h. Spionage – G.K.] siegten die sowjetischen »Monarchisten«.) In: »Wojenno-istoritscheski shurnal«, Heft 6/2001, S. 71–76.

Groehler, Olaf: Selbstmörderische Allianz. Deutsch-russische Militärbeziehungen 1920–1941. Berlin 1992, 208 S.

Gurjanow, Aleksander: Cztery deportacje 1940–1941. In: »Karta«, Warszawa 12/1994, S. 114–136.

Hedeler, Wladislaw, Nadja Rosenblum: 1940 – Stalins glückliches Jahr. Berlin 2001. 236 S.

Jaschborowska, Inessa, A. Jablokow, J. Sorja: Katyń. Zbrodnia chroniona tajemnicą państwową. (Katyn. Ein Verbrechen von Geheimnissen umgeben.) Warszawa 1998. 432 S. (In polnischer Sprache im gleichen Jahr in Warszawa erschienen.)

Jasiewicz, Krzysztof: Liczba deportowanych. (Die Zahl der Deportierten.) In: »Karta«, Heft 32/2001, S. 143–145.

Jelin, Lew: Der NKWD-Hauptmann, der alles über Katyn weiß. In: »Neue Zeit«. Moskauer Hefte für Politik, Nr. 17, April 1991, S. 28–31.

Jelin, Lew: 53 Henker ... und zwei Zeugen. In: »Neue Zeit«. Moskauer Hefte für Politik, Nr. 42. Oktober 1991, S. 32–35.

Jelin, Lew: Troje s paketom w Kremle. (Drei mit einem Paket im Kreml.) In: »Nowoje wremja«, Moskwa, Heft 43, S. 12–15.

Jency w Griazowcu i Suzdalu. Alfabetyczne wykazy 3640 jeńców wojennych z 1939 roku – Polakow i przedwojennych obywateli polskich innych narodowości. (Die Gefangenen von Grjasowez und Susdal. Alphabetisch geordnete Liste von 3640 Kriegsgefangenen – Polen und polnische Bürger der Vorkriegszeit anderer Nationalitäten.) Warszawa 1997. = Indeks Represjonowanych (Index Repressierter). Bd. V.

Jeńcy zmarli i zaginieni (1785). Jeńcy wojenni z 1939 roku zmarli w obozach jenieckich NKWD w latach 1939–1941 oraz jency »zaginieni« w czasie ewakuacji obozu lwówskiego latem 1941. (Verstorbene und vermißte Kriegsgefangene /1785/. In den Lagern des NKWD 1939–1941 verstorbene Kriegsgefangene des Jahres 1939 und während der Evakuierung des Lagers Lwów im Sommer 1941 »verschollene« Kriegsgefangene.) Warszawa. = Indeks Represjonowanych (Verzeichnis Repressierter). Bd. IX.

Kadell, Franz: Die Katyn-Lüge. Geschichte einer Manipulation. Fakten, Dokumente und Zeugen. München 1991.

Kaiser, Gerhard und Andrzej Szcześniak: Katyn. Der Massenmord an polnischen Offizieren. Berlin 1992. 335 S.

Kaiser, Gerhard: Rußlandfahrer. Aus dem Wald in die Welt. Tessin 2000. 260 S.

Katyń. Dokumenty zbrodni. Jeńcy nie wypowiedzianej wojny. Sierpień 1939 – Marzec 1940. (Katyn. Dokumente des Verbrechens. Die Gefangenen eines nicht erklärten Kriegs. August 1939 – März 1940). Bd. 1. Warszawa 1995. 548 S.

Katyń. Dokumenty zbrodni. Zagłada. Marzec – Czerwiec 1940. (Katyn. Dokumente des Verbrechens. Die Vernichtung. März – Juni 1940). Bd. 2. Warszawa 1998. 575 S.

Katyń. Księga cmentarna polskiego cmentarza wojennego. (Katyn. Das Totenbuch des polnischen Soldatenfriedhofs.) Warszawa 2000.

Katyń, Miednoje, Charkow. Ziemia oskarża. (Katyn, Miednoje, Charkow. Die Erde klagt an.) Warszawa 1996.

Katyń: Problemy i zagadki. Dedykowane Józefowi Czapskiemu. (Katyn – Probleme und Rätsel. Józef Czapski gewidmet.) Warszawa 1990.

Katynskaja drama: Kosjelsk, Starobjelsk, Ostaschkow. (Das Drama von Katyn: Kosjelsk, Starobjelsk, Ostaschkow.) Hrsg. O. Jasnow. Moskau 1991.

Kielmannsegg, Johann Adolf, Graf v.: Panzer zwischen Warschau und Atlantik. Berlin 1941.

Klee, Ernst: Deutsche Medizin im Dritten Reich. Karrieren vor und nach 1945. Frankfurt/M. 2001.

Klotz, Aleksander: Obliczenia Klotza. (Die Berechnungen von Klotz.) In: »Karta«, Warszawa, Heft 12/1994, S. 107–110.

Knyt, Agnieszka: Represjonowani – imiennie. (Repressierte – Namen für Namen.) In: »Karta«, Heft 31/2000, S. 142–145.

Konflikty Polsko-Sowieckie 1942–1944. Z archiwów sowieckich. (Die polnisch-sowjetischen Konflikte 1942–1944. Aus sowjetischen Archiven.) Bd. III. Warszawa 1993. 193 S.

Kot, Stanisław: Rozmowy z Kremlem.(Gespräche mit dem Kreml.) London 1959.

Ku cmentarzom polskim w Katyniu, Miednoje, Charkowie. (Über die polnischen Friedhöfe in Katyn, Miednoje und Charkow.) Warszawa 1997.

Kwiatkowska-Viatteau, A.: Katyń. London 1988.

Lebedewa, Natalja: Katyn. Prestuplenie protiw tschelowetschestwa. (Katyn. Verbrechen gegen die Menschlichkeit.) Moskwa 1999 (Polnische Ausgabe: Warszawa 1997).

Lebedewa, Natalja: O tragedii w Katyni. (Über die Tragödie von Katyn). In: »Meshdunarodnaja shisn«, Heft 5/1990, S. 112ff.

Lebedewa, Natalja: Stalin, Sikorski, Anders i drugije. (Stalin, Sikorski, Anders und andere.) In: »Meshdunarodnaja shisn«, Heft 12/1990, S. 123 ff.

Lista Katyńska. Jeńcy obozów Koziesk – Ostaszków – Starobielsk zaginieni w Rosji Sowieckiej. (Liste Katyn. In Sowjetrußland umgekommene Gefangene der Lager Kosjelsk – Ostaschkow – Starobjelsk.) Brüssel 1949 und London 1972.

Listy katyńskiej ciąg dalszy: straceni na Ukrainie. Lista obywateli polskich zamordowanych na Ukrainie ... (Fortsetzung der Liste von Katyn: die Hingerichteten in der Ukraine. Die Liste der polnischen Staatsbürger, die in der Ukraine ermordet wurden ...) Warszawa. 1994

Łopianowski, Narcyz: Rozmowy z NKWD. 1940–1941. (Gespräche mit dem NKWD. 1940–1941.) Warszawa 1990.

Lubelska lista Katyńska. (Die Lubliner Liste von Katyn.) Lublin 1997.

Mackiewicz, Josef (Józef): Katyn – Ungesühntes Verbrechen. 3. Aufl., Frankfurt/M. 1983. 245 S.

Madajczyk, Czesław: Dramat katyński. (Das Drama von Katyn.) Warszawa 1989. 189 S. Abb.

Madajczyk, Czesław: Das Drama von Katyn. Berlin 1991. 328 S. Dokumentenanhang: S. 149 ff.

Materski, Wojciech: Polscy jeńcy wojenni w ZSSR 1939–1941. (Polnische Kriegsgefangene in der UdSSR 1939–1941.) Warszawa 1992.

Materski, Wojciech: Katyn. Documents on Genocide. Warszawa 1993.

Medizin ohne Menschlichkeit. Dokumente des Nürnberger Ärzteprozesses. Hrsg. Alexander Mitscherlich und Fred Mielke. Frankfurt/M. und Hamburg 1960.

Mitteilung der Sonderkommission zur Feststellung und Untersuchung des Tatbestandes der Erschießung kriegsgefangener polnischer Offiziere durch die faschistischen deutschen Okkupanten im Wald von Katyn. Moskwa 1944. 41 S.

Mikulski, Teofil: Biogramy jeńców. Kozielsk. Starobielsk. Ostaszków. Ukraina. Zaginieni. (Lebensbilder der Gefangenen. Kosjelsk. Starobjelsk. Ostaschkow. Ukraine. Verschollene.) Wrocław 1999. 574 S.

Moszyński, Adam: Lista Katyńska. Jeńcy obozów Kozielsk–Ostaszków–Starobielsk zaginieni w Rosji Sowieckiej. (Liste Katyn. Die in Sowjetrußland umgekommenen Gefangenen der Lager Kosjelsk – Ostaschkow – Starobjelsk.) London 1972.

Muchin, Juri: Katynski detektiv. (Der Katyn-Krimi.) Moskau 1995.

My deportowani. Wspomnienia Polaków z więzień, lagrów i zsylek w ZSSR. (Wir Deportierte. Erinnerungen von Polen an Gefängnisse, Lager und aus der Verbannung in der UdSSR.) Warszawa 1989.

Nazarewicz, Ryszard: Armii Ludowej. Dylematy i Dramaty. (Der Volksarmee. Dilemata und Dramatik.) Warszawa 1998. 328 S.

Nazarewicz, Ryszard: Die Vernichtung der KP Polens im Lichte der Akten des Exekutivkomitees der Kommunistischen Internationale. Schkeuditz 1998. 53 S.

»Nie tylko Katyń«. Wystawa okolicznościowa w Muzeum Wojska Polskiego w Warszawie. Kwiecień – Sierpień 1991. (»Nicht nur Katyn«. Katalog der Ausstellung im Museum der Polnischen Streitkräfte in Warschau. April – August 1991.) Warszawa 1991.

Nowak, Włodzimierz: Walizki Trudy. (Trudes Koffeer). In: »Gazeta Wyborcza«, Magazyn, Warszawa, 20. Dezember 2001, S. 16 ff.

Nudelman, Wladimir: Menja ne isklutschali is djetskogo sada. (Man schloß mich nicht aus dem Kindergarten aus.) Jekaterinburg. 2001. 504 S.

Obliczenia Ambasady. (Die Berechnungen [zum Umfang der Deportationen – G.K.] der Botschaft. In: »Karta«, Warszawa, Heft 12/1994, S. 111.

Obozy jenieckie NKWD IX 1939 – VIII 1941. Pod. red. S. Jaczyński. (Die Kriegsgefangenenlager des NKWD September 1939 – August 1941. Hrsg. S. Jaczynski.) Warszawa 1995.

»Opjat', b'jut bitschom, proschibajut golowy kamnjami«. Ruskije w polskich konzentrazionnych lagerjach 1920–1924. (»Sie peitschen wieder aus und verletzen die Köpfe mit Steinwürfen«. Russen in den polnischen Konzentrationslagern 1920–1924.) In: »Istotschnik«, Heft 3/2001, S. 52–82.

Organizacja i działania bojowe LWP 1943–1945. (Die Formierung und die Kampfhandlungen der Polnischen Volksarmee 1943–1945.) Hrsg. Ignacy Blum. Bd. IV. Warszawa 1963.

Oskozki, Walentin: Prestuplenije sochranjajemoje kak gosudarstwennaja tajna. (Ein Verbrechen, das als Staatsgeheimnis gehütet wurde.) In: »Woprosy istorii«, Heft 1/2000, S. 152–158.

Otscherki istorii rossijskoj wneschnej raswedki. (Studien zur Geschichte der rußländischen Auslandsaufklärung.) Bd. 4: 1941–1945. Moskwa 1999, 696 S.

Pamiętniki znalezione w Katyniu. Z przedmową Janusza Zawodnego. (In Katyn gefundene Tagebücher. Mit einer Einführung von Janusz Zawodny.) 2. Aufl., Warszawa 1990.

Parsadanowa, Valentina: Sowjetsko-polskije otnoschenija w gody Welikoj Otetschestwennoj Wojny. (Die sowjetisch-polnischen Beziehungen in den Jahren des Großen Vaterländischen Krieges.) Moskwa 1982.

Parsadanowa, Valentina: K istorii katynskogo dela. (Zur Geschichte von Katyn.) In: »Nowaja i nowejschaja istorija«, Moskau, Heft 3/1991, S. 19 ff.

Parsadanowa, Valentina, Jurij Sorja: Katyn. Dokumente. Indizien. Versionen. In: »Neue Zeit«, Moskauer Hefte für Politik, Nr. 16, 16. bis 22. April 1990, S. 34 ff.

Paul, Allan: Katyn. The untold story of Stalins Polish Massacre. New York – Toronto – Oxford 1991.

Perepiska predsedatelja Sowjeta Ministrow SSSR s presidentami SŠA i premierministrami Welikobritanii wo wremja Welikoj Otetschestwennoj Wojny 1941–1945. (Der Schriftwechsel zwischen dem Vorsitzenden des Ministerrats der UdSSR mit den Präsidenten der USA und den Premierministern Großbritanniens.) Bd. 1 und 2, 2. Aufl., Moskwa 1989.

Peszkowski, Zdzisław: Wspomnienia jeńca z Kozielska. (Erinnerungen eines Gefangenen von Kosjelsk.) Warszawa 1989.

Petrow, N. und K. Skorkin: Kto rukowodil NKWD. 1934–1941. Sprawotschnik. (Wer leitete das NKWD. 1934–1941. Nachschlagewerk.) Moskwa 1999. 503 S.

Pióro, Tadeusz: Armia ze skazą. (Eine Armee mit einem Makel.) Warszawa 1994. 422 S.

Pióro, Tadeusz: W lesie katyńskim. In: »Polityka«, Warszawa, 18. Februar 1989.

Polen, Deutschland und die Oder-Neisse-Grenze. Hrsg. Rudi Goguel. Berlin 1959. 1067 S.

Polish-Soviet Relations 1918–1943. Official Documents. Issued by the Polish Embassy in Washington. Washington 1943.

Prokurator [= Stepan Rodschewitsch – G. K.]. In: »Karta«, Warszawa, Heft 12/1994, S. 139 f.

Rodschewitsch, Stepan: Nemyje swideteli sagoworili. (Die stummen Zeugen begannen zu sprechen.) In: »Meshdunarodnaja shisn«, Moskwa, Heft 11/1990, S. 139–147.

Raszkiewicz, Aurelia: Der Weg nach Osten. Die Wanderung. In: »Karta«, Warszawa, Heft 2/2001, S. 64–88.

Report on the Massacre of Polish Officers in Katyn Wood. Facts and Documents. London 1946.

Roman, Wanda: Meldunki komisarzy politycznych z okresu likwidacji obozów specjalnych NKWD. (Die Meldungen der Politkommissare aus der Zeit der Liquidierung der Sonderlager des NKWD.) In: »Wojskowy Przegląd Historyczny«, Heft 1/1996, S. 240–261.

Rosja a Katyń. (Rußland und Katyn.) Warszawa 1994. 109 S.

Rossija. XX wek. Dokumenty. Katyn. Plenniki neobjawlennoj wojny. Dokumenty i materialy. (Rußland. XX. Jahrhundert. Katyn. Gefangene eines nicht erklärten Krieges. Dokumente und Materialien.) Moskwa 1997. 389 S.

Rozstrzelani w Charkowie. Alfabetyczny spis 3739 jeńców polskich ze Starobielska rozstrzelanych w kwietniu-maju 1940, według zródel sowieckich i polskich. (Erschossen in Charkow. Alphabetische Liste der 3739 polnischen Gefangenen von Starobjelsk, die im April/Mai 1940 erschossen wurden. Nach sowjetischen und polnischen Quellen.) Warszawa 1997. = Indeks Represjonowanych. (Verzeichnis der Repressierten.) Bd. II.

Rozstrzelani w Katyniu. Alfabetyczny spis 4410 jeńców polskich z Kozielska rozstrzelanych w kwietniu-maju 1940, według zródel sowieckich, polskich i niemieckich. (Erschossen in Katyn. Alphabetische Liste der 4410 polnischen Gefangenen von Kosjelsk, die im April/Mai 1940 erschossen wurden. Nach sowjetischen, polnischen und deutschen Quellen.) Warszawa 1997. = Indeks Represjonowanych. (Verzeichnis der Repressierten.) Bd. I.

Rozstrzelani w Twerze. Alfabetyczny spis 6314 jeńców polskich z Ostaszkowa rozstrzelanych w kwietniu / maju 1940 i pogrzebanych w Miednoje, według zródeł sowieckich i polskich. (Erschossen in Twer. Alphabetische Liste der 6314 polnischen Gefangenen von Ostaschkow, die im April/Mai 1940 erschossen und in Miednoje begraben wurden. Nach sowjetischen und polnischen Quellen.) Warszawa 1997. 344 S. = Indeks Represjonowanych. (Verzeichnis der Repressierten.) Bd. III.

Rybicki, Andrzej: Uniwersytecka Księga Katyńska. Pamięci pracowników naukowych UJ zamordowannych wiosną 1940 roku przez NKWD. (Das Katyn-Buch der Universität. In Gedenken an die Wissenschaftler der Jagiellonen-Universität [=Krakow – G.K.], die im Farühjahr 1940 durch das NKWD ermordet worden sind.) Kraków 2000.

Seeber, Eva: Die Beseitigung der Kommunistischen Partei Polens. In: Moskau 1938. Szenarien des Großen Terrors. Leipzig 1999, S. 109–126.

Seidler, Franz W. und Dieter Zeigert: Die Führerhauptquartiere. Anlagen und Planungen im Zweiten Weltkrieg. München 2000. 383 S.

Semirjaga, Michail: Sekretnyje dokumenty is osobych papok. (Geheimdokumente aus Sondermappen.) In: »Woprosy istorii«, Heft 3/1993, S. 3–22.

Semirjaga, Michail: Tajny stalinskoj diplomatii. 1939–1941. (Geheimnisse der stalinschen Diplomatie.) Moskwa 1992, 303 S.

Semskow, Viktor: GULAG. Istoriko-soziologitscheski aspekt. (GULag. Der historisch-soziologische Aspekt.) In: »Soziologitscheskije issledowanija«, Heft 6/1991, S. 10ff. und Heft 7/1991, S. 3ff.

Slowar' russkogo jasyka. Wladimir Dal'. (Wörterbuch der russischen Sprache.) Bd. IV. 2. Aufl., Moskwa 1982.

Slowes, Salomon: Der Weg nach Katyn. Bericht eines polnischen Offiziers. Hrsg. und mit einem für die deutsche Ausgabe aktualisierten Vorwort von Władysław Bartoszewski. Hamburg. 2000. 247 S.

Sorja, Juri: Reschiser katynskoj tragedii. (Der Regisseur der Tragödie von Katyn.) In: Berija. Konez Kar'ery. (Berija. Ende einer Karriere.) Moskwa 1990, S. 174–184.

Sprawa polska w czasie drugiej wojny światowej na arenie międzynarodowej. (Die polnische Frage während des zweiten Weltkriegs in den internationalen Beziehungen.) Hrsg.: T. Cieślak. Warszawa 1964.

SS im Einsatz. Eine Dokumentation über die Verbrechen der SS. Berlin 1957. 630 S.

Sudoplatow, Pawel, Anatoli Sudoplatow: Der Handlanger der Macht. Enthüllungen eines KGB-Generals. Düsseldorf 1994. 553 S.

Swianiewicz, Stanisław: W cieniu Katynia. (Im Schatten von Katyn.) Warszawa 1990. 374 S.

Szcześniak, Andrzej Leszek: Katyń. Relacje, wspomnienia, publicystyka. (Katyn. Berichte, Erinnerungen, Publizistik.) Warszawa 1989.

Szcześniak, Andrzej Leszek: Katyń. Tło historyczne, fakty, dokumenty. (Katyn. Historischer Hintergrund, Tatsachen und Dokumente.) Warszawa 1989.

The Katyn Bibliography. Books and Pamphlets. London 1977.
The Katyn Forest Massacre. United States Government Printing Office. Washington 1952, 31 S.
Tschukowski, Kornej: Dnewnik. 1939–1969. (Tagebuch.) Moskwa 1994.
Tucholski, Jędrzej: Mord w Katyniu. (Mord in Katyn.) Warszawa 1991. 986 S.
Tucholski, Jędrzej: Ekshumacje Charkow – Miednoje. (Die Exhumierungen von Charkow und Miednoje.) In: »Karta«, Warszawa, Heft 6/1991, S. 136–142.

Waksberg, Arkadi: Gnadenlos. Andrej Wyschinski – Mörder im Dienste Stalins. Bergisch Gladbach 1991.
Wasilewska, Wanda: Wspomnienia 1939–1940. (Erinnerungen 1939–1940). In: Archiwum Ruchu Robotniczego. Bd. VII, Warszawa 1982, S. 339–432.
Wicke, Markus: Arzt und Mörder. Wie das Deutsche Rote Kreuz unter dem SS-Mann Ernst Robert Grawitz zu einer Stütze des nationalsozialistischen Regimes wurde. In: »Berliner Zeitung«, Berlin, 16./17. Januar 1999.
Wodziński, Marian: Sprawozdanie. (Bericht) 1947. Als Ms. gedruckt. London 1947.
www. indeks. karta.org.pl (= Index identifizierter polnischer Repressierter. Ausschließlich in polnischer Sprache.)
Wykaz członków b. Armii Polskiej, zamordowanych przez bolszewików w Katyniu, zidentyfikowanych do dnia 1. czerwca 1943 r. (Übersicht der Angehörigen der ehem. Polnischen Armee, die durch die Bolschewiki in Katyn ermordet und bis zum 1. Juni 1943 identifiziert worden sind.) o.O. o.J.
Wykaz poległych i zmarłych żołnierzy Polskich Sił Zbrojnych na obczyźnie w latach 1939–1946. (Übersicht über in der Fremde von 1939 bis 1946 gefallene und verstorbene Soldaten der Polnischen Streitkräfte.) London 1972.

Zawodny, Janusz K.: Death in the Forest. The Story of the Katyn Forest Massacre. 5. Aufl., New York 1988. In Polen erstmals 1988 in Wrocław herausgegeben.
Zawodny, Janusz K.: Katyń. (In polnischer Sprache). Lublin – Paris 1989. 326 S.
Zeszyty katyńskie (Katyner Hefte), Nr. 1 ff. Warszawa. 1990 ff.

Zbrodnia Katyńska. Droga do prawdy. Historia, archeologia, kryminalistyka, polityka, prawo. (Das Verbrechen von Katyn. Der Weg zur Wahrheit. Geschichte, Archäologie, Kriminalistik, Politik, Recht.) Warszawa 1992.

Zbrodnia Katyńska w świetle dokumentów. Z przedmową Władysława Andersa. (Das Verbrechen von Katyn. Mit einem Vorwort von Władysław Anders.) Warszawa 1990.

Zwei Wege nach Moskau. Vom Hitler-Stalin-Pakt bis zum »Unternehmen Barbarossa«. Hrsg. im Auftrag des MGFA von Bernd Wegner. München – Zürich – 1991. 664 S.

Zbrodnia nie ukarana. Katyn – Twer – Charkow. (Ungesühntes Verbrechen. Katyn – Twer – Charkow.) Warszawa 1995.

IX. Zeittafel

23. August 1939
Abschluß des »Deutsch-Sowjetischen Nichtangriffsvertrages« und dazugehöriger »Geheimer Zusatzprotokolle«. Aufteilung der »Einflußsphären« in Osteuropa zwischen Deutschem Reich und UdSSR.

1. September 1939
Einmarsch der Wehrmacht in Polen. Beginn des zweiten Weltkriegs.

12. September 1939
Die britische und die französische Regierung beschließen in Abbeville ungeachtet der Verpflichtungen des am 26. August mit Polen abgeschlossenen Beistandspaktes der britischen Regierung, Polen nicht durch offensive Kampfhandlungen an der Westfront zu unterstützen.

14. September 1939
Weisung des Volkskommissars für Verteidigung der UdSSR Kliment Woroschilow und des Chefs des Generalstabs der Roten-Arbeiter-und-Bauern-Armee Boris Schaposchnikow über die Offensive gegen Polen.

17. September 1939
Einmarsch der Roten Armee in Polen.
Die Zeitung des Volkskommissariats für Verteidigung »Krasnaja Swesda« meldet am 17. September 1940, daß annähernd 181 000 Soldaten und weitere 10 000 Offiziere gefangengenommen worden seien.

18. September 1939
Die deutsche und die sowjetische Regierung erklären, gemeinsam »Ruhe und Ordnung in Polen herstellen« zu wollen.

19. September 1939
Befehl des Volkskommissars für Verteidigung Kliment Woroschilow an die Militärräte des Belorussischen und des Kiewer Sondermilitärbezirks zur Übergabe von Gefangenen an das NKWD.
  Befehl Nr. 0308 des Volkskommissars für Innere Angelegenheiten

Lawrenti Berija zur Bildung einer Verwaltung für Kriegsgefangenenangelegenheiten des NKWD.

Berija bestätigt das Statut der Verwaltung für Kriegsgefangenenangelenheiten des NKWD der UdSSR.

Dienstvorschrift der Sonderabteilung des NKWD der UdSSR zur Nachweisführung der geheimdienstlichen Arbeit unter Kriegsgefangenen in Kraft gesetzt.

Regeln für den Arbeitseinsatz von Kriegsgefangenen im Bereich des Wirtschaftsrats der Volkskommissare der UdSSR bestätigt.

20. September 1939
In Moskau unterzeichnen Vertreter der Wehrmacht und der Roten Armee Vereinbarungen über die Führung der Kampfhandlungen in Polen.

21. September 1939
Weisung des Volkskommissars für Verteidigung Kliment Woroschilow an die Befehlshaber des Belorussischen und des Kiewer Besonderen Militärbezirks zur Zurücknahme ihrer Truppen auf die im zusätzlichen Geheimabkommen vereinbarte Linie zwischen Deutschland und der UdSSR.

23. September 1939
Der Stellvertreter des Volkskommissars für Innere Angelegenheiten Wassili Tschernyschew bestätigt die Regeln für den Dienstbetrieb in Kriegsgefangenenlagern.

25. September 1939
Weisung des Chefs der Verwaltung Kriegsgefangenenwesen Pjotr Soprunenko an die Kommandanten der Kriegsgefangenenlager über die Nachweisführung der geheimdienstlichen Tätigkeit.

Befehl Lawrenti Berijas zum Bau der strategisch wichtigen Straße Nowogród–Wołyński – Lwów durch polnische Kriegsgefangene.

In Brest findet eine Parade deutscher und sowjetischer Truppen statt, an der auch Generalmajor Heinz Guderian und Kombrig Sergej Kriwoschejin teilnehmen.

27. September 1939
Das Reichs-Sicherheits-Haupt-Amt (RSHA) wird gebildet.

28. September 1939
Abschluß des Freundschafts- und Grenzvertrags zwischen UdSSR und Deutschem Reich sowie weiterer Geheimer Zusatzabkommen, die durch Wjatscheslaw Molotow und Joachim von Ribbentrop unterzeichnet werden.

Der Chef der UPW Pjotr Soprunenko bestätigt die Grundregeln über den Umgang mit Kriegsgefangenen und des Lagerlebens.

September/Oktober 1939
Der Einmarsch der Roten Armee in Polen kostet nach Angaben des rußländischen Generalstabs das Leben von 1 139 Rotarmisten.

Oktober 1939
Verhandlungen zwischen dem Stellvertreter des Volkskommissars für Auswärtige Angelegenheiten Wladimir Potjomkin und dem deutschen Botschafter von der Schulenburg über den gegenseitigen Austausch polnischer Gefangener. Mitte Oktober stehen drei Übergabepunkte fest; ausgetauscht werden jeweils mehr als 40 000 Mann. Ausgenommen vom Austausch sind auf Befehl Berijas Offiziere.

2. Oktober 1939
Beschlußvorlage von L. Berija und L. Mechlis für die von Andrej Shdanow geleitete Kommission des ZK der KPdSU zu Kriegsgefangenenfragen.
  Aktennotiz für J. Stalin von L. Berija und L. Mechlis mit Vorschlägen des NKWD der UdSSR, wie mit Kriegsgefangenen verfahren werden soll.
  Beschluß des Politbüros zu Kriegsgefangenenfragen und zur Aburteilung von Gefangenen durch Kriegsgerichte.

3. Oktober 1939
Befehl Nr. 001177 L. Berijas über die Entlassung von Kriegsgefangenen bestimmter Kategorien und die Einteilung der Kriegsgefangenen in bestimmte Kategorien für bestimmte Lager (z.B. Arbeits- oder Sonderlager).
  Weisung L. Berijas an die Chefs der UNKWD in Woroschilowgrad, Kalinin und Smolensk sowie die Kommandanten der drei Sonderlager in Kosjelsk, Starobjelsk und Ostaschkow über die Grundprinzipien der Aufteilung der Kriegsgefangenen auf bestimmte Lager.

6. Oktober 1939
»Friedens«rede Adolf Hitlers im Reichstag. Josef Stalin unterstützt das dort geäußerte »Streben nach Frieden« und empfiehlt den Kommunistischen Parteien Europas, den »britisch-französischen Imperialismus« zu bekämpfen.

8. Oktober 1939
Weisung L. Berijas über die geheimdienstliche Arbeit in den Kriegsgefangenenlagern und den Aufbau differenzierter Agentennetze in den Lagern.

13. Oktober 1939
Beschluß des Politbüros des ZK der KPdSU zur Übergabe von kriegsgefangenen Soldaten an die Wehrmacht.

Die letzten Wehrmachtsverbände beziehen ihre Stellungen an der vereinbarten deutsch-sowjetischen Interessengrenze.

14. Oktober 1939
Fjodor Merkulow, Volkskommissar für Metallurgie, und Wassili Tschernyschew bestätigen die Aufteilung von bis zu 11000 polnischen Kriegsgefangenen für deren Einsatz in Bergwerken und Hüttenwerken.

16. Oktober 1939
Der Wehrmachtsbericht meldet, daß er »über den Osten nicht mehr berichten« wird.

19. Oktober 1939
Tagesmeldung: Beim strategisch wichtigen Straßenbau Nowogród-Wołyński – Lwów sind mehr als 20000 polnische Kriegsgefangene eingesetzt.

25. Oktober 1939
Hans Frank übernimmt in Krakau sein Amt als Generalgouverneur und errichtet ein mehrjähriges Terrorregime. Der spezielle Baedeker »Generalgouvernement« (Leipzig, 1943), beschreibt diesen polnischen Landstrich als »Nebenland des Deutschen Reiches« (a.a.O. S. IX).

1. November 1939
UdSSR und Großdeutsches Reich schließen ihre Wirtschaftsverhandlungen vertraglich ab.

Deutscherseits wird eine Haupttreuhandstelle Ost gebildet. Sie regelt die wirtschaftliche Ausplünderung polnischen Landes.

11. November 1939
Die Sowjetregierung drückt Botschafter v.d. Schulenburg »ihr Bedauern und ihre Entrüstung über den ruchlosen Anschlag von München [Attentat des Georg Elser vom 8.11. – G.K.], ihre Freude über die glückliche Errettung Adolf Hitlers aus Lebensgefahr und ihr Beileid für die Opfer des Attentats« aus.

Mitte November 1939
Die drei Sonderlager des NKWD für polnische Kriegsgefangene in Kosjelsk, Starobjelsk und Ostaschkow erreichen ihr vorgegebenes Profil der Belegung (Ostaschkow Spionagedienste, Polizei, Gendarmerie, Grenztruppen

u.a.; Kosjelsk hauptsächlich jüngere Offiziere, Starobjelsk vornehmlich Stabsoffiziere).

30. November 1939
Beginn des sowjetisch-finnischen »Winter«kriegs. Finnland wird nach dessen Ende gezwungen, strategisch wichtige Gebiete an die UdSSR abzutreten.

3. Dezember 1939
Beschluß des Politbüros des ZK der KPdSU bestätigt den Vorschlag des NKWD der UdSSR, ausnahmslos alle registrierten polnischen Berufsoffiziere zu verhaften.

4. Dezember 1939
Beschluß des Politbüros des ZK der KPdSU, alle polnischen Ansiedler aus den nunmehrigen Westgebieten der Ukraine und Belorußlands zu deportieren.

6. Dezember 1939
Generalgouverneur Frank empfängt in Krakau eine sowjetische Regierungsdelegation.

14. Dezember 1939
Iwan Serow, Volkskommissar für Innere Angelegenheiten der USSR, meldet die Verhaftung von weiteren 1057 polnischen Offizieren in den Westgebieten der Ukraine.

24. Dezember 1939
Abtransport aller Geistlichen aus den Sonderlagern mit unbekanntem Ziel.

29. Dezember 1939
Der Versuch von kommunistischen Abgeordneten der Westukraine (z.B. von Matwej Krawtschuk), den pauschalen Beschluß über die Deportation der Ansiedler und ihrer Familien außer Kraft zu setzen und über jeden einzelnen Ansiedler individuell zu entscheiden, wurde mißachtet und nach der vorgegebenen Entscheidung verfahren.

31. Dezember 1939
Berija erläßt im Laufe des Monats und gehäuft gegen Monatsende Weisungen zum Arbeitseinsatz der Kriegsgefangenen, zur Entsendung von Sondergruppen in die Lager mit Aufträgen zum Auf- und Ausbau des Agentennetzes und zur intensiven Vorbereitung auf die Aburteilung der Kriegsgefangenen. Als Frist für den Abschluß der »Ermittlungen« bestimmt er Ende Januar 1940.

28. Januar 1940
Beschluß des Militärkollegiums des Obersten Gerichts der UdSSR, daß »Anklageerhebung« und »Urteilssprechung« in Sachen polnischer Kriegsgefangener beim NKWD liegen.

Februar 1940
Ein deutsch-sowjetisches Wirtschaftsabkommen sieht u. a. die Lieferung strategischer Rohstoffe an Deutschland und von Rüstungsgütern an die UdSSR vor.
Erste massenhafte Deportationswelle von Polen in die UdSSR.

10. Februar 1940
Eine Meldung über die Belegung der Kriegsgefangenen-Sonderlager nennt die Zahl von 14 361 Gefangenen.

März 1940
Im polnischen Zakopane finden Dienstbesprechungen von Mitarbeitern des NKWD und des Reichs-Sicherheits-Haupt-Amtes (RSHA) statt, wo im Nachgang zu den Geheimen Zusatzabkommen zum Freundschaftsvertrag vom 28. September 1939 die Vorgehensweise gegen »polnische Agitation« beraten wird.

5. März 1940
Beschlußvorlage Lawrenti Berijas und Beschluß des Politbüros des Zentralkomitees der KPdSU, der im vorhinein bestimmt, daß 15 000 polnische kriegsgefangene Offiziere in Sonderlagern und weitere 11 000 in Haftanstalten des NKWD zu erschießen sind. Handschriftlich ist die Zustimmung von Lawrenti Berija, der eine entsprechende Vorlage eingebracht hat, von Lasar Kaganowitsch, Michail Kalinin, Anastas Mikojan, Wjatscheslaw Molotow, Josef Stalin und Kliment Woroschilow dokumentiert.

7. März 1940
Weisung L. Berijas an die Volkskommissare der Belorussischen und der Ukrainischen Sowjetrepubliken Zanawa und Serow über die Deportation der Familien der in den Sonderlagern und Haftanstalten festgesetzten polnischen Militärs in die Kasachische SSR.

15. März 1940
Heinrich Himmler erklärt auf einer Tagung der Kommandanten der deutschen Konzentrationslager: »Es ist daher erforderlich, daß die große deutsche Nation die Hauptaufgabe darin sieht, alle Polen zu vernichten.«

16. März 1940
Jeglicher postalischer Kontakt der Kriegsgefangenen in den Sonderlagern wird unterbunden. Weder wird eintreffende Post ausgeliefert noch ausgehende Post versandt.

17. März 1940
Volkskommissar Berija befördert eine Gruppe von Mitarbeitern des NKWD, die an der Verwirklichung des Beschlusses des Politbüros des ZK der KPdSU vom 5. März in Schlüsselpositionen beteiligt sind und in den folgenden Wochen beteiligt sein werden.

20. März 1940
Weisung Berijas an den Volkskommissar für Innere Angelegenheiten der Kasachischen SSR zur Deportation von annähernd 25000 Familien polnischer Militärs aus den Westgebieten in die Kasachische SSR.

22. März 1940
Befehl Nr. 00350 des Volkskommissars Berija »Über die Entlastung der Gefängnisse des NKWD in der Ukrainischen und in der Belorussischen Sowjetrepublik«, d. h. die Verlegung von polnischen Militärs in diesen Haftanstalten an die Richtstätten. Vorgesehen waren für diese »Operation« 10 Tage.

April 1940
Zweite massenhafte Deportationswelle von Polen in die UdSSR. Deportiert werden mit dieser Welle auch die Familien der polnischen Kriegsgefangenen in den Sonderlagern sowie in den Haftanstalten von Westukraine und Westbelorußland.

1. April 1940
Befehl des Chefs des Kriegsgefangenenwesens Pjotr Soprunenko an den Lagerkommandanten von Ostaschkow Pawel Borisowez, die laut übersandter Liste benannten Kriegsgefangenen an das UNKWD Kalinin zu überstellen (Erste Transportliste).

2. April 1940
Befehl des Chefs des Kriegsgefangenenwesens Pjotr Soprunenko an den Lagerkommandanten von Kosjelsk Wassili Korolow, die laut übersandter Liste benannten Kriegsgefangenen an die UNKWD Smolensk zu überstellen (Erste Transportliste).

3. April 1940
Beginn der Leerung des Lagers Kosjelsk und der Erschießung nahezu aller Kriegsgefangenen.

4. April 1940
Beginn der Leerung des Lagers Ostaschkow und der Erschießung nahezu aller Kriegsgefangenen.

Fernschreiben P. Soprunenkos an die Kommandanten der drei Sonderlager des NKWD, diejenigen Kriegsgefangenen, die zur Agentur im Lager gehören, auf jeden Fall vom Transport auszunehmen, selbst wenn sie auf der Transportliste stehen.

5. April 1940
Beginn der Leerung des Lagers Starobjelsk und der Erschießung nahezu aller Kriegsgefangenen.

Meldung Dmitri Tokarjews, Chef des UNKWD Kalinin, an Wsewolod Merkulow. Der »die erste Partie« betreffende Befehl ist »ausgeführt« worden.

3. Mai 1940
Wassili Korolow, Lagerkommandant von Kosjelsk, meldet, daß zum Stichtag 4342 Personen »überstellt« worden sind.

13. Mai 1940
Wassili Korolow, Lagerkommandant von Kosjelsk, meldet, daß sich zum Stichtag noch 10 Gefangene im Sonderlager befinden.

17. Mai 1940
Pawel Borisowez, Lagerkommandant von Ostaschkow, meldet, daß sich zum Stichtag noch 73 Gefangene im Sonderlager befinden.

18. Mai 1940
Alexander Bereschkow, Lagerkommandant von Starobjelsk, meldet, daß zum Stichtag insgesamt 3888 Personen auf Transport gingen.

19. Mai (frühestens) 1940
Statistik der Verwaltung Kriegsgefangenenwesen über die auf Grund der Todeslisten an die UNKWD abtransportierten Gefangenen der Sonderlager (aus Ostaschkow nach Kalinin 6236 Gefangene, aus Kosjelsk nach Smolensk 4419 Gefangene und aus Starobjelsk nach Charkow 3811 Gefangene).

Zwischen 21. und 25. Mai 1940
Die Verwaltung Kriegsgefangenenwesen meldet die Überstellung von nunmehr 14587 Gefangenen der Sonderlager an die jeweiligen UNKWD sowie von 395 Personen, die über Zwischenetappen nach Grjasowez kamen.

Juni 1940
Die Rote Armee besetzt Militärstützpunkte in Litauen und in Lettland. Im August werden beide Staaten zu Sowjetrepubliken gemacht. Hier internierte polnische Militärs werden umgehend in die Sonder- und in die Kriegsgefangenenlager des NKWD überführt.
Dritte massenhafte Deportationswelle von Polen in die UdSSR.

9. Juni 1940
Komdiv Wassili Tschernyschew meldet, daß die bisherigen Sonderlager Kosjelsk, Starobjelsk und Ostaschkow »geleert« und aufnahmebereit für neue Gefangenenpartien sind.

15. Juni 1940
Befehl des Chefs der UPW an den Lagerkommandanten Starobjelsk, alle Spuren der vormaligen Lagerinsassen (Post, Fotografien usw) zu vernichten.

Juni 1940 (undatiert)
Iwan Makljarski meldet, daß allein im SewShelDorLag [d.h. im Lager für Eisenbahnbau im Hohen Norden – G. K.] 7866 polnische Kriegsgefangene eingesetzt sind.
4000 Gefangene bauen den Flugplatz Ponoj bei Murmansk, 14135 bauen Flugplätze in der Westukraine.

Oktober 1940
Gespräche hochgestellter NKWD-Mitarbeiter mit polnischen kriegsgefangenen Offizieren über die Formierung einer polnischen Division in der UdSSR.

26. Oktober 1940
Befehl Nr. 001365 des Volkskommissars Lawrenti Berija über Geldprämien für Mitarbeiter der Zentrale des NKWD und der beteiligten UNKWD, die an der »erfolgreichen Erfüllung von Sonderaufgaben« beteiligt waren.

13. April 1941
Demonstrativ erklärt Josef Stalin in Anwesenheit von britischen, deutschen, japanischen u.a. Auslandskorrespondenten dem Oberst der Wehrmacht Hans Krebs, der den in Berlin weilenden Militärattaché Köstring vertrat: »Wir werden mit Euch Freunde sein, was auch kommen mag!«

1941
Vierte massenhafte Deportationswelle von Polen in die UdSSR.

14. Juni 1941
Die offizielle sowjetische Nachrichtenagentur TASS veröffentlicht eine Erklärung, daß die Mitteilungen der Auslandspresse, ein Krieg zwischen Deutschland und der UdSSR stünde bevor, jeder Grundlage entbehren. Beide Seiten hielten die Bedingungen des Nichtangriffsvertrags strikt ein. Die Umgruppierung deutscher Truppen sei durch Motive bedingt, die nicht mit dem sowjetisch-deutschen Verhältnis in Beziehung stünden.

22. Juni 1941
Überfall Deutschlands auf die UdSSR, Einmarsch der Wehrmacht. Beginn des Großen Vaterländischen Krieges der UdSSR.

12. Juli 1941
Beschluß des Präsidiums des Obersten Sowjets der UdSSR (ergänzt durch weitere Beschlüsse vom 12. und 17. August 1941 sowie 30. Juli 1943) über die Amnestierung polnischer Bürger in sowjetischen Lagern, Sondersiedlungen, Haftanstalten sowie in der Verbannung.

30. Juli 1941
Unterzeichnung des polnisch-sowjetischen Vertrags über Zusammenarbeit in der Antihitlerkoalition zwischen der polnischen Exilregierung in London und der Regierung der UdSSR.

4. August 1941
General Władysław Anders wird aus sowjetischer Haft entlassen.

14. August 1941
Unterzeichnung eines polnisch-sowjetischen Militärabkommens.

16. August 1941
Erste offizielle Arbeitskontakte zwischen dem am 4. August aus der Haft entlassenen Władysław Anders und Vertretern der Roten Armee (General Panfilow) und des NKWD (Kommissar der Staatssicherheit Schukow).
   Die sowjetische Seite weicht Antworten nach dem Verbleib der militärischen Führungskräfte aus den Sonderlagern des NKWD aus, und Anders beauftragt Rittmeister Józef Czapski mit Nachforschungen zum Schicksal der Verschollenen.

6. September 1941
Prof. Stanisław Kot, Botschafter der Republik Polen in der UdSSR, überreicht dem Stellvertreter des Volkskommissars für Auswärtige Angelegenheit Andrej Wyschinski eine erste Namensliste verschollener polnischer Offiziere.

20. September 1941
Botschafter Kot interveniert bei A. Wyschinski im Interesse der verschollenen polnischen Kriegsgefangenen.

27. September 1941
Botschafter Kot überreicht der Regierung der UdSSR eine Note, in der festgestellt wird, daß die sowjetische Seite den Vertrag vom 30. Juli 1941 nicht einhält.

6. Oktober 1941
Erneut interveniert Botschafter Kot bei Wyschinski, um zu erreichen, daß alle polnischen Gefangenen freigelassen werden.

13. Oktober 1941
Erneute Note über die ausstehende Freilassung aller polnischen Gefangenen.

14. Oktober 1941
Botschafter Kot mahnt die ausstehende Freilassung aller Gefangenen an.

15. Oktober 1941
Der Premierminister der Exilregierung und Oberbefehlshaber der Polnischen Streitkräfte Władysław Sikorski verlangt in einer Note an den sowjetischen Botschafter bei der Exilregierung Auskunft über die Gefangenen der Sonderlager Kosjelsk, Starobjelsk und Ostaschkow. Sie bleibt unbeantwortet.

22. Oktober 1941
Botschafter Kot interveniert beim Volkskommissar Molotow und verlangt, daß die Vermißten freigelassen werden.

1. November 1941
Kot überreicht eine Extra-Note, in der er die Sowjetregierung ersucht, die Gefangenen freizulassen.

3. November 1941
Britische Intervention bei den Sowjetbehörden mit der Bitte, die Gefangenen freizulassen.

4. November 1941
General Władysław Anders bittet in einem Brief an das NKWD, das Schicksal der vermißten Gefangenen aufzuklären. Gleichzeitig werden Angaben über 8722 Vermißte übergeben.

8. November 1941
Volkskommissar Molotow teilt in einer Note an die polnische Regierung mit, daß der Amnestieerlaß vollständig verwirklicht worden ist.

14. November 1941
Während eines Gespräch mit Josef Stalin interveniert Kot im Interesse der polnischen Gefangenen.

3. Dezember 1941
Treffen Sikorskis und Stalins in Anwesenheit von Anders und Molotow. Sikorski interveniert im Interesse seiner dringend benötigten Offiziere für den Kampf in der Antihitlerkoalition. Stalin behauptet, sie seien »in die Mandschurei geflohen«. Sikorski überreicht Stalin eine zweite Liste mit den Angaben über annähernd 4000 verschollene polnische Militärs.

28. Januar 1942
Die 49. Note der polnischen Seite in Sachen der Freilassung der polnischen Offiziere bleibt ebenfalls unbeantwortet.

18. März 1942
General Anders und sein Stabschef Oberst Leopold Okulicki werden von Josef Stalin empfangen. Übergabe einer Namensliste mit Angaben zu 4518 vermißten Gefangenen.

8. Juli 1942
Sowjetisches Aide-mémoire in Antwort auf ein polnisches Memorandum zum Stand der Vertragserfüllung durch die sowjetische Seite. Es enthält die Feststellung, daß die polnischen Gefangenen 1. in die Heimat abgereist, 2. ins Ausland geflüchtet oder 3. »unterwegs« verstorben seien.

18. Februar 1943
Beginn der Öffnung der Massengräber im Wald von Katyn durch die Wehrmacht Nazideutschlands.

29. März 1943
Befehl des OKH, des Oberkommandos des Heeres, mit der umfassenden Exhumierung zu beginnen.
   Die Leitung der gerichtsmedizinischen Untersuchung liegt bei Prof. Dr. Gerhard Buhtz, Gerichtsmediziner mit Arbeitskontakten zur SS in den Konzentrationslagern Buchenwald und Groß Rosen, im Wehrdienst Oberstarzt bei der Heeresgruppe Mitte.

10.–11. April 1943
Erste polnische Delegation in Katyn. Leiter ist Edmund Seyfried, Hauptdirektor des polnischen Obersten Rates für Sozialfürsorge.

13. April 1943
Beginn der Propagandaaktion Nazideutschlands zum Thema Katyn. Sie ist antisowjetisch, anti-anglo-amerikanisch und antisemitisch, gibt sich europäisch.

14. April 1943
Eine Delegation des Polnischen Roten Kreuzes begibt sich nach Katyn. Sie wird durch Kazimierz Skarżyński geleitet.

15. April 1943
Erste Stellungnahme der sowjetischen Seite. Sie macht Wehrmachtsangehörige für den Massenmord verantwortlich.

19. April 1943
Beginn des Aufstands im Getto Warschau.

21. April 1943
Die Zeitung des ZK der KPdSU »Prawda« und andere Zeitungen in der UdSSR veröffentlichen eine Verlautbarung von TASS, die Polen der Zusammenarbeit mit Hitlerdeutschland beschuldigt.

23. April 1943
Das Internationale Komitee vom Roten Kreuz veröffentlicht ein Kommuniqué, in dem es sein Einverständnis mit der Entsendung einer neutralen Kommission nach Katyn erkärt. Voraussetzung sei, daß die sowjetische Seite dem zustimme. Die Regierung der UdSSR lehnt ab.

25.–26. April 1943
Die Regierung der UdSSR bricht die Beziehungen zur polnischen Exilregierung ab.

28. April 1943
In Katyn trifft eine Internationale Kommission von Gerichtsmedizinern ein. Sie legt am 30. April einen Bericht über ihre Tätigkeit vor.

30. April 1943
Oberstleutnant Szymanski, Militärattaché bei der US-amerikanischen Botschaft in Kairo, übersendet zu Händen des Chefs des Nachrichtendienstes George V. Strong einen Bericht über Katyn.

Oberst Downs Yeaton, Chef des Dienstzweigs Osteuropa im US-amerikanischen Geheimdienst, befiehlt, eine geheime Kartei zum Thema Katyn anzulegen.

8. Mai 1943
Die Regierung der UdSSR erlaubt die Aufstellung polnischer Truppen in der UdSSR unter dem Befehl des späteren Generals Zygmunt Berling.

3. Juni 1943
Abbruch der Exhumierungsarbeiten in Katyn. Abreise der Technischen Kommission des Polnischen Roten Kreuzes, die einen vertraulichen Bericht über ihre Mitwirkung und Feststellungen an den Exhumierungen und gerichtsmedizinischen Untersuchungen verfaßt.

4. Juli 1943
Władysław Sikorski, Premierminister der polnischen Exilregierung und Oberbefehlshaber der Polnischen Streitkäfte innerhalb und außerhalb Polens, findet den Tod bei einem Flugzeugabsturz vor Gibraltar.

26. September 1943
Unmittelbar nach der Befreiung von Smolensk von der deutschen Besatzung wird eine sowjetische Sonderkommission zur Untersuchung der Erschießungen im Wald von Katyn eingesetzt. Ihr Leiter ist der Chirurg und Generalarzt der Roten Armee Nikolai Burdenko.

Władysław Sokorski

In Katyn halten sich u. a. die Führungskräfte des NKWD Wsewolod Merkulow und Sergej Kruglow auf.

1944
Im Wald von Katyn wird ein Gedenkstein mit der Inschrift aufgestellt: »Hier sind kriegsgefangene polnische Offiziere beigesetzt, die im Herbst 1941 von den deutsch-faschistischen Okkupanten bestialisch zu Tode gequält wurden«.

15. Januar 1944
Militärs der in der Sowjetunion aufgestellten politischen Streitkräfte der Antihitlerkoalition besuchen Katyn und erweisen den Toten die letzte Ehre. Ebenfalls den Tatort besuchen ausländische Journalisten, die in Moskau akkreditiert sind, unter ihnen der US-amerikanische Journalist Alexander Werth.

16.–23. Januar 1944
Exhumierung und gerichtsmedizinische Untersuchung von 925 Leichnamen aus den Massengräbern von Katyn durch Experten der sowjetischen Sonderkommission.

24. Januar 1945
Die von Nikolai Burdenko geleitete Sonderkommission legt ihren Bericht vor. Darin wird die deutsche Seite für den Massenmord verantwortlich gemacht.

20./23. Juni 1944
Gespräche des Botschafters der UdSSR V. Lebedew mit dem Chef der polnischen Exilregierung Stanisław Mikołajczyk über die Wiederherstellung der diplomatischen Beziehungen und die polnisch-sowjetische Grenze. Lebedew verlangt u. a., die polnische Seite solle sich aller »antisowjetischer Äußerungen in Fragen Katyn« enthalten.

8. Oktober 1945
Im Nürnberger Prozeß gegen die Hauptkriegsverbrecher wird Anklage erhoben. Im Punkt 3.C.2 ist Katyn Bestandteil der Anklage, die von sowjetischer Seite vertreten wird.

1.–3. Juli 1946
Verhandlungen zum Punkt Katyn vor dem Internationalen Militärgerichtshof.

30. September/1. Oktober 1946
Urteilsverlesung im Nürnberger Prozeß. Im Urteil gibt es keine Feststellung zur Schuld der deutschen Seite am Verbrechen in Katyn.

September 1949
In New York wird ein US-amerikanisches Komitee zur Untersuchung des Verbrechens von Katyn gegründet. Vorsitzender des Komitees wird der ehemalige Botschafter der USA in Warschau, Arthur Bliss Lane.

18. September 1951
Das US-amerikanische Repräsentantenhaus bildet eine »Kommission zur Durchführung vollständiger und umfassender Untersuchungen des Massakers von Katyn, eines internationalen Verbrechens an Militärs und Bürgern Polens am Anfang des II. Weltkrieges«.

21. Februar 1952
Die Kommission des US-amerikanischen Repräsentantenhauses lädt die Regierung der UdSSR ein, an der Untersuchung der Ereignisse von Katyn teilzunehmen und Dokumente zur Verfügung zu stellen.

29. Februar 1952
Die Regierung der UdSSR qualifiziert die Note der US-Regierung mit der Einladung, an der Kommission des Repräsentantenhauses mitzuwirken, als Provokation und beleidigend für die UdSSR. Beigefügt war der Bericht der durch Nikolai Burdenko geleiteten Sonderkommission vom Januar 1944.

November 1952
Die Kommission des US-amerikanischen Repräsentantenhauses beendet ihre Tätigkeit und legt ihren abschließenden Bericht zu Katyn vor.

1953
Band 20 der 2. Auflage der Großen Sowjetenzyklopädie gibt unter dem Stichwort »Katynski rasstrel«, d.h. Erschießungen in Katyn, die offizielle und im Bericht der Burdenko-Kommission festgeschriebene Sicht einschließlich ihrer Fehler, Unwahrheiten und Ungereimtheiten wieder.
  Die dritte Auflage (siebziger Jahre) enthält keinen – wie immer auch gearteten – Hinweis auf Katyn.

5. März 1953
Tod Josef Stalins. Personelle Veränderungen in der KPdSU und in der Sowjetregierung.

23. Dezember 1953
Lawrenti Berija, Wsewolod Merkulow u.a. werden erschossen.
  Wenige Wochen später, im Januar 1954, erhalten die Bezieher der Großen Sowjetenzyklopädie zusammen mit dem neuesten Band ein Blatt und den Hinweis, aus der bisherigen Lieferung die Seite mit dem Stichwort »Berija« zu entfernen und dafür die neu angelieferte Seite einzukleben. Berija war zu einer Unperson, einem Veräter, einem Agenten fremder Mächte, einem Nichts geworden.

29. Oktober 1956
Władysław Gomułka erklärt während einer Begegnung mit polnischen Jugendlichen, die polnische Seite könne in Sachen Katyn nicht aktiv werden, da sowohl die sowjetische als auch die US-amerikanische Seite eigenständig und ohne Einbeziehung Polens handeln. Eine Schuldzuweisung an die UdSSR sei »reine Demonstration« und den polnischen Staatsinteressen abträglich.

3. März 1959
Aktennotiz und Vorschlag Alexander Schelepins, Chef des KGB, an Nikita Chruschtschow, Erster Sekretär des ZK der KPdSU, über Verwirklichung des Beschlusses des Politbüros vom 5. März 1940 und zur weiteren Vernichtung von Spuren des Staatsverbrechens.

70er Jahre
Edward Gierek, Erster Sekretär der Polnischen Vereinigten Arbeiterpartei, wendet sich an Leonid Breschnew, Vorsitzender des Präsidiums des ZK der KPdSU, mit der Bitte um Aufklärung zu Katyn. Nachdem die Bitte unbeantwortet blieb, wendet er sich an Andrej Gromyko. Dieser läßt ihn wissen, daß sich die sowjetische Seite »zu dieser Frage bereits geäußert« habe.

15. April 1971
Das Politbüro des ZK der KPdSU berät und beschließt an diesem Tage sowie im Nachgang u. a. am 8. September 1972 und 2. März 1973 diplomatische Schritte gegenüber der Botschaft bzw. dem Außenministerium Großbritanniens in Sachen Katyn.

8. Juli 1975
Andrej Gromyko nimmt Einblick in die 1939–1941 abgeschlossenen sowjetisch-deutschen Geheimabkommen, die im Archiv des ZK der KPdSU aufbewahrt werden.

30. März 1976
Juri Andropow (Chef KGB), W. Kusnezow (Stellvertreter des Außenministers) und Konstantin Katuschew (Sekretär des ZK der KPdSU) schlagen mit der polnischen Seite abgestimmtes gemeinsames internationales Auftreten »In Sachen Katyn« vor. Sie betonen die Verantwortung Hitlerdeutschlands für das Verbrechen.

5. April 1976
Das Politbüro des ZK der KPdSU berät und beschließt Maßnahmen gegen die »westliche Propaganda in der sogenannten Katyn-Frage«. Im Vorfeld haben Juri Andropow, W. Kusnezow und Konstantin Katuschew darauf verwiesen, daß im Westen »nach der Goebbelsschen Interpretation« verfahren werde.

1981
Am 31. Juli 1981 wurde erstmals auf dem Militärfriedhof des kommunalen Friedhofs Powązki zu Warschau ein Kreuz errichtet. Es erinnerte an »Katyn–Ostaszkow–Kozielsk«. Da es nicht genehmigt worden war, wurde es in der folgenden Nacht von der Bürgermiliz entfernt. Später wurden niedergelegte Kränze und an die Toten erinnernde ewige Lämpchen jeweils umgehend von der Bürgermiliz abgeräumt.
1985 ließ die Volksrepublik Polen am gleichen Ort ein Kreuz errichten, dessen Inschrift die deutsche Seite für den Mord an den polnischen Kriegsgefangenen in Katyn verantwortlich machte. Die Auseinandersetzung um

diesen Schuldspruch dauerte Jahre. Er wurde 1988/89 abgeschliffen. Zur gleichen Zeit fand sich das 1981 entfernte Kreuz wieder an. Es wurde am alten Platz und in räumlicher Nähe zum Kreuz von 1985 wieder aufgestellt. (Siehe weiterhin: 17. September 1995)

21. April 1987
Michail Gorbatschow und Wojciech Jaruzelski vereinbaren, daß die »weißen Flecken« in der gemeinsamen Geschichte beider Staaten aufzuarbeiten sind, darunter auch die Morde von Katyn.

Mai 1987
Erste gemeinsame Arbeitsberatung sowjetischer und polnischer Historiker zum Thema Katyn, der bis Ende November 1988 zwei weitere Zusammenkünfte folgen.

10. Juli 1987
Eine vom Leiter der 6. Sektion der Allgemeinen Abteilung des ZK der KPdSU L. Moschkow unterzeichnete Aktennotiz »über die 1939–1941 abgeschlossenen geheimen sowjetisch-deutschen Abkommen« hält fest, daß außer Andrej Gromyko und dessen Stellvertreter im Außenministerium I. Semskow kein anderer Mitarbeiter des Außenministeriums die Geheimabkommen einsehen durfte. »Zugang zu ihnen hatten ausschließlich Mitarbeiter, die mit der Bearbeitung und Aufbewahrung der Dokumente im Archiv des ZK der KPdSU beauftragt waren. Die Originale werden unter besonders strengen Sicherheitsbedingungen aufbewahrt.«

Dezember 1987
Die Mitglieder des Politbüros des ZK der KPdSU Alexander Jakowlew, Außenminister Eduard Schewardnadse, W. Medwedjew (Apparat des ZK der KPdSU) und Verteidigungsminister Sokolow bringen eine Beschlußvorlage ein, in der vorgeschlagen wird, die Verantwortlichen des Staatsverbrechens beim Namen zu nennen und das Verbrechen einzugestehen. Der Vorsitzende des KGB Tschebrikow unterzeichnet die Vorlage nicht. Gorbatschow verhindert deren Beratung im Politbüro am 17. Dezember 1987.

26. April 1988
Eduard Schewardnadse, Viktor Tschebrikow, Alexander Jakowlew und Medwedjew bringen einen Vorschlag zur Ausgestaltung des Begräbnisplatzes im Wald von Katyn ein und schlagen zugleich ein Denkmal für die anschließend an die ersten Exhumierungsarbeiten durch die deutsche Seite angeblich erschossenen sowjetischen Kriegsgefangenen (ungefähr 500 Mann) vor.

5. Mai 1988
Das Politbüro des ZK der KPdSU beschließt Maßnahmen zur Ausgestaltung des Begräbnisplatzes polnischer Offiziere in Katyn und für einen erleichterten Zugang zu diesem Platz; schweigt sich jedoch weiterhin über die Verantwortung für die Erschießungen aus.

11.–14. Juli 1988
Michail Gorbatschow in Warschau. Gespräche mit Wojciech Jaruzelski u. a. zu Katyn.

31. März 1989
Das Politbüro des ZK der KPdSU beauftragt die Staatsanwaltschaft der UdSSR, das KGB der UdSSR, das Außenministerium der UdSSR sowie die Abteilungen für Staat und Recht, für Auslandsverbindungen und für ideologische Fragen des ZK der KPdSU einen Vorschlag zur sowjetischen Haltung beim Thema Katyn zu unterbreiten. Am Vortag übernahm die Allgemeine Abteilung des ZK der KPdSU die Sondermappe mit den Beschlüssen des Politbüros in Sachen Katyn.

22. April 1989
Staatsanwaltschaft und KGB verpflichten sich, eine sorgfältige Analyse aller mit dem Thema Katyn verbundenen Umstände vorzunehmen.

Mitte Mai 1989
Alle am Auftrag des Politbüros vom 31. März beteiligten Institutionen teilen mit, daß sie keinerlei neue Anhaltspunkte in Sachen Katyn gefunden haben.

19. August 1989
Die polnischen Mitglieder der zur Klärung der »weißen Flecken« gebildeten Kommission legen der Öffentlichkeit ihr bereits im Mai 1987 in der Kommission vorgetragenes kritisches Gutachten zur »Mitteilung …« der Burdenko-Kommission vor.

13. Oktober 1989
Der Generalstaatsanwalt der Republik Polen übergibt dem Generalstaatsanwalt der UdSSR das Gutachten polnischer Historiker zum Thema Katyn und zur Tätigkeit und der »Mitteilung« der Burdenko-Kommission.
    Er unterstreicht bei diesem Anlaß, daß die Verjährungsfrist für das Verbrechen entsprechend geltenden internationalen Abkommen nicht abgelaufen ist.

26. Oktober 1989
Juri Sorja legt intern eine ausführliche »Dokumentierte Chronik Katyns« vor, in der Dokumente aus bislang nicht zugänglichen Sonderarchiven aufgearbeitet worden sind.

November 1989
Tadeusz Mazowiecki, polnischer Premierminister, führt in Moskau Gespräche mit Michail Gorbatschow. Anschließend fährt er zur Ehrung der Toten nach Katyn.

2. Februar 1990
Der Leiter der Abteilung Internationale Beziehungen Valentin Falin empfiehlt Michail Gorbatschow, er möge Jaruzelski wissen lassen, daß es keine direkten Beweise, sondern lediglich Indizien für die Verantwortung für den Massenmord gebe. Sie stellten die Stichhaltigkeit der Feststellungen der Burdenko-Kommission in Frage. Berija und Merkulow seien gemeinsam mit dem NKWD verantwortlich.

Mitte April 1990
Eine offizielle Verlautbarung der sowjetischen Nachrichtenagentur TASS bezeichnet die Tragödie von Katyn als ein schweres Verbrechen des Stalinismus.

Gorbatschow überreicht Jaruzelski »jüngst« gefundene Transport- und Aufenthaltslisten polnischer Offiziere in den Sonderlagern des NKWD.

Gorbatschow und Jaruzelski benennen den Stalinismus als Ursache für die Tragödie von Katyn und stellen dessen Verantwortlichkeit dafür fest.

25. Oktober 1990
Erste Befragung Pjotr Soprunenkos durch den Oberstleutnant im Justizdienst Militärstaatsanwalt Alexander Tretezki und den Oberst im Justizdienst Nikolai Anisimow zu seiner Tätigkeit als Chef der UPW.

3. November 1990
Weisung des Präsidenten der UdSSR Gorbatschow RP-979 an die Militäroberstaatsanwaltschaft der UdSSR, in Sachen der polnischen Kriegsgefangenen, die sich 1939/40 in den Lagern Kosjelsk, Ostaschkow und Starobjelsk befanden, zu ermitteln.

25. Dezember 1990
Die sowjetische Militärstaatsanwaltschaft schlägt der Generalstaatsanwaltschaft der Republik Polen die Zusammenarbeit bei den Ermittlungen zur Ermordung der polnischen Offiziere vor.

Pjotr Soprunenko um 1960 (links) und während der Vernehmung 1990 (rechts). Ausriß mit seiner Unterschrift.

Dmitri Tokarjew während der Vernehmung

22. Januar 1991
Information des Generalstaatsanwalts der UdSSR N. Trubin über den Stand der Ermittlungen des Verbrechens an polnischen Kriegsgefangenen wird am 25. Januar den Mitgliedern des Politbüros des ZK der KPdSU vorgelegt.

20. März 1991
Erste Befragung Dmitri Tokarjews durch den Oberstleutnant im Justizdienst Anatoli Jablokow zu seiner Tätigkeit 1939/40 als Chef des UNKWD Kalinin.

April 1991
Ausstellung in Warschau zum Gedenken an die Opfer von Katyn.

17. Mai 1991
Erneute Information des Generalstaatsanwalts N. Trubin über die Ergebnisse der Ermittlungen zum Schicksal der polnischen Kriegsgefangenen. Sie wird den Sekretären des ZK der KPdSU und dem Sicherheitsrat der UdSSR am 22. Mai vorgelegt.

20. Juni 1991
Erste Befragung Mitrofan Syromjatnikows durch den Major im Justizdienst Wladimir Jerschyk zu seiner Tätigkeit 1939/40 im UNKWD Charkow. Der seinerzeitige Oberaufseher im inneren Gefängnis des UNKWD Charkow Syromjatnikow sagt ausführlich über die Erschießungen und die Beisetzung der Opfer aus.

25. Juli/31. August 1991
Exhumierungen in Miednoje und Pjatichatki bestätigen die Ermordung der polnischen Gefangenen der Sonderlager Ostaschkow und Starobjelsk.

Herbst 1991
Arbeitsgespräche über den Zugriff auf sowjetische Archivalien zwischen der Hauptdirektion der Staatsarchive der Republik Polen und dem Komitee für Archivwesen bei der Regierung der Rußländischen Föderation und über die Vorbereitung einer Quellenedition zum Schicksal polnischer Kriegsgefangener in sowjetischer Hand.

24. Dezember 1991
Unter diesem Datum listet das Deckblatt für »Paket Nr. 1« auf:
1. Beschluß ZK KPdSU P13/144 ... vom 5. III. 1940 Doppelte Ausfertigung (je 2 Bl.)
2. Beschlußvorlage NKWD UdSSR (Berija) Nr. 794/B vom März 1940, 4 Blatt
3. Aktennotiz KGB Gen. Schelepin (handschriftlich) vom 3. März 1959 ...
Boris Jelzin nimmt erstmals Einblick.

29. Januar 1992
A. Korotkow, Direktor des Präsidialarchivs, antwortet auf die Forderung der Militärstaatsanwaltschaft nach Einsichtnahme in die Akten zu Katyn, daß dies nicht möglich sei, »da in den Protokollen der Politbürositzungen des Jahres 1940, dabei auch in der ›Sondermappe‹, kein Text dieses Beschlusses vorhanden« sei.

17. März 1992
Anatoli Jablokow, Oberstaatsanwalt bei der Obersten Militärstaatsanwaltschaft, beruft eine Expertenkommission. Ihr gehören u. a. die Leiterin des Instituts für Vergleichende Politologie der Rußländischen Akademie der Wissenschaften Inessa Jaschborowska, die Oberassistentin des Instituts für Slawenkunde und Balkanistik der Rußländischen Akademie Valentina Parsadanowa, der Dozent an der Militärakademie Juri Sorja sowie weitere Wissenschaftler an. Die Kommisssion hat u. a. die Aufgabe, die Quellenlage zu beurteilen, desgleichen die Forschungsergebnisse der polnischen Forschung.

April 1992
Entscheidung über die Bildung einer gemeinsamen polnisch-rußländischen Redaktion für eine Quellenedition zur Geschichte der polnischen Kriegsgefangenen in den Sonderlagern Kosjelsk, Starobjelsk und Ostaschkow.

27. Mai 1992
Rudolf Pichoja, Chef des Staatlichen Komitees für Archivwesen der Rußländischen Föderation, teilt der Militärstaatsanwaltschaft mit, daß es keinen von Stalin unterzeichneten Beschluß über die Erschießung der polnischen Offiziere gebe und im Archiv des Politbüros zu Polen lediglich »Kleinigkeiten« vorhanden seien.

September 1992
Die Akten für die gemeinsame Quellenedition werden kopiert.

14. Oktober 1992
Rudolf Pichoja, Sonderbotschafter des rußländischen Präsidenten Boris Jelzin, überreicht dem polnischen Präsidenten Lech Wałęsa Kopien der Schlüsseldokumente zum Mord an den polnischen Offizieren im Frühjahr 1940.

17. Oktober 1992
Der Sejm der Republik Polens fordert in einer Erklärung die vollständige Aufklärung des Verbrechens an den polnischen Militärs und Zivilisten.
  Zugleich verleiht er seiner Überzeugung Ausdruck, daß Polen und Rußland beim Bau der Zukunft über die Last der Vergangenheit hinwegkommen werden.

Anfang November 1992
Einer in Moskau befindlichen polnischen Delegation, die von Prof. Dr. Marian Wojciechowski geleitet wird, werden weitere Aktenkopien zum Schicksal von Polen in der UdSSR zwischen 1939 und 1951 übergeben.

Denkmal auf dem Militärfriedhof des kommunalen Friedhofs Powązki (Warschau 2000).

2. August 1993
Die im März 1992 eingesetzte rußländische Expertenkommission legt ihren ausführlichen Abschlußbericht zum Ermittlungsstand vor.

August 1993
Boris Jelzin, Präsident der rußländischen Föderation, legt auf dem Warschauer Powązki-Friedhof einen Kranz zu Ehren der in der UdSSR ermordeten Polen nieder.

22. Februar 1994
Die Regierungen der Republik Polen und der Föderation Rußlands unterzeichnen den Vertrag »Über die Gräber und die Gedenkorte der Opfer von Krieg und Repression«.

21. März 1994
Die Regierungen der Republik Polen und der Ukraine unterzeichnen den Vertrag »Über den Schutz der Gedenkorte und der letzten Ruhestätten für die Opfer des Krieges und der politischen Repressionen«.

1994/1995
Erneute Probegrabungen auf dem Gelände des Soldatenfriedhofs im Wald von Katyn. Während Polen die Forschungen bis Ende 1996 fortsetzt, stellt die rußländische Seite, nachdem durch »Memorial« mehr als 600 Massengräber dokumentiert worden sind, Ende 1995 die Nachforschungen ein.

1995
In Warschau wird Band 1 der Quellenedition zum Thema »Katyń« veröffentlicht.

17. September 1995
An der Muranowska-Straße im Zentrum Warschaus wird in Erinnerung an die Opfer des Einmarsches der Roten Armee in Polen am 17. September 1939 und der nachfolgenden repressiven sowjetischen Politik gegenüber Polen ein neues Denkmal errichtet. Es gedenkt unter dem genannten Datum der »im Osten Gefallenen und Ermordeten«. (Siehe Coverfoto dieses Buches)

1997
Das »Große Enzyklopädische Nachschlagewerk« (Moskau) benennt in seiner 2. Auflage Katyn als Ort des Staatsverbrechens von 1940 und die Verantwortung des NKWD dafür.

1998
In Warschau wird Band 2 der Quellenedition zum Thema »Katyń« veröffentlicht.

April 1999
Der polnische Rat der Erinnerung an Kampf und Märtyertum erhielt von den rußländischen Behörden, dem Gouverneur des Bezirks Smolensk A. Prochorow, die Erlaubnis, den Polnischen Soldatenfriedhof im Wald von Katyn zu gestalten. Er erhält nach fünf Veränderungen seit 1943 seine nunmehrige Gestalt. Zu den in die Waldlandschaft eingefügten sechs ebenerdig aus rostbraunem Stahl markierten Stätten des Todes führt ein mit schwarzem Basalt belegter letzter Weg. Weiterhin erhebt sich hier ein hohes Kreuz, sind auf Metallplatten die Namen der Opfer genannt, stehen ein Altar und vier Metallstelen. Jede von ihnen steht für eine Opfergruppe: das Kreuz der römisch-katholischen und der evangelischen Kirchen, der Davidstern, das Kreuz der orthodoxen Kirche und der muslimische Halbmond.

14. September 1999
Der Kulturminister Rußlands W. Jegorow bestätigt das Projekt für den »Bau eines staatlichen Friedhofkomplexes Katyn im Raum Smolensk«.

28. Juni 2000
Fertigstellung der Gedenkstätte auf dem Polnischen Soldatenfriedhof des Waldes von Katyn und eines ersten Abschnitts der Friedhofsanlage für die sowjetischen Opfer politischer Repression.

Grabmal des Unbekannten Soldaten in Warschau (2002). Dort befindet sich u. a. Erde aus Katyn.

X. Anhang

Abkürzungsverzeichnis

AK – Armia Krajowa. Landesarmee. Wirkte im polnischen Untergrund und unterstand der polnischen Exilregierung in London. Ihre Befehlshaber:
Brigadegeneral Stefan Rowecki-Grot; 1942–1943
Divisionsgeneral Tadeusz Komorowski-Bór; 1943–1944
Brigadegeneral Leopold Okulicki-Niedzwiadek; 1944–1945

BSSR – Belorussische Sowjetrepublik

BWO – Belorusski Wojennyj Okrug. Militärbezirk Belorußland

DRK – Deutsches Rotes Kreuz

FSB – Federalnaja Slushba Besopasnosti. Sicherheitsdienst der Föderation (Rußland)

Gestapo – Geheime Staatspolizei (im faschistischen Deutschland)

GEU – Glawnoje Ekonomitscheskoje Uprawlenije. Hauptverwaltung Wirtschaft (im NKWD)

GFP – Geheime Feldpolizei. Innerhalb der faschistischen Wehrmacht wirkender Dienstzweig der Gestapo

GOKO – Gossudarstwenny Komitet Oborony. Staatliches Verteidigungskomitee. In der UdSSR militärisch-politisches Führungsorgan während des Großen Vaterländischen Krieges

GPU – Gossudarstwennoje Polititscheskoje Uprawlenije. Staatliche Politische Verwaltung. In der UdSSR Nachfolgerin der Tscheka, der Außerordentlichen Kommission und Vorläuferin des NKWD/NKGB/MWD/MGB/KGB

GRU – Glawnoje Raswedywatelnoje Uprawlenije. Hauptverwaltung Aufklärung des Generalstabs der Roten-Arbeiter-und-Bauern-Armee

GTU – Glawnoje Transportnoje Uprawlenije. Hauptverwaltung Transportwesen des NKWD

GUGB – Glawnoje Uprawlenije Gossudarstwennoi Besopasnosti. Hauptverwaltung Staatssicherheit im NKWD

GUKW – Glawnoje Uprawlenije Konwojnych Wojsk. Hauptverwaltung Wach- und Begleittruppen des NKWD

GULag – Glawnoje Uprawlenie Lagerej. Hauptverwaltung Lager des NKWD

HAI – Historyczna Agencja Informacyjna (Historische Informationsagentur in Warschau)

IMG – Internationaler Militärgerichtshof (in Nürnberg)
INO – Inostranny Otdel. Auslands(spionage)abteilung im NKWD
INU – Inostrannoje Uprawlenije. (Auslands(spionage)verwaltung im NKWD
IRK – Internationales Rotes Kreuz
ITL – Besserungs-Arbeitslager
KGB – Komitet Gossudarstwennoj Besopasnosti. Komitee für Staatssicherheit
Komarm – Befehlshaber einer Armee (Dienststellung und Dienstgrad vor der Einführung der Generalsränge im Mai 1940)
Kombrig – Kommandeur einer Brigade. (Dienststellung und Dienstgrad)
Komdiv – Kommandeur einer Division. (Dienststellung und Dienstgrad)
Komkor – Kommandeur eines Korps. (Dienststellung und Dienstgrad)
KOP – Korpus Ochrony Pogranicznej. Grenzschutzkorps in Polen (bis Herbst 1939)
KSSR – Kasachische Sozialistische Sowjetrepublik
MGB – Ministerstwo Gossudarstwennoj Besopasnosti. Ministerium für Staatssicherheit
MWD – Ministerstwo Wnutrennich Del. Ministerium für Innere Angelegenheiten
NKGB – Narodny Kommissariat Gossudarstwennoi Besopasnosti. Volkskommissariat für Staatssicherheit
NKWD – Narodny Kommissariat Wnutrennich Del. Volkskommissariat für Innere Angelegenheiten
Oflag – Kriegsgefangenenlager der Wehrmacht für Offiziere
OGPU – Objedinjonnoje Gossudarstwennoje Polititscheskoje Uprawlenije. Vereinigte Staatliche Politische Verwaltung (Nachfolgerin der Tscheka, Vorläuferin des NKWD)
OKH – Oberkommando des Heeres (d.h. der Landstreitkräfte der Wehrmacht)
OO – Osoby Otdel. Sonderabteilung (des NKWD) bei Behörden, Institutionen, Betrieben, in militärischen Einheiten und Verbänden sowie in Lagern aller Art und Einrichtungen des Strafvollzugs
OS – Osoboje Soweschtschanije. Sonderberatung. Einrichtung der repressiven Politik außerhalb des Rechtswegs. Bestand aus zwei (Dwoika) oder drei (Troika) Personen, z.B einem Mitarbeiter des NKWD und einem Mitarbeiter des Parteiapparats der KPdSU. Verhängte alle Strafen, einschließlich Todesstrafe, ohne den Beschuldigten zu hören, ohne Rechtsbeistand, auch ohne Anwesenheit des Beschuldigten
OT – Organisation Todt
OUN – Objedinije Ukrainskich Nazionalistvo. Nationalistische Ukrainische Organisation
PKC – Polski Krzyż Czerwony. Polnisches Rotes Kreuz

PKWN – Polski Komitet Wyzwolenia Narodowego. Polnisches Komitee der Nationalen Befreiung

Politbüro – Politisches Büro (z. B. der KPdSU)

POW – Polska Organizacja Wojskowa. Polnische Militärorganisation

PPS – Polska Partia Socjalistyczna. Polnische Sozialistische Partei

RGO – Rada Główna Opiekuńcza. Oberster Rat für Sozialfürsorge (in Polen)

RKKA – Rabotsche-Krestjanskaja-Krasnaja Armija. Rote-Arbeiter-und-Bauern-Armee; verkürzt Rote Armee

RP – Republik Polen

RSFSR – Rußländische Föderative Sowjetrepublik

RSHA – Reichs-Sicherheits-Haupt-Amt (in Deutschland)

SMAD – Sowjetische Militäradministration in Deutschland

SOO – Sekretno-Operatiwny Otdel. Geheime Abteilung Operativ

SSSR – Sojus Sowjetskich Sozialistitscheskich Respublik (Bund der Sozialistischen Sowjetrepubliken)

Stalag – Stammlager (für Kriegsgefangene der Wehrmacht)

TASS – Telegrafnoje Agenstwo Sowjetskowo Sojusa. Offizielle Nachrichtenagentur der SU

UdSSR – Union der Sozialistischen Sowjetrepubliken

UNKWD Uprawlenije Narodnowo Kommissariata Wnutrennich Del. (Verwaltung des Volkskommissariats für Innere Angelegenheiten, regionale Einrichtungen des NKWD, die in jedem administrativem Gebiet, z. B. Charkow, Kalinin, bestanden)

UPW – Uprawlenije po delam Wojennoplennich. Verwaltung Kriegsgefangenenwesen des NKWD

UPWI – Uprawlenije po delam Wojennoplennich i Internirowannich. Verwaltung Kriegsgefangenenwesen und Internierte

URO – Utschotno-Raspredelitelnoje Otdelenie oder Utschotno-Registrazionny Otdel. Nachweisführung in der UPW bzw. in den Kriegsgefangenenlagern

USA – Vereinigte Staaten von Amerika

USSR – Ukrainische Sowjetrepublik

VRP – Volksrepublik Polen

wagonsak – Spezieller Eisenbahnwaggon zum Gefangenentransport

WMN – Wys'schaja Mera Nakasanija. Höchststrafe

ZK – Zentralkomitee (z. B. der KPdSU)

ZPP – Związek Patriotów Polskich. Verband Polnischer Patrioten; antifaschistischer polnischer Verband in der UdSSR

Bildnachweis

Amtliches Material zum Massenmord von Katyn. Im Auftrage des Auswärtigen Amtes auf Grund urkundlichen Beweismaterials zusammengestellt, bearbeitet und herausgegeben von der Deutschen Informationsstelle, Berlin, 1943: S. 101, 160

Berling (Familie) (Warschau): S. 285

Deutsch-Russisches Museum (Berlin): S. 27

Jaczyński, Stanisław (Warschau): S. 316

Jasiński, Andrzej (Warschau): S. 456

Kaiser, Ines (Berlin): S. 454

Karta (Warschau): S. 61, 241

Katyń. Dokumenty zbrodni. Jeńcy nie wypowiedzionej wojny. Sierpien 1939 – Marzec 1940. Bd. 1. Warszawa 1995: S. 69, 80

Katyń. Dokumenty zbrodni. Zagłada. Marzec – Czerwiec 1940. Bd. 2. Warszawa 1998: S. 43, 71, 81, 93, 125

Materialsammlung des Verfassers: S. 30, 34, 44, 50, 51, 78, 82, 83, 87, 95, 106, 119, 123, 129, 148, 149, 157, 203, 237, 242, 282, 289, 299, 357, 358, 380, 386, 392, 395, 409, 430

Mikulski, Teofil: Biogramy jeńców. Kozielsk. Starobielsk. Ostaszków. Ukraina. Zaginieni. Wrocław 1999: S. 57, 60, 63, 107, 161, 186, 192, 197, 253

Militärstaatsanwaltschaft Moskau: S. 451

Nowak (Familie) (Miedzychod): S. 42

Peszkowski, Zdzisław (Notre Dame, USA): S. 97, 118

Pióro, Tadeusz (Warschau): S. 198

Semirjaga, Michail (Moskau): S. 32, 239

Tucholski, Jędrzej (Warschau): S. 88, 89, 90, 162, 188, 248,

Zbrodnia Katyńska w świetle dokumentów. Z przedmową Władysława Andersa. Warszawa 1990: S. 62

Danksagung

Für uneigennützige Hilfe mit Rat und Tat ist vor allen anderen Anna Dymek (Warszawa), Wladislaw Hedeler und Wolfgang Sabath zu danken. Zu bedanken habe ich mich weiterhin bei Fundacja Ośrodka »KARTA« (der Stiftung der Forschungsstelle »KARTA«) Warszawa und insbesondere bei derem Archiv. Zu danken ist russischen und amerikanischen Freunden, die bei Recherchearbeiten in den USA, England und Rußland halfen.

Bei Maria Matschuk, der Lektorin dieses Buches, bedanke ich mich für vielfältige Anregungen.

Aussprache

Folgende Buchstaben bzw. Buchstabenkombinationen werden im Polnischen anders als im Deutschen ausgesprochen:

ą	= ong wie im Französischen: ballon
c	= tz, auch vor k
ć oder ci	= tj, zu einem Laut verbunden
ch	= hart, wie im Deutschen: mach
cz	= tsch, wie im Deutschen: Peitsche
ę	= eng, wie im Französischen: bassin
h	= ch, wie im Deutschen: Krach
ł	= w, wie im Englischen: water
ń	= nj, wie im Spanischen: señor
ó	= u
rz	= j, wie im Französischen journal
s	= ß
ś oder si	= ßj, zu einem Laut verbunden, also weicher als ch im Deutschen: Licht
sz	= sch, wie im Deutschen: Schaf
z	= s, wie im Deutschen: Hose
ź oder zi	= sj (s dabei stimmhaft), zu einem Laut verbunden
ż	= j, wie im Französischen: journal

Geographisches Register

Agram/Zagreb 231 323
Ajdar 59
Akmolinsk/Akmola 46
Amsterdam 282
Aktjubinsk 46
Archangelsk 55
Arnswald 121
Augustów 284

Babynino 103 108 113 269
Belgien 20 323
Belomor (Kanal) 55
Belorußland 11 41 46 52 55 79 109 143 219 240 252 254 ff. 287 295 307 387 406 415 417 435
Bering-Straße 212
Berlin 29 156 239 257 315 342 390 439
Besludowka 184
Bessarabien 267
Białystok 26 38 344
Bobruisk 336
Bologoje 63 184
Bolschoj Isjum 116
Borok 337
Bratislava/Preßburg 323
Breslau/Wrocław 232 319 324 339
Brest/Brest-Litowsk 25 f. 54 105 110 270 432
Brjansk 108
Budapest 231 324
Bukarest 323
Bulgarien 95 229 231 323
Busuluk 131 205 307

Charkow 12 59 83 86 f. 92 ff. 111 ff. 124 132 135 150 158 184 191 193 ff. 205 219 224 248 257 f. 287 295 f. 311 354 369 374 f. 383 387 391 f. 394 397 399 f. 406 f. 412 438 452
Cholm 54

Dänemark 164 171 323
Daugavpils 27
Djergatschi 184
Dnjepr 156
Donbass 404
Dorogusk 55
Dudinka 267
Durlach 233

England/Großbritannien 20 31 52 73 130 212 225 f. 265 272 275 311 317 335 356 359 f. 447

Finnland 73 ff. 323 435
Frankfurt/Oder 35
Frankreich 20 27 31 52 67 73 113 130 225 267 304 f.
Franz-Joseph-Land 153 267

Genf 129 201 f. 323
Gent 323
Georgien 82 390 394
Gdynia 276
Gibraltar 213 444
Gnesdowaja/Gnesdowo 91 103 156 158 160 164 169 171 173 179 286

293 318f. 324 336 347 364 366f.
386
Gnesdowo *siehe* Gnesdowaja
Goszczyn 321
Griechenland 267
Grjasowez 51 59 62 64 102f. 113 116
    118 120 124 132–135 151 205
    265ff. 270 273ff. 277 285 305 309
    315 364 367 371 383 385f. 412
    438
Grodno 25 28 30
Groningen 323
Großbritannien *siehe* England
Grudziądz 97

Helsinki 264 323

Italien 234 307 323
Iran 131 307 317 345 350
Iwanowice 34

Jaroslaw 279
Jelenowka 51 55
Jelnja 162
Jenissej 267
Juchnow 51 124 135 385
Jurjew 213
Jusha 51

Kalinin/Twer 12 66, 83f. 87 92ff. 106
    108f. 124 132 154 158 184f.
    189ff. 205 245 263 282 288 290f.
    295f. 327 354 371 374f. 382 385
    389 391ff. 397 400 406f. 412 433
    437f. 451
Kamenez-Podolsk 26
Karaganda 55 147
Karakub 51
Karlsbad/Karlovy Vary 336
Karlovy Vary *siehe* Karlsbad
Karlsruhe 15 233
Kasachstan 11 46 104 116 282
Kaspisches Meer 315

Katowice/Kattowitz 274
Kensington and Chelsea 360
Kiew 35 49 166 295 311
Kirowsk 394
Knjaschnaja Guba 394
Kolyma 47 147 153
Kopenhagen 323 328f.
Kosi Gory 172 287 292 318ff.
Kosjelsk/Kozielsk 12 50 54 56 59 61
    66 70ff. 75f. 78 83 85 87f. 91f.
    94ff. 99f. 102–105 109 111 113
    120ff. 124 128 133 135f. 140f.
    147f. 151 153f. 162–166 168 171
    bis 174 178f. 181f. 184 203–206
    232 260–264 266 268 270ff. 274
    bis 278 281–284 286 290ff. 296f.
    311 319 321f. 326 331 338 344
    362 364–367 371f. 374 380 383
    bis 386 388f. 391f. 395 398 400
    406 408 411 413 418 433ff. 437ff.
    441 447 450 453
Kosjeltschansk 51 261
Kotlas 138
Kowno/Kaunas 121
Kraków/Krakau 36f. 171 181 225f.
    281 318 328ff. 334f. 338 434f.
Krasnodar 219
Krasnowodsk 315
Krasny Bor 156 336
Kriwoj Rog 51 55 278 383
Kroatien 323
Kujbyschew 45 100 147 149f. 152
    266 309 313
Kuropatki 409
Kursk 234
Kustanaj 46

Leipzig 225
Leningrad 55 75 150 222 380 399
    409
Liepāja 27
Lipniki 280
Łódź 268 270

London 14 100 137f. 140 172f. 175 180 204 208 274 350 356 359ff. 440
Los Angelos 282
Lugansk 372
Luzk/Luck 165 283
Lwów/L'vov 23f. 28 38 40 48 53f. 60 124 141 143 145 150 197 248ff. 262 279f. 314 399 432 434

Magadan 53 147
Malachowka 388
Malkinia 31
Mandschukuo 146
Mandschurei 146 184 268 312 442
Miadziol 46
Miednoje 12 127 158f. 184f. 187 bis 191 196 375 392 413 416 452
Minsk 15 35 219 241 295 408
Molodeczno 28 164
Monte Cassino 282 307
Moskau 16 19f. 20 29f. 35 38 50 56 63 73 76 84f. 92 100 109 116 121 126 129 132 137ff. 141 148f. 151f. 156 163 184 187 193f. 205 219 221 229 237ff. 249f. 257 286 290 295 300 308 311 315ff. 335f. 348 359 361ff. 376 388 392 396 399 402 414ff. 432 444 450 453
Murmansk 439

Narew 19 21 29 31 238
Neapel 323
Niederlande 323
Nilowa Pustyn 63
Nowa Wilejka 276
Nowogród-Wolyński 54 432 434
Nowosibirsk 136 402
Nürnberg 84 213 222f. 225ff. 229ff. 233f. 336f. 360 373 380 400

Oka 317
Oranki 51f.
Orenburg/Tschkalow 131 148f. 267 309
Orjol 219
Orscha 164 178
Ostaschkow/Ostaszków 12 50 54 62 64 76ff. 83 85 87f. 94 96 104f. 108–111 113 122 124 128 133 136 140f. 144 147ff. 151 153 159 173f. 182ff. 187 203 205f. 232 245 247 258 262 266 268ff. 282 288 290f. 297 308 311 338 354 362 364ff. 371f. 374 381–385 388f. 391 393f. 397f. 400 404 406f. 411 413 418 433f. 437ff. 441 447 450 452f.
Oszman 28

Pawlitschew Dwor 51 59 62 64 102f. 105 108 112f. 115f. 119f. 124 268f. 367
Pawlodar 46
Pensa 213
Persien 315
Petschora 307 407
Pissa 21 29 31
Pjatichatki 127 184 187f. 191ff. 195ff. 248 391 413 452
Polen 9 11–14 19–23 29ff. 33 bis 39 44f. 48f. 52 56 64 66 bis 69 72 75f. 102 105 108 110 113ff. 117 121 128–131 133 bis 137 144 146 152 170f. 173 175 177 180f. 196 201ff. 207 209ff. 214 225f. 233 237f. 240f. 245 bis 248 250 255f. 265 267f. 283 287 304f. 307 309 311 313–316 322 330 345 348f. 353 362f. 365 367 369f. 372 374f. 377 394 398 401 403 405 409f. 412 414f. 417ff. 431ff. 436 444 447 449f. 452–455
Ponoj 439

Poznań 281
Prag 231 323
Preßburg *siehe* Bratislava
Protektorat Böhmen und Mähren 323
Przemyśl 25 30
Putywl 51

Rjasan 317
Rowno 51 124 165
Rshew 108
Rumänien 23 27 f. 49 110 323
Rußland *siehe* UdSSR/Sowjetunion
Rybinsk 55

Saonikejewsk 245
Saporoshje 51 55
Saratow 131
Schepetowka 165 166
Schweiz 170 182 206 323
Selze 315
Seliger-See 269
Semipalatinsk 46
Slowakei 323
Smolensk 12 56 83 86 ff. 91–94 98 ff. 103 113 124 135 154 156 160 162 f. 165 167 ff. 171–174 176 bis 179 181 198 201 f. 204 ff. 208 f. 215 218–222 224 260 291 294 ff. 314 318 f. 323 329 334 ff. 345 ff. 351–354 362 364 366 f. 371 374 f. 380 383 386 388 392 394 397 401 f. 406 f. 433 437 f. 444 455 f.
Sofia 230 323
Sowjetunion *siehe* UdSSR
Spas-Demjanskoje 168
Spassk 55
Stolobnoje 62
Stalingrad 182 234
Stanowoje 47
Starobjelsk/Starobielsk 12 25 50 52 54 59 61 f. 68 72 75 f. 78 83 85 87 92 94 96 104 109 111–116 120 122 124 128 133 f. 136 140 f. 144 147 f. 151 153 f. 159 166 173 f. 182 ff. 193 196 f. 199 203 205 f. 224 232 248 ff. 257 f. 260 262 266 ff. 275 279 f. 285 287 290 f. 296 f. 300 311 338 354 362 364 ff. 371 f. 374 381 383 386 f. 389–394 396 f. 400 407 411 413 418 433 f. 438 f. 441 450 452 f.
Suchinitschi 291
Suwałki 26
Szack 25

Tarnowskie Góry 166
Tatischtschewo 131 147
Tbilissi/Tiflis 394
Terespol 55
Tiflis *siehe* Tbilissi
Tjotkino 166
Tokio 129
Torzok 108 185
Tozkoje 131 309 f.
Tschkalow/Orenburg 131 148 f. 267 309
Tschuschima 64
Tula 113
Twer *siehe* Kalinin

UdSSR/Sowjetunion 11–16 19 22 24–31 35 37–41 44 f. 47 ff. 52 54 56 64 66 ff. 70–75 79 82 84 100 110 115 117 f. 120 ff. 126 128–135 137 140 f. 144 146 f. 150 154 f. 162 173 189 193 200 f. 203 f. 206 209 ff. 214 221 f. 224 f. 232 f. 237 f. 240 242 ff. 247 f. 250 252 254 ff. 264 f. 272 281 284 286 291 f. 300 bis 306 308 f. 311–318 347 ff. 352 bis 356 359–363 365 367–374 380–393 395–409 411–419 431 bis 437 439 ff. 443–446 450 f. 453 f.

Ukraine 11 41 44 52 79 109 124 143 195 f. 240 252 254 ff. 287 295 300 307 391 400 406 435 454
Ungarn 23 27 f. 49 324 403
USA/Amerika 9 13 f. 117 162 200 212 225 234 282 311 317 334 350 445

Vichy 129
Vilnius/Wilno 22 25 44 164 241 276 307 343 378

Walujki 111
Warschau/Warszawa 12 20 22 35 48 73 171 225 233 241 259 262 276 284 f. 342 ff. 356 368 377 416 443 445 449 454
Weichsel 19 21 29 238
Weißmeer 394
Welikije Luki 63
Westbelorußland 20 38 41 f. 54 65 124 127 240 242 244 247 295 295 354 408 f. 437

Westukraine 20 38 41 f. 54 65 127 150 194 242 244 247 295 354 399 403 407 f. 435 437 439
Wieliczko 281
Wien 171
Wilno *siehe* Vilnius
Winniza 230
Witebsk 160 318
Wladimir 336 f.
Włodzimierz-Wołyński 165 f.
Woldenberg 174
Wologda 51 113 205 245 305
Workuta 147
Woronesh 219
Woroschilowgrad 111 371 433
Wytyczne 25

Zagreb *siehe* Agram
Zakopane 36 343 436
Zella-Mehlis 232
Zodziszki 163

Personenregister

Abakumow, Viktor (eigentlich Aba Kum) 229 ff. 379 385 399
Abarinow, Wladimir 151 413
Adam, Wilhelm 35
Ahrens, Friedrich 156 159 215 221 227 f. 232
Albrecht, Conrad 236
Alexandrowitsch 275
Alexejew, Michail 57 74 96 f. 278 380
Alter, Wiktor 45
Altman, Jerzy 110
Anders, Władysław 25 64 100 133 135 f. 142 144–153 155 173 198 205 227 232 265 f. 268 270 272 282 302 304 ff. 309 311 f. 314 399 412 417 440 ff.
Andrejew, Iwan 286 294 f.
Andropow, Juri 355 f. 447
Anisimow, Nikolai 187 450
Antonow, Iwan 380
Arlet 308
Arnes *siehe* Ahrens, Friedrich

Banach, R. 176
Bartoszewski, Hieronim 175 225 337
Baschtakow, Leonid 82 91 126 255 f. 295 300 380
Basilewski, Boris 335 337 380
Batizki, Pawel 82
Bauer, Rudolf 91
Bedenk, Albert 156 228
Begin, Menachem 307

Begma, Pawel 381
Beljanow, Alexander 381
Belolipezki, Stepan 258 381
Bereschkow, Alexander 60 68 76 85 111 114 258 291 297 381 438
Berija, Lawrenti 36 39 49 f. 52 ff. 65 68 78 f. 81 f. 84 87 93 f. 109 122 129 132 143 150 f. 195 219 242 245 248 250 255–258 286 290 f. 295 f. 300 f. 306 336 353 371 381 384 f. 387–390, 394 f. 405 f. 409 432 f. 435 ff. 439 446 450 452
Berling, Zygmunt 67 104 121 f. 135 143 155 198 f. 232 285 300 302 311 315 f. 388 444
Besrukow, Iwan 296
Bielecki, Władysław 344
Bierut, Bolesław 225
Bilewska, Halina 282 f.
Bilewski, Józef 101 166 282 f.
Billewicz, Leon 61
Birkle 323
Biskupski, August 263
Bissell, Clayton L. 234
Bjelanow, Alexander 382
Blank, K. 382
Blaskowitz, Johannes 26 36
Bliss Lane, Arthur 445
Blochin, Wassili 94 106 f. 186 289 f. 296 382
Blomberg, Werner von 35, 236
Bock, Fedor von 36 158
Bogdanow, N. 382

Bohaterewicz, Bronisław 58 95 175 321
Böhm, Ernst 222
Bohusz-Szyszko, Zygmunt 133 304 305
Boldin, Waleri 355 373 382 414
Bolesławicz, Marian 103
Bondke, Edmund 260
Bondke, Janina 260
Borejsza, Jerzy 200
Borisow 383
Borisow, Timofej 383
Borisowez, Ilja 63 76 85 104 109 248 383 437 438
Borodjenkow, Kyril 86
Botschkow, Viktor 58 383
Breschnew, Leonid 356 447
Bromberg, Magdalena 189
Broniewska, Maria 199
Bsyrin, Iwan 148 149
Bsyrow 148
Büchner, Günter 159
Budilow, N. 383
Budzińska, Regina 280
Budziński, Jan 280
Buguslawski 101
Buhtz, Gerhard 160 232 319 321 324 330 338 342 442
Bukojemski-Nałęcz, Leon 91 121 199 301 f.
Burczak, Kazimierz 92
Burda, Timofej 383
Burdakow, Semjon 257 383
Burdenko, Nikolai 200 213 217 223 229 231 234 363 365 384 395 399 416 444 ff.
Burlet, de 323
Bychowiec 101
Bychowski (Familie) 22

Carter, John F. 212
Chochlow, Iwan 50 109 384
Cholijew 384
Cholitschew 290 384
Choma, E. 181
Chomitsch, Andrej 124
Chruschtschow, Nikita 126 f. 143 353 355 ff. 446
Chrystowski, Lucjan 116
Chudjakow, T. 384
Churchill, Winston 146 155 211 347 f.
Cieliewicz 308
Cieslak, Tadeusz 419
Cimoszewicz, Włodzimierz 391
Clauberg, Carl 201
Conti, Leonardo 324
Costedoat 324
Czapski, Józef 61 f. 104 112 114 f. 120 122 133 147 ff. 151 212 232 265 268 285 411 417 440
Czarnek, Zbigniew 263
Czernicki, Ksawery 58
Czerny, Tadeusz 120

Davis, Joseph A. 212
Dawidowski, Henryk 92
Demidowitsch, Anton 103 384
Didur, I. 171
Dimitroff, Georgi 33
Dirksen, Herbert von 35
Długosz, Czeslaw 59
Dmitrijew, Alexander 385
Dobrowolski, Włodzimierz 263
Dormanowski, Bogdan 120
Doroginin, F. 385
Doronin, F. 385
Dowbór-Muśnicki, Józef 59
Dudych, Henryk 279 f.
Dudych, Regina 280
Dudziński, Kazimierz 302
Dührer, Arno 222
Dulebow, Pawel 385
Dwornitschenko, I. 86
Dzierzanowski, Kazimierz 126

Eckeln, Friedrich 223
Eden, Anthony 130 211 317
Ehrenburg, Ilja 73
Eilmann, Hans 85 94 385
Elser, Georg 434
Erlich, Henryk 45

Fadejew, Jewgeni 190
Falin, Valentin 369f. 450
Fedotow, Pawel 94 149 385
Feldmann, Boris 35
Feldmann, Iwan 94 296 385
Felsztyn, Tadeusz 95 270
Fesjun, A. 129
Filatow, W. 415
Filipow 386
Filipowitsch 104
Filtschenko 386
Fitin, Pawel 129 386
Fitz-Gibbon, Louis 15 350
Fjodorow, Dmitri 247 386
Fleszar 280
Frank, Hans 36 345 434f.
Freidenberg, Maren 412
Frolow, Andrej 386
Frolow, Wjatscheslaw 187 373
Funk 310
Furtek, Władysław 102

Gabrilenkow, T. 386
Gaididaj, Michail 297 300 386
Galizyn, Nikolai 387
Galkin, V. 355
Gawrilow, P. 387
Gawron, Marian 260
Geherer, Ernst 222
Genschow, Gustav 232f.
Gerzelewitsch, R. 387
Gerzowski, Arkadi 91 387
Gierek, Edward 447
Gieysztor, Aleksander 412
Głosek, M. 189
Gluschkow, Sergej 412

Gluza, Zbigniew 412
Gołyński, Bolesław 263
Gobermann, Max 387
Goebbels, Joseph 345f.
Goetel, Ferdynand 171
Golikow, Philip 28
Golowinkin, N, 387
Goluschko 391
Gomułka, Władysław 446
Gorbatschow, Michail 13 19 189
    238 356 363 372 375 377 382f.
    393 413f. 448ff.
Gorcyński, Eustachy 121 301f.
Gorlinski, Nikolai 387
Gorschenin, Konstantin 223 229f.
    387
Gorzechowski, Henryk 272 274f.
Gorzechowski, Henryk, Vater 272
    275
Granowski, German 388
Grawitz, Ernst 201
Gribow, Josif 86 94 296 388
Grigorjew, Michail 388
Grinenko, A. 416
Grodzki (Arzt) 171
Gromyko, Andrej 238 356 447f.
Guderian, Heinz 25f. 432
Gwosdowski, Nikolai 86 296 388

Hajek 231 323
Haller, Stanisław 61 134 141 311
Hammerstein, Helga von 236
Heinrich 334
Hejnich, Stanisław 126
Hencke 19
Herff, v. 325
Himmler, Heinrich 36 436
Hirszfeld, Ludwik 342
Hitler, Adolf 29f. 33 120 129 157f.
    207 210f. 236 239 264 345
    433f.
Hołubicki, Marek 272
Horoszkiewicz, Kazimierz 59

469

Hott 215
Hull 212

Iljin, F. K. 296 388
Iwanow, Pawel 388
Iwanuszko 101

Jablokow, Anatoli 106 185 ff. 288 f.
 291 416 451 453
Jaederlund, Christer 182
Jakowlew, Alexander 373 448
Jakubowicz, Bolesław 166
Jakubowicz, Dobiesław 101
Janicka, Maria 47
Januszaitis-Żegota, Marian 143
Jaruzelski, Wojciech 363 f. 370 413
 448 ff.
Jaschborowska, Inessa 363 370 411
 416 453
Jasiński, Stanisław 176
Jefimow, M. 290
Jegorow, W. 456
Jelzin, Boris 364 373 375–378 414
 452 ff.
Jemeljanow, Alexander 388
Jerschyk, Wladimir 111 287 452
Jorsch, Jakow 389
Jurasow, Iwan 63 96 105 389

Kabulow *siehe* Kobulow, Viktor
Kaganowitsch, Lasar 54 79 87 252
 389 436
Kalinin, Anatoli 389
Kalinin, Michail 79 140 252 389 436
Kantak, Kamil 58
Kapiza, Pjotr 191
Kapto, A. 370
Karaszewicz-Tokarszewski, Michał
 314
Karawajew, W. M. 296
Karawanski, Swjatoslaw 294
Karner, Stefan 334
Karocki, Łukasz 120

Kasur, Władysław 337
Katschin, Timofej 389
Katuschew, Konstantin 447
Katyrew-Postrowski, Iwan 363
Kawecki, Władysław 171
Kielmannsegg, Johann Adolf, Graf
 von 36
Kirschin, Michail 60 76 96 110 389
Kiseljow, N. 389
Kiseljow, Parfeon 179 292 f. 344
Kizny, Tomasz 412
Klapert, S. 176 225
Klimow, Pjotr 86
Klok 298 390
Kluge, Hans von 158
Kobulow, Amajak 129 256 390 398
Kobulow, Bachtscho *siehe* Kobulow,
 Viktor
Kobulow, Viktor 66 82 84 f. 129 222
 255–258 278 380 390
Koehler, Alfons 121
Kogelman 390
Kolessnikow, S. 214
Komarski, Andrzej 187
Koptjew, Konstantin 391
Kornijenko, Trofim 391
Korolow, Wassili 57 85 163 181 391
 401 437 438
Korotkow, A. 373 376 452
Korytow, Grigori 85 94 391
Kosochotski, M. 391
Kossygin, Alexej 356
Kostikow, Wjatscheslaw 377
Köstring, Ernst 238 439
Kot, Stanisław 41 100 136–142 145
 147 151 ff. 155 205 266 268 308
 310–314 351 417 440 ff.
Kowal, Michał 282
Kowalewski, Aleksander 61
Kowaljow, Michail 21 24 f. 240 f.
Kowtun, Georgi 391
Krawczyk 109
Krawec 109

Krawtschuk, Matwej 435
Krebs, Hans 439
Kriwenko, Michail 106 185 289ff. 391
Kriwoschejin, Semjon 26 432
Kriwoserzew, Iwan 335 337
Kruglow, Sergej 219 392 444
Kruk, Wacław 101 168
Krupko, Wladimir 191
Krutschkow, Wladimir 369f. 373
Kukiel, Marian 204 206
Kulik, Grigori 25
Kuprij, Timofej 94 112 195 288 296 392
Kuprijanow, Jemeljan 93ff. 392
Kurjatschi, Kiril 298 392
Kusnezow, W. 447
Kutyba, Józef 162
Kuusinen, Otto 349
Kwaśniewski, Aleksander 48 197

Lakonzew, Viktor 189 392 416
Landau, Lew 191
Langner, Władysław 28 141 249f.
Lawrentjew, Gennadi 117
Lebedew, Leonid 94 393
Lebedew, Michail 393
Lebedew, V. 445
Lebedewa, Natalja 413 415f.
Leeb, Wilhelm von 36
Leonardo, C. 327
Lepeschinskaja, Olga 150
Lewandowska, Janina 59 102
Liliental, Antoni 101 166
Linde, Mieczysław 126
Linke, Reinhold 37 159
Lipiński, Eryk 226
Lis, Józef 301
Loboda, Michael *siehe* Kriwoserzew, Iwan
Loebecke 121
Łopianowski, Irena 284
Łopianowski, Narcyz 283 286 301

Lorkisch, Josif 58 393
Lubodziecki, Stanisław 263
Lubomirski, Fürst 66 274
Luckiewicz 308
Łuczak, Czesław 363
Luginin, M. 393
Lukaschenko, Alexander 415

Maciszewski, Jarema 363
Mackiewicz, Józef 343
Mackiewicz, Stanisław 343
Madajczyk, Czesław 200 363 412f.
Madden, Ray J. 13 419
Mahnke, Franz 223
Maiski, Iwan 211 302f.
Makarow, Alexander 247
Makljarski, Iwan 50 68 393 439
Mara-Meyer, Józef 103
Markow, Marko Antonow 9 230 323
Marks 279
Martens, Marian 176
Martini, Leszek 226
Martini, Roman 225f.
Maschtschew, Pjotr 393
Maslennikow, Iwan 393
Materski, Wojciech 412
Matzner, Bolesław 181
Mazowiecki, Tadeusz 450
Mechlis, Lew 245 394 433
Medwedjew, W. 448
Melnik, Nikita 94 394
Menschagin, Boris 335ff. 381 394
Merkulow, Fjodor 434
Merkulow, Wsewolod 82 84f. 91f. 96 111 119 122 124 129 143 149ff. 219 229ff. 255f. 286 290 371 380 394 438 444 446 450
Merzbach, Kurt 339
Meschow, Terentij 292 395
Michailow, Georgi 230
Mierzwa, Bernard 262
Mikołajczyk, Stanisław 445

Mikojan, Anastas 54 ff. 79 252 395 436
Mikulski, Teofil 413
Miloslavich, Edward Lucas 231 323
Miłosz, Czesław 378
Milstein, Solomon 290 395
Minkiewicz-Odrowąż, Henryk 58 95 101 166 271 f.
Mironow, Alexander 290 395
Mirski, Fürst 66 274
Mitkus, Witold 263
Mitzner, Paweł 412
Młodziejowski, Bronisław 187 189
Młynarski, Bronisław 114 266
Mogilnicki, Tadeusz 263
Molotow, Wjatscheslaw 16 20 25 29 f. 32 f. 54 79 138 140 ff. 145 f. 153 205 209 229 237 239 f. 252 302 310 312 317 348 351 396, 432 436 441 f.
Morawski, Adolf 101
Morawski, Marian 91
Moschkow, L. 448
Mossor, Stefan 174 180 f.
Moszyński, Adam 182 418
Muchin, Juri 414 f.
Müller, Siegfried 338

Nasedkin, Viktor 148 f. 396
Nastarowicz, Michał 268 270
Nastarowicz, Stefan 268
Naville, Francois 231 322 f.
Nazarewicz, Ryszard 363 412
Nechoroschew, Semjon 50 72 74 109 f. 277 f. 396
Neels, Friedrich 339
Nelken, Samuel 263
Niedzielska, Krystyna 260
Niedzielski, Jan 259
Niewiarowski, Kazimierz 114
Nikolai (Patriarch) 214
Nikolski 48 396
Nochotowitsch, Dina 373

Nosdrew, Iwan 86
Nowak (Familie) 42 46
Nowikow, N. 309 397
Nowosjolow, I. 397

O'Malley, Owen 350
Oberhäuser, Eugen 228
Ofizerow, A. 397
Oginsky 57
Ogniewicz, Witold 275 277
Ohlenbusch, W. 318 345
Okoniewski, Erwin 159
Okulicki, Leopold 153 f. 442
Okunjew, A. W. 296 f.
Olschanski, Boris 234
Omelitsch, Anatoli 195
Orlik-Rückemann, Wilhelm 25
Orlow, Lew 86 397
Orsos, Ferenc 231 327 338
Orzechowski, Konrad 171
Osetrow, Nikolai 238 382 397
Osipow, Wladimir 397

Palmieri, Vincenco Mario 231 323
Pamjatnych, Alexej 412
Panfilow 397
Panfilow, I. 135 145 305 398 440
Parsadanowa, Valentina 370 416 453
Pawlikowski, Ludwik Franciszek 284
Pawlow, A. 370
Pawlow, Wassili 84 107 398
Pawlowa, Tatjana 373
Penkowski, Oleg 403
Penski, Ernest 310
Peszkowski, Zdzisław 26 97 133 187 314 327 411
Pétain, Henri 129
Petrow, Gawril 398
Petrow, Juri 373
Piłsudski, Józef 75 181
Pichoja, Rudolf 364 373 375 ff. 411 453

Pieńkowski, Stefan 101 263
Pióro, Elżbieta 197
Pióro, Jan Maria 197 f.
Pióro, Tadeusz 24 198 f. 268
Pismennij, M. 300
Plisowski, Konstanty 61
Podzerob 141 145 310 312
Pohorecki, Bolesław 263
Poker, Jim 271
Pokrowski, Juri 227 398
Poluchin, Josif 50 398
Ponomarenko, Pontelej 143
Popielski, Bolesław 9 342 f.
Potjomkin, Wladimir 20 f. 214 398 433
Prochorow, A. 455
Prochownik, Franciszek 171
Prokop, Otto 342
Prokopenko, Anatoli 413
Prosorowski, Viktor 214 230 232 398
Przeżdziecki, Wacław 121 300
Przystasz, Zbigniew 101
Pstrokoński, Stanisław 133
Pszyjemski, S. 374
Pudowkin, Wsewolod 74
Puzyn 57

Rado, Szandor 129
Radziwill, Fürst 66 274
Raeder, Erich 236
Ratuschnij 399
Reichmann, Leonid 135 150 152 173 194 229 399
Rejecki, Jan 281
Remmlinger, Heinrich 222
Reschetnikow 399
Rext 215
Ribbentrop, Joachim von 16 30 32 f. 237 ff. 432
Robel, Jan 335
Rodschewitsch, Stepan 127 187 373 375

Rojkiewicz, L. 337
Rok, Wsewolod *siehe* Merkulow, Wsewolod
Romanow, Nikolai 399
Romer, Tadeusz 210
Romm, Michał 66
Romm, Michail 66
Ronikier, Adam 318
Roosevelt, Franklin D. 212 234
Rosen-Zawadzki, Kazimierz 301 f.
Rosnowski, Michał 263
Roßbach, Heinz 339
Rostomaschwili, Michail 399
Rowecki-Grot, Stefan 170 172 349 457
Rubanow, Andrej 84 94 106 f. 296 400
Rudenko, Roman 84 194 224 380 398 400
Rueger 206
Rybakow, Alexej 290 f. 400
Rybakow, Juri 188
Rybkina, Soja 129

Sacharow 179
Sacharow, A. 400
Safonow, Pjotr 94 f. 112 400
Saizew, A. 400
Saizewa, Olga 415
Sanchez 182
Sapieha, Adam Stefan 176 197
Sapieha, Leon 176 197
Sarubin, Wassili 70 95 275 290 297 400
Saski, Edward Józef 250
Sawczyński, Adam 121
Sawicki, Jerzy 225 f. 230
Sawtschenko, Igor 74
Saxen 323
Schamaida 401
Schaposchnikow, Boris 21 49 305 401 431
Scharapow, Wladimir 87 401

Schejnin, Lev 229
Schelepin, Alexander 126 f. 353 355 357 401 446 452
Schewardnadse, Eduard 369 448
Schigaljow, Iwan 402
Schigaljow, Wassili 402
Schilzow, W. 402
Schmid, Walter 237
Schmidt, Theodor 338
Schnetzer 182
Schnurre, Karl 236
Schubert, Alfred 236
Schukow, Georgi K. 122 403
Schukow, Georgi S. 122 133 135 149 f. 173 302 305 f. 402 440
Schulenburg, Friedrich Werner, Graf von der 29 f. 239 433 f.
Schulle 336
Schulze-Boysen, Harro 129
Schumejko, Juri 188
Schurawlow, M. 402
Schurawlow, N. 402
Schwetzt, von 335
Schygalow, Wassili 402
Seljony 194
Semenichin, N. 402
Semiraga, Michail 413
Semjonowski 230
Semskow, J. 448
Serda, Jędrzej 275
Serow, Iwan 44 91 126 402 435 f.
Seyfried, Edmund 171 318 443
Shdanow, Andrej 403 433
Sheybal, Zdzisław 102
Siemiński, Ludwik 329 f.
Siemiontek, Abram 110
Siemiradzki, Michał 284
Sikorski, Franciszek 45 61 67 145 248
Sikorski, Władysław 45 131 133 f. 137 f. 144–147, 151 171 173 177 205 f. 208 211 213 248 268 303 f. 311 ff. 347 ff. 419 441 f. 444

Silbermann, K. 404
Siltschenkow, I. 86
Silwestrow, Grigori/Silwerstow 221
Sinegubow, N. 106 289 f. 404
Six 345
Sjenkewitsch, Illarion 404
Skarżyński, Kazimierz 176 443
Skierski, Leonard 61
Skubiszewski, Krzysztof 372
Skupien, Sebastian 165
Skuratowicz, Piotr 61
Slowenszyk 171 175
Slowes, Salomon 23 98 309 411
Sluzki, Mark 404
Smirnow 226 f. 334
Smirnow, Georgi 363
Smirnow, Jefim 214 404
Smoljaninow, W. 214 230
Smorawiński, Mieczysław 58 95 101 163 166 175 181 321
Śmygły-Rydz, Edward 23
Śnieżko, Stefan 187 287 374
Sokolewicz, Wacław 262
Sokolow, Alexej 404 448
Solski, Adam 101 162 f. 179 181
Sommersztein, Emil 308 f.
Soprunenko, Jelena 405
Soprunenko, Pjotr 49 f. 68 85 94 109 111 116 124 248 258 277 291 297 384 398 404 432 f. 437 f. 450 f.
Sorge, Richard 129 262
Sorin, P. 405
Sorja, Juri 335 370 373 411 413 415 f. 450 453
Sorja, Nikolai 224 373
Specht, Walter 338 f.
Speelers 323
Stahl, Włodzimierz 309
Stahmer, Otto 336
Stalin, Josef 17 19 25 29 f. 33 38 52 54 73 f. 79 84 f. 105 128 f. 131 f. 134 f. 141–148 151–154 173 197 204 f. 207 209 211 f. 223 234 f.

238f. 241 245 252 267 302f. 306
310–313 347f. 376 380f. 405 414
417 419 433 436 439 442 446 453
Stanley, William H. 212
Stawrylo, G. 374
Stefanowski, Antoni 181 263
Steinberg, Baruch 61
Stekolschtschikow, I. 405
Stelmach, Iwan 86 406
Stepanow, Iwan 99 290ff. 406
Stewart, Donald B. 334
Stolypin, Pjotr 99
Strong, George V. 212 443
Subik 323
Sucharew 185 406
Sucharew, Alexander 415
Sucharew, N. 406
Sudoplatow, Pawel 92 406
Sujew, Pawel 406
Suslow, Michail 356
Svoboda, Ludvík 52
Swianiewicz, Stanisław 59 70 91 93
99 102 290 334 343 411
Syromjatnikow, Mitrofan 86 111f.
193–196, 224 287f. 406 452
Sysojew, Wassili 298 407
Szarecki, Bolesław 117 120
Szebesta, A. 176
Szor 308
Szyfter, Paweł 162
Szymanski 212 443
Szymański, Ludwig 328

Tarasowa, Jewdokija 47
Tartakow 15
Tenenbaum, Jakub 110
Themlitz, Rudolf 338
Tichonow, P. 112, 407
Timofejew 407
Timoschenko, Semjon 21 24 134
145 248
Tippelskirch, Kurt von 348
Tischkow, Arsenij 50 64 407

Titkow, Iwan 86 407
Tkorjew, Dmitri 438
Tobiaszewicz, Jożef 280
Todt, Fritz 158 458
Tokarjew, Dmitri 66 83 106f.
184–187 190 288f. 291 327 406f.
451
Tolstoi, Alexej 214
Tomaszewski, Przemysław 187
Trainin, Aron 229
Tramsen, Helge 17 231 323 327ff.
Trepiak, Józef 165
Tretezki, Alexander 187 194 287f.
373f. 411 450
Trojanowski, W. 329
Trubin, N. 373 451f.
Tschebrikow, Viktor 448
Tschecholski, Daniil 116 297 407
Tschernenko, Konstantin 356 376
Tschernyschew, Wassili 50 122 242f.
408 432 434 439
Tschetschew, Alexander 408
Tschuikow, Wassili 25
Tschukowski, Kornej 131
Tuchatschewski, Michail 35 241
Tucholski, Jędrzej 187f. 412f. 415
418
Tucholski, Tadeusz 102 188
Turbin, N. 375
Türk, Richard 318
Tyszyński, Leon 135 302

Uglow, Iwan 408
Ulrich, Wassili 408
Ulrichs, Otton 165
Urban, Jerzy 369
Urbańska, Aleksandra 104
Urbański, Ryszard 104
Urlich (Urlik), Markus 101

Van Vliet, jr., John H. 234 334
Voß, Ludwig 330

Wałęsa, Lech 364 375–378 453
Waechter, Jobst 338
Waganow 415
Wajda, Andrzej 163
Wajda, Karol/Włodzimierz 101 163
Wajs, Bronisław 101 165
Walicki, Witold 92
Wasilewska, Wanda 136 142f. 309 311
Wasilewski, Alexander 304
Weizsäcker, Ernst Freiher von 73
Werth, Alexander 444
Wetoschnikow, W. M. 221 352 353
Weygand, Maxime 77
Wigowski, Je. 408
Winiarz, Adam 413
Winnington, Alan 13
Witos, Andrzej 309
Wołkowicki, Jerzy 58 64 91 103 119 132 163 181 267 272 303 315
Wodziński, Marian 176f. 180 338 344
Wojciechowski 101
Wojciechowski, Marian 363 453
Wojtyniak, Czesław 58 264
Wolikowski 100
Wolochonski 48
Worobjew, Nikolai 408
Woroschilow, Kliment 21 25 35 54 67 75 78f. 134 239 252 401 409 431f. 436
Wyropajew, D. 214
Wyschinski, Andrej 136–140 147 152 155 205 229f. 308 311ff. 336 409 440f.

Yeaton, Iwan D. 212 444

Zachlod, Bruno 339
Zanawa, Lawrenti 409 436
Zawadzki, Aleksander 199
Zawodny, Janusz 419
Ziełinska, Bronisława 321
Zienkiewicz, Jan 261
Zwetuchin 124, 300
Zypitschko 222

Literarische Spaziergänge mit Büchern und Autoren

Das Kundenmagazin der Aufbau Verlagsgruppe
Kostenlos in Ihrer Buchhandlung

Aufbau-Verlag   Rütten & Loening   Aufbau Taschenbuch Verlag   Gustav Kiepenheuer   Der >Audio< Verlag

Oder direkt: Aufbau-Verlag, Postfach 193, 10105 Berlin
e-Mail: marketing@aufbau-verlag.de
www.aufbau-verlag.de

Für *glückliche* Ohren

ÜBER 6 MONATE PLATZ 1 DER HÖRBUCH-BESTSELLER-LISTE

Ob groß oder klein: Der Audio Verlag macht alle Ohren froh. Mit Stimmen, Themen und Autoren, die begeistern; mit Lesungen und Hörspielen, Features und Tondokumenten zum Genießen und Entdecken.

DER>AUDIO<VERLAG

Mehr hören. Mehr erleben.

Infos, Hörproben und Katalog: www.der-audio-verlag.de
Kostenloser Kundenprospekt: PF 193, 10105 Berlin